Gillian Bradshaw
Der Leuchtturm von Alexandria

Gillian Bradshaw

Der Leuchtturm von Alexandria

Roman

Deutsch von
Nils-Henning von Hugo

ECON Verlag
Düsseldorf · Wien · New York

Die englische Originalausgabe erschien 1987 unter dem Titel
»The Beacon at Alexandria«
bei Methuen London Ltd., London

CIP-Titelaufnahme der Deutschen Bibliothek

Bradshaw, Gillian:
Der Leuchtturm von Alexandria: Roman/Gillian Bradshaw.
Dt. von Nils-Henning von Hugo. –
2. Aufl. – Düsseldorf; Wien; New York: ECON Verl., 1988
Einheitssacht.: The beacon at Alexandria < dt. >
ISBN 3-430-11496-9

2. Auflage 1988
Copyright © by ECON Verlag GmbH, Düsseldorf, Wien und New York
Copyright © 1986 für die englische Originalausgabe »The Beacon at Alexandria«
by Gillian Bradshaw
Alle deutschen Rechte vorbehalten
Gesetzt aus der Aldus Buchschrift der Linotype AG
Satz: ICS Communikations-Service GmbH, Bergisch Gladbach
Papier: Papierfabrik Schleipen GmbH, Bad Dürkheim
Druck und Bindearbeiten: Ebner Ulm
Printed in Germany
ISBN 3-430-11496-9

Erster Teil
EPHESUS

1

Der Vogel war verendet. Er war zur Seite gefallen und lag auf dem Boden des Weidenkorbs, seine Augen blickten glasig und wie eingeschrumpft. Als ich ihn anfaßte, fühlten sich seine Federn noch warm an. Aber es war auch ein warmer Tag.

Ich hatte den Vogel am Fuß der Gartenmauer gefunden. Sein einer Flügel war gebrochen, und er hockte dort mit weit aufgerissenem Schnabel und mühsam nach Luft ringend unter einem ein wenig vorspringenden Stein. Er rührte sich kaum, nicht einmal, als ich ihn aufhob. Irgendein Junge hatte von der hinter der Mauer verlaufenden Straße aus wohl einen Stein nach ihm geworfen.

Ich schiente den Flügel mit äußerster Sorgfalt. Zuerst spreizte ich ihn und verband ihn dann kreuzweise mit einem mit Wolle unterlegten Leinenstreifen, wobei ich den Verband am Gelenk etwas fester anzog, genau wie Hippokrates es empfiehlt. Hippokrates ist der Ansicht, daß Menschen, die sich etwas gebrochen haben, leichte Kost zu sich nehmen und unter Umständen eine Portion Nieswurz einnehmen sollten. Ich hatte jedoch keine Nieswurz, und die richtige Dosis für einen Vogel kannte ich sowieso nicht. So gab ich ihm etwas Wasser und fütterte ihn mit Brot und Milch. Ich legte ihn in einen Korb, stellte noch ein wenig zusätzliches Wasser dazu und brachte das Ganze auf den Heuboden über dem Pferdestall. Ich machte Philoxenos, unserem Pferdeknecht, ein kleines Geschenk, damit er niemandem etwas erzählte. Mein Kindermädchen, Maia, mochte es gar nicht, wenn ich mich als Ärztin aufspielte, vor allem nicht gegenüber ganz gewöhnlichen Vögeln und sonstigen Tieren. »Du bist eine junge Dame, Charis«, pflegte sie zu sagen. »Du bist die Tochter des *Claristikus* Theodoros von Ephesus, und ich erwarte von dir, daß du dich dementsprechend benimmst!« Sie meinte *clarissimus*. Das ist lateinisch und außerdem ein römischer Titel; ich glaube, er bedeutet so etwas wie »außerordentlich bedeutend«, eine nicht ganz passende Bezeichnung für einen Mann wie meinen Vater, der sich eigentlich für nichts anderes als Pferderennen und Homer interessierte. Doch dieser Titel sollte ja auch nur zum Ausdruck bringen, daß er die Würde eines Konsuls innehatte und damit in unserer Provinz eine Persönlichkeit war. Maia konnte lateinische Worte nie korrekt aussprechen, nicht einmal Titel. Und sie liebte Titel. »Mein Gebieter ist seine Exzellenz Theodoros von Ephesus«, pflegte sie den Leuten auf dem Markt zu erzählen, »ein *Claristikus* und Konsul. Er war Statthalter von Syrien und Galatien, und in Konstantinopel bekleidete er den Rang eines Konsuls — und du willst mich übers Ohr hauen und mir einen Wucherpreis für eine Elle von diesem schäbigen Wollstoff abverlangen? Scher dich zum Teufel!«

Sich wie die Tochter des Theodoros von Ephesus zu benehmen hieß, lange Kleider mit einem purpurfarbenen Streifen am Saum und mit goldenen Stickereien am Umhang zu tragen und beides niemals, nicht ein einziges Mal schmutzig zu machen; es hieß, meine Haare in Locken zu legen und sie hoch aufzutürmen, damit sie vornehm aussahen, und dann auch noch darauf zu achten, daß sie keinesfalls in Unordnung gerieten; es hieß, auf den Fußboden zu blicken, wenn ein fremder Mann zugegen war, und den Mund zu halten. Es hieß außerdem, sich nicht als Ärztin aufzuspielen. Hippokrates aber durfte ich lesen. Nun ja, um genauer zu sein, niemand hatte etwas dagegen gesagt. Maia konnte nicht lesen und hielt es für damenhaft, wenn man überhaupt las! Mein Vater wußte überhaupt nicht, was ich las, und er interessierte sich auch nicht dafür, solange ich nur meinen Homer auswendig lernte! Und Ischyras, mein Hauslehrer, liebte Hippokrates. Nicht etwa, weil er sich für Medizin interessiert hätte. »Unverfälschter ionischer Dialekt!« pflegte er entzückt auszurufen, wenn wir einen Abschnitt über das Erbrechen lasen. »Das ist genauso hervorragend wie Herodot: er-bre-echen! Diese wundervollen Vokale, diese Musikalität!« Er schien niemals darauf achtzugeben, was der Autor sagte, nur auf den Stil, in dem dieser etwas sagte. Einmal machte ich den Vorschlag, etwas von Galen zu lesen, aber er war entsetzt. »Galen! Dieser alexandrinische Quacksalber! Also wirklich, er schreibt beinahe in der Umgangssprache, wie ein Händler auf dem Markt, nicht wie ein Gelehrter . . . Nein, nein, meine Liebe, überlaß die Naturwissenschaften nur den Händlern. Wir lesen lieber etwas Erhabeneres, etwas Wohlklingendes.« Ich hätte ihn darauf aufmerksam machen können, daß auch Hippokrates in der Umgangssprache seiner Zeit geschrieben hatte und daß es nur einem glücklichen Zufall zu verdanken war, wenn dies ein wundervolles Ionisch war und nicht das uns allen gemeinsame Koine. Aber ich war glücklich, meinen Lieblingsschriftsteller überhaupt lesen zu dürfen, und hielt meinen Mund. So lasen wir dank seiner wundervollen ionischen Vokale also Hippokrates, und ich spielte mit verletzten Singvögeln und kranken Schoßhunden insgeheim die Ärztin und gab mir Mühe, meine Kleider nicht schmutzig zu machen. Mein Bruder Thorion versprach mir dauernd, in der Bibliothek des Celsus einige Abschnitte aus dem Galen für mich zu kopieren. Aber er tat es nie.

Ich hatte meiner Drossel einen kleinen Napf mit Brot und Milch gebracht. Jetzt würde ich beides an den Wachhund verfüttern müssen: Das Ganze wieder ins Haus zurückzubringen hätte nur unnötige Fragen heraufbeschworen. Ich war sehr traurig, daß der Vogel gestorben war. Der Tod ist immer etwas Trauriges, selbst der Tod eines Vogels, und ich hoffte, die arme Kreatur nicht gequält zu haben, als ich ihr zuvor ihren Flügel geschient hatte. Aber ich konnte ja nicht wissen, daß sie sterben würde. Warum sie wohl gestorben war? Es hatte so ausgesehen, als erhole sie sich, als ich sie alleine gelassen hatte.

Ich nahm den Vogel in die Hand und untersuchte ihn. Der Flügel war offensichtlich nirgends angeschwollen, also hatte ich den Verband nicht zu fest angelegt − es sei denn, Vögel bekommen nicht auf die gleiche Art Schwellungen wie Menschen. Es war wohl eher so, daß der Stein den Vogel auch innerlich verletzt hatte. An seinem Schnabel entdeckte ich etwas getrocknetes Blut. Er hatte noch nichts von seinem Futter verdaut, deshalb vermochte ich keine Schlüsse aus irgendwelchen Ausscheidungen zu ziehen. Wenn ich ihn sezieren könnte, würde ich erfahren, was mit ihm los war. Aber dafür benötigte ich ein paar ordentliche, scharfe Messer und einen ruhigen Ort, wo ich ungestört arbeiten konnte, ohne daß mich jemand dabei überraschte. Außerdem mußte ich etwas über mein Kleid ziehen. Mit anderen Worten, ich brauchte die Hilfe meines Bruders.

Ich legte die tote Drossel in den Korb zurück und kletterte die Leiter vom Heuboden herunter. Außer den Pferden war niemand im Stall. Ich nahm meinen Umhang ab und zupfte das Stroh von ihm herunter, dann warf ich ihn mir wieder über die Schultern und trat in den Hof hinaus. Dort traf ich auf Philoxenos, der ein Paar von den Rennpferden meines Vaters an einer Führungsleine im Kreis laufen ließ. Als ich herauskam, nickte er mir zu. »Hast du deinen kleinen Liebling gefüttert, junge Gebieterin?« fragte er.

Ich schüttelte den Kopf. »Er ist gestorben.«

»Oh«, meinte er mitfühlend. Philoxenos liebte Tiere; vor allem Pferde, aber auch Tiere im allgemeinen. Außerdem wußte er allerhand über sie, vor allem kannte er jede Menge Heilmittel für wundgescheuerte Hufe und verstauchte Gelenke. Er fand nichts dabei, den Flügel eines einfachen Vogels zu schienen. Aber er war ein praktisch denkender Mann. »Möchtest du, daß ihn dir jemand kocht?« fragte er. »In Honig gedünstet schmecken Drosseln besonders gut. Meine Frau könnte sie dir zubereiten.«

»Nein danke. Im Augenblick jedenfalls nicht. Bitte laß ihn bis heute abend in Ruhe, ja?«

Er lächelte und nickte. Er vermutete sicher, daß ich bloß zu zimperlich war, einen Vogel zu essen, den ich so verhätschelt hatte. Ich mochte ihm nicht erzählen, daß ich ihn sezieren wollte: Er würde kein Verständnis dafür haben, und er wurde immer sehr ärgerlich, wenn sich seine Gebieter unvernünftig aufführten.

Die Pferde hatten zu traben aufgehört und standen mit zur Erde gesenkten Köpfen da. Sie schnüffelten in dem Kies nach vereinzelten Strohbüscheln.

Philoxenos wandte sich ihnen erneut zu; er knallte mit seiner Peitsche und riß heftig an der Führungsleine. Die beiden setzten sich in Bewegung – allerdings in verschiedene Richtungen. Philoxenos fluchte und zwang sie, wieder gemeinsame Sache zu machen. Er redete ihnen gut zu und lockerte die Zügel, bis sie endlich einträchtig im Kreis herumtrabten. Ich setzte meinen Weg zum Haus fort.

Unser Haus lag im nordöstlichen Teil von Ephesus, dort, wo das Land zu der Anhöhe ansteigt, die den Namen Pion trägt. Das Haus drängte sich, wenn man so will, regelrecht an die Stadtmauer, die durch den rückwärtigen Garten lief. Wir hatten eine Pforte in die Mauer brechen lassen, so daß wir in die jenseits der Mauer gelegenen Ställe gelangen konnten. Wenn ich jetzt, nach all diesen Jahren, in denen sich die Welt derart verändert hat, daran zurückdenke, so scheint es mir doch sehr ungewöhnlich: ein Privatmann, der eine Pforte in die Stadtmauer bricht, um keinen Umweg durch die Straßen machen zu müssen, wenn er zu seinen Rennpferden will. Was, wenn die Stadt belagert worden wäre? Selbst damals mochten der Magistrat und die in Ephesus residierenden Heerführer unsere Schlupftür ganz und gar nicht. Aber wann auch immer sie sie meinem Vater gegenüber zur Sprache brachten, lächelte der bloß und meinte, es sei ihm nicht möglich, sich genügend um seine Pferde zu kümmern, wenn er nicht direkt von seinem Haus aus zu ihnen könne. »Und nun mal ehrlich, Vortrefflicher«, pflegte er hinzuzufügen, wenn es sich um einen Heerführer handelte, »wozu soll eine Stadtmauer in Ephesus denn überhaupt gut sein? *Hier* wird es doch wohl keinen Krieg geben oder? Und selbst wenn, solange du Befehlshaber bist, würde der Feind nicht einmal in die *Nähe* der Stadt kommen. Nein, nein, laß meine kleine Pforte nur in Ruhe!«

Das Haus lag am Ende der Straße. Die Vorderfront war mit Marmor verkleidet, doch im übrigen sah es nicht besonders eindrucksvoll aus – jedenfalls nicht, wenn man es von der Straße aus betrachtete. Auf der Rückseite jedoch erstreckte es sich in geradezu prachtvoller Manier den Hang hinauf. Ich blieb einen Augenblick lang in der Ausfallpforte stehen und betrachtete es. Es war ein strahlender, sonniger Frühlingsmorgen. Hinter mir, in Richtung der Anhöhe, war alles leuchtend grün, und der Himmel hatte etwas von jenem frischen Tiefblau des Frühlings an sich, das die Sommerhitze noch nicht auszubleichen vermocht hat. Die beiden Pferde, zwei zueinander passende schwarze Stuten, zogen in dem mit Kies ausgelegten Hof hinter mir ihre Kreise, sie gingen jetzt im Schritt, ihr Fell schimmerte in der Sonne, ihre Hufe knirschten in den kleinen Steinchen, während Philoxenos ihnen mit leiser Stimme Befehle zurief. Der Torweg war dunkel und kühl, die steinerne Mauer fühlte sich klamm an. Vor mir schienen der Küchengarten, das weiß ausgewaschene Pflaster und die roten

Ziegeldächer der Rückseite des Hauses regelrecht zu leuchten: dunkelgrün, strahlend weiß, blutrot. Dahinter schwang sich die Kuppel, die den mittleren Teil des Hauses überragte, in die Höhe. Sie war in einem hellen Grün angemalt und sah aus wie ein am blauen Himmel schwebendes Vogelei. Es war eine Marotte meines Großvaters gewesen, ein Haus mit einem palastartigen, von einer Kuppel überwölbten Bankettsaal zu bauen. Mein Großvater hatte in bezug auf seine eigene Wichtigkeit etwas bombastische Vorstellungen. Aber es war ein wundervolles Haus. Es hatte fünf Innenhöfe, zwei davon mit Säulengängen, drei mit Brunnen; es verfügte über ein separat liegendes Badehaus und eine eigene Bäckerei; es besaß nahezu hundert Räume, deren Fußböden mit Fliesen ausgelegt und deren Wände bemalt waren, sowie ein Hypokaustum, das es im Winter heizen, und Gärten, die es im Sommer kühlen sollten.

Es war kein altes Haus. Das Vermögen, mit dem es erbaut worden war, stammte von meinem Urgroßvater. Er war der Besitzer eines ziemlich großen Landgutes in dem weiter östlich gelegenen Tal, und während der Bürgerkriege erzielte er mit dem Verkauf seiner Erzeugnisse riesige Profite. Später hatte er das Glück, den richtigen Kaiser zu unterstützen. Er erwies sich als außerordentlich tüchtiger Verwaltungsbeamter und machte als Inhaber von Staatsämtern weitere Profite. Mein Großvater baute das Haus zu Ende und mehrte das Vermögen: Zum ersten Landgut kamen weitere mit Weinbergen und Olivenhainen, Weizenfeldern und Obstgärten, vor allem jedoch mit ausgedehnten Stallungen zum Rennpferdezüchten. Er hinterließ meinem Vater eines der größten Besitztümer der gesamten Provinz. So galt mein Vater inzwischen als ein Mann aus einem alteingesessenen und edlen Geschlecht. Nun ja, drei Generationen Reichtum sind mehr, als selbst die beiden Kaiser für sich in Anspruch nehmen können. Der Vater unserer erhabenen Gebieter, der erlauchten Kaiser Valens und Valentinian, war ein gemeiner Soldat aus Pannonien.

Ich ging ins Haus und suchte meinen Bruder Thorion.

Thorion hieß in Wirklichkeit Theodoros, wie unser Vater, aber als er fünf war und mich in überheblichem Tonfall Charition nannte, »kleine Charis«, hatte ich ihn meinerseits Thorion genannt. Ich war damals noch zu klein, um Theodorion zu sagen. Er war siebzehn, ein gutes Jahr älter als ich, und man nahm es ihm ab, erwachsen zu sein, während ich immer noch als kleines Kind behandelt wurde. Jungen haben sowieso mehr Freiheiten als Mädchen. Als wir beide noch klein waren, spielten wir immer zusammen, spionierten den Haussklaven nach und stiebitzten uns etwas aus der Küche. Als wir dann lernen mußten, half ich Thorion bei den Lektionen, die unser Hauslehrer ihm aufgetragen hatte − Bücher waren noch nie seine Stärke, dafür hatte er den Sinn unseres Großvaters fürs Geld geerbt. Und als er die Schule beendet hatte und sein eigenes Zimmer sowie Taschengeld, drei Sklaven und eine eigene Kutsche bekam, da war es fast so, als hätte ich die gleichen Vorrechte erhalten. So sah ich die Sache jedenfalls, und nach einigen Protesten stimmte mir Thorion für gewöhnlich zu.

Ich fand Thorion im Blauen Hof beim Studium des Latein. Der Blaue Hof hieß wegen seines Brunnens so, da er mit blauen Kacheln und mit Delphinen aus farbigen Mosaiken geschmückt war. Thorion haßte Latein ebenso wie unser alter Hauslehrer Ischyras. Aber im Rechtswesen wird Latein gesprochen, wenn man es in der kaiserlichen Verwaltung zu etwas bringen will, muß man es eben können. Und Thorion wollte es in der Verwaltung zu etwas bringen. »Vater gibt immer nur Geld aus«, pflegte er verächtlich zu sagen. »Pferderennen und irgendwelche Ehrenämter! Ich gehe zum Gericht, um etwas zu *verdienen*. Man kann dreißig Pfund in Gold bekommen, nur weil man jemanden als Notar empfiehlt!« Er überredete Vater dazu, bei dem Professor für Latein und Recht aus Ephesus studieren zu dürfen, und er erreichte, daß auch ich Latein lernte, um es ihm dann erklären zu können. »Was das Pauken anbetrifft, bist du ganz einfach unschlagbar«, schmeichelte er mir.

»Hast du den Galen für mich kopiert?« fragte ich ihn. Ich wußte, daß er es nicht getan hatte, aber wenn er es zugeben müßte, hatte ich vielleicht mehr Chancen, daß er mir beim Sezieren helfen würde.

Er biß auf seinem Griffel herum und warf den Kopf in den Nacken: nein. Das war noch so eine bäurische Angewohnheit, die Maia verabscheute. Aber Thorion hatte einen Haufen bäurischer Angewohnheiten. Er war groß für sein Alter, hatte breite Schultern und mächtige Pranken; seine Zähne saßen krumm und schief in seinem Mund. Seine Haare waren genauso schwarz wie meine, aber er hatte Naturlocken, während die meinen dauernd mit der Brennschere bearbeitet werden mußten – das war ganz einfach ungerecht! Die Leute meinten, er sähe genau wie unser Großvater aus. Ich dagegen geriete unserer Mutter nach: lang aufgeschossen, mager und knochig, mit großen Augen. »Das war eine wirkliche *Dame*!« sagten alle Haussklaven. »So vornehm, so höflich!« Aber sie war eine Woche nach meiner Geburt an Kindbettfieber gestorben, und so konnte ich das nicht beurteilen. Ich wäre lieber nach Großvater geraten.

»Kann ich dein Zimmer für eine Weile benutzen?« fragte ich meinen Bruder. »Und deine Messer?«

Thorion sah mich finster an. »Ist sie tot?« fragte er. Er wußte natürlich von der Drossel. Ich hatte sie ihm gezeigt, nachdem ich ihren Flügel geschient hatte, und er war ziemlich beeindruckt gewesen, obwohl er sie im Grunde genommen lieber in Honig gedünstet gesehen hätte.

»Ich würde dich wohl nicht um deine Messer bitten, wenn sie noch am Leben wäre, oder?«

Thorion bedachte mich schon wieder mit einem finsteren Blick. »Wozu soll das gut sein? Ich kann ja noch verstehen, daß man einem kranken Tier helfen möchte, aber es nach seinem Tod einfach aufzuschneiden . . .«

Thorion und ich hatten uns schon oft deswegen in den Haaren gehabt, aber ich seufzte ergeben und legte ihm meinen Standpunkt noch einmal dar: »Wenn ich verstehe, warum die Drossel gestorben ist, werde ich ihr das nächste Mal eher helfen können.«

»Wieso beim nächsten Mal? Der Vogel ist doch tot!«

»Beim nächsten Vogel. Oder dem nächsten Tier.«

»Oder dem nächsten Menschen? Würdest du auch Menschen aufschneiden, um zu sehen, warum sie gestorben sind?«

»Die Chirurgen der medizinischen Fakultät von Alexandria tun es. Sie können die Krankheiten besser behandeln, wenn sie wissen, wie der Körper funktioniert. Galen hat es auch getan.«

»Dann werde ich diese Abschnitte aus dem Galen bestimmt nicht kopieren«, sagte Thorion. »Und was die Ärzte in Alexandria tun, das spielt keine Rolle, Charition. *Du* bist kein Arzt.«

»Immerhin kann ich Medizin studieren, wenn ich will.«

»Das solltest du aber nicht. Es schickt sich nicht für eine Frau. Für eine Dame.«

Ich schnaubte wütend. »Nun, wenn ich erst einmal erwachsen und verheiratet bin, werde ich tun können, was ich will. Und ich will Ärztin für meinen eigenen Hausstand sein. Ich werde meinem Mann Geld ersparen.«

»Welcher Mann würde schon eine Ärztin heiraten wollen?« fragte Thorion, aber er gab nach. Geld zu sparen war für ihn stets ein überzeugendes Argument.

»Also gut«, meinte er. »Die Messer findest du im Kasten in der Mitte der Kleidertruhe.«

»Danke«, sagte ich. Ich ging zu ihm, gab ihm seine Schreibtafel zurück und gab ihm einen Kuß. »Ich wußte doch, daß du mir hilfst.«

Er grunzte: »Sei vorsichtig. Ich habe Angst, daß dich jemand dabei überrascht und dich der Schwarzen Magie beschuldigt.«

»Könnte denn jemand reinkommen?« fragte ich. Die Leute hatten kürzlich wegen eines Falles von Schwarzer Magie verrückt gespielt: Man war einem Wagenlenker auf die Schliche gekommen, der auf der Rennbahn Verwünschungen gegen drei seiner Rivalen benutzt hatte, darunter auch gegen einen Fahrer meines Vaters. Vaters Mann wurde krank und erholte sich erst, als in dem Hypokaustum unter seinem Schlafzimmer eine gekreuzigte Kröte entdeckt wurde. Ich war sehr überrascht gewesen: Eigentlich hatte ich geglaubt, der Mann litte an einem Darmfieber. Aber Wagenlenker arbeiteten immer mit Schwarzer Magie. Der Wagenlenker meines Vaters tat immer sehr wissend, wenn das Thema zur Sprache kam, obwohl er nicht gerne darüber sprach. Man behauptete, auch er habe sich mehrere Rivalen durch Magie oder Vergiften entledigt. Bestimmt würde jeder, der in unserem Haus dabei überrascht wurde, den Körper eines kleinen Tieres zu verstümmeln, sofort der Magie beschuldigt werden, selbst wenn es sich dabei um die Tochter des Hauses handelte.

Thorion zuckte die Achseln. »Vater hat Besuch. Jemand Wichtiges, glaube ich. Sämtliche Sklaven rennen wie wild durcheinander, um dieses oder jenes für ihn und sein Gefolge zu holen. Nein, ich glaube, du bist sicher in meinem Zimmer. Aber verriegele bitte die Tür, ja?«

Ich nickte und rannte durch das Haus zurück. Die Sklaven taten äußerst geschäftig. Ich mußte zwei Hausburschen ausweichen, die einen Tisch einen der Flure hinuntertrugen, und als ich durch die Küche kam, schien der halbe Haushalt dort versammelt zu sein und über den Besucher und sein Gefolge zu tratschen. Vielleicht war es doch kein so geeigneter Zeitpunkt, ein Tier zu sezieren. Andererseits war es unwahrscheinlich, daß in einem solchen Augenblick jemand in die Nähe von Thorions Zimmer käme. Und ich mußte mich mit dem Sezieren beeilen, solange der Kadaver noch warm war. Dann konnte ich ihn rupfen und Philoxenos zum Kochen geben, und er würde wahrscheinlich glauben, ich hätte mich nur hilfsbereit zeigen wollen.

Als ich wieder bei den Pferdeställen war, hatte Philoxenos die Stuten in ihre Boxen gebracht und war dabei, sie zu striegeln. Er nahm nicht einmal Notiz von mir, als ich auf den Heuboden hinaufkletterte und die Drossel holte. Ich legte den Vogel in die Gürteltasche, die Vater mir geschenkt hatte. Es war eine Ledertasche, die groß war und praktisch und außerdem einen Satz Schönheitsutensilien enthielt. Mein Vater hatte sie mir zum letzten Fest geschenkt, nachdem bei den Pferderennen zwei unserer Wagenlenker gewonnen hatten. Ich hatte ihm gegenüber geschwärmt, es sei das schönste Geschenk meines Lebens, und ich meinte es auch wirklich so. Die Schönheitsutensilien – die Haarschere, die kleine Pinzette, um Lidschatten aufzutragen, das winzige Rasiermesser an einem ziemlich langen Stiel – ließen sich auch hervorragend als chirurgische Instrumente verwenden. Mir fehlten nur die größeren Messer. Das einzige Ärgernis bestand darin, daß ich meine Schönheitsutensilien gelegentlich auch für kosmetische Zwecke benutzen mußte.

Ich kletterte die Leiter wieder herunter, zupfte mir noch einmal die Strohhalme ab, brachte meine Haare in Ordnung und ging ins Haus zurück. Jetzt herrschte dort keine solche Geschäftigkeit mehr: Der Besucher und sein Gefolge waren versorgt, und alle konnten ein wenig aufatmen. Ich fragte mich einen Augenblick lang, wer der Mann sein mochte: der Aufregung nach zu urteilen jedenfalls jemand Wichtiges. Aber mein Vater hatte einen Haufen wichtiger Freunde, und sie kamen öfter zu Besuch. Dann erörterten sie lebhaft, wer bei den nächsten Rennen anläßlich des nächsten Festes mit welchen Pferden antreten würde. Das interessierte mich recht wenig.

Ich war gerade auf dem Flur, an dem Thorions Zimmer lag, als sich die Tür des Nachbarzimmers, das ich mit meinem Kindermädchen teilte, öffnete und Maia herauskam. »Da bist du ja!« rief sie triumphierend. »Wo bist du denn die ganze Zeit gewesen? Ich habe dich überall gesucht.«

Verdammt. »Ich war unten im Pferdestall«, sagte ich wahrheitsgemäß, »und habe Philoxenos bei der Arbeit zugesehen. Dann habe ich Thorion bei seinem Latein geholfen.«

»Also wirklich, Thorion geholfen! Es schickt sich überhaupt nicht für dich, dich um sein dummes Latein zu kümmern, um diese törichte, barbarische Sprache! Du hast Stroh im Haar; wo hast du dich denn herumgetrieben? Hast du im Stroh gelegen, um den Pferden zuzusehen? Wirklich sehr ungehörig!«

Maias wirklicher Name war Elpis, »Hoffnung«. Sie war eine fromme Christin und sehr stolz auf ihren Namen. Aber alle Kinder nennen ihre Ammen Maia. Sie war eine magere, knochige Frau, mit Armen wie Lederschnüre und glattem rotem Haar, das allmählich grau wurde. Ihr Vater war ein skythischer Barbar gewesen, der in irgendeinem Krieg gefangengenommen wurde, und ihre Mutter war die Haussklavin eines Kaufmannes aus Ephesus. Ihr Mann war an Lungenentzündung gestorben, und ihr kleiner Junge starb, als er gerade einen Monat alt war. Da damals auch meine Mutter gerade gestorben war und mein Vater eine Amme für mich brauchte, kaufte er sie für sechzig *Solidi*. Mit der Zeit war Maia auch Thorions Kindermädchen geworden. Sie verfügte in unserem Haushalt über eine beträchtliche Machtstellung, sowohl aufgrund ihrer Position als Hüterin der Kinder des Gebieters als auch aufgrund der ihr angeborenen Gewitztheit — denn sie war eine Frau mit scharfen Augen und einem scharfen Verstand, eine Frau, der nicht so leicht etwas entging. Eine weniger ehrliche Frau hätte vielleicht versucht, ein Vermögen anzuhäufen, indem sie sich für ihren Einfluß bezahlen ließ oder kleine Diebstähle beging; eine leichtfertigere Frau hätte vielleicht danach getrachtet, die Konkubine meines Vaters zu werden. Aber Maia legte großen Wert auf Sitte und Anstand, sie bedeuteten ihr alles. Der Anblick von Thorion und mir, wenn wir frisch gewaschen und gekämmt unsere mit einem purpurfarbenen Streifen versehenen Umhänge spazierenführten, veranlaßte sie in einem Ausbruch von Stolz zu einem entzückten Zungenschnalzen. Sie ging furchtbar gerne mit uns zur Kirche und saß ganz vorne, zwischen uns beiden, wo uns jeder sehen konnte. (Unsere Familie war seit den Jugendtagen meines Großvaters christlich, wenn auch nicht gerade sehr fromm. Großvater bekannte sich zu dem neuen Glauben, weil er erkannt hatte, daß die Christen bei Hof Vorzüge genossen. Er wurde beinahe verrückt vor Wut, als Kaiser Julian den Purpur übernommen hatte und plötzlich die Heiden begünstigte.) Die Möglichkeit, vor wichtigen, ranghohen Besuchern mit uns anzugeben, ließ Maias scharfe Augen vor Entzücken aufleuchten. Und wir, Thorion und ich, zuckten natürlich immer zusammen, wenn sie dieses Leuchten in den Augen hatte. Jetzt hatte sie es.

»Du mußt ein anderes Gewand anlegen, Liebling«, rief Maia, und ihre Augen glänzten. »Dein höchst edler Vater hat Besuch, sehr vornehmen Besuch, und er möchte dich und den jungen Herrn Theodoros seinem Gast präsentieren.« (Seit Thorion in ein bestimmtes Alter gekommen war, nannte sie ihn stets den jungen Herrn Theodoros; auf dem Markt fügte sie sogar hinzu »seine Exzellenz« und »der höchst edle« usw. − obwohl ich mir sicher bin, daß sie ihn bei sich immer noch Thorion nannte, wenn sie an ihn dachte.)

Ich fragte mich, was ich wegen meiner Drossel tun sollte. Wenn ich Glück hatte, würde Maia nicht in meine Tasche gucken. Vielleicht sollte ich mein Vorhaben, den Vogel zu sezieren, doch lieber aufgeben? Das war wahrscheinlich das Klügste. Ich konnte den Kadaver in einen der Innenhöfe werfen, falls es mir nicht gelingen sollte, ihn zu den Pferdeställen zurückzubringen. Ein toter Vogel in einem Innenhof ist schließlich nichts so furchtbar Verdächtiges. Ich wünschte den Besucher zum Teufel, wer auch immer er sein mochte, und ich ließ es zu, daß Maia mich in unser Zimmer zerrte, ein neues Gewand für mich auswählte, meine Haare in Ordnung brachte und mir ein hübscheres Paar Ohrringe ansteckte. »Sieh da!« sagte sie. »Die anmutigste junge Dame von ganz Ephesus!« Und sie hielt einen Spiegel vor mich, damit ich mich selbst darin bewundern sollte.

Ich konnte das, was ich da sah, nie so sehr bewundern, wie sie es tat. Ein mageres, großäugiges Gesicht mit kunstvoll gedrehten schwarzen Locken und goldenen Ohrringen mit Perlen − ich muß schon sagen, die Ohrringe waren eindrucksvoller als das ganze Gesicht. Ich hatte eigentlich niemals das Gefühl, daß das Mädchen, das ich da im Spiegel sah, dieses gezierte, ordentlich gekleidete Püppchen wirklich *ich* war. Ich war fünfzehn, mitten in der Pubertät, und die Veränderungen an meinem Körper sorgten zusätzlich dafür, daß er mir nicht als der meine erschien. Meine Phantasie reichte aus, mich als Zwanzigjährige zu sehen, verheiratet mit einem Mann, dem ich den Haushalt führte, aber ich konnte mir niemals vorstellen, zu heiraten. Ich wußte, daß es geschehen würde, aber es würde dem Mädchen in dem Spiegel geschehen, nicht mir. Ich mußte wohl noch etwas warten, bevor ich mein eigenes Leben leben konnte.

Ich nickte und lächelte Maia zu, und sie ließ den Spiegel sinken und klatschte in die Hände. »Also schön«, sagte sie zufrieden, »ich bringe dich jetzt zu den hochgeborenen Herren.«

»Die hochgeborenen Herren« befanden sich in dem sogenannten Wagenlenkerzimmer. Dies war der Raum, in dem mein Vater seine Besucher am liebsten empfing. Er führte auf den ersten, mit einem Säulengang versehenen Innenhof, in dessen Mitte ein Brunnen stand. Wenn man von der Straße kam, mußte man den ganzen Säulengang durchqueren, um zu diesem Zimmer zu gelangen. Auf diese Weise bekam der Besucher einen Eindruck von der Größe und dem Reichtum des Hauses, bevor er dessen Herrn begrüßte. Das Zimmer war nach seinem Mosaikfußboden so genannt worden. Dieser zeigte einen vierspännigen Streitwagen, dessen Fahrer mit Lorbeerzweigen bekränzt war, in vollem Galopp. Eigentlich sollte das Bild Achilles darstellen, aber es ähnelte eher Daniel, dem Lieblingswagenlenker meines Vaters, und seinem besten Gespann Rotbrauner.

Der Raum war sehr groß, und durch die auf den Hof gehenden Fenster fiel genügend Licht. Die Wände waren mit Ornamenten von Bäumen und Vögeln geschmückt, und vor den Fenstern hingen bestickte Vorhänge. Es gab auch einige Gemälde darin, die meisten stellten Pferde dar. Es befanden sich vier Ruhebänke in dem Raum, ein großer Tisch für den Wein und einige kleinere für Becher und Schalen sowie eine Kohlenpfanne, um das Wasser zu wärmen, mit dem der Wein gemischt wurde.

Maia und ich kamen nicht durch den Innenhof, sondern über den Flur aus dem rückwärtigen Teil des Hauses. Die Tür des Wagenlenkerzimmers wurde von Soldaten bewacht, riesigen Männern in Hosen, Stiefeln und Armeemänteln. Sie hatten Schwerter umgegürtet, und als Maia die Tür öffnen wollte, legte einer von ihnen seine Hand an sein Schwert und befahl ihr, stehenzubleiben. »Was denkst du dir eigentlich?« fragte er sie mit einem höhnischen Grinsen.

Maia blieb abrupt stehen. Sie vermutete — genau wie ich —, der Besucher müsse ein Heerführer oder Feldherr sein und seine Leibwache sei ganz einfach übereifrig — so wie es Soldaten nun einmal oft sind, geringschätzig gegenüber Zivilisten, vor allem gegenüber asiatischen Zivilisten, die sie als verweichlicht verachten. »Hüte deine Zunge«, sagte Maia zu dem Soldaten. »Dies ist die junge und edle Charis, Tochter des höchst ehrenwerten Herrn Theodoros. Der Herr hat nach ihr geschickt, um sie deinem Gebieter vorzustellen.« Sie betonte das Wort *Gebieter*: Wir waren auf dem Weg zu den Herren und hatten nicht vor, irgendwo herumzustehen und mit Untergebenen herumzuschwätzen.

Der Soldat schnaubte erneut verächtlich und starrte mich an. Ich war ein solches Anstarren nicht gewöhnt – feindselig, neugierig, abschätzig. Mich beschlich plötzlich ein Gefühl leichter Kälte, die beinahe lähmend wirkte. Ich zog einen Zipfel meines Umhangs hoch und hielt ihn mir vor das Gesicht. Endlich einmal war ich froh über die züchtige Bescheidenheit, die es einem jungen Mädchen gebot, einen neugierigen Blick nicht zu erwidern, sondern wegzuschauen. Ich versuchte nachzudenken. Irgend etwas stimmte nicht. Leibwächter mochten unverschämt sein, aber sie pflegten die junge Tochter eines Edelmannes nicht auf diese Weise anzustarren, es sei denn, diesem Edelmann war etwas zugestoßen.

»Stell sie meinem Gebieter doch vor, ja, präsentier sie nur«, sagte der Soldat feixend. »Wirklich sehr großzügig von deinem Gebieter, du alte Hexe. Der Statthalter liebt derartige Präsente.« Einen Augenblick lang war Maia einfach viel zu erschrocken, um zu reagieren. Dann zuckten ihre mageren Schultern, und sie machte den Eindruck, als sei sie drauf und dran, den Soldaten anzuspucken. Aber er lachte nur und gab den Weg frei.

»Nun geh schon«, sagte er zu ihr. Ich wußte, daß sie sich vornahm, sich über ihn zu beschweren, sobald sie eine Gelegenheit dazu erhielt.

Sie erhielt keine Gelegenheit dazu. Als wir das Zimmer betraten, war klar, daß wirklich etwas nicht stimmte. Mein Vater stand mitten im Raum, am oberen Ende des Wagenlenkermosaiks und rang die Hände. Thorion war auch schon da; er stand an einem der Fenster und machte einen aufgebrachten Eindruck. Neben ihm standen unser Hauslehrer Ischyras und der Hausverwalter Johannes. Sie wirkten ebenfalls beunruhigt. Sonst kannte ich niemanden; etwa die Hälfte der Männer waren irgendwelche Soldaten, die übrigen sahen wie Hofbeamte aus. Durch die offenen Fenster konnte ich sehen, daß draußen noch mehr Soldaten und Hofbeamte waren.

»Aber warum denn?« jammerte mein Vater, ohne von Maia oder mir Notiz zu nehmen. Er richtete seine Frage an einen hochgewachsenen Mann, der auf der besten Ruhebank saß und gerade einen Schluck von dem Wein meines Vaters trank.

»Weil du Theodoros heißt«, sagte der Mann. »Wenn du unschuldig bist, hast du nichts zu befürchten. Aber es muß Gerechtigkeit herrschen. Wir müssen eine Untersuchung durchführen, und die Strafen werden äußerst hart sein.«

Dieser Mann trug den mit einem Purpurstreifen versehenen Umhang, der auf den Rang eines Senators hinwies. Der Umhang selbst war von einem mit Brokat durchwirkten Grün, in den ein prächtiges Blattmuster eingewoben war, und seine ebenfalls grüne Tunika war lang und reichte ihm beinahe bis zu den Knöcheln: das Gewand eines Mannes von Rang. Er war etwa so alt wie mein Vater, groß, kräftig, mit frischer Hautfarbe. Sein Kinn wies dunkle Bartstoppeln auf, doch seine Haare waren ungewöhnlich blond, beinahe weiß, und er hatte blaue Augen. Er sprach mit einem nasalen Akzent, den ich noch nie gehört hatte, und bei einigen Worten zögerte er, so, als sei das Griechische nicht seine Muttersprache. Um den Hals trug er eine mit vielen amtlichen Siegeln verzierte Kette.

»Aber . . .«, sagte mein Vater und mußte innehalten, weil die Stimme ihm versagte. Der Fremde beobachtete ihn belustigt. Eigentlich sah mein Vater sehr gut aus, kultiviert und von lässiger Eleganz: Er war ein hochgewachsener Mann, sehr schlank, mit braunen, allmählich etwas schütter werdenden Haaren und großen Händen. Doch jetzt sah er eher wie ein bemitleidenswerter Possenreißer aus. Als er bei dem Versuch, seine Stimme unter Kontrolle zu bringen, mehrmals schluckte, sprang sein Adamsapfel hervor. Er trug seinen besten Umhang, weiß und gold mit einem Purpurstreifen. Aber in seiner Erregung hatte er ihn über eine seiner spitzen Schultern heruntergleiten lassen und auf der anderen Seite hatte sich der Umhang verfangen und zeigte unter der blauen Tunika die dünnen, haarigen Unterschenkel meines Vaters. Seine Hände zitterten. Als er es bemerkte, preßte er sie zusammen und begann dann erneut, sie zu ringen. Es war mir noch nie so klar geworden, wie lächerlich die Angst einen Mann machen kann.

»Aber ich habe doch nichts getan, um solche Verdächtigungen zu verdienen!« brachte er schließlich heraus. »Niemand ist ihrer Erhabenen Majestät treuer ergeben als ich! Ich habe immer alle meine Pflichten als Bürger und ergebener Untertan erfüllt. In den vergangenen acht Jahren habe ich dem Magistrat von Ephesus fünfmal angehört. Ich habe, ich weiß nicht wie viele Pferderennen finanziert. Ich habe Gelder für die Reparatur der öffentlichen Bäder und des Äquadukts sowie für die Ausbaggerung des Hafens beigesteuert. Ich habe . . .«

»Du hast sehr viel getan, um die Zuneigung deiner Mitbürger zu gewinnen«, unterbrach ihn der Fremde gelassen. »Aber seine Erhabene Majestät, unser erlauchter und ruhmreicher Gebieter, der Augustus Valens« – und er ließ sich die Titel des Kaisers so genießerisch auf der Zunge zergehen, als kaue er auf Zuckerwerk herum – »möchte gerne wissen, *warum* du all dies getan hast.«

Mein Vater stand ganz einfach da und schnappte wie ein Fisch nach Luft. Sein großer Aufwand für den Magistrat und für die Pferderennen war immer sein bestes Argument gewesen, wenn ihn zum Beispiel jemand auf unsere Pforte in der Stadtmauer ansprach. Er hatte sich niemals vorstellen können, daß ihm jemand diese Großzügigkeit als absichtliches und vorbedachtes Haschen nach Volkstümlichkeit auslegen könnte. Natürlich, er war beliebt! Wenige der anderen vornehmen Herren in Ephesus waren erpicht darauf, irgendwelche Posten in der städtischen Verwaltung anzunehmen. So etwas brachte nun einmal riesige Unkosten mit sich, da die öffentlichen Bäder erhalten werden mußten und das Volk an den Festtagen mit Wagenrennen ergötzt werden wollte. Und so waren sie denn höchst erfreut, daß mein Vater sie immer wieder dieser Notwendigkeit enthob. Natürlich, das Volk trank ausgiebig auf sein Wohl und jubelte ihm zu, wann auch immer er sich zeigte: der höchst ehrenwerte Theodoros, der Veranstalter der Pferderennen! Sie waren genauso wild auf Pferderennen wie mein Vater.

»Ich . . . Ich bin nur ein um das Gemeinwohl besorgter Bürger«, rief Vater pathetisch aus. »Und ich kümmere mich um das Wohlergehen meiner Stadt. Und ich liebe Pferderennen.«

»Mag sein.« Der andere richtete sich auf seiner Ruhebank auf und setzte die Schale mit dem Wein ab. »Mag sein. Wir werden ja sehen. Was hast du getan, als der Thronräuber Procopius Ansprüche auf die kaiserliche Würde erhob?«

»Ich? Was hätte ich denn tun können? Ich bin zu Hause geblieben, wie es einem ehrbaren Mann geziemt.«

Dies entsprach soweit – und das war nicht sehr weit – der Wahrheit. Er hatte mit dem Prätendenten, der ein Mann von vornehmstem Herkommen war – mein Vater hielt sich ja selbst für einen Aristokraten – sympathisiert. Als es Procopius gelungen war, die Kontrolle über die Provinz zu erlangen, hatte mein Vater sich in der Tat mit seinen Freunden darüber beraten, ob sie zum Hof gehen und dem Prätendenten ihre besten Wünsche entbieten sollten. Doch dann hatten sie sich dazu entschlossen, erst einmal abzuwarten, aus welcher Richtung der Wind wehen würde – ein glücklicher Vorsatz, da Procopius ein paar Monate später von Kaiser Valens besiegt worden war.

»Ach wirklich? Und du hast nicht etwa auf das Wohl des Thronräubers angestoßen und beteuert, er sei immerhin ein Vetter von Kaiser Konstantius und werde einen besseren Kaiser abgeben als der Sohn eines pannonischen Bauern?«

»Nein! Nein! Natürlich nicht.« Mein Vater schluckte schon wieder. Vielleicht hatte er es tatsächlich getan, dachte ich bei mir. Aber der Fremde würde doch einen Mann sicherlich nicht allein wegen einer solchen Unbedachtsamkeit des Verrats bezichtigen? Die meisten reichen Männer in den östlichen Provinzen des Imperiums hatten genau das gleiche getan. Inzwischen war der ganze Streit sowieso hinfällig geworden, und es war sinnlos, ihn noch einmal aufzuwärmen.

Doch der Fremde war noch nicht zu Ende. »Du warst ein Freund des Euserios, des früheren Statthalters dieser Provinz«, stellte er fest. Er sagte nicht des

»vorzüglichen Herrn Euserios«, nicht des »höchst edlen Euserios«. Euserios befand sich eindeutig in großen Schwierigkeiten.

»Ja. Das heißt, ich kannte ihn. Natürlich, Vortrefflicher, ich kannte ihn; vor zwei Jahren residierte er hier in Ephesus: Wie konnte ich ihn denn, als ehemaliger Statthalter und führender Bürger der Hauptstadt dieser Provinz, nicht kennen? Aber seit damals habe ich ihn nicht mehr gesehen, Vortrefflicher. Wir waren nicht miteinander befreundet.«

»Du hast einen Briefwechsel mit ihm geführt.«

»Nein! Jedenfalls nichts von Belang, lediglich Empfehlungsbriefe für ein paar junge Männer, die gerne in sein Gefolge aufgenommen werden wollten. Ich hoffe, er hat nichts Schlimmes getan. Ich bin sicher, daß er nichts Böses im Sinn gehabt hat . . .« Mein Vater hielt inne, er schwitzte. Ich konnte mich noch erinnern, wie Euserios, ein feister, fröhlicher Mann und ein fähiger Statthalter, einen Trinkspruch auf den letzten Erfolg meines Vaters auf der Pferderennbahn ausgebracht hatte.

»Er ist tot«, erwiderte der andere. »Erdrosselt. Nachdem man ihn auf die Folter gespannt hat.«

Mein Vater wurde blaß und sank auf der nächsten Ruhebank nieder. Maia ließ mich los, ergriff eilig einen Becher Wein und gab meinem Vater etwas zu trinken. Sie zupfte an seinem Umhang und fächelte ihm Luft zu. Ich fühlte mich elend. Bis jetzt hatte ich nicht unbedingt Angst gehabt. Es war mir klar, daß der Fremde unangenehm war und daß mein Vater völlig außer Fassung war, aber ich hatte geglaubt, es könne ihm nichts zustoßen: meinem Vater, dem höchst edlen Theodoros von Ephesus, dem Ausrichter der Pferderennen! Aber wenn Euserios etwas zustoßen konnte, konnte jedem etwas zustoßen. Gefoltert! Im allgemeinen wurden Leute vom Range eines Euserios nicht gefoltert. Wenn das Gesetz, das sie davor schützte, außer Kraft gesetzt wurde, so bedeutete das, daß eine nachgewiesene und sehr ernste Verschwörung gegen den Kaiser vorliegen mußte. Und die Grausamkeit der erhabenen, geheiligten Majestäten war berüchtigt. Auch nur das geringste Anzeichen von Verrat würde mit äußerster Strenge verfolgt werden.

»Du kennst auch meinen Vorgänger Eutropios«, sagte der Fremde. Eutropios war der Statthalter des letzten Jahres, dann mußte dieser Mann also der gegenwärtige sein. Der Soldat hatte es wörtlich gemeint, als er von ihm als dem »Statthalter« gesprochen hatte. Wie hieß er noch? Festinus, erinnerte ich mich. Ein lateinischer Römer aus dem Westreich, aus der unvorstellbar fernen Provinz Gallien. Es hatte beträchtlichen Klatsch über ihn gegeben: »Ein absoluter *Niemand*«, hatte Maia verächtlich zu Ischyras gesagt. »Was sein Herkommen anbetrifft, kaum vornehmer als ich. Aber er hatte das Glück, mit mächtigen Freunden zur Schule zu gehen, und jetzt ist er aus dem Westreich hierhergekommen, diese Geißel.«

Mein Vater sprang auf. »Ja! Ja! Aber wie sollte ich denn den Statthalter Asiens *nicht* kennen? Wenn er doch hier in Ephesus residiert? Ich hoffe, Eutropios . . .«

»Er steht im Verdacht«, unterbrach ihn Festinus. Es schien ihm zu mißfallen, daß es bisher nur ein Verdacht war. »Doch Euserios steckte bis zum Hals mitten drin.« Er stand auf und goß sich selbst ein wenig Wein nach. »Er ist ausgezeichnet«, sagte er und nippte an dem süßen Getränk. Dann nahm er seinen Sitz wieder ein. »Zu deinen Weinbergen muß man dir gratulieren.«

Mein Vater blickte ihn verängstigt an. Festinus lächelte. Maia fächelte meinem Vater noch einmal Luft zu, ohne den Statthalter zu beachten, und Festinus deutete mit einem Kopfnicken auf sie. »Wer ist diese Sklavin? Wann ist sie hier hereingekommen?«

Mein Vater nahm einen Schluck von dem Wein, den Maia ihm gereicht hatte. »Sie ist die Amme meiner Kinder«, sagte er. »Meiner Tochter Charis und meines Sohnes Theodoros.« Er deutete mit einer kraftlosen Handbewegung auf uns. Festinus blickte uns beide nachdenklich an und lächelte. Seine weißen Zähne leuchteten in dem geröteten Gesicht.

»Vortrefflicher«, sagte Thorion kühn. »Mein Vater ist kein Verräter.«

»Das hoffe ich«, entgegnete Festinus. »Sind die Sklavin und die junge Dame zwischendurch einmal rausgegangen?«

»Nein, Vortrefflicher«, sagte Maia, beugte ihren Kopf und sah Festinus immer noch nicht an. Ihr Tonfall war äußerst respektvoll, doch die Stimme schien kaum zu ihr zu gehören. »Wir sind gerade hereingekommen, niemand ist zwischendurch draußen gewesen. Ich glaube, deine Leibwächter würden auch keinen durchlassen, falls es jemand versuchen sollte.«

Der Statthalter nickte. »Gut. Dann konnte also niemand Anweisung geben, etwas zu verstecken.« Er nickte noch einmal und befahl einem der Beamten: »Sag ihnen, sie sollen jetzt damit anfangen, das Haus zu durchsuchen.« Er sah meinen Vater erneut an. »Gib ihm sämtliche Schlüssel.«

»Johannes«, sagte mein Vater mit gebrochener Stimme zu seinem Hausverwalter. »Du hast die Schlüssel. Gehe mit diesem edlen Mann mit und tu, was er sagt.«

»Auch deine privaten Schlüssel«, beharrte Festinus.

Mein Vater starrte ihn unglücklich an, dann nahm er sehr langsam den Riemen von seiner Tunika, an dem die Schlüssel zu seiner Schatztruhe und dem Schreibpult hingen. Er blickte sie einen Augenblick lang starr an. Der Hausverwalter Johannes trat zu ihm und streckte seine Hand nach ihnen aus, wobei er ebenso blaß aussah wie mein Vater selbst. Vater ließ die Schlüssel in die ausgestreckte Hand seines Verwalters fallen, und Johannes ging zu dem Beamten, auf den der Statthalter gezeigt hatte. Der Beamte verneigte sich vor Vater und Festinus, nickte einigen der Soldaten zu und ging in den Hof hinaus. Mit den Leuten draußen machte er sich daran, das gesamte Haus nach Beweisen für einen Verrat zu durchstöbern. Mir wurde klar, daß sie anschließend auch die Sklaven foltern würden. Und dann, falls irgendein Beweis auftauchen oder falls irgendeiner aus dem Haushalt auf der Folterbank etwas sagen sollte, sei es nun wahr oder nicht, würden sie meinen Vater foltern und ihn hinrichten, falls er etwas gestand – und er würde unter der Folter alles gestehen. Zuletzt würden sie sein Vermögen einziehen. Ich spürte, wie ich zu zittern begann. Ich zog das eine Ende meines Umhangs über das Gesicht und kaute an ihm. Thorion kam zu mir und legte mir seinen Arm um die Schultern. Er flüsterte mir etwas ins Ohr, als tröste er mich. Doch in Wirklichkeit fragte er mich: »Was hast du mit dem Vogel gemacht?«

Diese Frage ließ die Panik in mir verebben. Wenn die Männer den verstümmelten Körper eines kleinen Vogels in Thorions Zimmer fanden, würde mein Bruder unweigerlich der Schwarzen Magie angeklagt, und Schwarze Magie und Verrat paßten wie Salz und Weinessig zusammen. Ich berührte mit der Hand die lederne Kosmetiktasche an meinem Gürtel, und Thorion gab einen schwachen Seufzer der Erleichterung von sich. »Das ist alles Quatsch«, sagte er jetzt ein bißchen lauter, ohne sich darum zu kümmern, ob Festinus es hörte. »Sie werden nichts finden und wieder weggehen. Man kann einen Mann nicht des Verrates für schuldig befinden, nur weil er vor zwei Jahren mit einem der Verräter auf gesellschaftlicher Ebene verkehrt hat.«

Festinus hörte es. Er sah uns an und lächelte erneut. »So, so, aber da gibt es noch mehr«, meinte er. Er schien die Situation zu genießen. Er nahm noch einen Schluck Wein. In meinen Vater schien wieder etwas Leben zu kommen, und er sah den Statthalter an. »Ich habe dir schon gesagt, daß der Grund für diese ganze Geschichte dein Name Theodoros ist«, fuhr Festinus fort und wandte sich wieder Vater zu. »Die Verschwörung, die der Himmel in seiner Gnade aufgedeckt hat, zielte darauf ab, einen Theodoros zum Kaiser zu machen.«

»Davon weiß ich nichts«, sagte Vater.

»Die Verschwörer haben dabei auch nicht an dich gedacht«, gab Festinus zu. »Sie wollten den Purpur Theodoros dem Notar geben. Aber es könnte ja immerhin auch ein anderer Theodoros gemeint gewesen sein. Das Orakel war nicht eindeutig.«

Alle starrten ihn an, und er nahm erneut einen Schluck Wein. Er genoß die Situation wirklich. Ich hatte damals keine Ahnung, wer Theodoros der

Notar war: Später erfuhr ich, daß er ein reicher und sehr viel vornehmerer Edelmann war als mein Vater. Doch was die allgemeine Aufmerksamkeit so erregte, das war die Erwähnung eines Orakels. All die von früher her berühmten Orakel waren stumm. Entweder weil sie, wie die Kirche behauptete, durch das Erscheinen von Christus ihrer Macht beraubt waren, oder, wie die Heiden meinten, weil die Christen sich eingemischt hatten: die Ohnmacht der Priesterschaft sei Schuld an ihrer Unzuverlässigkeit.

»Vor ein paar Monaten«, erzählte Festinus in einem beiläufigen Tonfall, »wurden zwei Giftmischer und Magier, Palladios und Heliodoros, wegen einer unerheblichen Sache vor Gericht gestellt. Um der Folter zu entgehen, versprachen sie, das Gericht über eine weit ernstere Angelegenheit zu informieren, von der sie – von Berufs wegen – Kenntnis erhalten hatten. Es hat den Anschein, als hätten Fidustius, Pergamios und Irenaios, alles Männer vom kaiserlichen Hof und edle Leute von großer Vornehmheit« – er bedachte meinen Vater mit einem ironischen Blick –, »durch geheime und verabscheuenswürdige Künste den Namen des Mannes in Erfahrung gebracht, der unserem erlauchten und geliebten Gebieter Valens nachfolgen wird.«

Und wieder beobachtete Festinus uns alle mit seinen kühlen blauen Augen. Ich hörte auf, an meinem Umhang herumzukauen, und starrte ihn meinerseits an, wobei ich dem Himmel und meinem Glück dankte, daß ich den Kadaver des Vogels immer noch bei mir trug. Es war unwahrscheinlich, daß sie mich selbst durchsuchen würden: Er müßte eigentlich sicher sein bei mir. Aber falls jetzt auch nur das geringste Anzeichen von Magie zu Tage träte, würden wir allesamt stranguliert werden.

»Fidustius befand sich zufällig gerade am Hof in Antiochia, als diese Sache passierte«, fuhr Festinus fort. »Er wurde gefoltert und enthüllte alles, was er wußte. Mit Hilfe jener beiden Magier *von edler Abstammung*« – wieder dieses ironische Lächeln, diesmal galt es Thorion und mir – »hatten die Verschwörer ein Orakel errichtet, das den alten Orakeln ähnelte. Sie konstruierten einen goldenen Dreifuß nach dem Vorbild des Dreifußes von Delphi und stellten ihn auf eine runde Platte, die aus verschiedenen Metallen bestand und an deren Rand die Buchstaben des Alphabets eingraviert waren. Nach allen möglichen heidnischen und gottlosen Riten befestigten sie daraufhin mit Hilfe eines Fadens von feinem Leinen einen Ring an dem Dreifuß und versetzten diesen Ring in Schwingungen. Er kam über dem einen oder anderen Buchstaben zur Ruhe. Die Verschwörer schrieben sie nieder, und auf diese Weise beantwortete das Orakel ihre Fragen. Und zwar antwortete es in einem Versmaß, in delphischen Hexametern, so wie die Orakel der Alten. Es sagte, der nächste Kaiser würde ein in jeder Beziehung vollkommener Mann sein«, Festinus lächelte meinen Vater an, dann wandte er den Blick mit einem Achselzucken von ihm ab. »Und sein Name laute . . . das Orakel buchstabierte: THEOD – woraufhin einer der Verschwörer ausrief: ›Theodoros der Notar!‹ Ihn hatten diese verworfenen Männer bereits als den besten Kandidaten für den Purpur ausersehen. So befragten sie das Orakel also nicht weiter nach dem nächsten Kaiser, sondern stellten statt dessen Fragen bezüglich ihres eigenen Schicksals. Und es prophezeite wahrheitsgemäß, daß sie wegen dieses Versuchs, sich Einblick in die Mysterien des Schicksals zu verschaffen, allesamt auf höchst elende Weise zugrunde gehen würden.« Wieder lächelte er, dann goß er frischen Wein in seinen Becher und trank.

»Außerdem hat Fidustius gestanden, dein Freund Euserios habe diese Neuigkeiten Theodoros dem Notar überbracht. Theodoros wurde aus Konstantinopel herbeigeschafft. Zuerst leugnete er alles, dann gab er zu, Kenntnis von dem Orakel zu haben, behauptete jedoch, er habe Euserios geantwortet, falls Gott ihn zum Kaiser auserkoren habe, dann sollten sie doch Gott und dem Wirken des Schicksals vertrauen, damit es sich erfüllen könne. Euserios behauptete unter der verschärften Folter zwar dasselbe, schließlich jedoch wurde Theodoros durch einen von eigener Hand geschriebenen Brief überführt. Es hatte wirklich einen Versuch gegeben, unseren erlauchten Gebieter zu ermorden, bevor dieses teuflische Komplott ans Licht gekommen war, aber niemand hatte geahnt, was dahintersteckte. Der Himmel selbst schützte unseren erlauchten Herrn Valens und ließ das Schwert seines Angreifers abgleiten.« Festinus stellte seinen Becher ab. »Doch jetzt, da der Anwärter tot ist, macht sich unser erlauchter Gebieter Sorgen. Hat sich das Orakel vielleicht getäuscht, oder haben die Verschwörer etwa einen falschen Schluß gezogen? Könnte ein anderer Theodoros gemeint gewesen sein? Weitere Nachforschungen sind im Gange. Ich für meinen Teil bin jedenfalls entschlossen, sie mit der unerbittlichsten Strenge durchzuführen, da unser gottesfürchtiger und scharfsichtiger Kaiser mir die Statthalterschaft dieser Provinz anvertraut hat. Und wenn ich einen Theodoros finde – einen reichen Mann edler Herkunft, der nur wenig Liebe für unseren allergütigsten Augustus bezeigte, als dieser von einem Thronräuber herausgefordert wurde; einen Mann, der mit einigen in diese Verschwörung verwickelten Verbrecher befreundet war; einen Mann, der darauf aus war, die Unterstützung seiner Mitbürger zu gewinnen und für dieses Vorhaben Tausende von *Solidi* in Gold ausgegeben hat – wenn ich einen solchen Mann finde, dann werde ich mißtrauisch.«

Vater sah ihn hilflos an. Er machte einen völlig geknickten Eindruck, so, als drohe ihm bereits die Folterbank. »Ich habe nichts getan«, flüsterte er. »Gar nichts.«

Festinus lachte. »Wenn ich dich so sehe, möchte ich es beinahe glauben. Nun, wenn du nichts getan hast, dann hast du auch nichts zu befürchten.« Hippokrates sagt, ein Arzt müsse seine Patienten sorgfältig beobachten, und es dürfe ihm nichts entgehen, falls er eine gute Diagnose stellen wolle. Ich hatte mich im Beobachten geübt. Jetzt beobachtete ich, trotz meiner Angst, Festinus. Er meinte es wirklich so, als er sagte, seiner Ansicht nach habe mein Vater sich nichts zu Schulden kommen lassen. In Wirklichkeit hatte er es wahrscheinlich die ganze Zeit über geglaubt. Dieses schlechte Schauspiel wurde aus irgendeinem anderen Grunde inszeniert. Vielleicht, um dem Kaiser zu beweisen, wie eifrig er gegen dessen Feinde vorging. Festinus war ein Fremder hier im Osten und hatte keine Freunde: Er mußte sich keine Gedanken darüber machen, wie andere mit ihm umspringen würden, wenn seine Amtszeit als Statthalter abgelaufen war. Er würde sowieso niemals von jemandem empfangen werden, es sei denn, er wäre offensichtlich ein Günstling des Kaisers. Was seine Herkunft anbetraf, so war er, genau wie Maia sagte, ein Niemand. Deshalb war es für ihn von allergrößter Wichtigkeit, die Aufmerksamkeit des Kaisers zu erringen und sich zu erhalten.

Aber als ich ihn lachen sah, wußte ich, daß er es genoß, Menschen zu demütigen, die sich, wie mein Vater, als Aristokraten betrachteten. Hier war er, der Sohn eines Niemand, und dennoch konnte er einem reichen Senator mit der Folter drohen und zusehen, wie er zitterte. Ja, er genoß dieses Schauspiel.

»Theodoros ist ein häufiger Name«, warf Thorion ärgerlich ein. »Es muß allein im Ostreich Hunderte von mächtigen Männern dieses Namens geben. Will der Kaiser sie allesamt anklagen? Und was hat er für eine gesetzliche Handhabe?« Thorion wurde immer ärgerlich, wenn er Angst hatte: ärgerlich und aggressiv.

Festinus schnaubte verächtlich und sah ihn nachsichtig an. Du bist sehr jung, sagte sein Blick, und du verstehst nichts von diesen Dingen. »Wir werden jeden, der in dieser äußerst schwerwiegenden Angelegenheit unseren Verdacht auf sich zieht, verhören«, entgegnete er förmlich.

Die Tür zum Flur öffnete sich, und der mit der Durchsuchung beauftragte Beamte kam herein und zog den weinenden Johannes hinter sich her. Hinter ihm tauchten zwei Soldaten auf. Ich beobachtete Festinus und sah, wie seine Gesichtszüge erstarrten, wobei sich sein Mund angesichts dessen, was er da sah, vor ungeheuchelter Überraschung öffnete. Erst dann wandte ich meinen Blick von ihm ab.

Die Soldaten hatten ein großes Tuch aus purpurfarbener Seide in der Hand. Es war mit goldfarbenen Ornamenten bestickt, und die Kanten waren mit goldenen Fransen gesäumt. Sie breiteten es auf dem Fußboden über dem Mosaik des Wagenlenkers aus. Wie es da auf den farbigen Fliesen lag, leuchtete es prächtig und intensiv: kaiserlicher Purpur. Nur Kaisern war es erlaubt, Purpur zu tragen. Wenn ein anderer Mann ein solches Gewand besaß, bedeutete dies ein Kapitalverbrechen.

»Es befand sich in seiner privaten Kleidertruhe«, sagte der Beamte. »Keiner der Sklaven will es vorher schon einmal gesehen haben, und allesamt leugnen, irgend etwas davon zu wissen.«

»Nein!« protestierte Vater. Er sprang auf, schlug mit den Fäusten auf die Ruhebank, dann fiel er auf die Knie. »Nein, es ist nicht so, wie du denkst. Ich kann es erklären!«

»Du wirst das alles erklären müssen, darauf kannst du Gift nehmen«, erwiderte Festinus finster. Er war ebenfalls aufgesprungen und starrte den Purpur an. »Ich gratuliere dir, Theodoros. Ich dachte, du bist genauso schwächlich und töricht, wie du vorgibst. Ich dachte, du bist unschuldig. So, so: dann hast du also doch mit Euserios zusammen ein Komplott geschmiedet. Ist Eutropios mit von der Partie? Wer sonst noch? Nenn deine Komplizen!«

»Aber ich bin doch kein . . . ich meine, das Tuch war nicht für mich bestimmt.«

»Für wen denn dann? Für wen? Wir werden die Wahrheit aus dir herausbekommen. Wir werden sie ans Tageslicht *zerren*. Wir können dich trotz deiner Reichtümer der Folter überantworten. Wir können die Wahrheit aus dir *herausreißen*! Es hat keinen Zweck, jetzt noch irgend etwas zu leugnen!«

Ich war vor Schreck beinahe in Ohnmacht gefallen, als ich den Purpur sah. Ich konnte ganz einfach nicht glauben, daß mein Vater so etwas besaß. Wenn ich nicht gesehen hätte, wie überrascht Festinus war, hätte ich geglaubt, er habe das Tuch untergeschmuggelt. Aber es gehörte meinem Vater. Das bewies auch die plötzliche Wut des Statthalters. Er war nicht einfach ärgerlich, sondern rachsüchtig: Er war zum Narren gehalten worden. Kein mehr oder weniger höfliches Gerede mehr über einen bloßen Verdacht und die Gottwohlgefälligkeit unseres Erhabenen Gebieters.

Mein Vater kniete auf dem Fußboden und zerrte am Saum des Gewandes: Er war viel zu verstört, um etwas zu sagen. Ich war immer noch zu entsetzt, um zu weinen. Doch die äußere Form des purpurfarbenen Gewandes erinnerte mich plötzlich an etwas anderes, etwas, das ich kürzlich gesehen hatte. In den Pferdeställen. Und mir wurde klar (und eine Welle der Erleichterung ließ endlich meinen Tränen freien Lauf), daß der Purpur gar kein Gewand war, sondern eine Schmuckdecke für einen Streitwagen.

»Es ist für einen Streitwagen bestimmt«, sagte ich laut.

Alle starrten mich an, als sei ich von Sinnen. All diese würdigen Männer und Beamten starrten auf ein fünfzehnjähriges Mädchen. »Könnt ihr denn nicht sehen, daß es für einen Streitwagen bestimmt ist?« rief ich. Ich eilte hinzu und hielt den Stoff hoch, legte ihn so hin, daß seine Vorderseite über die Lehne einer der Ruhebänke fiel, wobei die Fransen über die Rücklehne und die Seiten hingen. »So etwas taugt nicht als Kleidungsstück«, sagte ich zu Festinus. Er beugte sich über mich, kam mir dabei sehr nahe und runzelte die Stirn. »Wer würde denn ein purpurfarbenes Gewand für einen Streitwagen brauchen?« fragte er, seine Stimme hörte sich jedoch etwas unsicher an. »Vater zum Beispiel.« Ich hatte keine Ahnung, daß er etwas Derartiges beabsichtigte, aber jetzt, da ich verstand, worum es sich bei dem Gewand handelte, konnte ich mir alles übrige zusammenreimen. »Er hat es für die Spiele in diesem Sommer machen lassen. Er gehört dem Magistrat an. Er wollte eine Statue des Augustus, unseres Erhabenen Gebieters, in dem Siegerwagen aufstellen und sie durch die Stadt fahren. Er hat den Sklaven nichts davon erzählt, weil er alle mit einem neuen Schauspiel überraschen wollte. Wenn man so etwas den Sklaven erzählt, dann weiß es vor Sonnenuntergang bereits die ganze Stadt. Jedesmal, wenn er dem Magistrat angehört, erwarten alle etwas Neues von ihm, und er liebt es, die Leute zu überraschen. Aber mir und Thorion hat er alles erzählt – nicht wahr, Thorion?«

Ich wußte, daß er Thorion nichts dergleichen erzählt hatte. Er wußte sehr wohl, was Thorion von all seinen Ehrenämtern und Pferderennen hielt. Aber er hatte es sicher ein paar anderen erzählt – Daniel, dem Wagenlenker, und Philoxenos und vielleicht einem oder zweien seiner Freunde. Ich hoffte, daß das mit der Statue stimmte: Ich hatte sie ins Spiel gebracht, weil ich ihn nicht für tollkühn genug hielt, seinen Siegeswagen ohne irgendeine öffentliche Rechtfertigung in der Stadt herumfahren zu lassen (und er war sicher gewesen, daß sein Streitwagen siegen werde, sonst hätte er nicht den Purpur bestellt). Wenn diese Vermutung stimmte, dann mußte er sich mit ein paar anderen im Stadtrat abgesprochen haben, um die Statue des Kaisers vom Marktplatz zur Pferderennbahn zu schaffen, sie herzurichten und anschließend in dem Streitwagen aufzustellen. Dann hätte er vielleicht noch andere Zeugen.

»Das stimmt«, sagte Thorion. Mein Bruderherz war zwar keine große Leuchte beim Lernen, aber er war alles andere als dumm. »Es ist schon so lange her, seit der Augustus Ephesus einen Besuch abgestattet hat, daß Vater dachte, es täte der Stadt gut, wenn er den Bürgern zumindest ein Bild unseres Erlauchten Gebieters vorführe. Er hat uns alles erzählt.«

»Ja!« sagte Vater und richtete sich auf, auch wenn er nach wie vor kniete.

»Und ich habe es auch Philoxenos, meinem Pferdeknecht, erzählt und den beiden vortrefflichen Ratsherrn dieser Stadt, Pythion und Aristeides: Sie wollten es übernehmen, die Statue unseres frommen Kaisers anläßlich der Festlichkeiten zur Pferderennbahn zu schaffen. Es wäre so gewesen, als wache der Kaiser von weitem über unser Fest. Nach dem Rennen sollte der Siegerwagen vor der Statue des Kaisers halten, und die Dienerschaft sollte ihn mit dem Purpur behängen und die Statue dann vor dem Wagenlenker aufstellen. Er sollte sie durch die Straßen zum Marktplatz fahren und den Beifall der ganzen Stadt einheimsen.« Vater erholte sich ein wenig. Er sprach beinahe wieder mit seiner gewohnten Gewandtheit und malte sich dabei aus, was er zweifellos vor seinem inneren Auge sah – sein von Daniel gelenkter Streitwagen, wie er durch die Straßen voller jubelnder Menschen fuhr.

Festinus starrte ihn an, dann blickte er zu dem über der Ruhebank ausgebreiteten Purpur. Nachdem ich erläutert hatte, was das Gewand darstellen sollte, konnte man sich nur schwer vorstellen, es könne zu etwas anderem als einer Zierdecke dienen: Wenn mein Vater nicht gleich in Panik verfallen wäre, hätte er es selbst erklären können. Obwohl ihm vielleicht, solange ihm die Folter drohte, niemand geglaubt hätte.

»Geht und sucht den Pferdeknecht«, befahl Festinus seinen Männern, während er Vater immer noch anstarrte. »Schleppt ihn fort und fragt ihn auf der Folter aus, ob diese Geschichte der Wahrheit entspricht. Und nehmt diesen Wagenlenker fest – wie heißt er?«

Vater zuckte zusammen. »Daniel.«

»Nehmt ihn fest und fragt ihn über das purpurne Gewand aus, das man in Theodoros' Besitz gefunden hat. Gebt ihm einen kleinen Vorgeschmack von der Folter – nicht zuviel, er wird ja nicht selbst beschuldigt. Und überprüft die Sache mit diesen Ratsherren.«

Die Beamten nickten, verbeugten sich und gingen hinaus. Festinus sah meinen Vater an, er hatte sein amüsiertes Grinsen wiedergewonnen: »Eine Zierdecke für einen Streitwagen. Ich muß schon sagen.« Er lachte und warf den Kopf in den Nacken, dann hielt er unvermittelt inne. »Wie bist du an den Purpur gekommen?«

Vater erhob sich langsam, starrte Festinus an, dann setzte er sich auf die Ruhebank. »Ich schrieb an die Fabrik in Tyrus und erzählte den Beamten dort, wofür ich ihn wollte, und er wurde mir auf dem üblichen Wege zugesandt. Man müßte die Briefe dort noch haben oder sich zumindest an sie erinnern. Ich habe dreißig *Solidi* für den Purpur bezahlt.«

Jetzt betrat ein anderer Soldat den Raum und salutierte. »Wir haben die Durchsuchung beendet, erlauchter Festinus.«

»Gut. Irgendwelche Briefe, irgendwelche Hinweise auf Zauberei?«

»Wir haben die Briefe zurückbehalten, Herr, um sie genau durchzugehen, auf Anhieb springt jedoch nichts ins Auge. Aber es gibt da ein Buch über Astrologie.«

»Tatsächlich?«

Der Soldat zog seine Notizen zu Rate. »Es heißt *Phenomena*, erlauchter Festinus. Es ist von einem Zauberer namens Aratos.«

Festinus schnaubte verächtlich. »Du Dummkopf. Jeder besitzt dieses Buch. Es ist ein klassisches Werk. Sonst nichts?«

»Nichts, edler Festinus«, sagte der Soldat und war offensichtlich enttäuscht.

»Dann sag deinen Männern, sie sollen ein paar Sklaven nehmen und sie verhören, und dann verschwinde«, sagte Festinus. »Und geh nicht zu hart mit den Sklaven um. Es hat den Anschein, als sei Theodoros trotz allem unschuldig.« Er grinste meinen Vater noch einmal an und entblößte die Zähne, dann blickte er sich suchend im Zimmer um. »Wir werden noch ein paar von deinen Sklaven verhören müssen, vortrefflicher Theodoros«, sagte er sehr höflich. »Deinen Hausverwalter, deinen Privatsekretär und ein oder zwei andere . . .« Er blickte sich erneut um und sein Blick fiel auf Maia, die hinter Vater stand und ihm Luft zufächelte. Zufällig sah sie in diesem Augenblick gerade Festinus an und blickte nicht auf den Fußboden, und niemand hätte den Ausdruck des Hasses in ihrem Gesicht mißverstehen können. Festinus lächelte: »Und diese Frau dort.«

Maia sagte nichts. Einer der Soldaten trat hinzu und band ihr die Hände zusammen. Sie leistete keinen Widerstand. Der Hausverwalter Johannes begann erneut zu wimmern. Er war ein alter Mann und hatte das Haus schon für meinen Großvater verwaltet. Irgendwo hatte er einen Haufen Geld beiseite gelegt, und Vater sagte immer, er wolle Johannes eines Tages freilassen und ihm erlauben, sich zur Ruhe zu setzen. Die Verwaltung des Hauses sollte dann Johannes' Sohn übernehmen. Vielleicht mußte er dies schon jetzt tun.

Vater räusperte sich. »Du . . . du wirst ihnen doch nichts wirklich *Schlimmes* antun, vortrefflicher Festinus?«

Dieser entblößte noch einmal seine Zähne. »Nichts, wovon sie sich nicht innerhalb von drei Tagen erholen − es sei denn, wir entdecken irgend etwas. Du wirst keinen Grund haben, Entschädigung für sie zu beanspruchen. Wenn alles gutgeht, schicken wir sie dir morgen zurück.«

»Maia«, rief ich.

Sie sah mich an, ihr spitzes Gesicht sah abgehärmt aus, doch es gelang ihr zu lächeln. »Mach dir nichts draus, Liebling«, sagte sie. »Ich werd' schon durchkommen.«

Festinus und sein Gefolge gingen fort und nahmen den gesamten Briefwechsel meines Vaters mit sich, all seine Rechnungen, das purpurfarbene Tuch sowie Maia, Johannes, Philoxenos, zwei Stallburschen, drei Hausmädchen und Georgos, den Sekretär meines Vaters. Ich hätte sicherlich wegen Philoxenos und Johannes und all den anderen geweint, doch ich konnte einzig und allein an Maia denken.

Von der Vorderseite des Hauses aus hatten wir einen Blick auf ganz Ephesus, die Straße hinunter bis zum Theater und zum Marktplatz und, dahinter, bis zum Blau des Hafens. Von einem der Fenster aus beobachtete ich, wie der Trupp davonzog und sich durch die Straßen schlängelte. An der Spitze ritten die Soldaten, dann kam der Statthalter in seiner Sänfte, schließlich die Beamten zu Fuß, gefolgt von den übrigen Soldaten mit den Sklaven. Maia ging sehr aufrecht und stolz, doch sie sah winzig aus zwischen all den anderen. Ich fragte mich, ob der Soldat, der sie so brutal behandelt hatte, derjenige war, der neben ihr ging. Und ich fragte mich, was sie ihr antun würden. Wenn sie Sklaven ausfragen, foltern sie sie stets. Sie behaupten, auf andere Weise bekämen sie die Wahrheit nicht heraus. Ich weiß nicht, wieso man erwartet, die Wahrheit aus jemanden herauszubekommen, wenn man ihn foltert.

Ich ging wieder in mein Zimmer. Ich hatte es mit Maia geteilt, seit sie ins Haus gekommen war: Dort stand ihr Bett neben dem meinen, und ihre kleine Kleidertruhe stand neben meiner großen. Ich setzte mich auf ihr Bett und weinte, dann rollte ich mich zusammen und weinte noch heftiger. Ich kuschelte mich in die von Maias Körper gebildete Delle, da ich mir so sehr wünschte, mich an sie zu kuscheln. Sie hatte mich immer getröstet, wenn mir etwas weh tat. Jetzt würde sie es sein, die leiden mußte, und niemand würde sie trösten. Ich wünschte, ich hätte mich an sie geklammert und laut geweint – doch was hätte das für einen Sinn gehabt? Es hätte sie nur große Anstrengungen gekostet, sich zusammenzureißen, um ihre Würde zu wahren, im übrigen hätte mir kein Mensch auch nur die geringste Beachtung geschenkt.

Nach einer Weile bemerkte ich, daß ich auf etwas Hartem saß. Es war meine lederne Kosmetiktasche – oder um genauer zu sein, es war die Drossel.

Ich richtete mich auf, hörte auf zu weinen und nahm den Vogel heraus. Er war inzwischen kalt und wurde allmählich steif. Seine Augen schienen noch tiefer eingesunken. Was würde passieren, wenn ich den Körper verstümmelte? Wenn ich zu Hekate, Tisiphone und dem Bösen betete und es mit dem nötigen Haß und den richtigen Worten tat, ob dann der Statthalter Festinus wohl zusammenbrechen und sterben würde? Ich versuchte, mir vorzustellen, wie er an irgendeiner qualvollen Krankheit starb, sein feistes rotes Gesicht in Schweiß gebadet, seine Augen glasig starrend und voller Blut. Aber die Vorstellung tröstete mich ganz und gar nicht. Seine Qualen würden Maias Qualen nicht beenden.

In dem Eid des Hippokrates schwört ein Arzt, seine Heilkunst dazu zu gebrauchen, den Kranken Besserung zu verschaffen und niemandem Schaden zuzufügen. Ich vermutete, daß dies auch einschloß, niemandem durch andere Künste Schaden zuzufügen. Und ich wußte die Schwarze Magie sowieso nicht zu handhaben.

Ich stand auf, wusch mir das Gesicht, dann ging ich und warf den Vogel in den ersten Innenhof neben dem Brunnen.

Als ich wieder in das Zimmer kam, war Thorion da. Er saß auf Maias Bett und hatte ihr liebstes Götterbild in der Hand, ein Bild von Maria der Gottesgebärerin und ihrem Sohn, das sonst in einer Nische neben dem Fenster stand. Er hatte ebenfalls geweint. Ich setzte mich neben ihn, und wir umarmten uns.

»Festinus wird es nicht wagen, sie übel zuzurichten«, sagte Thorion nach einem Augenblick. »Er weiß, daß Vater unschuldig ist. Er hat all dies aus reiner Bosheit getan.«

Auch er dachte nur an Maia. Es war merkwürdig: Wir lachten dauernd über Maia, machten uns über ihren Sinn für Schicklichkeit lustig, verkrochen uns, wenn sie mit uns angeben wollte – aber wir zeigten niemals, daß wir sie liebten. Doch sie war unsere Mutter, in viel stärkerem Maße als jene »vollkommene Dame«, die gleich nach meiner Geburt verschwunden war, und es gab niemanden auf der Welt, den wir mehr liebten.

»Das mit der Zierdecke für den Wagen war sehr gerissen«, meinte Thorion nach einem weiteren Augenblick. »Hat Vater dir davon erzählt? Das kann ich mir eigentlich kaum vorstellen.«

»Er hätte es am Ende sicher auch selbst erklären können«, antwortete ich.

»Sie hätten ihm nicht mehr getraut, *am Ende*«, sagte Thorion. »Er hätte es von Anfang an sagen müssen. Er hätte es erklären müssen, bevor sie den Purpur fanden. Ich wünschte, er wäre tapferer. *Ich* hätte diesen Hundesohn nicht damit durchkommen lassen.« Während er dies sagte, ballten sich seine Hände zu Fäusten, und er warf einen finsteren Blick auf das Gottesbild. »Dieser gallische Emporkömmling! Er ist nur hier, weil er mit dem Präfekt Maximinus zur Schule gegangen ist! Ich würde ihn gerne auspeitschen, diesen Sklaven!«

Dazu konnte ich nichts sagen.

Am folgenden Nachmittag schickte Festinus einen Boten mit der Nachricht, wir könnten unsere Sklaven zurückhaben. Vater sandte sofort zwei Wagen, um sie zu holen. Sie waren allesamt gefoltert worden – man hatte sie mit dem Rücken an einen Pfahl gefesselt und an ihren Armen und

Beinen Bleigewichte befestigt. Außerdem waren sie mit Ruten geschlagen worden. Eines unserer Hausmädchen war mehrmals vergewaltigt worden. Philoxenos, der am peinlichsten ausgefragt worden war, hatte man an Brust und Oberschenkeln mit einem Gerät gefoltert, das man Forke nennt, und er konnte nicht mehr aufrecht stehen. Vater mußte allesamt ins Bett schicken und seinen eigenen Arzt holen lassen, um sie zu pflegen.

Während sich der Arzt um die anderen kümmerte (er widmete sich als erstes Philoxenos), tat ich mein möglichstes, um Maia ein wenig Erleichterung zu verschaffen. Thorion und ich halfen ihr aus dem Wagen, und sie wankte durch das Haus bis in unser Zimmer, wobei wir sie beide stützten. Sie umarmte uns, als sie uns sah, zuckte jedoch zusammen, als wir sie unsererseits umarmten. Einige ihrer Sehnen waren auf der Folterbank gerissen, und ihre Schultergelenke waren geschwollen. Überall auf ihren Armen und quer über ihrer Brust waren die Spuren der Rute zu sehen und ein besonders langer und blutiger Hieb verlief quer über ihr Gesicht.

»Das muß mit warmem Wasser ausgewaschen und dann mit weißem Wachspflaster verbunden werden«, sagte ich zu ihr. »Möchtest du vielleicht ein paar heiße Wundkompressen für deine armen Schultern?«

Maia lächelte mich an und lehnte sich auf ihr Bett zurück. »Meine kleine Ärztin«, sagte sie. »Nun, diesmal macht es mir nichts aus, wenn du Hippokrates spielst. Ja, ich möchte gerne ein paar heiße Wundkompressen. Und später unbedingt ein Bad, aber im Augenblick . . . im Augenblick möchte ich mich am liebsten gar nicht bewegen.«

Ich ging hinunter in die Küche und holte einige heiße Kompressen. Die Haussklaven wärmten bereits einen ganzen Haufen davon auf dem Ofen und machten sie für die gefolterten Sklaven fertig. Ich nahm mir drei Kompressen für Maia und wickelte sie in ein Tuch, um sie warmzuhalten. Sie bestanden aus einer Mixtur von Gerste mit etwas Essig und waren in kleine Lederbeutelchen eingenäht, so daß sie lange heiß blieben. Sie taten schmerzenden Gelenken außerordentlich gut. Ich legte je eine auf Maias Schultern und eine unter ihren Rücken. Zuvor wickelte ich sie in ein Kleidungsstück, damit sie ihr nicht zu heiß würden.

»Das wird Festinus noch einmal bereuen«, sagte Thorion.

Maia schnaubte verächtlich. »Du verschwendest nur deine Zeit, mein Lieber! Er ist es nicht wert, daß du dich mit ihm abgibst.« Sie dachte einen Augenblick lang nach, dann fügte sie hinzu: »Und unser Herr Jesus Christus hat gesagt, wir sollen unseren Feinden vergeben und für jene beten, die uns Böses tun.«

»Wie kannst du einem derart bösen Mann vergeben, der keine Spur von

Reue zeigt? Es hat ihm Spaß gemacht, dies alles unserem Haus anzutun, es hat ihm Spaß gemacht, den Herrn zu erschrecken und die Sklaven zu foltern!«

»Nun«, meinte Maia sachlich. »Als christlicher Edelmann solltest du zumindest nicht auf Rache sinnen. Es schickt sich nicht für dich, derart barbarische Ansichten zu äußern. Und Festinus ist ein Niemand, und er ist den Haß eines hochgeborenen Herrn gar nicht wert.«

»Maia«, sagte ich, »ich liebe dich.« Nur sie konnte christliche Barmherzigkeit mit derart hochnäsiger Vornehmheit verbinden.

2

Natürlich hatte Festinus nichts weiter entdeckt, als daß Vater ein leidenschaftlicher Anhänger von Pferderennen war und das purpurfarbene Tuch genau zu dem Zweck verwenden wollte, den er angegeben hatte. Die gefolterten Sklaven, sogar Philoxenos, waren innerhalb von drei Tagen alle wieder auf den Beinen. Nur das mehrmals vergewaltigte Hausmädchen hatte nach wie vor Angstträume und wachte mehrmals des Nachts laut schreiend auf. Schließlich schickte Vater sie auf eines seiner Landgüter, wo sie im Haushalt helfen sollte. Er hoffte, die Ruhe auf dem Lande werde ihren Nerven guttun. Er ließ Johannes frei und sprach davon, Philoxenos ebenfalls freizulassen, aber er tat es doch nicht. Philoxenos war einfach zuviel wert. Wegen Vaters Begeisterung für Pferderennen war Philoxenos einer der wichtigeren Sklaven in unserem Haushalt. Als Sohn des Reitknechts meines Großvaters war er in die Familie hineingeboren worden und kommandierte sämtliche Stallburschen und Gärtner herum. Wenn man das Kind eines reichen Vaters ist, denken die Leute manchmal, man braucht nur mit den Fingern zu schnippen und auf etwas zu zeigen, was die Sklaven tun sollen, und schon tun sie es. Aber Sklaven haben ebensoviel Anteil an der Führung eines Hauses wie ihre Eigentümer, und ein kluger Gebieter muß sie verständig behandeln. Vater hätte Philoxenos gerne freigelassen, doch er glaubte, dafür nicht reich genug zu sein. Er sagte immer, wir seien gar nicht so furchtbar reich, jedenfalls nicht nach den Maßstäben des Westreichs. Ihm gehörten kaum mehr als zweihundert Sklaven, und die meisten von ihnen lebten auf seinen Gütern und bearbeiteten das Land. Mehr als vierzig waren nie in unserem Stadthaus. Es hätte Vater eine Menge gekostet, einen so guten Stallmeister wie Philoxenos zu kaufen, falls es ihm überhaupt gelungen wäre, und er hätte sich zusätzlich verpflichtet gefühlt, Philoxenos zu einem guten Start im Geschäftsleben zu verhelfen. Philoxenos war ganz wild darauf, auf eigene Faust zu arbeiten: Er wollte gerne aufs Land ziehen und dort Pferde züchten und trainieren. Statt ihn freizulassen, schenkte Vater ihm schließlich eine Zuchtstute, um etwas zu diesem Gestüt beizusteuern. Ich glaube nicht, daß dies eine angemessene Entschädigung für die Folter war, die Philoxenos wegen der Eitelkeit seines Gebieters erlitten hatte, aber Philoxenos freute sich sehr darüber.

Vaters Wagenlenker, Daniel, war ebenfalls gefoltert worden, aber nicht allzu schlimm. Im nachhinein waren wir froh, daß es damals diese Aufregung wegen Zauberei in Ephesus gegeben hatte: Festinus' Männer fanden in Daniels Haus keinerlei Beweise für Schwarze Magie. Ich war mir ziemlich sicher, daß Daniel seine Bücher und Schreibtafeln nur irgendwo anders gut versteckt hatte, doch er genoß die ungewohnte Rolle der mißhandelten Unschuld, und Vater mußte ihm einen Haufen Geld geben, um seine verletzten Gefühle zu besänftigen.

Wir waren noch einmal glimpflich davongekommen. Überall im Ostreich wurden Männer zum Tode verurteilt, nur weil sie von der Verschwörung gehört hatten, und nirgends waren es mehr als in Ephesus unter der Statthalterschaft von Festinus. Der Philosoph Maximus, einst der vertrauteste Ratgeber von Kaiser Julian, wurde vor den Rennen in der Pferderennbahn enthauptet, weil er die Verse des Orakels über den Nachfolger von Valens kannte. Statt der Überraschungsprozession meines Vaters erlebten wir nun also die von Festinus veranstaltete Überraschungshinrichtung. Festinus ließ den armen Mann in die Mitte des weiten Rundes führen, dann erhob er sich auf seinem Ehrenplatz und hielt eine Ansprache über die Verruchtheit treuloser Männer. Maximus erhielt keine Chance, etwas zu entgegnen. Barhäuptig stand er in der heißen Sonne, trug lediglich eine braune Tunika und sah alt und elend aus. Die Stadt war stolz auf ihn gewesen, und alle waren entsetzt. Als Festinus seine Ansprache beendet hatte, warfen seine Leibwächter Maximus auf die Knie, und der Henker ließ sein Schwert herabsausen. Das Blut des Philosophen spritzte in weitem Umkreis über den Erdboden, und viele hielten dies für ein böses Omen. Falls dem so war, dann erfüllte es sich nur allzu schnell. Den ganzen Sommer hindurch wurden Menschen angeklagt, vor Gericht gezerrt, gefoltert und aufgrund der fadenscheinigsten Beweise hingerichtet. Einem Kaufmann wurden wegen Unterschlagungen die Geschäftspapiere beschlagnahmt. Unter ihnen wurde ein Horoskop für einen Mann namens Valens entdeckt. Der Kaufmann sagte, dieser Valens sei sein Bruder, der vor mehreren Jahren gestorben sei. Er erbot sich, einen Beweis für diese Behauptung von dem Astrologen herbeizuschaffen, der das Horoskop gestellt hatte, und von Leuten, die seinen Bruder gekannt hatten. Doch es wurde ihm keinerlei Gelegenheit dazu gegeben, er wurde auf die Folterbank geschickt und dem Schwert des Henkers überantwortet. Es gab eine törichte alte Frau, die angeblich Fieberkranke mit einem Talisman heilen konnte (eine Methode, die, wie jeder Arzt weiß, wenig Erfolg verspricht): Sie wurde der Zauberei angeklagt und hingerichtet, nachdem sie mit Festinus' Wissen einen seiner Sklaven behandelt hatte. Und dies waren nur ein paar Fälle von vielen.

Festinus wurde für seine Ergebenheit von unserem Erhabenen Gebieter, dem allerfrommsten Augustus, unserem Herrn Valens belohnt. Im Herbst wurde bekannt, daß seine Amtszeit für ein weiteres Jahr verlängert worden war. Außerdem wurden ihm einige kaiserliche Ländereien im Caystertal, die früher von einem seiner Opfer verwaltet worden waren, auf hundert Jahre zur Pacht überlassen. Solche Ländereien sind sehr beliebt, da keine Steuerlast auf ihnen liegt. Darüber hinaus war es hervorragendes Land: fruchtbar und eben.

Um seinen Zuwachs an Reichtum und Macht zu feiern, gab Festinus eine Gesellschaft, zu der er alle wichtigen Männer in Ephesus einlud, einschließlich Vater und Thorion. Jedermann hatte viel zu große Angst vor ihm, um die Einladung auszuschlagen. So legte Thorion seinen besten Umhang und seine schönste Tunika an, ließ Maia seine Haare bürsten und seinen Umhang glätten — sie sagte, er habe ihn mal wieder völlig zerknittert — und brach finsteren Blicks auf. Ich ging natürlich nicht mit. Ich war im späten Frühjahr sechzehn geworden, aber Mädchen gelten erst als erwachsen, wenn sie verheiratet sind, und gehen deshalb nicht auf Abendgesellschaften.

Wenn Thorion finstere Blicke um sich geworfen hatte, als er an jenem Nachmittag aufbrach, dann sah er wie vom Donner gerührt aus, als er in der Nacht nach Hause kam. Ich hörte, wie er und Vater mit ihrem Gefolge ankamen, und rannte in den ersten Innenhof, um sie zu begrüßen. Vater sah ganz einfach erschöpft aus und zog sich sofort in sein Zimmer zurück. Thorion kam mit in mein Zimmer hinauf und erzählte Maia und mir alles über den Verlauf des Abends.

»Er glaubt, er sei jetzt ein vornehmer Herr!« sagte Thorion bitter. »Ein Herr und Landbesitzer. Er sprach davon, sich in Ephesus niederzulassen, wenn seine Amtszeit zu Ende ist, und ein Bürger unserer Stadt zu werden!«

»Dabei ist er doch nur ein Bauer«, rief Maia aus. Sie saß auf ihrem Stuhl in der Nähe des Fensters und spann. Es war dunkel, und wir zündeten die Lampen an: Das kleine Zimmer machte einen behaglichen Eindruck. Die weißen Wände glänzten in dem Licht der Lampen wie Gold, Maias Götterbilder lächelten gütig von der Wand, ihre Spindel surrte sanft. Von draußen kam das Zirpen der Grillen und das Rauschen der Bäume. Ich hatte mich gerade zum Schlafen zurechtgemacht, als Thorion heimkam, und saß nur mit meiner Tunika bekleidet und die Arme um die Knie geschlungen auf meinem Bett. Mein Umhang lag sorgfältig zusammengelegt auf der Kleidertruhe, da er am nächsten Morgen gereinigt werden sollte. (Er war weiß mit etwas grün und wies den unvermeidlichen purpurfarbenen Streifen auf. Warum müssen junge Mädchen unbedingt weiße Umhänge tragen? Es ist unmöglich, weiße Sachen sauberzuhalten, und jetzt hatte ich auch noch einige Blutspritzer abbekommen, weil ich Philoxenos beim Kastrieren einiger junger Hengste zugesehen hatte.) Trotz des schlimmen Sommers hatte ich das Gefühl, daß zu Hause allmählich alles wieder seinen gewohnten Gang ging. Ich wollte nicht über Festinus nachdenken und äußerte mich deshalb nicht dazu — obwohl ich darauf hätte hinweisen können, daß es gerade uns nicht gut anstand, über einfache Bauern herzuziehen, die darauf aus sind, sich vornehme Häuser und Titel unter den Nagel zu reißen.

»Er ist ein ganz gemeiner Dieb!« sagte Thorion. »Er trug einen Umhang mit einem purpurfarbenen Streifen, der so breit ist wie meine Hand« — er streckte seine große Bauernhand aus und spreizte die Finger —, »und das Tischtuch hatte ebenfalls einen Purpurstreifen. Es kam mir irgendwie bekannt vor, und mitten während des ersten Ganges merkte ich auch warum: Es war *unser* Purpur, für den *wir* dreißig *Solidi* bezahlt haben und den Festinus beschlagnahmt und niemals zurückgegeben hat!«

»Dieser dreckige Räuber!« rief Maia erschrocken aus. »Hat er etwas dazu gesagt?«

»Nein. Ich glaube, er hatte ihn ganz vergessen, er war viel zu beschäftigt damit, sich dauernd selbst zu beglückwünschen.« Thorion hielt inne, um Atem zu schöpfen, dann fuhr er in einem auffallend ruhigen Tonfall fort: »Und er sprach über dich, Charition.«

»Über mich?« fragte ich, und jetzt war ich es, die erschrocken war. Thorion nickte und sah dabei finsterer aus als je zuvor. Maia gab einen mißbilligenden Ton von sich und sah mich unbehaglich an.

»Er fragte Vater: ›Wie geht es deiner hübschen Tochter?‹« berichtete Thorion. »Und als Vater meinte, es ginge dir ausgezeichnet, erzählte Festinus aller Welt, du seiest ein sehr hübsches und äußerst bescheidenes Mädchen. Und er erzählte, als Vater unter Verdacht stand — einfach so: ›als der vorzügliche Theodoros unter Verdacht stand‹ —, hättest du den Kopf nicht verloren und auf Beweise für Vaters Unschuld aufmerksam gemacht, an die alle anderen in ihrer Aufregung nicht gedacht hatten. Und er fragte Vater nach deinem Namen. Er sagte, er hätte ihn vergessen.«

»Der Name einer züchtigen Jungfrau geht ihn überhaupt nichts an!« rief

Maia aufgebracht. »Für ihn reicht es völlig, sie als die Tochter des vorzüglichen Theodoros zu kennen! Du hast doch überhaupt nicht mit dem Statthalter gesprochen, als er hier war, Charis, oder?«

»Nur das, was du selbst mit angehört hast«, erwiderte ich. »Und daran hat er sich erinnert. Ich wundere mich, daß Festinus sich überhaupt daran erinnert. Ich glaube, sogar Vater hat es vergessen.«

»Er erinnerte sich daran, daß du hübsch bist«, sagte Thorion. Er zog an seiner Unterlippe, eine schlechte Angewohnheit, die Maia haßte. »Ich hätte ihn verprügeln können! Dort einfach auf seiner Ruhebank zu liegen, darüber zu faseln, wie hübsch du bist und wie es war, als Vater unter Verdacht stand, und dabei mit anzüglichen Blicken nur so um sich zu werfen! Bei Gott und all seinen Heiligen! Und nächste Woche müssen wir ihn schon wiedersehen!«

Maia runzelte die Stirn. Sie sagte nicht einmal etwas über Thorions Ziehen an der Unterlippe. »Hat er euch erneut eingeladen?«

»Nein. Er machte Vater klar, daß er gerne einmal zu uns kommen würde, so daß Vater nicht umhin konnte, ihn einzuladen.«

»Thorion«, sagte Maia, und ich wußte, daß sie jetzt wirklich beunruhigt war: Sie gebrauchte Thorions Spitznamen nur, wenn sie außer sich war. »Dein edler Vater muß einen Haufen anderer Leute zu dieser Abendgesellschaft einladen. Männer, vornehme Junggesellen — vielleicht deinen Rechtslehrer? Auf alle Fälle keine Frauen.«

Thorion sah sie grimmig an. »Dann glaubst du also, es hat etwas damit auf sich, wie er über Charis gesprochen hat?«

Maia preßte ihre Lippen zusammen und drehte ihre Spindel. »Ich war ja nicht dabei«, sagte sie nach einem Augenblick. »Aber die Leute werden sich das Maul darüber zerreißen: Es ist höchst ungehörig, sich auf einer Abendgesellschaft nach dem Namen eines jungen Mädchens zu erkundigen. Und ich glaube, es wäre besser, wenn Charis diesem Rohling aus dem Weg ginge. Wenn keine Frauen zur Abendgesellschaft gehören, dann läuft sie auch keine Gefahr, ihm zu begegnen.«

Falls Festinus dagegen alleine käme, würde er sicherlich erwarten, daß ich mit am Eßtisch meines Vaters säße.

»Meinst du denn wirklich, dies habe etwas zu bedeuten?« fragte ich. Ich fühlte mich unbehaglich bei dem Gedanken, daß Festinus über mich gesprochen hatte. »Ist er denn nicht verheiratet?«

»Verwitwet«, erwiderte Maia, die solche Dinge stets wußte. »Und wenn er beabsichtigt, sich in Ephesus niederzulassen, dürfte er wieder eine Frau benötigen — nach Möglichkeit ein vornehmes junges Mädchen aus Ephesus. Und deshalb möchte ich nicht, daß du ihm überhaupt unter die Augen kommst.«

Ich fühlte, wie ich zitterte. »Aber ich bin doch viel zu jung, oder? Und Vater würde doch nie . . .«

Thorion sah mich niedergeschlagen an. »Pythions Tochter ist nur ein paar Monate älter als du, und sie wird in diesem Frühjahr heiraten. Und du weißt ja, Charition, du bist sehr hübsch. Ich könnte diesem Festinus die Zähne einschlagen!« fügte er wütend hinzu.

»Aber Vater würde doch nicht . . .«

»Vater würde Festinus nicht mißfallen wollen. Er hat Angst vor ihm. Maia hat recht: Du mußt diesem Rohling aus dem Wege gehen. Ich werde Vater bitten, einen Haufen anderer Männer einzuladen, dann kannst du in deinem Zimmer bleiben, und wenn Festinus dich erwähnt, dann werden wir ihm alle erzählen, wie jung und töricht du bist. Das sollte allen Hirngespinsten, denen er sich vielleicht hingibt, ein Ende bereiten.«

Doch Vater hatte bereits seinen Freund Pythion und dessen Ehefrau eingeladen, und er bestand darauf, weitere Gäste seien unnötig. »Er meinte, Festinus habe ausdrücklich um eine zwanglose Gesellschaft gebeten, auf der sie freimütig sprechen könnten«, erzählte mir Thorion am nächsten Tag. »Ich gestand ihm, daß ich mir wegen der Art und Weise, in der Festinus über dich gesprochen habe, Sorgen mache, doch er antwortete, das habe überhaupt nichts zu bedeuten, damit wolle der Statthalter nur sein väterliches Interesse an unserem Haus bezeugen. Vater glaubt, Festinus wolle jetzt, da wir Nachbarn sind, Frieden schließen und sich liebenswürdig zeigen. Ich erwiderte ihm, meiner Ansicht nach bestünde die beste nachbarschaftliche Beziehung gegenüber Festinus in einer hohen Steinmauer zwischen ihm und uns.«

Aber Vater war der Hausherr, nicht Thorion. Und bei einer gemischten Abendgesellschaft wurde von mir erwartet, anwesend zu sein.

An dem Tag der Abendgesellschaft fühlte ich mich elend und unbehaglich. Ich hatte Festinus seit dem Tag, an dem er seine Anschuldigungen gegen Vater vorbrachte, nur noch von weitem gesehen und hatte ganz einfach Angst vor ihm, um so mehr, als ich ihn nicht verstand. Ich war mir ziemlich sicher, daß er mit seinem Verhalten uns und anderen gegenüber einzig und allein den Kaiser beeindrucken wollte. Außerdem machte es ihm ganz einfach Spaß, seine Macht über Männer von Rang zu demonstrieren. Aber die Grausamkeit, mit der er Maia und Philoxenos und all die übrigen foltern und so viele andere töten ließ – diese Grausamkeit verstand ich nicht. Seine Beweggründe schienen unerklärlich, gegen die Vernunft, kaum mit menschlichem Maß zu messen. Ich konnte nicht wirklich glauben, daß er auch nur das geringste Interesse an mir hatte, nicht einmal in meiner Eigenschaft als ein vornehmes junges Mädchen aus

Ephesus, das für eine Heirat in Frage kam. Aber eigentlich wußte er überhaupt nichts von *mir*: Er hatte ja nur die angemalte Puppe im Spiegel gesehen.

Ich hatte an jenem Tag einige Unterrichtsstunden, aber es war nur etwas von Euripides dran. Hippokrates hatten wir fürs erste beiseite gelegt. Ischyras mochte Euripides nicht besonders: Sein Stil war ihm nicht erhaben genug. Wir waren bei der Lektüre alle beide nicht so ganz bei der Sache, und schließlich gab er mir früher frei. Ich ging zu den Pferdeställen hinunter. Philoxenos erlaubte mir, mich um eine Stute zu kümmern, die einen entzündeten Huf hatte. Ich behandelte die Verletzung mit heißen Kompressen, wusch sie vorschriftsmäßig mit abgekochtem Wasser und einer reinigenden Lösung aus Essig und Zedernöl aus, und schon bald schien die Behandlung Wirkung zu zeigen. Dann mußte ich noch nach einem kranken Kaninchen sehen, doch ich konnte nicht feststellen, was ihm fehlte, außer daß es ihm schlechter zu gehen schien.

Am späten Nachmittag kam Maia und holte mich. Ich kniete gerade im Stroh und reinigte den Huf der Stute, meinen Umhang hatte ich über die Stalltür gehängt. Ich betupfte den Huf mit der Lösung und benutzte dazu einen Leinenstreifen, den ich um eines meiner kosmetischen Instrumente gewickelt hatte. Dann lehnte ich mich ein wenig auf meine Fersen zurück und prüfte die eitrige Masse auf dem Gewebe. Sie war hell und roch nicht allzu übel: ein gutes Zeichen. Ich drehte mich um und entdeckte Maia, die dastand und mich beobachtete. »Oh«, machte ich.

Maia warf ihre Arme nicht zum Himmel und brach auch nicht in spitze Entsetzensschreie aus, wie sie es für gewöhnlich tat. »Schade, daß du heute abend nicht so erscheinen kannst«, meinte sie statt dessen. »Das würde Festinus von dir heilen: Du siehst aus wie ein Stallbursche! Aber ich kann die Tochter meines Gebieters leider nicht so zu einer Gesellschaft gehen lassen. Komm mit!«

»Laß mich nur schnell noch diesen Huf verbinden«, bat ich inständig, und Maia lächelte tatsächlich und nickte ihr Einverständnis. Ich verband den Huf, klopfte der Stute beruhigend auf den Rücken und ging ins Haus zurück. Ein Bad nehmen, Locken brennen, parfümieren, Gesicht schminken, anziehen – was für eine Zeitverschwendung ist doch das Leben einer jungen Dame! Zum Schluß konnte ich wieder einmal »die anmutigste Dame von Ephesus« im Spiegel bewundern, und sie schien mir törichter und mir selbst unähnlicher als je zuvor. Diesmal wenigstens schien auch Maia nicht allzu zufrieden mit mir zu sein.

Weil es eine kleine, ungezwungene Gesellschaft war, wurde das Essen nicht im großen Kuppelsaal, sondern im Wagenlenkerzimmer gegeben. An den Wänden wurden Lampenständer angebracht, in denen ein süß riechendes, mit duftender Myrrhe versetztes Öl brannte. Auf dem Fußboden und auf dem Tisch aus Zitronenbaumholz waren Rosen verstreut. Der Schein der Lampen tauchte die prächtigen Wandteppiche und das silberne Eßgeschirr in ein sanftes Licht. Es verlieh den Wandbildern eine zusätzliche Tiefe, und es hatte fast den Anschein, als bewege sich der Streitwagen auf dem Mosaikfußboden. Der gesamte Raum zeugte von Reichtum und Kultur, und als die Sklaven Festinus hereinführten, sah er sich anerkennend um. Vier Ruhebänke standen rund um den Tisch herum: eine für Vater, eine für Pythion und seine Frau, eine für Thorion und mich und eine für Festinus. Vater hatte als Gastgeber Anspruch auf den höchsten Platz, Festinus lagerte zu seiner Rechten und Pythion zu seiner Linken; Thorion und ich teilten uns die Ruhebank am unteren Ende.

Festinus hatte Vater ein Geschenk mitgebracht, ein reich verziertes korinthisches Kelchglas mit der Abbildung eines Streitwagens. Vater drückte sein Entzücken darüber aus, und wir lehnten uns alle auf unseren Plätzen zurück. Festinus sah mich immer wieder an, doch ich schlug meine Augen bescheiden zu Boden, und Thorion sorgte dafür, daß er den Platz gegenüber vom Statthalter einnahm, so daß Festinus im Grunde genommen nicht viel mehr als meine Haare zu sehen bekam. Die Sklaven brachten die ersten Gerichte herein: gekochte Eier, in Wein und Fischsoße eingelegten Lauch, süßsaure Erbsensuppe. Und sie füllten die Trinkgefäße aus grünem Glas mit honigsüßem Weißwein, der frisch aus dem Keller gebracht worden war.

»Ausgezeichnet«, sagte Festinus und hob seine Hand in einer Geste der Bewunderung. »Das mag ich so an Asien: Die Menschen hier verstehen zu leben. In Rom stopfen sie sich den Magen entweder mit völlig zerkochten Leckerbissen voll und trinken viel zuviel, so daß sie krank davon werden, oder sie leben wie die Bauern von Brot und Wasser. Keine Mäßigung und kein Geschmack.« In diesem Tonfall schwadronierte er während des gesamten ersten Ganges, pries Ephesus und alles, was damit zusammenhing, so daß Vater und Pythion allmählich ihre Nervosität ablegten und ihre gewohnte freundliche Selbstgefälligkeit wiedererlangten. Nur Thorion blickte auch jetzt noch mißtrauisch um sich. Ich heftete den Blick nach wie vor zu Boden.

Während des zweiten Ganges (gegrillte, mit Asant gewürzte Seebarbe, Hühnchen auf parthische Art und Schweinebauch in Gurkenkraut) wandte sich das Gespräch der Literatur zu. Als Ehrengast rief Festinus nach den Sklaven, damit sie den Wein für den Hauptgang servierten. Vater hatte eine Amphore vorzüglichen Chianweines öffnen lassen. Festinus wies die Sklaven an, ihn so zu mischen, daß er nur ein Drittel Wasser enthielt. Das war stärker, als wir ihn für gewöhnlich tranken, und schon bald lachte Vater lauthals und zitierte Homer.

»Du bist ja tatsächlich ein Gelehrter, vorzüglicher und höchst gebildeter Theodoros«, sagte Festinus zu ihm. »Was ist mit deinen vortrefflichen Kindern? Ich bin sicher, daß ein kluger Mann seine Kinder nicht unwissend aufwachsen läßt, und ich bewundere stets, wenn die Jugend eine gute Erziehung genießt. Wie schon die Dichter sagen, ist sie eine dem Gold weit überlegene Zierde.«

»O gewiß«, erwiderte Vater. »Ich habe großen Wert auf die Erziehung meiner Kinder gelegt und einen äußerst klugen Hauslehrer für sie engagiert. Es handelt sich um Ischyras von Amida: Er kann das reinste Attisch schreiben und ist in allen Klassikern belesen. Außerdem glaube ich, daß meine Kinder nicht gerade faul sind. Mein Sohn Theodoros studiert jetzt die Rechte und Latein, so daß er Aussicht hat, bei Hof eine gute Stellung zu bekommen.«

»Eine kluge Entscheidung, junger Mann«, meinte Festinus beifällig. Thorion brummelte etwas vor sich hin und starrte in seinen Weinbecher. »Und deine Tochter?« fuhr Festinus fort. »Manche Leute sagen, es sei unnötig, Frauen etwas beizubringen, aber ich war immer der Meinung, daß eine belesene Frau eine Zierde ihres Hauses ist.«

»Oh, Ischyras hat Charis die gleiche Aufmerksamkeit gewidmet wie ihrem Bruder Theodoros«, sagte Vater. »So halten wir es hier im Ostreich. Ich würde niemals eine Tochter ohne Kenntnisse von Homer aufwachsen lassen.«

»Großartig! Vielleicht könnte sie uns die Freude machen und uns etwas rezitieren? Viele der bedeutenden römischen Edelleute lassen während ihrer Festessen stets ein paar Verse rezitieren. Eine ausgezeichnete Sitte, finde ich.«

»Wir kennen diese Sitte bei uns ebenfalls«, sagte Vater und der Wein ließ seine Wangen erglühen. »Charis! Meine Liebe, steh auf und rezitier uns etwas!«

Widerwillig stand ich auf. Ich hatte nicht viel Wein getrunken, denn die Sklaven hatten mein Glas nicht so wie diejenigen der Männer dauernd nachgefüllt. Alle starrten mich an. Pythions Frau lächelte mir aufmunternd zu. Festinus entblößte seine Zähne, und für einen Augenblick vergaß ich all meine Lektionen, mein Kopf war völlig leer. Natürlich hatte ich einige Passagen auswendig gelernt: Jeder muß Stücke von Homer und aus den Tragödien auswendig lernen. Aber alles, was mir jetzt einfiel, war: »Sing, Göttin des Zorns«, was schon eine Vierjährige aufsagen kann – dies und ein paar Sätze von Hippokrates über die Behandlung von Wunden. Dann fiel mir plötzlich die Tragödie von Euripides ein, die wir heute morgen gelesen hatten, und ich zitierte eine Stelle daraus. Es war der Schlußchor aus den *Troerinnen*, in dem die Frauen ihren Tod und die

Zerstörung ihrer Stadt beklagen, bevor die Griechen sie in die Sklaverei fortschleppen:

> Eine Rauchfahne verliert sich in der Luft,
> Ist schon vergangen: Es gibt kein Troja mehr.
> Gehen wir also mit müden Beinen;
> Unten im Hafen warten die griechischen Schiffe.

Als ich etwa die Hälfte aufgesagt hatte, merkte ich, daß es nicht sehr taktvoll war, etwas dieser Art zu zitieren. Alle sahen mich etwas merkwürdig an, und Vater machte erneut einen besorgten Eindruck. Obwohl es niemand zugeben würde, brachte doch jedermann das Plündern von Städten irgendwie mit Festinus in Verbindung. Und es lag zumindest in der Luft, daß Festinus beabsichtigte, mich fortzuschleppen. Nun, jetzt war es zu spät, damit aufzuhören.

Ich kam zum Ende und setzte mich. »Das war ja ganz entzückend, Liebling«, sagte Pythions Frau. Sie war wirklich sehr nett.

»Wir haben es gerade heute morgen gelesen«, sagte ich, um die strengen Blicke etwas zu beschwichtigen. Ich blickte starr auf den Fußboden.

Thorion stieß mich an. Ich sah ihn an und bemerkte, daß er grinste. »Du hast keinen Zweifel daran gelassen, was du von ihm hältst«, flüsterte er mir zu. »Gott und seine Heiligen, sieh ihn dir an, wie er versucht, das Thema zu wechseln!«

Festinus wechselte tatsächlich das Thema und kam auf das Theater zu sprechen, und während der folgenden Fisch- und Fleischgänge wurde nur noch darüber gesprochen. Dann machte Vater den Vorschlag, sich zu erheben und vor den Süßspeisen und Früchten ein wenig in den Gärten zu lustwandeln, und alle stimmten zu. Nach all dem Wein wollte jeder die Latrinen benutzen.

Ich benutzte die Latrine auf der Frauenseite des Hauses, dann setzte ich mich in den ersten Innenhof neben den Brunnen, um auf Thorion zu warten. Plötzlich betrat Festinus den Hof. Er war allein. Da er mich sofort entdeckte, hatte es keinen Zweck, sich verstecken zu wollen. Ich faltete meine Hände, legte sie in den Schoß und saß ganz still da.

»Edle Charis«, sagte Festinus und trat auf mich zu. Einen Augenblick lang stand er ganz still und sah auf mich herunter. Ich blickte auf den Fußboden. Er stöhnte und setzte sich neben mich, so nah, daß ich die Hitze seines Körpers spüren und seinen weinschweren Atem riechen konnte. »Was hast du damit sagen wollen, als du diesen Abschnitt aus Euripides zitiert hast?«

Ich versuchte, ein wenig von ihm wegzurücken. »Nichts, erlauchter Festinus«, erwiderte ich. Ich war der Meinung (und ich dachte da genau wie Maia), es sei sehr ungehörig für einen Mann, so ganz allein mit der unverheirateten Tochter seines Gastgebers zu sprechen. »Ich habe die Tragödie heute morgen mit meinem Hauslehrer Ischyras gelesen, und es war alles, woran ich mich im Augenblick erinnern konnte.« Er lachte, rückte näher an mich heran und legte eine seiner Hände schwer auf meine Schulter. »Ist das alles?« fragte er. »Du magst mich nicht, nicht wahr?«

Ich sah ihn nicht an. Es hätte nicht viel gefehlt, dann hätte ich herausgeschrien: »Du hast meine Amme und einige meiner Freunde foltern lassen!« Aber er war schließlich immer noch Statthalter. Und wenn er wirklich so grausam war, ließ er sie vielleicht alle noch einmal foltern. »Erlauchter Festinus, ich bin ein junges Mädchen und viel zu jung, um mir eine Meinung erlauben zu können. Außerdem kenne ich Eure Erhabenheit doch gar nicht.«

Er lachte und legte mir den Arm um die Schultern. Ich saß ganz still da, preßte meine Hände zusammen, so wie Vater es getan hatte, um sie daran zu hindern, zu zittern. »Ich bin kein Erhabener«, sagte er. »Noch nicht, jedenfalls.« Er faßte mich mit seiner anderen Hand am Kinn und drückte meinen Kopf herum, so daß ich ihn ansehen mußte. Das Licht der Lampen in dem Wagenlenkerzimmer schien in den Hof hinaus und erhellte sein Gesicht. Die Grillen zirpten, und der Brunnen machte ein sanft gurgelndes Geräusch. Sein Gesicht, dachte ich, ohne wirkliches Interesse, wies eine Menge dieser geplatzten Äderchen auf, die Ursache von zu vielem Trinken sind. Sie verliehen seinem Gesicht einen groben Ausdruck, der sich im Lauf der Jahre ohne Zweifel noch verstärken würde. Er sollte nicht soviel trinken und mehr Brot essen. »Vielleicht werde ich irgendwann ein Erhabener sein«, meinte er und leckte seine fleischigen Lippen. »Ich stehe in der Gunst des Kaisers. Er weiß, daß ich ihm eifrig diene. Noch vor fünfzehn Jahren war ich niemand besonderes. Jetzt bin ich ein *Spectabilis*, Statthalter von Asien im Rang eines Prokonsuls, Freund unseres Erhabenen Gebieters. Du haßt mich, weil mein Vater Sklaven versteigert hat, oder?«

»Nein«, sagte ich. »Das wußte ich gar nicht.«

Die Hand, die meine Schultern umfaßt hatte, schob sich unter die Tunika. Ich keuchte, und er preßte seinen Mund auf den meinen. Ich bekam keine Luft mehr. Er betastete meine Brüste, knetete sie brutal. Ich konnte nicht schreien, seine Zunge war plötzlich in meinem Mund. Ich versuchte, zuzubeißen, doch er schob seine Finger zwischen meine Kiefer und zwang mich so, meinen Mund offenzuhalten. Ich stieß ihm meinen Ellenbogen zwischen die Rippen und trat nach ihm, aber er drehte nur seinen Kopf weg

44

und lachte. In seinem Gesicht waren Schweißperlen zu sehen. Seine Hände blieben dort, wo sie waren. »Das soll dir eine Lehre sein, nicht zu lügen«, sagte er. »Du haßt mich tatsächlich; ich spüre so etwas. Du bist wirklich sehr schön mit diesen großen, dunklen Augen. ›Vitas inuleo me similis, Charis‹ – du gleichst wirklich einem Hirschkalb.« Wieder lachte er. »Ja, ich glaube, ich werde mit deinem Vater über dich sprechen. Wie dein kleines Herz schlägt!«

Alles, was ich sagen konnte war: »Du tust mir weh, laß mich gehen!« Er nahm seine Hand aus meiner Tunika. Ich sprang auf und versuchte, nicht zu weinen. Ich war völlig verstört. Niemand hatte mich jemals zuvor berührt, und ich hatte mir niemals gewünscht, daß es jemand versuchte, nicht einmal im Traum. All das gehörte zu der anderen Charis, der lieblichen jungen Dame im Spiegel. »Ich will nichts mit dir zu tun haben«, sagte ich zu Festinus. Meine Stimme klang überraschend beherrscht: Es war nicht die Stimme der jungen Dame, es war meine. Aber seine Hände hatten auch nicht das Bild im Spiegel berührt; sie hatten *mir* weh getan.

»Es hat nichts damit zu tun, wer dein Vater war. Ich hasse Grausamkeit, und du liebst sie. Du solltest mit dem Vater einer anderen sprechen.« Er entblößte seine Zähne und lachte, und ich lief hinaus und ging in mein Zimmer. Dort saß Maia und nähte. Sie blickte überrascht auf, als ich hereinkam. »Das Abendessen ist doch noch gar nicht vorbei, oder?« fragte sie.

»Nein«, sagte ich und brach in Tränen aus.

Als Thorion eine halbe Stunde später kam, saßen Maia und ich auf ihrem Bett, und Maia wiegte mich immer noch in ihren Armen und summte leise dazu, als sei ich ein kleines Kind. Ich hatte zu weinen aufgehört, kämpfte jedoch mit einem Schluckauf.

Thorion blieb einen Augenblick lang mit finsterer Miene auf der Türschwelle stehen. Maia bedeutete ihm mit einem Nicken, hereinzukommen. Er tat es und schlug die Tür hinter sich zu.

»Bei der Göttin Artemis!« rief er aus. »Warum bist du denn fortgerannt? Warum bist du nicht schnurstracks zu Vater gegangen und hast ihm gesagt, daß du mit diesem brutalen Kerl nichts zu tun haben willst?«

»Thorion!« sagte Maia. »Du läßt sie jetzt in Frieden! Und wenn du schon fluchen mußt, dann fluche nicht bei diesen heidnischen Göttern!«

Ich schneuzte mich. »Ich mußte ganz einfach fort von ihm«, erzählte ich Thorion. »Es war niemand sonst dort, und er . . .« Ich konnte den Satz nicht beenden: Das Erlebnis war zu quälend, zu schändlich, und meine Gefühle waren immer noch in Aufruhr.

Thorion schien plötzlich die Tränen wahrzunehmen und sah bestürzt aus. »Was hat er getan? Wenn er . . . ich werde ihn *töten*!«

»Nein, nein, das war es nicht«, sagte ich und erlangte allmählich meine Selbstbeherrschung zurück. »Er schob seine Hand unter meine Tunika und küßte mich, das ist alles.«

Thorion war wie vom Donner gerührt. »Du hast einen blauen Fleck im Gesicht.«

»Er mußte mich daran hindern, ihn zu beißen.«

Aus irgendeinem Grunde sah er plötzlich erleichtert aus. »Möge er elendiglich zugrunde gehen und zur Hölle fahren«, rief er aus. Dann trat er näher und setzte sich neben mich. Er legte mir den Arm um die Schultern und drückte mich an sich. »Aber es wäre gut gewesen, wenn du sofort gekommen wärst und alles erzählt hättest. Festinus faselte Vater etwas davon vor, er habe dir gegenüber ›seine Bewunderung für deine Schönheit zum Ausdruck gebracht‹ – das sind seine genauen Worte – und du wärst plötzlich von übergroßer Schüchternheit und mädchenhafter Bescheidenheit erfüllt gewesen und fortgerannt. Und deshalb brachte er Vater gegenüber die gleiche Bewunderung zum Ausdruck und wiederholte, er habe die Absicht, sich in Ephesus niederzulassen. Er behauptete, seit er dich mit eigenen Augen gesehen habe und wisse, daß du sowohl bescheiden, gut erzogen, edel geboren als auch schön bist, verspüre er den Wunsch, dich zu heiraten, falls Vater damit einverstanden sei.«

Ich sagte nichts. Ich hatte mir schon etwas derartiges gedacht.

»Was hat dein Vater geantwortet?« fragte Maia leise.

»Dies sei eine viel zu wichtige Angelegenheit, als daß man sie auf einer Abendgesellschaft erörtern könne, und sie sollten sich bald wiedersehen, um ausführlich darüber zu sprechen. Dann äußerte ich, Charis sei noch zu jung, um jemanden zu heiraten, und sie sei bereits halb und halb einem anderen versprochen – nun ja, ich mußte ja irgend etwas sagen. Aber dieser brutale Kerl lachte mich einfach aus. Vater verbat mir, mich da einzumischen – er hatte Angst, was ich wohl noch alles sagen mochte –, und befahl mir zu gehen. Aber wenn du hereingekommen wärst, Charition, und gesagt hättest, der Statthalter habe dich in deinem eigenen Hause beleidigt, hätte er ein ›Nein‹ als Antwort akzeptieren müssen.«

»Glaubst du wirklich?« fragte ich bitter. »Vielleicht wäre er genötigt gewesen, mit einer geringeren Mitgift vorliebzunehmen, aber er kann von Vater nehmen, was er will, und das weiß er genau. Vater hat immer noch Angst vor ihm.«

»Hättest du *ihm* nicht etwas sagen können?« wollte Thorion wissen.

»Ich habe ihm gesagt, daß ich nichts mit ihm zu tun haben will. Aber das schien ihm nur zu gefallen. Thorion, er *will*, daß ich ihn hasse. Er will . . . mich demütigen. Er will über Ephesus und seine herrschende Gesellschaftsschicht triumphieren.«

»Er genießt es, anderen Schmerzen zuzufügen«, sagte Maia ruhig. »Ja.«
Ihr Arm legte sich fester um meine Taille. »Was meinst du, wen können
wir vorschieben und behaupten, sie sei ihm versprochen?« fragte sie
Thorion.
Er zuckte hilflos die Achseln. »Ich dachte vielleicht an Palladios, den Sohn
des Dimitrios. Oder an meinen Freund Kyrillos, er hält große Stücke auf
dich, Charition. Ich glaube, er wäre bereit, dich zu entführen, falls alles
andere fehlschlägt.«
»Schön«, sagte ich. »Das könnte klappen. Festinus glaubt uns vielleicht
nicht, wenn wir plötzlich behaupten, ich sei schon die ganze Zeit über
einem anderen versprochen, aber er wird kaum etwas dagegen unternehmen können. Und ich werde ihn nicht heiraten, unter keinen Umständen.
Jetzt müssen wir nur noch Vater davon überzeugen, uns zu helfen.«
Wir warteten so lange, bis die Abendgesellschaft zu Ende war und die Gäste
nach Hause gingen. Von meinem Zimmer aus konnte man die Leute im
ersten Innenhof sprechen hören, und als Vater sich verabschiedete, lausch-
ten wir. »Bis morgen!« sagte Festinus laut mit seiner inzwischen vertrau-
ten näselnden Stimme. Vaters Antwort konnten wir nicht verstehen.
Kaum waren die Gäste fort, gingen wir alle drei zu Vater. Er saß im
Wagenlenkerzimmer, wo die Sklaven die Überreste des Essens abräumten.
Er sah erschöpft und unglücklich aus.
»Vater«, sagte Thorion. »Wir müssen mit dir sprechen.«
»Oh, meine Lieben«, seufzte Vater, »jetzt nicht, bitte; es ist spät.«
»Doch, jetzt«, beharrte Thorion. »Wenn wir diese Heirat noch verhindern
wollen, müssen wir sofort etwas unternehmen.«
Vater machte ein Geräusch, das wie eine Mischung aus einem wütenden
Schnauben und ergebenem Seufzen klang. »Die Heirat verhindern? Wie
kommst du darauf, daß wir sie überhaupt verhindern wollen?«
Als ich meinen Vater sah, wie er sich dort auf seiner Ruhebank zurücklehnte, wurde mir bewußt, daß ich nicht mehr von ihm wußte als seine
Haussklaven. Er dagegen wußte überhaupt nichts von mir. Ich konnte
mich eigentlich nur daran erinnern, wie er einmal in mein Zimmer kam,
als ich noch ein kleines Kind war, um mit mir zu spielen. Aber seit ich
damit begonnen hatte, ich selbst zu werden, waren wir uns immer fremder
geworden. Ich hatte ihn manchmal zu den Mahlzeiten gesehen, er hatte
mich von Zeit zu Zeit nach meinen Lektionen gefragt und mich dafür
gelobt, dies oder jenes auswendig gelernt zu haben, aber wir hatten nie
irgendein Thema angeschnitten, das mich interessierte. Für ihn und für
Festinus war ich ganz einfach eine junge Dame, die Tochter des Hauses,
ruhig, hübsch, gehorsam. Und leicht zu handhaben. Mir wurde allmählich
sehr kalt.

»Du kannst doch nicht zulassen, daß dieser brutale Kerl Charis heiratet!«
sagte Thorion.

»Psst!« Vater deutete auf die Sklaven, die beim Aufräumen innegehalten
hatten und unauffällig an der Wand herumstanden.

»Nein! Festinus ist ein brutaler Kerl und ein Feind unseres Hauses. Und es
ist mir egal, wer alles weiß, daß ich so denke!«

»Mein lieber Sohn!« sagte Vater. »Du solltest mit Hochachtung von derart
mächtigen Männern sprechen! Es ist zwar richtig, daß der vortreffliche
Statthalter von niedriger Geburt ist, aber das gilt für so viele Männer, die
heutzutage die höchsten Ränge bekleiden. Das gilt schließlich auch für
unseren eigenen Großvater. Der hochgeschätzte, vorzügliche Festinus hat
aufgrund eigener Verdienste Reichtum und Macht erworben, und unser
Erhabener Gebieter, der Augustus Valens, hält viel von ihm. Darüber
hinaus ist er jetzt unser Nachbar. Ich sehe keinen Grund, warum unsere
Häuser nicht durch eine Heirat miteinander verbunden werden sollten.
Sicher, ich hatte vorher andere Pläne für meine Tochter – aber diese
Heirat wird uns beiden zum Vorteil gereichen. Der Statthalter wird an
Ansehen gewinnen, und wir werden von seinem Schutz und von seinem
Einfluß profitieren.«

»Dann kann also ein Mann mit einem Trupp Soldaten hier einfach
hereinmarschiert kommen«, sagte Thorion, »er kann dich mit dem Tode
bedrohen, er kann deine Sklaven fortschleppen und sie foltern, er kann
deine Tochter in deinem eigenen Haus beleidigen: das macht dir alles
nichts aus! Du gibst ihm deine Tochter zur Ehe, einfach so, damit alles im
Lot ist. Oh, ewiger Christus!«

»Er hat Charis nicht *beleidigt*«, bemerkte Vater gereizt.

»Doch, das hat er«, widersprach ich. Ich drehte mein Gesicht so, daß er den
blauen Fleck sehen konnte.

Einen Augenblick lang machte Vater den Eindruck, als fühle er sich unwohl
in seiner Haut, doch dann zuckte er die Achseln. »Nun, er ist ein
leidenschaftlicher Mann. Er wird ruhiger werden mit der Zeit. Seit er zum
erstenmal hier aufgetaucht ist, ist er bereits wesentlich ruhiger geworden.
Und er war sehr beeindruckt von dir, mein Liebling. Er sprach von deinen
Augen und zitierte irgendwelche lateinischen Dichter. Ich wußte gar nicht,
daß die Römer Verse geschrieben haben.«

»Vater«, sagte ich. »Er ist mir nicht aus Leidenschaft zu nahe getreten. Er
hat seine Freude daran, Leuten weh zu tun und sie zu demütigen. Er hat
seine Freude daran, Macht zu spüren. Seit er in Ephesus ist, hat er nichts
anderes getan. Ich werde ihn nicht heiraten.«

Vater sah noch unbehaglicher aus. Maia trat zu ihm und warf sich vor ihm
auf den Boden, das Gesicht auf dem hell glänzenden Mosaik. Sie trug ihre

Arbeitskleidung, eine schlichte, blaue Leinentunika und einen blauen Umhang, während Vater seinen weiß-goldenen, mit Brokat bestickten Umhang umhatte: Doch sie sahen nicht aus wie König und Bittstellerin. Dafür machte Vater einen zu unsicheren, zu beschämten Eindruck. Maia erhob sich auf ihre Knie und umklammerte mit ihren Händen die seinen. »Bitte, Herr«, flehte sie ihn an. »Charition sagt die Wahrheit: Dieser Mann . . .« Sie hielt inne. Zu meinem Schrecken sah ich, daß sie weinte, um mich weinte, aus Angst vor dem, was Festinus mir antun würde. »Dieser Mann gehört zu jenen, die es genießen, Grausamkeiten zu verüben. Als . . . als ich dem Verhör unterzogen wurde, kam er selbst in die Folterkammer hinunter und nahm die Rute in die Hand. Er war es, der dies hier getan hat.« Sie berührte die Narbe auf ihrem Gesicht, die inzwischen zu einer feinen, weißen Linie geworden war. »Und er schlug mich . . . auch noch woanders hin. Es machte ihm Spaß, o Herr. Ich bitte dich, Herr, neben dem Allerhöchsten habe ich stets nur dir Ehrerbietung erwiesen, aber ich habe Charition geliebt wie mein eigen Fleisch und Blut. Du darfst sie nicht diesem Teufel geben, Herr. Nein, schicke einen Boten an den höchst edlen Dimitrios: Richte ihm aus, was geschehen ist und erbitte seine Hilfe, um eine Heirat zwischen Charis und seinem Sohn Palladios zu arrangieren. Wir behaupten einfach, es sei eine seit langem bestehende Vereinbarung. Selbst Festinus könnte nichts dagegen unternehmen.«

»Ich habe ihm bereits gesagt, daß Charis niemandem versprochen ist!« sagte Vater und machte jetzt wirklich einen sehr niedergeschlagenen Eindruck.

Thorion stöhnte auf.

»Nun ja, er hat mich gefragt«, protestierte Vater.

»Sag ihm, du hättest gelogen«, schlug Thorion vor. »Sag ihm, du hättest vorgehabt, die Ehe mit Palladios abzusagen, aber Dimitrios lehne es ab, darin einzuwilligen. Oder sag ihm, Charis habe sich heimlich mit jemandem verlobt – mit meinem Freund Kyrillos zum Beispiel. Sag ihm irgend etwas, Hauptsache, du kommst aus der Sache raus! Noch ist nichts abgemacht. Noch ist Zeit!«

»Ich werde nicht lügen.« Vater war jetzt verärgert. »Es gehört sich nicht für einen Edelmann.« Er sah auf Maia hinunter, die immer noch seine Knie umklammert hielt. »Es tut mir leid«, sagte er. »Es tut mir sehr leid, zu hören, was du da sagst. Aber schließlich wird er es nicht wagen, seine eigene Frau zu mißhandeln, eine Frau von edler Herkunft. Er ist sehr reich und wird wahrscheinlich noch reicher werden. Er wird Charis einen eigenen Haushalt einrichten können. Sie wird ihn nicht allzu oft sehen müssen, falls sie ihn nicht mag. Und ich werde dich und ein paar andere Sklaven aus unserem Haus in ihre Mitgift einschließen, damit sie ihre

Freunde um sich hat. Die Verbindung wird von Vorteil sein für unser Haus.«

Maia starrte ihn gequält an.

»Du opferst Charis, um einen persönlichen Vorteil daraus ziehen zu können!« schrie Thorion und wurde ganz weiß vor Ärger. »Du . . . Agamemnon du! Und das alles nur, um mehr Einfluß zu gewinnen und genug Geld für deine verdammten Pferderennen ausgeben zu können! Du hast kein Rückgrat . . .«

»Du sollst nicht so mit mir sprechen!« brüllte Vater. »Hast du denn keinen Respekt vor deinem eigenen Vater?«

»Wie könnte ich?«

»Barbar! Heide!« Vater riß Maias Hände von seinen Knien. Sie kam ins Straucheln und starrte ihn unglücklich an. »Steht nicht in der Heiligen Schrift . . .«

»Vater!« unterbrach ich ihn. Falls Thorion so weitermachte, würde er es Vater unmöglich machen, klein beizugeben. »Vater, ich werde Festinus nicht heiraten.«

Er hörte auf zu brüllen. »Was willst du damit sagen?«

»Genau das, was ich gesagt habe«, erwiderte ich und war von neuem überrascht, daß meine Stimme so ruhig blieb. »Ich werde niemals zustimmen. Du wirst mich fesseln und knebeln müssen, wenn du mich dazu zwingen willst.«

»Liebling!« sagte Vater. »Laß dich durch dieses ganze Geschwätz nicht erschrecken. Überlasse derartige Entscheidungen den Männern, die dafür die Verantwortung tragen. Ein junges Mädchen kann unmöglich beurteilen, was gut für es ist.«

Ich schüttelte den Kopf. »Es ist mein Leben, das hier zur Debatte steht; ich glaube schon, beurteilen zu können, wodurch es ruiniert wird.«

»Liebling!« Vater sah immer noch eher verärgert als wirklich wütend aus. »Es ist doch nur natürlich, daß du Angst hast. Er ist ein furchteinflößender Mann, und alle Mädchen haben Angst, zu heiraten und, hm, und von ihren Familien getrennt zu werden. Aber es geschieht doch nur zu deinem Besten. Du wirst die Herrin eines Hauses sein, über deine eigenen Sklaven gebieten und über dein eigenes Geld verfügen können, ganz nach Herzenslust. Einen Haufen hübscher Kleider und eine eigene Kutsche, wie? Und die Frau eines mächtigen Mannes hat großen Einfluß. Andere Frauen werden bei dir angelaufen kommen und werden dich bitten, ihren Männern zu helfen, und sie werden dir Geschenke machen. Du kannst gehen, wohin du willst — auf Abendgesellschaften, ins Theater. Laß dich doch nicht von Theodoros ins Boxhorn jagen.«

Er tat so, als sei ich ein etwas törichtes Kind. Aber ich hatte ihm ja auch nie

50

klarmachen können, daß ich etwas anderes war. Ich hatte mich stets mit seinen Erwartungen und den Erwartungen der Welt darüber abgefunden, wie sich eine junge Dame zu benehmen habe. Ich hatte gedacht, wenn ich täte, was die anderen wollten, wären sie vielleicht eher geneigt, mich tun zu lassen, was ich wollte. Statt dessen waren sie jedoch zu dem Schluß gekommen, ich habe keine anderen Bedürfnisse als die ihren.

»Festinus ist grausam«, sagte ich, und meine Stimme klang immer noch ruhig, obwohl ich den Eindruck hatte, mein Herz ziehe sich innerlich zusammen. »Er hat meinen Freunden schwere Verletzungen zugefügt, und er wird auch mir nach Kräften weh tun. Ich wäre eine Närrin, falls ich sehenden Auges eine derartige Ehe einginge. Ich werde ihn nicht heiraten. Falls dir nichts anderes einfällt, was du ihm erzählen kannst, dann erzähl ihm dies.«

»Ich werde ihm überhaupt nichts dergleichen erzählen!« schrie Vater. »Wer ist eigentlich der Herr in diesem Haus, wie? Ich oder ein Haufen Sklaven und Kinder? Geht zu Bett, alle miteinander, und zwar sofort! Und ich möchte, daß ihr morgen vernünftigere Ansichten vertretet und sie mit mehr Respekt vorbringt.«

Thorion öffnete den Mund, aber Vater brüllte ihn an: »Ruhe! Ich bin es leid, mir von euch sagen zu lassen, wie ich mein Geld ausgeben und meine eigene Tochter verheiraten sollte! Wer zahlt denn dein Taschengeld, wie? Wer zahlt für deine Kleider und deine Hauslehrer und deine Trinkgelage? Benimm dich oder ich werde alles miteinander streichen!«

Da Thorion ganz den Eindruck machte, als wolle er gleich von neuem losbrüllen, ergriff ich seinen Arm. Wir konnten ganz offensichtlich nichts erreichen, zumindest nicht, solange Vater in seiner gegenwärtigen Verfassung war. Vielleicht täten wir wirklich besser daran, bis morgen zu warten, wenn er nicht mehr so müde und vom Wein benebelt sein würde. Vielleicht könnten wir morgen noch etwas erreichen. Aber das bezweifelte ich.

»Gute Nacht, Vater«, sagte ich und zog Thorion hinter mir her aus dem Zimmer. Maia folgte und bedeckte ihr Gesicht mit einem Zipfel ihres Umhanges, um ihren Kummer zu verbergen.

3

Auch am nächsten Morgen änderte Vater seine Meinung nicht. Statt dessen machte er Anstalten, die Vereinbarungen mit Festinus zu besiegeln, und weigerte sich, mit einem von uns zu sprechen. Vom Fenster des Gästezimmers aus beobachteten wir, wie sich seine Sänfte ihren Weg durch die Straßen bahnte, ein vergoldeter Baldachin, der sich in Richtung auf den Marktplatz und den Palast des Statthalters zu bewegte. Es war ein schöner Tag, und die goldenen Beschläge der Sänfte funkelten fröhlich vor dem Hintergrund der roten Dachziegel dort unten. Das Wasser des Hafens war von einem tiefen, kräftigen Blau, gesprenkelt mit orangefarbenen und gelben Segeln. Alles schien Vaters Gang zum Statthalter mit beifälligem Lächeln zu begleiten. Maia wandte sich vom Fenster ab, setzte sich auf die leere Kleidertruhe und faltete ihre Hände. Zum erstenmal, seit ich sie kannte, sah sie wirklich wie eine Sklavin aus.

»Es interessiert ihn überhaupt nicht, was dieser Rohling dir antut«, stieß Thorion hervor.

Ich schüttelte den Kopf. »Er hat Angst vor Festinus.« Ich hatte in der Nacht sorgfältig über alles nachgedacht. »Er strebt für sich selbst soviel Sicherheit wie möglich an, und der beste Weg dazu ist, eine Verbindung zwischen den beiden Häusern zu bewerkstelligen. Und wahrscheinlich hat er sich selbst eingeredet, daß wir ein wenig übertreiben, und ist davon überzeugt, daß schließlich alles in Ordnung kommen wird.«

»Wir werden den Plan mit der heimlichen Verlobung vorantreiben müssen«, sagte Thorion, nachdem er einen Augenblick lang nachgedacht hatte. »Es wird immer schwieriger, wenn Vater es erst einmal offiziell verbietet. Aber ich kann Kyrillos ja versprechen, nach Vaters Tod alles wieder gutzumachen.«

»Meinst du nicht, daß wir von Kyrillos ein bißchen zuviel verlangen?« fragte ich. »Du weißt ja, Entführung ist immerhin ein Verbrechen. Er müßte mit mir zusammen aus Ephesus fliehen und auf seine Karriere verzichten. Er müßte seine Familie aufgeben und sie zutiefst verletzen.«

Thorion runzelte die Stirn. »Außerdem gefällt mir der Gedanke überhaupt nicht, daß du dasitzt und auf Vaters Tod wartest«, fügte ich hinzu. »Er ist im Grunde genommen kein schlechter Vater. Er ist über diese ganze Geschichte auch nicht so furchtbar glücklich. Er ist eben einfach ein . . . einfach ein Feigling. Er kann nichts dafür.«

Und insgeheim sagte ich mir, Kyrillos werde wohl kaum einem so verrückten Plan zustimmen. Er mochte alles mögliche von mir halten, aber ich wußte, daß er ehrgeizig war. Es war viel wahrscheinlicher, daß er nicht auf Thorions Pläne eingehen würde. Und das wäre das Ende ihrer Freundschaft und würde uns überhaupt nicht weiterhelfen.

Thorion biß sich auf die Lippen und warf den Kopf in den Nacken. »Was sollen wir denn dann tun, Charition? Wir kennen niemanden, bei dem wir dich verstecken können. Wohin du auch immer gehen würdest, Festinus würde dich im Nu finden. Du kannst noch soviel erklären, daß du nicht bereit bist, in die Ehe einzuwilligen, aber du hast in dieser Angelegenheit keinerlei Rechte. Man erwartet von dir, daß du tust, was Vater sagt.«

»Ich habe eine andere Idee«, sagte ich und hielt inne. Ich hatte die ganze Nacht wach gelegen und an diese andere Idee gedacht. Ich war der Ansicht, genug Zeit damit vertrödelt zu haben, so zu tun, als sei ich das Mädchen im Spiegel, und darauf zu warten, daß mein eigenes Leben schon irgendwann beginnen werde. Vielleicht war es ja sogar ein Glück, daß ausgerechnet Festinus den Vorschlag gemacht hatte, mich zu heiraten. Wäre es irgendein anderer gewesen, hätte ich meinem Vater wahrscheinlich demütig gehorcht. Und ob mein Leben, wenn ich erst einmal verheiratet gewesen wäre, wirklich begonnen hätte, so wie ich es geplant hatte? Oder hätte mein Ehemann mir allen Mut genommen und mir verboten, mich als Ärztin zu betätigen, und mich statt dessen in die Rolle der tugendhaften Ehefrau gedrängt? Er hätte keine Gewalt anwenden müssen. Ich war daran gewöhnt, mich zu verstellen – das sah ich jetzt ganz deutlich –, war daran gewöhnt, den Weg des geringsten Widerstands zu gehen und die Leute in dem Glauben zu lassen, ich sei diejenige, die sie in mir sehen wollten. Und wenn ich dauernd damit beschäftigt wäre, mich zu verstellen, hätte ich vielleicht keine Zeit mehr, wirklich ich selbst zu sein. So hätte ich vielleicht mein ganzes Leben lang gewartet, hätte geheiratet, Kinder geboren, wäre alt geworden und hätte niemals mehr mit meiner eigenen Stimme gesprochen oder meine eigenen Gedanken gedacht, und am Schluß wäre ich vielleicht tatsächlich diejenige geworden, deren Rolle ich gespielt hätte. Jetzt mußte ich beweisen, was in mir steckte.

Thorion und Maia sahen sich an, beide mit derselben Mischung aus Verwunderung und Hoffnung. Maias Augen waren rot: Sie hatte sich vergangene Nacht neben mir in den Schlaf geweint, meine Haare gestreichelt und mich ihr kleines Baby genannt.

»Ich möchte nach Alexandria gehen«, sagte ich, »und dort studieren, um Ärztin zu werden.«

»Das kannst du nicht«, sagte Thorion verächtlich, und an die Stelle der Hoffnung trat Ärger. »Frauen können nicht Medizin studieren.«

»Ich werde mich als Mann verkleiden.«

»Du siehst aber nicht aus wie ein Mann. Und was würdest du auf den öffentlichen Toiletten tun? Deine Tunika raffen und dich in eine Ecke hocken? Und du könntest auch nicht in die öffentlichen Bäder gehen oder

53

in den Gymnasien Sport treiben oder . . . sonst was. Niemand würde dir glauben!«

»Ich werde mich als Eunuch verkleiden. Von Eunuchen erwartet man Bescheidenheit: Ich wette, sie raffen ihre Tunikas und pinkeln in die Ecke und zeigen sich nirgends nackt. Und man sagt immer, daß sie weibisch aussehen, zumindest solange sie jung sind.« Alle Eunuchen, die ich in Ephesus gesehen hatte, waren nicht mehr ganz so jung und sie sahen auch nicht eigentlich weibisch aus. Aber sie machten auch keinen sehr männlichen Eindruck.

»Was würde man wohl zu einem Eunuchen sagen, der in Alexandria Medizin studiert? Er könnte eher ein Amt am kaiserlichen Hof bekleiden und sich dort sein Geld verdienen. Ein im Ruhestand lebender Kammerherr bekommt tausend *Solidi* im Jahr! Ganz zu schweigen von den Bestechungsgeldern, die er nebenher einnimmt!«

»Vielleicht liegt mir gar nichts daran, Kammerherr des Kaisers zu sein und Bestechungsgelder anzunehmen. Außerdem sind alle Kammerherren Sklaven. Ein freigeborener Eunuch könnte durchaus Medizin studieren wollen, wenn auch vielleicht nur deshalb, weil alle Welt Kammerherren haßt.«

»Eunuchen sind aber nicht frei geboren. Wer würde so etwas schon freiwillig mit sich geschehen lassen?« Thorion hielt seine Hände schützend über seine Genitalien. »Außerdem ist es ungesetzlich. Eunuchen sind allesamt Perser oder Abasgi aus Kolchis, in das Kaiserreich importierte Sklaven, bestimmt dazu, hier Kammerherren oder Privatsekretäre zu werden.«

»Ach, hör doch auf damit!« sagte ich. »Du weißt doch ganz genau, daß es freigeborene Eunuchen gibt. Zum Beispiel diejenigen, die als normale Männer von den Persern gefangengenommen und erst dann kastriert worden sind. Gut, sagen wir also, ich bin ein Eunuch irgendwo aus dem Osten . . . aus Amida. Die Perser haben die Stadt erobert, erinnerst du dich? Ischyras hat uns viel darüber erzählt, es war seine Heimatstadt. Ich bin also aus einer angesehenen Familie in Amida, ich wurde von den Persern gefangengenommen und kastriert, als ich noch klein war. Und dann von dir und Ischyras freigekauft. Jetzt möchte ich einen nützlichen Beruf erlernen. Und weil ich keine Neigungen zeige, einen Verwaltungsberuf zu ergreifen, schickt ihr mich, du und Ischyras, nach Alexandria, um Medizin zu studieren. Das klingt doch durchaus glaubwürdig, oder?«

Maia begann erneut zu weinen. Ich trat zu ihr und umarmte sie. »Bitte nicht«, redete ich ihr gut zu.

»Aber ich wollte doch so gerne, daß du verheiratet bist!« wimmerte sie.

»Verheiratet mit einem netten, jungen und vornehm geborenen Herrn, der dich freundlich behandelt. Ich dachte, ich könnte mit dir kommen und dir helfen, den Haushalt zu führen und deine Kinder großzuziehen. Wenn ich denke, daß du dich in einer so unnatürlichen Weise verstellen, dich als Eunuch verkleiden und in einer fremden Stadt leben mußt! Du könntest dort sterben, du könntest entdeckt und bestraft werden, du könntest vergewaltigt werden!« Sie versuchte, sich die Augen zu trocknen. »Alles nur Denkbare könnte dir zustoßen. Und ich brauche dich doch. Was geschieht denn jetzt mit mir?«

»Nicht doch«, antwortete ich. »Du brauchst nur dich selbst. Es ist nicht gut, von anderen abhängig zu sein; es kann ihnen etwas zustoßen. In Ephesus geht es auch nicht viel anders zu als in Alexandria. Und ich gehe ja nicht für immer fort! Wenn ich ein paar Jahre abwarte, ist Festinus vielleicht nicht mehr da, und ich kann zurückkommen.«

Thorion schüttelte den Kopf. »Maia hat recht. Das Leben, das du planst, ist unnatürlich. Dauernd so zu tun, als seist du ein Mann, unter einem fremden Namen in einer fremden Stadt zu leben und fast ohne Geld: das könntest du gar nicht durchhalten.«

»Thorion, Maia«, sagte ich, »bitte! Es ist genau das, was ich möchte. Das wißt ihr genau. Ich möchte lieber Ärztin sein als sonst irgend etwas. Ihr wißt, daß ich es mir schon seit Jahren wünsche.«

»Ich weiß nicht, warum du es dir wünschst«, protestierte Thorion. »In anderer Leute Körper herumzustochern, Scheiße und Erbrochenes und Urin zu untersuchen, Eiterbeulen aufzustechen, Leichen zu sezieren – es ist ein ekelhaftes Gewerbe, Arbeiten, die für gewöhnlich Sklaven überlassen werden. Es ist kein Beruf für jemanden von Stand, ganz abgesehen davon, daß du ein Mädchen bist.«

»Die Heilkunst ist die edelste aller Künste«, protestierte ich mit einem Hippokrates-Zitat. Dann versuchte ich energisch, den beiden etwas klarzumachen, was ich noch niemals jemandem klargemacht hatte, nicht einmal mir selbst. »Es gibt nichts, was mehr Leiden verursacht als Krankheit. Sie tötet sogar mehr Menschen und unter größeren Qualen, als Festinus umzubringen vermag. Denk an unsere Mutter, Thorion, oder an deinen Mann und an dein Kind, Maia! Oh, ich weiß, selbst der beste Arzt kann nur wenig tun, aber wenig ist immerhin etwas. In zehn oder fünfzehn oder zwanzig Jahren, wenn ich zurückblicken und sagen kann: ›Dieser Mensch und jener und jener wäre ohne mich gestorben. Dieser wäre für den Rest seines Lebens verkrüppelt; jenes Baby wäre bei der Geburt gestorben‹ – wenn ich das sagen kann, wie könnte ich dann unglücklich sein? Und was die Meinung anbetrifft, die Heilkunst sei eine niedrige Beschäftigung für Sklaven, so sehe ich das überhaupt nicht ein. Zu verstehen, wie unser eigener Körper und die Natur funktionieren, ist die reinste Form der Philosophie. Und Menschen zu heilen hat beinahe etwas Göttliches an sich!«

»Oh, Charition!« sagte Thorion und seufzte. »Ich verstehe dich nicht. Wie könnte ich zulassen, daß du so etwas tust?«

»Würdest du es denn vorziehen, wenn Festinus mich heiratet?«

Thorion antwortete nicht. Er starrte einen Augenblick lang aus dem Fenster und warf einen Blick auf den Palast des Statthalters, dann schlug er mit der Faust ärgerlich gegen den Fensterrahmen. Er fuhr mit der Zunge über seine schmerzenden Knöchel und starrte wütend auf die hell schimmernden Häusergiebel.

Maia hatte mich genau beobachtet. Schließlich streckte sie ihren Arm aus und ergriff meine Hand. »Du hast recht«, sagte sie langsam. »Du weißt schon selbst, was gut für dich ist und wie du glücklich werden kannst. Du hast vollkommen recht, es zu versuchen.«

Ich umarmte sie und war tief gerührt. Thorion wandte den Blick vom Palast ab und starrte uns überrascht an. Nach einem kurzen Zögern zuckte er die Achseln, trat zu uns und umarmte uns alle beide. »Ich nehme an, es ist immer noch besser, als Festinus zu heiraten«, meinte er. »Und ich weiß keinen anderen Ausweg. Aber er soll mir dafür bezahlen! Ich werde dich vermissen, Charition.«

»Es muß ja nicht für immer sein«, sagte ich noch einmal. »In ein paar Jahren, wenn Vater oder Festinus sterben oder wenn Festinus in einer anderen Stadt eine andere heiratet, kann ich zurückkehren. Du kannst allen Leuten erzählen, daß du mich die ganze Zeit in irgendeinem Privathaus auf dem Land versteckt gehalten hast, und kannst dann eine Heirat für mich arrangieren. Meinetwegen auch mit Kyrillos, falls er dann immer noch zu haben ist.«

Bei dieser Aussicht machten sie alle beide schon ein etwas glücklicheres Gesicht.

»Dann wollt ihr mir also helfen?« fragte ich. Das war ein entscheidender Punkt: Auf mich allein gestellt würde ich niemals wegkommen aus der Stadt, außerdem würde ich Empfehlungsschreiben brauchen, um eine Lehrstelle in Alexandria zu erhalten.

»Das stand doch keinen Augenblick lang zur Debatte, oder?« Thorion zog an seiner Unterlippe. »Also, wie um alles auf der Welt kriegen wir dich nach Alexandria?«

4

Der Weg, der sich dazu anbot und der wohl auch der einzige war, führte über das offene Meer. Aber wir hatten bereits fast Ende September, und zwischen Mitte Oktober und Ende März wagten es nur wenige Schiffe, den tückischen Winterstürmen zu trotzen. Thorion ging zum Hafen hinunter und fragte bei den Schiffsherren nach. Er fand einen, der in der darauffolgenden Woche segeln wollte, doch danach lief bis zum Frühjahr keiner mehr aus. Aber ihm gefiel der Anblick des Schiffes nicht sehr. »Es hat alles mögliche geladen: Wein und gefärbte Tuche aus Asien und Sklaven aus dem Norden«, erzählte er mir. »Der Schiffsherr sah mir nicht danach aus, als sei er dagegen gefeit, sich während der Reise ein bißchen was dazu zu verdienen. Er könnte einen Eunuchen für mehr als hundert *Solidi* verkaufen und durchaus versucht sein, das damit verbundene Risiko auf sich zu nehmen.«

Doch schließlich mußten wir es gar nicht darauf ankommen lassen, das Sklavenschiff zu nehmen. Vater handelte einen Ehevertrag mit Festinus aus, in dem der Hochzeitstermin bis zum Mai hinausgeschoben wurde. Festinus wollte eine schnellere Eheschließung, doch Vater hatte gemeint, ich sei noch zu jung, der Antrag wäre so unerwartet gekommen und wir brauchten etwas Zeit, um meine Aussteuer vorzubereiten. Vor Februar ging es unmöglich, und danach sei Fastenzeit, eine ungehörige und ungeeignete Zeit für eine Hochzeit. Ostern lag in jenem Jahr zum Glück spät, und so wurde Anfang Mai festgesetzt. Das ließ uns eine Menge Zeit.

Alle Welt war in jenem Winter sehr freundlich zu mir, so freundlich, daß ich mich beinahe schuldig fühlte, fortzulaufen. Ab und zu machte Festinus uns einen Besuch, jedoch nicht unziemlich oft, und man erwartete nichts weiter von mir, als ihm zuzunicken, züchtig im Hintergrund zu sitzen und ein bescheidenes Gesicht zu machen. Er unternahm keinen weiteren Versuch, allein mit mir zu sprechen, und ich vermied es, überhaupt mit ihm zu reden, und zwar immerhin so erfolgreich, daß der Abscheu, den ich für ihn empfand, etwas nachließ. Vielleicht, dachte ich bisweilen, wenn ich nachts wach lag, vielleicht sollte ich das Wagnis der Ehe doch eingehen. Wenn ich vor der Hochzeit verschwände, würde Festinus Ärger machen. Ich glaubte nicht, daß er Vater ein Jahr nach dem letzten Freispruch erneut anklagen würde, aber er war nach wie vor ein mächtiger Mann. Er konnte Thorious Karriere verhindern und Vater allerlei Ärger bereiten. Darüber hinaus hatte Vater so viel Angst vor dem Statthalter, daß er Maia und die übrigen Sklaven vielleicht schlagen oder foltern würde, um herauszubekommen, wo ich war. Auf der anderen Seite beabsichtigte Vater, mir Maia und ein paar andere Sklaven als Teil meiner Mitgift mitzugeben, und in Festinus' Haus würde

das Leben für sie keineswegs leichter sein als für mich. Im großen und ganzen, dachte ich, würden sie mit Vater besser dran sein. Er war ein freundlicher Mann und haßte es, jemandem etwas zuleide zu tun. Er fürchtete sich vor dem, was er jetzt tat, und machte mir viele peinliche Geschenke, steckte sie mir mit einer unbeholfenen Munterkeit zu, die seine Nervosität kaum verbergen konnte. Darüber hinaus gab er für die Zeit nach der Eheschließung einen Haufen Geld für Kleidung und Kutschen für mich aus. Thorion drängte Vater im Verlauf des Winters immer wieder, Vereinbarungen für seine eigene Ausbildung zu treffen – er wollte alles geregelt haben, bevor wir Festinus zu unserem Feind machten. Diese Vereinbarungen erwiesen sich als ziemlich kostspielig, und Vater mußte etwas Land verkaufen. Es tat mir sehr leid, daß all diese Vorkehrungen und der damit verbundene Ärger umsonst waren, aber ich äußerte mich mit keinem Wort mehr zu der Hochzeit. Vielleicht hegte ich wirklich manchmal meine Zweifel, aber im Grunde genommen brannte ich bereits darauf, in Alexandria zu sein. Thorion unternahm noch ein paar weitere Versuche, Vater dazu zu überreden, die Hochzeit abzusagen, aber Vater wies darauf hin, dazu sei es inzwischen zu spät, und überhaupt, Festinus sei wirklich »sehr viel ruhiger geworden« und werde seiner eigenen Frau schon nichts antun.
Die Tatsache, daß sich alle Welt mir gegenüber plötzlich so entgegenkommend zeigte, bedeutete, daß ich die Möglichkeit hatte, ein paar weitere medizinische Texte zu lesen. Ischyras willigte darin ein, Euripides beiseite zu legen und das Gedicht des Nikandros über Arzneimittel zu lesen. Jedesmal, wenn ich meinen Hauslehrer sah, schämte ich mich sehr: Ich war inzwischen fest entschlossen, seinen Namen in meinen Plänen zu verwenden, aber ich wollte den Mann natürlich nicht selbst mit hineinziehen. Ich machte mir Sorgen, daß ihm meine Flucht eines Tages vielleicht Ärger machen könne, aber ich tröstete mich mit der Gewißheit, daß ich, falls es je soweit käme, immer noch sagen könnte, er wisse nichts davon.
In jenem Winter las ich endlich auch Galen. Maia nahm ihre Ersparnisse mit auf den Markt hinunter und kaufte mir eine Kopie seines Werkes über die Anatomie. Es war das schönste Buch, das ich je gesehen hatte: nicht etwa eine Schriftrolle, sondern ein großer, schwerer Kodex aus Pergament, nicht aus Papyrus. Er hatte wunderschöne Illustrationen in roter und schwarzer Tinte und war mit winziger, jedoch deutlich lesbarer Handschrift geschrieben. Am Rande befanden sich erläuternde Kommentare. Er mußte ein Vermögen gekostet haben. Ich sagte Maia, ich würde ihr das Geld zurückzahlen, aber das lehnte sie strikt ab.
Noch ein anderer der Sklaven war sehr nett zu mir: Es war Philoxenos. Er hatte ebenfalls schlechte Erfahrungen mit Festinus gemacht. Jedesmal, wenn er mich sah, setzte er eine betrübte Miene auf, und ich hätte ihm fast

gesagt, er solle sich keine Sorgen machen, ich würde den Statthalter gar nicht heiraten. Er versprach mir das erste Fohlen, das seine Zuchtstute zur Welt bringen würde, und sagte mir, ich solle ihn rufen, wann immer ich seine Hilfe benötigte: eine wirklich erstaunlich hochherzige und mutige, wenn auch unbesonnene Äußerung! Und er verriet mir seine eigenen, sorgfältig notierten Rezepte für verschiedene Pferdekrankheiten, die er unbeholfen zwischen die Zeilen eines pergamentenen Kochbuchs geschrieben hatte, die jedoch samt und sonders vernünftig und wirklich brauchbar waren. Wir wußten, daß wir bei unseren Vorbereitungen beträchtliche Sorgfalt walten lassen mußten. Jeder, den wir einweihten, könnte gefoltert und streng bestraft werden, falls man ihm auf die Spur kam. Thorion würde sehr wahrscheinlich verdächtigt werden, mich irgendwo zu verstecken, doch das Schlimmste, was er zu fürchten hatte, war der Entzug seines Taschengeldes und die Feindschaft von Festinus. Um letzteres zu vermeiden, entschloß sich mein Bruder dazu, Ephesus zu verlassen. Er strebte ein Amt bei Hof sowie einen ordentlichen Titel im Rechtswesen an, und beides konnte er in Konstantinopel erwerben. Vater schrieb Briefe an all seine alten Freunde, die in der Hauptstadt wohnten und zahlte schließlich achtzig *Solidi*, um Thorion eine untergeordnete Stellung im Amt des Prätorianerpräfekten zu verschaffen. Diese war nur mit leichten Pflichten bei der Bearbeitung von Steuerabgaben verbunden. Die Abmachungen, die Rechte zu studieren, waren sehr viel billiger und leichter zu treffen, da sie lediglich Gebühren kosteten und keine Bestechungsgelder.

Nach Weihnachten fingen wir an, ernsthafte Vorbereitungen zu treffen, und Mitte der Fastenzeit hatten wir alles geschafft. Inzwischen dachten die Schiffsherren wieder daran, ihre Segel zu setzen: Es herrschte klares Frühlingswetter, sehr mild mit einer leichten Brise, vorzugsweise aus Nordost — die besten Winde für Alexandria. Thorion fand ein Schiff, das den Hafen Mitte April verlassen sollte. Es trug den Namen *Halcyon*, der Eisvogel, vorne am Bug. Es war ein ziemlich großes Schiff, und es sollte Bauholz sowie ausgesuchte Luxusgüter laden, hatte jedoch auch Platz für einige Passagiere. Der Eigner war bekannt in Ephesus, stammte selbst jedoch nicht von dort. Man hielt ihn allgemein für ehrlich, er würde aber nicht genug über die Stadt wissen, um Verdacht schöpfen zu können, wer ich wirklich war. Thorions Name sagte ihm nicht viel. Thorion buchte eine Passage für mich und bezahlte die Hälfte des Fahrpreises im voraus. Ich würde den Rest bezahlen, sobald wir in Alexandria anlegten.

Alexandria! Die Stadt der alten Könige, die Stadt der Gelehrten, die Stadt, die einmal die größte der Welt war und immer noch die größte des Ostreichs ist, trotz all des Glanzes von Konstantinopel. Ein Arzt kann keine bessere Empfehlung vorweisen, als zu sagen: »Ich habe in Alexandria

studiert.« Und *ich* würde dort hingehen: Ich, Charis, die Tochter des Theodoros, würde die große Bibliothek benutzen und in dem berühmten »Museum« studieren, wo auch Herophilos und Erasistratos und Nikandros und sogar Galen studiert hatten! Ich machte mir keine Gedanken mehr darüber, was meiner Familie in Ephesus zustoßen könnte, ich träumte nur noch von Alexandria. Ich stellte mir die *Halcyon* vor, wie sie in den Großen Hafen einlief, und sah die Stadt weiß und strahlend aus dem Meer auftauchen, beschienen von den Feuern seines berühmten Leuchtturms, des Pharos, der eines der Wunder dieser Welt darstellte – aber an Alexandria war alles wundervoll. Ich schämte mich vor mir selbst, vor allem, wenn ich an Maia dachte, aber ich konnte es gar nicht mehr abwarten, fortzukommen. Maia wollte mich begleiten.»Du wirst jemanden brauchen, der sich um dich kümmert«, erklärte sie mir.»Jeder, der irgend etwas darstellt, hat zumindest einen Sklaven. Und du weißt doch gar nicht, wie du für dich selbst sorgen sollst, mein Liebling! Außerdem wirst du jemanden brauchen, dem du vertrauen kannst. Was würde wohl passieren, wenn du dich darauf verläßt, nach deiner Ankunft in Alexandria jemanden zu kaufen? Wen auch immer du kaufst: innerhalb von einer Woche würde dieser Mensch herausfinden, daß du in Wirklichkeit ein Mädchen bist, und dann könnte er dich erpressen und alles von dir bekommen, was er will! Nein, ich komme mit dir.«
Aber ich weigerte mich, sie mitzunehmen. Ich erklärte ihr, daß ich mir wegen ihrer Gesundheit während der Seereise Sorgen machte, und in der Tat hatte sie, seitdem sie gefoltert worden war, des öfteren starke Gelenk-schmerzen. Deshalb glaubte ich auch nicht, daß ihr Schiffe und billige Unterkünfte besonders guttun würden. Ich sagte ihr, ich sähe es nicht gerne, wenn man sie für eine davongelaufene Sklavin halten und mich selbst eine Diebin schimpfen würde: Vor dem Gesetz war sie das Eigentum meines Vaters.»Ich möchte dich gesund und munter wiedersehen, wenn ich zurückkomme«, sagte ich ihr.»Ich würde es mir niemals verzeihen, falls du krank werden und sterben solltest, während du mir überallhin folgst.«
Aber das war noch nicht alles. Maia verabscheute meine Verkleidung nach wie vor. Ich wollte sie nicht zu sehr quälen, indem ich sie merken ließ, wie sehr ich diese Verkleidung genoß. Sie liebte das feine Benehmen, das Gefühl, zu einem großen Haus zu gehören und einer vornehmen Dame zu dienen. Was würde passieren, wenn ich sie in eine große Stadt mitnähme, wo ich als armer Student leben, mich in irgendeiner Wohnung einquartie-ren und bis spät in die Nacht hinein arbeiten würde? Wenn ich nur eine unter vielen wäre? Sie würde kreuzunglücklich sein und immer daran denken, wer wir einmal gewesen waren, und die Gegenwart hassen. Und ich würde unglücklich sein, wenn sie es war, das wußte ich genau. Und konnte ich ihr wirklich vertrauen? Auf ihre Treue konnte ich mich

natürlich verlassen, aber konnte ich auch darauf bauen, daß sie den Nachbarn und Ladenbesitzern gegenüber keine Andeutungen machen würde, wir wären etwas Besseres, als es den Anschein habe, und daß sie, wenn sie nur wollte, ihnen erzählen könne . . . Sie würde es ihnen nicht erzählen. Doch sie würde den Wunsch verspüren, die Leute etwas vermuten zu lassen. Und wenn meine Verkleidung Erfolg haben sollte, dann konnte ich niemanden gebrauchen, der etwas vermutete oder ahnte. Ich mußte alles ändern: die Art, wie ich ging, die Art, wie ich saß – keine niedergeschlagenen Augen und gefalteten Hände mehr –, die Art, wie ich sprach. Das würde wohl das Schwierigste sein: immer daran zu denken, bei den Adjektiven die männliche Form zu benutzen, wenn ich von mir selbst sprach. Sonst würde mich jeder kleine Satz, wie zum Beispiel: »Ich bin hungrig« verraten. Wahrscheinlich wäre es besser, überhaupt keinen Sklaven zu haben und lieber jemanden dafür zu bezahlen, bei mir sauber zu machen und für mich zu kochen. Maia konnte mit Thorion nach Konstantinopel gehen.

Am Tag bevor die *Halcyon* segeln sollte, mußte Thorion meine Reisekiste zum Schiff hinunterbringen und an Bord schaffen lassen. Er hatte sie außerhalb der Stadtmauer in einer Höhle am Berg Pion versteckt, und es war keine große Angelegenheit, sie auf einen Esel zu laden, in die Stadt zu bringen und dann einen Träger zu besorgen, der sie auf das Schiff beförderte. Meine Bücher hatte ich bereits in ihr verstaut. Ich mußte also nur noch die Kleidung wechseln – und den Schmuck meiner Mutter verstecken. Dieser war mein Eigentum, und ich hatte vor, ihn zu verkaufen, um während meines Studiums meinen Lebensunterhalt damit zu bestreiten. Aber das wollte ich erst in Alexandria tun, wo niemand die Edelsteine erkennen würde.

In jener Nacht hatte ich große Angst, daß etwas passieren könnte: daß Festinus erschiene und verlange, mich auf der Stelle zu heiraten; daß das Schiff in einem Sturm sinke; daß Vater anordne, ich habe am nächsten Tag dort oder dort zu sein. Ich konnte nicht schlafen und lag die ganze Zeit da und starrte das Mondlicht auf der Wand meines Zimmers an, und es wurde mir bewußt, daß ich dieses Zimmer vielleicht nie wiedersehen würde. Als das Mondlicht auf Maias Bett fiel, sah ich, daß sie ebenfalls wach lag und zu mir herüberblickte, und so stand ich auf und kletterte in ihr Bett. »Ich werde dich so sehr vermissen, Maia«, flüsterte ich ihr ins Ohr, und sie umarmte mich. Nach ein paar Stunden schliefen wir beide wohl doch noch ein wenig.

An jenem Morgen hatte ich eine Unterrichtsstunde bei Ischyras. Ich hielt es kaum aus und war so unaufmerksam, daß mein Hauslehrer mich fragte, ob ich mich auch wohl fühlte. Ich sagte, ich hätte Kopfschmerzen. Die *Halcyon* sollte mit der Abendflut lossegeln. Wenn ich das Haus nach dem Mittagessen verließ, würde ich nicht vor dem Abendbrot vermißt werden, und dann wäre es bereits zu spät. Doch als es soweit war und wir beim Mittagessen saßen, brachte ich kaum einen Bissen herunter. Vater war ebenfalls da, und auch er fragte mich, ob ich krank sei. Ich murmelte wieder etwas von irgendwelchen Kopfschmerzen. »Du siehst blaß aus, mein Liebling«, sagte Vater. »Möchtest du dich nicht etwas hinlegen? Soll ich einen Arzt rufen?« »Oh, nein, nein!« erwiderte ich und riß mich zusammen. Ich versuchte krampfhaft, ihn anzulächeln. »Es ist nicht so schlimm. Ich glaube, ich werde ein bißchen im Garten spazierengehen: Das wird mir guttun.«

Als ich endlich vom Eßtisch aufstehen konnte, ging ich in mein Zimmer hinauf und holte das Kästchen mit dem Schmuck meiner Mutter. Ich verstaute die einzelnen Stücke in meiner Kosmetiktasche, dann blickte ich mich um. Zum letztenmal, dachte ich. Ich atmete einmal tief durch, dann verließ ich das Zimmer.

Durch den ersten Innenhof, durch den blauen Innenhof, an dem Badehaus vorbei, durch den Küchengarten zu der kleinen Pforte. An den Pferdeställen vorbei und hinein in die Felder. Philoxenos und die Stallburschen striegelten einige Pferde im Hof; sie winkten mir zu, und ich winkte zurück. Auf den Feldern leuchtete das frische, feuchte Frühlingsgras: eine grüne, mit roten Mohnblumen gesprenkelte Fläche. Ich raffte meine Röcke, rannte los und blickte mich nicht mehr um. Niemand hatte mich gefragt, wo ich hinging, und niemand würde sich irgendwelche Gedanken machen, bis mein Verschwinden endlich auffallen würde.

Thorion hatte mir erklärt, wie ich die Höhle finden konnte. Sie lag auf der nordöstlichen Seite des Hügels, in der Nähe der Stelle, an der während der Herrschaft des Kaisers Decius einige Märtyrer eingemauert worden waren. Dort gab es eine Öffnung im Felsen, und dort saß Maia und wartete auf mich. Als ich angerannt kam, stand sie auf und küßte mich, dann zog sie mich in die Höhle hinein. Sie war nicht groß – es war gerade genug Platz, um zu zweit darin zu stehen. In einer weiteren Vertiefung auf der rückwärtigen Seite hatte Thorion die Reisekiste und noch eine kleinere Kleidertruhe mit den für mich gekauften Männerkleidern versteckt. Anfangs hatten wir geglaubt, ich könne vielleicht ein paar von seinen Sachen anziehen, doch selbst die Kleidungsstücke, aus denen er herausgewachsen war, waren viel zu weit in den Schultern und außerdem viel zu prächtig für einen Studenten der Medizin. Deshalb hatte er auf dem Markt einige gebrauchte Sachen gekauft: zwei Tunikas aus Leinen und eine dritte aus Wolle, allesamt aus grobem Gewebe und ziemlich abgetragen – außerdem gingen sie bis unterhalb der Knie, waren also von schicklicher Länge. Dabei waren sie sehr einfach und wiesen keinerlei Stickereien auf. Außerdem verfügte ich noch über einen guten, wollenen Reiseumhang, einen

Hut, ein Paar Sandalen und Stiefel. Das meiste davon befand sich bereits auf dem Schiff, jedoch nicht die wollene Tunika, der Umhang, der Hut und die Stiefel.

»Zuerst einmal deine Haare«, sagte Maia, als ich mich über die Kleidertruhe hermachte. Ich setzte mich also in den schattigen Höhleneingang, und Maia holte die Scherblätter heraus. Von hier oben, vom Gipfel des Hügels aus, konnte ich meilenweit ins Land hinaussehen. Das Flußtal war eine einzige grüne Fläche, überall wuchs das junge Getreide heran, dazwischen schimmerte die rote Erde der ungepflasterten Wege. In einer Entfernung von einer Meile konnte ich weiß und golden den Tempel der Artemis leuchten sehen. Zu ihm führte das weiße Pflaster des heiligen Pfades. Ich fragte mich, ob Ägypten wohl ebenso schön wie Asien sei. Wahrscheinlich, dachte ich, war es vorwiegend auch eben. Ägypten war ja größtenteils eine Flußebene. Maias Scherblätter klapperten gleichmäßig. Die Haare rieselten meinen Rücken hinunter, und mein Kopf fühlte sich plötzlich leichter an. Lebt wohl, ihr künstlichen und ungeliebten Locken. Keine unnütze Zeit mehr, die beim Zurechtmachen der Haare sinnlos verschwendet wurde. Ich wußte, daß Maia sich davor gegraut hatte – ich hegte den Verdacht, sie weinte sogar wegen meiner langen schwarzen Locken –, doch ich versuchte, sie nicht anzusehen.

Maia hatte einen Krug Wasser mitgebracht, und ich wusch mein Gesicht und spülte die letzten Locken aus meinen Haaren heraus. Vor einem Monat hatten wir damit aufgehört, meine Augenbrauen zu zupfen. Meine Ohrläppchen waren natürlich durchstochen, aber so etwas war nichts Ungewöhnliches für Knaben. Bei einem von den Persern freigekauften Eunuchen würde dergleichen ganz gewiß nicht auffallen. Maia hatte auch eines jener Schnürleibchen mitgebracht, das bisweilen von Frauen getragen wird, wenn sie sich irgendwohin spazierenfahren lassen oder wenn sie ganz einfach nicht zu dick aussehen wollen, und sie half mir dabei, es anzulegen. Meine Brüste waren zum Glück sowieso klein. Mit dem Schnürleibchen würden sie überhaupt nicht zu sehen sein. Ich zog die Tunika über: Es war die wollene, sie war hellblau gefärbt und schon ziemlich ausgebleicht, so daß sie fast grau aussah. Ich wollte sie um meine Taille wickeln, doch Maia schüttelte den Kopf und befestigte sie um meine Hüften, um meiner Figur einen anderen Anstrich zu verleihen. Es war ein eigenartiges Gefühl, eine kurze Tunika zu tragen und die Luft um meine Beine herumstreichen zu fühlen. Der Umhang war von guter Qualität, warm und solide, aber durchgehend blau; keinerlei Muster und kein purpurfarbener Streifen. Maia händigte ihn mir aus, und ich streifte ihn mir über den Kopf und zog ihn seitlich wie einen Schal nach vorne, wobei ich darauf achtgab, die nicht mehr vorhandenen Locken zu schonen. Nein, so ging es nicht. Maia schüttelte erneut den Kopf, nahm den Umhang ab und befestigte ihn auf meiner rechten Schulter. Dann ließ sie ihn in Falten über den Rücken und über die Brust herunterfallen: so wie Männer ihn tragen. Während sie mir die Stiefel zuschnürte, erschien Thorion. Er blieb vor der Höhle stehen und starrte uns an. Ich wartete, bis Maia fertig war, dann stand ich auf und trat in das Tageslicht hinaus, so daß er mich richtig sehen konnte. »Nun?« fragte ich.

Er bedachte mich mit einem äußerst merkwürdigen Blick, dann schlang er seine Arme um meinen Hals. »Oh, Charition«, sagte er und rang nach Atem. »Ich möchte dich gar nicht fortlassen.«

»Sehe ich nicht so aus, wie ich sollte?« fragte ich.

Thorion schüttelte den Kopf. Ich merkte, daß er weinte. Ich fühlte mich gar nicht wohl.

»Maia«, sagte ich. Sie weinte ebenfalls und reichte mir einen Spiegel. Ein mageres, langes, schmales Gesicht mit einer langen Nase und einem breiten, dünnlippigen Mund; große, intelligente Augen, die eigenartig und wie losgelöst blickten; glatte, dunkle Haare, die über die Stirn fielen. Zum erstenmal in meinem Leben sah ich in einen Spiegel und erblickte mich selbst. Nicht eine von jemand anderem angezogene Puppe, sondern mich selbst. Ich lächelte, und das Gesicht lächelte zurück. Nicht das Gesicht eines Jungen und nicht das Gesicht eines Mädchens. Leb wohl, Charis, dachte ich. Sei gegrüßt, Chariton aus Amida und Ephesus, ein Eunuch und Student der Heilkunst!

»Besser könnte es gar nicht sein«, sagte ich.

»Man erkennt dich überhaupt nicht mehr«, stöhnte Thorion. »Ich bringe diesen Festinus um.«

»Er wird wahrscheinlich an Schlagfluß sterben«, meinte ich. »Er ist cholerisch veranlagt und trinkt zuviel.« Ich lächelte Thorion zu. »Es wird schon schiefgehen.«

Maia schüttelte den Kopf. Sorgfältig sammelte sie meine verstreut herumliegenden Kleider auf – die lange weißgelbe Tunika und den langen, weißgrünen Umhang mit seinem purpurfarbenen Streifen. Sie faltete die beiden Gewänder zusammen und legte sie in die kleine Kleidertruhe. »Sie ist aus Sandelholz«, sagte sie. »Sie ist sicherlich noch hier, wenn du zurückkommst.« Sie hob eine meiner Haarlocken auf, strich sie glatt, dann legte sie sie auf die Kleider. Thorion schob die Truhe in den hinteren Felsspalt zurück und häufte ein paar Steine davor auf, so daß nichts von ihr zu sehen war.

»Laßt uns für deine baldige Rückkehr beten«, sagte Maia. Wir ergriffen uns an den Händen und standen eingezwängt in der Höhle. Maia betete. Mein Kopf fühlte sich leicht und leer an, und ihre Worte bedeuteten mir nichts. Eine baldige Rückkehr? Hoffentlich nicht allzubald. Ich hieß von nun an Chariton, und Chariton, das spürte ich, hatte ein interessanteres Leben vor sich als Charis.

Wir traten wieder an das Licht der Sonne hinaus und gingen auf die andere Seite des Hügels. Ephesus lag zu unseren Füßen. Die grüne Kuppel unseres Festsaales ragte ganz in der Nähe aus dem Meer der Dächer heraus, zu unserer Linken konnte man die rote Erde der Pferderennbahn erkennen. Rechts unter uns war das Theater zu sehen, davor die weißgepflasterte Hafenstraße, die von ihm zum Meer hinunterführte. Sie war von den farbigen Vorhängen der Läden gesäumt.

Im Hafenbecken hatten einige Schiffe festgemacht, und wir konnten das geschäftige Treiben dort unten auf einem der Segelschiffe beobachten. Es war ein großes Schiff mit orangefarbenen und gelben Segeln. Von dieser Höhe aus sah das Wasser des Hafens braun und schmutzig aus, aber dahinter leuchtete hell das offene Meer und löste sich weit draußen im gleißenden Sonnenlicht auf.

»Also«, sagte Thorion und schluckte. »Leb wohl.«

»Leb wohl.« Ich umarmte zuerst ihn, dann Maia. »Ich schreibe euch. Ich werde zwar ein bißchen warten müssen, aber ich werde euch schreiben, wenn ihr in Konstantinopel seid.«

Sie umarmten mich ihrerseits, wobei Maia mich nur widerwillig losließ. Dann begann ich, mit festen Schritten den Hügel hinunterzugehen. Ich würde durch das Haupttor gehen und dann zum Hafen hinunter. Thorion und Maia würden durch die Pforte zurückgehen, und sie würden versuchen, den Anschein zu erwecken, als seien sie den ganzen Nachmittag über zu Hause gewesen.

Ich ging etwa hundert Schritte, dann blickte ich mich um, aber sie hatten sich bereits auf den Weg gemacht, und ich sah sie nur noch von hinten, wie sie langsam nach Hause wanderten. Ich warf einen Blick auf das Schiff mit den orangefarbenen Segeln im Hafen. ». . . unten im Hafen warten die griechischen Schiffe«, dachte ich. Aber nein, das gehörte nicht hierher. Ich wollte mich lieber an einen anderen Chor aus einem anderen Stück erinnern:

. . . auf den weiten Wogen
Drehen die Falleinen die Segel dem Wind entgegen,
Und der Bug des schnellen Schiffes schießt herum.
Blitzschnell wie ein Kurier werde ich dort sein,
Wo der Strahl der Sonne die Welt in Flammen setzt.

Denn ich ging nicht der Sklaverei entgegen, sondern der Freiheit.

Zweiter Teil
ALEXANDRIA

1

Die *Halcyon* erreichte Alexandria am ersten Mai. Wir hatten eine ruhige Reise, segelten über Zypern, legten jedoch sonst nirgends an, bis wir das Leuchtfeuer des Pharos vor uns erblickten. Der Schiffsherr segelte die ganze Nacht hindurch und hielt direkt auf das Signalfeuer des Leuchtturms zu. Da ich viel zu aufgeregt war, um zu schlafen, blieb ich ebenfalls auf. Am Morgen, als das Feuer gelöscht wurde, sahen wir, wie der Rauch dick und schwarz emporstieg. Der Turm selbst stand weiß und mächtig auf einem vorgelagerten Felsen. Er war mit Bronzestatuen von Seegöttern und Delphinen geschmückt. Die Spiegel auf seiner obersten Spitze glitzerten im Licht der Morgensonne. Hinter ihm, dort wo die blau schimmernde See zu Ende war, lag ein heilloses Durcheinander von Dächern mit roten Ziegeln, Kuppeln und Gärten: eine Stadt von überwältigender Größe, die von Mauern und Toren umgeben war. Von einem Hügel im Zentrum der Stadt funkelte es, dort wo sich das Licht in einem vergoldeten Bauwerk verfangen hatte. Es sah so aus, als sei es der Riegel einer Schatzkiste.

Alexandria hat zwei Häfen, die durch den Felsen des Pharos voneinander getrennt sind: den Osthafen, auch der Große Hafen genannt, und den Hafen, den man Eunostos nennt:»Zur glücklichen Wiederkehr«. Als wir uns der Stadt näherten, erwartete ich, daß wir in den Großen Hafen einlaufen würden, der vom Pharos und einem kleineren Leuchtturm begrenzt wurde und von prachtvollen steinernen Festungsanlagen, Palästen und Gärten gesäumt war. Doch statt dessen drehte das Schiff nach Steuerbord in Richtung auf den Eunostos-Hafen ab. Dieser war längst nicht so eindrucksvoll: die ihn umgebenden Gebäude waren größtenteils Lagerhäuser und Werftanlagen; Fischerboote lagen auf dem Ufer, sie stanken nach Abfall und den Innereien der Fische. Hinter den Hafenanlagen sah man Straßen mit schmalbrüstigen, ziemlich hohen Häusern, die samt und sonders aus schmutziggrauen Ziegeln errichtet waren. Später erfuhr ich, daß alle Handelsschiffe diesen Hafen anliefen; der Große Hafen war dem Präfekten und seinem Gefolge vorbehalten.

Während die *Halcyon* darauf wartete, anlegen zu können, fragte ich den Schiffsherrn, wo sich das Museum befände, und er lachte.»Drei Fuß unter der Erde«, erzählte er.»Es ist während früherer Kriege und Aufstände zerstört worden. Niemand hat es je wieder aufgebaut.« Ich erfuhr später, daß es im Broucheionviertel gelegen hatte, das früher einmal der vornehmste Teil der Stadt gewesen war: In ihm lagen die kaiserlichen Paläste, einige der Tempel, das Museum und die Bibliothek. Das alles war jetzt zerstört.

Die Ruinen waren von Weidenröschen und Beerenklau überwuchert, und Kinder jagten Ratten über die zerborstenen Steinblöcke. Was von der Bibliothek übriggeblieben war, befand sich jetzt im Tempel der Serapis im Rhakotisviertel, das an den Eunostoshafen grenzte. Die Stadtmauer war nach den Kriegen wiederaufgebaut worden, und zwar rund um eine kleinere Stadt herum. Das Deltaviertel, das früher eine jüdische Stadt innerhalb der Stadt gewesen war, war völlig verschwunden. Die einzigen neuen Gebäude waren Kirchen.

Nachdem die *Halcyon* festgemacht hatte, gab mir der Schiffsherr einige Ratschläge. »Hinterlege deine Wertsachen bei einer Bank«, sagte er. »Isidoros, der Sohn des Heron, ist vertrauenswürdig und wird nicht allzusehr auf seinen Gewinn schauen. Du findest ihn beim zweiten Lagerhaus zu deiner Linken, sobald du den Hafen hinter dir läßt. Die Stadt ist voller Taschendiebe und Räuber, deshalb solltest du niemals viel Geld mit dir herumtragen. Halte dich von den kleinen Gassen auf der Rückseite der Häuser fern, vor allem im Rhakotisviertel. Die Ägypter mögen keine Fremden, vor allem keine Eunuchen. Welcher Religion hängst du an? Ja, ich weiß, du hast erzählt, daß du ein Christ bist; aber bist du Arianer, oder ziehst du den nizäischen Glauben vor?«

Ich antwortete, ich sei weder Arianer noch Nizäer. Ich kannte mich in religiösen Fragen kaum aus und wußte nur, daß der Streit etwas mit dem Wesen Christi zu tun hat. Die Arianer sagen, Jesus Christus stamme von Gottvater ab, während die Nizäer behaupten, er sei »wesensgleich« mit Gottvater, ein Ausdruck, den die übrigen Christen ablehnen. Der arianische Glaube wird von den Kaisern begünstigt, nicht jedoch von den Bischöfen, die ihn auf keiner ihrer Synoden jemals akzeptiert haben. Großvater hielt nicht viel davon.

»Nun gut, dann solltest du sagen, daß du Nizäer bist«, sagte der Schiffsherr der *Halcyon*. »Es macht sich hier besser, wenn du ein Manichäer und kein Arianer bist. Die Leute hängen ihrem Erzbischof mit einer fanatischen Liebe an. Er ist eingefleischter Nizäer und aus diesem Grund bereits fünfmal verbannt worden. Die Arianer sind nicht beliebt. Halte dich aus den öffentlichen Bädern fern: Hübsche Jungen sind in dieser Stadt nirgends sicher.«

»Ich bin älter als ich aussehe«, protestierte ich.

»Das mag ja sein, aber bei diesen Päderasten zählt allein das Aussehen! Für einen Eunuchen scheinst du mir ein sympathischer junger Mann zu sein. Es täte mir leid, wenn ich hören müßte, daß dir etwas zugestoßen ist. Viel Glück, und paß auf dich auf!«

Die Stadt war ganz anders, als ich erwartet hatte. Nachdem ich von Bord gegangen war, wanderte ich durch die engen, dunklen Straßen des Rhakotisviertels, zwischen den schäbigen Häusern mit ihren schmalen Vorderfronten, überragt von den zwei Kirchen, der kleinen, alten des Theonas und der neuen, großen des populären Erzbischofs Athanasios. Ich fand den Bankier, den der Schiffsherr mir empfohlen hatte, und hinterlegte meinen Schmuck bei ihm. Dann zog ich los und machte mich auf die Suche nach den Gelehrten beim Tempel der Serapis. Ein breiter Kanal verbindet den Hafen mit dem Mareotis-See, und ich verfolgte seinen Lauf bis zur Via Canopica, wobei ich den Rat des Schiffsherrn beherzigte und die rückwärtigen Straßen vermied. Die Leute sahen fremdartig aus – dunkelhäutiger als die Leute in Asien. »Honigfarben«, wie der Zensus sie immer nennt. Viele sprachen eine mir fremde Sprache, nicht griechisch, sondern koptisch, wie ich vermutete. Das waren also die Ägypter, die keine Fremden mochten. Sie kamen mir selbst sehr fremd vor.

Die Via Canopica sah schon eher so aus, wie ich mir Alexandria vorgestellt hatte: eine große Straße, breit genug für vier nebeneinanderfahrende Kutschen. Zusätzlich wimmelte sie von unzähligen Menschen, hochbeladenen Eseln und Kamelen und von Katzen – Tieren, die außerhalb Ägyptens sehr selten sind, dort aber sehr verbreitet. Auf beiden Seiten der Straße zog sich ein doppelter Säulengang mit Läden hin, den die Alexandriner Tetrapylon nennen. Straßenhändler boten kandierte Zitronen, Datteln, frisches und noch warmes Kümmelbrot, Würstchen und Sesamkuchen feil. Ich kam an Läden vorbei, die Weine aus allen Gegenden des Kaiserreichs verkauften, Tuch aus Wolle und Leinen sowie Garne, die ungewöhnlich grell gefärbt waren. Es wurden Amulette verkauft, Bücher, Stundengläser, Gold aus Nubien und Perlen aus Britannien, geschnitzte Möbel und Terakottabilder von vielen hundert verschiedenen Göttern. Bettler baten um Almosen. Ich kam an einem jungen Eunuchen vorbei, der einen phrygischen Hut aufhatte und der hinter einer bronzenen Bettlerschale saß und mit schriller Stimme eine Hymne zu Ehren der Göttin Kybele sang. Er starrte mich an, dann wandte er den Blick gleichgültig ab. Ein hochgewachsener, bärtiger Mann in einem schwarzen Umhang stand an einer Mauer und erläuterte ein paar aufmerksamen Schülern die philosophische Lehre der Stoiker. Auf der anderen Straßenseite predigte ein langhaariger Bauer in einer grobgewebten Tunika ein eigenartiges Sammelsurium gnostischer Anschauungen: »Die Welt ist vom Teufel geschaffen!« schrie er (er mußte schreien, um sich überhaupt Gehör zu verschaffen). Die Leute schrien alle, wie sie da feilschten, sangen, fluchten und sich gegenseitig anrempelten. Ich kam an einem Laden voller Vögel vorbei, die in Käfige gesperrt waren und wie ein Chor von Bacchantinnen sangen. Es gab ein großes Mischmasch von Gerüchen: Honig, Kot, ungewaschene Menschen, Duftwässer, Abwässer, frisches Brot, Gewürze. Es war ein einziges Durcheinan-

der von Geräuschen und Farben und tosendem Leben, und es betäubte mich. Trotzdem, selbst als Fremder konnte ich erkennen, daß die Stadt nicht mehr das war, was sie einmal so berühmt gemacht hatte. Als ich zum Hauptplatz Alexandrias kam, dort wo die Via Canopica die andere große Durchgangsstraße, die Via Soma, kreuzt, erblickte ich die ersten von vielen Ruinen. Das Mausoleum des großen Alexander, des Sohnes von Philipp von Mazedonien, des Mannes, der die Welt eroberte: ein Ring zerborstener Säulen und ein paar Mauerruinen. Der einbalsamierte Körper war verschwunden und desgleichen natürlich auch der goldene Sarg sowie der Schatz, der um ihn herum aufgebaut worden war. Nun ja, das Imperium, das er gegründet hatte, war längst zerfallen, bevor sein Grab zerstört wurde, deshalb kann er sich wohl nicht beklagen. Ich bog nach rechts in die Via Soma ein und stieg zum Tempel des Serapis hinauf, wo nach wie vor die Überreste aus der Bibliothek und dem Museum aufbewahrt wurden. Der Tempel steht auf einem künstlichen Hügel im südwestlichen Teil der Stadt, in der Nähe des Stadions. Es war nicht schwierig, ihn zu finden: Sobald ich die Via Soma verließ, erblickte ich ihn. Er schien über den Dächern der umliegenden Häuser zu schweben. Die vergoldete Säule, die ich vom Schiff aus gesehen hatte, gehörte zu ihm. Dort, wo man von der Via Soma abbiegen mußte, war eine weiße Marmorplatte mit dem eingravierten Bild des Gottes in die Straße eingelassen worden. Ich folgte diesem heiligen Weg bis zum Tempel: Er wand sich die Vorderseite des künstlichen Hügels empor, flankiert von Dattelpalmen und großen Büschen purpurfarbener Zistrosen. Der Tempelkomplex selbst war durch eine Mauer vom Rest der Stadt getrennt, doch das Tor stand offen und war unbewacht. Ich ging hindurch und befand mich auf einem gepflasterten Hof. Es war jetzt beinahe Mittag, die Sonne brannte erbarmungslos auf das weiße Pflaster und blendete die Augen. Zwischen weiteren Dattelpalmen rauschte kühl und erfrischend ein Brunnen. Daneben stand der Tempel, seine Säulen waren bemalt und vergoldet, seine Fassade war mit Bildern von Serapis, Iris und ihrem Sohn Harpokrates, den bedeutendsten der alten ägyptischen Götter, geschmückt.
Ich ging nicht in das Innere des Tempels: Als Christin hatte ich dort nichts zu suchen. Aber er war umgeben von vielen Gebäuden – von Lesehallen, Wohnhäusern und der Bibliothek, von Arkaden und Gärten –, und die meisten von ihnen gehörten zu der Institution, die die Alexandriner immer noch das »Museum« nennen. Ich hatte einige Empfehlungsschreiben bei mir, die Thorion und ich aufgesetzt hatten und die an einige der führenden Ärzte der medizinischen Fakultät gerichtet waren. Und so sah ich mich nach jemandem um, dem ich sie geben konnte.

Ich betrat eines der größeren Nebengebäude, das einen eher öffentlichen Eindruck machte. Es war eine Bibliothek: An den Wänden zogen sich Bücherregale hin. In der Mitte des Raumes saß ein schlanker, dunkelhäutiger Alexandriner an einem Schreibpult. Um seinen Hals trug er eine Kette mit einem bronzenen Schreibkästchen, dazu ein offiziell aussehendes Siegel. Sorgfältig notierte er gerade etwas auf ein Stück Papyrus. Er war wahrscheinlich ein Sekretär, ein Beamter. Aufgeregt ging ich zu ihm und fragte, ob ich dem höchst geschätzten Adamantios meine Aufwartung machen könne (er war der Dekan der medizinischen Fakultät).

»Was willst du von ihm?« fragte der Sekretär gereizt, legte seine Feder nieder und sah mich ärgerlich an. Dann warf er mir einen zweiten Blick zu, bemerkte meinen Aufzug und meine glatte Gesichtshaut, und sein Mund verzog sich verächtlich. Ich kannte diesen Blick allmählich recht gut. Er folgte fast immer, sobald man glaubte, mich als Eunuchen erkannt zu haben. Mir war bis dahin gar nicht klar gewesen, wie sehr Eunuchen gehaßt werden. Alle Welt macht sie höchstpersönlich für sämtliche Krankheiten des Kaiserreichs verantwortlich und behauptet, sie seien eigentlich nur importierte Sklaven, hätten jedoch das Ohr des Kaisers und ließen ehrliche Männer gar nicht erst bis zu ihm vordringen. Man sagt, sie seien nur halbe Männer, dafür aber in hohem Maße habgierig und korrupt – sie forderten ein Bestechungsgeld, nur um einem zu sagen, wie spät es ist. Dabei spielte es überhaupt keine Rolle, daß ich gar kein kaiserlicher Hofbeamter war. Ich wurde genauso gehaßt, als wäre ich einer, und man grinste höhnisch wegen meines Mangels an Männlichkeit, als hätte ich mich freiwillig dazu entschlossen, mich kastrieren zu lassen, nur um Bestechungsgelder zu kassieren.

Ein bißchen irritiert erklärte ich, warum ich Adamantios gerne sprechen wollte. Der Sekretär rümpfte verächtlich die Nase, grinste hämisch, wies mich jedoch in eine Amtsstube, die an einem der Bibliotheksinnenhöfe lag. Es war ein kleiner, angenehm kühler Raum mit gemauerten Wänden. An einer der Wände stand ein Schreibpult, daneben ein Bücherschrank. Es war niemand da, deshalb setzte ich mich und wartete.

Nach etwa einer Stunde kam ein großer, dunkelhäutiger Mann herein. Er hatte einen mit Fransen besetzten Umhang um, trug einen kleinen Hut auf dem Kopf und sprach lautstark auf zwei vornehm gekleidete Begleiter ein. Ich erhob mich respektvoll, und er fragte mich, was ich wünschte.

»Hochgeschätzter Herr«, sagte ich, »ich bin Chariton, ein Eunuch aus Ephesus, und ich warte hier, um mit dem vortrefflichen Adamantios zu sprechen. Ich möchte mich gerne in der Heilkunst ausbilden lassen.«

»Ich bin Adamantios«, erwiderte der Mann und sah mich mißtrauisch an.
»Habe ich schon von dir gehört? Ich erinnere mich nicht an den
Namen . . .«
»Ich habe einige Empfehlungsschreiben«, sagte ich eifrig und reichte sie
ihm. Er nahm sie, warf einen Blick hinein und runzelte die Stirn.
»Warum hat dein Wohltäter nicht etwas im voraus vereinbart?« fragte er
mich. »Wir sind sehr beschäftigt um diese Jahreszeit, und ich glaube
eigentlich nicht, daß du, hm, aus dem richtigen Holz geschnitzt bist, das man
für einen Arzt benötigt. Du solltest wissen, daß man in diesem Beruf kein
Leben in Luxus und Muße führen kann. Ich bin eigentlich der Meinung, daß
ein, hm, Eunuche besser in der Verwaltung aufgehoben wäre.«
»Ich habe nichts gegen schwere Arbeit einzuwenden«, erwiderte ich. »Und
ich möchte die Heilkunst sehr gerne erlernen. Ich habe auch Geld, um meine
Unterrichtsstunden bezahlen zu können.«
»Nu-un . . .«, sagte Adamantios. Er blätterte die Briefe durch und gab sie
mir schließlich zurück. »Du hast natürlich das Recht, es bei allen dem
Museum angeschlossenen Ärzten zu versuchen. Du brauchst jemanden, der
dich als Assistent aufnimmt. Dann kannst du alle Vorlesungen besuchen,
vorausgesetzt natürlich, du bezahlst den Dozenten eine Gebühr. Es ist aber
an dir, einen Lehrmeister zu finden.«
»Ich dachte, vielleicht könnte Eure Klugheit . . . das heißt, ich dachte, du
wüßtest eventuell jemanden, der einen Assistenten braucht.«
»Oh.« Er betrachtete mich einen Augenblick lang, dann schüttelte er den
Kopf. »Nein, ich weiß niemanden. Du vielleicht, Timias?« fragte er und
wandte sich an einen seiner Begleiter.
Dieser lachte. »Jedenfalls nicht *so* einen Assistenten!«
Adamantios lächelte überheblich. »Nein, ich kenne keinen. Du hast natürlich das Recht, dich umzuhören. Gibt es sonst noch etwas?«
Für die erste Woche meines Aufenthaltes in der Stadt mietete ich mich in
einem von Flöhen heimgesuchten Quartier in der Nähe des Schiffskanals ein
und klopfte an etliche Türen in der Nähe des Serapistempels. Mühsam
schleppte ich mich von der einen zur nächsten Tür, wurde aber immer nur
ausgelacht. Die von Thorion und mir so sorgfältig vorbereiteten Empfehlungsbriefe erwiesen sich als wertlos. Niemand traute mir: Entweder würde
ich aller Voraussicht nach nicht hart genug arbeiten, oder ich war höchstwahrscheinlich unzuverlässig und dazu noch ein entwichener Sklave. Mein
Plan, der in Ephesus so gut geschienen hatte, sah in Alexandria unausgego-
ren und undurchführbar aus. Ich war auf all die abschlägigen Antworten, das
höhnische Grinsen, die Verachtung und den offenen Haß, die mir entgegen-
schlugen, nicht vorbereitet und fühlte mich ziemlich elend.
Zudem geriet ich mehrfach in den Verdacht, eigentlich nur nach einem

männlichen Gönner Ausschau zu halten, da Eunuchen Menschen sind, die Müßiggang und Luxus lieben. Ich habe vergessen, wie oft man sich mir mit Geldangeboten näherte, wie vielen tatschenden Händen ich mich entziehen mußte. Ich war immer noch viel zu unerfahren, als daß mir derlei Annäherungsversuche nichts ausgemacht hätten, obwohl es nicht ganz so schlimm war wie mit Festinus. Gut, daß diese Leute nicht wußten, wer ich in Wirklichkeit war. Wenn ihr Gefummel Erfolg gehabt hätte, wären sie ganz schön überrascht gewesen! Doch niemand schien den Verdacht zu hegen, ich könne nicht der sein, der ich vorgab. Anfangs war ich nervös und rechnete dauernd damit, entdeckt zu werden, doch schließlich gewöhnte ich mich an die Situation. Die Menschen verlassen sich ganz auf das äußere Erscheinungsbild ihres Gegenübers, auf all die äußeren Hinweise auf Geschlecht und Rang, die man ihnen mit seiner Kleidung gibt. Die Mühe mit dem Schnürleibchen hätte ich mir fast sparen können. Die kurzen Haare und eine kurze Tunika genügten vollkommen. Die Leute sahen mich an und mutmaßten sofort: »Ein weibischer Junge – ein Eunuch?« und nicht etwa: »Ein verkleidetes Mädchen!« Ich war natürlich stets auf der Hut, mich nicht zu verraten. Es war überraschend einfach gewesen, die Angewohnheiten eines jungen Mädchens aus gutem Hause abzulegen, aber mit anderen Dingen hatte ich immer noch endlose Schwierigkeiten. Es war nicht leicht, mir dauernd in Erinnerung zu rufen, daß ich ein Mann war; zu versuchen, mich selbst anzuziehen und auch wirklich alles richtig zu machen; in einer fremden, großen Stadt zu Fuß umherzulaufen, wenn ich zuvor immer eine Sänfte oder einen Wagen zur Verfügung gehabt hatte. Meine Füße taten mir weh. Außerdem konnte ich mich nicht ordentlich waschen: In dem Gasthaus gab es keinen Ort, wo ich ungestört war. Ich lebte von billigen Brotfladen, die ich von Straßenhändlern kaufte. Ich war sehr knapp bei Kasse, da ich noch keine Möglichkeit gehabt hatte, etwas von meinem Schmuck zu verkaufen. Der Bankherr wollte ihn mir nicht eintauschen. Deshalb nahm ich ihn mit in einen teuren Laden an der Via Canopica, aber der Eigentümer behauptete, der Schmuck sei aus Glas. Als ich darauf bestand, den Schmuck von meiner Mutter geerbt zu haben, behauptete der Mann, ich hätte ihn gestohlen, und drohte mir damit, mich bei den Magistratsbeamten anzuzeigen. Ich ging mit meinem Schmuck hinaus und fühlte mich den ganzen Tag über ziemlich elend. Außerdem fragte ich mich, ob er seine Drohung wohl wahrmachen würde. Er tat es nicht, aber ich hatte Angst, es irgendwo anders zu versuchen. Mit ein bißchen mehr Erfahrung hätte ich gemerkt, daß der Mann ganz einfach versuchte, den Preis zu drücken. Die Alexandriner sind hitzige Menschen, reizbar und aufbrausend, gewalttätig und gefährlich.

Nach zehn Tagen begann ich mich zu fragen, ob ich nach Ephesus zurückgehen und Festinus heiraten sollte. Ich sah mich bei einigen der alexandrinischen Ärzte um, die keine Verbindung zum Museum hatten. Die meisten von ihnen waren abergläubische Quacksalber, jene Art Männer, die ihren Patienten anraten, sich im Morast zu wälzen, dreimal um den Tempel herumzulaufen und die Götter dabei anzurufen und schließlich ein Bad im Schiffskanal zu nehmen – ein Verfahren, das außer den Gesündesten jeden umbringen würde. Doch dann lernte ich Philon kennen.

Ich traf ganz zufällig in der Bibliothek des Tempels auf ihn. Ich erholte mich gerade ein wenig von meiner letzten Abfuhr und las im Kräuterbuch des Krateuas, als ein bärtiger Mann mittleren Alters auf mich zutrat und mich fragte, ob er mal hineinsehen könne: »Falls du es nicht mehr brauchst, geschätzter Herr.« Es war ein angenehmes Gefühl nach all der Grinserei mit »geschätzter Herr« angeredet zu werden, deshalb ließ ich das Buch sinken.

»Ich habe nur mal kurz hineingeschaut«, sagte ich zu ihm. »Wenn du etwas nachschlagen willst, Herr, dann nur zu.«

Er lächelte. Ich kannte die Stadt inzwischen gut genug, um zu erkennen, daß der Bart, der mit Fransen besetzte Schal und das kleine Käppi auf einen Juden hindeuteten. Sein braunes Haar und die helle Haut unterschieden ihn von den sonst in Alexandria so häufig anzutreffenden honigfarbenen Männern. Er war groß und breitschultrig und erinnerte mich deshalb ein wenig an Thorion. »Danke dir, Herr«, sagte er und schlug eine Rezeptur für eine gynäkologische Erkrankung nach, dann schüttelte er den Kopf. »Das wird wohl nichts nützen«, sagte er. »Immerhin, man kann es ja einmal versuchen.«

»Eine Patientin?« fragte ich, und er lächelte erneut.

»Was sonst? Aber es gibt wenig genug, was ich für die arme Frau tun kann. Ein bißchen Opium, das ist alles, es lindert die Schmerzen. Eine wirkliche Heilung – die liegt in den Händen Gottes.«

»›Das Leben ist kurz, die Kunst des Heilens aber ist lang‹«, zitierte ich. »›Das Glück ist flüchtig, die Erfahrung täuschend, die Beurteilung schwierig.‹«

»›Doch nicht allein der Arzt muß seine Pflicht tun, auch der Kranke und die Pfleger müssen ihren Teil dazu beitragen, um eine Heilung zu ermöglichen‹«, zitierte er zu Ende. »Ah, Hippokrates! Bist du Student?«

»Nein«, entgegnete ich etwas kurz. Dann, weil er mich ein wenig an Thorion erinnerte, fügte ich hinzu: »Ich wäre gerne einer. Aber niemand scheint mich haben zu wollen. Ich bin ein Eunuch und habe nicht die richtigen Empfehlungsschreiben.«

Er seufzte ein wenig und beobachtete mich. »Woher kommst du, wenn ich fragen darf? Du hast einen asiatischen Akzent.«
»Aus Ephesus«, erwiderte ich. »Das heißt, eigentlich aus Amida.« Und ich erzählte ihm meine kleine Geschichte von den Persern und »meinem Vetter Ischyras«, der mich von ihnen freigekauft habe, und von Thorion, der mich fortgeschickt habe, um die Heilkunst zu erlernen.
»Aha«, meinte er. »Darf ich deine Empfehlungsschreiben vielleicht einmal sehen?«
Ich hatte sie natürlich bei mir und gab sie ihm. Er las sie sich durch (»dieser Theodoros – das ist doch nicht etwa derselbe, der hingerichtet wurde? Nein, nein, natürlich nicht . . .«), dann stellte er mir einige medizinische Fragen, die sich meist auf die klassischen Texte von Hippokrates und Galen bezogen.
»Du bist sehr belesen für einen derart jungen Mann«, meinte er schließlich. »Und du machst einen sehr gebildeten Eindruck – kennst du dich in den Klassikern genausogut wie bei den medizinischen Schriftstellern aus? Ja? Es wundert mich, daß dich niemand als Schüler genommen hat. Ich . . .« er hielt inne und sah mich unentschlossen an. Dann schien er sich aufzuraffen und wagte den entscheidenden Schritt. »Ich brauche dringend einen Assistenten. Eigentlich sollte mein Neffe bei mir lernen, aber er starb voriges Jahr an einem tückischen Fieber. Natürlich müßtest du dich selbst darum kümmern, Vorlesungen zu besuchen, aber ich bin ja auch mit der hiesigen Schule liiert . . .« Er hustete und räusperte sich. »Natürlich, ich bin nicht so gebildet. Ich bin mit dem Gesetz des Moses aufgewachsen, nicht mit Homer und den Klassikern – aber ich kenne meinen Hippokrates. Ich kenne ihn besser als die Thora, Gott möge mir vergeben! Wenn es dir nichts ausmacht, bei einem Juden zu lernen, der nichts anderes zitieren kann als ›Sing, Göttin des Zorns‹, dann bist du willkommen und kannst bei mir in die Lehre gehen.«
»Wenn du Hippokrates kennst«, sagte ich, »dann kannst du die Werke Homers in den Großen Hafen werfen. Aber ich bin Christ – macht dir das nichts aus?«
»O nein, nein!« sagte er und lächelte erneut. »Das wäre eigentlich sogar sehr nützlich.«
So gingen wir also zu Adamantios und fragten uns dabei wahrscheinlich alle beide, auf was wir uns da einließen. Adamantios begrüßte Philon herzlich, und als er hörte, weshalb dieser gekommen war, machte er zuerst einen überraschten, dann amüsierten Eindruck. Er schüttelte mir die Hand und gratulierte mir herablassend: Philon würde mich also zu seinem Assistenten machen und war damit einverstanden, mir die Heilkunst beizubringen. Es stand mir natürlich frei, Vorlesungen von anderen Ärzten

77

zu besuchen, falls ich eine Gebühr dafür bezahlte. Und wenn ich glaubte, genug gelernt zu haben, würden mich die medizinischen Professoren des Museums einer Prüfung unterziehen. Ich willigte ein, Philon zehn *Solidi* zu zahlen, sobald es mir gelungen sei, meinen Schmuck zu verkaufen, und wir schüttelten uns die Hände, um den Handel zu besiegeln.

Dann ging ich in meine Unterkunft zurück und machte mir schrecklich viele Gedanken. Ich wußte überhaupt nichts von Philon. Ich war gerade lange genug in der Stadt, um zu wissen, daß die Ägypter die Juden haßten und daß die anderen Leute des Museums, die meistens Heiden waren, ihnen mißtrauten und soweit wie irgend möglich keine Notiz von ihnen nahmen. Was also, falls der Mann nun unehrlich oder ganz einfach unfähig war? Andererseits war Adamantios ebenfalls Jude und überall anerkannt – aber er gehörte ja auch zur Oberklasse und hatte sicher mehr Homer gelesen als die mosaischen Gesetze. Nun, dachte ich bei mir, ich kann ja auch die Vorlesungen besuchen und andere Meinungen hören, ich müßte eigentlich etwas lernen können, selbst wenn Philon mir nicht viel beibringen kann. Aber dann fing ich an, mir wegen der Vorlesungen und wegen der anderen Studenten Sorgen zu machen. Ich hatte sie bereits überall gesehen: beim Studium von Büchern in der Bibliothek, beim Diskutieren am Brunnen vor dem Tempel, beim Untersuchen von Kräutern in den Tempelgärten. Es waren alles junge Männer, etwa in meinem Alter oder etwas älter, und sie machten ausnahmslos den Eindruck, als kannten sie bereits sämtliche Geheimnisse der Natur. Sie wußten sicherlich sehr viel mehr als ich. Und ich hatte den Verdacht, daß sie mich schon jetzt verachteten. Aber das durfte mir nicht soviel ausmachen, sagte ich mir und versuchte, meine Angst zu besänftigen. Jetzt bin ich hier in Alexandria und morgen werde ich mit dem Studium der Heilkunst beginnen. Selbst wenn ich nichts weiß, selbst wenn ich mich dabei nicht sehr geschickt anstelle, so ist es doch genau das, was ich mir mein ganzes Leben lang gewünscht habe. Ein Traum ist wahr geworden. Und schon ging es mir besser. Ich holte mein Exemplar des Galen hervor und las darin, neugierig auf alles, was es zu lernen gab.

2

Am nächsten Morgen traf ich Philon am Tempel, so wie wir es vereinbart hatten. Als er mich sah, machte auch er einen etwas unsicheren Eindruck, aber er hieß mich höflich willkommen, und wir begannen seinen Rundgang.

Philons Patienten waren in der Hauptsache Juden, aber es gab auch vereinzelt Griechen und Ägypter aus der Unterklasse. Wir kamen auf unserem Weg in eine Anzahl schmalbrüstiger Häuser und Wohnquartiere, von denen einige im Südosten der Stadt an die Rückseite winziger Läden angebaut waren. Da gab es zum Beispiel einen Schiffszimmermann, der sich von einem heimtückischen Fieber erholte; die kleine Tochter eines Kopisten mit Ohrenschmerzen; die Frau eines Badewärters mit einem gebrochenen Schlüsselbein. »Ich fürchte, es ist keiner dabei, den man vornehm nennen könnte«, sagte Philon mit einem Lächeln zu mir. »Ich bin kein Modearzt. Dafür bin ich aber auch nicht teuer!« Sorgfältig war er darauf bedacht, mich mit den Patienten bekannt zu machen, und bat mich, alles Wichtige in seinem Patientenbuch zu notieren. Dadurch würde ich lernen, mir zu merken, woran jeder Patient gelitten und was Philon für ihn getan hatte. Er war freundlich und gewissenhaft, benutzte mit äußerster Umsicht eine große Anzahl ganz verschiedenartiger Arzneimittel, vermied jedoch Aderlässe und Abführmittel. Er nahm sich Zeit für jeden Patienten, beantwortete ihre Fragen und erklärte, was er tat.

Die vierte oder fünfte Patientin, die wir an jenem Vormittag besuchten, war die Frau eines Kupferschmiedes, die sich von einer Kindsgeburt erholte. Über der Tür des Hauses hingen Lorbeerzweige und ein wenig Fingerkraut als Zauber gegen den bösen Blick, und neben der jüdischen Schriftrolle der mosaischen Gesetze war ein Talisman befestigt. Philon sah den Zauber und runzelte mißbilligend die Stirn. Die Haussklavin, eine verschrumpelte alte Frau, ließ uns ein, und noch bevor Philon seinen Fuß über die Türschwelle gesetzt hatte, erzählte sie ihm bereits: »Der Herrin geht es schlechter, viel schlechter, und das Baby ist ebenfalls krank, das arme Ding. Es ist ganz gelb.«

»Ein oder zwei Tage nach der Geburt ist das gar nichts Besonderes«, sagte Philon energisch und trat ein, um die Patientin zu untersuchen.

In dem Haus roch es nach Räucherwerk, das von einem eigenartig beißenden Geruch überlagert wurde – wahrscheinlich verbrannte Haare und irgendwelche Pflanzen. Die Frau lag im Bett, sie hatte Fieber und eine ungesunde rote Farbe. Sie trug einen Talisman um ihren Hals und hatte ein Messer unter dem Kissen, um Teufel abzuwehren.

Philon lächelte, stellte mich vor und untersuchte die Patientin. Er reinigte ihr Gesicht mit einer Lösung aus Essig und Myrrhe und gab ihr eine Tinktur aus Opium und kretischem Diptam in Wein zu trinken. Er sah nach dem Säugling, der etwas gelblich war und fest schlief, ebenfalls mit einem Talisman um den Hals. Philon nahm ihn ab, dann nahm er auch denjenigen der Frau an sich. »Diese Dinger sind nicht gut«, meinte er fröhlich. »Es ist heidnisches Zeug, ganz bestimmt nichts für eine Jüdin. Du solltest nicht solchen Dingen vertrauen, sondern dem Gesetz des Moses.

Jüdische Teufel scheren sich einen Dreck um solches Zeugs. Glaubst du wirklich, Lilith interessiert sich dafür, was Isis sagt? Was du brauchst, gute Frau, ist eine Schriftrolle des Gesetzes. Binde sie mit Leinenstreifen um deinen Bauch, und bitte deinen Mann, dir die Psalmen vorzusingen, während du Räucherwerk verbrennst. Du brauchst dir auch keine Sorgen wegen deiner kleinen Tochter zu machen: Solch eine leichte Gelbsucht ist nichts Besonderes. Stille sie möglichst oft, und gib ihr eventuell auch noch etwas abgekochtes Wasser zu trinken, dann wird die gelbe Farbe schnell verschwinden. Du mußt nur die richtigen Gebete sagen und das Räucherwerk verbrennen.«

Die Frau sah jetzt nicht mehr ganz so unglücklich aus und nickte. Philon ging hinaus und nahm die Talismane mit. Er riß den übrigen Zauber von der Tür und warf alles zusammen in den öffentlichen Abwasserkanal. »Da gehören sie hin«, sagte er ärgerlich. »Ich wollte, der Bursche, der das hier auf dem Gewissen hat, landete ebenfalls dort.« Als er meine Überraschung bemerkte, fügte er hinzu: »Er ist einer unserer Zauberer hier in Alexandria. Wir haben einen ganzen Haufen davon. Dieser hier hat sich auf Kindbettfieber spezialisiert. Hast du etwas gerochen?«

»Verbrannte Haare und . . . noch etwas.«

»Die Haare gehörten der Frau und das ›Noch-etwas‹ war ein Stück Papyrus, das mit dem Blut der Frau beschrieben war. Es ist die erste Stufe des Zaubers. Wenn sie nicht wirkt, schneidet der Mann dem Säugling einen Finger ab, um den Teufel, der das Leben des Kindes bedroht, zu beruhigen. Er hat jedoch keine Ahnung von Hygiene: So ein Schnitt infiziert sich für gewöhnlich, und das Kind endet als Krüppel – falls es überhaupt überlebt. Außerdem verbrennt der Kerl gerne irgend etwas. Die vielen Leute, die er schon getötet hat!« seufzte Philon. »Nun ja, die Ägypter sind der Magie äußerst zugetan und haben mit dieser Vorliebe einige Juden angesteckt. Aber ich hoffe, unsere Patientin wird es für diesmal dabei bewenden lassen.«

»Was hast du ihr denn da erzählt, was sie tun soll?«

Er lächelte ein wenig kleinlaut: »Etwas, was für einen Anhänger des Hippokrates eine Schande ist. Aber sie wollte ja unbedingt etwas Magie. Die hippokratische Medizin kann so wenig versprechen. Wir sagen immer, überlaß nur alles der Weisheit des Körpers: Dein Körper wird sich erholen, wenn er kann. Aber inzwischen leidet die Frau, sie hat starke Schmerzen und schreckliche Angst. Ein Zauberer taucht auf und sagt: ›Ich kann dich heilen‹, und das ist mehr, als der Arzt ihr versprochen hat, und so hört sie auf ihn. Nun ja, ich habe ihr meine Art Talisman gegeben, um sie nicht unglücklich zu machen, und wenn er sie beruhigt, dann wird ihr schon allein das helfen.«

Er machte sich zum nächsten Patienten auf den Weg, und ich folgte ihm langsam und äußerst nachdenklich. Das alles unterschied sich doch sehr von den hippokratischen Methoden, von denen ich gelesen hatte. Philon sah sich um, dann blieb er stehen, damit ich ihn einholen konnte. »Die Praxis unterscheidet sich eben von der Theorie«, meinte ich und entschuldigte mich damit für meine Bummelei.

Er lächelte: »Da hast du bereits etwas gelernt, was die Hälfte der Ärzte im Tempel nicht wissen.«

Ich lächelte meinerseits und fragte ihn: »Hast du denn überhaupt eine Theorie, nach der du arbeitest?«

Er wurde ernst und zuckte die Achseln. »Nicht unbedingt. Ich bin kein Anhänger von Galen oder sonst einer bestimmten Lehre und auch kein Allopath – die Professoren oben auf dem Tempel haben mehr Theorien als ein Hund Flöhe, und ich kann sie unmöglich alle kennen und sie dir sicherlich auch nicht beibringen. Aber ich kann praktizieren. Einige werden dir erzählen, wenn man einen Patienten ohne eine bestimmte Theorie behandeln will, nur mit einem Messer in der einen und einem Arzneimittel in der anderen Hand, könne man genauso gut im Nebel herumstochern. Aber meiner Ansicht nach ist keine der Theorien wirklich hieb- und stichfest, und man muß sich so gut wie irgend möglich im Nebel vorantasten. Man darf nur nicht vergessen, daß man sich mitten im Nebel befindet. Ich versuche, die Symptome zu behandeln, dem Patienten Mut zuzusprechen und dem Körper dabei behilflich zu sein, sich selbst zu heilen. Ich kann dir ein paar Dinge beibringen, mit denen ich Erfolg hatte, aber keine großen Geheimnisse.«

»Das klingt sehr nach Hippokrates.«

»Hippokrates wußte weniger als Galen, aber er verstand mehr. Das glaube ich zumindest.« Das Lächeln erschien erneut. »Wir müssen uns beeilen: Ich habe noch einen Patienten, der mich erwartet.«

Nachdem ich eine Woche lang mit Philon gearbeitet hatte, war ich froh darüber, daß die angeseheneren Ärzte mich abgewiesen hatten, denn ich hätte keinen besseren Lehrmeister finden können. Er entsprach meinem Ideal von einem wirklichen Hippokratiker: gelehrt, unvoreingenommen, ein methodischer Beobachter – außerdem selbstlos, großzügig und freundlich. Die ärmeren Patienten behandelte er aus reiner Nächstenliebe, und er nahm keine Kupfermünze von jemandem, der es sich nicht leisten konnte. Er tat es, wie er sich ausdrückte, »aus Liebe zu Gott«, und da die meisten Patienten, die er auf dieser Basis annahm, Ägypter, Christen oder Heiden waren, Leute, die den Juden gegenüber normalerweise nur Verachtung hatten, war seine Großzügigkeit erstaunlich. Außerdem war er ein guter Lehrer: Er liebte es, die Dinge zu erklären, und nahm sich wirklich Zeit für mich. Und es freute ihn, wenn ich durchdachte Fragen stellte. Auch er schien inzwischen glücklicher zu sein mit mir und gab seine frühere, recht zurückhaltende Art auf. Er nannte mich Chariton statt »geschätzter Herr«, und gelegentlich entfuhren ihm sarkastische Bemerkungen oder spöttische Scherze über seine Patienten wie: »Der da möchte gerne gelobt werden, daß er so gut spucken kann« oder »Nimm ihre Symptome nicht so ernst, mein Junge – sie hat das bloß wegen deiner schönen Augen gesagt!« Er schlug vor, ich solle mir doch ein Quartier in größerer Nähe seines Hauses suchen, um nicht jeden Morgen den weiten Weg vom Hafen herauf bis zu unserem Treffpunkt machen zu müssen.

Ich fragte ihn, ob er ein Haus ohne Flöhe kenne. »Irgend etwas, wo ich ein Bad nehmen kann«, sagte ich. »Ich mag die öffentlichen Bäder nicht benutzen und fühle mich allmählich wie ein Mönch aus der entferntesten Wüste.«

Philon lachte und sah mich dann verlegen an. »Wir haben ein unbenutztes Zimmer in meinem Haus«, meinte er. »Es ist klein und liegt im dritten Stock. Außerdem ist es ziemlich einfach, aber wenn du möchtest . . .«

»Würde es dir denn nichts ausmachen? Das heißt, würde es deiner Frau nichts ausmachen, einen Fremden bei sich aufzunehmen, einen Christen und noch dazu einen Eunuchen?«

»O nein, nein! Sie ist eine gute Frau – wie die Psalmisten sagen: ›Mehr wert als Edelsteine.‹ Ich habe ihr von dir erzählt; sie möchte dich sowieso kennenlernen.«

So nahm mich Philon an jenem Nachmittag mit zu sich nach Hause und stellte mich seiner Familie vor: seine Frau, die den fremdartig klingenden jüdischen Namen Deborah hatte; seiner vierzehn Jahre alten Tochter, die den eher geläufigen griechischen Namen Theophila hatte; und seinen beiden Sklaven, Harpokration und Apollonia. Die Sklaven waren Heiden. Ich stellte fest, daß die Juden dies ziemlich häufig so handhaben, da die mosaischen Gesetze von ihnen verlangen, jeden jüdischen Sklaven nach sieben Jahren freizulassen. Philon hatte auch noch einen Sohn, aber dieser junge Mann weilte in Tiberias, um dort das jüdische Gesetz zu studieren. Philon verkündete allen, daß ich bei ihnen wohnen würde. Sie machten einen einigermaßen überraschten Eindruck, erhoben aber keinen Einwand, und Harpokration, ein kräftiger Mann mittleren Alters, der die Göttin Isis anbetete, wurde beauftragt, mir beim Holen meiner Sachen zu helfen.

Philons Haus lag in der Nähe der neuen Stadtmauer, südlich der Via Canopica. Es war ein schmales Haus, nicht breiter als zwei Zimmer, hatte allerdings drei Geschosse. Mein Zimmer lag im dritten Stockwerk, unter dem Dach, und das Fenster ging auf das nebenan liegende Haus. Von ferne kam der Geruch vom Hafen herüber.

Der Mareotis-See hat einen Zufluß, der vom Sonnentor und vom Canopica-Kanal kommt und den See mit dem Nil verbindet. An heißen, windstillen Tagen war der Gestank nach Kot und Hafenabwässern überwältigend. Hippokrates sagt, stehende Gewässer seien sehr schlecht für die Gesundheit, und diejenigen, die es trinken, bekämen die Wassersucht und litten an Magenkrankheiten. Die Menschen dieses Viertels tranken das Wasser aus dem Kanal zwar kaum einmal, und das Wasser des Sees ist sowieso brackig und ungenießbar, aber sie schienen trotzdem öfter mit Fieber und Infektionen geschlagen zu sein als Leute, die in den anderen Stadtteilen wohnten. Alles in allem unterschied sich das Haus wirklich sehr von Vaters Haus in Ephesus.

Doch davon einmal abgesehen, lag es in einer sonst recht hübschen Ecke Alexandrias. Der alte, dem Gott Pan geweihte Park befand sich nur ein paar Häuserblocks entfernt, und dort, wo unsere Straße die Via Canopica kreuzte, lag ein öffentlicher Brunnen. Ich mochte das Haus und die Familie sehr gern. Ich zahlte Philon vier *Solidi* Miete jährlich. Dies schloß das Wasser ein, das Apollonia mir aus dem öffentlichen Brunnen holte, sowie ein Kohlenbecken, um das Zimmer im Winter zu heizen. Ja sogar meine Wäsche wurde dafür zusammen mit den übrigen Sachen aus dem Haushalt gewaschen. Weitere zwei *Solidi* zahlte ich für Lebensmittel, da ich die meisten Mahlzeiten mit der Familie zusammen einnahm.

Inzwischen hatte ich genug Geld, da Philon auch noch jemanden gefunden hatte, der mir meinen Schmuck abkaufte – einen alten jüdischen Händler, der im Deltaviertel, das heißt, in dem, was von ihm noch übriggeblieben war, wohnte. Auch er fragte mich zuerst, warum ich die Steine verkaufen wolle, da sie doch meiner Mutter gehört hatten. »Ich kann weder Frau noch Tochter haben, die sie tragen könnten«, antwortete ich. »Ich glaube, meine Mutter würde es mir nicht verübeln, wenn ich mit ihrer Hilfe meine Ausbildung bezahle.« Der alte Mann nickte, murmelte etwas und bot mir einen derart guten Preis an, daß ich beinahe beschämt war, ihn anzunehmen. Dabei verkaufte ich vorerst nur ein paar Ohrringe. Sie hatten Perlen und waren mit Saphiren besetzt, und der alte Mann bezahlte mir 68 *Solidi* für sie – genug, um jahrelang davon leben zu können, zumindest auf die Weise, wie ich in Alexandria lebte.

Ich hatte den Eindruck, mein ganzes Leben lang, jedenfalls bis zu meiner Ankunft in Alexandria, noch nichts getan zu haben. Es war fast so, als habe ich vorher gar nicht existiert. Nur ganz zu Anfang vermißte ich die Bequemlichkeiten von zu Hause, dann vergaß ich sie bei all meinem Glück bald völlig. Ich hatte es nicht für möglich gehalten, so glücklich zu sein. Jeden Morgen, wenn ich aufwachte, dachte ich: Ich bin in Alexandria! Und es war so, als beginne mein ganzer Körper zu singen.

Für gewöhnlich stand ich vor Morgengrauen auf – wegen der Hitze tut das im Sommer jeder Ägypter. Ich wusch mich in dem ersten fahlen Licht, das durch die Fensterläden drang. Während ich mich über eine Schüssel beugte und mich mit lauwarmem Wasser bespritzte, drangen von der Straße unten die Geräusche der Karren und Lastkamele herauf, die vollgepackt mit Waren zum Markt zogen, und die Stimmen der Frauen, die ihre Tagesration Wasser aus dem öffentlichen Brunnen holten. Für unseren Haushalt besorgte dies die Sklavin Apollonia. Ich begegnete ihr für gewöhnlich in der Küche, wenn ich die Treppe hinunterging. Wir wünschten uns gegenseitig einen guten Morgen, und ich holte mir einen Fladen Kümmelbrot aus der Küche und aß ihn auf dem Weg zum Tempel. Wenn ich aus der Tür von Philons Haus trat, herrschte immer noch das fahle Licht der Morgendämmerung, doch die Straßen waren bereits bevölkert. Ehrbare Männer und Frauen eilten zur Arbeit; Schuljungen stürmten die Straßen hinunter und brüllten sich gegenseitig etwas zu oder gingen brav neben einem der Sklaven ihrer Familie her, die die kleinen Herren zu ihrer täglichen Portion Homer begleiteten. Auf der Via Canopica öffneten die Läden. Bäcker häuften auf langen Tischen vor ihren Läden duftende Laibe frischen Brots auf, das sie während der Kühle der Nacht gebacken hatten; Fleischhändler stellten junge Ziegen mit zusammengebundenen Beinen und geflochtene Weidenkäfige voller Küken auf die Straße; Barbiere wetzten ihre Rasiermesser und hielten Ausschau nach Kunden; Bauern vom Land ließen sich am Straßenrand nieder, breiteten ihre frischen Früchte oder grünen Kräuter zum Verkauf aus und priesen den Passanten in einem nasalen Singsang ihre Waren an. Die verhüllten Sänften und Tragsessel der Reichen segelten über den Köpfen der gemeinen Menge wie Schiffe auf der rauhen See. Ich konnte mir kaum mehr vorstellen, daß ich daran gewöhnt gewesen war, mich in einer von ihnen fortzubewegen. Ich bahnte mir meinen Weg über den Somaplatz, wo in den umliegenden Ruinen Vögel sangen. Dann hielt ich einen Augenblick inne und blickte mich um: Wenn ich die richtige Zeit erwischt hatte, konnte ich sehen, wie sich die Morgenröte vom Sonnentor aus die breite Via Canopica hinunter ergoß und die wuchtigen Baumassen der öffentlichen Gebäude in ihr grelles Licht tauchte, so daß sich Menschen und Tiere überdeutlich wie die Figuren eines Gemäldes von ihnen abhoben. Wenn ich dann am Tempel ankam, war die Sonne über die grüne Ebene des Deltas emporgeklettert: Vom Torweg aus konnte ich die ganze große Stadt überblicken, ein riesiger, glitzernder Edelstein am Ufer des blau schimmernden Meeres.

Ich verbrachte den frühen Vormittag im Tempel, besuchte Vorlesungen und diskutierte mit den anderen Medizinstudenten. Es gab etwa hundert von ihnen, und sie kamen von überallher aus dem Ostreich, obwohl die meisten wahrscheinlich Alexandriner waren. Während der ersten paar Wochen hielt ich mich bei den Diskussionen zurück, da mich ihr Wissen nach wie vor einschüchterte. Ihrerseits neigten sowohl die Studenten als auch die Vortragenden dazu, hämisch über mich zu grinsen. Es war offensichtlich, daß sie mich für einen verweichlichten asiatischen Eunuchen hielten, der sich einbildete, ein Arzt werden zu müssen. Sie erwarteten alle miteinander, daß ich bald aufgeben und nach Hause gehen würde, besonders, da Philon dafür bekannt war, »wie ein Sklave« zu arbeiten. Anfang Juni jedoch machte einer der Studenten, ein sehr gesprächiger junger Mann aus Antiochia, lauthals eine Bemerkung, bei der er die Methode, Verrenkungen zu behandeln, mit derjenigen für Muskelzerrungen verwechselte. Da niemand sonst etwas dazu sagte, wies ich nach einigem Zögern sehr zurückhaltend darauf hin, daß mein geschätzter Gesprächspartner wohl einem Irrtum erlegen sei, und zitierte aus einer Schrift des Hippokrates. Der andere machte einen verlegenen Eindruck, die übrigen Studenten feixten, und der Vortragende war überrascht und zollte mir Beifall. Mir wurde klar, daß keiner der übrigen Studenten das in Frage stehende Werk gelesen hatte. Ich konnte also ruhig ebenso frei heraus reden wie irgendeiner von ihnen und brauchte nicht mehr aus Angst, mich lächerlich zu machen, den Mund zu halten. Nach diesem Vorfall machte ich immer öfter diese oder jene Bemerkung oder stellte irgendwelche Fragen, und die anderen begannen allmählich mich ernst zu nehmen. Einige mochten mich noch weniger als zuvor, da ich plötzlich ein Rivale war und keinen Anlaß mehr zum Scherzen bot, doch andere fingen an, mich mit größerer Hochachtung zu betrachten. »Und was hätte Hippokrates dazu gesagt?« pflegte Adamantios seine Zuhörerschaft zu fragen. Und dabei sah er mich erwartungsvoll an.

Am späten Vormittag ging ich dann in die Stadt hinunter, um Philon zu treffen. Wir verabredeten uns gewöhnlich auf dem Somaplatz, an einer Säule mit einem in Stein gemeißelten Delphin. Ein Lächeln und ein Wort zur Begrüßung, dann ergriff ich seine Arzttasche, und wir machten uns auf den Weg zu seinen Patienten und diskutierten im Gehen medizinische Probleme. Bisweilen luden uns die Patienten zum Mittagessen ein; bisweilen kauften wir in einem Laden oder bei einem Straßenhändler etwas Wein und Brot oder Früchte. Philon arbeitete den ganzen Nachmittag, sogar während der heißen Mittagsstunden, wenn die meisten Leute schliefen: Er meinte, die Menschen fühlten sich um diese Zeit oft am schlechtesten. Außerdem verbrachte er seine Abende gerne zu Hause mit seiner Familie. Wir waren stets vor Sonnenuntergang zu Hause. Im Hauptraum des Hauses mit seinem gelbgefliesten Fußboden und dem abgenutzten Eichentisch nahmen wir eine einfache Mahlzeit ein, sprachen über medizinische

Probleme, über die Patienten oder den Klatsch aus der Nachbarschaft. Nach dem Abendbrot pflegten Philon und seine Familie einige Gebete zu sprechen und in den Büchern Moses zu lesen. Nach den ersten paar Wochen ging ich dann hinauf in mein Zimmer und las medizinische Texte oder bereitete irgendwelche Arzneien vor, die Philon am nächsten Tag brauchte. Anfangs erschöpfte mich dieses Leben sehr. Mehrere Wochen hindurch war ich unfähig, am Abend auch nur das geringste zu tun, außer in mein Zimmer hinaufzugehen, die Tür zu verriegeln und auf das Bett niederzusinken. Ich glaube, Adamantios und die Spötter im Tempel hatten recht: Es war Schwerstarbeit, und jemand, der so etwas nicht gewohnt war, war schlecht beraten, sich darauf einzulassen. Allerdings kam es mir nicht so vor wie Arbeit. Sich den ganzen Tag lang, von der Morgendämmerung bis spät in die Nacht hinein, mit nichts anderem zu beschäftigen als mit der Kunst des Heilens – das war der Gipfel der Freude und keine Arbeit. Das Gefühl der Müdigkeit verschwand, sobald ich mich an mein neues Leben gewöhnt hatte, nicht aber das Glücksgefühl. Ich hatte vorher gar nicht bemerkt, wie eingeschränkt mein früheres Leben gewesen war. Ich hatte niemals selbständig die Straßen hinunterspazieren oder mein eigenes Geld ausgeben, ja nicht einmal einfache Dinge selbständig entscheiden können, wie zum Beispiel, was ich lesen oder anziehen oder zum Mittagessen zu mir nehmen wollte. Jede Einzelheit war mir vorgeschrieben worden. Jetzt war der Geschmack der Freiheit um so köstlicher.

Der Sommer schien jahrelang zu dauern: Ich lernte so viel, veränderte mich so sehr. Es schien mir ganz natürlich, an mich selbst als an einen Mann zu denken, und in den Vorlesungsräumen des Tempels verlor ich allmählich den letzten Rest meiner mädchenhaften Bescheidenheit. Wie wild kaufte und las ich Bücher. Einige handelten von den verschiedenen medizinischen Theorien, aber diese waren im großen und ganzen nicht sehr hilfreich. Wenn der eine Schriftsteller behauptete, Krankheit sei das Ungleichgewicht im Verhältnis der vier Körpersäfte und diese seien Blut, Schleim, schwarze Galle und gelbe Galle, so stimmte ein anderer mit diesem vielleicht in bezug auf die Krankheit überein, war jedoch, was die vier Körpersäfte anbetraf, anderer Meinung. Ein dritter vertrat eine vollkommen entgegengesetzte Ansicht und behauptete, Krankheiten würden durch ein Mißverhältnis zwischen Nahrungsaufnahme und Ausscheidung hervorgerufen. Doch wenn man ganz konkret mit einem wirklichen Patienten konfrontiert ist, der wirklich krank ist und schwitzend und bleich vor einem liegt, ist nichts davon auch nur im geringsten hilfreich. Ich war mit Philon einer Meinung, daß der Praxis eine höhere Wahrheit innewohnt als allen Theorien, und deshalb konzentrierte ich meine Bemühungen darauf, praktische Erfahrungen zu sammeln.

Ich studierte die Heilkräuter und stellte in ihrem Zusammenhang viele Fragen. Auf dem Gebiet der Arzneien fühlte ich mich am hilflosesten, da ich noch nichts über sie wußte. Eine meiner Pflichten als Philons Assistent bestand darin, die verschiedensten Medizinen vorzubereiten. Diese Aufgabe war in Alexandria sicherlich einfacher als in den meisten anderen Städten. Ich benutzte natürlich auch die Kräuter in den Tempelgärten, aber diejenigen, die wir am häufigsten brauchten, konnten wir auf dem Markt kaufen, und zwar bereits fertig zubereitet in kleinen Kästchen oder in Flaschen. So mußten wir nicht auf die richtige Jahreszeit warten oder das Mark herauspulen oder den Saft herauskochen oder in die Berge hinaufwandern, um nach der richtigen Wurzel zu suchen. Wir mischten die Präparate einfach mit der erforderlichen Menge Wein, Essig oder Öl und versuchten, die richtige Dosis für den Patienten abzuschätzen. Ob es sich nun um Enzian oder Schierling handelte, um Myrrhe, Krokus oder Kassiaschote, um Opium, griechische Veilchen oder Zedernöl – in Alexandria konnte man jedes Heilkraut auf dem Kräutermarkt kaufen. Das meiste davon waren Arzneien, von denen Hippokrates nie gehört hatte. Wir wissen mehr über den Körper und die Natur als er. Aber es war genauso, wie Philon sagte, er verstand mehr, als er wußte. Ich fand seine Methoden und seine forschende Geisteshaltung weit eindrucksvoller als den engstirnigen Standpunkt mancher späterer Schriftsteller. Und die Frage: »Was hätte Hippokrates wohl getan?« war es stets wert, gestellt zu werden. Ich jedenfalls war allmählich dafür berüchtigt, sie dauernd zu stellen. Meine Kommilitonen am Tempel fingen jedesmal an, über mich zu lachen, wenn die Frage kam, aber schließlich hörten sie mit ihrem hämischen Grinsen auf und fragten mich immer öfter um meine Meinung.

Anfang August sezierte Adamantios einen menschlichen Körper. Dies war ungewöhnlich, selbst in Alexandria, wo derartige Untersuchungen eine gewisse Tradition hatten. Die Behörden argwöhnten stets, ein derartiges Sezieren hätte etwas mit Zauberei zu tun – obwohl ich sagen muß, daß magische Praktiken, die in Ephesus die Todesstrafe zur Folge gehabt hätten, in Ägypten offen ausgeübt wurden. Deshalb verstehe ich nicht, warum sich überhaupt jemand darüber aufregte, wenn Leichen medizinisch korrekt seziert wurden. Die hippokratische Tradition stand schon immer in scharfem Gegensatz zu jedweder Magie. Doch die Behörden machten eben manchmal ein Getue. Außerdem ist es schwierig, einen geeigneten Leichnam zu finden, so daß nicht so häufig seziert wird, wie man sich das wünschen könnte. Jedesmal wenn es einem der Professoren des Museums gelang, eine Leichenöffnung zu arrangieren, versuchten sämtliche Studenten wie wild einen Platz in der Nähe des Seziertisches zu erobern, um alles mitzubekommen. Adamantios hatte fünf Assistenten, und sie bekamen natürlich die besten Plätze. Doch schon die zweitbesten Plätze verursachten beträchtliche Machenschaften und ein fürchterliches Geschubse zwischen den übrigen. Ich landete schließlich ganz hinten, in der Nähe der Wand, wo ich überhaupt nichts sehen konnte. Doch bevor Adamantios sein Messer ansetzte, blickte er einmal in die Runde und bemerkte mich. »Chariton«, rief er, »kannst du von dort aus etwas sehen?«

Ich gab zu, daß ich fast nichts sah.

»Dann komm nach vorne«, forderte Adamantios mich auf. »Du bist neu hier und hast so etwas bisher noch nie gesehen. Und du wirst einen besseren Gebrauch von dem Gesehenen machen können als der größte Teil des Haufens hier.«

»Der größte Teil des Haufens« stöhnte gemeinsam auf: Einige sahen richtig wütend aus – aber sie machten mir Platz. Ich traute mich kaum zu atmen. Ich spürte, daß mir niemals ein größeres Kompliment gemacht worden war, bahnte mir einen Weg nach vorne und beobachtete alles, so als hinge mein Leben davon ab. Als Adamantios sein Messer an dem Leichnam ansetzte (es war der einer älteren Frau; ich glaube, sie war die Sklavin eines Freundes von ihm gewesen), fühlte ich mich ein bißchen flau, aber schon bald dachte ich nicht mehr darüber nach. Der menschliche Körper ist ein Rätsel, ein Geheimnis und ein Wunder zugleich, und ich war von ihm vollkommen in den Bann gezogen. Adamantios arbeitete langsam, erklärte alles, fragte und beantwortete Fragen, während er mit dem Sezieren fortfuhr. Der Magen und die Verdauungsorgane, die Leber, das Zwerchfell, die Lungen, das Herz . . .

An dieser Stelle fiel einer von Adamantios' Studenten in Ohnmacht – es war der junge Mann aus Antiochia. Adamantios legte sein Messer zur Seite und sah verärgert aus, dann kam er um den Seziertisch herum und verscheuchte die anderen Studenten. »Laßt ihn in Ruhe atmen!« sagte er. Er richtete den jungen Mann in eine sitzende Position auf und prüfte, ob seine Atmung irgendwie beengt war. Dann legte er den Kopf des Studenten in seinen Schoß. Einen Augenblick später konnte man ein Stöhnen vernehmen, und der Kopf des Studenten kam wieder hoch.

»Es ist sehr heiß und voll hier drin«, sagte Adamantios taktvoll. »Warum setzt du dich nicht eine Weile nach draußen neben den Brunnen, bis du dich besser fühlst?«

Der Student aus Antiochia – ich erinnerte mich daran, daß er Theogenes hieß – blinzelte, blickte beschämt, rappelte sich auf und machte sich davon. Adamantios ging wieder um den Tisch herum und fuhr mit dem Sezieren fort.

Ich mußte gehen, bevor Adamantios seine Arbeit beendet hatte: Ich war noch vor dem Mittagessen mit Philon verabredet. Als ich den Tempelhof

durchquerte, saß Theogenes immer noch neben dem Brunnen und starrte niedergeschlagen ins Wasser. Als er meine Schritte hörte, blickte er auf. Dann rief er:»He! Chariton! Sind sie fertig da drinnen?«
»Fast«, antwortete ich und blieb stehen.»Als ich ging, nahm er gerade allgemeine Fragen durch.«
»Ich habe mich wie ein Narr aufgeführt, findest du nicht?« sagte Theogenes und grinste. Er hatte ein angenehmes Lächeln, seine Zähne waren weiß, und er war stets gut gelaunt. Er war ein großer, schlanker junger Mann mit dichten schwarzen Locken und braunen Augen. Wenn er sprach, fuchtelte er viel mit seinen Händen herum und lächelte oft.»Es war das erstemal, daß ich da dabei war – aber bei dir war es ja auch das erstemal, nicht wahr? Und ich habe schließlich von Kindesbeinen an von solchen Dingen gehört, also habe ich überhaupt keine Entschuldigung. Hattest du kein flaues Gefühl im Magen?«
»Am Anfang schon«, gab ich zu.»Aber ich würde mir deswegen keine Gedanken machen; es war sehr heiß da drinnen, und die vielen Leute haben einem die ganze Luft zum Atmen genommen.«
»Genau, nicht wahr? Bei der Art, wie jedermann alle Anstrengungen unternahm, etwas zu sehen, hätte man meinen können, bei einem Wagenrennen zu sein. ›Schneller, Grüne!‹ Schnitt vom Dünndarm zum Magen!‹«
»Schneller, Blaue! Die Hauptschlagader hinauf zu den Lungen!« ging ich auf das Spiel ein und grinste zurück. Vater ließ seine Gespanne für gewöhnlich unter den blauen Farben laufen, und ich war daran gewöhnt, sie anzufeuern.
»Und?« fragte Theogenes.»Haben sie herausgefunden, woran sie gestorben ist?«
Ich schüttelte den Kopf.»Es war nichts zu sehen, was offensichtlich darauf hingewiesen hätte.«
»Arme alte Frau! Könntest du mir vielleicht erzählen, was sie überhaupt rausgefunden haben? Ich lade dich zum Mittagessen ein.«
Ich war überrascht und freute mich sehr über das Angebot. Selbst die Studenten, die mir gegenüber nach und nach höflicher geworden waren, hatten außerhalb der Fachdiskussionen nicht mit mir gesprochen. Dennoch mußte ich seine Einladung ablehnen.»Es tut mir leid, ich kann nicht. Mein Lehrmeister wartet auf mich – ich bin schon spät dran. Vielleicht ein anderes Mal?«
»Er läßt dich am Nachmittag arbeiten?«
»Er arbeitet immer nachmittags. Er hat einen Haufen Patienten, und er verbringt die Abende gerne mit seiner Familie.«
Theogenes ließ einen Pfiff hören.»Es ist verdammt heiß zum Arbeiten! Nun, dann vielleicht morgen abend – nein, morgen beginnt der Sabbat.«

»Bist du auch Jude?«

»Ja. Mein Vater ist ein Vetter zweiten Grades von Adamantios. Du bist aber nicht jüdisch, nicht wahr?«

»O nein. Ich bin Christ. Aber mein Lehrmeister ist Jude, deshalb halte ich den Sabbat ein.«

Theogenes lachte. »Dein Lehrmeister scheint ja ein rechter Kauz zu sein!«

»Er ist einer der besten Ärzte der Stadt«, erwiderte ich heftig.

Theogenes sah mich verdutzt an. »Ich wollte damit nur sagen, daß es für einen jüdischen Arzt ungewöhnlich ist, einen christlichen Assistenten zu haben, der den Sabbat einhält. Vor allem . . .« Er sah verlegen aus und hielt inne.

»Vor allem, wenn sein Assistent ein Eunuch ist?«

»Nun ja. Das soll keine Beleidigung sein. Sieh mal, Chariton, ich würde gerne deine Meinung über das Sezieren hören. Einige der anderen und ich treffen uns am Abend nach dem Sabbat in der Taverne des Kallias in der Nähe des Castellum, um über alles mögliche zu reden. Möchtest du auch kommen?«

»Oh!« sagte ich und starrte Theogenes etwas töricht an. Zum erstenmal seit Wochen fühlte ich mich wieder schüchtern und unbeholfen. Ich hatte das dauernde hämische Grinsen ignorieren können, weil ich nichts von meinen Kommilitonen gewollt hatte und weil ich sowieso fast meine ganze Zeit mit Philon verbrachte. Jetzt bot mir Theogenes eine Art Kameradschaft an, und ich wußte nicht, was ich sagen sollte. Junge Damen besuchen keine Tavernen. Aber ich war keine junge Dame, warum also nicht? »Sicherlich«, sagte ich und lächelte ein wenig nervös. »Danke.«

Er lächelte zurück. »In Ordnung also. Es ist eine große Taverne mit einem Pferdekopf als Schild. Du kannst sie nicht verfehlen. Ich sehe dich dann dort!«

Ich kam so spät auf den Somaplatz, daß ich Philon verpaßte und von Patient zu Patient hinter ihm herjagen mußte, bis ich ihn fand. Aber als ich ihm erklärte, warum ich mich verspätet hatte, freute er sich.

»Ich habe Adamantios gebeten, dir mir zuliebe eine faire Chance zu geben«, erzählte er. »Wir haben bei demselben Lehrer studiert. Deshalb war er einverstanden. Aber er hätte dich nicht nach vorne gebeten, wenn er nicht der Ansicht gewesen wäre, daß du einiges versprichst. Ich dachte mir schon, daß er seine Zusage einhält.« Ich fühlte mich so, als hätte ich die Welt erobert.

Als ich an jenem Abend nach Hause kam, erzählte ich begeistert von Theogenes' Einladung und schilderte alle Einzelheiten des Sezierens. Die andern waren es gewohnt, daß solche Dinge am Abendbrottisch besprochen wurden, und so verdarb es niemandem den Appetit.

»Wunderbar!« sagte Deborah und lächelte nachsichtig. »Weiß dein Wohltäter eigentlich, wie gut du dich inzwischen hier eingelebt hast?«
Einen Augenblick lang war ich vor Schrecken ganz stumm. Mir wurde plötzlich klar, daß ich seit Wochen kaum an zu Hause gedacht hatte. Ich murmelte etwas, das wie eine Antwort klingen sollte – ich hätte die Absicht, bald zu schreiben –, und wandte mich erneut der Beschreibung der sezierten Leber zu. Aber als ich in meinem Zimmer war, machte ich mir Sorgen. Ich hatte es immer wieder aufgeschoben, Thorion zu schreiben, da ich nicht wußte, ob er in Ephesus oder in Konstantinopel wohnte. Ich konnte es nicht riskieren, daß der Brief fehlgeleitet wurde und in Vaters Haus landete. Auf dem Markt hatte ich einige der Neuigkeiten aus Asien gehört – in Alexandria treffen die Nachrichten aus der ganzen Welt ein. Mein Verschwinden einen Monat vor der Hochzeit hatte einen riesigen Skandal verursacht. Festinus war angeblich völlig außer sich. Ich konnte mir vorstellen, daß Vater wie gelähmt vor Angst war. Wenn er gewußt hätte, wo ich war, hätte er sofort jemanden losgeschickt, um mich nach Hause zu holen. Und wenn ich erst einmal zu Hause war, würde man mir wieder meine längst überholte, mädchenhafte Bescheidenheit aufzwingen, vielleicht sogar die Ehe. Und man würde vertuschen, wo ich gewesen war. Aber ich mußte Thorion und Maia schreiben. Sie mußten sich inzwischen große Sorgen machen. Doch was konnte ich ihnen erzählen? »Wir haben heute einen Leichnam seziert. Einer der Studenten hat mich in eine Taverne eingeladen, um mit mir über die Einzelheiten zu sprechen. Gestern hat mich mein Lehrmeister den entzündeten Finger eines Schiffszimmermannes mit einer Pinzette öffnen und anschließend vernähen lassen«? Sie wären entsetzt gewesen. Ich empfand plötzlich Angst. Ein riesiger Abgrund hatte sich zwischen meinem früheren Ich und meinem jetzigen, wirklichen Ich geöffnet, und ich wußte nicht, was die beiden davon halten würden.
Ich ging zum Tisch und goß mir etwas von dem Wasser aus dem Krug ein, dann setzte ich mich. Auf dem Tisch lag ein Buch, eine der Abhandlungen des Herophilos über die Anatomie. Ich nahm es in die Hand und blätterte hin und her. Eine Stelle schien sich auf das Sezieren zu beziehen, und ich begann, ernsthaft darin zu lesen. Nach und nach vergaß ich meine Familie und die immer größer werdende Notwendigkeit, ihr zu schreiben.

Zwei Abende später zog ich los, um Theogenes und die übrigen in der Taverne zu treffen. Ich konnte das Haus, genau wie er es versprochen hatte, überhaupt nicht verfehlen. Es lag an dem öffentlichen Platz gegenüber den an das Castellum angebauten Kasernen, und außer dem großen, vergoldeten Pferdekopf schmückte ein auffallend bemalter Fries von

Zechern sein Portal. Daneben standen mehrere Amphoren mit Wein. Ich wartete einen Augenblick lang draußen in der warmen, herrlichen Abendluft und war fast krank vor Nervosität. Von drinnen hörte ich das Geräusch von Stimmen, es waren nicht sehr viele, und sie waren nicht sehr laut, da es noch früh war. Die Taverne hatte auch nicht etwa einen schlechten Ruf. Doch das war es nicht. Hier stand ich, die behütet aufgewachsene Tochter eines Mannes, der die Würde eines Konsuls bekleidete, und war drauf und dran, eine öffentliche Taverne zu betreten. Davon einmal abgesehen, hatte ich furchtbare Angst, was die anderen wohl von mir denken würden, ob sie vielleicht ärgerlich waren, daß Theogenes mich eingeladen hatte. Ich wäre fast umgekehrt und wieder nach Hause gegangen, allein der Gedanke, Philon und seiner Familie alles erklären zu müssen, ließ mich innehalten. Nun, sagte ich zu mir selber, wenn sie glauben, daß du ein eingebildeter, überheblicher Eunuch bist, dann liegen sie falsch. Und was sie auch immer glauben mögen, es darf dir nichts ausmachen. Ich riß mich zusammen und ging hinein.

Im Innern befand sich ein großer Hauptraum, der von einer Anzahl blankgeputzter Messinglampen erleuchtet war, die von der Decke herabhingen. Der Raum war mit Tischen vollgestellt. Ich stand immer noch an der Tür und blickte mich um, als Theogenes meinen Namen rief und ich ihn und die anderen am entgegengesetzten Ende des Raumes entdeckte. Ich eilte zu ihnen, und Theogenes stellte mich den übrigen auf seine forsche Art vor. Vom Sehen kannte ich bereits alle, die meisten sogar mit Namen. Eigentlich hatte ich erwartet, daß sie genau wie Theogenes allesamt Juden waren. Doch sie waren bunt gemischt: Juden, Heiden und Christen; Schüler ganz verschiedener Ärzte und gebürtig aus ganz verschiedenen Städten. Die meisten lächelten, nickten mir zu, als Theogenes ihren Namen nannte, und sahen mich neugierig an. Einer oder zwei machten einen etwas mürrischen Eindruck, aber keiner verlor eine Bemerkung über mein Auftauchen in der Taverne. Theogenes machte mir Platz auf seiner Bank, und ich setzte mich.

»Noch einen Becher für unseren Freund und mehr Wein, Liebling!« sagte Theogenes zu dem Mädchen, das uns bediente, und sah ihr einen Augenblick lang nach, als sie sich gehorsam in Trab setzte, um das Geforderte zu holen. »Ist sie nicht hübsch?« fügte er hinzu, ohne sich dabei an jemanden im besonderen zu wenden. Dann drehte er sich zu mir um: »Wir haben für unsere Diskussionen hier eine Regel aufgestellt, Chariton: nicht über Religion zu sprechen. Jeder, der ein religiöses Thema anschneidet, muß eine Runde ausgeben. Im übrigen teilen wir uns die Kosten und haben unseren Spaß, obwohl wir meistens über medizinische Probleme sprechen. Kannst du mir sagen, was du bei dem Sezieren neulich gelernt hast? Bisher habe ich von jedem, den ich gefragt habe, eine völlig anderslautende Schilderung bekommen.«

Das Thema war so interessant, daß ich meine Nervosität vollkommen vergaß. Als wir mit dem Sezieren endlich durch waren (und ich ein paar Becher Wein geleert hatte), spürte ich, daß ich unter Freunden war und lehnte mich entspannt und zufrieden an die Wand zurück.

»Dein Hippokrates behauptet, daß die Gefäße, die den Samen bei einer Frau in ihre Gebärmutter leiten, die gleichen sind wie diejenigen, die bei einem Mann in den Penis führen. Angeblich kommen diese Gefäße aus dem Kopf und führen über die Nieren«, sagte einer der anderen Studenten spät am Abend. »Ich habe nichts dergleichen entdecken können.«

»Du wußtest eben nicht, wonach du suchen solltest«, sagte Theogenes ein wenig hochmütig.

»Und du warst nicht einmal in der Lage, überhaupt nach etwas zu suchen«, erwiderte sein Freund. »Du warst draußen im Hof.«

»Ich bin mir nicht sicher, ob es da überhaupt etwas zu suchen gab«, sagte ich widerstrebend. »Ich glaube, Hippokrates hat das vielleicht falsch verstanden.«

»Was!« rief Theogenes lachend aus. »Der unsterbliche Hippokrates hat einen Fehler gemacht?«

»Nun, er hat nie jemanden seziert, oder?« erwiderte ich. »Zu seiner Zeit hatten sie damit wohl noch größeren Ärger als heute. Er stellte eben nach bestem Wissen und Gewissen Mutmaßungen an, ohne jemanden aufzuschneiden.«

»Hippokrates behauptet auch, die Blutgefäße eines Mannes gingen durch die Hoden«, fuhr der andere Student fort. »Das sei auch der Grund dafür, warum Eunuchen keine Kinder haben können, weil bei der Entfernung der Hoden diese Verbindung zerstört wird.« Es entstand ein verlegenes Schweigen, und alle starrten mich neugierig an. »Wie war das bei dir?« wollte mein Gegenüber wissen. »Hat es sehr weh getan?«

Ich fühlte mich von neuem bloßgestellt und war plötzlich ganz nüchtern. »Ich kann mich nicht mehr daran erinnern«, erwiderte ich nach einer verlegenen Pause. »Ich war noch sehr jung damals.«

Der Fragesteller schlug den Blick zu Boden. »Tut mir leid«, sagte er. »Ich war ganz einfach neugierig.« Ich wußte, daß er an all die unerfreulichen Dinge dachte, die er jemals über Eunuchen gehört hatte.

»Du bist in Ephesus aufgewachsen, nicht wahr«, fragte einer der anderen in das unbehagliche Schweigen hinein. Es hätte eine beiläufige Frage sein können, aber irgendwie klang sie eindringlich, mißtrauisch. »Warum bist du nach Alexandria gekommen?«

Doch ein alexandrinischer Heide namens Nikias mischte sich ein, bevor ich antworten mußte.»Du hättest ihn gar nicht zu fragen brauchen, ob er aus Asien ist«, sagte er mit einer übertrieben wirkenden Unbekümmertheit. Er war einer von denen, die bei meinem Hereinkommen einen abweisenden Eindruck gemacht hatten. Jetzt beobachtete er mich mit einem boshaften Grinsen auf seinem feisten Gesicht.»Ein perfekteres asiatisches Lispeln habe ich noch nie in meinem Leben gehört. ›Hippokratess ssagt, daß‹ – nein, ich kann es nicht.«

Allem Anschein nach waren seine Worte ein harmloser Scherz, aber ich konnte den Unterton von Abneigung spüren, so wie ich in der vorhergehenden Frage das Mißtrauen gespürt hatte. Ich errötete und wurde allmählich ärgerlich. Schließlich war ich in die Taverne eingeladen worden und war ein ebenso guter Student wie sie. Niemand hatte das Recht dazu, mir peinliche Fragen zu stellen und sich über mich lustig zu machen. Ich blickte in die vom Licht der Lampen erhellten Gesichter rings um mich her. Sie beobachteten mich, um zu sehen, wie ich reagieren würde. Theogenes sah immer noch verlegen aus, als habe er allein den Anstand, sich der schlechten Manieren seiner Freunde zu schämen. Das besänftigte meinen Ärger und nötigte mir ein Lächeln ab.

»Du hast also noch nie einen so schlimmen Akzent gehört?« fragte ich.

»Du bist hoffentlich nie in Ephesus gewesen. Du solltest mal einige von meiner Fa . . . von den Freunden meines Wohltäters sprechen hören. ›Mein *lieber* und *höchst* gessätzter Nikias, die Sstute, die du ssoeben erwähnt hast, ist eine *ssolche* Perle. Ich würde ssie *ssofort* an einem Wettrennen teilnehmen lassen, doch *zßufällig* ist ssie gerade jetzt trächtig. Wirklich, mein *lieber* Freund, ich habe keine Ahnung, wie ssie *das* gessafft hat!‹« Es war genau der Tonfall, über den Thorion und ich uns seit unserer Kindheit immer lustig gemacht hatten. In Wirklichkeit sprach der alte Python so, aber man mußte ihn nicht kennen, um den lispelnden Akzent komisch zu finden. Die Spannung wich, und die anderen Studenten brüllten vor Lachen.

»Bei meiner Seele, das ist gut«, sagte Theogenes.»Dein Wohltäter hat also Pferderennen veranstaltet?«

»In Ephesus nannten sie ihn ›Meister der Pferderennen‹. Vielleicht habt ihr von ihm gehört – es ist der höchst vortreffliche Theodoros.«

Theogenes schüttelte den Kopf. Doch einer der anderen, ein Sidonier, rief sofort, er habe eines der Pferde des Theodoros bei einem Rennen in Tyrus siegen sehen, und die ganze Unterhaltung wechselte auf das Thema Wagenrennen und auf die beliebtesten Wagenlenker der hiesigen Pferderennbahn über. Als die Gesellschaft aufbrach und nach Hause ging, wünschten mir die anderen mit der Herzlichkeit alter Freunde gute Gesundheit. Ich antwortete im gleichen Tonfall. Im großen und ganzen hatte ich den Abend genossen, und ich spürte, daß ich eine schwierige Prüfung bestanden hatte. Aber ich schwor mir, den anderen gegenüber vorsichtiger zu sein und in ihrer Gesellschaft niemals zuviel zu trinken. Ich würde meine fünf Sinne benötigen, wenn ich mit ihnen zusammen war.

3

Ich zögerte den Brief an Thorion noch einen weiteren Monat hinaus. Aber als es September wurde, wußte ich, daß ich schreiben mußte, und zwar vor Einbruch des Winters, um ihn und Maia wissen zu lassen, daß ich in Sicherheit war. Später war es nicht mehr möglich, Briefe abzuschicken. Außerdem war ich mir sicher, daß Thorion inzwischen in Konstantinopel sein würde. So setzte ich mich an einem klaren, warmen Spätsommerabend in mein Zimmer, nahm ein Stück Papyrus und einige Federn in die Hand und schrieb auf die Vorderseite: »Chariton von Ephesus an seinen Wohltäter Theodoros, Sohn des Theodoros von Ephesus. Mit vielen Grüßen.« Dann saß ich da und starrte minutenlang auf den Papyrus. Durch das Fenster konnte ich sehen, wie meine Nachbarin ihr Zimmer ausfegte. Sie winkte mir zu, und ich winkte zurück. Ich mußte vorsichtig sein mit dem, was ich schrieb. Ich würde den Brief einem Kornschiff mitgeben, und Seeleute waren dafür bekannt, die ihnen anvertraute Korrespondenz zu öffnen, um sich während ihrer langen Reise an ihr zu ergötzen. Ich kaute auf dem Ende meines Federkiels herum. Maia hatte diese Angewohnheit immer mißbilligt. »Du bekommst bei Tisch schließlich genug zu essen!« pflegte sie zu sagen. »Du hast es nicht nötig, wie eine Maus an Schilfrohrfedern zu nagen.«
Die Erinnerung daran ließ mich lächeln. Liebe, ehrliche Maia, die sich solche Gedanken machte! Lieber Thorion, der du vor lauter Sorgen so finster dreinschaust! Rasch schrieb ich den Brief.

Vortrefflicher, ich wollte dir schon früher schreiben, aber ich wußte nicht, ob du schon in Konstantinopel sein würdest. Ich hoffe, es geht dir gut, und ich hoffe vor allem, daß dir nicht irgendwelche lästigen Menschen mit ihrer Feindseligkeit Ärger bereitet haben. Was mich anbetrifft, so bin ich hier in Alexandria sehr glücklich und kann mir keine größere Befriedigung vorstellen, als so zu leben, wie ich jetzt lebe. Die Ärzte des Museums halten viel von mir und sagen, daß ich große Fortschritte in meinem Studium mache. Ich bin Assistent eines gewissen Philon, eines Juden, der mit dem Museum in Verbindung steht, und ich wohne in seinem Haus, in der Nähe des Sonnentores. Er ist ein geschickter und freundlicher Lehrmeister, und ich verdanke ihm sehr viel. Grüß Maia von mir. Nimm, lieber Thorion, meine höchste Wertschätzung entgegen. Ich bleibe dein gehorsamer Diener.

Es war kein großartiger Brief. Aber wenn ich ihn losschickte, würde Thorion wissen, daß ich in Sicherheit war und daß es mir gutging. Und er würde mir zurückschreiben können. Ihm mehr zu erzählen, ihm zu beschreiben, wie ich lebte, würde nur bedeuten, ihm die Kluft zu verdeutlichen, die sich zwischen uns aufgetan hatte, etwas, wovor ich mich fürchtete. So faltete ich das Blatt zusammen, siegelte es und adressierte es: »An den vortrefflichen Herrn Theodoros, Sohn des Theodoros, im Amt des prätorianischen Präfekten.« Auf diese Weise müßte der Brief ihn erreichen.

Ich stand auf, goß mir einen Schluck Wasser ein, dann ging ich hinunter und nahm den Brief mit. Es war der Abend vor dem Sabbat, und die Familie war unten und stellte Kerzen auf. Philon beobachtete die jüdischen Gesetze sorgfältig, genau wie ich Theogenes erzählt hatte. Der Sabbat wurde von allen im Haus eingehalten, sogar von den heidnischen Sklaven, obwohl diese, wie auch ich, nicht zum Gottesdienst mitgingen. Philon gehörte nicht zu den bekehrungswütigen Juden, die man manchmal auf dem Markt predigend antrifft, und er versuchte nie, mich dazu zu überreden, an irgendwelchen jüdischen Riten teilzunehmen – obwohl der jüdische Gottesdienst sich, soweit ich das beurteilen konnte, nicht allzu sehr von dem christlichen unterscheidet. Die Juden lasen die Heilige Schrift in der gleichen Übersetzung und sangen die Psalmen nach den gleichen Melodien. Die Malereien und Mosaiken ihrer Synagogen stellten vielfach die gleichen Szenen dar, wie ich sie aus der Kirche kannte, und sie beteten auf ganz ähnliche Weise. Natürlich, die alexandrinischen Juden waren ein besonderer Schlag. Viele der Gebildeten sind Platoniker, genau wie viele gebildete Christen. Ähnlich wie Adamantios kennen sie die heidnischen Klassiker sehr gut, und sie legen ihre Heiligen Schriften eher sinnbildlich aus. Philon unterschied sich von ihnen. Er gehörte einer strenggläubigen jüdischen Sekte an, die heidnische Literatur oder heidnische Philosophie ablehnte. Aber er schien wegen dieser Tatsache ziemlich verlegen zu sein und versuchte niemals, seinen Glauben irgend jemandem aufzudrängen. Deborah lächelte mir zu. »Nun, gehst du noch ein wenig aus?«
»Ich habe einen Brief an meinen Wohltäter geschrieben. Ich gehe zum Hafen hinunter, um ihn aufzugeben«, entgegnete ich. »Möchtest du, daß ich dir etwas mitbringe?«

»Könntest du einige Oliven und ein bißchen frischen Käse kaufen?« fragte sie. »Dann brauchen wir am Sabbat nichts zu holen. Ich gebe dir das Geld dafür – hier. Danke.«

Ich sah Philon an. Er zog an seiner Unterlippe. »Da ist noch dieses Präparat für den alten Serapion . . .«

»Oliven, frischen Käse, Zaunrübenwurzel und Opium«, sagte ich. »Dann wünsche ich euch also einen schönen Sabbat.«

Vom Sonnentor aus lag der Eunostohafen auf der anderen Seite der Stadt. Aber ich war es inzwischen gewohnt, weite Wege zu machen, und benutzte die Zeit dazu, über medizinische Probleme nachzudenken. Die Straßen waren jetzt am Abend wieder sehr belebt. Die Kühle der Dämmerung veranlaßte die Menschen dazu, hinauszugehen, um etwas zu kaufen oder zu verkaufen oder um ganz einfach herumzuschlendern, zu tratschen und sich ein wenig umzuschauen. Huren aller Preislagen waren auf der Suche nach Kunden. Die gewöhnlichen Mädchen standen in den Säulengängen und lächelten, sie zogen ihre dünnen Tunikas aus Leinen hoch, um ihre Beine zu zeigen und die vorübergehenden Männer dazu einzuladen, etwas mit ihnen zu trinken. Von Zeit zu Zeit glitt eine teuer gekleidete Kurtisane in kostbaren Seidengewändern in einem vergoldeten Tragesessel vorbei und sah verächtlich auf ihre ärmeren Schwestern herab. Ganz ohne es zu wollen, bekam auch ich einen Bewunderer ab, einen nervösen alten Mann in einer grellen, orangefarbenen Tunika, der mir vom Somaplatz aus bis zum Ende des Tetrapylon folgte. Schließlich rannte er mir nach und bot mir ein Alabasterfläschchen mit Weihrauch an, wenn ich mit ihm nach Hause käme. »Du bist ein hübscher Junge«, sagte er und warf mir schmachtende Blicke zu. »Ich werde gut zu dir sein.«

»Nein danke«, sagte ich zu ihm. »Ich bin ein Eunuch, und außerdem studiere ich Medizin.«

»Aber das macht doch nichts!« sagte er und hielt mich am Arm fest.

»Ich bin nicht zu haben«, sagte ich nachdrücklich und zog meinen Arm fort.

Er machte einen niedergeschlagenen Eindruck, und ich lächelte, nickte ihm höflich zu und setzte meinen Weg zum Hafen schnellen Schrittes fort. Er folgte mir noch ein kleines Stück, dann gab er auf. Ich sah ihn auf der Suche nach jemand anderem zum Somaplatz zurückschlendern. Ich dachte daran, wie entsetzt ich vier Monate zuvor bei ähnlichen Angeboten gewesen wäre, und lächelte erneut. Seit dieser Zeit schien ein ganzes Leben vergangen zu sein.

Als ich zum Eunostoshafen kam, wurde der Pharos gerade entzündet. Die Hafenarbeiter hatten die Arbeit des Nachmittags beendet und steuerten geräuschvoll die Tavernen an oder gingen nach Hause. Die rundbäuchigen

Handelsschiffe hoben und senkten sich mit den kleinen Wellen und verursachten ein knirschendes Geräusch an den Kais. Ich machte ein Kornschiff ausfindig, das am nächsten Tag nach Konstantinopel auslaufen sollte, und gab dem Schiffsherrn meinen Brief. Ich versprach ihm, Thorion werde ihn für seine Mühe belohnen, sobald er ihm den Brief aushändige. Dann ging ich über die Via Canopica zurück. Inzwischen war es dunkel. Die Säulengänge des Tetrapylon waren erleuchtet, sie glänzten im Licht der Öllampen und funkelten nur so vor lauter Waren: Ich hatte keine Mühe, den Käse und die Oliven zu finden. Der Laden, den ich für gewöhnlich wegen der Arzneimittel aufsuchte, lag abseits der Via Soma, unweit des Platzes. Es war ein enger, kleiner und dunkler Laden. Von seiner Vorderseite bröckelte der Putz ab, und nichts deutete darauf hin, was in ihm verkauft wurde. Philon hatte ihn mir gezeigt. Im Innern waren die Wände mit Regalen vollgestellt, in denen unzählige Lindenholzkästchen mit getrockneten Kräutern standen. Im Schein einer einzelnen Lampe leuchteten verschiedene Messinggefäße mit Augensalben. Es roch nach Myrrhe, Aloe, Kassiaschoten. Die stark duftenden Kräuter überlagerten den Geruch der weniger angenehm riechenden. Als ich eintrat, bereitete der Ladeninhaber gerade etwas im Hinterzimmer zu. Ich klopfte auf die Theke, und er kam herein. Mit einem Lächeln erkannte er mich und holte das Opium und die Zaunrübenwurzel hervor, ohne allzuviel zu handeln. Ich setzte meinen Weg nach Hause fort.

In der Nähe des Sonnentores war es dunkler. In dieser Gegend hatten die Ladeninhaber ihre Läden bereits geschlossen und waren nach Hause gegangen. Ich ging schneller und hielt ein wenig Abstand von den unbebauten Flächen des Broucheionviertels. Meine Füße schienen den Weg zu Philon allmählich von selbst zu kennen: Es war eigenartig, wie sehr ich mich hier zu Hause fühlte. Als ich ankam, hörte ich die Familie singen und den Sabbat begrüßen, und ich hielt inne, um zu lauschen. Es war ein glücklich klingender Gesang, der in die Dunkelheit hinaustönte und von der Wärme des Hauses und dem Glück der Familie kündete.

Sie hörten auf zu singen, und Philon sprach den Segen. Dann hörte ich, wie er Harpokration fragte, ob ich schon zurück sei. »Ich hoffe, er hat keine Schwierigkeiten, die Zaunrübenwurzel zu finden«, sagte er.

»Er sollte nachts nicht so herumlaufen«, meinte Deborah. »Es ist viel zu unsicher, vor allem für einen Fremden und Eunuchen! Und einen Brief für seinen Wohltäter aufzugeben! Das ist mir ein schöner Wohltäter, der ihn herkommen läßt, ohne vorher etwas ausgemacht zu haben, und der ihm nicht einmal Geld mitgibt. Ich frage mich, was wirklich dahintersteckt.«

Ich wollte gerade klopfen, um meine Ankunft anzukündigen, doch diese Bemerkung ließ mich unvermittelt stehenbleiben. Wie verdächtig klang meine Geschichte in ihren Ohren? Hatten sie etwas vermutet? Ich blieb wie angewurzelt stehen, das Blut summte in meinen Ohren, meine Hand hielt ich immer noch erhoben, um an die Tür zu klopfen.

»Machst du dir seinetwegen Sorgen?« fragte Philon, und sein Tonfall klang amüsiert. »Was für eine Veränderung in ein paar kurzen Monaten! Damals hast du dir Sorgen gemacht, er könne Theophila verderben und verführen.«

Es war das erstemal, daß ich davon hörte. Deborah hatte ihre Empfindungen sehr gut verborgen. Sie war mir immer nur höflich und voller Respekt entgegengetreten.

»Zieh mich doch nicht auf«, sagte sie zu ihrem Mann. »Das war nur am Anfang. Er ist ein entzückender Junge, und das einzige, was Theophila von ihm lernen könnte, sind ein paar gute Manieren. Ich möchte wetten, daß er aus einem vornehmen Haus stammt, er ist so höflich – und *er* würde nicht mit offenem Mund kauen, Theophila, Liebling, reiß dich bitte zusammen! Trotzdem finde ich es merkwürdig, ihn herzuschicken. Und er war sogar dazu gezwungen, seinen ererbten Schmuck zu verkaufen, um davon leben zu können. Etwas muß in jenem Haus schiefgegangen sein. Das, oder sein Wohltäter hat ihn ungehörig behandelt.«

Ich trat noch etwas dichter an die Tür heran und lauschte. Ich wollte unbedingt wissen, was sie vermuteten, um eventuell irgendwelche Vorsichtsmaßnahmen zu ergreifen. Die Straße war dunkel und menschenleer, das Holz der Tür an meiner Backe fühlte sich rauh an. Goldfarbenes Licht sickerte durch eine Ritze.

»Ich glaube, da steckt mehr dahinter, als er zugibt«, meinte Philon nachdenklich. »Er ist ein äußerst intelligenter Bursche, der außerdem sehr gut erzogen ist: Er kann stundenlang Homer zitieren. Vielleicht wollte sein Wohltäter gar nicht, daß er nach Alexandria geht.«

»Glaubst du, daß er in Wirklichkeit ein Sklave ist?« fragte Deborah. »Daß er fortgelaufen ist?«

»Nei . . ei . . . n. Adamantios dachte das anfangs, aber ich bin eigentlich nicht geneigt, etwas Derartiges anzunehmen. Chariton verhält sich nicht wie ein Sklave – ich kann mir nicht vorstellen, daß er überhaupt weiß, wie man einen Fußboden wischt. Aber ich glaube auch nicht, daß sein Wohltäter diese Briefe geschrieben hat. Ich habe mich ein wenig nach Theodoros von Ephesus erkundigt. Er ist ein reicher Mann im Rang eines Konsuls, und die Familie hat immer in kaiserlichen Diensten gestanden. Daher stammt wohl auch das Vermögen. Jetzt gibt es wieder einen Sohn bei Hof, einen weiteren Theodoros. Er denkt wahrscheinlich nicht einmal im Traum daran, Medizin könne ein ernst zu nehmender Beruf sein. Er wäre bestimmt nicht damit einverstanden, daß sein Schützling etwas Derartiges studiert, wenn ein aussichtsreicherer Beruf winken würde.«

»Warum sollte er gegen den Willen seines Wohltäters hergekommen sein?« Das war Theophila. »Er tut mir leid. Es ist wirklich schrecklich, was die Perser ihm angetan haben. Dabei sieht er so gut aus.« Philon lachte. »Und was hat Charitons Aussehen damit zu tun?« »Oh, nichts. Er tut mir nur leid, vor allem, wenn sein Wohltäter ihm nicht helfen will. Dabei hat er schon soviel Pech gehabt! Und ich weiß nicht, warum er hergekommen ist, wenn er bei Hof sein Auskommen haben und sehr reich werden könnte.«

»Die erste Voraussetzung für das Studium der Heilkunst‹«, erwiderte Philon und zitierte unseren gemeinsamen Lehrmeister Hippokrates, »ist eine angeborene Neigung dafür.‹ Und die empfindet unser Chariton ganz sicherlich. Selbst, wenn er fortgelaufen ist, hat er ganz recht daran getan: Eine Begabung wie diese sollte nicht vergeudet werden. Er wird sicher einmal ein bedeutender Arzt. Aber ich habe noch etwas anderes über diesen Theodoros gehört.«

Es entstand eine Pause. Ich stellte mir Philon vor, wie er darauf wartete, daß der Rest der Familie ihn erwartungsvoll ansah und fragte, was. Ich wartete ebenfalls und hielt meinen Atem an.

»Was?« fragte Theophila, genau wie erwartet, und sie kicherte dabei.

»Es scheint, daß er eine Tochter hat«, sagte Philon, »ein sehr hübsches Mädchen, die eine große Mitgift erwarten kann. Der Statthalter Asiens wollte sie heiraten. Du bist zu jung, um dich an die Zeit zu erinnern, als Gallus hier herrschte, Theophila, aber du hast sicherlich irgendwelche Geschichten darüber gehört. Nun gut, dieser Festinus ist genau vom gleichen Schlag, nur daß er nicht von so vornehmer Geburt ist, eher von sehr niedriger. Und die Familie des Theodoros war dagegen, das Mädchen mit diesem Rohling zu verheiraten.«

»Das arme Mädchen!« sagte Theophila. »Und was passierte dann?«

»Sie verschwand einen Monat vor ihrer Hochzeit. Das war im vorigen April, kurz bevor Chariton hier in Alexandria auftauchte. Die Geschichte hat in ganz Asien großes Aufsehen erregt. Der Vater des Mädchens behauptet, keine Ahnung zu haben, wohin sie verschwunden sein könnte. Der Statthalter ist wütend, aber es bleibt ihm nichts anderes übrig, als dem Theodoros zu glauben.«

Ich hielt den Atem an. Die Schlußfolgerung in bezug auf meine Person schien unvermeidlich. Ich fragte mich flüchtig, ob Philon mich nach wie vor bei ihm lernen lassen würde. Ich glaubte eher nicht, wenn er erfuhr, daß ich eine Frau war. Ich fragte mich, was er wohl tun werde.

»Glaubst du, daß Chariton etwas mit dem Verschwinden dieses Mädchens zu tun hat?« fragte Deborah.

»Hm. Er sagt, er sei ein Vetter ihres Erziehers. Man behauptet, ihr Bruder sei in das Verschwinden verwickelt. Aber um zu erreichen, daß sich eine junge, vornehme Frau in Luft auflöst, braucht man mehr als eine Person, die in die Verschwörung verwickelt ist. Ich vermute, daß Chariton einige Vorkehrungen für das Mädchen getroffen hat oder daß man ihn zumindest verdächtigt, etwas dergleichen getan zu haben. Deshalb ist er vielleicht nach Alexandria geschickt worden: um dem Statthalter nicht unter die Augen zu kommen! Dahinter kann auch der Bruder des jungen Mädchens, der jüngere Theodoros, stecken und nicht der Vater. Das würde Charitons plötzliches Auftauchen hier erklären und seinen Mangel an Geld. Ich frage mich, an welchen Theodoros er diesen Brief wohl geschrieben hat? Um diese Jahreszeit könnte er ihn gar nicht nach Ephesus schicken. Ich vermute, er ging an seinen Freund, diesen jungen Mann in Konstantinopel.«

Man sagt, der Lauscher an der Wand hört seine eigene Schand, aber ich erhielt den Beweis, daß dies nicht immer stimmte. Ich mußte noch einen Augenblick länger auf den Stufen stehenbleiben und versuchen, meine Freude zu zügeln. Wieso errieten sie die Wahrheit nicht? Lag es einfach daran, daß ich in meinem Studium wirklich so gut war? Daß die Wahrheit ganz einfach zu unwahrscheinlich klang? Es spielte keine Rolle. Ich war sicher in Sicherheit.

Ich klopfte; Harpokration öffnete mir die Tür und ließ mich ein. »Seid mir gegrüßt!« sagte ich zu den versammelten Mitgliedern der Familie. »Oliven, frischer Käse, Zaunrübenwurzel und Opium. Und hier ist dein Wechselgeld, vortrefflicher Philon.«

»Hast du etwas gegessen?« fragte Deborah. »Nein? Dann setz dich und nimm dir. Du siehst glücklich aus.«

»Das bin ich auch«, sagte ich. »Ich habe gerade gemerkt, wie sehr mir diese Stadt zur Heimat geworden ist. Ich danke euch.«

4

In jenem Herbst verstand ich, warum es für Philon von Nutzen sein würde, einen christlichen Assistenten zu haben. Wir hatten unter unseren Patienten – und zwar vor allem unter jenen der ärmeren Klasse – plötzlich einen Haufen Leute mit Viertagefieber, Wassersucht und Typhus. Ein Patient in einer einigermaßen ordentlichen Familie, selbst ein Sklave in einem anständigen Haus hat durchaus die Möglichkeit, sich von solchen Leiden zu erholen. Aber wenn arme Männer oder Frauen krank wurden, hatten sie oft niemanden, der sie pflegen oder ihnen etwas zu essen bringen konnte. Sie versuchten, nach wie vor zu arbeiten, schwächten sich damit nur immer weiter und starben schließlich, falls sie nicht in ein Hospital geschafft werden konnten.

Die großen Hospitäler Alexandriens waren barmherzige Einrichtungen, die von dem beim Volk sehr beliebten Erzbischof Athanasios geleitet wurden. Sie wurden auf Kosten der Kirche unterhalten, und man pflegte und ernährte dort viele schwerkranke Menschen, bis sie sich entweder erholten oder starben. Insofern waren sie angesehene und bewundernswerte Einrichtungen. Doch sie bereiteten Philon ununterbrochen Ärger. Das Problem bestand darin, daß die Krankenpfleger in diesen Hospitälern fast alle Mönche waren. Bevor ich nach Alexandria kam, hatte ich keine Mönche kennengelernt. Ich hatte zwar von ihnen gehört, doch man sprach von ihnen immer nur als schmutzige, dumme Bauern, als Männer, die von zu Hause fortgelaufen waren, um keine Steuern bezahlen zu müssen. Die Ägypter jedoch bewunderten die Mönche außerordentlich – sie bewundern alle Asketen, mögen es nun Heiden oder Christen sein. Nachdem ich ein paar von ihnen kennengelernt hatte, mußte ich zugeben, daß sie mehr als nur faule Steuerflüchtlinge waren. Sie waren aus dem Stoff, aus dem Märtyrer gemacht werden: voller Hingabe gottesfürchtig, redlich und selbstlos. Mit bewundernswertem Mut und großer Geduld pflegten sie die Opfer der ansteckendsten und gefährlichsten Krankheiten. Aber auf der anderen Seite waren sie schmutzig, ungebildet, unwissend und, was das Schlimmste von allem war, fanatisch. Sie nahmen nicht gerne Patienten auf, wenn ein jüdischer Arzt sie empfohlen hatte. Eines Abends in der Taverne versuchte ich, Theogenes und den anderen die Situation zu erklären.

»Wir hatten einen armen alten Wasserverkäufer zum Patienten«, erzählte ich. »Er bekam Typhus, und seine einzig lebende Verwandte war eine Tochter in irgendeinem Dorf am oberen Nil. Philon und ich gingen zu dem Hospital in der Nähe der Kirche von St. Markus und versuchten, die Mönche dazu zu bringen, den Mann aufzunehmen. Aber Philon mußte sich Schmähreden über die Juden anhören und brauchte seine ganze Geduld und Überredungskunst, ehe die Mönche sich schließlich beruhigten und unseren Patienten aufnahmen.«

»Willst du damit sagen, daß sie gegenüber vernünftigen Argumenten offen sind?« wollte Theogenes mit spöttischem Erstaunen wissen. »Ich dachte immer, sie sind wie wilde Tiere. Mein Urgroßvater wurde von solchen Männern hier in Alexandria ermordet. Das war auch der Grund dafür, warum meine Familie nach Antiochia gezogen ist.«

»Was meinst du mit ›solchen Männern‹? Zu Lebzeiten deines Urgroßvaters gab es doch noch gar keine Mönche. Das Christentum war vor dem Gesetz noch nicht einmal anerkannt.«

»Dann eben von unwissenden ägyptischen Bauern.«

»Das ist keineswegs dasselbe.«

»Sie benehmen sich aber so, als ob es dasselbe wäre.«

»Du hast Glück, daß du nichts mit ihnen zu tun hast«, warf ein anderer Student, Kallisthenes aus Sidonia, ein: »Du würdest bestimmt deine Beherrschung verlieren, und es würde einen regelrechten Aufstand geben.« Theogenes grinste, doch die Alexandriner, die mit uns am Tisch saßen, runzelten die Stirn.

»Ihr Fremden wißt überhaupt nichts von Aufständen«, meinte Nikias. »Beim nächsten Aufstand werden die Mönche mitten drin stecken. Und dann wird man nichts mehr zu lachen haben.«

Wir hörten auf zu lachen. »Was willst du damit sagen?« fragte Kallisthenes.

»Warum glaubst du wohl, haben diese Mönche soviel Angst davor, verraten zu werden?« fragte Nikias ungehalten. »Sie erinnern sich nur allzugut an die letzten Male, als der Erzbischof des Landes verwiesen wurde. Oder hast du in Sidon nichts davon gehört? Es gab Auspeitschungen, Folterungen und eine Hinrichtung nach der anderen, doch das beendete den Aufstand keineswegs. Der Kaiser und einige seiner Bischöfe versuchten, fremde Bischöfe auf dem Thron von St. Markus zu installieren, doch die hiesigen Christen, vor allem jedoch die Mönche, wollten nichts von ihnen wissen. Das letztemal ging das über vier Monate so. Schließlich wurden sogar die Kornlieferungen nach Konstantinopel eingestellt, so daß der Kaiser nachgab und dem Erzbischof die Rückkehr erlaubte. Aber alle wissen, daß die ganze Sache von vorne beginnt, sobald seine Heiligkeit Athanasios stirbt. Der Hof sympathisiert mit der arianischen Partei, die hiesigen Christen sind jedoch meistens Nizäer. Darüber hinaus wollen die geistlichen Behörden nicht, daß noch einmal ein Bischof so mächtig wird wie Bischof Athanasios. Natürlich sind die Mönche gegenüber Juden und Eunuchen mißtrauisch; sie sind jedem gegenüber mißtrauisch, von dem sie glauben, er sei vielleicht dem Kaiser oder sonst einem ihrer Feinde treu ergeben.«

»Ist es denn wahrscheinlich, daß Athanasios bald stirbt?« fragte Kallisthenes ängstlich.

Nikias zuckte mit den Schultern und goß sich noch etwas Wein ein. »Ich weiß nicht, er ist immerhin ein alter Mann und glaubt nicht an Ärzte, das heißt, er vertraut ihnen nicht. Er kann jeden Augenblick sterben. Auf der anderen Seite ist er ein Schüler des heiligen Antonius, des Einsiedlers, und der wurde über hundert Jahre alt.«

»Wie viele Christen gibt es in Alexandria?« fragte Theogenes nachdenklich.

»Das mögen die Götter wissen!« rief Nikias geringschätzig aus. »Die halbe Stadt besteht aus irgendwelchen Galiläern dieser oder jener Glaubensrichtung, obwohl sie nicht alle derart brave orthodoxe Nizäer sind, wie seine

Heiligkeit gerne glauben möchte. Aber du darfst dabei nicht nur an die Alexandriner denken. Der Erzbischof ist der Metropolit der gesamten Diözese, nicht nur dieser Stadt, ja nicht einmal nur dieser Provinz. Und er ist überall populär. Du findest hier in Alexandria nun einmal nicht viele Leute, welchen Glaubens auch immer, die die Behörden unterstützen und sich gegen ihn stellen würden. Was nach seinem Tode auch immer passiert, die Christen werden keinen solchen Bischof mehr bekommen.«

»Aber ich dachte immer, er sei ein absoluter Niemand!« protestierte Kallisthenes, ein Neoplatoniker aus guter Familie. »Man behauptet, daß er manchmal sogar auf koptisch predigt und nicht einmal ein richtiger Grieche ist!«

»Das stimmt auch«, gab Nikias zu. »Aber er ist Alexandriner. Und wenn ich eine gerichtliche Auseinandersetzung hätte, würde ich meine Sache vor dem bischöflichen Stuhl vertreten und nicht etwa vor den Statthalter bringen. Beim Bischof brauchst du nicht Unsummen an Bestechungsgeldern zu zahlen. Die Sache nimmt sehr viel weniger Zeit in Anspruch als vor dem Provinzialgericht, und du wirst nicht von irgendwelchen Wärtern geschlagen. Außerdem ist der Erzbischof unparteiisch. Und Athanasios und seine Mönche und Nonnen kümmern sich um das einfache Volk – da gibt es zum Beispiel außer den Hospitälern auch die mildtätigen Einrichtungen, die armen Mädchen zu einer Mitgift, den Armen zu billiger Kleidung und den Bettlern zu Nahrung verhelfen. Gut, der Pöbel ist dankbar dafür. Jedesmal, wenn auch nur das Gerücht umgeht, seine Heiligkeit sei krank, ist die Lage in der ganzen Gegend sofort gespannt. Du wirst es ja erleben. Es wird kein Jahr dauern bis zum nächsten Aufstand.«

»Wie ist der Erzbischof denn so?« fragte ich, als die Anwesenden diese Behauptung verdaut hatten.

»Du bist doch hier der Christ!« sagte Nikias. »Bist du denn nicht in der Kathedrale gewesen und hast ihm zugehört?«

Ich schüttelte den Kopf. »Ich halte mit meinem Lehrmeister zusammen schon den Sabbat ein. Ich kann mir nicht noch einen weiteren Ruhetag in der Woche leisten. Ein- oder zweimal bin ich in der Kirche von St. Markus gewesen, wenn die Vorlesungen etwas später begannen, mehr nicht. Hast du ihn niemals gesehen?«

Nikias sah ertappt aus. »Ich war ein paarmal in seinen Andachten«, gab er zu. »Er kann reden. Ich glaube nicht, daß er weitere Unruhen wünscht – aber er ist alt. Bis zum Frühjahr wird es einen Aufstand geben, ich könnte jede Wette eingehen.«

Aber in jenem Herbst und auch in dem darauffolgenden Winter gab es keinerlei Aufstände. Die alexandrinischen Winter sind kalt und naß. Die

Schiffe bleiben im Hafen, machen an den Kais fest oder werden auf den Strand hinaufgezogen, um sie vor den Stürmen in Sicherheit zu bringen. Nebel steigen aus dem Mareotis-See und vermengen sich mit dem Rauch der unzähligen Kohlenbecken der Stadt: Über Alexandria liegt dann ständig ein naßkalter Dunst. Unsere Patienten bekamen fiebrige Krankheiten, die jetzt mehr auf die Lunge als auf den Magen schlugen. Es gab Lungenentzündungen, Brustfellentzündungen und unzählige Erkältungen, die uns in Trab hielten, dazu die üblichen Knochenbrüche oder schwierige Geburten. Aber keine Aufstände.

Ende Januar überließ Philon es mir, mich um einen seiner Patienten zu kümmern. Er hatte dies bereits ein paarmal zuvor erlaubt, doch die anderen hatten lediglich an leichten Krankheiten oder kleineren Verletzungen gelitten. Diesmal handelte es sich um einen schwerkranken Mann. Es war der alte Händler, der einen so guten Preis für die Ohrringe meiner Mutter gezahlt hatte. Er hieß Timon, war Witwer und hatte einen Sohn und zwei Töchter. Ihn quälte ein Fieber sowie ein starker, trockener Husten, und er war schon länger krank, als sein Sohn Philon um Hilfe bat.

Philon nahm die erste Untersuchung vor und blickte ziemlich finster in die Welt, als er fertig war. »Du hättest mich früher rufen lassen sollen«, sagte er dem alten Mann.

Der alte Timon hob seine Hände in einer hilflosen Geste. »Ich wollte meine Arbeit nicht im Stich lassen. Du kennst mich ja.«

Philon schnaubte verächtlich, flößte ihm etwas Wein mit Iriswurzel ein, dann bat er den Sohn, mit ihm in die Diele zu kommen, wo der Patient sie nicht hören konnte. »Dein Vater hat eine Lungenentzündung«, sagte er. »Seine Atemgeräusche gefallen mir gar nicht, und seine Brust sieht ebenfalls nicht gut aus. Die Infektion ist schon ziemlich weit fortgeschritten. Es tut mir leid, aber ich glaube nicht, daß er am Leben bleiben wird.«

Ich war erschrocken und deprimiert. Ich mochte den alten Timon. »Glaubst du nicht, ein wenig Dampf könnte . . .?« fing ich an, dann hielt ich inne.

»Was wolltest du vorschlagen?« fragte Philon und sah mich nachdenklich an.

»Dampf und heiße Umschläge, Hyoscyamin und Iriswurzeln. Außerdem sehr viel Flüssigkeit«, sagte ich. »Genau das, womit du die Tochter des Flavius behandelt hast.«

»Sie war sehr viel jünger, und die Krankheit war noch nicht so weit fortgeschritten«, entgegnete Philon. Dann seufzte er und kratzte sich am Bart. »Aber immerhin, es ist die richtige Behandlung. Warum nimmst du ihn nicht in deine Obhut, Chariton? Wenn du und dein Vater nichts dagegen habt«, fügte er hinzu und wandte sich an Timons Sohn.

Sie hatten nichts dagegen. Der Sohn merkte, daß ich mehr Hoffnung für seinen Vater hegte als Philon, und ich hoffte, daß Philon sich geirrt hatte. Heimlich schwor ich mir, keinerlei Anstrengungen zu scheuen, um den alten Mann gesund zu machen.

Ich begann sogleich mit der Behandlung. Anfangs schien alles recht gut voranzugehen. Der Dampf und die heißen Kompressen linderten die Schmerzen, die der alte Mann in seiner Brust verspürte, beträchtlich, und der trockene Husten wurde locker und schleimig. Nach drei Tagen hatte ich den Eindruck, es gehe ihm schon ein bißchen besser.

Doch dann stieg das Fieber, und der Husten verschlimmerte sich wieder. Die Schmerzen kehrten zurück, quälender als je zuvor. Er hielt es kaum aus, wenn ich ihm die Brust abklopfte, um zu sehen, wie weit die Infektion bereits fortgeschritten war. »Wenn du mir nur etwas geben könntest, damit ich schlafen kann . . .«, bat mich Timon eines Abends beinahe entschuldigend.

Ich verabreichte ihm Kräuter und ein wenig Opium, doch er konnte nur wenig davon trinken. Die ganze Nacht über hielt ich Wache an seinem Bett, horchte auf seinen keuchenden, schwächer werdenden Atem und fühlte mich hilflos. Eine Stunde vor der Morgendämmerung, gerade als die Stadt zu einem neuen Tag erwachte, schlief er friedlich ein.

Mühsam schleppte ich mich durch die morgendliche Menge nach Hause. Als ich ankam, saßen Philon und seine Familie beim Frühstück. »Er ist tot«, erzählte ich ihnen.

Philon seufzte mitleidig und sagte mir, ich solle mich setzen. Ich setzte mich und begann von neuem zu weinen. »Du hättest mir diesen Fall nicht geben sollen«, meinte ich und schluchzte.

Philon schüttelte den Kopf. »Kein Mensch hätte es besser machen können. Der gesamte linke Lungenflügel Timons war infiziert, und er hatte eine beginnende Brustfellentzündung. Ich habe es noch nie erlebt, daß ein Patient in einem derart schlechten Zustand überlebt, aber ich hatte einfach gehofft, daß du mehr Glück hast als ich. Du warst so voller Ideen, während ich bereits aufgegeben hatte.«

Ich schluchzte wieder, und Philon legte mir die Hand auf die Schulter. »Geh zu Bett«, sagte er freundlich. »Du mußt dich ausruhen. Heute nachmittag müssen wir noch ein paar Patienten besuchen.«

Ein paar Wochen lang war ich sehr niedergeschlagen. Philon jedoch fuhr damit fort, mir Patienten anzuvertrauen, von denen er dachte, ich würde gut mit ihnen fertig. Und so war ich zwischen Studium und Arbeit viel zu beschäftigt, um allzulange über meinen Fehlschlag zu brüten.

Der alexandrinische Frühling kommt langsam. Die Schwalben waren im Winter überhaupt nicht fortgeflogen, so daß ich auch nicht auf ihre Rückkehr wartete. Die Erde ergrünte nicht; das geschieht erst spät im

Sommer, wenn der Nil über die Ufer tritt. Aber die Luft wurde ganz allmählich immer wärmer, der Himmel wurde blasser, und die Nebel und die würgenden Rauchwolken des Winters verschwanden. Die Tage wurden länger; in den Sümpfen um den Mareotis-See herum quakten die Frösche; die Feigenbäume und die Weinstöcke in den Gärten streckten klebrige grüne Knospen heraus. Ich vergaß allmählich, daß ich jemals ein Mädchen namens Charis gewesen war, daß ich jemals auf andere Art und Weise gelebt hatte als jetzt, daß es jemals eine Zeit gegeben hatte, in der ich nichts von der richtigen Dosierung von Nieswurz oder den Schriften des Erasistratos wußte.

Eines Abends im März nahm ich einem Kind die Armschiene ab. Ich hatte den Knochen selbst gerichtet — es war ein komplizierter Bruch beider Unterarmknochen gewesen. Während ich den Arm schiente, war mir bewußt, daß mir die Prozedur wirklich sehr gut gelingen mußte, andernfalls würde das Kind sein Leben lang ein Krüppel bleiben. Ich hielt den Atem an, als ich den Arm freilegte. Das kleine Mädchen bewegte sein Handgelenk, so wie ich es ihm sagte, hielt den von der Schiene befreiten Arm neben seinen anderen, beantwortete mein Lächeln mit einem Lächeln, dann tanzte es durch das Zimmer, wedelte mit beiden Armen in der Luft und jauchzte vergnügt. Ich hätte ebenfalls jauchzen können. Stärke, Gesundheit, Lebenskraft: Genesung. Und ich hatte es bewerkstelligt, hatte mich mit der Natur zusammengetan, um es zu bewirken. Die Medizin mag ihre Grenzen haben, dachte ich, aber sie ist besser als gar nichts.

Und erst jetzt wurde mir klar, daß ich niemals nach Ephesus zurückkehren und einen von Thorions Freunden heiraten würde. Ich wollte mein ganzes Leben lang in Alexandria bleiben und die Kunst des Heilens praktizieren.

5

Einen Monat später, etwa ein Jahr nach meinem Fortgang aus Ephesus, erhielt ich den ersten Brief von Thorion. Eines Abends, als Philon und ich von unserer Runde heimkehrten, händigte Deborah ihn mir aus. Sie erzählte mir, ein Seemann habe ihn im Laufe des Tages abgeliefert. Ich erstattete ihr das Geld, das sie ihm dafür gegeben hatte, und setzte mich an den Tisch des Wohnzimmers, um den Brief zu lesen. Mir schlug das Herz in der Kehle, als ich das Siegel aufbrach. Ich war genauso nervös, als stünde Thorion neben mir, bereit, mich wegen des Lebens, das ich führte, auszuzanken.

Aber Thorion wußte natürlich nicht mehr als das, was ich ihm in meinem

Brief erzählt hatte. Seine Antwort war ziemlich lang ausgefallen: Er hatte offensichtlich schon im Herbst, nachdem er meinen Brief erhalten hatte, zu schreiben angefangen, dann den ganzen Winter über in Abständen weitergeschrieben, bis die Schiffe im Frühjahr lossegelten und er den Brief aufgeben konnte. Er hatte viel über die Hauptstadt, seine Studien und seine Freunde zu erzählen: Er war gesund, bekleidete jedoch kein Amt mehr bei dem prätorianischen Präfekten. Festinus und der Präfekt, ein gewisser Modestus, hielten zusammen wie »Pech und Schwefel«, und kurz nachdem er mit seiner Arbeit begonnen hatte, war er seines Postens auch schon wieder enthoben worden. Aber er hatte inzwischen einen anderen Posten, und zwar im Amt eines Provinzrichters, und er machte sich Hoffnungen, befördert zu werden. »Wenn ich erst einmal befördert bin, werde ich genug Geld haben, um mir einen Haushalt leisten zu können. Dann kannst du zu mir kommen«, schrieb er. »Aber bis es soweit ist, hat es keinen Zweck.« Festinus war über das »Verschwinden meiner Schwester«, wie Thorion es vorsichtig umschrieb, außer sich gewesen. Und obwohl er inzwischen versetzt worden war und als Statthalter in Paphlagonia residierte, war Ephesus für sämtliche Mitglieder der Familie nach wie vor ein ungemütlicher Ort, und Konstantinopel würde auch nicht besser sein, falls ich dort auftauchte. Vater hatte weiteres Land und sogar einige seiner Rennpferde verkaufen müssen, um für die Verluste aufkommen zu können, die der Statthalter ihm zugefügt hatte. »Aber das Richteramt ist der vorgezeichnete Weg zur Statthalterschaft, und ich kann die Verluste wettmachen, sobald ich selbst Statthalter bin.« Maia ging es gut, sie war mit Thorion nach Konstantinopel gegangen. Ihre Gelenke taten ihr jedoch immer noch weh. Sie ließ mir ausrichten, gut auf mich achtzugeben, und sie hoffte, daß ich nicht genötigt wäre, zuviel von dem Schmuck meiner Mutter zu verkaufen. Ich solle gut essen und ja nicht zum Judaismus übertreten. An dieser Stelle mußte ich lächeln. Dann sah ich auf und bemerkte, wie Philon und Deborah mich mit gespannter Aufmerksamkeit beobachteten: »Gute Neuigkeiten?« fragte Philon.
Ich hatte im Flüsterton gelesen, doch das war unnötig: Der Brief war unverfänglich. Ich ließ ihn sinken, drehte ihn so, daß Philon die Überschrift lesen und — wenn er wollte — seinen Verdacht bestätigt sehen konnte. »Nur der Ratschlag meiner alten Kinderschwester«, erzählte ich, »nicht zuviel Geld auszugeben. Was für ein gutes Heilmittel könnte ich ihr denn gegen Rheumatismus schicken?«
Ich beantwortete den Brief innerhalb von einer Woche, schickte die Arznei mit und erzählte Thorion ein bißchen von der Stadt und dem Museum. Aber ich brachte es nicht über mich, etwas von meinem eigenen Leben zu erzählen, und schon gar nicht, meinen Entschluß zu erwähnen, niemals

zurückzukommen. Es bestand im Augenblick noch keine Notwendigkeit, die beiden zu beunruhigen, sagte ich mir. Thorion hatte geschrieben, ich könne erst dann bei ihnen wohnen, wenn er genug Geld habe, um einen unabhängigen Haushalt zu gründen – und bis dahin konnte alles mögliche geschehen.

Ein paar Tage später begleitete ich Theophila gerade zum Markt, als wir Theogenes trafen. Hübsche Mädchen bemerkte Theogenes immer. Er warf ihr einen beifälligen Blick zu, dann wurde ihm klar, daß sie mit mir gekommen sein mußte. »Nanu, Chariton!« sagte er und lachte. »Du bist der letzte, den ich in der Gesellschaft einer entzückenden jungen Dame erwartet hätte!«

Ich lächelte. »Dies ist die Tochter meines Lehrherren Philon, Theophila. Theophila, dies ist Theogenes aus Antiochia.«

Theophila blickte bescheiden auf den Fußboden. »Chariton hat mir von dir erzählt«, murmelte sie.

»Alles Lügen!« rief Theogenes sogleich aus, und Theophila kicherte.

»Vater hat Chariton immer wieder gesagt, er würde dich gerne kennenlernen,« sagte sie schüchtern.

»Ich wußte ja nicht, wann es Philon passen würde«, erwiderte er und sah sie interessiert an.

»Jetzt würde es sicher gehen«, sagte Theophila sogleich und blickte wieder bescheiden auf den Fußboden, dann lugte sie durch ihre Wimpern. Die Sache machte ihr Spaß.

So kam Theogenes also mit uns, wurde Philon vorgestellt und blieb zum Abendbrot. Er rümpfte keineswegs die Nase über das ärmliche Haus, und während des Essens unterhielten wir uns zu dritt über Galens Werke. Dann folgte eine lebhafte Debatte zu zweit über die mosaischen Gesetze, die Philon mühelos gewann. Theogenes war äußerst beeindruckt. »Du argumentierst wie ein Gelehrter«, sagte er zu Philon.

»Ich habe in Tiberias studiert«, entgegnete Philon, und Theogenes war noch mehr beeindruckt. Als er sich verabschiedete, lud Philon ihn ein, jederzeit zum Abendessen wiederzukommen, und Theogenes dankte ihm herzlich.

»Dein Lehrherr ist ein bemerkenswerter Mann«, meinte er am nächsten Tag zu mir. »Und seine Tochter ist ein sehr hübsches Mädchen, nicht wahr? Ist sie jemandem versprochen?«

Ich lachte. »Hast du je ein Mädchen getroffen, von dem du nicht der Meinung warst, sie sei ›sehr hübsch‹? Nein, sie ist noch niemandem versprochen. Es gibt da ein kleines Problem wegen der Mitgift.«

Er seufzte. »Sieht ganz so aus. Warum haben sie nicht mehr Geld? Ich hätte gedacht, ein so gebildeter Mann wie Philon könnte eine Menge verdienen. Ihr beide arbeitet schließlich hart genug. Wünschst du dir denn nicht auch, mehr Geld zu haben?«

»Weshalb sollte ich mir mehr Geld wünschen? Alles, was ich mir jemals gewünscht habe, habe ich bereits.«

»Nicht *alles!*«

»Alles, wovon ich je geträumt habe.«

»Du mußt sehr viel weniger geträumt haben als ich. Ich zum Beispiel träume von einem schönen Haus im Zentrum von Antiochia mit meinen eigenen Sklaven, die für mich sorgen, und mit meinem eigenen Garten – genauso wie mein Vater. Und ich würde gerne einen öffentlichen Posten haben, so wie er – Amtsarzt würde mir gut zu Gesicht stehen. Und ich würde gerne eine süße, hübsche kleine Frau im Haus haben, die sich um den Haushalt kümmert und mich abends zu Hause willkommen heißt. Und es wäre wundervoll, zwei oder drei Kinder zu haben, die erwartungsvoll zur Tür gerannt kommen. Für all das braucht man Geld.« Nachdenklich starrte er wieder eine Zeitlang auf den Garten, dann schleuderte er einen Kieselstein in den Bach. »Ich muß fleißiger studieren. Wann sollte man die Veilchen pflücken?«

Den Sommer über kam Theogenes alle paar Wochen zum Abendbrot bei Philon. Für gewöhnlich erschien er mit einem Krug Wein oder mit etwas duftendem Öl oder Blumen und blieb lange, um über Medizin oder die mosaischen Gesetze zu diskutieren. Alle mochten ihn. Theophila fragte mir seinetwegen ein Loch in den Bauch und war bald bis über beide Ohren in ihn verliebt.

Und auch diesen ganzen Sommer über gab es noch keine Aufstände. Ein paar Unruhen in der Nähe der Hafenanlagen, ein Scharmützel nach einem Wagenrennen in der Nähe der Pferderennbahn, aber keinen Aufstand. In der Taverne des Kaleias lachten wir über Nikias wegen seiner Prophezeiung, aber er zuckte nur die Achseln.

»Der Erzbischof ist bei guter Gesundheit. Und angeblich betet er am Ende jeder seiner Predigten um Frieden«, erzählte er uns. »Das müssen sich seine Anhänger zu Herzen genommen haben. Und die Behörden scheinen im Augenblick seinen Tod abzuwarten, bevor sie irgend etwas unternehmen. Aber wartet nur, bis er krank wird!«

Und er wechselte das Thema und sprach von einer wunderbaren Heilung, die vom Tempel des Äskulap auf der Insel Kos berichtet wurde. Er war immer voll von wunderbaren Heilungen, die angeblich Äskulap bewirkt hatte. Da sein zweitwichtigstes Gesprächsthema Berichte über seine Heldentaten mit Dirnen waren, nahm ich überhaupt nichts mehr ernst, was er sagte, und kam zu der Ansicht, er verfolge mit all diesem Gerede über Aufstände und Bürgerkrieg beim Tode des Erzbischofs nur die Absicht, uns zu erschrecken.

Eines Tages, mitten im Herbst, stellte mir Philon einige sehr gezielte Fragen in bezug auf Theogenes. Ich gab ihm nach bestem Wissen und Gewissen Auskunft.

»Es wäre ein großes Glück für uns, wenn Theogenes sich in sie verliebt hätte«, sagte er. »Er ist ein angenehmer junger Mann aus gutem Hause und ein interessanter Gesellschafter.«

Ich sagte nichts dazu. Daß Philon in dieser Richtung Hoffnungen hegte, war offensichtlich genug, aber bisher war es mir nicht aufgefallen. Jetzt, da es ausgesprochen war, merkte ich, daß ich mich darüber ärgerte, weil, wie ich insgeheim zugeben mußte, Theogenes ein attraktiver junger Mann war und ich ihn selbst sehr gern mochte. Aber ich schlug mir meine törichte Zuneigung für ihn sofort aus dem Kopf und freute mich für Theophila, daß sie seine Zuneigung tatsächlich gewonnen hatte. Chariton, der Eunuch, hatte nicht das Recht, nette junge Männer zu mögen, und Charis, die Tochter des Theodoros, hatte nicht das Recht, Medizin zu studieren. Mein Wunsch, Medizin zu studieren, war allemal weitaus größer als mein Wunsch, Theogenes oder sonst irgendeinen jungen Mann zu erobern.

Doch ich hatte den ganzen nächsten Tag schlechte Laune, und als Theogenes auftauchte und fast die ganze Zeit damit zubrachte, Theophila zum Lachen zu bringen, schützte ich Kopfschmerzen vor und ging in mein Zimmer hinauf, um mich hinzulegen. Die Fensterläden waren geschlossen, und ich lag bäuchlings auf meinem Bett und kaute unglücklich auf meinen Fingernägeln herum. Ich hatte alles, was ich mir wünschte, hatte ich Theogenes gegenüber gemeint. Aber er hatte recht, als er meinte, ich hätte sehr viel weniger geträumt als er. Jetzt träumte ich. Liebe, die Gemeinschaft einer Ehe, Kinder – natürlich wünschte ich mir all das. Es wäre unnatürlich, sich so etwas Schönes nicht zu wünschen. Und ich hatte Theogenes, seine Augen und sein Lächeln und seine lebhaft gestikulierenden Hände sehr gern. Doch es war ganz und gar unmöglich, daß aus dieser Zuneigung oder irgendeiner anderen Zuneigung etwas werden könnte, solange ich Medizin studierte.

Ich stand auf, ging an meinen Bücherschrank und glitt mit dem Finger über die Rücken meiner medizinischen Bücher. Es schien verrückt, sie gegen einen lebendigen, lächelnden jungen Mann und die Aussicht auf Heim und Familie in die Waagschale zu werfen. Ich zog einen der Bände von Hippokrates heraus und öffnete ihn aufs Geratewohl. Zuerst verschwammen die Zeilen vor meinen Augen, doch dann traten sie deutlicher hervor und wurden zu Einzelheiten einer Fallgeschichte. Ich stellte das Buch zurück, stand da und starrte es an. Und meine Finger verharrten auf dem gelben Papyrus. Die Waagschale zeigte sich zugunsten der Bücher. Ich wünschte mir so sehr, die Heilkunst auszuüben, wünschte es mir mehr als alles andere auf der Welt. Ich mußte eben auf einiges verzichten und mich damit abfinden, ein Eunuch zu bleiben.

Der Winter kam, mein zweiter Winter in Alexandria. Theogenes erschien nach wie vor mindestens einmal wöchentlich und widmete sich Theophila. Philon ermutigte ihn geschickt, doch es wurde nicht darüber gesprochen. Ich tat mein Bestes, um mich für die zwei zu freuen, und manchmal gelang es mir sogar. Aber ich war längst nicht mehr so glücklich wie zuvor.

In dem darauffolgenden Frühjahr wurde ich neunzehn. Ich verbrachte den Tag damit, einen Patienten zu betreuen, der an Fleckfieber erkrankt war. Der Mann war Stellmacher; er war verheiratet und hatte drei junge Kinder; seine Frau geriet in Panik, als sie an jenem Morgen bemerkte, daß sein Fieber stieg. Sie bat mich, den Tag über dort zu bleiben. Ich blieb, und es gelang mir, das Fieber zu senken, indem ich den Körper des Kranken mit einer Essiglösung abrieb und ihm mit Hilfe von Fingerkraut und Opium zu ein wenig Schlaf verhalf. Dann sorgte ich dafür, daß er etwas Brühe trank und sie auch bei sich behalten konnte. Als ich ging, schlief er so friedlich wie schon lange nicht mehr, das Fieber schien nicht mehr so hoch zu sein, und der Puls war ganz eindeutig kräftiger und gleichmäßiger als seit Tagen. Seine Frau ergriff meine Hand und drückte sie fest. Ihre Augen waren voller Tränen. »Wird er wieder gesund?« fragte sie mich.

»Ich glaube schon«, erwiderte ich. »Laß ihn solange wie möglich schlafen. Wenn er Durst hat, gib ihm etwas Honigwasser. Morgen früh kann er ein wenig klare Brühe bekommen, aber nur, wenn er möchte. Am Vormittag komme ich dann noch einmal. Falls sich sein Zustand während der Nacht verschlimmern sollte, ruf mich.«

Sie nickte. »Ich habe keine Ahnung, was wir tun sollen, wenn er stirbt«, meinte sie.

»Falls er keinen Rückfall erleidet, wird er wahrscheinlich durchkommen«, entgegnete ich, nachdem ich ihr Verlangen, beruhigt zu werden, gegen die Gefahr abgewogen hatte, falsche Hoffnungen zu wecken. Aber eigentlich war ich sicher, daß er es schaffen würde: Er war stark, und das Schlimmste war vorüber.

Die Frau brach in Tränen aus und drückte mir wieder und wieder die Hand. »Ich danke dir! Gott möge dich belohnen!«

»Geh und schlaf, solange es möglich ist«, riet ich ihr und machte mich auf den Heimweg.

Als ich zu Hause ankam, fand ich die Familie beim Abendessen vor. Theogenes war ebenfalls dort. Er saß neben Theophila, beugte sich zu ihr hinüber und lächelte. Sie lächelte mit niedergeschlagenen Augen zurück. Wunderbar, dachte ich bei mir und war glücklich.

»Wie geht es dem Patienten?« fragte Philon als erstes.

»Ich glaube, er wird es überstehen«, erwiderte ich zufrieden und ging in mein Zimmer hinauf, um mich zu waschen.

6

Als wir in jenem Frühjahr eines Abends gerade von unserer Besuchsrunde nach Hause gekommen waren und die Frauen das Abendbrot vorbereiteten, klopfte es an der Tür. Ein dunkelhäutiger, bärtiger Bursche in einer zerlumpten Leinentunika stand davor und bat uns, nach seiner Frau zu sehen, die vor einigen Tagen niedergekommen war und jetzt hohes Fieber hatte. Er sagte, er arbeite als Maultiertreiber und müsse am nächsten Tag wieder aus der Stadt, um nach seinen Tieren zu sehen.

Philon seufzte, dann lächelte er mir zu. »Sie wird uns beide benötigen«, meinte er. So gingen wir also alle beide, um nach der Frau zu sehen. Zum Glück wohnte sie wenigstens sehr nahe, gerade eben auf der anderen Seite der Via Canopica, in der Nähe der Schiffswerft.

Es handelte sich um einen sehr schweren Fall von Kindbettfieber, der nur im Hospital ordentlich behandelt werden konnte. Wir schickten den Mann in die Nachbarschaft, um eine Amme für das Kind zu suchen.

Philon blieb bei der Frau, um ihr ein paar Arzneimittel zu geben, die das Fieber senken sollten, während ich mich auf die Suche nach einem Hospital machte. Insgeheim beschloß ich, außerdem noch etwas Brot und Wein für Philon zu besorgen. Es ist nicht so einfach, nach einem langen Tag mit leerem Magen ordentlich zu arbeiten.

Die Straße war eng, dunkel und menschenleer. Das Hospital, das wir für gewöhnlich für unsere Kranken in Anspruch nahmen, lag in westlicher Richtung, in der Nähe des Pharosfelsens, der den Großen Hafen vom Eunostoshafen trennt. Vor der Haustür hielt ich einen Augenblick inne und fragte mich, ob ich über die Via Canopica gehen oder den Weg etwas abschneiden und die rückwärtigen Straßen zum Hafen nehmen sollte. Dann trug eine heftige Windbö das Geräusch eines Kampfgetöses aus dem östlichen Teil der Hafenanlagen nahe der Zitadelle zu mir herüber: undeutliches Grölen, lautes Rufen, das Splittern von etwas, das zerbrach. Ich fragte mich, was da los sein mochte — irgendwelche religiösen Meinungsverschiedenheiten oder nur betrunkene Krakeeler? Was auch immer der Grund war, er bestimmte den Weg, den ich nehmen wollte: ein Stück zurück und dann die Via Canopica hinauf. Auf diese Weise konnte ich mich von dem Lärm fernhalten.

Ich rannte die Straße hinauf und versuchte, mich nicht umzublicken. Die Erfahrung hatte meine Angst vor den kleinen Seitenstraßen nur noch verstärkt, vor allem des Nachts. Aber die Via Canopica war sicher. Auch dort mochte es zwar den einen oder anderen Taschendieb geben, aber es war unwahrscheinlich, überfallen zu werden, selbst bei Nacht — dafür lag die Straße viel zu offen da. Ich eilte zum Somaplatz, dann die Somastraße hinunter zum Hafen. Dort in Ufernähe herrschte noch größerer Lärm, aber ich konnte niemanden sehen, nur das Licht von Fackeln entlang des geschwungenen Saums des Wassers sowie das Licht der Öllampen in den Häusern über den hoch aufragenden Mauern der Zitadelle: tiefgolden hob es sich gegen den dunstverhüllten Nachthimmel ab.

Das Hospital war ein großes Gebäude aus grauen Backsteinen und einem Ziegeldach. Es war um einen offenen Platz herumgebaut, in der Mitte befand sich ein Garten mit einem Brunnen, darum herum waren drei langgestreckte Flügel errichtet, in denen auf endlos scheinenden Fluren die Patienten lagen. An der vierten Seite des Platzes, der Seite mit dem Eingang, befand sich ein großer Gemeinschaftssaal, der von den Kranken-pflegern benutzt wurde. Es war ein hoher, kahler Raum mit leeren Wänden aus weißgetünchtem Verputz. Er grenzte an den Garten und war stets unverschlossen. Dort aßen, beteten und schliefen die Mönche, wobei sie ihre Schlafmatten tagsüber an die Wände rollten. Als ich im Hospital eintraf, was dieses hell erleuchtet und voller Menschen: Es sah so aus, als hätten sich sämtliche Pfleger und ihre frommen Brüder dort versammelt. Sie standen im Kreis herum, sprachen und beteten in großer Erregung auf koptisch. Niemand hatte auf mein Klopfen reagiert, deshalb wartete ich nach meinem Eintreten an der Tür und versuchte, die Aufmerksamkeit von irgend jemandem auf mich zu lenken. Schon bald bemerkte mich ein Mönch, den ich noch nie zuvor gesehen hatte, hielt mit dem Beten inne und starrte mich wütend an, so daß schließlich auch die anderen innehiel-ten und beunruhigt um sich blickten.

»Wer ist dieser Götzenanbeter?« fragte der fremde Mönch. Er trug eine Tunika aus grober Wolle, die ihm bis zu den Knöcheln reichte. Er war barfuß, hatte einen Bart und lange Haare, und er war sehr schmutzig.

»Herr«, sagte ich so höflich wie möglich zu ihm, »ich bin Chariton, ein Assistent von Philon, dem Arzt. Ich komme wegen einer Patientin. Die Brüder hier kennen mich.«

»Du bist ein Eunuch«, sagte der fremde Mönch. Er sprach mit dem Akzent der Leute vom oberen Nil, der wie ein Singsang klang. »Die arianische Ketzerei, die den Sohn Gottes leugnet, wird von Eunuchen unterstützt. Man kann von ihnen nicht erwarten, daß sie das Wort *Sohn* überhaupt verstehen, denn ihre Körper sind fruchtlos und ihre Seelen bar jeglicher Tugenden! Was willst du hier unter den Tugendhaften, Sohn der Ver-dammnis?«

O mein Gott, dachte ich, war der Erzbischof etwa gestorben? »Herr«, erwiderte ich und erinnerte mich an Philons Rat, Geduld aufzubringen, »ich bin kein Arianer; ich halte die Wahrheit ebenso wie du in Ehren. Mein Eunuchendasein ist nicht freiwillig, und ich bin wegen einer Patientin gekommen, einer kranken Frau, die im Kindbettfieber liegt. Sie hat keine Familie hier, ihr Mann muß die Stadt morgen verlassen, um seinen Lebensunterhalt zu verdienen, und wir wollten sie gerne eurer Barmherzigkeit empfehlen.«

»Er ist kein Arianer«, bestätigte einer der Mönche, den ich kannte und der sich selbst Markus nannte, nach dem Apostel. »Er ist ein Assistent des Philon, eines Juden, selbst jedoch ein guter nizäischer Christ.«

»Ein Eunuch, der einem Juden zur Hand geht?« brüllte der Fremde. »Ein Dämon, der einem Teufel zur Hand geht! Was kann gutes aus einer solchen Partnerschaft entstehen? Er ist gekommen, um die Gläubigen auszuspionieren, und er hat dich, Markus, belogen, um dein Vertrauen zu gewinnen und dich an den Statthalter oder den ägyptischen Heerführer zu verraten!«

Hierauf erhob sich ein allgemeiner Tumult. Die Mönche sprangen auf und starrten mich mit funkelnden Augen an, und plötzlich wurde mir klar, daß es ernst war, nicht einfach wirres Gerede. Ich bekam es mit der Angst zu tun. »Herr«, wiederholte ich betont langsam und versuchte, das Zittern meiner Hände zu verbergen, »ich bin wegen einer Patientin gekommen. Die Brüder hier kennen mich. Ich bin schon des öfteren wegen irgendwelcher Patienten gekommen. Noch nie aus einem anderen Grund. Du hast unrecht, Herr.«

Der starre Ausdruck in den Augen einiger Mönche verlor sich. Markus nickte. »Er ist ein guter Arzt«, meinte er an den Fremden gewandt. »Er und sein Meister behandeln die Kranken umsonst. Wir haben keinen Grund zu glauben, er könne unser Feind sein.«

»Das ist nur die heimtückische Gerissenheit des Teufels!« rief der Fremde. »Wir haben gerade gehört, daß der falsche Gott, der Kaiser aller Ketzer, unseren Herrn und Vater, Bischof Athanasios, absetzen und vertreiben will. Wir kommen zusammen, um zu beten und zu beraten, was wir deswegen unternehmen können, und siehe da! Ein Eunuch, genau wie so ein Eunuch vom Hof, spaziert hier herein, steht einfach da und belauscht uns, ohne Zweifel mit der Absicht, zurückzugehen und alles Gehörte weiterzugeben! Er ist ein Spion!«

Ich rührte mich nicht vom Fleck. Ich wußte, daß sich auf der Stelle mindestens einige der Mönche auf mich gestürzt hätten, falls ich es doch tun sollte. Ich sah jetzt, daß sie selbst Angst hatten. Große Angst. Ich fragte mich, was sie wohl in ihrer Muttersprache so erregt miteinander besprachen – etwas, das ihnen vielleicht sogar die Todesstrafe einbringen konnte. Ob es stimmte, daß der Erzbischof von neuem des Landes verwiesen werden sollte? Ich dachte an das Kampfgetümmel unten bei den Schiffswerften, dessen Lärm ich gehört hatte. Wahrscheinlich lag der

Grund dafür in dem gleichen Gerücht. Aber mehr als ein Gerücht konnte es nicht sein. Es hatte keine öffentliche Bekanntmachung gegeben: Ich hätte heute morgen im Tempel bestimmt davon gehört.

»Ich habe überhaupt nichts gehört«, sagte ich, »und ich weiß nichts von einer Verbannung. Freunde, ich bezweifle, daß etwas Wahres an diesem Gerücht ist. Ich bin kein Spion. Ich verstehe nicht einmal koptisch.« Ich hielt inne und überlegte verzweifelt, was ich sonst noch sagen könnte.

Der fremde Mönch spuckte verächtlich aus und brüllte: »Alles Lügen!«

»Dann glaubt mir eben nicht!« fuhr ich ihn meinerseits wütend an und vergaß meine Geduld. »Es stimmt trotzdem. Und ich nehme an, daß die Brüder hier besser Bescheid wissen als du. Du bist ein Fremder hier, oder?«

Im ganzen Raum konnte man das Scharren vieler Füße vernehmen. Die Mönche sahen den Fremden an, sahen mich an und sahen sich gegenseitig an. Immer noch rührte sich keiner, um über mich herzufallen. Selbst wenn sie es täten, bezweifelte ich, daß sie mich töten würden. Die unvermeidliche Entdeckung, daß ich in Wirklichkeit eine Frau war, würde ihnen sofort Einhalt gebieten. Dieser Gedanke machte mich selbstsicherer. »Wo hast du von dieser Verbannung gehört?« fragte ich den Fremden und redete schnell in die Stille hinein, bevor er von neuem Verdächtigungen gegen mich vorbringen konnte. »In der Stadt ist nichts davon bekanntgegeben worden.«

»Sie haben den Nil hinunter Truppen in Bewegung gesetzt«, entgegnete der Fremde und bedachte mich mit einem feindseligen Blick. »Und die Soldaten sagen, daß sie in der Stadt für Ordnung sorgen sollen, weil man Aufstände erwartet. Aber das weißt du doch ganz genau, Sohn der Verdammnis. Ich bin den Nil heruntergekommen, um die Brüder vor diesen Ereignissen zu warnen – du siehst, ich habe keine Angst vor dir! Ich bin Archaph, ein Diener Gottes und des Erzbischofs, und ich werde ihnen bis zu meinem Tode dienen!«

»Und diese Brüder hier«, entgegnete ich ihm scharf, »stehen ebenfalls im Dienste Gottes und des Erzbischofs. Ihr Dienst besteht darin, sich um die Kranken zu kümmern, und davon scheinst du, Archaph, sie durch wilde Gerüchte über Truppenbewegungen abzuhalten. Meine Patientin ist schwer krank; sie ist sehr jung, hat große Schmerzen und ist ganz allein mit ihrem Säugling, um den sich niemand kümmert – und was ist mit den übrigen Kranken hier, während wir herumstehen und uns gegenseitig anbrüllen? Sie könnten sterben, und niemand ist mehr da, um ihnen beizustehen!«

Jetzt machten Markus und einige der übrigen Mönche einen besorgten Eindruck. Doch Archaph sagte: »Wenn es nach den Ketzern geht, werden sie alle sterben. Wenn wir alle wegen unseres Glaubens verfolgt werden und in das Gefängnis geworfen werden, dann sind sie alle dem Tode anheim gegeben. Schenkt dieser Kreatur kein Gehör, Brüder. Diesem spionierenden Zwitter mit seinen vergifteten Worten, die geeignet sind, Hader zwischen uns zu stiften. Jeder Patient eines Juden und eines Eunuchen muß ein Ketzer sein. Ihr solltet keine Patienten von solchen Leuten nehmen. Sie werden, genau wie Hunde, bloß die Hand beißen, die sie heilt.«

Er streckte seine ausgemergelten, alten Arme zum Himmel. An seinen Schultern und Oberarmen sah ich die weißen Narben von Peitschenhieben, und jetzt erst bemerkte ich auch die Schwielen, die von Fesseln um seine Handgelenke herrührten. Die anderen Mönche sahen sie ebenfalls, und ließen eine Art grollendes Knurren hören. »Denkt daran, wie Gregorios uns mit Dornen schlug!« brüllte Archaph. »Denkt daran, wie Georgos die Gläubigen folterte und auspeitschte! Denkt an die Listen des Präfekten Philagrios, die er aufgrund der Berichte seiner Spione zusammenstellte. Denkt an die Qualen, die er uns zufügte, als unser Herr Athanasios in der Verbannung war!«

Die Mönche dachten daran und begannen, sich auf mich zuzubewegen.

»Ich rufe den Erzbischof um Gerechtigkeit an«, schrie ich und hob meine Stimme, um das laute Getöse, mit dem die Pfleger Archaphs Worte begrüßt hatten, zu übertönen. Es gelang: Bei der Erwähnung ihres geliebten Athanasios verfielen sie in erneutes Schweigen. »Wenn ihr wirklich glaubt, daß ich ein Spion bin«, fuhr ich fort, »dann könnt ihr das ja seiner Heiligkeit erzählen und mich aus der Stadt jagen lassen. Aber in der Zwischenzeit wäre es ganz gut, wenn sich jemand um die Kranken kümmern würde.«

Einen Augenblick lang herrschte Schweigen. Sie beobachteten mich, ihre Augen funkelten in dem Licht der Lampen. »Das ist ein guter Gedanke«, erklärte Markus schließlich entschieden. »Laßt uns gehen und unserem Herrn, dem Erzbischof, einen Besuch abstatten. Er wird uns sagen, was wir tun sollen. Er wird uns sagen, ob dieses Gerücht wahr ist oder nicht. Und wir können ihn fragen, ob es rechtens ist, von Eunuchen und Juden Patienten zu nehmen.«

Sie schrieen durcheinander und spendeten Beifall und scharten sich plötzlich dicht um mich, als sei ich eine Beute, die sie in einem Krieg gefangengenommen hätten und im Triumph zu ihrem Anführer bringen wollten. Einige entzündeten Fackeln; Archaph und ein paar Fanatiker fingen an, Psalmen zu singen. Dann würde ich also jetzt gleich dem Bischof gegenüberstehen. Nun gut, er war wenigstens ein mächtiger Mann und außerdem sehr erfahren. Er sollte eigentlich weniger nervös sein als seine Gefolgsleute. Ich hielt es für ziemlich wahrscheinlich, daß er mich auf der

Stelle freilassen und seinen Gefolgsleuten sagen würde, sie sollten sich beruhigen. Ich hätte nur gerne eine Nachricht an Philon geschickt, um ihm berichten zu können, was passiert war. Ich fürchtete, wenn ich nicht bald zurückkam, würde er vielleicht versuchen, selbst zum Hospital zu gelangen. Aber für einen Juden würde es noch schlimmer sein als für einen Eunuchen. Es gab jedoch niemanden, dem ich eine Notiz hätte geben können, und so begnügte ich mich damit, den Mönchen zu empfehlen, sie sollten nach Möglichkeit jemanden dalassen, der sich um die Kranken kümmern könnte. Ein paar der Mönche erklärten sich dazu bereit, die übrigen machten sich auf den Weg, stießen mich dabei in ihre Mitte, schwenkten ihre Fackeln und sangen fromme Lieder.

Der bischöfliche Palast lag am Eunostoshafen im Westteil der Stadt, in der Nähe des Mondtores. Wir marschierten am Ufer entlang, an der großen Kirche des Athanasios vorbei, überquerten den Kanal, ließen die Kirche des Theonas hinter uns, und überall kamen Leute aus ihren Häusern gerannt, um sich den Mönchen anzuschließen. Das Gerücht von der bevorstehenden Verbannung des Erzbischofs hatte sich bereits durch die ganze Stadt verbreitet, und in der Luft lag drohend die Erwartung von Blut. Hafenarbeiter, Ladeninhaber, Bauern ohne Land, die von Gelegenheitsarbeiten lebten, sowie die öffentlichen Almosenempfänger scharten sich allesamt hinter uns, schwangen Knüppel und Messer, schlugen die Hände im Rhythmus der Psalmen, sangen und brüllten. »Danket dem Herrn, denn er ist freundlich!« sangen die Mönche, und die Leute riefen: »Und seine Güte währet ewiglich!«

»Es ist besser, sich dem Herrn anheimzugeben, als auf die Menschen zu bauen!«

»Denn seine Güte währet ewiglich!«

»Es ist besser, sich dem Herrn anheimzugeben, als auf die Könige dieser Welt zu bauen!«

»Denn seine Güte währet ewiglich!«

»Eine große Menge umzingelt mich, aber im Namen des Herrn werde ich sie vernichten!«

»Denn seine Güte währet ewiglich!«

»Sie umkreisen mich wie Bienen; aber sie werden gelöscht wie das Feuer im Dornbusch: Denn im Namen des Herrn werde ich sie vernichten! Der Herr ist meine Kraft und mein Gesang, und er ist meine Rettung!«

»Denn seine Güte währet ewiglich!«

Wir erreichten den bischöflichen Palast an der Spitze einer riesigen Menge. Der Pöbel tanzte am dunklen Ufer des Hafens entlang, unzählige Fackeln spiegelten sich in den Wellen. In ihrem Licht hob sich das äußerste Ende des Hafenbeckens, dort wo die Fischerboote auf den stinkenden Schlick des

Strandes heraufgezogen worden waren, gegen das dunkel schimmernde Wasser schwarzdrohend ab. Der Palast war viel kleiner als das Haus meines Vaters, und wenig an ihm deutete auf seinen Bewohner hin. Ich wäre einfach daran vorbeigelaufen, doch die Menge wußte, wer dort residierte. Die Menschen blieben unvermittelt davor stehen, ergossen sich über die niedrige Mauer, die die Straße vom Meer trennte, trampelten auf dem morastigen Strand herum, schlugen gegen die Außenwände der Fischerboote und sangen und psalmodierten.

Einige Männer in dunklen Umhängen – Mönche oder Priester – kamen an die Tür des Hauses und warfen einen Blick auf uns, dann gingen sie wieder in das Haus zurück. Einen Augenblick später erschien ein kleiner, schwarzgekleideter alter Mann in der Tür, blieb dort stehen, und die Menge schrie: »Athanasios! Athanasios! Athanasios!« Ich dachte, der Erdboden erzittere.

Der Erzbischof hob seine Hände empor, und das Volk war still. Einen Augenblick lang war es so ruhig, daß ich das prasselnde Geräusch der Fackeln und das leise Plätschern der Wellen im Hafen hören konnte. Ich vernahm den Seufzer, mit dem der Pöbel um mich herum den Atem anhielt, ja das Schlagen meines eigenen Herzens. Zwischen den Mönchen eingekeilt, wurde mir schwindelig. Es lag ein Gestank nach Hafenabwässern, ungewaschenen Körpern und Schweiß in der Luft.

»Geliebte Brüder«, rief der Erzbischof, »was bedeutet dieser Aufruhr?« Wieder entstand ein Schweigen, dann fingen viele Leute gleichzeitig zu schreien an. Der Erzbischof hob seine Hände von neuem und richtete einen fragenden Blick auf die Mönche des Hospitals.

Archaph sprang vor und warf sich vor dem Erzbischof nieder. »Heiliger Vater!« rief er aus. »Wir haben gehört, daß die Gottlosen die Absicht haben, dich von uns zu nehmen, und wir fürchten uns!«

Erzbischof Athanasios seufzte. »Fürchtet euch nicht«, rief er laut und deutlich. Er hatte eine außerordentlich mächtige Stimme für einen derart zierlichen, alten Körper, und er sprach keineswegs – wie viele alte Leute – undeutlich oder zögernd. Wenn man die Augen schloß, hätte man meinen können, da spräche ein junger Mann. »Ich habe dieses Gerücht ebenfalls vernommen, doch es ist falsch. Der ägyptische Heerführer hat seine Truppen aus Furcht vor Tumulten wegen der bevorstehenden Osterfesttage nach Alexandria marschieren lassen, mehr ist an der Angelegenheit nicht dran. Ich habe mich bei dem Heerführer erkundigt und habe zu meiner Zufriedenheit erfahren, es werde nichts passieren. Der Heerführer hat mir versichert, daß seine Truppen nichts unternehmen werden, es sei denn, das Volk zettele einen Aufruhr an. Deshalb, meine Brüder, bitte ich euch, nach Hause zu gehen und mir meine Nachtruhe zu gönnen. Tumulte wie dieser werden nichts anderes bewirken als ein Frohlocken unter den Gottlosen, die nur darauf warten, uns des Aufruhrs zu bezichtigen.« Die Menge brüllte: »Athanasios! Herr Ägyptens! Gütiger Nil!« Sie begann erneut zu singen, diesmal den Siegespsalm. Jemand klatschte erneut Beifall. Athanasios nickte ihnen zu, machte des Zeichen des Kreuzes und winkte sie mit einer segnenden Gebärde seiner Hände in die Nacht hinaus. Der größte Teil der Menge fing an, sich zu zerstreuen. Nur die Mönche, die mich bewachten, zögerten noch.

Der Erzbischof erleichterte ihnen ihren Entschluß. »Gibt es noch etwas, meine Brüder?« fragte er. »Archaph aus Thebais! Ich wußte nicht, daß du in Alexandria bist.«

Der Mönch sah ihn an, äußerst geschmeichelt, erkannt worden zu sein. »Wir haben diesen Eunuchen hier im Hospital ergriffen«, erzählte er dem Bischof. »Ich glaube, er ist ein Spion. Er möchte seine Patienten zwischen die Gläubigen schmuggeln.«

Athanasios sah mich an, und ich erwiderte seinen Blick. Er war klein, kleiner als ich, und das Alter hatte ihn leicht gebeugt. Er war ausgemergelt, hatte viele seiner Zähne verloren und war sehr einfach in dem grauen Gewand eines Asketen gekleidet. Er hatte einen Bart, weiß und dünn, sowie weiße Haare; seine Augen jedoch waren vollkommen klar. Es waren sehr große, dunkle Augen, wie die Augen eines Vogels, doch sehr ausdrucksvoll. Man spürte, daß ihr Blick tief unter die Oberfläche ging und bis ins Herz vordrang.

»Bist du Arzt?« fragte Athanasios mich.

»Ich bin Student, Eure Heiligkeit«, erwiderte ich. »Ich bin der Assistent von Philon, dem Juden. Wir haben eine Patientin, eine Christin, die wir gerne im Hospital untergebracht hätten, weil sie arm ist und ihr Mann die Stadt verlassen muß, um seinen Lebensunterhalt zu verdienen. Ich bin ihretwegen zum Hospital gegangen. Doch ich habe wohl einen schlechten Zeitpunkt gewählt.«

»Was kann schon gutes von einem Juden und einem Eunuchen kommen?« fragte Archaph heftig. »Sie sind Spione und wollen noch mehr Spione und Ketzer einschmuggeln, um uns zu beobachten!«

»Gibt es denn etwas, das sie ausspionieren könnten?« fragte Athanasios ihn und lächelte ein wenig. Dann zuckte er die Achseln. »Man kann derartige Angelegenheiten schwerlich zwischen Tür und Angel regeln. Kommt rein – du, Archaph, und du, Markus . . . und du, Eunuch. Der Rest von euch gehe zu seiner Arbeit zurück und bete für den Frieden. Die Stadt ist in diesem Frühjahr in Sorge und Angst und benötigt die Gebete aller gottesfürchtigen Menschen.«

Widerwillig zerstreuten sich die übrigen Mönche, und zusammen mit Archaph und Markus betrat ich den bischöflichen Palast.

Athanasios führte uns durch eine Eingangshalle und einen engen Hof in ein Empfangszimmer. Es war von mehreren Öllampen erhellt. In einer Ecke stand ein mit Büchern beladenes Schreibpult, in der anderen war ein Kohlenbecken aufgestellt worden. Der Raum hatte einen schachbrettartig gemusterten Fußboden ohne jede Mosaiken und war im übrigen völlig kahl.

Der Erzbischof ließ sich mühsam am Schreibpult nieder und drehte seinen Stuhl herum, um uns anzusehen. Hinter ihm standen mehrere Diakone und ein weiterer Mönch. Er bedeutete uns mit einer Geste, es uns bequem zu machen, doch niemand setzte sich. Alle blieben stehen und sahen ihn an. »Also«, meinte er, »ich bitte euch, Brüder, sagt mir, was ihr wollt. Ihr habt etwas dagegen, Patienten von einem jüdischen Arzt aufzunehmen, und ihr glaubt, dieser Eunuch spioniere euch nach?«

Archaph und Markus fingen beide gleichzeitig an zu sprechen, dann hielten sie beide inne. »Ich traue keinem Eunuchen, der behauptet, er sei Student der Medizin«, sagte Archaph schließlich. »Er gehört zu der Sorte Mensch, die den Luxus liebt, wie du selbst weißt, Heiligkeit. Und dieser hier ist ein Fremder, doch er hat sich mit einem Juden zusammengetan, obwohl er behauptet, Christ zu sein. Ich bin gerade erst in der Stadt angekommen, und ich weiß auch nicht mehr. Aber du weißt, heiliger Vater, wie sehr man uns haßt und wie viele Ränke unsere Feinde gegen uns schmieden.«

»Gott hat uns beschützt, und er wird uns weiterhin beschützen«, entgegnete Athanasios ruhig. »Ich glaube nicht, daß der Kaiser jetzt gegen uns vorgehen wird. Aber es stimmt, daß er Männer geschickt hat, die jene beobachten sollen, die mich — so wie ihr es tut — unterstützen. Markus, kennst du diesen Eunuchen?«

Markus zögerte. »Er ist der Assistent eines gewissen Philon, eines jüdischen Arztes. Wir haben im vergangenen Jahr auf seine Empfehlung hin mehrere Patienten aufgenommen. Manche sind gestorben, manche haben überlebt. Er und Philon besuchen sie mit großem Fleiß, obwohl sie sich kein Geld dafür erhoffen können. Wenn der eine kein Jude wäre und der andere kein Eunuch, dann würde ich in der Tat sagen, daß diese Ärzte alle beide tugendhafte Männer sind.«

»Hast du irgendeinen Grund für den Verdacht, daß die Patienten Spione gewesen sind?«

»Die Patienten? Nein, wirklich nicht, Heiligkeit. Es waren einfache Leute aus Alexandria. Arme Leute.«

»Keine Juden oder Eunuchen? So, so. Ich glaube nicht, daß es etwas schaden kann, Patienten, die der Teufel schickt, aufzunehmen, sofern sie Christen und auf Barmherzigkeit angewiesen sind. Mein Bruder Archaph ist äußerst eifrig und der Kirche treu ergeben, doch ich glaube, sein Eifer hat ihn hier wirklich ein wenig überwältigt, wie? Eunuch — wie ist dein Name? Bist du ein Christ?«

»Ja, Heiligkeit«, sagte ich und war sehr erleichtert. Wir hörten es jetzt aus dem Munde des Erzbischofs selbst, daß das Hospital unsere Patienten aufnehmen mußte. »Ich bin Chariton, Herr, aus Ephesus, ein nizäischer Christ.«

»Warum arbeitest du dann mit einem Juden zusammen?« Die klaren Vogelaugen sahen mich erneut durchdringend an. »Wie tugendhaft dein Meister auch immer sei, es überrascht mich, daß ein Eunuch aus Ephesus, ein Mann von Bildung und guter Erziehung sowie ein Student der Medizin, sich mit einem Juden aus Alexandria zusammentut. Das ist wie geschaffen dafür, Argwohn zu wecken bei Leuten wie Archaph, die Grund dazu haben, argwöhnisch zu sein.«

Ich lächelte und bewunderte insgeheim die Beobachtungsgabe des alten Mannes. Ich hatte nur ein paar Worte mit ihm gesprochen, und er hatte mich bereits als Mensch von vornehmer Abkunft erkannt. Dieser von Ischyras und Maia so sorgfältig anerzogene Akzent! »Als ich in Alexandria ankam, Eure Heiligkeit, habe ich mich bemüht, bei anderen Ärzten zu studieren, aber sie wollten nicht mit einem Eunuchen zusammenarbeiten. Mein Meister Philon ist ein sehr hochherziger Mann, Herr, ein wahrer Anhänger des Hippokrates, und ich bin sehr zufrieden mit der Ausbildung, die ich bei ihm erhalte.«

»Ein wahrer Anhänger des Hippokrates! Und das bedeutet dir mehr, als wenn er ein Anhänger Christi wäre! Ich vertraue darauf, daß sich seine Ausbildung auf die Medizin beschränkt und dein christlicher Glaube vor ihm sicher ist.«

Mir fiel so rasch keine Antwort darauf ein, und Athanasios beobachtete mich mit einem Ausdruck heimlichen Vergnügens. »Philon ist ein tugendhafter Mann«, sagte ich endlich. »Er würde seinen Glauben niemals jemandem aufdrängen. Und er hält sich immer und überall an den Eid des Hippokrates.«

»Ich bin froh, dies zu hören«, meinte Athanasios milde. »Was genau schwört ihr in jenem Eid? Niemanden auszuspionieren?«

»›Was auch immer ich entdecken mag, was ich nicht offenbaren sollte, ich werde es geheimhalten.‹ Ich glaube, dies schließt die Verpflichtung ein, nicht zu spionieren.«

»Und seine christlichen Patienten vertrauen ihm? Du sagtest, ihr hättet im Augenblick eine Patientin, die du gerne im Hospital unterbringen möchtest, war es nicht so?«

»Seine christlichen Patienten können ihm vertrauen, Eure Heiligkeit. Ja, da ist eine Frau mit Kindbettfieber. Sie hat niemanden, der sich um sie kümmert.«

Athanasios schwieg einen Augenblick. Er starrte mich bloß an, dann runzelte er plötzlich die Stirn. Archaph bemerkte es, wurde ganz aufgeregt und blickte mich von neuem mißtrauisch und feindselig an. Der Erzbischof bemerkte es. »Nein«, sagte er zu dem Mönch, »du hast unrecht, Bruder, er ist nicht unser Feind. Aber Gott hat mir soeben etwas offenbart. Junger Mann, ich muß einen Augenblick mit dir allein sprechen. Markus, Archaph, ich bitte euch, eure Angst und euren Zorn zu vergessen. Geht und kümmert euch barmherzig um die Patientin dieses jungen Mannes. Betet für uns, Brüder, so wie wir für euch beten werden.« Er segnete sie, und mit einem überraschten Blick auf ihn und einem Blick unverhüllter Neugier auf mich zogen sie ab. Athanasios nickte auch den Männern aus seinem Gefolge zu. »Laßt uns für einen Augenblick alleine«, befahl er ihnen. »Ich muß mit diesem Eunuchen unter vier Augen sprechen.«

Sie zogen sich zurück und starrten mich ohne große Verwunderung, jedoch einigermaßen neugierig an, so als seien göttliche Enthüllungen nichts Ungewöhnliches, ihre jeweilige Art jedoch ein Grund tiefen Nachdenkens. Ich fühlte mich äußerst unbehaglich. Mir waren die durchdringenden Augen des Erzbischofs unheimlich. Was mochte Gott ihm enthüllt haben? Ich zog es vor, Gott aus dem Spiel zu lassen. Bischof Athanasios war schon aus eigenen Gnaden überzeugend genug.

»So«, sagte er, als die anderen gegangen waren. »Wie lautet dein richtiger Name, junge Frau?«

»Was?« fragte ich ihn. »Ich verstehe nicht.«

Er machte eine ungeduldige Handbewegung. »Du verstehst sehr wohl. Chariton . . . vielleicht heißt du Charis? Warum hast du dich verkleidet und täuschst einen Eunuchen vor?«

Ich fühlte mich ein bißchen wacklig in den Knien, und mein Gaumen war ganz trocken. Ich wußte schon wieder nicht, was ich sagen sollte. Leugnen? Oder zugeben und ihn bitten, es niemandem zu erzählen?

»Du brauchst keine Angst zu haben«, meinte Athanasios. »Ich habe . . . auch so eine Art hippokratischen Eid geleistet. Was auch immer ich entdecken mag, was ich nicht offenbaren sollte, ich werde es geheimhalten.«

»Ja«, sagte ich und schluckte, »ich heiße Charis. Wie hast du es herausgefunden?«

»Gott hat es mir enthüllt.« Er beobachtete mich eindringlich. »Es war schon überraschend genug, einem gutgezogenen Eunuchen zu begegnen, der bei einem jüdischen Arzt Medizin studiert, aber es ist noch überra-

123

schender, eine junge, vornehm geborene Frau dahinter zu entdecken. Warum das Versteckspiel?«

Ich schluckte noch einmal. Offenbarte ihm Gott wirklich Dinge, oder waren es ganz einfach seine scharfen und vorurteilslosen Augen? »Ich wollte nicht verheiratet werden, und ich wollte Medizin studieren.«

Mir wurde später bewußt, daß dies vielleicht das Beste war, was ich in der Situation sagen konnte. Bischof Athanasios war ein Asket. Er betrachtete die Ehe als einen minderen Weg des Lebens. Vollkommenheit lag allein in Keuschheit und geistiger Disziplin. Oft hatte er alexandrinische Frauen gegen ihre Familien unterstützt, obwohl ihm dies beträchtliche Feindschaften eintrug. Aber daran hatte ich nicht gedacht, als ich ihm Rede und Antwort stand.

»Medizin«, meinte er mit einem eigenartigen kleinen Stirnrunzeln. »Nun gut, immerhin mag sie zu höheren Dingen führen . . . Weiß sonst noch jemand davon?«

»In Alexandria niemand«, entgegnete ich. »Mein Bruder hat mir geholfen.«

»Er hat dir geholfen, von deinen Eltern fortzulaufen, aber konnte dir zu keiner Stellung bei einem angesehenen Arzt verhelfen? Ich verstehe. Alle verdächtigen Umstände finden jetzt ihre Erklärung. Es ist ein Jammer, daß du zu einer solchen Maskerade gezwungen bist. Ich habe manchmal gedacht, daß man den Nonnen erlauben sollte, Medizin zu studieren – aber es hat überhaupt keinen Zweck, mit den Gelehrten des Museums darüber zu diskutieren. Gelegentlich geben sie zu, daß eine Frau vielleicht Philosophie studieren könnte, aber Naturwissenschaften: niemals. Obwohl ich manche Nonnen kennengelernt habe, die hervorragende Ärzte abgegeben hätten. Unter ihnen war eine . . . Nun ja, bist du wirklich eine nizäische Christin?«

»Eure Heiligkeit, ich verstehe nichts von Theologie. Ich verehre dich und werde das glauben, was du glaubst.«

»Du würdest nicht so sprechen, wenn ich dich zu medizinischen Angelegenheiten befragen würde. Du willst damit sagen, daß du nicht an Theologie interessiert bist, nicht wahr? Nun gut, vielleicht findest du später dahin. Was man über Gott denkt, liegt auf dem Grund aller Dinge. Dann studiere also die Kunst des Heilens, Charis von Ephesus. Ich danke dir, daß du ehrlich mit mir warst.«

Etwas hilflos stand ich da und errötete. Vor ein paar Augenblicken hatte ich mich noch wie ein Student der Heilkunst gefühlt; jetzt fühlte ich mich wie ein törichtes kleines Mädchen. »Du wirst es doch niemandem erzählen?« fragte ich ungeschickt.

Er lachte. »Warum sollte ich? Ich finde nicht, daß du irgend etwas

Schlechtes tust. Die Anmaßung der Welt und der Ehrgeiz der Männer zwingen Mädchen dazu, zu heiraten, auch wenn sie es selbst gar nicht wollen. Und die Heilkunst ist eine edle Kunst, die unser Herr Jesus Christus selbst ausübte. Es gibt heutzutage zu wenig Ärzte, die ihren Eid ernst nehmen. Aber vielleicht werde ich dich eines Tages um Hilfe bitten, Charis.«

Unsere Blicke begegneten sich. Der seine war ruhig, prüfend. Nein, das war nicht als Drohung oder Erpressung gemeint. Aber er wußte, daß er jetzt Macht über mich hatte: Weil er als einziger wußte, wer ich war, wußte er auch, daß er mir vertrauen konnte. Mein Schicksal lag in seiner Hand.

Ich verbeugte mich sehr tief. »Wenn Eure Heiligkeit jemals Hilfe von mir wünscht, dann weißt du, daß ich dein Diener bin.«

Athanasios lachte erneut. »Ja, das weiß ich, nicht wahr? Der Segen Gottes möge auf dir ruhen, meine Tochter.« Er machte das Zeichen des Kreuzes, dann fügte er hinzu: »Ich werde einen meiner Priester bitten, dich zum Hospital zurückzubegleiten. In der Stadt herrscht Aufruhr heute nacht, und selbst als Eunuch würdest du Ärger haben.«

Als ich wieder im Hospital war, fand ich dort Philon vor, der sich um unsere Patientin kümmerte. Die Mönche, sogar Archaph, betrachteten mich, die Ursache einer göttlichen Offenbarung, mit beträchtlicher Hochachtung, und diese Hochachtung schien sich sogar auf Philon zu erstrecken. Er war sehr erleichtert, mich zu sehen, zunächst jedoch erörterte er ausschließlich die Probleme unserer Patientin. Um das Fieber zu senken, hatte er ihr eine kleine Dosis gefleckten Schierling gegeben, dazu ein wenig Enzianwurzel, damit sie nicht mehr so stark blutete, und jetzt schlief sie. Für den Säugling hatte er eine Amme gefunden, doch Philon wollte, daß das Kind möglichst bald zur Mutter zurückgebracht wurde, damit sie es zumindest einmal am Tag stillen konnte. Andernfalls bestand die Gefahr, daß sie zu ihrem Kindbettfieber auch noch eine Brustdrüsenentzündung bekam. Die Mönche waren allesamt sehr freundlich und hilfsbereit, und bald konnten wir das Hospital verlassen und uns auf den Heimweg machen.

»Dem Himmel sei Dank, daß dir nichts passiert ist«, sagte Philon, als wir endlich allein waren. »In der Hafengegend war ein großes Geschrei, und der Mann jener Frau kam und berichtete, der Erzbischof solle erneut verbannt werden und die ganze Stadt sei in Aufruhr. Ich schickte ihn hinter dir her, damit du dich vom Hospital fernhieltest. Ich wußte, daß es Ärger mit diesen Mönchen geben würde. Doch es war bereits zu spät. Sie haben dich also zum Erzbischof geschleppt.«

Ich nickte. »Er versicherte ihnen, an dem Gerücht sei nichts dran und sie seien verpflichtet, unsere Patientin zu nehmen.«

»Chariton, du bist ein erstaunlicher Mensch«, erklärte Philon feierlich.

»Jeder andere wäre unweigerlich gelyncht worden . . . Die Mönche haben
mir erzählt, der Erzbischof habe allein mit dir sprechen wollen?«
Ich nickte. Philon sah mich einen Augenblick lang prüfend an, doch ich
erwiderte seinen Blick nicht. »Und was passierte dabei?« fragte er schließlich.
»Ich glaube, er würde einen besseren Kaiser abgeben als der Augustus
Valens«, sagte ich. »Er würde keine Menschen foltern. Er hätte das nicht
nötig.«
Philon blieb stehen und ergriff meinen Arm. »Chariton«, sagte er, »er wird
doch nicht . . . Ich weiß, daß du nichts Schlechtes getan hast, aber ich weiß
auch, daß es da ein paar Dinge gibt, die du mir verheimlicht hast. Es ist
ganz offensichtlich – ein Eunuch aus einer reichen Familie taucht nicht
plötzlich völlig mittellos in einer Stadt wie Alexandria auf, ohne daß auch
nur das geringste wegen seines Studiums vereinbart worden wäre. Es sei
denn, es ist etwas schiefgegangen. Was auch immer für Geheimnisse du
hast . . . Der Erzbischof kann sie doch nicht gegen dich benutzen, nicht
wahr?«
Ich war gerührt über seine Besorgnis. »Ich glaube nicht, daß er das tun
wird«, erwiderte ich. »Aber davon einmal abgesehen, glaube ich nicht, daß
er es überhaupt nötig hätte.«
Philon sah mich eindringlich an. Ich lächelte ihn an; er lächelte zurück und
ließ meinen Arm los. Wir setzten unseren Weg fort.

7

A ber was ist der Erzbischof wirklich für ein Mann?« fragte Theogenes
mich immer wieder. Es war der Abend nach dem Sabbat, und wir
saßen zusammen mit ein paar anderen Medizinstudenten in der Taverne
des Kallias. Anfangs hatte ich gar nichts über meine Begegnung mit
Athanasios erzählt, aber Theogenes hatte am Abend zuvor die ganze
Geschichte bei Philon zu Hause gehört, und seitdem fragten mir alle ein
Loch in den Bauch.
»Wie soll ich das denn wissen? Ich habe ihn ganze zehn Minuten gesehen«,
entgegnete ich gereizt. »Er machte einen sehr intelligenten und sehr
scharfsichtigen Eindruck auf mich, aber mehr kann ich auch nicht sagen.«
»Aber wie konnte er diese persönliche Angelegenheit über dich herausfin-
den, wenn du nicht einmal uns sagen willst, um was es sich dabei handelt?«
wollte Nikias wissen.
»Ich weiß auch nicht, wie er darauf gekommen ist. Vielleicht hat Gott es

ihm wirklich offenbart. Vielleicht hatte er ja auch nur Glück bei einer Vermutung.«

»Die Leute behaupten, er sei ein Zauberer«, meinte Nikias zweifelnd. Als Heide neigte er dazu, über göttliche Offenbarungen von Christen zu spotten, er glaubte ebensosehr an die magischen Kräfte des Menschen wie Äskulaps wundersame Heilkraft.

»Das ist Unsinn«, sagte ich entschieden. »Beschuldigungen wegen Zauberei sind meistens nichts als schmutzige Verleumdung. Und ich glaube, die Geistlichkeit gehört so ungefähr zu der einzigen Kategorie von Ägyptern, die nie etwas dergleichen praktiziert hat.«

»Aber Athanasios kann die Zukunft vorhersagen«, behauptete Nikias ganz ernsthaft. »Einmal wurde er in seiner Sänfte die Somastraße hinuntergetragen, als er an die Kreuzung kam, an der er zum Tempel abbiegen mußte. Auf der geweihten Säule dort hatte sich eine Krähe niedergelassen, und eine große Menschenmenge erörterte lebhaft diskutierend, was das zu bedeuten habe. Athanasios ließ anhalten und erklärte der Menge, die Krähe sage ›cras‹, das ist wohl ein lateinisches Wort . . .«

»Es heißt ›morgen‹«, half ich aus. »Aber zeig mir doch eine Krähe, die nicht so etwas sagt!«

»Aber *diese* Krähe saß auf der geweihten Säule der Serapis! Und Athanasios erklärte, es bedeute, am nächsten Tag werde die zu Ehren jener Göttin vorgesehene Prozession abgesagt werden. Und genau dies geschah. Am nächsten Tag veröffentlichte der Präfekt einen Erlaß, der heidnische Prozessionen für ungesetzlich erklärte.«

Ich dachte an den amüsierten Ausdruck in Athanasios' Augen und lachte. »Wahrscheinlich hat er sich nur einen Scherz erlaubt«, sagte ich zu Nikias. »Vielleicht hat er von jemandem aus dem Amt des Präfekten von der Absage der Prozession erfahren.« Mein Weinbecher war leer, deshalb füllte ich ihn aus der Karaffe, die zum Mischen auf dem Tisch stand, nach.

»Du glaubst immer, mehr zu wissen als alle anderen«, meinte Nikias ärgerlich.

»Ach, um Himmelswillen! Da gibt es eine ganz natürliche Erklärung für deine kleine Geschichte, und du mußt unbedingt Zauberei und irgendwelche Omen und was weiß ich nicht alles ins Spiel bringen. Ich glaube, Athanasios hat sich nur über Leute wie dich lustig gemacht. Das sähe ihm sehr ähnlich.«

»Du hast so viele Vorurteile gegen Wunder, daß du nie eines zugeben würdest, selbst wenn es dir zustieße!« gab Nikias giftig zurück. »Jedesmal, wenn ich dir von einer wunderbaren Heilung erzähle, die von dem großen Gott Äskulap bewirkt worden ist, behauptest du entweder, sie sei gar nicht erfolgt, oder aber, sie habe eine natürliche Ursache, und jetzt . . .«

»Das behaupte ich nach wie vor!« erwiderte ich hitzig. »Hippokrates sagt, Krankheiten hätten natürliche Ursachen, und nichts geschehe ohne eine natürliche Ursache. Und dein großer Gott Äskulap war ganz einfach ein Mensch; Homer hat nicht so von ihm gesprochen, als sei er ein Gott. Und er mußte es eigentlich wissen. Äskulap war auch nicht göttlicher als . . . als Hadrians kleiner Freund Antinoos, der durch ein Dekret des römischen Senats zum Gott erhoben wurde!«

Nikias wurde rot und wollte aufspringen. Theogenes ergriff seinen Arm. »Beruhige dich doch«, sagte er. »Chariton ist aufgrund der ganzen Ereignisse einfach ein wenig außer sich. Du zahlst für den Wein, Chariton: Du weißt ja, es ist gegen die Regeln, über Religion zu sprechen.«

Jetzt wurde auch ich rot und schnippte einige Kupfermünzen auf die Tischplatte. »Es tut mir leid, Nikias«, sagte ich. »Ich bekenne mich schuldig. Du hängst deiner Vorstellung von Göttlichkeit an und ich der meinen.« Nikias nickte ziemlich gezwungen. Ich stand auf. »Ich muß nach Hause; ich muß noch einige Arzneimittel zubereiten«, erklärte ich den übrigen und machte mich daran, rauszugehen. Theogenes sprang ebenfalls auf. »Ich gehe mit, Chariton«, rief er. »Ich begleite dich noch bis zum Broucheionviertel.«

Unterwegs gestand er mir, daß er wegen Theophila an seinen Vater in Antiochia geschrieben hatte und nun sehnlichst auf Antwort wartete.

Theogenes erhielt den Brief seines Vaters im Mai; er zeigte ihn mir. Er drückte sich zurückhaltend aus, mißbilligte die Ehe, schloß seinen Brief jedoch mit den Sätzen: »Wenn du glaubst, du müßtest dieses Mädchen heiraten, dann mußt du es eben. Laß es mich wissen, und ich werde ihrem Vater in dieser Angelegenheit schreiben.«

Theogenes war voller stürmischer Begeisterung. Er zerrte mich mitten aus einer Vormittagsvorlesung heraus, um es mir zu erzählen. Zum Abendessen tauchte er bei Philon auf und brachte eine Halskette aus Bernstein als Geschenk für Theophila mit. Strahlend bat er darum, mit Philon sprechen zu dürfen. Sie zogen sich für kurze Zeit in das Schlafzimmer des Hausherrn zurück und kamen dann lächelnd wieder herunter. Philon rief die gesamte Familie in das Wohnzimmer, dann ergriff er Theophilas Hand und legte sie in diejenige von Theogenes.

»Meine Liebste«, sagte er zu ihr, »Theogenes hat mich um die Erlaubnis gefragt, dich heiraten zu dürfen, und ich habe mein Einverständnis zu dieser Verbindung gegeben.«

Theophila wurde feuerrot. Sie sah Philon strahlend an, dann blickte sie glühend vor Glück zu Theogenes auf. Auch er strahlte, dann küßte er sie. Natürlich dauerte es einige Zeit, die Einzelheiten der Verlobung vorzubereiten. Theogenes schrieb seinem Vater, und sein Vater schrieb ihm und Philon zurück. Philon setzte einen Vertrag auf, und Deborah (von Freude überwältigt, ihre Tochter so gut versorgt zu wissen) rackerte sich ab, die Brautausstattung zu weben und zu nähen. Doch schließlich wurde ein Termin festgesetzt: der Neumond vor dem Fastentag der Esther, eine günstige Zeit – frühes Frühjahr. »Es ist noch so lange hin«, seufzte Theogenes. »Aber wenigstens weiß ich, daß ich auf etwas warten kann.« Und er machte sich wieder an das Studium der Heilkunst. »Schließlich«, meinte er, »werde ich bald eine Frau ernähren müssen!«

8

In jenem Frühjahr gab es immer noch keinen Aufruhr, noch nicht einmal zu Ostern, als der ägyptische Heerführer zur Kathedrale marschierte und die Hälfte seiner Truppen vor ihr Aufstellung nehmen ließ, um die Ordnung aufrechtzuerhalten. Auch ich gehörte zu den Besuchern jenes Gottesdienstes. Ich hatte damit angefangen, möglichst oft in die Kathedrale zu gehen, um zu hören, was Athanasios zu sagen hatte. Zum erstenmal verstand ich, warum die Mönche solche Angst hatten. Jene Truppen waren bewaffnet und gepanzert aufgezogen, um gegen die Ansammlung von Gläubigen vorzugehen, falls es irgendwelchen Ärger geben sollte. Auch früher schon waren anläßlich von Unruhen Menschen von ihnen getötet worden. Seit Athanasios den bischöflichen Thron bestiegen hatte, hatte es mehrmals Episoden von Gewalt gegeben. Als junger Mann war Athanasios gewiß ein Hitzkopf gewesen. Inzwischen war er zwar weit davon entfernt, doch die Behörden sahen immer noch einen Feind in ihm. An jenem Ostertag predigte er über den Frieden, und er sprach so eindringlich und leidenschaftlich auf die versammelten Gläubigen ein, daß diese drauf und dran waren, die wartenden Soldaten – die nicht wußten, was sie davon halten sollten – zu umarmen, als sie aus der Kathedrale kamen. Er predigte eine Menge über den Frieden, aber auch über den Kampf, über die Notwendigkeit, Mut und Entschlossenheit zu zeigen; man spürte deutlich, daß er ebenfalls Unruhen erwartete.

Ich kaufte auch die theologische Abhandlung des Erzbischofs *Über die Menschwerdung des Wortes* und las darin, wenn ich nicht allzuviel zu tun hatte. Die meiste Zeit hatte ich zu tun, deshalb kam ich nur langsam voran. »Das Leben ist kurz, und die Kunst des Heilens ist lang« – ich glaube, daß dieser Aphorismus des Hippokrates in Wirklichkeit auf die lange Zeit anspielt, die eine Arznei unter Umständen benötigt, um eine Wirkung zu erzielen, aber er schien mir ebensogut zu der langen Zeit zu passen, die man braucht, um etwas zu lernen. Ein Arzt muß die Symptome all der verschiedenen Krankheiten kennen, und er muß wissen, wann er die einzelnen Heilmittel anwenden kann; er muß etwas über das Wasser und über die verschiedenen Wetterlagen wissen, die diese oder jene Krankheit mit sich bringen können, und wie man trotzdem am besten die öffentliche Gesundheit aufrechterhalten kann; er muß etwas von Anatomie und Chirurgie verstehen; er muß in der Lage sein, die verschiedenen medizinischen Kräuter zu identifizieren und Heilsäfte aus ihnen zuzubereiten, aber auch die richtige Dosis zu berechnen. Je mehr ich lernte, desto unwissender kam ich mir selbst vor, und schließlich wurde mir klar, daß auch die gelehrtesten Ärzte noch unwissend sind und sich untereinander nicht nur über die verschiedenen Theorien in die Haare kriegen, sondern auch über grundlegende Dinge uneins sind, über die es eigentlich leicht sein sollte, sich ein Urteil zu bilden: zum Beispiel über die Funktion der Leber oder wann es geboten ist, Kranke zur Ader zu lassen oder ihnen Nieswurz zu verabreichen. Und wie oft ist jegliche Kunst nutzlos, und der Arzt könnte seine Bücher und Arzneimittel ebensogut in den Abwasserkanal werfen!

»Können wir denn gar nichts tun?« fragte ich Philon eines Nachts im August, nachdem uns eine Patientin gestorben war und wir erschöpft nach Hause kamen. »Wir sind kaum besser als diese Quacksalber, die die Kranken mit Hilfe irgendwelcher Zauber und Beschwörungen zu heilen versuchen!«

»Nun, wir versuchen wenigstens, niemandem zu schaden, wenn wir ihm schon nicht nützen können«, entgegnete Philon. »Und wir versuchen, der Natur zu folgen und sie zu unterstützen. Und manchmal haben wir Erfolg. Aber es stimmt, es ist bisweilen schwer zu sagen, ob ein Patient aufgrund unserer Bemühungen überlebt hat oder ob er sowieso überlebt hätte. Obwohl mehr Menschen ohne Arzt sterben als mit Arzt, was man von Zauber und Beschwörungen nicht sagen kann.«

Ich versuchte zu lächeln, aber ich war zu niedergeschlagen. Die Patientin war eine junge Frau mit Darmfieber und einer Blaseninfektion gewesen. Sie war etwa in meinem Alter gewesen. Sie war offensichtlich robust, herzlich geliebt von ihrem Mann und ihrer Familie, hatte einen ebengeborenen Säugling, der nach ihr verlangte. Und doch hatte sie gelitten und war gestorben. »Wir wissen gar nichts«, meinte ich bitter.

»Nein«, widersprach Philon. »Wir wissen wenig. Es ist ein großer Unterschied, ob man nichts oder ein wenig weiß. Wenn man ein wenig weiß, dann braucht man wenigstens keine wilden Vermutungen anzustellen und magische Mächte anzurufen. Wir befinden uns nach wie vor in der Hand Gottes, aber wir wissen etwas über unsere Grenzen.«

»Heute abend habe ich den Eindruck, die Wände meines Hauses sollten meine Grenzen bilden. Was nützt es denn, die Heilkunst zu studieren, wenn man trotz des ganzen Studiums niemandem helfen kann?«
»Wir können helfen. Wir können nur keine Heilung versprechen.« Philon seufzte und wechselte das Thema. »Wann willst du deine Prüfung ablegen, Chariton? Oder bist du nicht daran interessiert?«
Das riß mich aus meiner gedrückten Stimmung. »Was willst du damit sagen? Ich habe gerade erst angefangen, die Heilkunst zu studieren.«
»Es ist jetzt, warte mal, fast zweieinhalb Jahre her, daß du dich mir angeschlossen hast. Es ist richtig, das ist nicht lange. Aber du hast dich darauf gestürzt wie ein ausgehungerter Landarbeiter auf einen Fest-schmaus, und du hast ein ausgezeichnetes Gedächtnis. Du könntest dein Examen schon morgen bestehen. Schau nicht so beunruhigt: Niemand erwartet von dir, daß du in der Prüfung jemanden *heilst*. Du stehst lediglich einem Ausschuß gegenüber, der dir Fragen über die medizin-ischen Schriftsteller sowie über verschiedene Behandlungsmethoden und Krankheiten stellt. Du weißt jetzt alles, worauf man sich in der Heilkunst einigen kann, und sie können dich nicht in umstrittenen Theorien oder praktischen Erfahrungen prüfen. Sie können dir da oben im Tempel nicht mehr viel beibringen. Du bist bereits berüchtigt dafür, Schwachpunkte in den Theorien anderer zu entdecken, und neulich erzählte mir Adamantios, wenn du so weitermachtest, würden bald alle denken, daß niemand etwas weiß, und das wäre nun wirklich eine schöne Verschwendung von Gelehr-samkeit. Obwohl er es gerne sähe, wenn du in Alexandria bleibst: Er sagt, deine Gesellschaft sei sehr anregend.« Ich lachte. Wenn ein Alexandriner sagt, die Gesellschaft von jemandem sei »anregend«, dann bedeutet dies, daß er die ganze Zeit über mit ihm streitet.
Philon lächelte und verstand meinen Ausbruch von Heiterkeit, fuhr jedoch ernsthaft fort. »Du solltest ihnen keine weiteren Gebühren zahlen – oder, da wir gerade davon sprechen, mir noch irgendwelche Gebühren zahlen.«
Wir machten wieder einige Schritte, dann fügte er leise hinzu: »Obwohl es mir sehr leid tun würde, dich zu verlieren.«
»Ohne dich würde ich mir ganz verloren vorkommen«, entgegnete ich. »Ich habe keinerlei Erfahrung. Ich hätte Angst davor, irgend etwas zu tun, wenn ich mich vorher nicht mit dir darüber beraten könnte. Ich könnte jemanden umbringen.«
Philon lachte. »Das stimmt nicht. Du hast schon ein paar Leute auf eigenes Risiko behandelt. Und jeder Arzt kann jemanden umbringen, wenn er eine falsche Dosis berechnet. Obwohl . . .« er hielt erneut inne, dann blieb er mitten auf der Straße stehen, sah mich an und zog an seiner Unterlippe. Schließlich zuckte er die Achseln. »Nun gut, ich überlasse es dir: Du sollst

selbst entscheiden, ob du fortgehst. Vielleicht solltest du tatsächlich fortgehen. Du bist sehr begabt und hast wahrscheinlich eine glänzende Karriere
vor dir. Und ich möchte dich nicht zurückhalten. Aber wenn du wenigstens
für ein paar weitere Jahre bei mir bleiben möchtest, und zwar als Partner,
dann würde ich mich sehr darüber freuen.«
Ich war von Philons Angebot verwirrt und überwältigt. »Du solltest nicht
solche Dinge sagen«, meinte ich schließlich. »Du bist ein geschickter und
erfahrener Arzt, einer der besten in Alexandria, und ich bin ein unwissender Student, der dir gegenüber niemals vollkommen ehrlich gewesen ist.
Ich habe nicht die Absicht, mich der Prüfung zu unterziehen, ehe ich nicht
ein bißchen mehr über die Heilkunst weiß.«
»Ich möchte dich nicht enttäuschen«, sagte Philon lächelnd, »aber außer
praktischer Erfahrung bleibt nicht mehr viel übrig, was man dir beibringen
könnte.« Er ging weiter. »Denk einmal nach über mein Angebot.«
Als wir zu Hause ankamen, fanden wir Deborah und die Sklaven in heller
Aufregung vor. Theophila lugte von der Treppe aus nach unten: Dort saß
ein Fremder und klopfte mit seinen Fingern ungeduldig auf die Tischplatte;
diese Geste lenkte die Aufmerksamkeit als erstes auf seine amtlich aussehenden Siegelringe. Er machte einen etwas jüngeren Eindruck als Philon,
war glattrasiert und dunkelhaarig. Er war elegant gekleidet, trug eine gelbe
Tunika mit einem schönen orangefarbenen Umhang darüber. Als wir
hereinkamen, sprang er auf. »Chariton aus Ephesus?« fragte er und sah
mich an. Er sprach einen gebildeten alexandrinischen Akzent, in seinem
sorgfältig modulierten Tonfall schlug jedoch ganz leicht der singende
Rhythmus der Ägypter durch.
»Ja«, erwiderte ich, und meine Stimme klang zweifellos nervös. Ich konnte
mir keinen Reim auf diesen plötzlichen Überfall eines Beamten machen, es
sei denn, Festinus war mir auf die Spur gekommen. »Worum geht es?«
»Ich bin Theophilos, ein Dekan der alexandrinischen Kirche. Unser Vater,
der fromme Athanasios, wünscht dich auf der Stelle zu sehen«, antwortete
der Fremde. »Komm bitte mit mir. Und beeil dich.«
»Was möchte der Erzbischof von ihm?« wollte Philon wissen und sah
ängstlich, aber auch verärgert aus. »Welches Recht hat der Erzbischof, ihn
zu sich zu befehlen? Er hat den ganzen Tag lang hart gearbeitet, und er
ist . . .«
Der andere schlug mit der Hand auf den Tisch. »Sei still! Seine Heiligkeit
ist krank; wir nehmen jeden Arzt, den er bereit ist, zu sich zu lassen, und
diesen Eunuchen will er zu sich lassen, ihn und niemand anderen. Komm
jetzt. Und was dich anbetrifft, Jude, diese Neuigkeiten sind nicht dafür da,
in der Stadt verbreitet zu werden. Wir wollen keinen Ärger, und wenn es
bekannt wird, daß der Erzbischof krank ist, gibt es Blutvergießen.«

Während alle vor Erstaunen den Mund aufrissen, ergriff ich meine Arzttasche. Theophilos bedeutete mir ungeduldig, ihm zu folgen, und eilte hinaus. Ich sah mich nach Philon und seiner Familie um, wie sie mit gesenkten Köpfen im Eßzimmer standen, dann winkte ich ihnen zu und eilte dem Kirchenbeamten nach. O gütiger Herrgott, dachte ich, als ich die Straße hinunterlief, werde ich meine Karriere als der Arzt beginnen, der den Erzbischof von Alexandria umbrachte?

Athanasios hatte eine Lungenentzündung. Er litt bereits seit mehreren Tagen daran, hatte die Neuigkeit jedoch aus Furcht, es könne einen Aufruhr geben, unterdrückt. Inzwischen war er bereits sehr schwach, geistig jedoch noch völlig klar. Aber sein Blick war verschleiert und matt, seine Nase stach scharf hervor, Augen und Schläfen waren eingesunken, die Haut sehr trocken – alles äußerst schlechte Zeichen. Als er mich sah, lächelte er jedoch. In seinen Lungen hatte sich eine Menge Blut angesammelt, und er mußte sich sehr anstrengen, um überhaupt atmen zu können; er konnte nicht sprechen.

Er lag in dem riesigen, unpersönlichen Schlafzimmer in seinem großen, von einem Baldachin überdachten Bett, seine kraftlose, eingesunkene Gestalt sah aus wie eine zwischen all dem Glanz zufällig zurückgelassene Puppe. Er war von einem Haufen Menschen umgeben – Mönche, Priester, Dekane, einige Nonnen, sämtliche Sklaven des bischöflichen Palastes, ein oder zwei Bischöfe aus anderen Gegenden Ägyptens. Einige saßen in irgendeiner Ecke des Schlafzimmers, beteten und wehklagten, andere beugten sich über den Erzbischof und stritten darüber, wie man ihm helfen könne, falls sie ihm nicht gar zusetzten, diese oder jene Kirchenangelegenheit zu regeln. Die meisten von ihnen komplimentierte ich auf der Stelle aus dem Raum. Dann bat ich die übrigen energisch, die Fenster zu schließen und einige Kohlepfannen und Wasser zu holen, um den Raum mit Dampf zu füllen. Ich besorgte mir ein paar Schröpfköpfe und setzte sie auf Athanasios' Brust, um den Schleim zu lösen. Außerdem gab ich ihm Sauerhonig und etwas weißen Andorn mit Iriswurzeln, die gut für die Lunge sind. Er fing zu husten an und produzierte einen Haufen wäßrigen Schleims. Dann wurde ihm übel, und er erbrach etwas von dem Sauerhonig sowie ein wenig grüne Gallenflüssigkeit; dann hustete er noch stärker. Sein Fieber stieg, und sein Puls wurde unregelmäßig, doch ich hatte den Eindruck, als fiele ihm das Atmen etwas leichter, und so fuhr ich mit dem Dampf fort, hörte aber mit dem Schröpfen auf. Die Pfleger wollten mich dazu überreden, ihn zur Ader zu lassen oder ihm Abführmittel zu geben, aber es führt zu gar nichts, alte oder erschöpfte Leute zur Ader zu lassen. Das Zur-Ader-Lassen ist gut für Leute mittleren Alters, vor allem für Choleriker, und Blutegel an den Schläfen mögen gut sein gegen Kopfschmerzen. Andererseits glaube ich, daß man Leute hauptsächlich deshalb zur Ader läßt, um bei Laien den Eindruck zu erwecken, daß der Arzt aktiv ist. Und Abführmittel helfen keinem Menschen, leichter zu atmen.

Nachdem er ziemlich stark gehustet hatte, schlief Athanasios erschöpft ein. Seine Gliedmaßen blieben warm: ein gutes Zeichen. Er war ein kräftiger Mann, aber er war in äußerst schlechter Verfassung: alt und aufgrund jahrelanger Askese ausgemergelt. Sobald seine Gefolgsleute sahen, daß er schlief, bekamen sie es mit der Angst zu tun, er könne sterben, ohne einen Nachfolger zu benennen. Diejenigen, die ich hinausgeworfen hatte, kamen wieder herein und wollten ihn aufwecken und veranlassen, dies auf der Stelle zu tun. Aber ich sagte ihnen, er werde sich sehr wahrscheinlich erholen, vor allem, wenn sie ihn endlich alleine ließen, und ich warf sie erneut hinaus. Diesmal wies ich alle hinaus, so daß keiner beleidigt sein konnte. Dann ließ ich mich nieder, um den kranken Mann zu beobachten.

Sobald ich mit meinem Patienten alleine war, begannen meine Hände zu zittern, und ich mußte mich hinsetzen und mühsam um meine Selbstbeherrschung ringen. Es war ein leichtes gewesen, Selbstvertrauen auszustrahlen, solange ich wirklich etwas tat. Ein Arzt gewöhnt sich allmählich daran, so zu tun, als wisse er mehr, als er in Wirklichkeit weiß; er muß dies ganz einfach tun, um seine Patienten zuversichtlich zu stimmen. Und man ist zumindest immer ein wenig von dem überzeugt, was man tut. Aber jetzt, auf mich allein gestellt, hatte ich Angst. Ich war noch nicht einmal zwanzig, noch nicht fertig ausgebildet, und hier saß ich nun, war verantwortlich für die Behandlung des mächtigsten Mannes der Stadt, nur weil er mein Geheimnis kannte und deshalb glaubte, er könne mir vertrauen. Was passiert, wenn er stirbt? fragte ich mich und preßte meine Hände zusammen, um sie am Zittern zu hindern.

Nun gut, dachte ich, Menschen sterben nun einmal. »Das Leben des vom Weibe geborenen Menschen währt nur kurze Zeit und ist voller Mühsal; er blüht wie eine Blume und wird niedergemäht. Seine Tage sind gezählt, und die Anzahl seiner Monate liegt bei Gott«, wie Timon gesagt hatte. Aber Athanasios' Lungenentzündung war nicht so schlimm wie diejenige Timons, dachte ich, und er hat keine Brustfellentzündung. Er hat eine Chance. Er ist jetzt sowieso mein Patient, und ich muß ganz einfach mein Bestes für ihn geben, so wie ich es für jeden anderen auch tun würde. Selbst die Mönche können mich kaum bestrafen deswegen.

Ich stand auf und prüfte das kochende Wasser über den Kohlenpfannen.

Der Erzbischof schlief den größten Teil der Nacht, tief und ohne sich allzu unruhig hin und her zu wälzen. Anfangs ging sein Atem entsetzlich rasselnd, dann beruhigte er sich ein wenig. Schließlich wachte er auf und flüsterte etwas wie, er sei durstig; sein Fieber war stark gestiegen. Ich gab ihm ein wenig Honigwasser mit einer geringen Dosis gefleckten Schierlings darin – eine sehr geringe Dosis, da ich den Husten, der die Lungen säuberte, nicht unterdrücken wollte. Er reagierte sehr gut darauf: Das Fieber ging herunter, und sein Puls beruhigte sich. Gelegentlich hustete er noch, aber es war ein guter, ergiebiger Husten. Aufgestützt auf mehrere Kissen schlief er wieder ein, und sein Atem ging jetzt eher pfeifend als rasselnd. War die Krise bereits vorbei? Es war zu früh, um es endgültig sagen zu können. Aber im Augenblick konnte ich nichts mehr tun. Ich zog mir eine Ruhebank heran, so daß ich sofort hören konnte, wenn sich der Rhythmus seines Atems veränderte, und legte mich hin, um ein wenig zu schlafen.

Am Morgen wachte ich auf und merkte, wie Athanasios mich beobachtete. Das Licht drang durch die Ritzen der Fensterläden, und die Kohlenpfannen waren ausgegangen.

Ich setzte mich auf. Der Arm, auf den ich meinen Kopf gebettet hatte, war eingeschlafen, und meine Zunge fühlte sich pelzig an. »Heiligkeit«, sagte ich, »wie fühlst du dich jetzt?«

Er setzte zu einer Antwort an, dann hustete er. Ich stand auf und stützte sein Kreuz, dann wischte ich sein Gesicht ab und bettete ihn in die Kissen zurück. Er sah erschöpft aus, aber nicht so schmerzgepeinigt und ausgezehrt wie am Tag zuvor. Das Fieber war gesunken.

»Versuche nicht zu sprechen«, wies ich ihn an. »Nicke ganz einfach. Möchtest du etwas essen? Vielleicht ein wenig klare Brühe?«

Er nickte, und ich ging zur Tür und entriegelte sie. Sein ganzes Gefolge schien draußen auf dem Flur zu sitzen, sogar die übrigen Bischöfe. »Es geht ihm sehr viel besser«, berichtete ich ihnen. »Kann jemand etwas klare Brühe besorgen?«

Verschiedene Mönche begannen, einen Lobgesang anzustimmen. Einige mehr praktisch gesinnte Seelen eilten, um die klare Brühe zu holen. Die Priester und Dekane unternahmen eine gemeinsame Anstrengung, hereinzukommen, aber ich ließ es nicht zu. »Sein Zustand ist immer noch heikel«, sagte ich mit großer Entschiedenheit. »Ich darf nicht zulassen, daß er sich aufregt, sonst könnte das Fieber wieder steigen. Ihr könnt ihn nach dem Mittagessen sehen.«

Die klare Brühe kam und wurde wie eine heilige Reliquie durch die Menge gereicht. Ich nahm sie entgegen, ging in das Zimmer zurück und verriegelte die Tür erneut. Athanasios beobachtete mich immer noch mit seinem gewohnten Ausdruck heimlicher Belustigung. »Na also«, flüsterte er, »da kann man einmal sehen, daß Frauen ausgezeichnete Ärzte abgeben.«

Ich lachte und setzte mich auf meine Ruhebank. »Du darfst dich nicht anstrengen beim Sprechen«, sagte ich. »Ruh dich einfach ein wenig aus. Hier, ich werde dich mit dieser Brühe füttern.«

»Wie eine Amme, die ein Kind füttert«, flüsterte er und hustete. Ich wischte sein Gesicht ab und zwang ihn sanft in die Kissen zurück, dann fütterte ich ihn mit der klaren Brühe, Löffel für Löffel. Seine Temperatur blieb unten, und sein Atem ging nach wie vor pfeifend, nicht rasselnd. Ich gab ihm noch ein bißchen weißen Andorn mit Iriswurzel, dann holte ich ihm eine Bettpfanne. Ich untersuchte den Urin: ziemlich klar, mit Ablagerungen. Ein weiteres gutes Zeichen.

»Deine Gefolgschaft möchte dich nach dem Mittagessen sehen«, sagte ich zu ihm. »Aber versuche nicht, mit ihnen zu reden. Winke einfach mit der Hand oder sonst etwas, so daß sie sehen können, daß du nicht im Sterben liegst. Es ist sehr wichtig, daß du dich ausruhst, bis du wieder zu Kräften gekommen bist.«

Er nickte. »Diesmal werde ich noch nicht sterben«, flüsterte er. »Lies mir etwas aus der Heiligen Schrift vor. Das Evangelium des Matthäus.«

Ich hielt dies für eine günstige Gelegenheit, ihn ruhig zu halten, und so holte ich mir ein Buch mit den Evangelien – es gab mehrere Bände der Heiligen Schrift im Bücherschrank an der Wand – und begann zu lesen. Während ich das vierte Kapitel über die Versuchung in der Wüste las, richtete sich Athanasios auf und lauschte angespannt, obwohl er das ganze Buch sicherlich auswendig konnte:

> Darauf führte ihn der Teufel mit sich auf einen sehr hohen Berg und zeigte ihm alle Reiche der Welt und ihre Herrlichkeit und sprach zu ihm: Das alles will ich dir geben, wenn du niederfällst und mich anbetest.
>
> Da sprach Jesus zu ihm: Weiche hinfort von mir, Satan! Denn es steht geschrieben: »Du sollst anbeten den Herrn, deinen Gott, und ihm allein dienen.«

Der Erzbischof hob die Hand, um mir Einhalt zu gebieten. Ich blickte auf und sah ihn mit einem gepeinigten Ausdruck lächeln. »Die letzte Versuchung«, flüsterte er, »alle anderen waren nicht so schlimm.« Er hustete.

»Du solltest nicht sprechen, Heiligkeit.«

»Laß mich sprechen, Mädchen. Das wird mir guttun. Meine Gefolgsleute sitzen alle miteinander draußen und erwarten von mir, daß ich einen Nachfolger benenne, nicht wahr?«

Ich gab zu, daß es so war.

»Ja, sie haben Angst«, meinte er nachdenklich. »Selbst wenn ich diesmal noch am Leben bleibe, möchten sie, daß die Nachfolge geregelt ist. Aber es ist schlimm, einen Freund zur Verbannung und vielleicht zum Tod zu verurteilen.«

Ich blickte wieder auf das Buch. »Und das wird jedem passieren, den du benennst?«

»Ich bin sicher. Selbst wenn die übrige Welt nizäisch würde. Der Kaiser will die Macht der ägyptischen Kirche unbedingt brechen. Ich kann nur versuchen, den Schlag zu mildern.« Er hustete erneut, dann lehnte er sich in seinem Bett zurück, den Blick seiner brennenden schwarzen Augen an die Decke geheftet. »Solange ich lebe, besteht keine Gefahr«, fuhr er nach einem Augenblick fort. »Ich bin zu alt. Valens wird mich nicht noch einmal in die Verbannung schicken. Außerdem hat er noch nicht vergessen, was das letzte Mal passiert ist. Aber, o heiliger Jesus Christus, wenn ich tot bin, wird alles wieder von vorne anfangen. Der Aufruhr, die Verbannungen, all die ins Gefängnis geworfenen Menschen, die Folterungen. Seit vielen Jahren geht das nun schon so. Ja, und meine eigenen Anhänger sind ebenfalls schuldig.« Er lächelte sein gepeinigtes Lächeln. »Jedenfalls einige. Leidenschaftliche, aufbrausende, überhebliche, gewalttätige Ägypter. Aber stets leiden wir mehr, als daß wir anderen Böses zufügen.« Einen Augenblick lang lag er ruhig da, seine mageren alten Finger zupften an der Bettdecke. »Ich werde zwei Nachfolger benennen«, meinte er kurze Zeit später. »Dann kann der eine in die Verbannung geschickt werden und der andere die Dinge hier in Alexandria in die Hände nehmen. Um den Schaden zu begrenzen und zu versuchen, das Volk zu beruhigen. Zuvor werde ich die Angelegenheit mit dem Amt des Präfekten regeln müssen. Von dem Präfekten hängt soviel ab, und sie wechseln die ganze Zeit . . . Wie ist die Lage in Persien?«

»In Persien, Heiligkeit?« Ich starrte ihn an. Er starrte zurück und lächelte. Ich zuckte die Achseln, was ihn zu amüsieren schien. »Der Große König hat erneut Anspruch auf Armenien erhoben, und es heißt, ein weiterer Krieg stünde bevor.«

Athanasios seufzte. »Das sagen sie schon seit Jahren. Ich glaube, sie werden noch einige Zeit lang schwätzen, bevor sie zu den Waffen greifen. Wie steht es mit der Donaufront?« Ich war verblüfft über sein Interesse an weit entlegenen Kriegen. »Dort ist alles friedlich, Heiligkeit. Ich habe jedoch gehört, es gäbe einen Krieg in Afrika.«

»Der Ärger, den der Augustus Valentinian hat, bedeutet keine Hilfe für uns. Der westliche Kaiser mischt sich nicht allzu viel in die Angelegenheiten der Kirche ein – ja, mein Nachfolger wird wahrscheinlich ins Westreich gehen müssen, um sicher zu sein. Aber wenn es hier im Osten Krieg gäbe, würde uns Valens vielleicht im Stich lassen. Nun ja, von den Barbaren können wir keine Hilfe erwarten; ich werde die Kirche kräftigen müssen, damit wir das Schlimmste überstehen. Charis, Tochter des Theodoros, ich hatte eigentlich nicht beabsichtigt, dich rufen zu lassen.«

»Hat Gott dir den Namen meines Vaters offenbart?« fragte ich ihn spöttisch und machte das Buch zu.

Er warf seinen Kopf zurück und lächelte erneut. »Ich habe es herausgefunden. Aber es bleibt ein Jammer. Ich hoffe, ich kann dir nach wie vor vertrauen.«

»Du kannst mir vertrauen, und außerdem weißt du schließlich, wer ich bin: Du hast etwas gegen mich in der Hand.«

»Ich fürchte, das stimmt nicht. Wenn ich der Welt enthüllen würde, daß du kein Eunuch bist, müßte ich ja auch enthüllen, daß ich gerade eben die Nacht ganz allein mit einer jungen Frau verbracht habe, und das würde *mir* eher noch größeren Schaden zufügen als dir.«

»Aber du hast immerhin eine schwere Lungenentzündung, und du bist alt!«

Er lachte, dann hustete er heftig. »Wenn ich scheinheilig genug wäre, zu behaupten, seit siebzig Jahren asketisch gelebt zu haben, dann wäre ich sicherlich auch scheinheilig genug, zu behaupten, eine Lungenentzündung zu haben. Ich bin schon früher einmal wegen Notzucht angeklagt und vor Gericht gestellt worden. Notzucht, Mord, Aufwiegelung, Kirchenschändung und Zauberei. Mach dir keine Sorgen, ich wurde freigesprochen. Und die Beschuldigungen waren falsch, außer derjenigen wegen Aufwiegelung.«

»Es ist kaum anzunehmen, daß ich dich der Notzucht beschuldigen werde«, sagte ich zu ihm. »Außerdem betrachte ich mich durch den Eid des Hippokrates gebunden. ›Wenn immer ich ein Haus betrete, werde ich den Kranken helfen und niemals die Absicht haben, ihnen zu schaden.‹ Wenn du fürchtest, mir nicht vertrauen zu können, warum hast du dann nach mir geschickt?«

»Das habe ich gar nicht. Einige aus meinem Gefolge wollten einen Arzt holen lassen, und mir fiel keiner ein, jedenfalls keiner, dem ich vertrauen konnte. Dann erinnerte sich Theophilos daran, daß ich mit dir gesprochen habe. Er fragte, ob ich dir vertrauen könne, und ich sagte ja, und so eilte er davon und holte dich. Und hier liege ich und bin noch am Leben, deshalb vermute ich, es war das Beste so. Kann ich einen Schluck Wasser haben?«

»Reines Wasser ist nicht gut, wenn man krank ist«, erwiderte ich und gab ihm einen Schluck Honigwasser. Ich überprüfte seinen Puls: immer noch sehr ruhig. Aber seine Temperatur schien wieder etwas zu steigen. »Du mußt aufhören, dich aufzuregen. Du wirst einen Rückfall erleiden.«

Wieder warf er den Kopf zurück. »Ich werde Petrus zu meinem offiziellen Nachfolger ernennen«, meinte er nach einem Augenblick. »Noch einen Erzbischof Petrus von Alexandria. Der letzte hat den Märtyrertod erlitten. Das war während der großen Verfolgung. Ich kann mich noch an ihn erinnern: Ich habe ihn predigen gehört, als ich ein kleiner Junge war. Er hat nie auf dem bischöflichen Thron von St. Markus gesessen, sondern immer auf dem Schemel davor. Als ich geweiht wurde, wollte ich das gleiche tun, aber das Volk brach in Hochrufe aus, und ich vergaß es. Weißt du, wie einem zumute ist, wenn sie dir zujubeln? Es berauscht den Willen.« Er sah mich an, seine Augen blickten nicht länger nur leuchtend, sondern auch fiebrig.

»Bitte sprich nicht«, sagte ich.

»Laß mich mit jemandem sprechen. Irgend jemandem muß ich den Thron von St. Markus übergeben, und das ist heutzutage eine noch ungemütlichere Sache, als den kaiserlichen Purpur zu tragen. Und es ist gefährlich.«

»Du hast gerade gesagt, du wolltest ihn Petrus geben.«

»Er ist beinahe so alt wie ich. Er ist ein tapferer Mann, ein erfahrener Mann. Aber ich muß noch einen zweiten finden. Doch es ist sehr schwer. Ich muß einen fähigen Mann auswählen, der die Geschäfte der Kirche führen kann und vor Gericht gerechte Urteile fällt. Der in der Lage ist, sich gegen die Behörden zu behaupten. Aber ich darf niemanden auswählen, der von Ehrgeiz getrieben wird. ›Die Königreiche der Welt und ihren ganzen Ruhm‹ – ein Mann, der sich *das* wünscht, kann die Kirche leicht vom rechten Weg abbringen. Wenn man gegen Kaiser und Statthalter antritt, ist es schwer, sich in Erinnerung zu rufen, daß das eigene Königreich nicht von dieser Welt ist.« Er blickte wieder zur Decke hinauf, schloß einen Augenblick lang die Augen, dann öffnete er sie wieder. Er schien durch die Decke hindurch irgendwo anders hinzublicken, irgendwohin, wo es dunkel und sehr friedlich war. »Ich hätte niemals Erzbischof werden dürfen«, flüsterte er sehr deutlich. »Ich habe die Macht viel zu sehr geliebt. Nun gut, es liegt in den Händen Gottes.« Er richtete sich erneut auf.

»Bleib liegen!« befahl ich ihm. »Ich möchte dir keine Beruhigungsmittel geben, doch wenn es sein muß, werde ich es tun!«

Er lächelte, doch er blieb wenigstens ruhig liegen. »Ich phantasiere nicht, Frau Doktor. Ein kranker alter Mann schwätzt nur ein wenig.« Er streckte eine dünne, von blauen Venen überzogene Hand nach dem Wasser aus. Ich hielt ihm den Becher an die Lippen, dann wischte ich ihm das Gesicht ab.

»Ich weiß, daß du das Oberhaupt einer großen Kirche bist und außerdem ein mächtiger Mann«, sagte ich in freundlicherem Tonfall. »Aber es wäre besser, wenn du noch ein wenig wartest, bevor du irgendwelche kirchlichen Angelegenheiten zu regeln versuchst. Wink ihnen heute nachmittag einfach nur zu; verschieb die Frage der Nachfolge auf morgen.«

»Ich kann niemals etwas auf morgen verschieben«, erwiderte er. »Bis morgen wird die ganze Stadt wissen, daß ich krank bin, und es wird Ärger geben, falls niemand etwas dagegen unternimmt. Geh und hole Petrus und Theophilos. Ich möchte mit ihnen beten.«

Ich versuchte, es ihm auszureden, aber er war hartnäckig, und schließlich mußte ich die beiden holen. Petrus war ein ähnlich graugewandeter alter Asket wie er selbst, aber Theophilos war der jüngere, elegante Mann, der mich in den Palast geholt hatte. Als ich den Raum verließ, um sie zu rufen, fand ich Petrus in der Nähe der Tür auf dem Fußboden sitzend und in der Heiligen Schrift lesend, während es sich Theophilos im nächsten Raum auf einem Stuhl bequem gemacht hatte und flüsternd eine Unterhaltung mit einigen anderen Dekanen darüber führte, was sie den Leuten sagen wollten. Er machte einen überraschten und beunruhigten Eindruck, als ich ihm sagte, der Erzbischof wolle ihn sehen. Nachdem ich sie beide in Athanasios' Zimmer geführt hatte, bat ich sie eindringlich, seine Heiligkeit nicht aufzuregen, andernfalls könnte ich nicht für die Folgen garantieren. Athanasios lachte über diese Bemerkung und bekam einen erneuten Hustenanfall. Dann schickte er mich aus dem Zimmer.

Sie schienen eine lange Zeit ungestört miteinander zu beten. Ich setzte mich zu den anderen draußen auf dem Flur, und sie fragten mich, wie lange der Erzbischof meiner Ansicht nach noch leben würde. »Jahrelang, falls er vernünftig ist und sich schont«, erwiderte ich gereizt. »Andernfalls nicht lange.«

Sie begannen wieder mit ihren vielfältigen Gebeten für seine Gesundheit und unterhielten sich flüsternd, was sie tun sollten, wenn er stürbe und die kaiserlichen Truppen einmarschierten. Ich war sehr müde und saß da, den Kopf auf die Knie gestützt, und versuchte, die in diesem oder jenem Fall richtige Dosis von geflecktem Schierling und Fingerhut zu berechnen.

Nach etwa einer Stunde erschienen Petrus und Theophilos auf der Türschwelle und riefen die gesamte Menge herein. Nacheinander marschierte sie im Gänsemarsch in das Zimmer. Schließlich war es so überfüllt, daß es schwierig wurde zu atmen, und immer noch standen einige Leute draußen im Flur. Athanasios hatte sich in seinem Bett aufgerichtet, sah fiebrig, aber innerlich ruhig aus. Er segnete die Menge. »Geliebte Brüder«, sagte er mit seiner klaren, kräftigen Stimme, die ich schon kannte (ich weiß nicht, wie er es schaffte, trotz der Infektion seiner Lungen so laut und deutlich zu sprechen). »Seid nicht beunruhigt. Gott hat mich von der ›Pestilenz, die in der Dunkelheit wandelt‹ erlöst, aber auch von der ›Zerstörung, die ihre Verheerungen am hellichten Tag anrichtet‹. Und ich vertraue darauf, daß die göttliche Macht uns alle schützen wird. Doch ich bin müde und benötige ein wenig Ruhe, um mich zu erholen. Deshalb beauftrage ich

Petrus und Theophilos, während meiner Genesung für euch zu sorgen und meine Aufgaben zu übernehmen.« Er hätte noch weitergesprochen, doch seine Lungen ließen es nicht zu: Er hatte einen erneuten Hustenanfall. Daraufhin gab es ein beträchtliches Durcheinander – Gebete und Psalmengesänge und dringende Fragen der Dekane –, doch diesmal bemühten sich Petrus und Theophilos, der Sache Herr zu werden, und halfen mir, die Menge aus dem Zimmer zu drängen. Danach willigte der Erzbischof ein, sich auszuruhen.

9

Ich blieb eine Woche lang im bischöflichen Palast und fühlte mich die ganze Zeit über ein wenig verloren, hin und her gerissen zwischen der draußen auf der Straße singenden Menschenmenge und den Kirchenbeamten, die mich um Rat fragten; zwischen seiner Heiligkeit, dem ich etwas über die Lage in der Stadt erzählen sollte, und den kaiserlichen Beamten, die mich zur Seite zogen und mir Bestechungsgelder dafür anboten, daß ich ihnen verriet, was die Kirchenbeamten gesagt hatten. Ich gewöhnte mich daran, vor den Eingang des Palastes zu treten und jedem, der es hören wollte, Informationen über den Gesundheitszustand seiner Heiligkeit zu geben. Ich eignete mir ein paar Schliche an, die Beamten abzulenken, doch ich spürte, daß ich dabei nicht sehr sicher wirkte. Außerdem war Athanasios ein schwieriger Patient, der dauernd versuchte, zuviel zu tun, und der übellaunig wurde, wenn sein Körper ihn im Stich ließ. Zudem konnte ich mich kaum einmal zurückziehen – der Palast war offensichtlich hoffnungslos übervölkert, und niemand hatte ein Zimmer für sich allein. Ich hielt mich dauernd in der Nähe meines Patienten auf, und es gab keinen Ort, wo ich mich in Ruhe waschen konnte. Ich machte mir Sorgen darüber, daß meine Regel beginnen könne. Bei Philon gab es keine Probleme, diese Beschwerlichkeit zu verheimlichen: Daß ein Arzt in einer Ecke ein paar blutbefleckte Tücher einweicht, verursachte dort keinerlei Aufsehen. Doch ich hatte mich geweigert, Athanasios zur Ader zu lassen, und alles, was ich unternahm, erregte endlose besorgte Diskussionen, so daß ich die Blutflekken niemals hätte verheimlichen können.
Der Erzbischof war ein kräftiger Mann, und er hatte sich dazu entschlossen, noch ein wenig länger am Leben zu bleiben – zumindest bis er die Angelegenheiten der Kirche geregelt haben würde. Er erholte sich langsam, aber sicher, und nach Ablauf einer Woche war sogar ich der Ansicht, es bestehe keine Gefahr mehr für einen Rückfall. Trotzdem empfahl ich

ihm, er solle die Stadt für ein paar Wochen verlassen und sich auf das Land zurückziehen, wo ihm mehr Ruhe gegönnt sein würde. Er seufzte und schüttelte den Kopf: nein.

»Ich würde gerne nach Nitria gehen«, räumte er ein. »Dort würde ich freudigen Herzens sterben, in einem Kloster. In der Wüste ist es so still; das einzige, was sich bewegt, ist das Licht. Dort kann man denken und beten. Hier in der Stadt reden die Leute ununterbrochen, sie schmieden Komplotte und Gegenkomplotte. Aber ich muß abwarten, wie Theophilos zurechtkommt.«

»Er ist sehr tüchtig«, sagte ich zu ihm. Theophilos war in der Tat tüchtiger als der alte Petrus, der nicht mehr als einen Gedanken gleichzeitig fassen konnte.

»Oh, ich weiß, daß er tüchtig ist«, erwiderte Athanasios traurig. »Aber ich muß herausfinden, wie ehrgeizig er ist.«

So blieb der Erzbischof also in der Stadt, und ich kehrte zu Philon zurück. Ich ging nach wie vor jeden Tag zum Palast, um nach meinem berühmten Patienten zu sehen und ihn zu untersuchen, aber ich hatte doch die Hoffnung, daß die Dinge sich jetzt ein wenig normalisieren würden. Aber natürlich hatte sich meine Lage inzwischen grundlegend geändert. Ich war – völlig überraschend – der Arzt, der den Erzbischof von Alexandria *geheilt* hatte, und ich war in Mode. Ich hatte den Palast noch gar nicht verlassen, da wurde ich bereits zu anderen Fällen gerufen, zu kranken Mönchen und Nonnen, Priestern und Dekanen und zu ein paar wichtigen Laien. Kaum war der Erzbischof wieder auf den Beinen, da wurde ich von zahllosen Patienten belagert: allesamt Christen und einige von sehr vornehmem Stand. Meine Kommilitonen stellten mir so viele Fragen, daß ich aufhörte, in die Taverne zu gehen, um ihnen nicht dauernd Rede und Antwort stehen zu müssen. Ich ging auch nicht mehr zu den Vorlesungen. Dafür hatte ich zuviel zu tun.

»Du solltest besser deine Prüfung ablegen«, sagte Philon eines Nachts zu mir, als ich lange nach Mitternacht nach Hause kam und mir der Kopf vor lauter Patientengeschichten, kirchlichen Problemen und persönlichen Sorgen brummte. »Die Ärzte im Tempel sind sehr verärgert. Sie glauben, daß du sie geringschätzt, weil du dich der Prüfung nicht unterziehen willst, um nicht anerkennen zu müssen, daß sie deine Lehrer waren. Sogar Adamantios ist heute auf mich losgegangen, als ich in der Bibliothek war, um meine Rezeptur zu überprüfen. Er glaubt, du seiest inzwischen eine Art religiöser Fanatiker.«

»Oh, bei der großen Artemis!« entgegnete ich. Philon sah mich etwas verwundert an, doch dann lachte er. Es war ein sehr törichter Fluch für einen christlichen Arzt, aber ein in Ephesus sehr verbreiteter. »Wird der

Sturm sich nicht bald gelegt haben?« fragte ich ihn mit einem flehentlichen Unterton in der Stimme. »Ich bin einfach nicht *alt* genug für all dies; ich weiß gar nicht, was ich da tue.«

»Du wirst deine Patienten weiterhin genauso gut versorgen wie jeder andere Arzt dieser Stadt«, antwortete er. »Und der Sturm wird noch lange anhalten.«

Als ich nach Hause gekommen war, hatte er noch im Vorderraum gesessen. Die übrigen Familienmitglieder schliefen bereits. Es war eine heiße Herbstnacht; die Straße stank nach Hafen. Nur eine einzige Öllampe war entzündet, diejenige, die in der Ecke über Philons Schreibpult hing. Ich setzte mich an den Eßtisch und starrte auf das abgenutzte Holz. Als ich nach Alexandria gekommen war, hatte ich niemals daran gedacht, wirklich eine medizinische *Karriere* machen zu können. Natürlich hatte ich beabsichtigt, eines Tages nach Ephesus zurückzukehren. Es hätte mir genügt, einfach die Heilkunst zu studieren und auszuüben. Aber Philon hatte recht. Dieser Sturm würde sich nicht so bald legen. Ich war, wenn auch inoffiziell, der Privatarzt des mächtigsten Mannes der Stadt. Ich wußte immer noch nicht, wie ich Athanasios einschätzen sollte. Sicher, ich bewunderte ihn, und ich fing an, eine Art gereizter Zuneigung für einen derart störrischen Patienten zu empfinden. Im Grunde genommen wünschte ich, er hätte mein Geheimnis nicht entdeckt und Theophilos hätte sich nicht an mich erinnert. Ich arbeitete gern mit Philon und fühlte mich wohl in seinem Haus; ich mochte seine Großzügigkeit gegenüber seinen Patienten. Außerdem mochte ich eine Reihe unserer Patienten; die Juden in Alexandria waren freundlicher und weniger reizbar als ihre ägyptischen Nachbarn. Ich fand, daß man leichter mit ihnen zurechtkommen konnte als mit Athanasios' Mönchen.

Aber ich wurde unerbittlich von Philons Praxis fortgezerrt und zum Erzbischof hingezogen. Und daß ich gezerrt wurde, gefiel mir nicht. Wenn ich darüber nachdachte, dann war ich wahrscheinlich ebensogut oder vielleicht sogar besser als manche der Ärzte im Tempel – Philon war ein guter Lehrherr gewesen. Aber ich empfand mich immer noch als unwissend und hilflos, und wenn ich über die Kirche nachdachte, dann wurde es nur noch schlimmer. Athanasios hatte sein ganzes Leben lang die Kaiser herausgefordert, und der gegenwärtige, unsichere Friede in der Stadt würde nicht länger währen als sein Leben. Ich hatte Angst.

Angst auch vor Entdeckung, das mußte ich mir eingestehen. Wenn es schon einen Skandal gegeben hatte, als ich aus Ephesus fortrannte, würde der Skandal noch viel größer sein, falls man jetzt mein Geheimnis entdeckte. Und falls ich wirklich berühmt werden sollte, könnte einmal jemand zu Ischyras sagen: »Dein junger Vetter hat sich in Alexandria aber

sehr gut gemacht«, und er würde fragen: »Was für ein Vetter denn?« Und
der Betreffende würde antworten: »Wieso, der Eunuch Chariton natürlich« – und dann würden die Leute gar nicht mehr anders können, als zwei
und zwei zusammenzuzählen.

Auf der anderen Seite hatte ich vorläufig nicht die Absicht, nach Ephesus
zurückzukehren. Es war jedoch ganz offensichtlich nicht möglich, sich der
allgemeinen Aufmerksamkeit zu entziehen und noch länger einfach so als
Philons Assistent weiterzumachen. Ich mußte Athanasios meine Visiten
abstatten und konnte die neuen Patienten nicht abweisen. Eine Karriere
aus eigener Kraft war unvermeidlich.

»Nun schön«, meinte ich niedergeschlagen, »dann werde ich mich der
Prüfung also unterziehen.«

Es war wirklich nicht gerade eine Feuerprobe. Anläßlich dieser feierlichen
Gelegenheit kaufte ich mir einen neuen Umhang und eine neue Tunika;
die alten, die Thorion mir auf dem Markt in Ephesus gebraucht gekauft
hatte, waren inzwischen ganz fleckig und schäbig. Theophila webte mir
einen Saum für den Umhang; er hatte ein rotgrünes Muster aus Vögeln
und Bäumen, und als sie ihn mir an den Umhang genäht und ich mir die
Haare hatte schneiden lassen, stimmten alle darin überein, ich sähe aus wie
ein richtiger Mann von vornehmer Geburt.

Die ganze Familie kam mit zum Tempel, um bei der Prüfung dabeizusein.
Sie wurde in einem der Nebengebäude abgehalten, und zwar in einem der
größeren Nebengebäude, da ein Haufen Leute zuschauen wollte: die
meisten meiner Kommilitonen und viele frühere Patienten. Philons jüdische Patienten und die große Schar der Mönche und Kirchenbeamten
beäugten einander mit gegenseitigem Mißtrauen. An einem Tisch in der
Mitte des Raumes saßen sechs Angehörige der Prüfungskommission des
Museums in ihren besten Gewändern – vier Ärzte und zwei weitere
Gelehrte – und trugen eine offizielle Miene zur Schau. Aber unter der
nach außen gekehrten Strenge konnte ich ein gewisses Wohlwollen wahr-
nehmen, und schon fühlte ich mich weniger nervös. Die meisten der sechs
Sachverständigen freuten sich mit mir über meinen Ruhm. Sie sahen es
gar nicht gerne, wenn Ärzte, die woanders und nach anderen Methoden
ausgebildet worden waren, wichtige Patienten für sich gewinnen konnten.
Und daß ich nun in meinem neuen Umhang vor ihnen stand, voller
Respekt und bereit, ihre Fragen zu beantworten, bedeutete eine Bestätigung für das Museum. Der Arzt des Bischofs war kein ägyptischer Asket,
kein frommer Mönch aus der Wüste, sondern ein Anhänger des Hippokrates, der am Tempel ausgebildet worden war. Die neue Religion mußte doch
manche Felder noch den alten Wissenschaften überlassen.

Ich nahm meinen Platz gegenüber dem Prüfungsausschuß ein, und nach dem üblichen Scharren und Rascheln der Zuhörerschaft und dem Hüsteln der Kommission begann die Prüfung.

Die Fragen waren — genau wie Philon gesagt hatte — so formuliert, daß die Antworten eindeutig und zur Zufriedenheit aller ausfallen mußten. Sie bezogen sich sowieso nur auf die gängigen medizinischen Schriftsteller und Kräuterbücher. Beschreibe den Aufbau des Herzens. Wie würdest du eine Schulterverrenkung behandeln? Wie bereitest du das Zeitlosengewächs zu, und wofür braucht man es? Nur einer der Prüfer wollte Ärger machen. Er war einer der beiden Gelehrten des Ausschusses, ein Philosoph, Astrologe und überzeugter Heide, und er wollte unbedingt demonstrieren, daß christliche Ärzte den alten heidnischen unterlegen waren. Er war als letzter an der Reihe, mich zu befragen. Nachdem er mich mit einem heimtückischen Lächeln bedacht hatte, fragte er: »Welche Wirkung haben die Sterne auf die Gesundheit?«

Einen Augenblick lang war ich verwirrt und wußte keine Antwort. Ich merkte, daß Adamantios die Stirn runzelte. »Hippokrates schreibt, daß die Sonnenwende, das Aufsteigen des Sirius, des Arkturus und der Plejaden am Himmel kritische Zeiten für die Gesundheit sind«, sagte ich schließlich. »Doch abgesehen davon können sich die medizinischen Autoren nicht einig darüber werden, welche Sterne einen guten Einfluß ausüben und welche nicht.«

»Genauso hätte auch Hippokrates geantwortet!« rief einer meiner Kommilitonen, und alle übrigen lachten schallend los. Adamantios lächelte. Der Philosoph fand das jedoch gar nicht komisch. Er warf mir einen finsteren Blick zu und zitierte Aratus und die anderen astrologischen Schriftsteller. Adamantios gebot ihm Einhalt. »Das sind keine *medizinischen* Schriftsteller, vorzüglicher Theon. Ihre Autorität in bezug auf medizinische Fragen muß als nicht gesichert angesehen werden, und du kannst nicht erwarten, daß der höchst geschätzte Chariton sie gelesen hat!«

Theon gab sich zufrieden, bedachte mich allerdings mit dem selbstgefälligen Blick eines Mannes, der seinen Stich gemacht hat. »Meine Tochter ist — obwohl sie eine Frau ist — auf diesem Gebiet ebenso belesen wie in den Werken Plotins«, verkündete er. »Ich sehe nicht ein, warum wir das nicht auch von diesem *christlichen* Arzt erwarten sollten.«

»Vortrefflicher Herr«, sagte ich, »ich zolle der Bildung deiner Tochter Beifall und wünsche ihr viel Erfolg bei ihren philosophischen Bemühungen, aber ich bezweifle, daß sie Krateuas gelesen hat, und deshalb sehe ich nicht ein, warum ich Aratus und Plotin gelesen haben sollte.«

Daraufhin klatschten einige der übrigen Anhänger des Hippokrates Beifall. Adamantios lächelte erneut, dann hüstelte er und wechselte mit seinen Kollegen im Ausschuß einen schnellen Blick. Sie nickten und ich wurde als

Arzt der medizinischen Fakultät des Museums von Alexandria bestätigt. Mir wurde überdies bescheinigt, auf allen medizinischen Gebieten wohl bewandert zu sein. Dann wurde ich — da ich mich vorher dazu bereit erklärt hatte — dazu aufgefordert, den Eid des Hippokrates zu schwören. Nicht jeder Arzt ist dazu bereit; die Bestimmungen sind sehr streng. Aber ich hatte ihn seit Jahren zu meiner Richtschnur gemacht und hätte seine Bestimmungen auch dann befolgt, wenn mich nicht ein ganzer Raum voller Zeugen für alle Zukunft daran gebunden hätte. Theon grinste hämisch, als ich statt bei Apollo und Äskulap im Namen »der heiligen und ehrwürdigen Dreifaltigkeit« schwor. Doch sonst war es der gleiche Eid. Seit sieben Jahrhunderten hatten Ärzte ihn geschworen. Jetzt versprach auch ich, meinen Lehrmeister in der Heilkunst genau wie meinen eigenen Vater in Ehren zu halten; den Kranken zu helfen und niemandem Schaden zuzufügen; keine Arzneimittel zu verabreichen, die Tod oder Abtreibung verursachen; in meinem privaten und beruflichen Leben tugendhaft und fromm zu sein; niemals eine Operation durchzuführen, um aus einem Mann einen Eunuchen zu machen (bei diesem Schwur ging ein Raunen durch die Zuhörerschaft); meine Stellung nicht dazu zu benutzen, sexuelle Vorteile zu erlangen (erneutes Raunen); Dinge geheimzuhalten, von denen ich wußte, daß sie nicht ausgeplaudert werden sollten. »Wenn ich diesen Eid halte und ihn nicht verletze, möge ich in meinem Leben und in meinem Beruf Erfolg haben«, schloß ich. »Wenn ich mich dagegen versündige und eidbrüchig werde, möge mein Schicksal anders verlaufen.«

Adamantios erhob sich, kam um den Tisch herum und schüttelte mir die Hand. »Ich bin sicher, daß du Erfolg haben wirst«, sagte er und lächelte, dann trat er auf Philon zu und unterhielt sich mit ihm. Es war vorbei. Die übrigen Prüfer kamen und gratulierten mir. Sie freuten sich so, als hätten sie mich niemals abgewiesen, als ich damals an ihrer Tür geklopft hatte. Danach kamen meine Kommilitonen und schüttelten mir die Hand, schlugen mir auf die Schulter, gratulierten mir und luden mich zum Wein ein. Ich bot ihnen meinerseits Wein an, und so wanderten wir alle miteinander lärmend den Hügel hinunter zur Taverne, wo ich eine beträchtliche Summe für Wein ausgab. Als die Gesellschaft ein wenig rüpelhaft zu werden begann, schlüpfte ich mit Theogenes zusammen hinaus, und wir gingen zu Philon und seiner Familie. Rüpelhafte Gesellschaften mochte ich nicht. Man behauptet immer: »Im Wein liegt die Wahrheit«, doch die Wahrheit sollten die Leute ja gerade nicht entdecken. Deborah und die Sklaven hatten eine Abendgesellschaft im Familienkreis vorbereitet, um die bestandene Prüfung zu feiern. Das war für mich sowieso eine viel größere Freude, als mich zu betrinken und anschließend in den Brunnen des Tempels geworfen zu werden, was die übliche Art war, das Ende der Studentenzeit zu feiern.

»Was wirst du jetzt tun, Chariton?« fragte Theophila mich schüchtern, als die Gesellschaft sich ihrem Ende näherte. Ihre Wangen glühten von dem genossenen Wein: Sie hatte mehr getrunken, als sie gewohnt war. Obwohl ich versucht hatte, mich zurückzuhalten, galt dies auch für mich. Ich hatte den Eindruck, Philons Eßzimmer leuchte von selbst, strahle von dem Licht der Lampen und all dem Glück, das ich in ihm empfunden hatte.

Ich sah Philon an. Er gab mir den Blick zurück und stellte mir dann die gleiche Frage wie seine Tochter. O Gott, dachte ich, wenn er doch nur mein wirklicher Vater und nicht bloß mein Lehrvater der Heilkunst wäre. Ich würde mich ihm so gerne anvertrauen, ihm die Wahrheit sagen und ihn dann fragen, ob er mich immer noch als Partner wolle.

Aber auch er würde seine eigene Tochter nicht Medizin studieren lassen. Es war zwar richtig, daß Theophila sich nicht so recht für die Heilkunst interessierte. Doch selbst wenn sie einmal eine medizinische Frage stellte, wehrte Philon sie stets freundlich ab. Die Heilkunst, sagte er, sei kein interessantes Thema für hübsche Mädchen.

»Ich weiß es nicht«, erwiderte ich. »Es sieht so aus, als werde ich in erster Linie unter Christen praktizieren. All deine zahlenden Patienten sind Juden. Falls ich versuchen sollte, es mit beiden Seiten zu halten, würden mir wahrscheinlich sowohl die einen als auch die anderen mißtrauen.«

Philon seufzte, dann nickte er. »Sie mißtrauen dir bereits. Du brauchst dich nicht zu entschuldigen, Chariton. Ich weiß, daß du jetzt deinen eigenen Weg gehen wirst.«

»Anders wäre es mir lieber gewesen«, sagte ich. »Ich war sehr glücklich hier.«

»Schau nicht so traurig! Ich hoffe, wir werden uns nach wie vor öfter sehen.« Er hob seinen Weinbecher. »Auf deinen Erfolg und ein langes Leben!«

Die anderen erhoben ebenfalls ihre Becher und wünschten mir Erfolg.

10

Eine Woche nach der Prüfung zog ich in ein Haus im Rhakotisviertel um. Es war mir von dem Dekan Theophilos vermittelt worden. Er war sehr froh, daß ich jetzt mehr in der Nähe des Erzbischofs und schnell zu erreichen sein würde, falls er erneut erkrankte. »Außerdem ist es besser, daß du mit Christen zusammenlebst und nicht mit Juden«, meinte er. »Ich will damit nichts gegen deinen Lehrmeister sagen, aber es schickt sich für den Arzt seiner Heiligkeit nicht, aus einem jüdischen Haus geholt zu werden.« Ganz zu schweigen davon, wie sehr Philons jüdische Patienten über das dauernde Ein- und Ausgehen der Mönche beunruhigt waren.

Ich erklärte Theophilos, im Augenblick ein einfaches Zimmer zu bevorzugen, um keinen Ärger mit einer Haushälterin zu haben. Ich sagte, ich könne mir noch keinen Sklaven leisten und wolle ganz bescheiden leben. Er machte ein Haus ausfindig, daß einer reichen alexandrinischen Nonne gehörte. Sie überließ mir ein Zimmer, ohne Geld dafür zu verlangen, und zeigte sich nur überrascht, daß ich nicht mehr als dieses eine Zimmer wollte. Mein Zimmer lag wieder einmal im obersten Stock; in den unteren Stockwerken wohnten einige andere Nonnen. Meine Vermieterin war darüber ein wenig besorgt; sie war sich nicht sicher, ob die anderen Nonnen einen Mann im Haus haben wollten, selbst wenn es ein Eunuch war, der ihren guten Ruf nicht gefährden konnte. Doch die Nonnen äußerten übereinstimmend die Ansicht, der persönliche Arzt des Erzbischofs sei ein willkommener Hausgenosse, und sie erklärten sich dazu bereit, die täglichen Hausarbeiten, wie das Reinigen meiner Sachen, das Wasserholen und Kochen gegen eine geringe Entlohnung zu übernehmen – auch wenn sie selbst sehr einfach lebten und nur eine Mahlzeit am Tag zu sich nahmen. Ich kaufte einen großen Teil meiner Essenszutaten auf dem Markt, war mindestens einmal wöchentlich bei Philon zum Abendbrot, um Fälle mit ihm zu besprechen, und manchmal traf ich Theogenes zum Mittagessen in der Taverne.

Doch ich fand die Nonnen sehr viel netter, als ich erwartet hatte. Es waren drei: Anastasia, Agata und Amundora. Sie stammten allesamt aus dem gemeinen Volk (ganz anders als die Vermieterin, die einen Stammbaum hatte, der meinen Vater hätte beschämen können), und sie waren fanatisch fromm. Dabei hatten sie jedoch allesamt einen gesunden und überraschend derben Sinn für Humor und traten nicht im mindesten zurückhaltend oder damenhaft auf. »He, Chariton!« meinte Amundora, als ich ihr ein Mittel gegen ihre Hühneraugen gab. »Ich dachte immer, ein Eunuch sei zu nichts nutze, dabei hast du schon mehr für mich getan, als das wochenlange Beten der Mönche vermocht hat. Da sieht man mal wieder: Verstand geht über Eier, oder? Womit ich nicht sagen will, diese Mönche hätten auch nur eins von beiden, die armen Kerle.« Und sie gluckste wie immer, wenn sie eine derbe Bemerkung über die Mönche machte. Das tat sie oft und gerne, vielleicht gerade deshalb, weil sie die Mönche als ihre Brüder betrachtete, schwatzhafte und hochmütige jüngere Brüder, die jemanden brauchten, der sie in ihre Schranken verwies. Die Nonnen kümmerten sich überall in der Stadt um die Armen; sie webten Kleidungsstücke und verkauften diese, um für ihren Lebensunterhalt aufzukommen, und sie arbeiteten für die Kirche. Sie waren stolz auf ihre Unabhängigkeit und verübelten den

Mönchen deren höhere gesellschaftliche Stellung. Ich war kaum eingezogen, als sie mir bereits darlegten, daß sie genausoviel von Krankenpflege verstünden wie die Mönche im Hospital, und mich baten, in diesem Sinne mit seiner Heiligkeit zu sprechen.

»Davon bin ich überzeugt«, meinte Athanasios, als ich ihm die Sache erzählte. »Aber wenn ich sowohl Nonnen als auch Mönche in die Hospitäler schicken würde, würden die Heiden darüber tuscheln und klatschen. Vielleicht sollte ich noch ein Hospital gründen und den Nonnen die Leitung anvertrauen.«

Von Zeit zu Zeit hustete er noch, und er ermüdete schneller, als er eigentlich sollte, obwohl er inzwischen schon seit über einem Monat wieder gesund war. Aber er hatte sich nie richtig geschont. Er hatte inzwischen die Leitung der Kirche wieder ganz übernommen: Er kümmerte sich um die Fälle, die vor das geistliche Gericht gebracht wurden, sorgte für die Verteilung der kirchlichen Gelder, ernannte Bischöfe und Geistliche, predigte und organisierte und schrieb lange Briefe an die Bischöfe der nizäischen Glaubensrichtung im ganzen Ostreich (die kaiserlichen Beamten waren äußerst neugierig, wem er schrieb und was er schrieb, und mir wurden mehrfach Bestechungsgelder angeboten, falls ich derartige Informationen beschaffen könnte. Ich behauptete, er gewähre mir keinen Einblick in seine Korrespondenz, und bemühte mich daraufhin, auch tatsächlich nichts von ihr mitzubekommen). Er arbeitete wie verrückt, stand früh am Morgen auf und stürzte sich wie ein Wirbelwind auf die Angelegenheiten der Kirche. Er führte nach wie vor ein äußerst asketisches Leben, aß ähnlich einfach wie meine Nonnen und lag stundenlang auf dem Fußboden der Kirche und betete. Dies gefiel mir überhaupt nicht, und ich sagte es ihm auch in aller Deutlichkeit. »Du tust alles dafür, wieder krank zu werden. Wenn du schon so hart arbeiten mußt, behandle wenigstens deinen armen Körper etwas freundlicher. Nimm zwei oder drei Mahlzeiten täglich zu dir, nicht nur eine, und trink ein bißchen Wein. Wasser ist schlecht für dich.«

Er schüttelte den Kopf und lächelte. »Es gibt einfach zuviel zu tun. Ich muß die Kirche so stark wie möglich machen, damit sie nicht auseinanderbricht, wenn ich einmal nicht mehr bin.«

»Ich habe nicht über die kirchliche Arbeit gesprochen, sondern über deine asketische Lebensweise.«

»Chariton, mein Lieber« — es befand sich ein Schreiber im Zimmer, so daß er meinen offiziellen Namen benutzte —, »auch du arbeitest zu schwer. Ein zarter, in einem vornehmen Elternhaus aufgewachsener junger Mann wie du, der Patienten mit Durchfall und Darmgrippe behandelt, von denen die meisten dem gemeinen Volk angehören, die ihn noch nicht einmal bezahlen können! Warum schonst du dich nicht etwas, so wie jene hervorragenden Ärzte oben am Tempel: ein Höflichkeitsbesuch bei ein oder zwei reichen Patienten täglich, ein wenig Oribasios lesen und die Sternbilder bewundern?«

»Was willst du damit sagen?« fragte ich, obwohl ich seinen beißenden Sarkasmus inzwischen kannte.

»Du bist ein Arzt aus Liebe, nicht für Geld oder Ruhm. Und ich bin ein Asket aus Liebe. Was ich sonst noch tue, tue ich der Kirche zuliebe. Dies aber tue ich für Gott und für mich selbst. Wenn es mir bestimmt ist, bald zu sterben, laß mich Gott um so eifriger suchen, selbst wenn es meiner Gesundheit schadet. Du bist wie ein Arzt, der kurz vor einem großen Rennen zu einem Athleten kommt und ihm rät, er solle vorsichtig sein und sich beim Training nicht zu sehr anstrengen. ›Meine Seele dürstet nach Gott, dem lebendigen Gott.‹ Glaubst du denn, ich bin so furchtbar erpicht darauf, mir dauernd über die Perser und den ägyptischen Heerführer Gedanken zu machen, über einen Streit zwischen den Mönchen von Nitria und dem Bischof von Karanis, wo die Mönche ihre Strohmatten verkaufen dürfen? Ich nehme mir nicht viel Zeit für Gebete; aber laß mich auf meine Art beten.«

»Warum mußt du denn unbedingt dich selbst mißhandeln, um Gott zu lieben? Du gehörst doch nicht zu den Leuten, die glauben, daß das Fleisch des Teufels ist. Ich lese gerade dein Buch: Du läßt dich darin stundenlang darüber aus, daß die materielle Welt von Gott geschaffen ist und daß der Körper des Menschen durch die Fleischwerdung geheiligt wird. Weshalb mußt du dich also auf diese Weise selbst bestrafen?«

Athanasios seufzte und blickte sich im Zimmer um. Das Schreibpult quoll von Büchern und Briefen über; der Privatsekretär wartete mit seiner Schreibtafel und dem Griffel; ein goldgesäumter Umhang für die Predigt war über die Ruhebank geworfen worden. »Unser Leben ist ein solches Wirrwarr«, erwiderte er und tat es mit der Bewegung seiner Hand ab wie ein Mann, der eine Schreibtafel abwischt. »Wir benötigen Einfachheit und Ruhe, doch wir erfinden unaufhörlich Bedürfnisse für nichtige Dinge. Und diese häufen sich um uns auf und lenken uns von der Wahrheit ab. Der Eremit Antonius sagte einst zu mir, ein Mönch ähnele einem Fisch: Beraube ihn seines Elements, und er stirbt. Schweigen ist sein Element. In der Stille kann man diese unechte Welt für den Himmel eintauschen.«

Ich verstand ihn nicht, aber die Sehnsucht, die in seiner Stimme nachklang, wenn er vom mönchischen Leben sprach, war nicht mißzuverstehen, und so blieb mir nichts anderes übrig, als ihn in Ruhe zu lassen. Statt dessen fragte ich Petrus, ob er dem Erzbischof nicht ein bißchen mehr von den Kirchengeschäften abnehmen könne.

»Glaubst du denn, ich versuche das nicht?« fragte er. »Aber niemand kann Thanassi sagen, was er tun soll, vor allem nicht, wenn es ihm zugute kommen soll.«

»Thanassi?« fragte ich belustigt. Ich hatte diesen Spitznamen noch nie gehört.

Petrus lächelte ein wenig einfältig. Ich lernte den alten Mann allmählich besser kennen, und ich mochte ihn: Er war eher ein gewissenhafter als ein feuriger Gläubiger, und er war durch und durch gutmütig, eifrig darauf bedacht, jedermann zu helfen. »Wir pflegten ihn so zu nennen, als er noch Dekan war. Niemand konnte ihm damals Vernunft beibringen, genausowenig wie heute. Weißt du, daß ich ihm einmal eins über den Schädel geben und ihn aus der Kirche herauszerren mußte, um ihn vor den Soldaten zu retten? Auf der einen Seite stand der Heerführer Syrianus mit seinen Männern, bereit, auf den Altar loszumarschieren, um ihn gefangenzunehmen und jeden niederzuschlagen, der sich ihnen in den Weg stellte, und auf der anderen Seite stand Thanassi oben auf dem bischöflichen Thronsessel und brüllte, er werde die Kirche nicht verlassen, bis alle anderen sicher hinausgelangt seien. Ich versetzte ihm einen Schlag mit einer der großen Altarkerzen, und wir schleiften ihn durch die Hintertür hinaus. Als er zu sich kam, dachte er, Gott müsse ein Wunder bewirkt und ihm das Entkommen ermöglicht haben. Und wir ließen ihn in diesem Glauben. Manchmal kann man eben nicht vernünftig mit ihm reden. Auf dich hört er jedenfalls mehr als auf die meisten Menschen.« Er kicherte stillvergnügt in sich hinein, dann wurde er sehr ernst. »Wird er sich wieder erholen, auch wenn er sich nicht schont?«

Ich schüttelte den Kopf. »Nicht sehr viel mehr, als er sich bereits erholt hat. In dem Zustand, in dem er sich im Augenblick befindet, kann ihn die erstbeste Krankheit umbringen.«

Petrus biß sich auf die Lippen. »Nun, Theophilos und ich werden tun, was wir können, und wir verlassen uns auf dich, Doktor.«

Das war nicht sehr beruhigend. Noch weniger tröstlich war der Brief, den ich in bezug auf den Erzbischof von Thorion erhielt. Ich hatte ihm geschrieben, was passiert war – einiges davon zumindest –, und sein Antwortbrief war der letzte von ihm, der mich vor dem Winter erreichte.

»Ich habe mit großer Verwunderung deinen Bericht gelesen, in dem du schilderst, wie du Erzbischof Athanasios von einer Lungenentzündung geheilt hast«, schrieb Thorion. »Ich habe ein wenig nachgeforscht und erfahren, daß dieser Erzbischof bei Hof zutiefst verhaßt ist: Der Prätorianerpräfekt nennt ihn einen eingebildeten Volksverhetzer, und der oberste Hofbeamte hält ihn für lasterhaft und gefährlich. Ich höre, daß er früher einmal wegen Mord, Vergewaltigung und Zauberei angeklagt worden ist, obwohl Maia sagt, diese Anklagen waren ungerechtfertigt. Wie dem auch sei, es ist einigermaßen offensichtlich, daß unsere Erhabene Majestät vorhat, die nizäische Partei in Alexandria zu vernichten, und nur auf Athanasios' Tod wartet, um loszuschlagen. Er hat bereits einen Nachfolger für den Erzbischof ausersehen – einen gewissen Lucius, einen guten Arianer –, und er hat überall in der Stadt seine Spione, die ihm berichten sollen, was der Erzbischof im Schilde führt. Man hält es nämlich für möglich, daß Athanasios Alexandria und ganz Ägypten zu einem Aufstand anstiften und das Auslaufen der Kornschiffe nach Konstantinopel verhindern wird, was uns eine Menge Ärger bereiten könnte. Wenn ich du wäre, Charition, würde ich mich von einem solchen Unruhestifter unbedingt fernhalten.«

»Lucius?« fragte Athanasios, als ich ihm von Thorions Brief berichtete (auf meine Weise war ich ja auch eine Art Spion). »Ja, ich wußte davon, daß sie Überlegungen anstellen, ihn herzuschicken. Ein paar Bischöfe in Antiochia haben ihn aus sicherer Entfernung zum Erzbischof von St. Markus geweiht, und als mich Valens damals zum erstenmal verbannte, haben sie versucht, ihn in mein Amt einzusetzen. Aber er mußte unter starker Bewachung aus der Stadt eskortiert werden: Es ist ein Wunder, daß man ihn nicht gelyncht hat. Einfach so, mit nur ein paar Mann Gefolge hier aufzutauchen! Wenn er noch einmal kommen will, muß er erst einmal sicherstellen, daß er sich mit genügend Truppen umgibt.«

»Was wird er tun, wenn er herkommt?« fragte ich bedrückt. Athanasios seufzte, dann zuckte er müde die Achseln. »Er wird wohl kaum kommen, um Frieden zu stiften, falls es das ist, was du wissen möchtest. Er ist ein stolzer, jähzorniger Mann und ein leidenschaftlicher Arianer; er wird sich nicht die Mühe geben, die Menschen miteinander zu versöhnen, und es wird ihm Spaß machen, Gewalt anzuwenden.« Er sah mich einen Augenblick lang an; seine Miene heiterte sich auf, der Ausdruck heimlicher Belustigung trat in seine Augen, und er fügte hinzu: »Aber ich glaube nicht, daß du dir persönlich Sorgen machen mußt. Er wird sich kaum die Mühe machen, Ärzte zu jagen, wenn er Mönche auspeitschen kann – aber natürlich nur, wenn du es vermeidest, die Aufmerksamkeit seiner Spione zu erregen.«

Anfangs, als ich zum erstenmal in den bischöflichen Palast gekommen war, hatte ich die Spione nicht bemerkt, aber nach diesem Gespräch und Thorions Brief bemerkte ich sie überall. Dauernd schlichen irgendwo merkwürdige Geistliche herum, Leute, die nicht aus Ägypten waren; einige überbrachten Briefe von fremden Bischöfen, einige hatten noch unbestimmtere Aufträge. Und sie stellten einen Haufen Fragen. Dann gab es noch die durchsichtigeren Leute aus dem Büro des Präfekten, des

Statthalters Palladios. Und schließlich die Agenten. *Agentes in rebus:* »Agenten in gewissen Angelegenheiten«, ein wunderbar vager lateinischer Titel. Es sind Kuriere, die offizielle Botschaften und Informationen aus verschiedenen Teilen des Imperiums an die Höfe ihrer Erhabenen Majestäten bringen. Doch im Grunde genommen sind sie – vor allem aber ihre Inspektoren, die *Curiosi* – nichts als Spione. Sie können in das Haus jedes reichen Mannes einquartiert werden, sie schreiben Berichte über alles, was sie dort hören, tragen dem obersten Hofbeamten allen Klatsch und sämtliche Gerüchte zu. Kurz nachdem es offensichtlich geworden war, daß Athanasios nicht sofort sterben werde, verließ ein Agent den Palast, und der nächste tauchte nur sechs Wochen später auf.

Als ich eines Novembermorgens meinen Routinebesuch beim Erzbischof gerade beenden wollte, klopfte es, und ohne eine Antwort abzuwarten, stolzierte ein großgewachsener junger Mann mit einem kurzen Militärmantel großspurig herein, gefolgt von einem unglücklich aussehenden Theophilos. »Athanaricus aus Sardica, *Curiosus* der *Agentes in rebus*, möchte Erzbischof Athanasios sprechen«, verkündete der Fremde.

Athanasios betrachtete ihn mit Abscheu und bat mich mit einer Geste, ihm seinen Umhang zu reichen. Er hatte ihn abgenommen, damit ich seine Brust abhorchen konnte. Der Name Athanaricus oder Athanaric war – obwohl er mit den gleichen Silben wie derjenige des Erzbischofs begann – weder griechisch noch römisch, sondern eindeutig gotisch. Doch die Agenten standen der Armee in vielerlei Hinsicht näher als den zivilen Beamten, und in der Armee sind Goten recht häufig. Dieser Agent sah auf alle Fälle aus wie ein Gote. Er hatte blonde, ziemlich lange Haare und einen kurzen Bart; er war mit einem Schwert gegürtet, und zu seinem kurzen Militärmantel trug er Hosen. Diese waren staubig, und der Agent roch nach Pferd: Er war offensichtlich gerade in der Stadt angekommen. Breitbeinig stand er in der Türschwelle, den Daumen in den Gurt seines Schwertes geklemmt, während Theophilos ihm verärgert über die Schulter blickte.

»Seid gegrüßt, vortrefflicher Athanaricus«, sagte Athanasios und erhob sich. Der Agent überragte ihn auch im Stehen bei weitem. »Darf ich deine Beglaubigung sehen?«

Athanaric händigte ihm ein an einer Kette befestigtes Siegel und einen mit einer offiziellen Unterschrift versehenen Brief aus. Athanasios untersuchte das Siegel, las den Brief und gab ihm beides zurück. »Die Behörden fordern also deine Unterbringung hier im Palast?« stellte er resigniert fest. »Wie lange wirst du dafür benötigen, die . . . Militärposten zu inspizieren?« Das war nämlich die offizielle Aufgabe eines *Curiosus*.

»Oh, bis zum Frühjahr, wahrscheinlich«, entgegnete der Gote gutgelaunt.

Er hatte einen eigenartigen Akzent, er verschluckte einige Silben und sprach in einem abgehackten Tonfall, wobei er die Worte deutlich voneinander trennte, statt sie, so wie die Griechen, zusammenzuziehen. »Vielleicht auch länger. Man kann nie wissen.« Er sah mich an und zog seine Augenbrauen in die Höhe. »Hat Eure Heiligkeit jetzt einen eigenen Eunuchen als Kammerherrn?« Ich war an derartige Blicke gewöhnt, an diesen Abscheu, mit dem ein normaler Mann einen Eunuchen ansieht, und beschäftigte mich damit, meine medizinischen Instrumente wegzupacken. »Dies ist mein Arzt, Chariton aus Ephesus. Gottesfürchtiger Theophilos, kannst du bitte ein Zimmer für den vortrefflichen Kurier ausfindig machen?«

Athanaric schnaubte verächtlich und stolzierte mit Theophilos von dannen. Als ich jedoch den Palast am nächsten Vormittag verließ, ergriff er mich im Hof am Arm und zog mich beiseite. »Chariton aus Ephesus!« sagte er beinahe freundlich und hielt meinen Umhang fest. »Wie geht es seiner Heiligkeit heute morgen?«

»Genauso wie seit einem Monat«, erwiderte ich. »Könntest du mich bitte gehen lassen, Vortrefflicher? Ich muß zu einem Patienten.«

»Was, noch andere neben dem Erzbischof! Bezahlen sie dich auch ordentlich?«

Jetzt kam gleich das Angebot eines Bestechungsgeldes. »Einige«, sagte ich. »Andere zahlen überhaupt nicht. Ich habe genug Geld.«

»Niemand hat das. Hör zu, Eunuch, die Gesundheit des Erzbischofs ist in Antiochia und Konstantinopel genau wie in Alexandria ein Thema von äußerst großem Interesse. Und meine Vorgesetzten würden gerne wissen, was die alexandrinische Kirche wegen Bischof Athanasios' Gesundheit unternimmt. Wir sind natürlich darauf eingestellt, für dieses Wissen zu bezahlen. Was würdest du zu einem . . . einem Beratungshonorar von jedesmal zehn *Solidi* sagen, wie? Ich wette, das ist mehr, als der alte Nizäer dir bezahlt.«

Natürlich war es das. Niemand bezahlt seine Ärzte so gut wie seine Spione. »Es tut mir leid, Vortrefflicher«, sagte ich behutsam. »Ich habe einen Eid geschworen und kann dein großzügiges Angebot nicht annehmen.«

»Was für einen Eid?« fragte er und sah mich verblüfft und mißtrauisch an. »Den Eid des Hippokrates. Ich bin ein Anhänger des Hippokrates, und zwar sowohl aufgrund meiner Ausbildung als auch aus Neigung.«

Er lachte. »Ich dachte schon, du wolltest sagen, der Erzbischof habe dich zur Verschwiegenheit verpflichtet. Also schön, fünfzehn *Solidi*. Ist der Eid jetzt nicht mehr so bindend?«

»Der Eid ist unter allen Umständen bindend«, entgegnete ich ihm. »Bitte entschuldige mich jetzt. Wie gesagt, ich habe einen Patienten.«

»Sei doch nicht so schlecht gelaunt!« sagte er, doch sein Gesicht hatte sich ein wenig gerötet. »Du erwartest doch nicht etwa, daß ich glaube, ein Eunuch nehme den hippokratischen Eid ernst, oder? Wofür gibst du denn dein Geld aus, wenn du angeblich genug davon hast, wie? Mädchen nützen dir nichts! Was ist mit Wein, Schminke, schönen Gewändern?«

Ich fand es ausgesprochen dumm, ausgerechnet schöne Gewänder zu erwähnen, da ich zur Arbeit meine alte blaue Tunika anhatte, die kaum auf Eitelkeit schließen ließ. Auch Geld konnte mich wirklich nicht in Versuchung führen, selbst wenn ich mich dem Erzbischof gegenüber nicht verpflichtet gefühlt hätte. Ich verdiente bereits beträchtlich mehr, als ich ausgab. Alles, was ich wollte, war, soviel wie möglich über die Kunst des Heilens zu lernen. »Bücher«, sagte ich. »Aber ich habe genug Geld dafür.«

»Ich bin sicher, daß du genug Geld hast, aber ich bin ebenso sicher, daß du noch mehr davon brauchen könntest. Zwanzig *Solidi*. Schön, fünfundzwanzig. Ich warne dich, höher werde ich nicht gehen.«

»Mein Patient erwartet mich«, entgegnete ich scharf. »Bitte laß meinen Umhang los.«

Er ließ ihn los. »Was hat der Erzbischof gegen dich in der Hand?«

»Er ist mein Patient. Ich wünsche dir gute Gesundheit, Vortrefflicher.« Damit ging ich davon und ließ ihn mit einem überraschten Gesichtsausdruck stehen und hinter mir herstarren.

Nicht lange danach wurde ich eines Nachts durch ein Klopfen an der Tür geweckt. Ich stieg aus dem Bett. Die Kohlenpfanne war ausgegangen, und das Zimmer war kalt; selbst während ich schlief, trug ich meine Tunika, wenn auch ohne das Schnürleibchen. »Wer ist da?« fragte ich und suchte meine Sandalen.

Es war einer der Sklaven aus dem bischöflichen Palast. Jemand war krank geworden; ich sollte sofort kommen. Ich sagte ihm, er möge so lange warten, bis ich mich angezogen hätte. Dann band ich mein Schnürleibchen um, warf mir die Tunika und den Umhang über, ergriff meine Arzttasche, und wir machten uns auf den Weg.

Es war eine kalte Nacht; in den Straßen lag ein feuchter Nebel, der aus dem Hafen heraufzog. Zur Rechten warf der Leuchtturm von Pharos seine Strahlen mit Hilfe von Spiegeln weit auf das Meer hinaus. Es war bereits nach Mitternacht, und es waren keine anderen Lichter mehr zu sehen. Die Straßen waren menschenleer, nur eine Ratte, die von einer der streunenden Katzen erwischt worden war, quietschte irgendwo. Ich stolperte in der Dunkelheit über einen Abfallhaufen, den jemand mitten auf den Weg geworfen hatte, und der Palastsklave machte eine Bemerkung darüber, wie scheußlich die Nacht sei. Ich dachte plötzlich an Ephesus, was ich seit

Jahren nicht mehr getan hatte. Dort konnte ich so lange schlafen, wie ich wollte, und mußte nicht in kalten Nächten oder an heißen Sommernachmittagen arbeiten; dort waren Gärten, in die man sich setzen konnte, überall behagliche Winkel, Sauberkeit, Frieden. Ich stellte mir vor, wie ich nach einem Bad in dem kleinen weißen Zimmer, das ich mit Maia teilte, im Bett lag (seit ich in Alexandria angekommen war, hatte ich kein richtiges Bad mehr gehabt), wie ich zuhörte, während mein Kindermädchen mir etwas vorsang, und wie ich mir Gedanken darüber machte, was wohl passieren würde, wenn ich heiratete. Nun, sagte ich zu mir selbst, du könntest ja zurück nach Ephesus, oder du könntest nach Konstantinopel gehen und dort mit Thorion zusammenleben. Willst du das?

Natürlich nicht. Ich achtete wieder auf den Weg vor mir, und wir stolperten weiter zum bischöflichen Palast.

In der Eingangshalle warteten Theophilos und Athanasios auf mich. Wie Kopisten hockten sie auf dem Fußboden und flüsterten intensiv miteinander. Theophilos schüttelte den Kopf. Ich freute mich, den Erzbischof zu sehen: Der Sklave hatte nicht gesagt, wer krank war, und ich war zu verstört gewesen, ihn danach zu fragen. »Chariton«, erkundigte sich Athanasios bei mir, als der Sklave mir die Tür öffnete, »ist eine Darmentzündung zu dieser Jahreszeit normal?«

»Wir haben bald die Sonnenwende«, erwiderte ich ein wenig überrascht. »Das ist eine schlechte Zeit für die Gesundheit. Ach ja, und ich habe neulich erst ein paar Fälle gehabt. Aber im Augenblick grassiert das Darmfieber nicht so schlimm wie im Herbst.«

»Es würde auch nicht viel nützen, wenn die ganze Stadt daran umkäme«, meinte Theophilos ungeduldig. »Sie werden auf alle Fälle behaupten, wir hätten ihn vergiftet.«

»Vergiftet, wen?« fragte ich.

»Diesen Goten«, erwiderte Theophilos verächtlich. »Diesen arianischen Agenten.«

Athanasios schüttelte mißbilligend den Kopf. »Tu dein Bestes, ihn wieder gesund zu machen«, bat er mich. »Ich möchte dem Präfekten keinerlei Vorwand bieten, eine Untersuchung gegen uns einzuleiten.«

»Ich tue bei jedem Patienten mein Bestes«, erwiderte ich. »Doch könnte Eure Heiligkeit jetzt bitte zu Bett gehen? Du solltest nicht so lange aufbleiben. Du wirst ebenfalls an irgend etwas erkranken, und deine Chancen zu überleben, sind nicht so groß wie die eines kräftigen jungen Mannes. Ich lasse dich rufen, falls etwas passiert.«

»Heiliger Gott, heiliger Unsterblicher!« brauste Athanasios auf. »Ärzte! Wenn man sie erstmal in sein Haus gelassen hat, glauben sie sofort, es sei ihr eigenes! Ich gehe jetzt mit und will von dir wissen, ob der Mann am Leben bleiben wird.«

Athanaric hatte sein eigenes kleines Zimmer im Palast. Wir traten ein und fanden den Agenten zusammengekrümmt auf der Seite liegend vor; er zitterte. Seine ganze Kraft und all sein forsches Getue waren hinweg; er war völlig erschöpft und dämmerte dumpf vor sich hin. Ich hatte ihn nicht ausstehen können, aber es ist immer schmerzlich, einen kräftigen jungen Menschen angesichts des drohenden Todes in einer derart verzweifelten Lage zu sehen. Das Bett war abgezogen worden, doch der Gestank von Erbrochenem lag noch in der Luft. Schwacher und unregelmäßiger Puls; hohes Fieber. Seine Augen waren halb geschlossen, und unter den Lidern war das Weiß der Augäpfel zu sehen: ein sehr schlechtes Zeichen: »Hat er auch Durchfall?« fragte ich die Pfleger und war erleichtert, als sie meine Vermutung bejahten: Derartig verdrehte Augen bedeuten für gewöhnlich den sicheren Tod, aber Durchfall kann ebenfalls so etwas bewirken. Ich war über die schlechte Verfassung des Agenten überrascht: Entweder hatte sich sein Zustand unerwartet schnell verschlechtert, oder niemand hatte daran gedacht, mich früher zu rufen. Ich befragte die Pfleger deswegen. Sie erzählten, er habe sich bereits am Morgen krank gefühlt, sei wieder zu Bett gegangen, habe dann angefangen, sich zu erbrechen, und nicht mehr damit aufgehört, bis er plötzlich regelrecht zusammengebrochen sei. Aber soweit ich sehen konnte, hatte er weder Blut noch Eiter von sich gegeben, und kein Körperteil schien besonders druckempfindlich zu sein, so daß ich ein akutes Darmfieber diagnostizierte und nicht etwa eine Infektion. Ich sagte dem Erzbischof, Athanaric habe eine gute Chance, zu gesunden. Daraufhin erklärte sich Athanasios damit einverstanden, das Krankenzimmer zu verlassen und zu Bett zu gehen, und ich sagte den Pflegern, sie sollten ihn nicht wieder ins Krankenzimmer lassen.

Der Agent benötigte eine außerordentlich sorgfältige Pflege. Am Morgen erwartete ich halb und halb, er werde im Verlauf dieses ersten Tages sterben, denn er konnte nichts bei sich behalten, und seinem Körper wurde bedenklich viel Wasser entzogen. Ich versuchte es mit Zäpfchen und hielt das Zimmer möglichst kühl. Ich rieb ihn wiederholt ab und gab ihm Honigwasser mit Aloe auf einem Schwamm. Schließlich veranlaßte ich die Pfleger, etwas Opium unter seiner Nase zu verbrennen, um seine Schmerzen ein wenig erträglicher zu machen und den Schüttelfrost zu mildern. Aber es war eine heikle Sache. Wenn Erbrechen, Durchfall und hohes Fieber zusammenkommen, bedeutet dies stets höchste Gefahr, und man braucht eine äußerst kräftige Konstitution, um so etwas zu überleben. Glücklicherweise war Athanaric kräftig. Außerdem war er gesund und gut genährt gewesen, und so kam er durch. Es gelang mir, ihm etwas Honigwasser einzuflößen und dann eine ordentliche Dosis Opium und dann noch ein wenig Honigwasser. Am Abend fing er endlich an zu schwitzen, so daß das Fieber herunterging. Danach handelte es sich im Grunde genommen nur noch darum, ihm vernünftige Ernährung und Ruhe zu verordnen, bis es ihm besser ging. Aber um sicherzugehen, wachte ich in jener Nacht an seinem Krankenbett. Mitten in der Nacht wachte er auf und murmelte etwas auf lateinisch, die Sprache seines Geburtsortes Sardica. Sein Fieber war erneut gestiegen, und er phantasierte. Als ich versuchte, ihm eine Dosis gefleckten Schierling zu verabreichen, weigerte er sich, ihn zu schlucken, und nannte mich einen Giftmischer – zumindest glaubte ich, etwas in dieser Richtung zu verstehen. Ich hatte nur ein wenig von Thorions lateinischer Amtssprache gelernt und das meiste davon seit Jahren vergessen. Ich stammelte ein paar Worte und sagte ihm, das Getränk sei *medicina*. »Medicus sum«, beruhigte ich ihn, woraufhin er erwiderte: »Non medicus, mulier venafica!« »Medicus«, beharrte ich, und es gelang mir schließlich, ihm den gefleckten Schierling einzuflößen. Der Brechreiz schien nicht mehr so schlimm zu sein, denn er behielt die Medizin bei sich und schlief endlich wieder ein, wobei er sich nach wie vor hin und her wälzte und im Schlaf vor sich hin murmelte. Aber der gefleckte Schierling senkte, genau wie erwartet, das Fieber.

Als er am Morgen aufwachte, machte er einen klaren Eindruck. Einer der Pfleger rüttelte mich wach, sobald er bemerkte, daß der Patient die Augen geöffnet hatte, und ich trat zu ihm und prüfte seinen Puls. Er starrte mich verständnislos an. Die Morgensonne blitzte golden in seinen Haaren; seine Augen waren wieder völlig klar, sie leuchteten in einem kräftigen Blau. Zum erstenmal bemerkte ich, daß er sehr gut aussah. »Chariton aus Ephesus«, flüsterte er endlich. Er sah irgendwie enttäuscht aus.

»Dein Arzt«, sagte ich zu ihm. »Wie fühlst du dich?« Der Puls war regelmäßig, und das Fieber war inzwischen so niedrig, daß es kein Problem mehr darstellte.

Er runzelte die Stirn. »Man hat mich vergiftet.«

»Du hattest einen akuten Anfall von Darmfieber«, korrigierte ich. »Wahrscheinlich hast du Wasser getrunken, an das du nicht gewöhnt bist. Seine Heiligkeit hat mich angewiesen, mein Bestes zu geben, um dich gesund zu machen, und genau das habe ich getan.«

Er warf mir erneut einen finsteren Blick zu, dann sah er sich unsicher um. »Heute nacht war eine Frau hier.«

»*Ich* war letzte Nacht hier. Und während ich versuchte, dir eine Dosis gefleckten Schierling einzuflößen, hast du die ganze Zeit von einer Frau phantasiert, die dich angeblich vergiften wollte.«

»Ist denn Schierling kein Gift?«

»Das kommt darauf an. Die meisten guten Arzneimittel sind giftig. Es hängt alles von der Dosis ab. Möchtest du etwas essen?«

Hippokrates ist der Ansicht, daß klare Brühe die bei weitem geeignetste Nahrung für Genesende ist, und ich achtete darauf, daß Athanaric eine Woche lang klare Brühe trank, die nach und nach mit etwas Brot ergänzt wurde, später mit Wein und der üblichen Diät. Doch der Agent erholte sich ebenso rasch, wie er sich seine Krankheit zugezogen hatte. Er wollte aufstehen und etwas tun. Er kümmerte sich auch schon wieder um seine eigentliche Aufgabe. Noch bevor ich ihm erlaubte aufzustehen, stellte er den Pflegern Fragen und versuchte auch bei mir erneut sein Glück. »Ich habe gehört, Erzbischof Athanasios hat in bezug auf dich eine göttliche Offenbarung gehabt«, sagte er. Nun gut, er hatte also davon gehört; alle im Palast wußten es und berichteten voller Stolz davon. Die meisten vermuteten, ich sei im Verlauf unserer Unterhaltung von einem arianischen zu einem nizäischen Christen bekehrt worden.

»Seine Heiligkeit hat es so genannt«, antwortete ich. »Hast du heute schon Stuhlgang gehabt?«

»Lenk nicht vom Thema ab«, beklagte sich Athanaric. »Was hat er entdeckt?«

»Nichts, womit er mir schaden könnte«, sagte ich. »Noch irgendwelche Krämpfe, Blähungen, Brechreiz?«

Er murmelte etwas auf Latein. »Dann bist du also wirklich ein fanatischer Nizäer?« erkundigte er sich.

»Wie soll ich dich denn behandeln, wenn du meine Fragen nicht beantwortest?« wollte ich wissen. »Bist du wirklich ein fanatischer Arianer?«

Er zuckte die Achseln. »Um die Wahrheit zu sagen, ich interessiere mich nicht so furchtbar für theologische Fragen. Aber ich bin unseren Erhabenen Majestäten treu ergeben. Jede Instabilität in der reichsten Diözese des Imperiums ist höchst gefährlich. Dieser alte, eifernde Demagoge, der seine eigenen Vorstellungen von Göttlichkeit über das allgemeine Wohl stellt und die römische Armee angesichts der angriffslustigen Perser einem Risiko aussetzt, nur weil er mit dem Kaiser nicht über das Verwandtschaftsverhältnis dieses oder jenes Gottes in der Heiligen Dreifaltigkeit übereinstimmt. Wenn man sieht, wie er sich aufführt, könnte man meinen, er sei selbst der Kaiser! Dabei hat er keinerlei Machtbefugnisse: Die heilige Kongregation verleiht ihm noch lange nicht das Recht, über Ägypten zu herrschen. Man kann unmöglich zwei unabhängige Mächte im Staat dulden; dergleichen beeinträchtigt die öffentliche Sicherheit. Von seinem Fanatismus einmal abgesehen, verstehe ich nicht, warum ihn auch nur ein einziger Mensch unterstützt.«

Ich erwiderte nichts und begann, meine medizinischen Instrumente zusammenzupacken. Was meine religiösen Neigungen anbetraf, fühlte ich mich inzwischen durchaus zu den Nizäern hingezogen. Ich war von Athanasios' Buch hinreichend beeindruckt, um in diesem Punkt mit ihm übereinzustimmen. Doch das Thema interessierte mich im Grunde genommen nicht so sehr. Dennoch war ich unseren Erhabenen Majestäten wohl nicht wirklich treu ergeben. Zwar gefiel mir der Gedanke auch nicht, daß römische Truppen durch die Perser gefährdet waren, aber der überall spürbaren Willkürherrschaft, der allgegenwärtigen kaiserlichen Tyrannei, vor der es keine Berufung gibt und die nur durch Gewalt herrscht und ihre Verordnungen unter Androhung von Folter und Tod durchsetzt – dieser Macht gegenüber verspürte ich keinerlei Zuneigung. Ich war der Ansicht, es müsse der Kirche erlaubt sein, ihre eigenen Geschicke zu bestimmen, sich ihre eigene theologische Glaubensrichtung zu wählen, sich ihre eigenen Bischöfe auszusuchen und sie sich nicht von Konstantinopel aufzwingen zu lassen. Abgesehen von der Kirche gab es in der ganzen Welt keine Macht, die sich den beiden Kaisern entgegenstellen konnte. Abgesehen von Athanasios gab es keinen Menschen, dem es je gelungen wäre, als ein Gleichgestellter gegen sie anzutreten, ohne den Purpur für sich selbst zu beanspruchen. Das war auch der eigentliche Grund dafür, warum sämtliche Ägypter und nicht nur die Christen den Erzbischof unterstützten. Und deshalb würde auch ich ihn unterstützen.

Aber all dies konnte ich Athanaric kaum sagen. »Du solltest dich noch ein paar Tage lang ausruhen«, forderte ich ihn auf. »Und deine klare Brühe trinken. Ich komme dich morgen besuchen.«

Er fluchte erneut auf lateinisch. »Warum muß der einzige rechtschaffene Eunuch der Welt«, klagte er, als ich das Zimmer verließ, »ausgerechnet dem Erzbischof dienen?«

»Du hast wohl kaum alle Eunuchen der Welt kennengelernt«, erwiderte ich und sah mich noch einmal nach ihm um. »Woher willst du wissen, daß die übrigen nicht ebenfalls rechtschaffen sind?«

11

Zwei Tage später wachte ich auf und fühlte mich unwohl und fiebrig. Es war ein feuchter, frostiger Tag Ende Dezember, und morgens war mir sonst oft kalt. Aber diesmal hatte ich das Bettzeug heruntergeworfen und lag schwitzend da.

Ich mußte unbedingt Patientenbesuche machen, fünf Leute, denen es sehr schlecht ging, und ich mußte auch zu einem Dutzend Genesender. Aber als ich aufstand, merkte ich, daß mir die Gelenke weh taten und mein Magen rumorte. Ich war offensichtlich nicht in der Lage, den ganzen Tag lang zu arbeiten. Darüber hinaus wäre es unverantwortlich von mir gewesen, meine Besuche zu machen und die Patienten der Gefahr einer Ansteckung auszusetzen. In ihrem geschwächten Zustand könnte dies schlimme Folgen haben. Ich gab Agata, einer der Nonnen, ein paar Drachmen, und bat sie, bei den Patienten vorbeizugehen und auszurichten, ich sei krank. Ich gab ihr für jeden einzelnen ein paar Behandlungsanweisungen mit und bereitete einige Heilkräuter zu. Außerdem nannte ich die Namen einiger anderer Ärzte, falls der eine oder andere eine persönliche Betreuung benötigte. Dann ging ich wieder zu Bett. Amundora kam herauf und brachte mir etwas frisches Kümmelbrot und heißen Wein mit Honig – beides Leckerbissen, die sie extra für mich gekauft haben mußte, da sie selbst niemals etwas dergleichen aß oder trank. Aber ich fühlte mich inzwischen sehr elend und konnte nicht einmal den Geruch dieser Dinge ertragen. Ich dankte ihr, sagte ihr jedoch, alles, was ich brauchte, sei Ruhe. Sie blieb zögernd auf der Türschwelle stehen. »He, du siehst wirklich krank aus! Nun schön, ich bin den ganzen Tag über zu Hause; ruf einfach, wenn du etwas brauchst.«

Ich nickte. Als sie draußen war, erbrach ich mich in das Nachtgeschirr.

Ich war noch nie in meinem Leben schwerkrank gewesen. Natürlich hatte ich diese oder jene Erkältung gehabt und ein paarmal Andertagsfieber, aber nicht so etwas wie jetzt. Ich fühlte mich wie aus dem Wasser gezogen, und bis zum späten Nachmittag war ich total erschöpft. Es war eigentlich das gleiche Fieber wie bei Athanaric, obwohl man unmöglich sagen konnte, ob ich mich bei ihm oder bei einem meiner anderen Patienten angesteckt hatte. Nachdem ich mich erbrochen hatte, machte ich mir einen Schwamm mit etwas Opium und Honigwasser zurecht und saugte daran, in der Hoffnung, ein wenig schlafen zu können und die Krämpfe zu lindern. Aber ich hatte nicht den Eindruck, daß es viel half. Ich konnte auch sonst nichts bei mir behalten, obwohl ich gegen das Fieber gefleckten Schierling versuchte und gegen die Übelkeit Nardensalbe und Aloe.

Am späten Nachmittag kam Amundora noch einmal herauf und stimmte ein großes Wehgeschrei an. Sie trug den überlaufenden Nachttopf hinaus und wischte den Fußboden, dann wollte sie auch mich waschen. »Laß mich bitte allein«, wehrte ich sie ab. »Es geht mir sicher bald wieder besser. Ich kenne dieses Fieber: Es kommt ganz plötzlich, geht aber ebenso schnell wieder.«

Sie verließ mich nur widerwillig, dann kam sie mit frischem Wasser zurück. Ich bat sie, den Schwamm hineinzutauchen. Mit einem unglücklichen Gesichtsausdruck reichte sie ihn mir. Reines Wasser ist bei akuter

Krankheit gar nicht gesund, dachte ich bei mir selbst. Man sollte zumindest Honigwasser nehmen oder eventuell eine Mischung von Honigwasser und Salzlauge und außerdem etwas Opium.

Aber es bedeutete eine viel zu große Anstrengung, Amundora dies alles zu erklären. Ich nahm den Schwamm mit reinem Wasser, steckte ihn mir in den trockenen Mund und zitterte. Das unglückliche und besorgte Gesicht der Nonne schien in weite Ferne zu entschwinden. Ich wünschte mir, Maia wäre bei mir gewesen.

»Du bist zu krank, um dich selbst zu behandeln«, meinte Amundora. »Ich werde einen anderen Arzt holen.«

»Nein!« rief ich und riß mich mit letzter Kraft zusammen. »Es ist schon gut. Niemand kann irgend etwas tun, was ich nicht auch schon tue. Ich muß mich nur ein wenig ausruhen. Laß mich alleine!«

Ich ließ meinen Kopf auf das Kissen sinken. Ich hörte, wie sich die Schritte in Richtung auf die Tür entfernten, dann hörte ich einen Augenblick lang nichts mehr, endlich, wie die Schritte die Treppe hinunter leiser wurden. Ich fing an zu weinen, unfähig, mir irgendwie zu helfen. Es war sehr heiß und dunkel im Zimmer, und ich sehnte mich nach Maia. Mir wurde erneut übel, aber ich benötigte das Nachtgeschirr nicht: Mein Magen zog sich zusammen, doch er gab nichts mehr her. Er bestand aus nichts als Blähungen und Schmerzen. Die Krämpfe hielten lange, lange Zeit an.

Es wurde dunkler. Jemand kam herein und redete mit lauter Stimme auf mich ein, schüttelte mich. Undeutlich murmelnd schluchzte ich, sie sollten sich allesamt fortscheren, konnte mich jedoch nicht daran erinnern, wann sie gingen.

Das nächste, was ich bemerkte, war, daß jemand eine Öllampe entzündet hatte und sie über mich hielt und auf mich herabsah. »Maia?« fragte ich. Ich versuchte mich aufzurichten, doch die Bewegung verursachte mir erneut Übelkeit. Der Besucher trat näher, legte mir eine Hand auf die Stirn und fühlte mir den Puls. Es war Philon.

»Wann hat das angefangen?« fragte Philon und sah sich um.

»Heute morgen«, erwiderte Amundora. »Ich hatte den Eindruck, daß er sehr krank ist, aber er wollte nicht, daß ich nach jemandem schicke. Als ich dann nach den Abendgebeten hier hinaufging, lag er wie betäubt da und hörte mich nicht, und so erinnerte ich mich daran, daß du gütiger Herr sein Lehrmeister warst. Und so bin ich gleich zu dir gelaufen.«

Philon untersuchte meine Augen. »Es ist ein äußerst gefährliches Fieber«, meinte er. »Vergangenen Monat habe ich zwei oder drei Fälle davon gehabt. Die Patienten sind alle gestorben. Er hätte dich früher losschicken sollen, aber ich bin froh, daß du mich wenigstens jetzt geholt hast.

Komm, Chariton, du bist jetzt sowieso wach, laß mich einen Blick auf dich werfen.«

»Nein«, sagte ich. »Geh weg. Laß mich allein.«

»Kannst du bitte eine Kohlenpfanne holen?« bat Philon die Nonne. »Das Zimmer hier ist sehr kalt, und ich muß etwas Wasser abkochen.«

»Sofort!« sagte Amundora und huschte aus dem Zimmer. Philon wandte sich mir erneut zu.

»Laß mich allein!« bettelte ich.

»Mach dich nicht lächerlich«, antwortete Philon. Er begann, meine Tunika aufzumachen. Sie stank sicherlich so, daß sie jedem den Magen umdrehen mußte. Dann hielt er plötzlich inne. »Was ist denn das?« fragte er.

Ich fing an zu weinen. Philon starrte mich an. Sein Gesicht schien eine Ewigkeit dort über mir zu verweilen: dieser gleichmäßig geschnittene Bart und die vertrauten braunen Augen, die jetzt vor lauter Erstaunen weit aufgerissen waren. Die Pupillen schienen in der Dunkelheit zu verschwimmen, und das Gesicht flimmerte wie eine Spiegelung im Wasser, es fing an zu zittern und sich in all der Hitze und Schwärze aufzulösen und mich allein zu lassen.

Als ich das nächstemal erwachte, war die schreckliche Übelkeit verschwunden, und ich war furchtbar durstig. Ich versuchte, mich aufzurichten. Eine Hand stützte mir den Kopf, und jemand führte einen Becher an meine Lippen. Er enthielt eine Mischung aus Honigwasser und Salz, die nach Narde und nach etwas Bitterem roch – wahrscheinlich gefleckter Schierling, dachte ich. Ich nahm ein paar Schlucke, dann blickte ich auf, um zu sehen, wer mir das Getränk einflößte. Philon.

»Trink aus«, befahl er. Ich tat es, und er stellte den Becher wieder hin. »Wie fühlst du dich jetzt?« fragte er.

»Sehr viel besser«, erwiderte ich. Meine Stimme klang mir selbst fremd: nichts als ein schwaches Flüstern. Ich hatte es schon bei anderen gehört und daraus auf den schwachen Zustand des Genesenden geschlossen. Es war eigenartig, dieses Flüstern nun bei mir selbst wiederzuerkennen.

»Müde. Du . . . hast du . . .«

»Ob ich herausgefunden habe, daß du eine Frau bist? Das war wohl schwerlich zu vermeiden, nicht wahr? Ich habe mich noch nie in meinem Leben derart als Narr gefühlt. Mein eigener Assistent, der mehr als zwei Jahre lang in meinem eigenen Haus gewohnt hat, und ich habe ihm geglaubt, daß er ein Eunuch ist, obwohl es doch ganz klar auf der Hand hätte liegen müssen, daß er nichts dergleichen ist. Daß *sie* nichts dergleichen ist. Bleib liegen! Das ist ein scheußliches Fieber, was du da hast. Du mußt erst wieder zu Kräften kommen.«

163

Ich lag ganz still da. »Es tut mir leid«, sagte ich und versuchte, nicht zu weinen. »Hast du . . . wem hast du es erzählt?«

Er schnaubte verächtlich und tätschelte mir beruhigend den Arm. »Niemandem. Die Nonnen hier wissen nichts davon, und selbst Deborah gegenüber habe ich nicht die geringste Andeutung gemacht. Es fällt unter meinen Eid. Ist es das, was der Erzbischof entdeckt hat?«

Ich nickte.

»Ein alter Mann, ein Bischof, und er hat es sofort bemerkt! Und ich als ausgebildeter Arzt konnte es innerhalb von zwei Jahren nicht entdecken!«

»Ich glaube, jeder der es überhaupt bemerkt, wird es sofort bemerken«, meinte ich. Ich hatte darüber nachgedacht. »Wenn man sich erst einmal an den Gedanken, wer ich bin, gewöhnt hat, fällt es einem um so schwerer, mich als jemand ganz anderen zu sehen.«

Philon seufzte. »Ich habe mich noch nie in meinem Leben derart als Narr gefühlt«, wiederholte er. »Dann bist du wohl die Tochter des Theodoros von Ephesus, oder?«

»Ja.«

»Und ich habe gedacht . . . nun, jetzt ist's ja egal.«

»Ich weiß, was du ursprünglich gedacht hast. Ich habe gelauscht, als du eines Abends mit Deborah darüber gesprochen hast. Es tut mir so leid, Philon.«

»Warum hast du das getan?«

»Ich wollte die Heilkunst erlernen. Ich wäre wahrscheinlich nicht fortgerannt, wenn Vater mich nicht mit Festinus hätte verheiraten wollen. Aber als ich dann floh, mußte ich ganz einfach nach Alexandria kommen. Kannst du das verstehen? Ich weiß, es war unschicklich und unehrlich, aber solange ich denken kann, wollte ich hier studieren.«

Philon lächelte ein eigenartiges Lächeln. »Im Grunde genommen kann ich es verstehen.« Er seufzte, dann fühlte er mir den Puls. »Du wirst wieder gesund werden«, sagte er zu mir. »Diese Krankheit ist ganz schrecklich, aber ich glaube, du bist bald wieder gesund.«

»Einer meiner Patienten, der dieselbe Krankheit hatte, ist auch wieder gesund geworden«, erzählte ich ihm.

»Aha, dann hast du solche Fieberfälle in deiner Praxis auch erlebt? Ich glaube, bisher hat keiner meiner Patienten dieses Fieber überlebt. Du mußt deinen Patienten sehr gut umsorgt haben.«

»Er war ein kräftiger junger Mann.«

»Und du bist eine kräftige junge Frau. Ich werde mich niemals daran gewöhnen. Ich hätte dich niemals aufgenommen, wenn ich es gewußt hätte. Reg dich nicht auf: Inzwischen könnte ich dir genausowenig raten, der Medizin den Rücken zu kehren, wie mir selbst. Weißt du, daß ich ebenfalls darum kämpfen mußte, studieren zu dürfen? Meine Eltern waren sehr fromm, und ich war dazu erzogen worden, die Thora zu studieren. Als ich in Alexandria fertig war, schickten sie mich nach Tiberias, um am Hof des Patriarchen zu studieren. Dort verbrachte ich ein Jahr und kämpfte mich durch die Gesetze des Moses, und dann wachte ich eines Morgens auf, und mir wurde klar, daß ich bereits zwanzig war und mich für diese ganzen mosaischen Gesetze nicht interessierte: Ich wollte die Heilkunst praktizieren. Damals war ich schon verheiratet, und wir hatten das Baby — und ich hatte noch nicht einmal ein einziges Kapitel von Hippokrates gelesen. Und ich rannte aus Tiberias fort und ging wieder nach Alexandria. Mein Vater war wütend. Er weigerte sich, mich zu unterstützen, falls ich nicht nach Tiberias zurückkehrte. So also verließ ich mein Zuhause. Mein Schwiegervater verlangte von Deborah, sich von mir scheiden zu lassen und einen anderen zu heiraten, doch sie wollte bei mir bleiben, der Herr segne sie. Damals lehrte ein jüdischer Arzt am Museum, ein Mann namens Themistion. Adamantios war ebenfalls sein Schüler. Ich ging zu ihm und bat ihn, mich die Heilkunst zu lehren. Er wollte nicht — ich kannte nur die Thora, und er war wie Adamantios: ein gebildeter Mann und ein Platoniker. Er meinte, es sei besser, wenn ich meinem Vater gehorchte. Zum Schluß bot ich ihm an, sein Diener zu sein und jede Arbeit für ihn zu übernehmen, wenn er mich nur die Heilkunst lehrte. Er sah, wie verzweifelt ich war, und willigte ein. Und ich willigte ein, dich zu nehmen, weil ich die gleiche Leidenschaft in dir erkennen konnte. Wenn ich gewußt hätte, daß du eine Frau bist, hätte ich das bezweifelt. Ich hätte dir geraten, zu deiner Familie zurückzukehren. Aber das wäre falsch gewesen, denn wir ähneln uns. Beim heiligen Namen, mein Mädchen, weine nicht! Möchtest du noch etwas klare Brühe?«

Wie Philon richtig vorausgesagt hatte, erholte ich mich rasch. Am nächsten Tag war ich wieder auf den Beinen, wenn auch etwas zittrig, aber Philon befahl mir energisch, mich nicht anzustrengen, und so blieb ich zu Hause und las die Abhandlung des Dioskurides über Arzneimittel. Einer der Sklaven des Erzbischofs kam aus dem Palast, um sich zu erkundigen, wie es mir ginge, und kehrte beruhigt zurück. (Ich erfuhr später, daß Athanasios ursprünglich selbst hatte kommen wollen, Theophilos es ihm aber ausgeredet hatte.)

Am nächsten Morgen klopfte es erneut, und hereinstolziert kam Athanaric. »Sei gegrüßt, Euer Gnaden«, sagte er — eine Anspielung auf meinen Namen, die viel besser war, als er ahnte, da *Charis* und nicht Chariton »Gnade« heißt. »Ich dachte, ich schaue einmal nach und sehe, wie du dich von dem kleinen Geschenk, das ich dir verpaßt habe, erholst. Die Geschichte tut mir leid.«

»Ich habe auch noch andere Patienten außer dir«, widersprach ich ihm.
»Ich hätte mir das Fieber überall aufgabeln können. Möchte Eure Vortrefflichkeit sich setzen? Es tut mir leid, daß ich für Besucher nicht recht vorbereitet bin.«

»Mach dir keine Umstände«, erwiderte er und setzte sich an das Schreibpult. »Gütiger Gott, hast du eine Menge Bücher!«

Das hatte ich damals tatsächlich. Was Bücher anbetrifft, so ist Alexandria eine großartige Stadt. Papyrus ist billig in Ägypten, und Schreiber können ein Vermögen damit verdienen, wenn sie Werke kopieren und sie der Bibliothek verkaufen. Zu meinen beiden Büchern von Hippokrates und Galen hatte ich die Werke von Herophilos und Erasistratos, Dioskurides und Celsus, Krateuas, Nikandros und Oribasios – von all den medizinischen Größen – hinzugekauft. Mein Bücherschrank war voll, und mein Schreibpult quoll über.

»Ich sehe, daß du in bezug auf deine Geldausgaben tatsächlich einen gewissenhaften Bericht abgeliefert hast«, fuhr er fort. »Bücher. Ganz gewiß nicht Kleidung oder Wohnung oder Luxusartikel. Würde es nicht trotzdem ganz natürlich sein, eine größere Wohnung zu haben, und vielleicht auch einen Sklaven, um alles in Ordnung zu halten?«

Ich betrachtete ihn aufmerksam. Ein erneuter Versuch, mich zu bestechen?

»Ich mag die Scherereien nicht, die all das mit sich bringt«, entgegnete ich.

»So wie es jetzt ist, habe ich die Freiheit, mich auf die Dinge zu konzentrieren, die mich interessieren.«

»Die Freiheit des vollkommenen Philosophen. Und wer bin ich, dies in Frage zu stellen? Chariton, hast du dich jemals gefragt, wohin dich dein Erzbischof führt?«

»Natürlich, oft.« Aber ich wollte nicht mit Athanaric darüber diskutieren.

»Seine Heiligkeit Bischof Athanasios ist mein Patient«, erwiderte ich. »Es ist meine Aufgabe, mich um seine Gesundheit zu kümmern. Wie er seine eigene Aufgabe anpackt, geht mich nichts an.«

»Auch nicht, wenn du dabei draufgehen könntest? Er hat sich dem Kaiser entgegengestellt. Er hat sich inzwischen bereits vier Kaisern entgegengestellt. Einem nach dem anderen. Seine Erhabene Majestät duldet ihn im Augenblick um des lieben Friedens in der Stadt willen, aber du solltest eigentlich wissen, was passiert, sobald er stirbt.«

»Vortrefflicher Athanaric, ich würde lieber nicht darüber sprechen.«

»Ich glaube aber, es wäre besser für dich. Wenn Athanasios stirbt, wird es zu einem großen Blutvergießen kommen. Und falls du in die Sache verwickelt bist, wird dir dein Status als Arzt nicht viel helfen. Du würdest ebenso schnell wie jeder Fanatiker aus der nitrischen Wüste in den Kerker geworfen werden.«

Ich seufzte. Also keine Bestechung mehr. Drohungen. »Ich werde keines Menschen Blut vergießen, außer vielleicht bei einem chirurgischen Eingriff. Selbst der fanatischste Arianer wird mich kaum in den Kerker werfen, nur weil ich meine Patienten gewissenhaft behandle.«

»Und was geschieht, wenn deine Patienten Flüchtlinge oder Verbrecher sind? Du solltest dich besser aus all dem heraushalten. Hör zu, ich kann dir eine Empfehlung für den Posten eines Amtsarztes in irgendeiner anderen Stadt geben. Unser frommer Augustus, der Erlauchte Valentinian, hat eine ganze Anzahl von Ärzten in Rom eingesetzt, in jedem Stadtteil einen. Sie behandeln die Armen kostenlos, und der Staat zahlt ihnen ein gutes Gehalt. Sie würden sich freuen, dich nach Rom zu bekommen, und du würdest dort eine Menge bewirken können. Du könntest nach Herzenslust das gemeine Volk behandeln und eine bessere Belohnung dafür erwarten, als ins Gefängnis geworfen zu werden. Und falls du Rom nicht magst, dann gibt es auch noch andere Städte. Ich sähe es gar nicht gerne, einen so guten Arzt in Schwierigkeiten zu wissen.«

»Bist du fertig?«

Er sah mich verärgert an. »Nun schön, dann hörst du eben nicht auf die Stimme der Vernunft!«

Er *war* fertig! Ich hatte eine persönliche Drohung erwartet, etwa in der Art: »Wenn du die Stadt nicht verläßt und deinen Patienten aufgibst, werde ich dich den Behörden melden müssen.«

Aber vielleicht wollte er, daß ich so etwas vermutete. »Ich danke Eurer Fürsorglichkeit für diesen Ratschlag«, sagte ich. »Im Augenblick bin ich hier unter all meinen Freunden ganz zufrieden. Ich will deinen Eifer nicht bremsen. Du hast sicher eine Menge Arbeit, die deine Aufmerksamkeit erfordert.«

»Oh, zur Hölle mit deinen Freunden!« rief er aus. »Ich wollte dir nur helfen. Dann leb also wohl, Chariton, und viel Glück!« Und damit ging er hinaus und warf die Tür hinter sich zu. Ich saß auf meinem Bett und fragte mich, ob ich nicht lieber auf ihn hätte hören sollen.

12

Als ich Philon eine Woche später wiedertraf, machte ich mir immer noch Sorgen. Er hatte mich zum Abendbrot eingeladen, und wir hatten vereinbart, uns nach der Tagesarbeit auf dem Somaplatz zu treffen, da die meisten meiner Patienten im Westen der Stadt wohnten und die meisten der seinen im Osten. Als ich ankam, fand ich Philon auf den im

Windschatten liegenden Trümmern des alten Museums sitzend vor. Wir machten uns sogleich auf den Weg und gingen in Richtung auf die Via Canopica. Einige Kinder spielten in den Ruinen des alten Museums; eine Ziege, die zwischen den Steinen graste, meckerte, als ihre Besitzerin mit dem Melkeimer auftauchte; ein paar Dirnen lächelten uns aus dem Schatten neben einem Weinladen zu; bei der Kirche des Alexanders wurden gerade die Lampen entzündet: Sie schimmerten safrangelb und silbern in der Dämmerung. Dann erscholl ein lauter Ruf und das Getrappel vieler Füße, die zum Klang einer Trommel marschierten. Ein Trupp Soldaten stürmte die Straße herauf, ihre genagelten Stiefel dröhnten auf dem Pflaster. Die Menschen wichen beiseite und beobachteten die Männer aus den Augenwinkeln; die Kinder hörten auf zu spielen; die Frau preßte den Kopf ihrer Ziege an die Brust, damit sie Ruhe gäbe; die Lampenanzünder verschwanden in der Kirche; selbst die Dirnen beobachteten das Geschehen ohne ein Lächeln und mit verkrampftem Gesichtsausdruck. Der Trupp marschierte vorbei, bog nach links ab und zog in Richtung auf die Zitadelle davon.

»Was glaubst du, wieviel Ärger es geben wird?« fragte ich Philon, als die Soldaten verschwunden waren und wir uns erneut auf den Weg machten. Ich brauchte nichts hinzuzufügen; er wußte, daß ich meinte: »Wenn Athanasios stirbt.«

Er seufzte. »Du weißt mehr darüber als ich. Du steckst mittendrin. Was wird denn deiner Meinung nach passieren?«

Einen Augenblick lang erwiderte ich nichts. »Die Regierung wird ihren eigenen Bischof schicken. Diesen Burschen Lucius«, meinte ich schließlich.

»Und die Kirche wird ihn nicht akzeptieren. Es wird Aufstände geben und Verhaftungen. Eigentlich wollte ich wohl fragen, ob es möglich sein wird, mich nach wie vor um meine Patienten zu kümmern, ohne deswegen Ärger zu bekommen.«

»Ich weiß es nicht.« Philon sah mich mitfühlend an. »Das hängt wahrscheinlich eher von den Behörden ab als von deinen Patienten. Ich kann mir vorstellen, daß dir nichts passiert, falls du dich aus den aktuellen Streitigkeiten heraushältst und nicht so laut herausposaunst, daß du Flüchtlinge behandelst. Was könntest du denn sonst tun?«

Ich erzählte ihm von Athanarics Angebot.

»Amtsarzt in Rom?« fragte er. »Das war aber großzügig. Er muß sehr beeindruckt gewesen sein von dem, was er über dich in Erfahrung gebracht hat. Schau nicht so überrascht − natürlich hat er auch mich befragt. Er wollte schließlich Informationen über dich, nicht wahr? Er fragte oben am Tempel nach, und er fragte mich bei mir zu Hause aus. Ich glaube nicht, daß er irgend etwas entdeckt hat. Und ich glaube nicht, daß er aufgrund der

Antworten irgend etwas vermuten könnte . . . Du willst sein Angebot also annehmen?«

»Nein. Ich traue Athanaric nicht über den Weg. Er kann sagen, was er will: Versprechungen kosten nichts. Er hat mir auch nicht eigentlich einen Posten versprochen, nur eine Empfehlung. Und warum sollten sie in Rom auf ihn hören? Er ist weder Römer noch Arzt; seine Empfehlung wäre nicht viel wert. Wahrscheinlich haben sie bereits genug Ärzte. Außerdem gefällt mir der Gedanke gar nicht, meine Patienten gerade in dem Augenblick, in dem sie mich am dringendsten benötigen, im Stich zu lassen.«

Philon zog an seiner Unterlippe und nickte, wobei er mich mit dem eigenartig verkniffenen Lächeln bedachte, das er immer dann aufsetzte, wenn ich etwas sagte, was er aus eigener Erfahrung nur allzugut kannte. »Nun«, fuhr ich fort. »Es war nur . . . er hat mich eben nervös gemacht.«

Philon lächelte. »Wer könnte dich deswegen tadeln? Was würde passieren, falls . . . falls die Behörden es herausfänden?«

Ich zuckte die Achseln. »Ich nehme an, sie würden mich einfach mit Schimpf und Schande nach Hause schicken. Und wenn ich erst einmal zu Hause wäre . . .« Ich zögerte und sah mich nach den geschlossenen Fensterläden und den wenigen Menschen um, die die breite Straße hinuntereilten. Niemand war in der Nähe, doch ich fuhr im Flüsterton fort: »Ich würde dort den Rest meines Lebens herumsitzen und Däumchen drehen. Ich müßte mir keine Gedanken wegen einer Ehe machen. Falls mich überhaupt noch jemand heiraten wollte, würde er von niederem Rang sein, der das Geld so nötig brauchte, daß es die Schande wettmachte. Aber selbst so jemand würde von mir verlangen, daß ich mich schicklich benehme. Ich würde niemals mehr ich selbst sein können.«

Einen Augenblick lang gingen wir schweigend nebeneinander her. Philon hatte die Augen niedergeschlagen. »Nun«, meinte er schließlich, »ich hoffe, du kannst dich aus allem heraushalten.« Wir näherten uns der Straße, in der sein Haus stand. An der Ecke blieb er stehen und sah mich an. »Oh, ich habe ganz vergessen, es dir zu erzählen. Theogenes kommt auch – ja, schon wieder! Und mein neuer Assistent ist inzwischen ebenfalls da: Du wirst ihn beim Abendbrot kennenlernen.«

Ich hatte schon vor ein paar Wochen von diesem neuen Assistenten, den Philon da ins Auge gefaßt hatte, gehört und versucht, mich an den Gedanken zu gewöhnen. Aber ich konnte nicht anders, ich war eifersüchtig auf ihn. Trotzdem brachte ich ein Lächeln zustande. »Natürlich, du brauchst schließlich jemanden, der dir bei deinen vielen Patienten hilft. Ich habe nie verstanden, warum du vor mir keinen Assistenten hattest.«

Er grinste. »Wirklich nicht? Ich will es dir erklären. Ich verdiene nicht viel Geld. Die meisten Assistenten sehen Geld als etwas sehr Nützliches an.

Und selbst diejenigen, die nicht viel danach fragen, möchten gern bei jemandem in die Lehre gehen, der einen Namen hat, und sie glauben, daß jeder, der einen Namen hat, auch viel Geld verdient oder doch zumindest ein paar reiche oder vornehme Patienten hat.«

»Ich weiß«, erwiderte ich lächelnd. »Aber du bist ein genauso guter Arzt wie Adamantios — ein besserer sogar. Du hättest ebensogut Vorlesungen im Tempel halten und dir ein paar reiche und vornehme Patienten suchen können.«

Er kratzte seinen Bart. »Das stimmt wahrscheinlich. Aber als ich aus Tiberias fortlief, schloß ich einen Handel mit Gott. Du läßt mich Arzt werden, sagte ich zu ihm, und ich behandle jeden, der in Not ist und mache mir keine Gedanken darüber, ob er mich auch bezahlen kann oder nicht. Ich will die Heilkunst in deine Dienste stellen und sie nicht dazu benutzen, Ruhm oder Reichtum für mich selbst zu ergattern. Deshalb hatte ich nie Zeit für reiche und wichtige Patienten — und es kam auch niemals jemand angerannt und hat mich durch die ganze Stadt zu einem Patienten geschleppt, den ich gegen meinen Willen behandeln sollte. Nun ja, vielleicht werde ich schließlich doch noch berühmt.« Er grinste mich an. »Als der Arzt, der Chariton von Ephesus die Heilkunst lehrte.«

»Du machst dich lustig über mich.«

»Keineswegs! Was glaubst du wohl, warum Kritias zu mir und nicht zu Adamantios gekommen ist? Weil er davon gehört hat, daß ich dein Lehrer gewesen bin. Und er ist ein hart arbeitender, freundlicher junger Mann und wird sicherlich einen guten Arzt abgeben, obwohl er nicht so intelligent ist wie du. Armer Bursche, er kann es schon nicht mehr hören, daß man dauernd von dir spricht. Komm mit, ich will euch miteinander bekannt machen!«

Er ging jetzt, da wir in die Nähe seines Hauses kamen, schneller. Sein Blick hellte sich wieder auf, und ich ging in seinem Schlepptau und wünschte, ich wäre es wert, einen solchen Lehrmeister gehabt zu haben.

13

Theogenes und Theophila heirateten, als die Weinstöcke zu knospen begannen, während die im Winter blühende Nieswurz in den Tempelgärten immer noch voller duftender, weißer Blüten stand. Die Hochzeit fand in Theogenes' Synagoge im Broucheionviertel statt, einem schönen großen Gebäude, das die Zerstörungen in dieser Gegend irgendwie überstanden hatte. Sie war von einem Garten mit einem Säulengang umgeben, und in ihrem Inneren prangten zahlreiche Wandgemälde und Mosaiken. Theogenes' Bruder war den ganzen Weg von Antiochia her mit einem Kamel bis nach Alexandria geritten, und Philons Sohn, Alphaios, war zwei Tage zuvor von Tiberias gekommen.

Die Hochzeit verlief sehr harmonisch. Das Paar trat unter den Hochzeitsbaldachin und tauschte Gelübde aus, es wurden Psalmen und Freudenhymnen gesungen, und schließlich fanden sich allesamt zu einer riesigen Gesellschaft im Garten zusammen. Zum Glück war es ein wolkenloser, für die Jahreszeit sehr warmer Tag, und es schien, als müßten alle Menschen auf der Welt glücklich sein, wenn sie nur hätten sehen können, wie glücklich Theogenes und Theophila waren. Wir aßen und tranken und tanzten. Mit Beginn der Dunkelheit wurden Fackeln entzündet und an Pfosten befestigt: Hell erleuchteten sie den Platz unter den Bäumen. Der Bräutigam und die Braut erhielten von allen Geladenen Geschenke, und dann wurde weiter gegessen und getrunken und getanzt.

Ich stahl mich bei der ersten Gelegenheit davon. Die Synagoge war inzwischen leer, und so ging ich hinein. Die vorderen Lampen, beim Gesetzesschrein, waren entzündet worden, doch das übrige Gebäude lag im Dunkel. Ich setzte mich in den Hintergrund und weinte. Ich war kein bißchen mehr in Theogenes verliebt — aber sie waren so *glücklich*. Und ich konnte niemals so glücklich werden wie sie. Niemals heiraten, niemals von einem hochgewachsenen jungen Mann geliebt werden, niemals Kinder haben. Jedenfalls nicht, wenn ich die Heilkunst praktizieren wollte. Nicht, wenn ich mir selbst treu blieb. Und wenn ich mir treu blieb, dann bedeutete dies, daß ich mein eigenes Grab war, bis der Tod kam und Anspruch auf mich erhob.

Ich vernahm, wie jemand behutsamen Schrittes die Synagoge betrat, und hörte schleunigst auf zu schluchzen. Ich vernahm noch einen Schritt, dann sagte eine Stimme sehr sanft: »Chariton?« Es war Philon. Ich stand auf, wischte mir die Tränen aus dem Gesicht und eilte zu ihm. In der Dunkelheit streckte er seine Hand aus und berührte meine Wange. »Armer Chariton«, sagte er, als er die Tränen spürte.

Ich fing von neuem an zu weinen und setzte mich. »Ich werde darüber hinwegkommen«, schluchzte ich. »Aber ich kann mir gar nicht mehr vorstellen, kein Eunuch zu sein. Ich fühle mich so verlassen und elend.«

»Vielleicht kannst du eines Tages allen Leuten erzählen, wer du in Wirklichkeit bist«, sagte Philon und hockte sich neben mich. »Du bist ein ausgezeichneter Arzt, und wenn dein Ruf wirklich fest begründet ist, würde er eine derartige Enthüllung überdauern. Du könntest dir dein eigenes Gesetz schaffen und durchsetzen, daß Frauen Medizin studieren können.«

»Wenn das jemals geschehen sollte«, sagte ich und schluckte, »werde ich zu alt zum Heiraten sein.«

»Du hast Freunde«, meinte er. »Und du könntest Schüler haben. Schüler können einem fast so ans Herz wachsen wie eigene Kinder – diese Erfahrung habe ich gerade gemacht.«

Ich schlang meine Arme um seinen Hals und weinte an seiner Schulter.

14

Nach seinen Drohungen und dem Angebot, mir eine Stelle als Amtsarzt zu verschaffen, mied Athanaric mich. Er war allerdings nach wie vor im Palast, stellte Fragen und ging gelegentlich fort, um den Präfekten oder den ägyptischen Heerführer aufzusuchen und sich mit ihnen zu beraten. Ich hatte nicht die Zeit, mir allzu viele Gedanken über ihn zu machen. Ich hatte alle Hände voll mit meinen Patienten zu tun und fragte mich bereits, ob ich nicht sofort einen Assistenten nehmen sollte. Für jemanden, der erst vor drei Jahren nach Alexandria gekommen und der noch nicht einmal zwanzig war und erst seit ein paar Monaten auf eigene Rechnung praktizierte, war es wohl etwas Außergewöhnliches, sich einen Assistenten zu nehmen. Aber ich arbeitete so intensiv, daß ich kaum Zeit zum Schlafen hatte. Und immer, wenn ein Patient eine Krise erlitt, verspürte ich den lebhaften Wunsch, jemanden bitten zu können, die Runde bei den übrigen Kranken zu machen, so wie Philon mich loszuschikken pflegte.

Doch ich sah mich nicht nach einem anderen Posten in einer anderen Stadt um. Ich war stolz auf das Erreichte. Und Philons Überlegungen halfen mir, mit etwas mehr Hoffnung in die Zukunft zu sehen. Eines Tages, weit in der Zukunft, könnte ich mich vielleicht ganz offen Charis von Ephesus nennen, Ärztin in Alexandria, könnte vielleicht selbst ein paar Schüler haben, ein oder zwei Frauen. Es war immerhin etwas, wovon man träumen konnte. Ostern fiel in jenem Jahr auf die Kalenden des April oder, nach der ägyptischen Zählweise, auf den fünften des Monats Pharmuthi – die Ägypter machen alles anders als andere und haben auch einen völlig anderen Kalender. Der Erzbischof hielt die Fastenzeit sehr streng ein und nahm nichts außer trocken Brot und Wasser zu sich. Und er zog überall in der Stadt und in der Umgebung herum, predigte und regelte die Angelegenheiten der Kirche. Er war darauf bedacht, möglichst viele Geldreserven und Verstecke anzulegen, die seinen Anhängern nach seinem Tode nützlich sein könnten. Die alexandrinische Kirche war sehr reich, ihr gehörte ein großer Teil des Landbesitzes in der Region. Athanasios und Theophilos gingen die Einnahmen Punkt für Punkt durch und versuchten, das Land und das Barvermögen auf ihre treuen Anhänger zu übertragen, so daß ein ihnen aufgezwungener Bischof nicht seine Hände darauf legen konnte. Theophilos war sehr geschickt in diesen Dingen, doch Athanasios machte sich seinetwegen Sorgen. »Er liebt die Kirche«, sagte er einmal zu mir. »Aber ich weiß nicht, wie sehr er Gott liebt.«

Ich meinerseits machte mir Sorgen um Athanasios. Er hustete immer öfter und bekam gelegentlich Fieber; das Fasten und die viele Arbeit erschöpften ihn. Aber wenn ich ihm deswegen Vorwürfe machte, lächelte er nur und gab sich nicht einmal mehr die Mühe, mit mir darüber zu streiten.

Am Abend vor Ostern blieben er und die halbe Bevölkerung Alexandrias die Nacht über auf und hielten die Vigilien ab. Sie läuteten das Fest in dem winzigen Heiligtum des Märtyrers Erzbischof Petrus ein, das in der Nähe des Meeres, außerhalb der Stadtmauer, liegt. Dort versammelte sich eine riesige Menge, Tausende und Abertausende von Menschen, und ich befand mich mit meinen Mitbewohnerinnen, den Nonnen, mitten unter ihnen. Als der Abend hereinbrach, wurde überall gesungen; Musiker spielten auf der Lyra, der Flöte und den Zymbeln; einige Leute tanzten. Als es dunkel wurde, sahen wir, wie der Pharos entzündet wurde: Zuerst, als die Kienspäne Feuer fingen, ein winziger, gelber Schein, dann ein heller, safrangelber Strahl und schließlich ein breites Lichtband, das sich über das dunkle Meer vorantastete und das, während das Feuer stetig loderte, in immer weiterer Ferne zu sehen war. Man konnte die Umrisse der Stadt erkennen, ein Netz aus kleinen Lichtern, durchzogen von den breiten Prachtstraßen: der Via Canopica und der Via Soma. Auf der anderen Seite der Stadt konnte man das Kap Lochias ausmachen, die Zitadelle des Statthalters, deren steinerne Befestigungen sich düster gegen das Meer abhoben. Die Musiker hörten auf zu spielen, und alle schwiegen. Man konnte die nächtlichen Geräusche der Vögel vernehmen und das leise Plätschern der See. Dann fing jemand an zu singen.

Es war eine Freudenhymne, in der die Zeit gepriesen wurde, als das Licht geschaffen wurde, als der Herr sein Volk aus der Sklaverei in die Freiheit führte, aus dem Tod in das Leben, aus der Dunkelheit in das Licht. Anfangs war es nur eine einzelne Stimme – wahrscheinlich einer der Dekane –, doch bald wurde die Hymne von den übrigen Priestern aufgenommen, und dann sangen alle, und die Musik stieg in großen Wellen in die Dunkelheit empor. Auch ich wurde mitgerissen und stand mit weit offenem Mund inmitten der Menge und sang genauso wie sie. Dann entzündete jemand das im Schutz des Heiligtums vorbereitete Freudenfeuer, und plötzlich sah ich Athanasios im Schein des Feuers stehen, sein goldfarbener Umhang spiegelte die Glut rund um ihn herum wider. Seine weißen Haare umhüllten sein Gesicht, und seine Augen starrten weit aufgerissen in das Licht; ihr Blick heftete sich in grenzenlosem Glück auf etwas, das weit jenseits des Feuers lag. Da wußte ich plötzlich, was ich schon die ganze Zeit über hätte erkennen müssen: Er sehnte sich danach, zu sterben. Er hatte versucht, solange wie irgend nötig, am Leben zu bleiben, von Liebe für seine Kirche erfüllt, aber geistig war er schon seit langem auf den Tod vorbereitet. Er würde kein weiteres Osterfest mehr erleben, und er wollte dieses Fest so vollkommen wie möglich feiern.

Athanasios entzündete eine Fackel an dem Freudenfeuer, und das Volk jubelte mit diesen tiefen, rhythmisch akzentuierten alexandrinischen Beifallrufen, die dem Jubel keines anderen Volkes gleichen. Die Geistlichen entzündeten ihre Fackeln, und das Volk strömte mit Lampen und Kerzen und allem, was es sonst noch an Brennbarem und Lichtspendendem finden konnte, vorwärts. Die Musiker begannen erneut zu spielen, und die Prozession setzte sich in Bewegung, wand sich die Straße hinunter und zog durch das Tor des Mondes wie ein Sonnenaufgang im Westen in die Stadt hinein. Als die Menge die Kirche erreichte, tanzte sie erneut und stieß langgezogene Bravorufe aus, ähnlich wie bei den Pferderennen. Ich hatte inzwischen zu singen aufgehört und zog schweigend mit. Ich fragte mich, ob die Menschen genauso glücklich wären, wenn sie wüßten, daß sie innerhalb eines Jahres einen neuen Erzbischof haben würden, einen, der von den Truppen eingesetzt sein würde.

Der Gottesdienst in der Nacht vor Ostern dauert sehr lange. Zuerst wurde in der Kathedrale gebetet und gesungen; dann wurde jeder, der in jenem Jahr getauft werden wollte, in das Baptisterium geleitet und ins Wasser getaucht; dann wurde wieder gesungen, und die Menge formierte sich zu einer erneuten Prozession in die Hauptkirche. Dort ließen sich die Andächtigen nieder, um zu lauschen. Tausende drängten sich in der großen, hallenartigen Kathedrale zusammen. Der Schein von tausend Lichtern spiegelte sich in den düsteren Mosaiken an den Mauern mit ihren Abbildungen der Heiligen. Wir waren von Weihrauchschwaden und dem Geruch der riesigen, erhitzten Menge umgeben. Und Athanasios predigte. Es war eine grimmige, leidenschaftliche, glückverheißende Ansprache, der das Wort: »Der Tod ist verschlungen in den Sieg« zugrunde lag. »Dies ist die Zeit des Todes«, rief er dem Volk zu, »aber es ist auch die Zeit der Freude. Denn alles, was menschlich ist, kommt zu einem Ende, was göttlich ist, jedoch nicht. Und dieserhalb, wenn wir tot sind, wenn sich unsere arme Natur erschöpft hat, richtet Gott selbst uns auf, und was aus Erde geboren ward, führt er in den Himmel. Denn Gott hat in Jesus Christus das Bildnis seiner eigenen Ewigkeit für uns aufgerichtet. Wenn wir den Tod lieben, hat er keine Macht über uns. Die Mächtigen dieser Erde haben keine Macht. Der Tod ist vernichtet! Indem er unsere Sterblichkeit zerstört, zerstört er sich selbst, und für uns bleibt nurmehr der Sieg!«

»Athanasios!« tobte die Menge: Sein Name bedeutet ja »unsterblich«. Athanasios saß auf dem mit Schnitzereien verzierten bischöflichen Thron mit den Löwen von St. Markus zu beiden Seiten, und als seine Blicke in dem riesigen Kirchenschiff umherschweiften, machte er in der Tat einen unsterblichen Eindruck. Er legte das Evangelium nieder, erhob sich und streckte seine Arme empor, und die Menge brüllte erneut seinen Namen, wieder und wieder, bis seine Stimme den tobenden Menschen Schweigen gebot. Ich erinnerte mich an seine Erzählungen darüber, wie der Beifall der Masse den Willen berauscht. Der Beifall, der jetzt über ihm zusammenschlug, schien ihn zu berauschen. Er sprach über eine Stunde, wobei ihm die Menge jedesmal, wenn er eine Pause machte, zujubelte. Dann zelebrierte er das heilige Abendmahl, und danach wurde wiederum bis zum Morgengrauen in den Straßen gegessen und getrunken und getanzt. Am frühen Morgen predigte er erneut und zelebrierte noch einmal das heilige Abendmahl, und schließlich entließ er das Volk in der klaren Luft des Frühlingsmorgens mit einer segnenden Gebärde.

Ich ging nicht nach Hause. Ich ging direkt zum bischöflichen Palast, und als ich dort ankam, stieß ich beinahe mit einem Sklaven zusammen, der kurz nach der Ankunft des Erzbischofs nach mir geschickt worden war. Athanasios war auf dem Wege von der Kirche nach Hause in Ohnmacht gefallen. Als ich in sein Zimmer kam, lag er zusammengekrümmt auf seinem Bett und spuckte Blut.

Ich tat alles, was in meinen Kräften stand: Dampf, Schröpfköpfe, heiße Kompressen und die verschiedensten Arzneimittel, sogar schwarze Nieswurz, die ich sonst eher vermied. Doch der »unsterbliche« Athanasios schien unberührt, ließ mit einem Lächeln meine Behandlung über sich ergehen, sprach auf nichts an, den Blick nach wie vor starr auf etwas gerichtet, was hinter dem Feuer lag. Er war geistig vollkommen klar und bestand darauf, die Behandlung zu unterbrechen, um mit seiner Priesterschaft sprechen zu können.

Am zweiten Tag schickte er mich aus dem Zimmer und hatte eine lange Unterredung mit Petrus und Theophilos. Petrus kam weinend heraus. Theophilos sah bleich und verwirrt aus und ging irgendwohin, wo er allein sein konnte. Ich eilte zurück ins Zimmer, um nach dem Erzbischof zu sehen. Zum erstenmal seit seinem Zusammenbruch war ich der einzige dort, er hatte mir diesmal nicht erlaubt, die anderen auszusperren. Da ich jetzt die Gelegenheit dazu hatte, verriegelte ich die Tür. Selbst wenn er sich ein wenig ausruhen konnte, bestand keine große Hoffnung mehr auf eine richtige Erholung, aber möglich war es noch immer.

Er hatte still dagelegen und an die Decke gestarrt, aber als er den Riegel klicken hörte, sah er mich an. »Charis«, flüsterte er und schmunzelte.

Ich trat zu ihm und setzte mich neben ihn.

»Bist du immer noch böse auf mich?« fragte er lächelnd.

»Du hättest noch jahrelang leben können«, erwiderte ich.

». . . wenn ich auf meinen Arzt gehört hätte«, beendete er den Satz. »Nun, ich habe bereits jahrelang gelebt. Länger, als ich hätte erwarten dürfen. Und wie mein Lehrmeister, der Eremit Antonius, bereits sagte: Wenn ich diese Welt für den Himmel eintausche, ist es so, als tauschte ich eine Kupferdrachme für hundert *Solidi*.«

Er sah mich einen Augenblick lang an. Obwohl seine Augen tief eingesunken waren, leuchteten sie ebenso unergründlich und durchdringend wie immer. »Der Glaube bedeutet dir immer noch nicht viel, nicht wahr?« fragte er. »Jedenfalls nicht im Vergleich zu Hippokrates.«

»O Gott«, entgegnete ich. »Du willst doch deine letzten Stunden nicht damit verbringen, mich zu bekehren.« Ich versuchte, ihm einen Schluck Honigwasser einzuflößen, doch er weigerte sich.

»Ich kann mir Schlimmeres vorstellen, als die Zeit so zu verbringen«, sagte er. »Doch nicht jeder ist zu einem asketischen und Gott dienenden Leben berufen. Dein Weg ist gut, auch wenn er nicht der beste ist.« Er sah mich erneut an, diesmal lag Bedauern in seinem Blick. »Du wirst heiraten.«

»Was? Ich habe nicht die Absicht zu heiraten. Ich bin mit Hippokrates verheiratet.«

»Du wirst trotzdem einen Ehegatten bekommen«, widersprach er langsam. »Und er wird ebensogut sein wie dein Hippokrates. Du liebst die Menschen zu sehr, Charition. Ach, ich wollte niemals Erzbischof werden, ich wollte Mönch werden. Aber Macht und Beifall bedeuteten mir zuviel, und schon saß ich in der Falle. Die Welt fesselt uns an sich durch das, was wir lieben. Doch das ist jetzt vorbei. Jetzt wird nicht mehr gekämpft!« Er machte eine Pause, dann lächelte er, der Ausdruck trunkenen Glücks kehrte in sein Gesicht zurück.

Ich verspürte Hilflosigkeit, Wut, tiefen Schmerz. »Du hättest weiterleben sollen!« erwiderte ich. »Denk daran, was uns zustoßen wird, wenn du nicht mehr bist! Dein Tod wird alle Lichter in Alexandria erlöschen lassen!«

Er schüttelte den Kopf — auch wenn es eine sehr matte Gebärde war. »Nicht alle Lichter. Ein einzelner bewirkt nicht soviel. Und niemand kann ewig leben, selbst dann nicht, wenn er den besten Arzt hat.« Er lächelte wieder. »Du mußt die Tür nicht verriegeln, meine Liebe; das Volk wünscht mich zu sehen. Sag den Leuten, sie sollen jetzt hereinkommen.«

Er starb nach Mitternacht, am zweiten Tag im Mai. Er war bis zum Ende geistig klar, und er war glücklich, zutiefst glücklich, wie er da auf seinen Tod harrte. Der größte Teil der Stadt harrte ebenfalls: Ganze Menschenhorden umringten den Palast und warteten auf Neuigkeiten. Ich fuhr mit meinen Bemühungen fort, Athanasios zu heilen, selbst dann noch, als es klar war, daß ich nichts mehr tun konnte, als festzustellen, wann er seinen letzten Atemzug getan hatte. Als alles vorüber war, kniete ich zusammen mit den anderen neben seinem Bett und weinte bitterlich, wie alle anderen. Er war ein stolzer Mann gewesen. Ich glaubte gerne, daß er in seiner Jugend anmaßend und gewalttätig gewesen war, aber sein Geist hatte sich wie ein Adler hoch über sein Zeitalter emporgeschwungen, und es gab niemanden, der ihm glich. Als wir seinen Tod verkündeten, hatte es den Anschein, als mache sich ganz Alexandria daran, zu trauern. Alle Läden wurden geschlossen, die Kirchen in schwarze Tücher gehüllt. Sogar der Pharos wurde mit schwarzen Wimpeln verhängt. Ein Licht war erloschen, und die Stadt wartete auf ihre Feinde.

Ich schnitt mir zum Zeichen der Trauer die Haare ab und wollte einen schwarzen Umhang und eine schwarze Tunika kaufen, doch die Händler sagten mir, es seien keine mehr zu haben. Als ich in meiner alten blauen Tunika in den Palast zurückkehrte (ich mußte Petrus, den der Schmerz aufs Krankenlager geworfen hatte, eine Dosis Opium verabreichen), fragte mich Theophilos, warum ich keine Trauer trüge, und als ich es ihm erklärte, schenkte er mir einen von seinen Umhängen. Nur Athanaric schien von all dem unberührt. Noch bevor der Körper des Erzbischofs kalt war, hatte er sein Beglaubigungsschreiben und einige Briefe des Präfekten eingesammelt, hatte ein Postpferd bestiegen und sich auf den Weg nach Antiochia und an den Hof gemacht.

15

Der arianische Bischof Lucius traf Mitte Juni in der Stadt ein, beträchtlich früher als erwartet. Er hatte sich sofort aus Antiochia auf den Weg gemacht und brachte den kaiserlichen Schatzmeister Magnus mit sowie einige Briefe, die ihm die Befehlsgewalt über die Stadtwache verliehen — und er versicherte sich, genau wie Athanasios vorausgesagt hatte, der Truppen, bevor er sich endgültig in die Stadt wagte. Der ägyptische Heerführer befand sich zusammen mit Truppen aus den meisten der fünf ägyptischen Provinzen in Alexandria. Sobald Lucius von Bord seines Schiffes gegangen war, wurde der Hafen geschlossen, und jedes auslau-

fende Schiff benötigte einen Passierschein des Präfekten. Auch die Stadt-
tore wurden geschlossen und streng bewacht; die Truppen marschierten
von der Zitadelle in die Stadt hinunter und sicherten die Seeseite. Und
dann streiften die Arianer durch die Stadt und hielten Ausschau nach
Anhängern von Athanasios.

Sie ergriffen Erzbischof Petrus. Zwei Tage nach Athanasios' Beerdigung
hatte er – gewählt gemäß den Gesetzen der Kirche durch die Geistlichkeit
und das Volk von Alexandria – den bischöflichen Thron von St. Markus
bestiegen, doch seitdem war er fast ständig krank gewesen. Wahrscheinlich
hatten ihm die lange Fastenzeit und das monatelange Warten voller
Kummer und Angst mehr zugesetzt als irgendeine ernsthafte Erkrankung.
Jedenfalls reagierte er auf das plötzliche Auftauchen der Arianer ziellos und
unsicher; die Soldaten ergriffen ihn im bischöflichen Palast und schleppten
ihn mit sich ins Gefängnis. Lucius bemächtigte sich des Thrones von St.
Markus und geißelte die Kirche, über die er nun gebot.

Natürlich gab es Unruhen. So lange hatte ich davon gehört und nie welche
erlebt; doch nun gab es jeden Tag Unruhen, die überall in der Stadt
aufflackerten und von den Truppen immer auf der Stelle blutig niedergeschlagen wurden. An einem ruhigen heißen Tag zum Beispiel, wenn die
Straßen mittags leer und kochend in der ägyptischen Sonne dalagen, kam
von irgendwoher weit weg lautes Rufen. Der Lärm wuchs zu einem
unbestimmten wimmernden Geheul an, einem unmenschlich klingenden
Ton, der anschwoll und abebbte, näherkam oder in der Ferne verhallte.
Menschen tauchten auf und rannten – dem Lärm entgegen oder fort von
ihm, doch sie rannten wie wahnsinnig über die in der grellen Sonne
blendenden Steine des Pflasters. Dann blieb ich, wenn irgend möglich, im
Haus: in meinem eigenen Zimmer oder bei irgendwelchen Patienten. Die
Truppen marschierten vorbei, die Harnische klirrten. Die Soldaten hielten
ihre Schilder vor die Brust und schlugen auf jeden ein, den sie erblickten.
Der Lärm verwandelte sich in lautes Geschrei, brach ab, verebbte in der
stillen Mittagshitze. Dann ging ich hinaus und kümmerte mich um die
Verwundeten. Am schlimmsten war es, als eine Menschenmenge versuchte, den Soldaten Petrus zu entreißen, der fortgeführt werden sollte.
Damals hinterließen die Truppen 152 Tote in den Straßen und ich weiß
nicht wie viele Verwundete, von denen ich viele behandelte. Ich vergaß
alles, was ich über Krankheiten und komplizierte Arzneien wußte, und
verbrachte den ganzen Tag damit, gebrochene Knochen zu schienen,
Wundschocks und Quetschungen zu behandeln, Schwert- und Messer-
wunden zu vernähen. Das Opium ging mir aus, und ich bekam kein neues
mehr. Der Markt war die meiste Zeit über geschlossen. Ich verabreichte
Nieswurz und lieh mir von Philon Arzneimittel; seine Patienten waren

nicht in dem gleichen Maße betroffen. Dann begannen die Behörden, die Verhafteten zu verhören. Einige wurden hingerichtet, einige lediglich gefoltert und anschließend entlassen. Gerissene Muskeln und Sehnen, auf der Folterbank ausgerenkte Glieder, die Spuren von Peitschen, Ruten und Forken, verbrannte Haut, ausgerissene Zähne und ausgestochene Augen – alles mußte ich behandeln. Die Hospitäler waren geschlossen, die Mönche entweder verhaftet oder geflohen. Doch schließlich öffnete der Markt wieder, und ich konnte etwas Opium kaufen.

Theophilos bekamen sie nicht zu fassen. Der Dekan war während der ersten Verhaftungswelle in aller Stille untergetaucht und hatte sich in einem der vorbereiteten Verstecke eingerichtet. Von dort aus versuchte er, andere führende Anhänger von Athanasios aus der Stadt zu schmuggeln. Er ließ mich oft holen, um irgendwelche Patienten zu behandeln. Doch seine größte Sorge galt Erzbischof Petrus.

»Wenn sie ihn töten«, meinte er mir gegenüber, »haben wir keinen Erzbischof mehr, der nach den Gesetzen der Kirche geweiht ist, dann haben wir keine größeren Ansprüche mehr als die Anhänger des Lucius. Und unser Fall wird nur noch heikler, wenn wir das Westreich um Unterstützung bitten. Man wird uns schwerlich erlauben, eine Versammlung einzuberufen und einen anderen Erzbischof zu wählen. Wir müssen ihn da herausholen.«

Doch Petrus wurde in der Zitadelle gefangengehalten, die auf Kap Lochias lag und von der übrigen Stadt durch eine Mauer getrennt war. Niemand hatte die Erlaubnis erhalten, ihn zu besuchen. Wir konnten nur hoffen, daß er noch am Leben war: Er bekleidete einen hohen Rang und konnte nicht ohne Gerichtsverfahren gefoltert oder hingerichtet werden. Und es gab nichts, dessentwegen er wirklich verurteilt werden könnte, deshalb war er wahrscheinlich noch nicht in Gefahr. Doch Theophilos' Blick verdüsterte sich immer mehr. »Auch Bischof Paulus von Konstantinopel wurde ermordet«, sagte er. »Sie haben ihn sechs Tage lang ohne Essen oder Trinken in eine dunkle Zelle gesperrt; als sie nachsahen und ihn immer noch am Leben fanden, haben sie ihn erdrosselt. Aber ich glaube, Petrus würden sie nicht erdrosseln müssen. Sechs Tage würde er gar nicht überleben. Und wenn er stirbt, können sie sagen, er sei sowieso krank gewesen, und behaupten, sie seien schuldlos an seinem Tod.« Dann richtete Theophilos sich auf und sah mich mit einem schwachen Glänzen in den Augen nachdenklich an. »Immerhin, vielleicht lassen sie ja seinen Arzt zu ihm. Nur um zu beweisen, daß es nicht ihre Schuld war, wenn er stirbt.«

»Sie würden mich durchsuchen«, wandte ich ein.

»Du müßtest ja überhaupt nichts bei dir haben«, erwiderte Theophilos und erwärmte sich immer mehr für den Plan. »Jedenfalls nicht beim erstenmal.

Es würde uns schon sehr helfen, wenn wir wissen, wo genau sie ihn festhalten.«

Ich sagte nichts. Petrus war mein Patient, und ich fühlte mich für ihn verantwortlich. Ich hatte den alten Mann gerne, und der Gedanke daran, daß er angekettet im Gefängnis lag und vielleicht dem Hungertod preisgegeben war, tat mir weh. Doch wenn man mich durchsuchte, würde man mich entlarven. Es wäre mein Verderben und würde der Kirche überhaupt nichts nützen, da ich unzweifelhaft sofort nach Ephesus gebracht würde.

»Was ist los?« fragte Theophilos ungeduldig. »Hast du Angst?«

»Ja«, sagte ich. »Ich bin nicht scharf darauf, gefoltert zu werden.«

»Wir würden dich hinterher aus der Stadt schaffen«, sagte er beruhigend. »Wir würden es nicht zulassen, daß sie dich einkerkern.«

Ich erwiderte nichts.

Theophilos schlug mit der flachen Hand auf sein Schreibpult, seine Augen funkelten ärgerlich. »Sieht so deine Treue zu deiner Kirche und deinem Erzbischof aus?« begehrte er zu wissen. »Was spielt es denn für eine Rolle, ob du aus der Stadt fliehen mußt? Erzbischof Petrus kann von dir mit Fug und Recht erwarten, daß du ihm hilfst! Er ist dein geistlicher Vater, dein Freund, der dir, ich weiß nicht wie oft, Gastfreundschaft gewährt hat. Und er ist dein Patient, ich dachte, das zählt etwas in deinen Augen. Erachtest du deine Karriere für mehr wert als sein Leben?«

Ich stöhnte nur. Es war spät in der Nacht, und ich hatte den ganzen Tag lang Verwundete behandelt. Am Morgen waren zwei meiner Patienten an Blutvergiftung gestorben und diese Nacht würde wieder einer sterben. Ich fühlte mich schuldig und war beschämt, daß ich inmitten derartigen Leidens verschont geblieben war. Ich hatte an keinem Aufruhr teilgenommen, hatte nicht versucht, den Erzbischof zu befreien, hatte überhaupt nicht gekämpft; ich hatte mich in mein Zimmer eingeschlossen, bis es draußen wieder sicher war. Theophilos' Worte verletzten mich.

»Was machen sie, wenn sie einen durchsuchen?« fragte ich ihn.

Wenn ein wichtiger Gefangener von seinem Arzt Besuch erhält, wird der Arzt nur sehr oberflächlich durchsucht. Ich hatte damit gerechnet, entkleidet zu werden, hatte gedacht, daß zumindest meine Kleider nach irgendwelchen geheimen Botschaften oder eingenähten Messern durchsucht werden würden, und heimlich hatte ich mir einen Penis gebastelt und am richtigen Platz befestigt, um jede tastende Hand zu täuschen. In Wirklichkeit beobachten die Gefängniswärter die Gefangenen die ganze Zeit über und verlassen sich darauf, auf diese Weise alles zu entdecken, was die Freunde des Gefangenen unter Umständen für ihn ins Gefängnis geschmuggelt haben.

Ich beantragte beim Präfekten eine Besuchserlaubnis für Petrus und erhielt einen Brief, der mich zu einem Besuch ermächtigte. Die Zitadelle war schwer bewacht; als ich mich am Tor zeigte, wurde mein Schreiben sorgfältig geprüft, bevor ich durchgelassen wurde. Dann mußte ich im Wachraum auf einen Begleitsoldaten warten. Ich war noch nie zuvor in der Zitadelle gewesen. Durch das Fenster des Wachraums sah ich auf die breiten Straßen, auf die Säulen aus Marmor und Vulkangestein vor den öffentlichen Gebäuden und auf die hochgewachsenen, grünen Dattelpalmen hinter den Mauern der Privatgärten. Es war hier sehr viel ruhiger als in der Stadt.

Schließlich erschien eine von Petrus' Wachen, ein stämmiger Soldat, der einen schwarzen Umhang über seinem Harnisch aus Bronze und Leder trug, beäugte mich mißtrauisch und prüfte mein Erlaubnisschreiben. Dann nickte er und führte mich in die ruhige Straße hinaus. Es stellte sich heraus, daß der Erzbischof in einem der Wachtürme gefangengehalten wurde, die den Großen Hafen überblicken. Mein Begleitsoldat brachte mich dorthin und übergab mich einer anderen Wache, die meinen Brief noch einmal prüfte. Nachdem er sich das Siegel genau angesehen hatte, durchsuchte er meine Medizintasche und ließ mich dann hinauf, um Petrus zu besuchen.

Der Erzbischof wurde in einem ziemlich großen Raum festgehalten. Das Fenster war vergittert, sonst aber hätte es jeder beliebige Raum in einem Privathaus sein können, ein sauberes, weißes Zimmer mit einem in roten und weißen Ziegeln ausgelegten Fußboden, einem Bett, einer Ruhebank, einem Nachtgeschirr und einem Schreibpult, allerdings gab es keinerlei Bücher oder Papyri. Als ich hereinkam, lag Petrus auf dem Bett, und zwei weitere Wachsoldaten saßen auf einer Bank und würfelten. Die Hände des Erzbischofs waren zusammengekettet, und die Kette war an einem Stützbalken an der Wand befestigt. Aber es war eine ziemlich lange und nicht sehr grobe Kette mit einigermaßen geschmeidigen Gliedern. Ich hatte eine Menge Verletzungen behandelt, die von starren Ketten verursacht worden waren, und deshalb war ich sehr froh.

»Chariton!« rief Petrus aus, als ich hereinkam. Er richtete sich auf und sah mich strahlend an. »Sei gesegnet, mein lieber Bruder! Ich habe schon gedacht, ihr hättet mich völlig vergessen!«

»Sei gegrüßt, Heiligkeit«, erwiderte ich und küßte seine Hand. »Niemand hat dich vergessen. Wie geht es dir?«

Es ging ihm nicht allzugut. Er hatte ein wenig Fieber und eine leichte Dysenterie und machte einen sehr niedergeschlagenen Eindruck. Ich untersuchte ihn gründlich und empfahl ihm klare Brühe gegen seine Dysenterie. Da die Wachsoldaten zuhörten, konnte ich ihm nicht viel erzählen, ich versicherte ihm jedoch, daß seine Freunde an ihn dächten und für ihn beteten.

»Und ich bete für sie«, antwortete er. »Ich habe einiges gehört, was passiert ist.« Er schwieg einen Augenblick und starrte seine Fesseln an, dann blickte er mit Tränen in den Augen auf. »Ich wünschte, Thanassi hätte mich nicht zum Nachfolger ernannt. Ich bin es nicht wert, auf dem erzbischöflichen Thron zu sitzen. All diese Menschen, die meinetwegen Marterqualen erleiden. Ich habe schon jetzt versagt.«

»Du warst krank«, erwiderte ich. »Es ist zu früh, um von Versagen zu reden. Und du weißt ganz genau, daß auch Athanasios gesagt hat, *er* sei unwürdig und hätte den Thron niemals besteigen sollen. Du bist also in guter Gesellschaft.«

Er schüttelte den Kopf. »Thanassi war anders. Er fürchtete sich davor, was die Macht ihm antun würde und was er mit ihr tun würde, doch er wußte stets, wie er sie erringen und benutzen mußte. Er versuchte, dem Thron zu entgehen – er ließ sich sogar nach Konstantinopel schicken, als Erzbischof Alexandros im Sterben lag – doch niemand zweifelte je daran, daß er zum Nachfolger bestimmt war. Ich dagegen! Ich kann nicht mal auf mich selbst aufpassen, gar nicht zu reden von Rat und Hilfe für andere, die sich in Not befinden. Der Thron hätte an Theophilos gehen sollen.«

Ich bemerkte, daß die Wachen bei diesen Worten aufmerkten, aber ich lächelte nur und sagte: »Seine Heiligkeit hat dich ernannt, und du wirst doch zugeben, daß er im allgemeinen recht gut wußte, was er tat. Nur Mut! Wir werden tun, was wir können, um deine Lage ein bißchen angenehmer zu gestalten.«

»Kannst du mir eine Kopie der Heiligen Schrift oder einige Evangelien zukommen lassen?« fragte er. »Ich habe hier nichts zu lesen, und es ist schwer, dem Glauben treu zu bleiben, wenn der Geist müßig ist.«

Ich versprach ihm, die Behörden darum zu bitten, und wurde aus dem Raum geleitet. Bevor ich die Zitadelle verließ, wurde ich in der Residenz des Präfekten in einen kleinen Raum geführt und von zwei Beamten lange Zeit verhört. Einer von ihnen war ein Notar, der sich von allem, was ich sagte, Notizen in Kurzschrift machte. Sie wollten etwas über Theophilos und einige der anderen Geistlichen in Erfahrung bringen. Ich tat so, als glaubte ich, sie seien aus der Stadt geflohen. Sie boten mir ein Bestechungsgeld an, das ich mit vielen Entschuldigungen und mit der Bemerkung ablehnte, ich sei bloß ein Arzt und niemand habe mir auch nur die geringsten Informationen anvertraut. Ich erzählte ihnen alles über Athanasios' Krankheit und über den Gesundheitszustand von Petrus, und gab ihnen eine Fülle medizinischer Einzelheiten, die sie gar nicht wissen wollten. Dann erwähnte ich Petrus' Bitte um Bücher, mißbilligte diese leicht und spielte, so gut ich konnte, den selbstgefälligen Arzt. Sie schickten jemanden zu dem Präfekten hinein, um ihn danach zu fragen, und er ließ mir ein Papyrus zukommen, das mich dazu ermächtigte, Petrus eine Sammlung der Evangelien zu bringen. Schließlich ließen mich meine Befrager gehen. Die Wache führte mich zum Tor der Zitadelle zurück; die schweren Türen wurden geöffnet, und ich befand mich wieder in der heißen, lärmenden, jedermann zugänglichen Stadt. Ich seufzte erleichtert auf und mußte mich erst einmal einen Augenblick lang setzen, um mich zu beruhigen. Erst jetzt, da die ganze Tortur vorüber war, konnte ich mir selbst eingestehen, welche Angst ich gehabt hatte.

Als ich sicher war, daß mich niemand verfolgte, ging ich zu Theophilos und erzählte ihm alles über das Gespräch. Er war sehr erfreut. »Ein Wachturm«, sagte er. »Wenn wir ihn da heraušholen könnten, wäre es keine große Sache, ihn in ein Boot zu verfrachten und aus der Zitadelle zu schaffen. Wenn wir ihm auf irgendeine Weise Geld bringen und die Wachen bestechen können . . . ja, das hast du sehr gut gemacht, Chariton. Danke.«

»Möchtest du, daß ich die Stadt jetzt verlasse?« fragte ich ein wenig ängstlich.

»Nein, tu das nicht! Sie werden dich im Augenblick sicherlich beobachten und würden mißtrauisch, wenn du jetzt verschwindest. Geh einfach deinen üblichen Pflichten nach; ich werde dir eine Nachricht zukommen lassen, wenn ich eine Möglichkeit sehe, den Erzbischof herauszubekommen.«

»Was ist mit den Büchern?«

»Ach ja! Ich werde dir Petrus' eigene Sammlung von Evangelien schicken lassen, und du kannst sie morgen in der Zitadelle abgeben. Oder vielleicht . . . kann ich deinen Passierschein einmal sehen?«

Ich händigte ihm das Stück Papyrus aus, und er las es sich durch, dann faltete er es zusammen und steckte es lächelnd in seine Geldbörse. »Dieser Brief ermächtigt den Überbringer, einige Evangelien in dem Haus, in dem Petrus gefangengehalten wird, abzugeben. Ich werde ihn einem der Freunde des Bischofs geben. Dann kann er jemanden schicken, der die Bücher heute abend abgibt.«

Er saß einen Augenblick still da und starrte auf einen der Siegelringe an seiner Hand; er drehte ihn vor und zurück, dann sah er mich wieder an und lächelte erneut. Es war ein seltsames Lächeln. »Wie kann ich dich erreichen, falls ich dich kurzfristig warnen muß?« fragte er.

Ich sagte ihm, ich würde eine Liste meiner Patienten zu Hause hinterlegen, und er nickte. Dann dankte er mir noch einmal, und ich ging.

Zwei Tage später kehrte ich spätabends nach Hause zurück. Es schien niemand da zu sein. Die Tür war unverschlossen. Ich ging hinein und rief nach den Nonnen, aber keine Menschenseele antwortete. Ich machte mich auf den Weg nach oben. Als ich im zweiten Stock angelangt war, öffnete sich die Tür zu meinem Zimmer, und ein Soldat blickte auf mich herab. Ich blieb stehen, er rannte die Stufen herunter und packte mich am Umhang. »Chariton von Ephesus?!« fragte er und kam mit seinem Gesicht ganz nahe an das meine heran. Das Weiße seiner Augen hatte eine gelbliche Färbung angenommen, und unter dem bronzenen Visier seines Harnischs hatte er eine gebrochene Nase.

»Ja«, sagte ich. »Was ist los?«

Er schnaubte verächtlich und zog mich ohne eine Antwort die Stufen hinauf. Mein Zimmer war durch meine eigenen Öllampen und eine zusätzliche Fackel hell erleuchtet. Zwei weitere Soldaten durchsuchten meine Sachen. Derjenige, der mich festhielt, schob mich durch die offene Tür, dann kam er nach und schloß die Tür hinter sich. »Hier ist er«, sagte er zu seinen Kameraden. »Immerhin ist er nicht abgehauen.«

»Ich habe Patienten besucht«, erzählte ich ihnen und versuchte, die Fassung zu bewahren. »Wer seid ihr, und was wollt ihr? Ich habe nichts Schlechtes getan.« Ich versuchte, selbstsicher zu klingen, aber ich hatte Angst. Ich glaubte nicht, daß man mich nur deshalb bestrafen könnte, weil ich der Arzt eines bestimmten Mannes gewesen war. Aber Bischof Lucius war zu allem fähig.

»Petrus von Alexandria«, sagte der Soldat, der mich gepackt hielt. »Wo ist er?«

Ich starrte ihn an. Theophilos hatte mir versichert, daß er mich aus der Stadt schaffen und nicht zulassen würde, daß sie mich erwischten. Es konnte ihm doch noch nicht gelungen sein, Petrus zu befreien? Er hätte es mir doch sicherlich erzählt, bevor er etwas dergleichen in Szene setzte? »Er ist . . . er ist im Gefängnis«, sagte ich. »In der Zitadelle. Dort habe ich ihn vorgestern noch besucht.«

Die Soldaten grinsten höhnisch. »Das wissen wir. Du warst der einzige von seiner Sippschaft, der ihn dort besucht hat. Wo ist er jetzt?«

»Ich weiß nicht, wovon ihr sprecht.«

Einer der Soldaten packte mich und drehte mir die Arme auf den Rücken. Ein anderer schlug mir zweimal mitten ins Gesicht. Ich war wie betäubt und drauf und dran, in Ohnmacht zu fallen, doch der Schmerz in meinen Armen brachte mich wieder zu mir. »Heiliger Jesus Christus«, sagte ich. »Hör mit dem Beten auf«, sagte der Soldat und versetzte mir einen Stoß in den Magen. Ich krümmte mich vor Schmerzen; der andere ließ mich los, und ich fiel auf den Fußboden. Der Soldat versetzte mir zwei Fußtritte, einen in die Rippen und einen zwischen die Schenkel; wenn ich wirklich ein Mann gewesen wäre, wäre ich ohnmächtig geworden, aber auch so tat es höllisch weh. Ich schrie auf, und der Soldat hinter mir ergriff mich und zerrte mich wieder hoch, wobei er mir die Arme verdrehte.

»Ich bin ein Mann von vornehmer Abkunft«, sagte ich, als ich wieder sprechen konnte. »Das könnt ihr nicht tun.« Ich zitterte fürchterlich und fühlte, wie mir etwas das Kinn herunterrann: Wahrscheinlich bluteten meine Lippen.

»Du? Eunuchen sind Sklaven.«

»Ich bin frei geboren und stamme aus guter Familie!«

»Du bist ein dreckiger, arschleckender Sklave des Athanasios!« antwortete einer der Soldaten. Aber sie schlugen mich nicht mehr. Es ist ungesetzlich, Männer von edler Geburt zu foltern, und die »gute Familie« eines Opfers konnte einen Soldaten ruinieren.

»Sobald er im Kerker ist, werden wir überprüfen, wer er ist«, sagte der Chef der Soldaten zu den anderen. »Fessle ihn.«

Sie fesselten mir die Hände mit einem langen Lederriemen auf dem Rücken zusammen, wobei sie das eine Ende herabhängen ließen, um mich daran festzuhalten. Dann stießen sie mich in die andere Ecke des Zimmers, um mich aus dem Weg zu haben, und fuhren damit fort, meine Sachen zu durchsuchen. »Bei Kybele!« rief einer der Soldaten aus. »Was für ein Haufen Bücher!«

Der Hauptmann zog die Abhandlung des Athanasios über die Menschwerdung des Wortes heraus und schnaubte verächtlich; einer der anderen hielt den Galen in die Höhe. Das Buch öffnete sich auf der Seite, auf der die Abbildungen des Herzens und der Lungen zu sehen waren, und der Soldat glotzte sie mit offenem Mund an. »Ist das Magie?« fragte er seinen Vorgesetzten nervös.

»Das ist ein medizinischer Text über Anatomie«, warf ich eilig ein.

Der Soldat sah mich finster an und hielt das Buch an die Fackel, um zu sehen, ob es brennen würde.

»Nein!« schrie ich laut auf. »Bitte nicht! Es ist sehr wertvoll!«

Daraufhin betrachteten sie es nachdenklich und mit größerem Respekt. »Nimm es lieber als Beweis mit«, meinte der Hauptmann. »Die Briefe ebenfalls.«

So packten sie all meine Bücher und die paar Briefe auf dem Schreibpult in die Kleidertruhe. Sie nahmen mir auch meine Medizintasche weg und legten sie obendrauf. Sie suchten nach Geld, aber ich bewahrte nicht viel in meinem Zimmer auf: Ich hatte alle meine Wertsachen nach wie vor bei meinem Geldhändler. Sie nahmen das verstreut herumliegende Kleingeld und steckten es in ihre Taschen. Dann stießen sie mich die Treppe hinunter. Während zwei von ihnen die Truhe schleppten und dabei über das Gewicht der Bücher fluchten, hielten mich die anderen an dem Riemen fest, mit dem meine Handgelenke gefesselt waren. Sie zerrten mich die Treppe hinunter und durch das leere Haus, die Straßen entlang und in das Gefängnis der Zitadelle.

Der Arzt eines Erzbischofs hat kein Anrecht auf eine Einzelzelle; ich wurde in das normale Gefängnis geworfen, in dem sich schon etwa zwanzig andere Männer und Frauen befanden. Meine Wächter führten mich bei Fackellicht hinein, dann standen sie einen Augenblick lang unschlüssig da und suchten etwas, woran sie mich festbinden konnten. Das Gefängnis war dunkel, die Wände waren aus unbehauenen Steinen; auf dem Fußboden lag eine dünne Schicht schmutzigen Strohs voller Flöhe. Erschrockene Augen blickten verwirrt in das Licht der Fackeln. Ein paar vor Schmutz starrende Körper richteten sich mühsam auf, duckten sich vorsichtig lauernd wieder zusammen und beobachteten uns, während andere Gefangene völlig erschöpft in einer Ecke lagen und schliefen. Man hörte das Klirren von Ketten, ein leises Stöhnen. Der ganze Raum stank. Es gab lediglich einen Graben entlang der Mauer, der als Latrine diente; er war übersät mit Fliegen. So spät in der Nacht konnten die Gefängniswärter keine Ketten mehr für mich suchen. Sie fanden einen freien Ring, der in die Mauer eingelassen war, stießen einen der Schläfer mit dem Fuß zur Seite, zerrten mich dorthin und befestigten den Lederriemen daran. Ein Wärter versetzte mir einen Fußtritt gegen die Beine, so daß ich in das Stroh fiel. »Man wird dich morgen verhören«, sagte er, »und auf die Folterbank spannen, falls du wirklich ein Sklave bist. Wegen der Ketten können wir uns dann immer noch Gedanken machen.« Er und seine Kameraden marschierten mit den Fackeln hinaus und ließen den Kerker im Dunkel.

Ich hatte keine Zeit, lange dort zu liegen und mich zu fragen, was eigentlich geschehen war. Sobald die Wachen gegangen waren, fingen die anderen Gefangenen an, Fragen zu stellen: Wer war ich? War ich ebenfalls um des Glaubens willen eingesperrt worden? Stimmte es, daß Erzbischof Petrus entkommen war? Dann begann eine der Gefangenen aufgeregt zu rufen. Erschrocken erkannte ich selbst durch meine Erstarrung hindurch ihre Stimme: die Nonne Amundora. »Er hat unseren Herrn gerettet, Erzbischof Petrus!« berichtete sie den anderen.

Sie erzählte ihnen alles über mich: Ich sei ein fremder Eunuch, der nach einer göttlichen Offenbarung des Erzbischofs Athanasios zum nizäischen Glauben bekehrt worden sei. Ich sei dem Pfad der wahren Religion und des Asketentums gefolgt, habe die Armen umsonst behandelt und den Heiligen der Kirche gedient. Ich hätte Erzbischof Petrus besucht und ihm bei seiner Flucht geholfen. Sie selbst war schon im Verlaufe des Tages verhaftet worden, kurz nachdem die Behörden sich angeschickt hatten, nach mir zu suchen. Und jetzt saß sie durch meine Schuld in diesem schmutzigen

Kerker, ohne zu wissen, wo ihre Schwestern waren. Aber daran dachte sie nicht. Sie plapperte vor sich hin und ließ eine fromme, leidenschaftliche Rede voller Bewunderung für mich vom Stapel. Sämtliche Gefangenen priesen nun meine Kühnheit und sprachen mir und auch sich gegenseitig als Märtyrer Mut zu. Ich fühlte mich aufgrund der Schläge und auch vor Angst schrecklich elend. Falls die Behörden Amundoras Geschichte Glauben schenkten, folterten sie mich vielleicht sogar, selbst wenn sie entdeckten, daß ich eine Frau war.

Einem Gefangenen gelang es, den Lederriemen an meinen Handgelenken so weit zu lockern, bis das Blut mit einem brennenden Schmerz in meine Hände zurückfloß. Als die anderen Gefangenen zur Ruhe gekommen waren und außer dem gelegentlichen Stöhnen oder dem Klirren einer Kette Stille im Raum herrschte, saß ich erschöpft, aber hellwach in dem schmutzigen Stroh. Ich dachte daran, die Wachen zu rufen und ihnen zu erzählen, daß ich nicht Chariton war, ein nizäischer Arzt, sondern Charis, die Tochter des Theodoros von Ephesus, deren Vater sie belohnen würde, wenn sie mich nach Hause schickten.

Aber ich schämte mich, fortzulaufen. Ich war nicht jenes junge Mädchen von edler Geburt. Ich war es niemals wirklich gewesen. Der Gedanke, in das Haus meines Vaters zurückzukehren, glich dem Gedanken, lebendig verbrannt zu werden, oder vielmehr dem, wie ein Säugling in Kissen erstickt zu werden. Mein Leben war die Heilkunst. Je länger ich sie studierte, desto mehr liebte ich sie. Nichts konnte faszinierender oder aufregender sein als die verzwickten Geheimnisse des menschlichen Körpers, nichts wundervoller als die Gewißheit, ein Leben gerettet zu haben. Nein, ich wollte meine Verstellung als Eunuch so lange wie irgend möglich aufrechterhalten, bis sie mir tatsächlich die Kleider vom Leibe rissen, um mich auf die Folterbank zu spannen. Aber vielleicht kam es ja gar nicht dazu. Vielleicht konnte ich die Behörden davon überzeugen, daß ich von Petrus' Verschwinden auch nicht mehr wußte als sie selbst.

Als das graue Licht der Morgendämmerung durch die schmalen Schlitze in der gegenüberliegenden Wand sickerte, erwachte ich. Meine Prellungen taten höllisch weh, ich hatte entsetzlichen Durst, und meine neu erworbene Sammlung von Flohstichen juckte. Jetzt, da es hell war, sah ich, daß mehrere meiner Mitgefangenen bereits befragt worden waren: Ihre Körper waren von der Peitsche gezeichnet, ihre Glieder von der Folter verrenkt. Sie erwachten, bemerkten meine entsetzten Blicke und erzählten mir stolz, die Folterer hätten etwas über den Verbleib der Kirchenführer wissen wollen und außerdem verlangt, daß sie verschiedene Verbrechen gestehen, um sie hinrichten zu können. Keiner von ihnen hatte sich dazu bereit gefunden.

Etwa eine Stunde nach Tagesanbruch vernahm man ein Klicken von Metall und zwei Wachsoldaten kamen herein. Sie stellten einige Becher mit Wasser für die Gefangenen hin, dann suchten sie sich mehrere zum Verhör heraus, lösten ihre Ketten von der Wand und schleiften sie wortlos hinaus. Die übrigen Gefangenen begannen für die Opfer zu beten. Die Wachsoldaten bedachten sie mit Flüchen und versetzten einem oder zweien Fußtritte, dann gingen sie hinaus und verriegelten die Tür.

Ich konnte nicht einmal das Wasser in dem Becher erreichen, den die Wachsoldaten in meiner Nähe abgestellt hatten. Der Lederriemen war zu kurz. Ich überlegte, ob es irgendeine Möglichkeit gab, den Folteropfern zu helfen, doch mir fiel nichts ein. Es war sinnlos, den Leidenden zu raten, ihre Wunden sauberzuhalten und sich auszuruhen: Das war in diesem feuchten und schmutzigen Gefängnis unmöglich. Deshalb saß ich einfach da und wartete darauf, daß die Soldaten mich holten und malte mir die Behandlungen aus, die ich anwenden würde, wenn ich mich frei bewegen könnte und meine Arzttasche bei mir hätte. Ich hatte Angst, über meine eigene Lage nachzudenken. Schließlich jedoch fielen mir keine Behandlungen mehr ein, und ich mußte den Tatsachen ins Auge sehen. Was sollte ich den Beamten sagen? Auf Theophilos' Hilfe konnte ich nicht mehr hoffen. Ich mußte meine Rolle eines fähigen, aber etwas beschränkten Arztes, der von medizinischen Einzelheiten besessen ist und dem von den Kirchenbehörden keinerlei anderes Wissen anvertraut worden war, weiterspielen. Doch ob der Präfekt mir glauben würde, ohne mich vorher foltern zu lassen? Was hatte ihm Athanaric wohl über mich erzählt?

Ich erinnerte mich an all die Folteropfer, die ich gesehen hatte, und fühlte mich so elend vor Angst, daß ich fast alles übrige vergaß. Ich versuchte erneut zu beten, um Stärke zu bitten, und konnte es doch nicht. Ich durfte nicht in Panik geraten, dachte ich, es ist alles vorbei, wenn ich in Panik gerate. Verzweifelt begann ich, mir einige der Maximen des Hippokrates ins Gedächtnis zu rufen: Trotz meiner verzweifelten Lage fielen sie mir ohne weiteres ein. »Das Leben ist kurz und die Heilkunst lang.« Ich geriet nicht in Panik.

Gegen Mittag brachten die Gefängnisaufseher die Gefangenen zurück, zerrten diejenigen, die nicht gehen konnten, hinter sich her und ketteten sie wieder an. Dann blickten sie sich um, erspähten mich, schnitten den Lederriemen von der Wand und zerrten mich hinaus. Meine Beine waren eingeschlafen, und ich taumelte. Die übrigen Gefangenen begannen laut für mich zu beten, doch die Gefängniswärter schrien, sie sollten aufhören oder es werde heute kein Essen geben. Aber sie hörten nicht auf. »Halsstarrige ägyptische Schweine«, sagte einer der Wächter und versetzte mir einen Fußtritt, um seinen Empfindungen Erleichterung zu verschaffen.

Ich wurde aus dem Gefängnis geschleppt und durch die still daliegenden

Straßen der Zitadelle zur Präfektur geführt. Es war ein schönes Gebäude, mit marmornen Säulen an der Vorderseite und von Gärten rings umgeben. Meine Wächter führten mich durch das mit Fliesen ausgelegte Atrium mit seinen Mosaiken der vier Jahreszeiten, durch einen Hof voller Pfirsichbäume und schließlich in eine Amtsstube. Es war ein großer Raum, der Fußboden war mit wunderschönen Mosaiken von Delphinen ausgelegt, die Wände waren mit Szenen städtischen Lebens bemalt und mit Wandteppichen behängt. Nach all den Aufständen und den Soldaten und dem Gefängnis kam mir diese ganze Pracht beinahe wie ein Traum vor. Der Präfekt Palladios lehnte sich auf einer Ruhebank aus Zedernholz zurück und leerte gerade einen Becher Wein. Er war frisch gebadet und trug einen grünen Umhang mit einem Purpurstreifen. Er war ein Mann mittleren Alters, ein Illyrier. Ich war ihm ein paarmal im bischöflichen Palast begegnet, wo er anfangs Athanasios und dann Petrus einen Besuch abgestattet hatte. Auf der neben ihm stehenden Ruhebank saß ein anderer Mann, ein magerer, nervös aussehender Mensch mit einem Kropf, lockigen braunen Haaren und großen, ruhelosen Händen. Sein Umhang hatte ebenfalls einen purpurnen Saum. An seinem Finger trug er einen goldenen Siegelring mit dem Löwen des Apostels Markus. Athanasios hatte ihn getragen, später Petrus. Dann war dies also Lucius.

Hinter diesen beiden saß der Notar, der nach meinem Besuch bei Petrus alles protokolliert hatte. Er hatte seine Schreibtafel vor sich liegen und hielt seinen Griffel in der Hand; er blickte auf und nickte den Soldaten zu. Sie salutierten. »Der Eunuch Chariton von Ephesus«, verkündeten sie, und alle Anwesenden richteten ihre Blicke auf mich. Ich muß wie ein Verbrecher ausgesehen haben. Ich trug den alten schwarzen Umhang, der einst Theophilos gehört hatte und auf den sich das Blut oder das Erbrochene mehrerer Patienten ergossen hatte, und meine besudelte blaue Tunika, die im Gefängnis völlig verdreckt war. Außerdem war ich über und über mit getrocknetem Blut und Kot bedeckt. Ich wußte, daß ich stank; der Präfekt verzog seine Nase vor Ekel. Ich konnte mein eines Auge nicht richtig öffnen; es war von den Schlägen der vergangenen Nacht angeschwollen. Ich stand zwischen meinen beiden Wächtern, meine Hände waren mir auf dem Rücken gefesselt. Ich blickte auf den Fußboden.

»Hm, ja«, sagte der Präfekt. »Also, Eunuch, hast du eine Ahnung vom Verbleib des falschen Bischofs Petrus von Alexandria?«

»Er war im Gefängnis, hier in der Zitadelle«, erwiderte ich. »Ich habe ihn hier vor drei Tagen besucht. Ich wollte ihn in den nächsten Tagen noch einmal besuchen.«

»Wo wolltest du ihm denn deinen Besuch abstatten?« warf Lucius ärgerlich ein.«

»Im Gefängnis der Zitadelle«, antwortete ich ruhig. »Wenn er jetzt nicht mehr da ist, dann weiß ich nichts davon.«

»Ketzer und Lügner!« rief Lucius aus und setzte sich aufrecht hin, eine plötzliche Röte überzog seine mageren Wangen. »Du hast dafür gesorgt, daß er Geld erhalten hat, das in einem Buch versteckt war! Du hast ihm diese Bücher geschickt, damit er seine Wärter bestechen und schließlich entkommen konnte!«

»Was?« fragte ich und starrte ihn an.

Der Notar hüstelte und sah auf seine Notizen. »Der Gefangene erbat für den falschen Bischof einige Evangelien; der vortreffliche Palladios gab dieser frommen Bitte nach und schrieb eine Bestätigung aus, in der dem Gefangenen die Bücher gewährt wurden.«

»Ja, ich habe um einige Bücher für Erzbischof Petrus gebeten, aber . . .«

»Er gesteht es!« rief Lucius triumphierend aus.

». . . aber Petrus hatte mich selbst darum gebeten; ich dachte, er wollte ganz einfach etwas zu lesen. Ich weiß nichts weiter davon. Ich habe sie ihm nicht gebracht, ich habe seine Bitte nur an seine Freunde weitergegeben.«

»Welche Freunde?« fragte der Präfekt geduldig.

Ich zögerte, dann nannte ich die Namen einer Reihe reicher Laien, die die Kirche unterstützt hatten, von den Gerichten jedoch nicht belästigt worden waren.

Der Präfekt schüttelte den Kopf. »Wo befindet sich der Dekan Theophilos?« fragte er.

»Ich weiß es nicht. Ich dachte, er sei aus der Stadt geflohen.«

»Junger Mann«, sagte der Präfekt feierlich und stellte seinen Weinbecher ab, »das führt zu nichts. Wir haben von deiner Forderung gehört, aufgrund deiner vornehmen Geburt von der Folter befreit zu werden, doch die Stellung eines jeden Eunuchen ist höchst fragwürdig. Irgendwann einmal mußt du ein Sklave gewesen sein. Ich werde nicht zögern, dich auf die Streckbank zu spannen, falls du dich weigerst, mit uns zusammenzuarbeiten und uns alles zu erzählen, was du weißt.«

»Ich weiß überhaupt nichts«, erwiderte ich und fror plötzlich. »Ich bin nur ein Arzt.«

»Und ein fanatischer Anhänger des Athanasios!« rief Lucius heftig. »Laßt ihn auspeitschen, dann werden wir sehen, ob er immer noch schweigt! Es bringt nichts, mit diesen Leuten vernünftig reden zu wollen!«

Plötzlich schwang die Tür auf und hereinspaziert kam der Agent Athanaric, gefolgt von einem nervösen Schreiber. »Vortrefflicher«, sagte er und nickte dem Präfekten zu. »Heiligkeit«, ein Nicken in Richtung von Lucius. Und: »Ich grüße dich, Chariton!« zu mir. Wir sahen uns einen Augenblick lang an, dann wandte sich Athanaric wieder dem Präfekten zu. »Vortrefflicher, ich hoffe, du wirst mir verzeihen, wenn ich mich einmische, aber ich habe ein Interesse an diesem Gefangenen. Darf ich mich dazusetzen?«

Der Präfekt nickte, und Athanaric ließ sich auf der nächstgelegenen Ruhebank nieder, wobei er sich auf das äußerste Ende setzte, um genügend Bewegungsfreiheit für sein Schwert zu haben.

»Ich wußte gar nicht, daß du in Alexandria bist«, sagte ich. Es sollte sich nicht wie eine Anklage anhören, aber es klang doch so.

»Oh, ich habe dem vortrefflichen Präfekten eine Botschaft überbracht«, meinte Athanaric leichthin. »Bist du in diese Fluchtgeschichte verwickelt?«

»Ich war der Arzt von Erzbischof Petrus«, sagte ich, froh darüber, meinen Standpunkt genau darlegen zu können. »Während er im Gefängnis saß, bin ich zu ihm gegangen, um ihn zu untersuchen. Aber ich hatte nichts damit zu tun, Geld zu ihm hineinzuschmuggeln. Ich habe ihm lediglich etwas klare Brühe verordnet und seine Bitte nach einigen Evangelien weitergegeben.«

»Nun, da siehst du es ja!« sagte Athanaric an den Präfekten gewandt. »Gibt es irgendwelche Beweise dafür, daß er diese Bücher selbst hineingeschmuggelt hat?«

Sämtliche Anwesenden sahen Athanaric ziemlich verwundert an. Am meisten verwundert aber war ich. Ich dachte, er sei gekommen, um gegen mich auszusagen, um dem Präfekten davon zu berichten, daß ich seine Bestechungsversuche zurückgewiesen hatte. Statt dessen schien er sich dazu entschlossen zu haben, mich zu verteidigen. Der Präfekt Palladios machte plötzlich einen etwas weniger selbstsicheren Eindruck.

»Er ist einer dieser verdammten Fanatiker«, warf Lucius ein. »Er würde alles tun, um die Partei der Ketzer zu unterstützen.«

Athanaric schnaubte verächtlich. »Er ist ein Fanatiker, ganz recht. Seine Wahrheit wurde dem Propheten Hippokrates offenbart, dem eingeborenen Sohn des Gottes der Heilung, dessen Wort sein Gesetz ist — ausgenommen vielleicht, was die Dosierung von Nieswurz anbetrifft, über die Chariton seine eigenen ketzerischen Ansichten hegt. Ich bitte euch, ihr habt sein Zimmer durchsucht. Habt ihr irgendwelche Evangelien, Psalter, theologischen Abhandlungen gefunden?«

Der Notar überprüfte seine Liste. »Bischof Athanasios' *Über die Menschwerdung des Wortes*. Alles andere . . .« Mit einem raschen Blick überflog er den Zettel. »Alles andere sind medizinische Texte. 62 an der Zahl.«

»Nicht einmal eine Epistel?« fragte Athanaric.

Der Notar schüttelte den Kopf und lächelte ein verkniffenes kleines Lächeln. »Vortrefflicher«, wandte er sich an den Präfekten, »ich bin geneigt, die Einschätzung des höchstgeschätzten Agenten bezüglich des Gefangenen zu teilen. Ich war bei seiner Befragung im Anschluß an seinen

Besuch bei dem entwichenen Gefangenen dabei, und alles, worüber er sprach, war die Verdauung von Bischof Petrus. Und was seine persönliche Korrespondenz anbetrifft, so enthielt die Habe des Gefangenen nur dies hier! Und das ist alles andere als belastend.«

Der Notar hielt ein Stück Papyrus in die Höhe. Athanaric nahm es ihm ab. »Was ist das? Ein Brief?« Ich sah, daß es Thorions Brief war, sein letzter: Es war die Antwort auf meinen, in dem ich ihm über Athanasios' Tod berichtet hatte, jedoch vor Lucius' Ankunft in der Stadt. »›Theodoros, Sohn des Theodoros an Chariton aus Ephesus‹«, las Athanaric vor. »›Viele Grüße‹ usw. usw. . . . Hier!«

Ich höre, daß Bischof Athanasios ein Patient von dir war und daß du ihn nicht im Stich lassen konntest. Bei Artemis! Jetzt ist er tot, und du tätest gut daran, dir ein paar weniger umstrittene Patienten zu suchen oder, noch besser, welche, die gar nicht umstritten sind. In Alexandria gibt es jetzt bestimmt einigen Ärger. Charition, ich möchte nicht, daß du darin verwickelt wirst. Es gibt doch wirklich kaum jemanden, der sich weniger für diese ganzen verdammten theologischen Streitfragen interessiert, warum schmeißt du nicht alles hin und kommst zu mir nach Konstantinopel? Maia würde außer sich vor Freude sein, dich wiederzusehen.

Athanaric ließ den Brief sinken und sah mich abschätzend an. »Ein verständiger Mann, dein Freund. Warum hast du nicht auf ihn gehört?« »Petrus war ebenfalls mein Patient«, sagte ich. »Und noch viele andere. Und die Hospitäler waren geschlossen. Es gab sonst niemanden, der sie behandelte.«

Athanaric händigte den Brief wieder dem Notar aus. »Dieser Mann hier«, sagte er und deutete auf mich, »ist ein sehr guter Arzt und nichts weiter. Als ich ihm lange vor Bischof Athanasios' Tod Bestechungsgelder für Informationen anbot, wußte er nicht, wofür er sie ausgeben sollte. Ich habe die Angelegenheit überprüft und nichts herausfinden können, als daß er die Heilkunst praktiziert, Bücher über medizinische Fragen liest, zu Vorlesungen über Medizin geht und mit seinem alten Lehrer, der nicht einmal Christ ist, über medizinische Probleme redet. Nach allem, was ich weiß, verbringt er den Rest seiner Zeit damit, über Medizin nachzudenken und von Medizin zu träumen. Er gehört nicht zu *deinen* Fanatikern, Heiligkeit. Wenn einige von Erzbischof Petrus' Freunden es für ihre Zwecke ausgenutzt haben, als er ihnen von der Bitte des alten Mannes berichtete, war dies nicht sein Fehler. Ich glaube nicht, daß er irgend etwas von dieser Sache wußte.«

»Er hat sich mitten in diesem Vipernnest der Ketzerei aufgehalten«, entgegnete Lucius eigensinnig. »Er kannte all die Männer, die wir schnappen wollen. Selbst wenn er nicht in das Komplott zur Befreiung des falschen Bischofs verwickelt war – ich glaube jedoch nach wie vor, daß er es war! –, muß er wissen, wo sich Theophilos und diese anderen Schlangen verstecken. Ich möchte mein Leben darauf verwetten, daß er die Hälfte der Flüchtlinge behandelt hat, die der gerechten Strafe entgehen wollten und diese Stadt verlassen haben, und ich wäre nicht überrascht, wenn er diesen falschen Bischof Petrus auch nach seiner Flucht noch gesehen und behandelt hat. Auf die Folter mit ihm!«

Palladios zögerte, dann nickte er widerwillig mit dem Kopf. Er wandte sich an mich. »Willst du sprechen, Eunuch, oder muß ich dem Vorschlag des allerfrömmsten Erzbischofs folgen?«

Wieder unterbrach ihn Athanaric. »Was auch immer er von diesem oder jenem Flüchtling wissen mag, er würde seinen hippokratischen Eid auf keinen Fall brechen«, meinte er. »Der ist für ihn wichtiger als ein kaiserlicher Erlaß. Ich glaube nicht, daß er dir etwas sagen würde, es sei denn, du foltertest ihn bis zum Äußersten. Und, vortrefflicher und barmherziger Palladios, ich bitte dich, das nicht zu tun. Mir zu Gefallen.«

»Warum verteidigst du diesen . . . diesen kastrierten Ketzer?« fragte Lucius ihn wütend.

»Weil er mir das Leben gerettet hat«, erwiderte Athanaric gelassen. »Wenn er nicht gewesen wäre, wäre ich an einem Fieber gestorben. Und da, wo wir herkommen, sind wir der Meinung, daß uns dies zu Schuldnern macht.«

»Blutschuld!« sagte Lucius. Er erhob sich und grinste Athanaric hämisch an. »Ein heidnischer Gedanke; ein barbarischer Gedanke; törichte und wertlose gotische Gefühlsduselei!«

Athanaric wurde rot. »Vielleicht. Aber ich ziehe sie deiner römischen Grausamkeit vor, allerchristlichster Erzbischof.« Er wandte sich wieder dem Präfekten zu. »Darüber hinaus, vortrefflicher Palladios, könnte dieser Chariton dem Staat von großem Nutzen sein, wenn du ihn am Leben läßt. Falls du ihn auf der Folter tötest, verrät er dir vielleicht ein paar wertlose Namen von Leuten, die wahrscheinlich längst auf und davon sind, bis du nach ihnen suchen läßt. Doch wenn er am Leben bleibt, könnte er ein Werkzeug sein, die Armeen ihrer geheiligten Majestäten zu stärken, und außerdem eine Möglichkeit für dich, deinen Amtsgenossen in Thrazien einen Gefallen zu erweisen.«

»Wieso?« fragte Palladios, und es war ihm förmlich anzusehen, wie er die Ohren spitzte. »Was soll das heißen?«

»Schicke ihn zur Arbeit in ein Militärhospital«, erwiderte Athanaric.

»Warst du einmal in einem Hospital an der Donaufront? Die Ärzte in derartigen Hospitälern sind unfähige Quacksalber. Ich wußte nicht, wie schlecht sie sind, bis ich einem wirklichen Anhänger des Hippokrates begegnete wie unserem Gefangenen hier. Sie bringen mehr Männer um, als sie gesund machen. Aber hippokratische Ärzte wollen eben nicht in Militärhospitälern irgendwo am Ende der Welt arbeiten. Sie verbringen ihre Zeit lieber damit, die gereizten Nerven irgendwelcher Damen zu besänftigen, oder sie behandeln vielleicht sogar den alexandrinischen Pöbel und überlassen unsere Soldaten den Schlächtern und Zauberern. Nun, ich kenne den Heerführer von Skythien; er wäre hocherfreut, einen guten alexandrinischen Arzt zu bekommen, einen Absolventen des Museums, der ihm sein Hospital auf Vordermann bringt. Wenn du einen Vertrag aufsetzen willst, vorzüglichster Palladios, und Chariton willigt ein, ihn zu unterschreiben, hättest du das Vergnügen, dir den Heerführer Sebastianus zum Schuldner zu machen, den Interessen des Staates zu dienen und deine Stadt von einem Anhänger der athanasischen Partei zu befreien, und das alles auf einmal.«

Palladios atmete hörbar aus, seufzte und sah mich nachdenklich an.

»Warum solltest du ihn laufen lassen?« begehrte Lucius zu wissen, der merkte, daß er drauf und dran war, das Spiel zu verlieren, und nur noch wütender wurde. »Er weiß bestimmt etwas über unsere Feinde. Laß ihn foltern, und dann warten wir ab, ob er spricht.«

»Laß ihn foltern, laß ihn auspeitschen, laß ihn töten!« rief Palladios gereizt und drehte sich zum Erzbischof um. »Das ist alles, was du sagen kannst. Ich schwöre bei allen Göttern, ihr Bischöfe seid blutdürstiger als irgendwelche barbarischen Menschenfresser! Wozu soll es denn gut sein, einen Arzt umzubringen? Der höchst edle Athanaric hat recht: Der Eunuch ist von größerem Nutzen, wenn er Soldaten in Thrazien zusammenflickt. Nun gut, Chariton aus Ephesus«, erneut wandte er sich mir zu und überließ es Lucius, vor Wut an seinen Nägeln zu kauen und ihn mit aufgebrachten Blicken zu traktieren. »Wärest du bereit, einen solchen Vertrag zu unterschreiben?«

Ich fühlte mich sehr wacklig in den Knien und mußte mehrmals schlucken, bevor ich antworten konnte. Ich hatte das ganze Ausmaß meiner Angst erst gespürt, als ich zu hoffen begann, ich könne noch einmal davonkommen. »Nichts lieber als das«, sagte ich schließlich.

Es war nicht ganz klar, wer für das Aufsetzen des Vertrages, der mich zu einem Armeearzt machte, zuständig war. Schließlich wurde der Notar in das Büro des ägyptischen Heerführers geschickt, der solche Dinge mit dem Steuereinnehmer zu erledigen pflegte. Ich mußte warten, bis der Vertrag kam; Athanaric blieb die ganze Zeit über bei mir, als traue er Lucius zu, mich in der Zwischenzeit foltern zu lassen.

Der Raum, in dem wir warteten, war eine kleine Kammer im rückwärtigen Teil der Präfektur. Er wies eine Bank an jeder Wand auf und ein Fenster, aus dem man die Gärten der Präfektur überblicken konnte. Die Wächter begleiteten mich dorthin, diesmal ohne brutale Härte. Als wir ankamen, schickte Athanaric sie wieder fort. Erstaunlicherweise stellten sie sein Recht dazu nicht in Frage; sie gingen ganz einfach. Ich setzte mich schwerfällig hin, mußte mich aber nach vorne lehnen, weil meine Hände immer noch gefesselt waren. Athanaric bemerkte es und grinste; er holte sein Messer heraus und schnitt den Lederriemen durch.

»Ich danke dir«, sagte ich und untersuchte meine Handgelenke, die ganz wundgerieben waren. Meine Hände zitterten. »Ich danke dir vielmals.«

Er zuckte die Achseln; ich bekam die Geste gerade mit, als ich mich zurücklehnte und den Blick wieder hob. »Sind meine Schulden jetzt beglichen?« fragte er.

»Es hat zu keinem Zeitpunkt irgendwelche Schulden gegeben«, versicherte ich ihm. »Ein Arzt weigert sich niemals, einen Kranken zu behandeln. Außerdem hättest du dich von diesem Fieber auch ohne meine Hilfe erholen können.«

»Hätte ich das? Soll ich zurückgehen und ihnen das erzählen?« Er lachte, als er die Angst in meinen Augen sah. »Es hat durchaus eine Schuld gegeben. Übrigens, ich mag Leute, die Bestechungsgelder zurückweisen. Das ist vielleicht unprofessionell, wenn man bedenkt, wie sehr ich auf Informationen angewiesen bin, aber ich kann nichts dafür. Und ich mag es nicht, wenn ehrliche Leute gefoltert werden, nur weil sie ihren Freunden die Treue halten. Vor allem mag ich es nicht, wenn sie von blutdürstigen Bischöfen gefoltert werden. Du dachtest, ich wäre gekommen, um ihnen zu helfen, nicht wahr?«

»Ich wußte, daß du ihnen in der Vergangenheit geholfen hast.«

»Meine Aufgabe besteht darin, dem Hof Informationen zuzutragen und vom Hof Verordnungen zu überbringen. Ich mache keine Politik, und ich lüge den erlauchten obersten Palastbeamten seiner Erhabenen Majestät nicht an. Deshalb muß ich aber nicht jede Handlungsweise gutheißen, die irgendein Diener seiner Erhabenen Majestät ausbrütet und in die Tat umsetzt.«

Ich sah ihn vor mir, wie er mit der Neuigkeit von Athanasios' Tod davongeritten war. Wenn er nicht so schnell geritten wäre, wäre Lucius vielleicht noch nicht hier, und Petrus wäre niemals ins Gefängnis geworfen worden. Dennoch konnte ich mir vorstellen, daß er Grausamkeiten haßte. Und er hatte mein Leben gerettet, zumindest mein Leben als Arzt. Das wollte immerhin etwas heißen. »Wie sind Militärhospitäler?« fragte ich. »Muß ich für zwanzig Jahre unterschreiben?«

»O nein!« sagte er und beantwortete die zweite Frage zuerst. »Ärzte werden nicht angeworben und auch nicht dienstverpflichtet; die Anstellungsverträge sind unterschiedlich. Wir werden dich wahrscheinlich für etwa zehn Jahre einstellen, damit du Lucius nicht mehr über den Weg läufst. Die Hospitäler sind in ihrer Art ziemlich einheitlich, sie haben eine etwas strengere Dienstordnung als eure kirchlichen Hospitäler hier. Ich nehme an, man wird dich nach Novidunum schicken. Es ist eine große Festung an der Donau, und das dortige Hospital ist besonders schlecht. Unter den Soldaten heißt es, es sei besser, sich die Kehle durchzuschneiden und es damit gut sein zu lassen, als nach Novidunum ins Hospital zu kommen. Es wird dich in Trab halten.« Er hielt inne, dann fügte er hinzu: »Wahrscheinlich werde ich dich dort von Zeit zu Zeit besuchen. Meine hiesige Aufgabe ist erfüllt, und ich habe eine Menge Verbindungen in Thrazien; sogar ein paar Verwandte. Normalerweise bin ich dort stationiert. Du siehst also, es liegt in meinem ureigensten Interesse, das Gesundheitswesen in jener Region zu verbessern.«

Ich lächelte über diese Bemerkung. »Ich werde tun, was ich kann.«

Einen Augenblick lang saßen wir schweigend da, dann fragte Athanaric: »Da wir beide Alexandria verlassen, könntest du mir jetzt vielleicht verraten: Worin bestand denn nun die göttliche Offenbarung des Erzbischofs Athanasios in bezug auf dich?«

»Es war etwas Persönliches«, sagte ich.

»Und das möchtest du mir nicht erzählen. Nun schön, dann muß ich eben das Schlechteste annehmen. Dein Gewissen war durch ein schreckliches Verbrechen belastet, und der Erzbischof ließ dich zur Buße Mönche behandeln. Jetzt muß ich nur noch erraten, was das für ein Verbrechen war. Hast du Hippokrates etwa ein Werk des Herophilos zugesprochen?«

Er machte bei dieser Vorstellung einen so fröhlichen Eindruck, daß ich trotz allem lachen mußte. »Versuch nur, ein bißchen zu raten«, sagte ich. »Danke dir noch einmal.«

16

Ich verließ Alexandria eine Woche später. Ein Versorgungsschiff der Armee hatte mich aufgenommen, und wir segelten aus dem Großen Hafen hinaus. Ich hatte weder Theophilos noch einen der anderen Kirchenführer noch einmal gesehen. Es gelang mir, meine drei Nonnen aus dem

Gefängnis freizubekommen, doch ich blieb nicht in ihrem Haus. Philon hatte von meiner Verhaftung gehört. Als ich den Vertrag unterschrieben hatte und mir erlaubt wurde, die Präfektur zu verlassen, wartete er im Atrium auf mich: Er hatte vergeblich um die Erlaubnis nachgesucht, mich zu besuchen. Als ich immer noch stinkend und voller Gefängnisschmutz auftauchte, kam er auf mich zugerannt und ergriff mich bei den Schultern. »Gott sei gedankt!« rief er und umarmte mich.

Er nahm mich sofort mit zu sich nach Hause, und als wir dort ankamen, fanden wir Theogenes und Theophila vor, die aus ihrer Wohnung im Broucheionviertel herübergekommen waren und ängstlich auf Neuigkeiten von mir gewartet hatten. Alle waren überglücklich, daß ich frei war und daß ich nicht gefoltert worden war. Sie wollten alle Einzelheiten von mir erfahren, und ich hatte große Mühe, mir Zeit genug für ein Bad zu nehmen.

Meine letzte Woche in der Stadt verbrachte ich in Philons Haus. Es war vielleicht ein Fehler, denn ich spürte, wie der Wunsch immer stärker wurde, nicht fortgehen zu müssen. Alles, was mir ans Herz gewachsen war, befand sich in Alexandria: Philon und seine Familie, die Medizin und die Bücher. Und die Freiheit. Alexandrias Freiheit ist wie der Friede der Christen: »Anders als in der übrigen Welt.« Alexandrias Freiheit ist das Privileg, nach Wahrheit zu suchen und sein eigenes Gesetz zu bestimmen. Die Stadt hat hundert verschiedene Gesetze, die alle im Widerspruch zueinander stehen und die sich gegeneinander durchsetzen, gewalttätig und lebendig. In jener letzten Woche in Philons Haus wurde mir klar, daß ich − falls ich in Alexandria blieb − eines Tages in der Lage sein würde, meinen Traum zu erfüllen, nämlich ganz einfach zu sagen: »Ich bin eine Frau, aber ich werde trotzdem Medizin praktizieren.« Und mein Wille würde akzeptiert werden, ich hätte mein eigenes Gesetz geschaffen, und es wäre fremdartiger gewesen als die Thora oder die Hierarchien des Plotin. Aber solange Lucius Erzbischof war, hatte ich keine Chance. Und Alexandria war ein trauriger Ort für mich geworden. Zu viele Leute waren tot oder im Gefängnis. Zu vieles war zusammen mit Athanasios gestorben.

Ich hatte keine große Angst davor, nach Thrazien zu gehen und dort in einem Hospital zu arbeiten. Philon hatte recht: Mein wichtigster Lehrer würde von jetzt an die Erfahrung sein. Der große Dioskurides war ebenfalls Armeearzt gewesen, und gegen Arbeit hatte ich nichts einzuwenden. Ich wußte, daß ich die Anregung vermissen würde, am Tempel Vorlesungen hören zu können. Auch den vielen Buchläden würde ich nachtrauern. Die Beratungen mit Philon würden mir fehlen, und auch auf die »anregende Gesellschaft« der anderen Ärzte des Museums würde ich verzichten müssen. Ich konnte mir vorstellen, daß es dort oben an der Grenze nicht ganz einfach sein würde, manche der üblichen Arzneien zu finden. Die Armeeärzte und die meisten Soldaten würden mich wahrscheinlich — zumindest am Anfang — als verweichlichten asiatischen Eunuchen verachten. Aber all das war unendlich viel besser als die Folter — besser natürlich auch, als nach Ephesus zurückgeschickt und gezwungen zu werden, dort als eine vornehme, aber in Unehre gefallene Frau zu leben. Ich würde auch etwas von der Welt sehen, vor allem, falls es mir gelang, mich während eines Feldzuges einer mobilen Einheit anzuschließen.

Ich war fast ohne eine Kupferdrachme in Alexandria angekommen, lediglich mit einer Truhe, in der sich mein Schmuck, drei Bücher, zwei Ersatztunikas und ein paar Stiefel befanden. Ich verließ die Stadt in einem etwas besseren Aufzug, nach wie vor mit dem größten Teil des Schmucks, mit 63 Büchern, drei Tunikas, zwei Ersatzumhängen, einem kompletten Satz medizinischer Gerätschaften und fast fünfzig *Solidi* in bar. Außerdem hatte ich ein Arztdiplom des Museums und die zweifelhafte Auszeichnung, der Leibarzt des Erzbischofs gewesen zu sein. Alles in allem hatte ich meine Sache gar nicht so schlecht gemacht. Und ein paar Jahre Erfahrung an der Donaufront — so sagte ich mir — könnten nicht von Schaden sein. Laut Athanaric waren gute Ärzte dort Mangelware, und ich würde eine Chance haben, mein Können zu beweisen. Es gelang mir, ein fröhliches Gesicht zu machen und tapfer zu lächeln, als ich mich von Philon und seiner Familie verabschiedete.

Aber als das Schiff am Leuchtturm des Pharos vorbeiglitt und seine Segel in den Wind stellte, blickte ich zurück auf die rings um den Hafen aufblitzende Stadt und mußte weinen. Alexandria, die brodelndste Stadt des Imperiums: schmutzig, gefährlich, gewalttätig — und als ich sie verlassen mußte, weinte ich, wie ich nicht einmal geweint hatte, als ich mein eigenes Zuhause verließ. Die Stadt ist weitaus mehr als nur die Heimat ihrer Bewohner. Genau wie der Pharos erhebt sie sich auf spröden Felsen und wirft ihr Licht weit hinaus in die Wüste der Dunkelheit.

Dritter Teil
THRAZIEN

1

Ich traf Anfang Oktober desselben Jahres, in dem Athanasios gestorben war, in Thrazien ein. Die Reise von Alexandria dorthin war angenehm. Weil ein für die Jahreszeit ungewöhnlich mildes Wetter herrschte und weil es andererseits schon spät im Jahr war, segelte der Schiffsherr nicht die syrische Küste hinauf, sondern steuerte sein Segelschiff direkt durch die offene See nach Kreta. Dort nahmen wir frisches Wasser an Bord, segelten so rasch wie möglich zwischen den griechischen Inseln hindurch und hielten Kurs auf den Bosporus, um die letzten schönen Tage auszunutzen. Früh am Morgen des 25. September erreichten wir Konstantinopel. Der Hafen schimmerte sanft im Licht des Morgens, und die Stadt schien dem Wasser wie eine Vision des himmlischen Jerusalem zu entsteigen; ihre Kuppeln und Paläste färbten sich in den ersten Strahlen der Sonne golden. Auf den Hafenkais riefen die Verkäufer ihre Waren aus: frische Feigen und Melonen, heiße Sesamkuchen! Seemöwen breiteten ihre weißen Flügel über das blitzende Wasser und schossen auf ein paar Bissen Abfall herunter, die in das Hafenbecken geworfen wurden.

Das Schiff mußte einen Teil seiner Getreidefracht in ein kleineres Segelschiff umladen, das diese Ladung dann − zusammen mit mir − über das Schwarze Meer nach Norden bringen würde. Die Fracht sollte in Histria ausgeladen und von dort mit Hilfe von Booten den Fluß hinaufbefördert werden. Dieses kleinere Schiff wartete bereits am Pier, als das Schiff aus Alexandria einlief, und sein Schiffsherr kam sofort an Bord. »Ich will so schnell wie möglich auslaufen!« verkündete er der Mannschaft. »Wer weiß, wie lange der Wind sich noch hält! Ich will die Reise vor dem Winter hinter mich bringen. Wenn man an den Piers von Konstantinopel festliegt, kann man kein Geld verdienen!«

Die Luken wurden also geöffnet, und die Hafenarbeiter begannen damit, die Kornballen an Deck zu schleppen, sie auf Handkarren zu laden und diese zum anderen Schiff hinüberzurollen. Ich hätte Thorion gern wiedergesehen, aber es blieb keine Zeit zu einem Besuch in der Stadt.

Von Konstantinopel aus segelten wir in Richtung Nordwesten, dicht an der Küste des Schwarzen Meeres entlang. Das schöne Wetter hielt sich, und das Schwarze Meer gebar keinen seiner tückischen Stürme. Die Unruhe des Schiffsherrn ließ merklich nach, und er legte unterwegs in mehreren kleinen Häfen an, um Wasser und frisches Obst an Bord zu nehmen. In einem dieser Häfen − es war Odessus − hörten wir, Sebastianus, der Heerführer der thrazischen Provinz Skythien, berate sich gerade mit dem Oberfeldherrn Thraziens in Marcianopolis. Da ich unter Sebastianus'

Befehl stehen würde, hatte es keinen Zweck, in sein Hauptquartier nach Tomis weiterzureisen und dort auf ihn zu warten. Deshalb ging ich in Odessus von Bord und machte mich auf den Weg nach Marcianopolis, das zwanzig Meilen flußaufwärts von diesem Hafen liegt.

Es gab eine Menge Boote, die von Odessus aus flußaufwärts nach Marcianopolis segelten und sowohl Fische und importierte Güter als auch Passagiere mit sich führten. Ich bezahlte also ein paar Kupfermünzen, um mich und meine Reisetruhe auf einem von ihnen unterzubringen. Zwei weitere Passagiere kletterten an Bord, eine Frau mit einem Ballen importierter wollener Gewänder und ein Mann mit ein paar Fischen und zwei großen Weinamphoren. Alle beide warfen mir verstohlene Blicke zu, sagten jedoch nichts. Die Bootsmänner legten vom Kai ab, hißten das Segel und setzten sich an ihre Ruder. Ich saß im Heck auf meiner Truhe und beobachtete, wie die Ufer vorüberglitten. Ich hatte nicht viel Gelegenheit gehabt, von dem größeren Schiff aus das Land zu betrachten – nur Strände und felsige Uferabschnitte, dahinter die Berge; viele Pinien- und Eichenwälder; ein paar Weiler, die sich an den morastigen Flußmündungen zusammendrängten, umgeben von offen daliegenden Feldern; ein oder zwei Städte. Als wir den Fluß weiter hinaufsegelten, kam mir Thrazien noch rauher und trostloser vor, als ich es mir vorgestellt hatte. Odessus war nur eine kleine Stadt, und Marcianopolis entpuppte sich, nachdem wir es schließlich erreicht hatten, als nicht viel größer. Zwischen den beiden wand sich der Fluß durch einen schmalen Streifen bebauten Landes in Richtung auf das Hämusgebirge. Kühe grasten auf dem fruchtbaren Weideland; ein paar Bauern brachten die letzte Ernte ein oder droschen in rhythmischen Bewegungen das reiche Gold des Korns aus den Ähren. Während der ersten Meilen machte die Landschaft einen unerklärlich fremdartigen Eindruck auf mich, und endlich wurde mir bewußt, was ich vermißte: Olivenbäume. Sie gedeihen in Thrazien nicht; es ist dort zu kalt für sie. Die Einwohner haben die barbarische Sitte der Goten übernommen, aus der Milch eine breiige Masse zuzubereiten, die sie Butter nennen und die sie statt Olivenöl zum Kochen benutzen oder einfach aufs Brot schmieren. Auch der Wein wächst in Thrazien nur spärlich, außerdem ist der dortige Wein wäßrig und sauer.

Ich spürte ein unbehagliches Frösteln und schaute weiter in die Ferne. Hinter dem bebauten Land erstreckten sich die dunklen, schattigen Umrisse der Berge und Meilen über Meilen öder Flächen und Wälder, fremdartig und wild. Es gab eine Menge brachliegendes Land: Thrazien ist eine spärlich besiedelte Region. Mit Ausnahme des Küstenstreifens war es in alten Zeiten äußerst unfruchtbar, und in den Kriegen vor der Thronbesteigung des erlauchten Kaisers Diokletian hatte es sehr gelitten. Thrazien ist außerdem ein recht großer Verwaltungsbezirk, der aus sechs Provinzen besteht. Es grenzt im Süden an die Ägäis, im Osten an das Schwarze Meer, und im Norden wird es von dem Fluß, den man Hister oder auch Donau nennt, begrenzt. An ihrem jenseitigen Ufer sind die Stämme der barbarischen Goten zu Hause. Im Westen grenzt Thrazien an die kaiserliche Diözese Dazien mit einer lateinisch sprechenden Bevölkerung, die unter der Herrschaft des westlichen Kaisers steht. Die vier südlichen Provinzen Thraziens haben eine griechisch sprechende Bevölkerung, die beiden nördlichen, Mösien und Skythien, sind allerdings zweisprachig, nämlich griechisch und lateinisch – wenn man einmal unberücksichtigt läßt, daß viele Soldaten gotisch sprechen und die Bauern thrazisch.

Wir erreichten Marcianopolis am Abend. Obwohl nach asiatischen Maßstäben nicht viel mehr als ein Flecken, war es stark befestigt. Die steinernen Wälle ragten in die Höhe und hoben sich, als sich unser kleines Schiff ihnen näherte, düster gegen die untergehende Sonne ab. Hinter ihnen tauchte drohend das Hämusgebirge auf und sperrte das Licht aus. Sogar die Flußdurchfahrt war mit Hilfe von Toren befestigt, die allerdings offenstanden, als wir in die Stadt einfuhren. Als wir an einem steinernen Pier anlegten, dämmerte es bereits. Ich war von der langen Seereise erschöpft. Nachdem ich einen Träger für meine Truhe aufgetrieben hatte, mietete ich mir ein Zimmer in der nächstgelegenen Taverne.

Am nächsten Morgen ging ich, um mich dem Heerführer Sebastianus vorzustellen. Angesichts des bevorstehenden Zusammentreffens verspürte ich ein wenig Nervosität. Deshalb zog ich mich sorgfältig an, wählte meine neueste Tunika und meinen besten Umhang. Ich besaß keinen Spiegel, aber im Zimmer befand sich eine irdene Wasserschale aus dunklem Steingut, und darin betrachtete ich mein Ebenbild. Es war einige Zeit her, daß ich mich zuletzt in einem Spiegel begutachtet hatte. Das Gesicht, das ich jetzt erblickte, war schmaler als das, an das ich mich erinnerte, und auch älter. Der unvoreingenommene, abschätzende Blick hatte sich noch verstärkt, er hatte einen vorsichtigen, ja mißtrauischen Ausdruck angenommen. Ich lächelte mir zu, verschrieb mir im Geiste viel Ruhe und regelmäßige Mahlzeiten, und das Gesicht lächelte zurück, die Züge wurden professionell und selbstsicher: das Gesicht eines in Alexandria ausgebildeten Arztes. Ich würde es schaffen. Mit gestiegenem Selbstvertrauen machte ich mich auf den Weg zu Heerführer Sebastianus.

Es bereitete mir keine Mühe, das Präsidium zu finden: Es war das größte Gebäude der Stadt und lag am Marktplatz. Die Residenz des Statthalters und die Kirche erschienen im Vergleich mit ihm klein. Über den Türen waren zwei gekreuzte vergoldete Standarten angebracht: das Drachen- und das Kreuzbanner. Die Wachsoldaten wirkten fremd und barbarisch auf mich. Viele waren blond und bärtig, und zusätzlich zu ihrer vorschriftsmäßigen römischen Uniform hatten sie sich auf die unterschiedlichste Weise herausgeputzt. Ein Mann hatte ein Wolfsfell an seinem Helm befestigt, die Zähne hingen ihm wild über die Augen, die Pfoten waren unter seinem Kinn zusammengebunden; ein anderer hatte eine Halskette aus Eberzähnen angelegt. Ich wandte mich an einen etwas ziviler Aussehenden und ließ mich zum Palastsekretär führen. Dieser hieß mich eine Weile warten, dann klopfte er an eine Tür und öffnete sie. »Chariton aus Ephesus, ein Arzt«, kündigte er mich an.

In dem Raum saßen zwei Männer an einem mit Schriftstücken übersäten Tisch. Aus einem Fenster hoch oben in der Wand fiel etwas Licht genau auf die Mitte des Tisches und ließ den übrigen Raum dämmrig erscheinen. Die vergoldeten Embleme der Region waren in die Wand gemeißelt; vor einer Ruhebank in einer Ecke lag ein Bärenfell und schien gleich knurren zu wollen. Einer der beiden Männer war jung, hatte goldblonde Haare und sah überaus gut aus. Er trug einen vergoldeten Brustharnisch und einen roten Umhang; ein mit einem roten Schopf versehener goldener Helmbusch ragte mitten in den Sonnenstrahl hinein und glänzte. Der andere Mann hatte die Lebensmitte bereits überschritten, er war untersetzt, hatte dunkle, allmählich grau werdende Haare und stark hervortretende Backenknochen. Auch er trug einen roten Umhang, aber seine Rüstung bestand ausschließlich aus Leder und Eisen. Er lehnte sich in seinem Stuhl zurück und warf mir einen finsteren Blick zu; der jüngere Mann sortierte Papiere. Doch als ich angekündigt wurde, ließ er sie sinken, sprang auf und trat auf mich zu.

»Sei gegrüßt«, sagte er, schüttelte mir die Hand und lächelte, wobei er eine Reihe blendend weißer Zähne zeigte. »Ich bin Sebastianus, der Heerführer von Skythien; erst vor zwei Tagen habe ich einen Brief von meinem alten Freund Athanaric erhalten, in dem er dich ankündigt. Du bist schnell gereist!« Er sprach ähnlich abgehackt und verschluckte die Silben genau wie Athanaric. Ich hatte geglaubt, dessen Griechisch sei gotisch gefärbt, jetzt aber wurde mir klar, daß es ganz einfach ein illyrischer Akzent war.

»Wer ist das?« fragte der ältere Mann — es mußte Lupicinus, der oberste Feldherr der thrazischen Truppen sein. Seine Stimme war leise und knurrend, und der Akzent kam mir merkwürdig vertraut vor. Einen Augenblick lang konnte ich ihn nicht unterbringen, doch dann erinnerte ich mich: Festinus! War Lupicinus etwa ebenfalls ein Gallier?

»Ein Arzt aus Alexandria«, erklärte ihm Sebastianus, trat an den Tisch zurück und wühlte in den Papieren. »Palladios, der Präfekt Ägyptens, und der Agent Athanaric haben miteinander vereinbart, daß er in den hiesigen Hospitälern arbeiten soll. Ich brauche einen geschickten Arzt, der in Novidunum Ordnung schafft.«

Lupicinus beäugte mich mißtrauisch. »Ein Eunuch aus Ephesus?« meinte er schließlich. »Wenn er als Arzt wirklich etwas taugt, was hat er dann hier zu suchen? Was sagst du dazu, Eunuch?«

»Ich war Privatarzt seiner Heiligkeit, des Bischofs Athanasios«, erläuterte ich. Athanasios war berühmt oder vielmehr berüchtigt. Es dauerte einen Augenblick, doch dann verstanden beide Männer. Ich entnahm dem Gesichtsausdruck Sebastianus', daß Athanaric diese Einzelheit in seinem Brief nicht erwähnt hatte. Ich fragte mich, was er geschrieben haben mochte.

Lupicinus lachte. »Dann hast du also diesem alten Unruhestifter Klistiere verpaßt! Bist du einer dieser verdammten nizäischen Fanatiker?«

»Nein, Vortrefflicher«, sagte ich und war froh, mich bei Philon in der Tugend der Geduld geübt zu haben. »Ich bin zwar Christ und auch Nizäer, aber nicht gerade fanatisch.«

»Ich fürchte, nach deinem Dienst bei einem bedeutenden Bischof wirst du die Arbeit in einem Militärhospital als schlimme Degradierung empfinden«, warf Sebastianus hastig ein und versuchte, die Unterhaltung in ruhigere Bahnen zu lenken.

Ich lächelte, um ihm zu verstehen zu geben, daß ich seine Höflichkeit zu schätzen wußte. »Für mich heißt es ganz einfach: ›Wer seine Haut retten will, kümmert sich nicht um den Harnisch‹«, erwiderte ich.

Lupicinus warf mir einen ausdruckslosen Blick zu. Sebastianus lächelte, unterdrückte sein Lächeln jedoch schnell wieder. »Was für einen Harnisch?« fragte Lupicinus gereizt.

»Er spielt auf ein Dichterwort an«, antwortete Sebastianus. »Das Gedicht des Archilochos über das Wegwerfen seines Harnischs.«

Lupicinus warf mir einen verächtlichen Blick zu. »Diese verdammten Griechen, die dauernd mit ihrer Bildung protzen müssen«, sagte er zu niemandem im besonderen. »Ich weiß nicht, wozu es gut sein soll, uns so einen lispelnden asiatischen Eunuchen für die Behandlung von Männern zu schicken. Was hast du denn vor, he, Chariton von Ephesus? Willst du sie etwa mit heißen und wohlduftenden Bädern behandeln? Für mich ist die überkommene Medizin gut genug. Wenn es hier bei uns einem Mann nicht bessergeht, dann stirbt er eben und fällt uns wenigstens nicht mehr zur Last.«

»Vortrefflicher Lupicinus«, sagte ich und bemühte mich, meiner Stimme einen gelassenen Tonfall zu geben, »es kommt eben darauf an, dafür zu sorgen, daß es ihm bessergeht. Ich habe gehört, an der Front würden Ärzte benötigt, und ich bin damit zufrieden, als einer von ihnen zu dienen.«

»Ich bin hocherfreut, einen geschickten Arzt für mein Hospital in Novidunum zu bekommen«, warf Sebastianus rasch ein. »Ich habe den Eindruck, daß im Augenblick die meisten Männer, die dort eingeliefert werden, sterben. Und die übrigen bleiben ihr Leben lang verkrüppelt. Ich hoffe, du kannst diesen Zustand bessern. Komm doch bitte mit mir, dann gebe ich dir einige Briefe an den Tribun des Lagers mit und stelle dir die Erlaubnis aus, die Staatspost zu benutzen, damit du auch dorthin gelangst.« Er sammelte seine Papiere ein, nahm seinen Helm und verbeugte sich vor Lupicinus. »Vortrefflicher Feldherr, ich wünsche dir eine gute Gesundheit!« sagte er und drängte mich rasch aus dem Zimmer.

Als er den Flur ein gutes Stück hinuntergegangen war, blieb er plötzlich stehen und lachte. »O heiliger Jesus Christ!« rief er aus. »›Für mich ist die überkommene Medizin gut genug.‹ Du würdest Lupicinus niemals dazu bewegen können, sich in ein Armeehospital zu begeben!«

»Habe ich ihn beleidigt?« fragte ich und war mir ängstlich der Macht des Mannes bewußt.

»Ihn? Es ist schwer, ihn nicht zu beleidigen. Er ist verdammt ungebildet. Er mochte nicht, daß du einen Dichter zitiert hast; er glaubt, Archilochos ist ein Fischgericht.«

»Ich dachte, jeder kennt ihn«, erwiderte ich.

Er warf mir einen abschätzenden Blick zu. »Athanaric sagt, du hättest ihn von einem tödlichen Fieber geheilt, und du seiest der einzige ehrliche Eunuch der Welt. Nun gut, ich hoffe, du kannst in Novidunum etwas ausrichten. Ich werde dir die Vollmacht geben, das Hospital, soweit wie du es für nötig hältst, neu zu organisieren. Unter den Truppen, die weiter westlich an der Donau stationiert sind, grassiert die Pest, und die kann ich hier nicht gebrauchen. Die Barbaren bekriegen sich untereinander, und das macht sie ruhelos. Falls unsere Kräfte geschwächt werden sollten, könnten sie sich dazu veranlaßt sehen, den Fluß zu überqueren.«

Ich murmelte etwas davon, mein Bestes tun zu wollen, und Sebastianus lächelte. »Vielleicht möchtest du heute abend mit mir zusammen speisen?« fragte er. »Ich treffe hier in Thrazien nicht oft gebildete Männer, und wenn es einmal der Fall ist, dann erfreue ich mich gerne ihrer Gesellschaft.«

Ich aß an diesem Abend mit Sebastianus zusammen. Er verfügte über eine ganze Reihe von Zimmern im Präsidium und hatte ein paar seiner Sklaven aus seinem Hauptquartier in Tomis mitgebracht. Ich sah mich mit der kultiviertesten Mahlzeit traktiert, die ich seit meinem Weggang aus Ephesus genossen hatte. Wir lehnten uns auf unseren Ruhebänken zurück, tranken unseren Wein (es war ein Chian – der Lieblingswein meines Vaters) und aßen uns langsam durch die drei Gänge hindurch: von den Eiern als Vorspeise bis zu den Äpfeln als Nachspeise. Ich holte die Klassiker aus der hintersten Ecke meines Gedächtnisses und glänzte vor dem Heerführer mit häufigen Dichterzitaten, so daß er mich weiterhin für sehr gebildet halten konnte. Der einzige Unterschied zu den Abendgesellschaften meines Vaters bestand in der Sängerin, die während des Essens die Lyra spielte. Die Sängerin war ein außerordentlich hübsches Mädchen, ebenso goldblond wie Sebastianus. Sie trug eine hauchdünne Seidentunika, und Sebastianus war ganz hingerissen von ihrem Anblick.

Im übrigen war mein Gastgeber ein sehr angenehmer Gesellschafter, gesprächig und witzig. Ich fand bald heraus, warum er sich die Freiheit herausnahm, über seinen Vorgesetzten herzuziehen: Sein Vater war der Oberbefehlshaber der illyrischen und italischen Legionen und einer der höchsten Heerführer des Westreichs. »Allerdings bin ich hier an der Front nicht der einzige, der mit seinem Vater angeben kann«, erzählte er mir. »Da ist zum Beispiel mein Freund Theodosius in der Provinz Mösien — sein Vater hat gerade den Aufrührer Firmus in Afrika besiegt und die Ruhe in Britannien wiederhergestellt, nachdem Lupicinus dort ein ziemliches Schlamassel angerichtet hat. Theodosius schlägt ebenfalls nach seinem Vater: Er bereitet den Sarmaten ununterbrochen Ärger. Daphne, meine liebe«, wandte er sich an die Lyraspielerin, »bitte spiel ein anderes Lied! Dies ist ja fast so weitschweifig wie Lupicinus' Berichterstattung!« Daphne kicherte und spielte ein anderes Lied. »Doch in dieser Gegend sind die meisten Heerführer verdammte Idioten«, fuhr Sebastianus traurig fort. »Es sind vorwiegend Goten, dazu ein paar Pannonier und Illyrier — Berufssoldaten, fähige Männer, aber ein bißchen beschränkt. Anfangs hatte ich die Hoffnung, daß unser Freund Athanaric hier stationiert würde, aber sein Vater wollte, daß er in den Zivildienst geht — er möchte ihn irgendwann als Konsul in Rom sehen. Ein Jammer, denn er ist ein guter Gesellschafter — und die Goten würden natürlich alles tun, was er sagt. Er ist der Neffe des Königs der Terwingen.«

»Wessen Neffe?« fragte ich etwas töricht.

Sebastianus lachte. »Verzeih mir. Ich bin allmählich so mit dieser Region vertraut, daß ich gar nicht mehr an die andern Leute denke, die noch nie etwas von dem Terwingenkönig Athanaric gehört haben. Einige nennen sie auch Westgoten. Es ist der gotische Stamm, der uns gegenüber auf der anderen Seite des Flusses siedelt, ein sehr mächtiger Stamm — allerdings nicht mehr so mächtig wie früher einmal. Vor vielen Jahren haben die Terwingen erheblichen Ärger verursacht, als sie den Thronprätendenten Procopius unterstützten. Seine Erhabene Majestät fiel in ihr Reich ein, um ihnen eine Lehre zu erteilen. Er steckte einige Städte und Felder an und jagte König Athanaric und sein Volk in die Berge. Doch er konnte den König nicht gefangennehmen, und der Feldzug war sehr teuer. Deshalb entschloß sich unser Erhabener Gebieter dazu, Athanaric einen neuen Friedensvertrag anzubieten. Aber der König weigerte sich, zur Unterzeichnung des Vertrages nach Skythien zu kommen. Er sagte, er habe Bedenken, römischen Boden zu betreten. Der erlauchte Valens, der Herr der Welt, mußte den Vertrag auf einem Schiff in der Mitte der Donau schließen, um auf die Bedenken eines Barbarenkönigs Rücksicht zu nehmen. Angeblich ärgert er sich noch heute darüber. Nun, der Grund für die Bedenken König Athanarics lag darin, daß sein Bruder, der Vater unseres Freundes Athanaric, Jahre zuvor den Fluß mit einem Trupp Verbündeter überquert und viele Jahre lang in der römischen Armee gekämpft hatte. Später heiratete er ein römisches Mädchen und ließ sich in Sardica nieder, um seinem Sohn eine Karriere im Zivildienst zu ermöglichen. Er hofft, daß er ihn an die Erbin eines ordentlichen römischen Vermögens verheiraten kann. König Athanaric billigt all dies nicht.«

»Es muß ein merkwürdiges Gefühl sein, als gotischer Feldherr gegen die Goten zu kämpfen«, meinte ich nachdenklich.

»Sie scheinen aber nichts dabei zu finden«, erwiderte Sebastianus unbekümmert. »Sie kämpfen die ganze Zeit gegeneinander, mit oder ohne römische Hilfe. Die Terwingen bereiten sich im Augenblick auf einen Krieg mit den Alanen im Nordosten vor. Und die Greuthungen, östlich von uns, befinden sich ebenfalls im Krieg. Man behauptet sogar, daß die weiter westlich siedelnden Quaden dabei sind, in Pannonien einzufallen; und unser Herr, Valentinian, der Augustus des Westreichs, muß in Gallien einen Feldzug gegen die Alemannen führen. An der gesamten Grenze gibt es Ärger.« Seine Unbekümmertheit schwand, er saß einen Augenblick lang schweigend da und blickte finster vor sich hin. Im Hintergrund war nach wie vor Daphnes Stimme zu hören, sie sang ein witziges, kleines Lied über eine Schäferin. Aber Sebastianus' Anblick erinnerte mich plötzlich daran, wie die Alexandriner darauf warteten, daß ihr Erzbischof starb und die Truppen auftauchten.

Gleich darauf riß er sich zusammen. »Immerhin, Barbaren bleiben Barbaren, und Römer bleiben Römer, und die letzteren gewinnen ihre Kriege immer gegen die ersteren. Obwohl es nichts schaden kann, vorbereitet zu sein. Ich hoffe, du kannst bezüglich dieses Hospitals in Novidunum etwas tun.«

»Ich bin nicht Äskulap«, sagte ich, »aber ich werde es versuchen.«

2

Novidunum ist eine der größeren Festungen an der unteren Donau. Es liegt am Anfang des Donaudeltas, etwa fünfzig Meilen von Histria und sechzig von Tomis, den beiden Hafenstädten am Schwarzen Meer, entfernt. Das ursprüngliche Feldlager ist auf einem Steilufer, das sich über das Flachland erhebt und von dem aus man viele Meilen im Umkreis überblicken kann, erbaut worden. Die Festungswälle, die ihre bedrohlichen Schatten auf die braunen Fluten des Flusses werfen, machen es den Barbaren unmöglich, römisches Land zu betreten. Aber im Grunde genommen ist Novidunum ebensosehr ein Handelsplatz wie eine Festung. Dabei besteht seine Hauptfunktion darin, Zollabgaben auf alle möglichen Handelswaren zu erheben. Eine Menge Schiffe überqueren den Fluß, transportieren Gold, Gewürze, Seide und Handarbeiten in das gotische Dazien und bringen auf der Rückfahrt Sklaven und ein wenig billigen Schmuck mit. Außerdem verfügt die Festung noch über ein Hospital, das für die gesamten Truppen in Skythien zuständig ist.

Ich kam zusammen mit einer gemischten Ladung aus Papieren und Wein in einem zweirädrigen Wagen aus Marcianopolis in Novidunum an. Es war meine erste Erfahrung mit der kaiserlichen Post, und sie war nicht gerade sehr beeindruckend, wenn ich daran denke, wie wir über die Straßen holperten, während ich hoch oben auf meiner Reisetruhe saß. Alle zwölf Meilen wurden die Pferde gewechselt, doch die Passagiere hatten keine Möglichkeit, abzusteigen, sich die Beine zu vertreten und sich etwas zum Essen zu besorgen. Als wir in der Festung ankamen, war ich ziemlich müde und hungrig. Ich kletterte von meinem Sitz herunter und war froh, wieder festen Boden unter den Füßen zu spüren. Ich blickte um mich. Wenn Marcianopolis barbarisch gewesen war, dann war Novidunum das Ende der Welt. Innerhalb der steinernen Festungswälle erstreckte sich eine gotische Siedlung: strohgedeckte Häuser aus Steinen, Putz und Holz; Kühe, die einen aus den danebenliegenden Ställen anglotzten. Selbst die Kasernen sahen trotz ihrer sauberen und für die Legionäre typischen Innenhöfe unrömisch aus. Auch sie waren mit Stroh gedeckt, und ihre Türen waren zwar mit den unvermeidlichen Legionärsemblemen geschmückt, doch genauso auch mit den von den Goten erbeuteten Waffen und den Fellen und Köpfen wilder Tiere. Im Zentrum des Feldlagers befand sich ein größeres Gebäude ganz aus Stein und mit einem Ziegeldach. Ich folgerte, dies sei wahrscheinlich das Hauptquartier des Lagers, das Präsidium. Doch wo war das Hospital?

»Novidunum«, sagte der Wagenlenker für den Fall, daß ich es noch nicht bemerkt haben sollte. »Jenseits davon gibt es nur noch die Barbaren.«

»Ich sollte mich wohl am besten bei dem Tribun des Lagers melden«, dachte ich laut. »Wo kann ich meine Truhe lassen?«

Der Fahrer spuckte aus. Er hatte keine hohe Meinung von fremdländischen Eunuchen, die ihm nur Platz auf dem Postwagen fortnahmen. Während der Reise hatte er kaum gesprochen. »Wo wirst du wohnen?«

»Im Hospital.«

»Dann setze ich sie dort für dich ab. Mach dir keine Sorgen, im Hospital wird dir ganz bestimmt kein Mensch etwas daraus stehlen. Dort geht sowieso niemand freiwillig hin.«

Mit diesen Worten ergriff er die Zügel, fuhr davon und ließ mich immer noch ein wenig schwankend stehen. Ein paar dienstfreie Soldaten waren an die Poststation gekommen, um beim Eintreffen des Wagens zuzusehen: Sie starrten mich neugierig an. Etwas unsicher lächelte ich ihnen zu und fragte sie, wo ich den Tribun des Lagers finden könne. Sie starrten nur um so eindringlicher. Endlich erbot sich einer von ihnen, mir den Weg zum Präsidium zu zeigen.

Der Lagertribun hieß Valerius; er war ein älterer Mann, ein Illyrer aus einer Familie von Berufssoldaten. Sein Schreiber führte mich zu ihm, und als ich ihm erzählte, wer ich sei, starrte er mich an. »Man hat mir gesagt, daß wir einen neuen Chefarzt bekommen, einen hervorragend ausgebildeten Mann aus Alexandria«, meinte er schließlich. »Aber ich dachte, du wärest älter und . . . hm, das heißt . . .«

»Du hast keinen Eunuchen erwartet«, unterbrach ich ihn. »Nun, ich hätte mir dieses Schicksal auch nicht selbst ausgesucht, wenn man mich gefragt hätte.«

Er lachte nicht, sah mich lediglich überrascht an. »Ja, nun, der gegenwärtige Chefarzt – das heißt, der frühere Chefarzt ist wahrscheinlich doppelt so alt wie du. Es wirkt, hm, irgendwie unpassend. Er ist nicht gerade glücklich darüber, daß du kommst. Aber ich hoffe, der vortreffliche Sebastianus weiß, was er tut. Wann kommt der Vorzügliche wieder in den Norden, hat er etwas gesagt?«

Ich händigte ihm einige Briefe von Sebastianus aus. Er überflog sie, dann bedachte er mich erneut mit einem unsicheren Blick. »Dann bist du also tatsächlich beauftragt, das Hospital zu leiten? Der vortreffliche Sebastianus schreibt hier, daß . . . nun, du bist wohl tatsächlich beauftragt. Ich, hm, nehme an, daß du ein Haus haben möchtest.«

»Ich brauche kein ganzes Haus. Ich komme auch mit einem Zimmer aus – oder könnte ich im Hospital wohnen?«

»Ich nehme an, daß du doch ein Haus möchtest«, wiederholte Valerius, aber er zuckte die Achseln. »Nun, lassen wir es für den Augenblick dabei bewenden. Ich sollte dich wohl jetzt besser zum Hospital begleiten.«

Das Hospital lag in der Stadt, außerhalb des eigentlichen Lagers. Es war ein hübsches Gebäude, um einen offenen Hof herum gebaut, aus verputzten Steinen, strohgedeckt und mit einem gedeckten Säulengang entlang der Rückseite. Der Hof wurde von einem Garten mit medizinischen Heilkräutern eingenommen. Als Valerius und ich ankamen, trafen wir auf drei Männer, die im Garten standen und meine Truhe untersuchten, die der Kutscher in ihrer ganzen Pracht einfach neben dem Brunnen abgestellt hatte. Die drei blickten auf und starrten uns unfreundlich an als wir näherkamen. Zwei der Männer waren in mittlerem Alter und hätten Brüder sein können: Sie waren alle beide dunkelhaarig mit grauen Strähnen, mager und drahtig, mit dichten Augenbrauen und schlechten Zähnen. Der dritte war jünger, nur ein paar Jahre älter als ich, er hatte hellbraune Haare und trug einen Bart; er lächelte, als ich näherkam. Die anderen beiden stierten finster vor sich hin.

»Mein lieber Xanthos«, sagte Valerius unsicher zu einem der beiden dunkelhaarigen Männer, »geschätzter Diokles« zu dem anderen; »Arbetio« zu dem dritten. »Dies ist, hm, euer neuer Kollege, Chariton aus Alexandria.«

»Eigentlich aus Ephesus«, berichtigte ich ihn und lächelte allen dreien zu. »Aber ich bin in Alexandria ausgebildet worden. Ich freue mich, eure Bekanntschaft zu machen.«

Ein Augenblick lang herrschte eisiges Schweigen. Die beiden älteren Männer starrten mich jetzt mit unverhohlener Feindseligkeit an. Valerius hüstelte und sagte, er müsse Sebastianus' Briefe durchsehen, und zog sich in das Präsidium zurück.

»Nun«, sagte ich, »könnte ich vielleicht das Hospital besichtigen?«

Der ältere der beiden Ärzte, Xanthos, räusperte sich. Der jüngere Mann, Arbetio, lächelte nervös. »Was ist hiermit, weiser Chariton?« fragte er und deutete auf die Truhe.

»Gibt es irgendein Zimmer, in das ich einziehen könnte, zumindest für vorübergehend?«

»O ja, wir haben eine Menge Platz. Ich werde sie rübertragen — oh, bei den Teutonen, ist die aber schwer!«

»Da sind meine ganzen Bücher drin. Wenn sie hier sicher steht, könntest du ein paar Sklaven bitten, sie später fortzuschaffen.«

»Arbetio ist ein Sklave«, sagte Xanthos. Er hatte eine rauhe Stimme, viel tiefer, als man von einem derart mageren Mann erwartet hätte. »Er kann sie selber tragen.«

»Er wird Hilfe brauchen. Ich habe einen Haufen Bücher.« Ich ergriff das eine Ende der Truhe, da die beiden anderen Männer jetzt geringschätzig vor sich hin starrten. Arbetio nahm das andere Ende, und wir trugen sie in das Hospital.

Das Hospital verfügte im rückwärtigen Flügel über einen nach Osten blickenden, langgestreckten Krankensaal mit Betten für vierzig Patienten. Nach Norden zu gab es noch einmal einen Raum mit zehn Betten und eine Küche; nach Süden zu lagen einige Operationssäle, Vorratsräume und dergleichen. Doch im Krankensaal befanden sich im Augenblick nur sechs Patienten. Zwei erholten sich von Amputationen; einer hatte eine Stichwunde in der Schulter, die sich entzündet hatte; einer hatte die Pocken und lag abgesondert in der einen äußersten Ecke; die anderen beiden litten an irgendeinem Fieber. Doch sie befanden sich samt und sonders in einem schlechten Zustand. Insbesondere die Patienten mit Fieber waren furchtbar blaß und machten einen teilnahmslosen Eindruck. Als ich sie untersuchte, merkte ich auch, warum. Sie waren stark geschröpft worden.

Ich hatte die Weisheit des Hippokrates noch niemals so zu schätzen gewußt, ehe ich sah, auf welche Weise die Heilkunst in Novidunum praktiziert wurde. Hippokrates ist der Ansicht, Ärzte müßten mit der Natur zusammenarbeiten, um eine Heilung bewirken zu können. Sie sollten dem Körper nur bei seinen eigenen Anstrengungen helfen, sich selbst zu heilen, und niemals übertrieben starke Heilmittel anwenden, es sei denn, alles andere habe nichts genutzt. Xanthos und Diokles waren dumme, brutale und unfähige Schlächter, und das Leiden, das sie ihren Patienten auferlegten, reichte aus, um mir den Magen umzudrehen. Sie hatten nicht die geringste Ahnung von Hygiene. Das Waschwasser des Hospitals stammte aus einem Steintrog, der zum Regenwassersammeln an die seitliche Außenmauer des Gebäudes gestellt wurde. Auf der Oberfläche schwamm eine grüne Schleimschicht, außerdem tranken die Lagerpferde aus dem Trog. Xanthos und Diokles pflegten dieses Wasser dazu zu benutzen, die infizierten Wunden der Patienten auszuwaschen, so daß sich diese mit Würmern füllten. »Aber Regenwasser ist doch sauber!« verteidigte sich Xanthos, als ich ihm diese Praktiken vorhielt. »Es ist sauber, wenn es vom Himmel fällt, aber es verdirbt sehr schnell, wenn es steht!« erklärte ich ihm. »Für die Reinigung der Wunden solltest du abgekochtes Wasser und eine mit Essig versetzte Lösung benutzen, und selbst für das Saubermachen der Zimmer nur reines Brunnen- oder Quellwasser!«

»Wir haben dieses Wasser benutzt, seit das Hospital erbaut worden ist«, meinte Xanthos wutschnaubend. »Doch der weise Chariton weiß es natürlich besser als Armeeärzte mit jahrelanger Erfahrung.«

»Diese Erkenntnis stammt nicht von mir. Hippokrates hat es so empfohlen!« sagte ich.

»Buchwissen!« entgegnete Xanthos verächtlich.

Abgesehen von ihrer haarsträubenden Unwissenheit in bezug auf Hygiene gingen Xanthos und Diokles äußerst großzügig mit ihren Messern um und ließen ihre Patienten dauernd zur Ader, egal an was für einer Krankheit sie

litten. Von leichten Darmkatarrhen bis zum Wundstarrkrampf ließen sie die Kranken immer wieder zur Ader, bis diese ausgeblutet waren, ließen sie so lange bluten, bis sie starben. Außerdem verabreichten sie nach dem Aderlassen gerne eine Dosis Nieswurz — eine Behandlung, die unweigerlich dazu führt, jeden zu töten, da die Nieswurz dem Patienten alles entzieht, was nach dem vielen Zur-Ader-Lassen noch übriggeblieben ist und ihn als ausgetrocknete Hülse zurückläßt. Als ich den beiden erklärte, für wie gefährlich ich diese Art der Behandlung hielt, machten sie nur erneut hämische Bemerkungen über mein Buchwissen. Sie hatten die Kunst des Heilens alle beide von Xanthos' Vater gelernt, der der frühere Chefarzt des Lagers gewesen war. Sie machten alles so, wie es schon immer gemacht worden war, und das war auf jeden Fall richtig, und wenn der Patient starb, nun, dann war das nur ein Beweis dafür, daß er hinfällig war und sowieso bald gestorben wäre. Schon am ersten Tag gab ich den Versuch auf, auch nur einen der beiden versöhnlich stimmen zu wollen. Sie verachteten mich, weil ich ein Fremder war, ein Eunuch, jung und gut ausgebildet. Ich verachtete sie wegen des Zerrbildes der Heilkunst, das sie darstellten. Xanthos war ein besonders schwieriger Fall: brutal und abergläubisch und immer und überall nur im Wege. Diokles verbrachte im Grunde genommen nicht viel Zeit in Novidunum; er hatte Privatpatienten in Istria und hielt sich nur die zweite Wochenhälfte im Lager auf.
Mit Arbetio verhielt es sich ganz anders. Er war ein sehr geschickter Chirurg. Die beiden anderen hatten ihn gekauft, damit er ihnen aushelfen könnte, nachdem sie gesehen hatten, wie er bei seinem vorhergehenden Herrn, einem ambulanten Dentisten, assistiert hatte. Sie ließen ihn sehr hart arbeiten, überließen ihm alle unangenehmen Aufgaben, so daß er im Hospital aß, schlief und wohnte und fast keine Zeit für sich selbst hatte. Er war nicht ihr persönlicher Sklave; er war mit Lagermitteln gekauft worden. Das hinderte sie jedoch nicht daran, ihn persönliche Aufträge erledigen zu lassen und ihn ganz allgemein so zu behandeln, als sei er einer der Lagerdiener, die lediglich dazu da waren, Holz zu hacken und zu kochen. Dies war doppelt beklagenswert, weil er ein besserer Arzt war als sie beide zusammengenommen und weil er die Kunst des Heilens wirklich liebte. Er war belesen und intelligent; er hatte geschickte Hände und das richtige Gespür für eine korrekte Behandlung derjenigen Patienten, bei denen es nicht einmal Xanthos und Diokles geschafft hatten, sie umzubringen. Außerdem war er, ganz im Gegensatz zu den anderen beiden, begierig, dazuzulernen. Sobald er sicher war, daß ich tatsächlich mehr als Xanthos und Diokles wußte, wurde er eindeutig zu meinem Freund und Verbündeten. Die Tatsache, daß ich ihn mit mehr Achtung behandelte, hatte wenig damit zu tun. Ich war glücklich über seine Unterstützung. Ich benötigte

einen Verbündeten, auch wenn er jünger und ein Sklave war. Ich mußte eine Menge Veränderungen in diesem heruntergekommenen Hospital vornehmen.

Innerhalb einer Woche wurde mir klar, daß sich mein Plan, im Hospital zu wohnen, unmöglich würde durchführen lassen. Ich konnte dort nirgends für mich sein. Es gab keine Möglichkeit, mich unbeobachtet zu waschen. Ununterbrochen kamen diese oder jene Leute in mein Zimmer, wollten irgend etwas, selbst wenn ich schlief. So händigte ich Valerius ein weiteres Stück von dem Schmuck meiner Mutter aus (ein Perlenhalsband, das 65 *Solidi* brachte) und kaufte ein Haus. Es gehörte Valerius, der es mir billig überließ: ein hübsches, für das Lager sehr typisches Haus. Das heißt, es stellte eine Mischung aus römischen und barbarischen Elementen dar, die man überall woanders ein wenig befremdet angestarrt hätte. In der Mitte befand sich eine große Küche mit einem Dachboden darüber, auf dem die Sklaven schliefen. Dann gab es noch zwei Räume zu beiden Seiten des Hauptraumes. In der Küche stand ein Backofen, der das Haus während des Winters mit Wärme versorgte. Das Haus lag in der Nähe des Hospitals und besaß auch einen Kuhstall und einen Garten.

Um das Haus in Ordnung halten zu können, mußte ich schließlich zwei Sklaven kaufen. Sklaven sind billig an der Grenze. Ich bezahlte zwölf *Solidi* für Sueridus, der etwa in meinem Alter war. Er war ein Gote vom Stamm der Terwingen, der ausgezeichnet mit Pferden umgehen konnte, sich leidlich geschickt bei Gartenarbeiten anstellte und kräftig genug war, um sämtliche schweren Arbeiten zu erledigen. Für Raedagunda, eine fünf-zehnjährige Haushälterin und gute Köchin, bezahlte ich zehn *Solidi* — weniger, als ich kurz darauf für mein Pferd bezahlte. In Ephesus oder Alexandria hätte ich dreimal soviel für die beiden ausgeben müssen.

Ich kam sehr gut mit meinen Sklaven aus, auch wenn sie glaubten, ich sei ein Zauberer. Sie glaubten dies zum einen, weil ich ein Eunuch war und sie derartigen sexuellen Verstümmelungen eine große Zauberkraft zutrauten. Zum anderen braute ich in der Küche Arzneimittel zusammen, pflanzte Kräuter im Garten und sezierte gelegentlich tote Kühe: alles ganz eindeu-tig zauberische Praktiken. Sie waren auch der Meinung, ich verfügte wahrscheinlich über einige ausgeprägte Merkmale eines Zauberers, viel-leicht über einen Schwanz, den ich sie nicht sehen lassen wollte — letzteres, weil ich darauf bestand, mich hinter verschlossenen Türen zu waschen und anzuziehen. Soweit ich weiß, haben sie allerdings nie versucht, sich darüber heimlich Gewißheit zu verschaffen. Vielleicht hatten sie davor Angst, ich könne sie verfluchen. Andererseits verachten Goten Zauberer nicht in dem gleichen Maße wie die Römer. Deshalb blieben die Angehöri-gen meines Haushalts mir gegenüber auch freundlich gesinnt, ja, sie rühmten sich auf dem Marktplatz sogar meiner magischen Kräfte. Aber das sollte mir nur recht sein, denn ich hatte bereits mehr als genug Ärger im Hospital und wollte mir nicht auch noch über irgendwelche Dinge bei mir zu Hause Sorgen machen.

Das Hospital mußte nicht nur mit der Unfähigkeit seiner Ärzte fertig werden, es hatte auch noch andere Probleme. Wahrscheinlich waren seine Behandlungsmethoden daran schuld, daß die Soldaten so große Angst vor ihm hatten. Wenn irgendwo entlang des Flusses ein Mann krank wurde, hielten er und seine Freunde es so lange wie irgend möglich geheim. Sie versuchten, mit Adernpressen und Talismanen der Krankheit Herr zu werden, und schickten nur die fast hoffnungslosen Fälle ins Hospital. Wenn die Patienten schließlich in Novidunum ankamen, konnten sie sich glücklich schätzen, wenn ihnen nur ein Arm oder ein Bein amputiert wurde. Wenn sie weniger glücklich waren, dann starben sie, und zwar meistens an Krankheiten oder Verletzungen, von denen sie sich ohne weiteres hätten erholen können, wenn sie nur richtig behandelt worden wären.

Außerdem gab es keine gelernten und bezahlten Pfleger. Statt dessen halfen die in der Festung stationierten Soldaten der Reihe nach im Hospital aus. Ich kann mir nicht vorstellen, daß es einen sichereren Weg gibt, eine ernste Krankheit in der gesamten skythischen Armee zu verbreiten. Es bedeutete außerdem, daß das pflegerische Niveau sehr niedrig war, da niemand Interesse daran hatte, für eine einwöchige Verpflichtung irgendwelche Dinge zu lernen. Auch für Arzneimittel hatte das Hospital kein Geld. Xanthos und Diokles zogen ein paar von den am häufigsten vorkommenden Heilkräutern im Hospitalgarten — Nieswurz natürlich, bitteren Wermut, gefleckten Schierling, Fingerhut und dergleichen — doch abgesehen davon, gab es keinerlei Arzneimittel. Die beiden hatten noch nie etwas von Opium gehört, gar nicht zu reden von den exotischeren indischen Kräutern, deren Anwendung mir in Alexandria selbstverständlich gewesen war. Arbetio mußte seine Amputationen an Patienten ausführen, die bei vollem Bewußtsein waren; seine medizinisch ausgebildeten Vorgesetzten wußten noch nicht einmal, daß Alraun ein recht gutes Betäubungsmittel ist. Ich arbeitete mein Exemplar des Dioskurides durch und notierte mir eine Anzahl von Ersatzmitteln für die mir vertrauten Kräuter: Efeusaft statt Zedernöl als Antiseptikum, Nachtschatten statt Honigklee gegen Ohrenreißen; doch außer Nieswurz konnte ich keinerlei Ersatzmittel für Opium entdecken. Leider gab es in Novidunum keinerlei Möglichkeit, Opium in ausreichender Menge aus Ägypten kommen zu lassen.

Ein paar Wochen nach meiner Ankunft in Novidunum setzte ich mich eines Abends an den Küchentisch in meinem neuen Haus und dachte darüber nach, was ich tun sollte. Ich hatte an jenem Tag ein paar fruchtlose, lautstark geführte Auseinandersetzungen mit Xanthos und Diokles gehabt. Ich hatte schon wieder einen Mann sterben sehen, der am Leben hätte bleiben können, und ich war wütend. Sebastianus hatte mir im Vertrauen auf Athanarics Empfehlung und meine alexandrinische Ausbildung die Verantwortung für das Hospital übertragen. Doch Valerius weigerte sich, mich bei den von mir vorgeschlagenen Veränderungen zu unterstützen. Ich konnte Xanthos noch so oft sagen, einen Patienten nicht zur Ader zu lassen, er grinste nur hämisch und ließ den Mann dann hinter meinem Rücken zur Ader. Wenn ich mich darüber beschwerte, brummte Valerius etwas vor sich hin, rutschte nervös auf seiner Bank hin und her und sagte, er werde darüber nachdenken. Er war mißtrauisch gegenüber allen Veränderungen, und Xanthos war ein alter Freund von ihm. Wenn ich überhaupt etwas erreichen wollte, mußte ich herausfinden, ob ich wirklich die volle Unterstützung von Sebastianus genoß und eine eindeutige Erklärung von ihm erwirken, daß ich die alleinige Verantwortung trug und das gesamte Hospital so reorganisieren konnte, wie ich es für richtig hielt. Ich mußte an Sebastianus schreiben und eine Liste konkreter Anregungen beifügen, verbunden mit der dringenden Bitte, mir bei ihrer Durchführung zu helfen. Wenn er half, wunderbar; wenn nicht − nun, dann mußte ich weitersehen. Ich konnte immer noch nach Konstantinopel gehen.

Am vordringlichsten war die Einführung von Maßnahmen zur Verbesserung der Hygiene. Wir brauchten dringend sauberes Wasser für das Aufwischen der Fußböden und das Waschen des Bettzeugs sowie Reinigungslösungen und abgekochtes Wasser für Verletzungen. Dann mußte das Hospital mindestens einmal täglich gesäubert werden. Wenn ich Xanthos nicht dafür gewinnen konnte, mußte ich das bisher angewandte System für die Hilfspfleger des Hospitals ändern. Doch dies hatte ich sowieso vor. Bei dem Versuch, Leute zu rekrutieren, war es meiner Ansicht nach am besten, auf frühere Patienten zurückzugreifen − auf die Krüppel und Amputierten. Diese Männer in den Hospitälern zu beschäftigen würde den Staat keine einzige Kupferdrachme kosten, mir dagegen die Dienste einer Reihe von Pflegern sichern, die ich überall dort einarbeiten konnte, wo ich sie benötigte.

Dann mußte ich unbedingt dem Blutdurst von Xanthos und Diokles einen Riegel vorschieben. Ich hätte es vorgezogen, sie alle beide ganz loszuwerden, vor allem Xanthos, doch das stand nicht in meiner Macht. Wenn ich es erreichte, daß Sebastianus und der Tribun Valerius ihnen verboten, irgendwelche Patienten ohne meine Einwilligung zur Ader lassen oder ihnen Arzneimittel zu verabreichen, so würde das genügen müssen. Es wäre demütigend für sie, aber das war nicht zu ändern. Falls sie sich weigerten, könnte Sebastianus sie vielleicht irgendwo anders hinschicken; dann würde ich jedenfalls nicht zusehen müssen, wie sie die Männer vor meinen Augen abschlachteten. Schließlich müßte ich klarstellen, daß Arbetio nur noch zu sanitären Hilfsdiensten und nicht mehr zu niederen Arbeiten herangezogen werden durfte.

Der dritte Punkt mußte wahrscheinlich bis zum Ende des Winters warten. Ich mußte den Soldaten am Oberlauf des Flusses einen Besuch abstatten und mit ihnen sprechen. Ich mußte sie von den Gefahren der Aderpresse überzeugen, ihnen Anweisungen geben, wie sie leichtere Fieberanfälle an Ort und Stelle behandeln konnten, und sie darüber aufklären, wann sie ihre Kranken unbedingt in das Hospital nach Novidunum schicken mußten. Wenn Sebastianus recht gehabt hatte, als er sagte, weiter oben im Westen wüte die Pest, würde es auch äußerst nützlich sein, geeignete Maßnahmen zu ergreifen, um die Pestfälle zu isolieren und die Lager zu reinigen.

So ging ich in mein Zimmer im rückwärtigen Teil des Hauses, schrieb einen langen Brief an Sebastianus, siegelte ihn und sandte ihn mit dem ersten Kurier fort. Eine Woche später erschien Sebastianus höchstpersönlich in der Festung. Ich war gerade im Hospital beim Ausbrennen einer Wunde. Es war das zweite Mal, daß ich es bei ein und demselben Patienten tun mußte. Die Verletzung an der Schulter des Mannes war bei seiner Einlieferung brandig gewesen. Ich hatte dem Patienten eine Alraunwurzel zur Betäubung verabreicht und das verfaulte Fleisch weggebrannt. Dann hatte ich die Wunde gesäubert und verbunden. Ein paar Tage lang war sie sauber geblieben, dann war sie plötzlich erneut infiziert. Ich war höchst überrascht und fragte den Patienten deswegen aus. Er erzählte mir, Xanthos habe sie ihm einmal gereinigt als ich beschäftigt war. Und er hatte sie mit diesem verdammten, verfaulten Wasser gereinigt. Ich schärfte ihm ein, falls Xanthos das noch einmal versuchen sollte, solle er um Hilfe schreien und falls das nichts nutze, den Mann töten, so wie er auch eine giftige Schlange töten würde. Ich gab dem armen Mann noch eine Alraunwurzel und erhitzte gerade die Eisen, als einer der Boten aus dem Hauptquartier auftauchte und sagte: »Der vorzügliche Heerführer Sebastianus möchte mit allen Ärzten sprechen.«

Ich schickte Arbetio, der mir Hilfestellung leistete, sofort zum Hauptquartier und arbeitete weiter. Ich wußte nicht, wo Xanthos war; Diokles war unten in Histria und füllte sich die Taschen.

Als ich den Patienten endlich versorgt hatte, nahm ich die Schlachtermütze ab, die ich bei derartigen Gelegenheiten trug, und eilte schnurstracks ins Präsidium. Sebastianus saß nicht auf der Ruhebank, sondern am Schreibpult des Tribunen und klopfte mit den Fingern ungeduldig auf die Platte. Xanthos stand dicht daneben und sah mir selbstgefällig entgegen, weil ich den Heerführer hatte warten lassen. Arbetio und der Tribun Valerius machten alle beide den Eindruck, als fühlten sie sich in ihrer Haut ganz und gar nicht wohl. Ich war viel zu wütend, um mich dafür zu interessieren. Derartiger Ärger, stetiger, bohrender Ärger, der unaufhörlich im Magen wühlt, war etwas, woran ich nicht gewohnt war. Ich mußte ihn unbedingt loswerden.

»Vortrefflicher«, sagte ich, »es tut mir leid, daß ich dich habe warten lassen. Ich hatte einen Patienten.«

»Das hat man mir erzählt«, erwiderte Sebastianus. Er warf einen Blick auf die beiden anderen.

»Ja, und die Operation wäre absolut unnötig gewesen«, fuhr ich fort und gab dem Heerführer keine Möglichkeit, die Besprechung friedlich zu eröffnen. »Die Wunde war durch Reinigungsmethoden infiziert, die ich ausdrücklich verboten habe. Ich habe dem armen Patienten gesagt, wenn irgend jemand versuchen sollte, seine Wunden noch einmal auf diese Weise zu reinigen, sollte er ihn töten, wie er eine Schlange töten würde.«

Xanthos zuckte zusammen. »Du nichtswürdiger Kastrat! Du und dein Bücherwissen! Glaubst du denn . . .«

»Ruhe!« fuhr Sebastianus dazwischen; Xanthos schwieg und starrte ihn an. Sebastianus seufzte und warf mir einen Blick zu. »Nun«, sagte er. »Da bist du aber in ein Hornissennest getreten, wie?«

Ich verbeugte mich leicht. »Du wolltest, daß ich das Hospital von Grund auf reorganisiere, Vorzüglicher.«

Sebastianus lachte. »Oh, unsterbliche Götter! Das wollte ich allerdings. Aber ich dachte, du könntest es tun, ohne deinen Kollegen dabei gleich an die Kehle zu gehen. Und ich kapiere nicht, warum du mir einen solchen aufgebrachten Brief deswegen schreiben mußtest. Ich dachte, ich hätte dir bereits alle notwendigen Vollmachten gegeben.«

»Im Augenblick, erlauchter Sebastianus, erstreckt sich meine Autorität nicht sehr weit. Ich kann nicht einmal eine Behandlungsmethode vorschlagen und dafür sorgen, daß man sich daran hält.«

Xanthos war außer sich. »Vortrefflicher!« protestierte er. »Ich habe mein ganzes Leben lang Medizin praktiziert! Ich weiß nicht, warum es dieser . . . dieser Kreatur erlaubt sein sollte, alle Traditionen und Vorgehensweisen, die wir seit jeher benutzt haben, über den Haufen zu werfen, nur weil er irgendwelche Dinge in irgendwelchen Büchern gelesen hat!«

Valerius nickte. »In der Tat, ich glaube, der vortreffliche Sebastianus ist vorschnell. Laß Chariton doch seine Patienten auf seine Weise behandeln, und laß Xanthos damit fortfahren, seine Patienten auf die althergebrachte

Weise zu behandeln. Auf diese Weise können wir die Vorteile beider Methoden gegeneinander abwägen.«

»Xanthos' Methode hat keine Vorteile«, rief ich wütend. »Wenn ich nur einen halben *Solidus* für jeden Patienten bekäme, den er und sein Vater getötet haben, könnte ich ganz Novidunum aufkaufen! Und er benutzt seine Schlachtermethoden hinter meinem Rücken und sogar bei meinen Patienten. Ich werde das nicht zulassen; es ist eine Schande für die Tradition des Hippokrates!«

Sebastianus sah mich an und lachte. »Zügle deinen Ärger!« meinte er. »Sehr schön, su sollst haben, was du verlangst. Es tut mir leid, Valerius, aber ich habe Chariton die Verantwortung für das Hospital übertragen, und dabei muß es bleiben. Was nützt es denn, erfahrene und gutausgebildete Leute herzuholen, wenn man nicht auf ihren Ratschlag hört? Die Schule des Hippokrates in Alexandria ist die beste auf der ganzen Welt, und was man dort lehrt, hat mehr Gewicht als die alten Methoden, die man hier anwendet. Mir gefallen diese Vorschläge hier, Chariton.« Er nahm meinen Brief vom Schreibpult und wedelte uns damit zu. »Vor allem die Vereinbarungen wegen der Pfleger. Ich möchte nicht, daß mehr Männer als irgend nötig der Pest ausgesetzt sind. Flußaufwärts zu ziehen und mit den Soldaten zu sprechen ist ein weiterer ausgezeichneter Plan. Ich werde dafür sorgen, daß du ein Pferd bekommst, dann kannst du noch in diesem Winter damit anfangen.«

Triumph! Sieg! Ich hätte beinahe laut losgebrüllt, aber ich strahlte Sebastianus nur erleichtert an. »Danke dir, Vorzüglicher. Ich habe allerdings noch eine Bitte.«

Sebastianus seufzte, dann warf er Valerius und Xanthos einen nachdenklichen Blick zu. »Wenn es denn sein muß. Obwohl so etwas meistens ebensoviele Probleme verursacht, wie es löst.«

»Ich kann es auf keinen Fall mehr dulden, daß sich jemand in die Behandlung meiner Patienten einmischt.«

Sebastianus nickte ergeben. »In Ordnung. Xanthos, du und deine Kollegen sollen dem höchstgeschätzten Chariton gehorchen und allen seinen Anweisungen in bezug auf das Zur-Ader-Lassen und das Verabreichen starker Arzneimittel unbedingt Folge leisten.«

Xanthos wurde abwechselnd rot und blaß. »Das werde ich nicht«, preßte er zwischen den Zähnen hervor.

»Dann enthebe ich dich deines Postens«, entgegnete Sebastianus ungerührt. Xanthos atmete schwer und versuchte vergeblich, etwas zu erwidern.

»Wenn du willst, kannst du noch einmal darüber nachdenken. Ich lasse dir Zeit bis morgen früh, um dir darüber klarzuwerden«, bot ihm Sebastianus an. »Aber entweder folgst du Charitons Anweisungen, oder du scheidest aus der Armee aus; ich lasse dir keine andere Wahl. Und was ist mit dir, Bursche — wie heißt du?«

»Arbetio, Erlauchter«, antwortete Arbetio eifrig. »Ein Legionärssklave. Ich werde mich glücklich schätzen, Charitons Anweisungen zu folgen. Ich halte sehr viel von seinen Methoden.«

»Aha. Dann bist du also der Sklave, von dem Chariton wünscht, daß er künftig nur noch medizinische Pflichten übernimmt? Ein weiterer guter Gedanke: Für die Hausarbeiten haben wir einen Haufen weniger wertvoller Sklaven. Wenn in Zukunft jemand etwas von dir will, was außerhalb deiner Pflichten liegt, dann befehle ich dir, ihm nicht zu gehorchen.«

Arbetio schluckte, starrte ihn an und verbeugte sich. Sebastianus lächelte.

»War da nicht noch ein anderer?«

»Er ist in Histria, Vortrefflicher«, entgegnete Valerius.

»In Histria? Was macht er denn da?«

Es entstand eine verlegene Pause. Ich sagte nichts. »Er besucht seine Privatpatienten«, gab Valerius widerwillig zu.

»Privatpatienten in Histria! Das ist ein weiter Weg für einen Besuch! Bestell ihm von mir, daß jeder Privatpatient, den er annimmt, nicht weiter als eine halbe Tagesreise von Novidunum entfernt wohnen darf. Wir zahlen ihm seinen Sold nicht dafür, daß er seine ganze Zeit weit weg in Histria verbringt. So, ich denke, das wär's dann. Valerius, Chariton, vielleicht wollt ihr mit mir zusammen Mittag essen? Obwohl ich es zu schätzen wüßte, Chariton, wenn du dich erst einmal waschen würdest.«

Ich sah an mir herunter und bemerkte, daß meine Hände immer noch von dem Blut meiner Patienten besudelt waren. »Natürlich, Heerführer Sebastianus«, sagte ich und lächelte noch einmal. »Danke dir.«

3

Danach verlief alles reibungslos. Xanthos schluckte seinen Stolz hinunter und blieb. Obwohl es eindeutig war, daß er mich haßte, hatte ich wegen der Patienten keinerlei Ärger mehr mit ihm. Diokles war ebenfalls wütend, als er aus Histria zurückkam, doch er bereitete mir keinen Ärger, erklärte lediglich großspurig, er werde seine Privatpatienten besuchen, wann es ihm passe, und der Heerführer solle sich zum Teufel scheren. Arbetio war von rührender Dankbarkeit.

Ich versammelte meine Schar Pfleger um mich und brachte ihnen das Reinigen von Wunden sowie einige grundsätzliche Regeln der Krankenpflege bei. Zu meiner großen Freude machten sich die Veränderungen sofort und auf drastische Weise bezahlt, was man am Prozentsatz derjenigen Patienten ablesen konnte, die gesund wurden. Ich schrieb einen Brief an Thorion und schickte ihn durch einen offiziellen Kurier – als Armeearzt, der an einen kaiserlichen Beamten schrieb, war ich dazu befugt. Ich hatte ihm kurz vor meiner Abreise aus Alexandria geschrieben und ihm von den dortigen Vorfällen berichtet, und jetzt erzählte ich ihm von der Festung und bat ihn, mir ein wenig Opium zu besorgen und es mir durch die Staatspost zukommen zu lassen, wozu er sicherlich berechtigt sei.

Mitte Dezember, als wir nur ein paar pflegebedürftige Patienten hatten, ging ich zu den Ställen, um mir ein Pferd für meinen ersten Ausflug flußaufwärts auszusuchen. Bei meinem Auftauchen warfen mir die Reitknechte abschätzige Blicke zu. Die Soldaten mochten mich nicht, weil ich ein Eunuch war und außerdem ein Zivilist, der aus einer für ihre Verweichlichung berüchtigten Provinz stammte. Und meine Erfolge im Hospital waren noch nicht bis zu ihnen vorgedrungen. Der Stallmeister war korrekt und höflich und zeigte mir die wenigen Pferde. Er empfahl mir eines, eine schlanke, gedrungene Stute. Ich warf einen Blick auf sie.

»Sie wird es nicht schaffen«, sagte ich dem Mann. »Sie ist kurzatmig.«

Einen Augenblick lang herrschte Schweigen, dann meinte er: »Das ist richtig. Vielleicht möchtest du statt dessen dieses Pferd?« Und er zeigte auf einen rotbraunen Wallach. Ich machte ihn darauf aufmerksam, daß dieses Pferd sich gerade erst von einem gespaltenen Huf erholte; deshalb eigne es sich nicht für einen langen Ritt. Er empfahl mir noch ein Pferd, gesund, aber nach seinen Zähnen zu urteilen, viel zu alt; dann eines, das am Spat, einer Gelenkerkrankung, litt. Ich lehnte alle beide ab und schlug ein Heilmittel gegen den Spat vor. Jemand lachte.

»Verstehst *du* denn etwas von *Pferden*?« fragte der Stallmeister ungläubig.

»Ich bin im Haus eines reichen Mannes aufgewachsen, der eine große Vorliebe für Wagenrennen hatte«, erwiderte ich. »Meine ersten Patienten waren Pferde.«

Mein Ansehen stieg enorm. Die Reitknechte ereiferten sich über Würmer, Hufabschürfungen und Koliken; der Stallmeister gab mir ein anständiges Reitpferd; der Veterinär tauchte aus dem Nichts auf und begann über Spat und Gelenkdegeneration zu sprechen; und schließlich gingen wir alle miteinander in die Lagertaverne und unterhielten uns lebhaft über Pferdekrankheiten und Wagenrennen. Die Soldaten in Novidunum waren überzeugt, daß jemand, der Pferde zu heilen vermochte, kein schlechter Mensch sein konnte.

Reiten war jedoch etwas anderes. Ich hatte noch nie in meinem Leben auf einem Pferd gesessen. Ich konnte es nicht bändigen. Als ich zusammen mit einem Trupp Soldaten und etwas Verpflegung flußaufwärts zur nächsten Festungsanlage loszog, mußten die Soldaten mich aus einer Schneewehe befreien, nachdem das Pferd versucht hatte, in seinen schönen warmen Stall zurückzukehren. Selbst, als sie mich wie ein Kind an eine Führungsleine nahmen, hatte ich Schwierigkeiten. Das Reiten beansprucht Muskeln, von denen ich noch nicht einmal wußte, daß es sie gab; es trommelt so auf ihnen herum, wie ein Koch auf seinem Fleisch herumtrommelt. Und es war bitterkalt — ich hätte mir niemals träumen lassen, daß es überhaupt so kalt sein könne. Das Donaudelta fing an zuzufrieren und Eisschollen trieben über den dunklen Fluß. Der Himmel war weiß vom Winterlicht, und die Erde war weiß von Schnee; auch die Bäume waren über und über weiß. Die hier wohnenden Leute waren vernünftig genug, an ihrem warmen Herdfeuer zu bleiben; des Nachts kamen Wölfe bis an die Türen, schnüffelten an ihnen herum und hinterließen ihre Fußspuren im Schnee. Auch in Ephesus hatte es bisweilen geschneit, aber dieser Schnee schmolz immer wieder schnell und war innerhalb von ein oder zwei Tagen verschwunden. In Skythien häuft sich der Schnee, eine Lage über die nächste, bis die ganze Welt aus nichts anderem mehr zu bestehen scheint. Ich hatte meine anerzogenen Vorurteile beiseite geschoben und von einem Händler in der Festung zwei Paar Hosen gekauft, dazu einige Strümpfe und ein Paar weite Stiefel, wie sie an der Grenze gerne getragen werden. Dann mußte ich noch einmal losziehen und einen Pelzmantel kaufen, da meine alten Umhänge, auch wenn sie für Ägypten sehr schön gewesen sein mochten, für einen skythischen Winter erbärmlich dünn waren. Selbst in diesem Aufzug zitterte ich noch, als wir jetzt flußaufwärts zu reiten begannen. Bevor wir auch nur eine Meile weit geritten waren, war ich völlig durchgefroren. Als wir das nächste Lager erreichten, war ich total erschöpft, halb erfroren und kam mir lächerlich vor.

Doch lächerlich oder nicht, ich hielt meinen Vortrag vor den Soldaten, führte ihnen einige Krüppel vor und wies darauf hin, wie schädlich die Adernpressen waren. Ich zeigte ihnen Möglichkeiten auf, leichteres Fieber an Ort und Stelle zu behandeln. Ich überprüfte die sanitären Einrichtungen, dann sah ich nach dem Trinkwasser und gab dem örtlichen Tribun Anweisungen, was er im Falle von ansteckenden Krankheiten tun sollte. Als wir zum nächsten befestigten Lager aufbrachen, war ich sehr zufrieden mit mir.

Ich schaffte es nicht, in jenem Winter allen Lagern einen Besuch abzustatten. Dies gelang mir erst bis zum Ende des darauffolgenden Jahres. Doch auch so hatten die Soldaten bis zum Frühjahr bereits von mir gehört und befolgten meine Ratschläge. Zuerst hätte ich ebensogut mit dem Wind reden können, doch die Veränderungen, die ich im Hospital vorgenommen hatte, zeitigten inzwischen spektakuläre Erfolge. Xanthos prophezeite jedem, der es hören wollte, ein Patient nach dem anderen würde durch meine Methode sterben, doch ein Patient nach dem anderen wurde gesund. Natürlich gab es Ausnahmen – Krankheiten sind ein bei weitem gefährlicherer Feind als die Barbaren, und auch der beste Arzt kann einen Wundstarrkrampf oder eine Blutvergiftung nicht heilen. Doch die Soldaten waren wirklich ideale Patienten: jung, gut genährt, aktiv. Männer, die von Natur aus viel besser dazu geeignet waren, mit einer Krankheit fertig zu werden als all die älteren und von Armut ausgelaugten Alexandriner, die vorher in meiner Behandlung gewesen waren. Zum erstenmal in der Geschichte dieses traurigen Hospitals übertraf die Zahl der Soldaten, die es gesund verließen, die Zahl derjenigen Soldaten, die in ihm starben. Xanthos fing an, dunkle Andeutungen über Zauberei zu machen. Sebastianus aber war begeistert.

Thorion nicht. Als ich in jenem ersten Januar von meinem Ausflug flußaufwärts zurückkehrte, erfuhr ich, daß er mir durch den kaiserlichen Kurier einen Brief geschickt hatte. Ich fand ihn auf dem Schreibpult in meinem Hause vor. Er war mehrfach versiegelt, und ich konnte nur hoffen, daß die Siegel tatsächlich nicht aufgebrochen waren, denn obwohl der Brief außen an »Chariton den Arzt, Novidunum« adressiert war, lautete die Anrede im Inneren: »Theodoros an seine Schwester Charis, sei gegrüßt.«

Hast du denn ganz und gar den Verstand verloren? Ich bedaure es, deinen Plänen jemals zugestimmt zu haben. Für ein paar Jahre nach Alexandria zu gehen und Medizin zu studieren war schon schlimm genug, doch auf diese Weise kamst du Festinus wenigstens nicht mehr unter die Augen, außerdem wußte ich, welche Freude es dir machte. Aber du hast versprochen, daß du zurückkommst! Chariton, das ist jetzt beinahe vier Jahre her; ich habe inzwischen meinen eigenen Haushalt und kann dich mit kultivierten Leuten zusammenbringen, ohne mich dessen schämen zu müssen. Ich bin mittlerweile angesehen genug, so daß Festinus uns nichts mehr anhaben kann. Mein Freund Kyrillos ist auch hier in Konstantinopel, er ist Assessor, und es sieht so aus, als mache er Karriere. Er würde dich sicherlich sehr gerne heiraten; er fragt bisweilen nach dir, und ich antworte ihm ausweichend, erzähle ihm nur, daß es dir gutgeht. Aber bei Artemis der Großen, kein Mensch auf der ganzen Welt würde dich heiraten, wenn er wüßte, daß du einmal Armeearzt gewesen bist. Je länger die Sache dauert, desto schwerer werden wir erklären können, wo du die ganze Zeit über gewesen bist. Und schon bald wirst du nicht mehr im heiratsfähigen

Alter sein. Komm sofort nach Konstantinopel. Ich kann gar nicht glauben, daß du so etwas tust. Ich habe noch niemals gehört, daß sich eine Frau so schamlos aufgeführt hätte. Willst du etwa dein ganzes Leben lang ein Eunuch bleiben? Keine Kinder, keinen Mann? Das ist doch kein richtiges Leben. Es ist unnatürlich.«

Der Brief tat mir weh. Ich wußte nicht, wie ich ihn beantworten sollte. Ich verbrannte ihn und verstreute die Asche aus Angst davor, daß ihn jemand lesen könne, doch die Worte hafteten in meinem Gedächtnis und waren dort ein ständiger Quell des Schmerzes. Jetzt wußte Thorion zumindest, was geschehen war, und er hatte die Kluft zwischen derjenigen, die ich einmal gewesen war, und derjenigen, die ich jetzt war, also auch die Kluft zwischen ihm und mir erkannt – eine Kluft, die inzwischen so breit wie die Donau war. Aber er dachte immer noch, ich könne sie überbrücken und zurückkehren. Doch wie hätte ich das über mich bringen sollen? Ich war der Leibarzt zweier Erzbischöfe in Alexandria gewesen, ich war Chefarzt der Festung Novidunum, ich hatte für meine Behandlungsmethoden gekämpft und gewonnen. O ja, verheiratete Frauen genießen mehr Freiheiten als junge Mädchen, doch selbst die Ehefrau eines vornehmen Mannes ist durch unerbittliche Anstandsregeln dazu verdammt, keiner ernsthaften Tätigkeit nachzugehen.
Eine Woche nach Erhalt dieses Briefes träumte ich davon, ich sei in Ephesus. Ich war gekleidet, wie ich auch als thrazischer Arzt gekleidet war, mit Hosen und all dem übrigen, aber ich stand vor dem Haus meines Vaters. Ich spürte in meinem tiefsten Innern, daß ich dort unbedingt einen Patienten besuchen mußte. Ich ging hinein, schlenderte durch den ersten Hof und durch das Wagenlenkerzimmer. Es war kein Mensch zu sehen, aber ich hörte, wie jemand wimmerte. Ich ging ins Schlafzimmer meines Vaters, und dort lag er, bleich, mit schmerzverzerrtem Gesicht, aber ganz ruhig. Ich berührte seine Stirn. Sie war kalt. Ein schlechtes Zeichen, dachte ich bei mir und suchte in meiner Tasche nach Opium. »Ich will nichts«, sagte Vater. »Ich will nicht mehr leben, ich möchte diese Welt gegen den Himmel eintauschen. Mein Sohn haßt mich, und meine Tochter ist fortgelaufen.« »Ich bin nicht fortgelaufen«, entgegnete ich. »Ich bin hier, ich kann dich heilen.« Bei diesen Worten kehrte ein wenig Farbe in sein Gesicht zurück. Er lächelte mich strahlend an und richtete sich auf; er umarmte mich. Einen Augenblick lang fühlte ich mich furchtbar glücklich: Ich konnte die Toten ins Leben zurückrufen, wie Äskulap. Dann wurden seine Arme um meinen Hals steif. Ich konnte nicht mehr atmen. Ich wand mich verzweifelt hin und her. Als ich meinen Kopf freibekam, sah ich meinen Vater an, aber er war es gar nicht, es war Festinus, der seine Zähne

zu einem Lächeln entblößte. Ich versuchte zu schreien, aber er preßte seine Lippen auf die meinen; ich bekam keinen Atem mehr, war völlig hilflos. Er zog mir meine kurze Tunika über die Schulter und stieß mich auf das Bett. Er legte mir ein Kissen auf das Gesicht, um mich zu ersticken. Irgendwo sangen Leute eine Hochzeitshymne. Schreiend wachte ich auf.

Jemand hämmerte an meine Tür. »Wer ist da?« fragte ich und setzte mich in meinem Bett auf. Ich zitterte und wußte nicht, wo ich war. Es war bitterkalt; das Fensterbrett war über und über mit Eis bedeckt, und das Mondlicht sickerte durch die Fensterläden.

»Ich bin es, Gebieter.« Es war die Stimme meiner Sklavin Raedagunda. »Geht es dir gut?«

»O ja. Nur ein Alptraum.«

Ich hörte, wie Raedagundas Schritte sich in Richtung auf den Dachboden entfernten. Sie schlief oben. Ich zitterte immer noch. Es war unmöglich, an Schlaf zu denken, und so stand ich auf, kleidete mich an und legte mir meinen Pelzumhang über die Schultern, um nicht allzusehr zu frieren. Ich setzte mich an mein Schreibpult und beantwortete Thorions Brief.

»An meinen lieben Bruder Theodoros, sei gegrüßt«, schrieb ich.

Ja, ich will mein ganzes Leben lang ein Eunuch und Arzt bleiben. Thorion, mein Liebster, versuche doch, mich zu verstehen. Die Heilkunst bedeutet mir mehr als alles übrige auf der Welt. Und ich bin ein guter Arzt. Es würde mich umbringen, mich auf das beschränken zu müssen, was die Leute für schicklich halten. Vielleicht würde ich mich auch selbst umbringen. Ich könnte es nicht ertragen, ich müßte ersticken. Es mag sein, daß dies kein richtiges Leben ist, aber es ist das Leben, das ich vorziehe. Stelle mich nicht bloß. Wenn du das tätest, hättest du mich für den Rest deines Lebens auf dem Hals. Das weißt du genau. Du hast selbst gesagt, niemand würde mich heiraten, falls er Bescheid wüßte. Und was hätte es für einen Sinn, wenn ich in deinem Haus herumsäße, mit Schande bedeckt, unverheiratet und ohne meinen geliebten Beruf? Wenn du mir nicht vergeben kannst, erzähl den Leuten einfach, ich sei tot, und vergiß mich, so als sei es wirklich so.

Ich versiegelte den Brief sehr sorgfältig, voller Angst, jemand könne ihn lesen, dann ging ich wieder zu Bett. Bevor ich einschlief, machte ich mir klar, daß ich eine andere Möglichkeit ausfindig machen müßte, um an Opium heranzukommen.

4

Schließlich schrieb ich an Athanaric und bat ihn um Opium und andere Arzneimittel. Er hatte den Eindruck erweckt, an dem Wohlergehen der Soldaten an der Front interessiert zu sein, und ich hatte das Gefühl, er schätzte mich aufrichtig. Wahrscheinlich könnte er sie mit Philons Hilfe besorgen und sie mit der staatlichen Post schicken. Ich schrieb ihm einen äußerst ehrerbietigen Brief, in dem ich ihn darum bat, dafür zu sorgen, daß Philon das Opium und einige andere Heilkräuter für mich kaufen konnte. Ich legte einen Onyxring zwischen die Papyrusblätter, um für die Unkosten aufzukommen. Außerdem fügte ich noch einen Brief an Philon bei, in dem ich ihm die Situation erläuterte. Ich schickte sowohl diesen Brief als auch den Brief an Thorion mit dem kaiserlichen Kurier nach Konstantinopel. Dann stürzte ich mich in die Arbeit und versuchte, mir wegen all dieser Dinge keine Gedanken mehr zu machen.

Der erste lange Winter ging zu Ende, und die Erde prangte in neuer Blütenpracht. Das ganze Delta schien eine einzige purpurfarbene, weiße und goldgelbe Fläche zu sein; neben jedem Stein blühten Veilchen, die Weißdornbüsche leuchteten, und jedes Stück offenes Land war übersät mit gelb leuchtendem Hahnenfuß. Ich hatte noch niemals so viele Vögel gesehen. Enten und Reiher, Wiedehöpfe, Schwalben und Kuckucke, Schwäne, Krähen und Hunderte anderer, deren Namen ich nicht kannte. Auf dem Dach des Präsidiums nisteten Störche. Gemäßigtere Landstriche haben einen gemäßigteren Frühling, doch der thrazische Frühling war eine einzige trunkene Orgie. Es war unmöglich, nicht glücklich zu sein. Und an einem strahlenden Vormittag Ende Mai kam Athanaric in den Krankensaal des Hospitals spaziert, während ich gerade meine Runden machte.

Er stolzierte herein und hatte ein Paar schwerer Satteltaschen über seine Schulter geworfen. »Chariton von Ephesus!« rief er so laut, daß er im ganzen Gebäude zu hören war. Und als ich mich umdrehte, schwenkte er die Satteltaschen durch die Luft und warf sie mir zu. »Hier sind die Arzneimittel, die Euer Ehren erbeten hat.«

Ich fing sie auf und fiel fast um dabei. Ich warf einen Blick auf die Taschen, dann auf Athanaric, wie er dort stand, den Daumen unter seinen Schwertgürtel geklemmt, lachend. »Gott segne dich!« sagte ich inbrünstig und begann, die Riemen aufzuknöpfen. Da waren meine Heilkräuter also tatsächlich: alles, worum ich gebeten hatte, und sogar etwas Mohnsamen für Opium, er brauchte nur ausgesät zu werden. Außerdem ein ausführlicher Brief von Philon. Ich hätte Athanaric küssen mögen. Doch ich stand nur da und glotzte ihn an.

»Dein Freund Philon hat sie für dich zusammengestellt«, erzählte er. »Er

meinte, von dem Verkauf dieses Ringes sei noch etwas Wechselgeld übrig. Ich habe ihm gesagt, er solle es behalten, und ihm eine Lizenz verschafft, die Post zu benutzen, um irgendwann Nachschub schicken zu können.«
»Gott segne dich«, wiederholte ich und blickte Athanaric strahlend an. Er sah großartig aus. Die Hosen machten keinen so barbarischen Eindruck mehr auf mich, seit ich selbst welche trug. Sein Gesicht war vom Wind gerötet, und er lachte vor Lebensfreude. »Was tust du hier?« fragte ich ihn. ». . . Vortrefflicher«, fügte ich rasch hinzu: Nach dem Gefallen, den er mir gerade erwiesen hatte, wollte ich unter keinen Umständen unhöflich sein. »Hast du Zeit, mit mir zu Abend zu essen?«
Er grinste. »Nein, keine Zeit fürs Abendessen, leider. Ich muß eine Botschaft des Hofes nach Sirmium bringen; ich komme nur eben durch Novidunum, um dies Zeug hier abzuliefern. Vielleicht ein andermal? Ich bin jetzt wahrscheinlich für längere Zeit in Thrazien; man hat mich hergeschickt, um die Posten an der Front zu reorganisieren.«
»Darf ich dir dann zumindest etwas zum Trinken besorgen?«
»Das ist eine gute Idee.« Er sah sich im Hospital um. »Du scheinst nicht so furchtbar viel zu tun zu haben.« Die meisten Betten waren leer.
»Es ist das Wetter«, erklärte ich ihm. »Wenn jemand stirbt, dann tut er es im Winter, und das kann man wohl auch niemandem zum Vorwurf machen. Es wäre ganz einfach zu schmerzlich, die Welt verlassen zu müssen, wenn sie sich so präsentiert wie im Augenblick.«
Wir gingen in die Lagertaverne, und ich kaufte einen Krug des besten Weins, den sie da hatten, einen ziemlich feurigen Rotwein, der die Küste herauf aus der Provinz Europa gebracht worden war. Es war später Vormittag, und eine ganze Anzahl der dienstfreien Männer saß herum und trank etwas; wir fanden nirgends mehr einen Platz. Athanaric pfiff und alle sahen ihn an. »Ich bin Athanaric, der Sohn des Ermaneric von Sardica«, verkündete er. »Ich brauche einen Platz, um mich mit meinem Freund irgendwo setzen zu können.«
Sofort sprangen sämtliche Goten in der Taverne auf, brummten etwas und verbeugten sich. Athanaric nahm am besten Tisch Platz, und ich stellte den Weinkrug ab, dann wollte ich ein wenig Wasser holen. Aber das war nicht nötig. Der Besitzer der Taverne eilte mit einem Krug frischen Wassers und mit seiner schönsten Schale zum Mischen herbei. Dann eilte er ebenso-schnell wieder weg und kam mit zwei seiner eigenen ägyptischen Trinkbe-cher aus Glas zurück. Er verbeugte sich vor Athanaric und sagte etwas auf gotisch. Athanaric antwortete ihm in der gleichen Sprache und entließ ihn mit dem Winken seiner Hand. Er sah mich an und lachte. »Die Treue der Barbaren«, stellte er fest.
»Ich habe schon von deinem Onkel gehört«, erwiderte ich. Seit meiner

Ankunft in Novidunum hatte ich in der Tat eine ganze Menge von ihm gehört; viele unserer Soldaten waren Goten vom Stamme der Terwingen, und die übrigen hatten gegen die Männer König Athanarics gekämpft.

»In diesem Teil der Welt haben alle von ihm gehört.« Athanaric goß den Wein und etwas Wasser in die Mischschale, und ich schenkte ein. »Das ist einer der Gründe, warum ich so gerne in diese Gegend komme. Was hältst du von Thrazien, vortrefflicher Chariton?«

»Ich mag es«, sagte ich und stellte zu meiner Überraschung fest, daß es stimmte. Zum Teil lag es einfach daran, daß die Landschaft gerade jetzt, im Frühling, so schön war. Doch ich mochte auch den weiten Raum um mich herum, vor allem nach all dem Schmutz und dem Menschengewimmel von Alexandria. Ich liebte meine Verantwortung für das Hospital, verspürte Freude und Stolz, wenn ich daran dachte, was ich hier bewirkte. Ich liebte es, mein eigener Herr in meinem eigenen Haus zu sein und in der Festung respektiert zu werden. Ich fing sogar an, Spaß am Reiten zu finden, jetzt, da meine Muskeln sich allmählich daran gewöhnten und es nicht mehr so kalt war. »In mancher Hinsicht finde ich es hier ebensoschön wie in Alexandria.«

»Tatsächlich?« fragte Athanaric. »Du scheinst dich ja gut eingewöhnt zu haben, das freut mich. Die Pferdeknechte an der Poststation haben mir erzählt, du seist der beste Arzt ganz Thraziens und könntest Koliken und die Krätze heilen. Das hätte ich einem solch eingefleischten Alexandriner gar nicht zugetraut. Und deinen Posten füllst du zweifellos zur vollsten Zufriedenheit aller aus. Sebastianus glaubt, daß du direkt von Äskulap abstammst. Er ist der Ansicht, du heilst die Kranken wie ein Wunderheiler.«

»Das stimmt nicht«, entgegnete ich. »Wir können nicht jeden heilen, und die Heilungen, die uns gelingen, sind das Ergebnis der hippokratischen Medizin und nicht irgendwelcher Wunder.«

Er grinste. »Natürlich. Wie konnte ich bloß den unsterblichen Hippokrates vergessen?« Er hob seinen Becher. »Ich freue mich, daß alles so gut ausgegangen ist. Mein Freund Sebastianus ist glücklich, die Soldaten sind hervorragend versorgt, und selbst dir mißfällt es nicht. Auf deine Gesundheit!«

»Auf die deine!« erwiderte ich. »Aber ich werde ständig Opium brauchen. Vielleicht geht der Samen hier nicht auf. Und selbst wenn, wird es eine gewisse Zeit dauern, um meinen Vorrat auf diese Weise zu decken.«

»Schick deinem Freund etwas Geld, dann sorge ich dafür, daß die Post das Opium befördert.«

»Das nächste Mal, wenn du in Novidunum bist, mußt du zum Abendessen bleiben«, sagte ich einladend.

»Damit du sicher sein kannst, daß ich als dein Gast verpflichtet bin, dir weiterhin zu helfen? Natürlich. Aber das würde ich sowieso tun. Du weißt ja: Ich möchte, daß die Männer hier eine gute Behandlung erfahren.«

»Außerdem kannst du mir die wichtigsten Neuigkeiten erzählen«, meinte ich lächelnd.

Er erzählte mir einige, bevor er fortging. Es hatte den Anschein, als sei Erzbischof Petrus in Rom sicher und erfreue sich der Gastfreundschaft des römischen Erzbischofs Damasus. Die westliche Kirche neigte zum nizäischen Glauben, und der westliche Kaiser hatte nicht die Absicht, mit den Anhängern dieser Glaubensrichtung aneinanderzugeraten: Petrus war so sicher, wie er nirgendwo im Osten gewesen wäre. Sein arianischer Gegenspieler Lucius hatte offensichtlich genug davon, nizäische Christen in Alexandria zu verfolgen, und war in die nitrische Wüste gezogen, um Mönche auszupeitschen. Philon und seiner Familie ging es gut; ja, Athanaric hatte sie selbst gesehen; er hatte ihnen meinen Brief, gleich nachdem er dem Präfekten einige Botschaften ausgehändigt hatte, persönlich überbracht. Theogenes hatte seine Prüfung abgelegt und war zusammen mit Theophila nach Antiochia gezogen. Und Philon hatte wieder einen anderen Schüler. »Ich mag deinen Philon«, erklärte Athanaric und trank seinen Wein aus. »Er ist wohl ein hervorragender Arzt, oder?«

»Der beste in Alexandria«, sagte ich mit Nachdruck.

»Nun, das muß er ja wohl, da er dein Lehrherr war.« Athanaric setzte seinen Becher ab und erhob sich. »Also, auf gehts nach Sirmium! *Ave atque vale*, wie die Römer sagen. Wir sehen uns, wenn ich das nächste Mal durch Novidunum komme.«

Er ging von der Taverne aus direkt zur Poststation und sprang auf sein Pferd. Es stand fertig gesattelt und mit einem neuen Paar Satteltaschen für ihn bereit. Er wendete das Pferd, winkte und ritt in großartiger Manier von dannen. In vollem Galopp preschte er durch die Festung, so daß die Tauben und Küken mit aufgeregtem Flügelschlagen davonflatterten. Den Hügel hinab, durch das Tor und auf die Straße hinaus. Nur Kuriere reiten so: Galopp, Galopp, Galopp, zwölf Meilen in der Stunde oder schneller: zur nächsten Poststation; runter vom Pferd und rauf auf das nächste und wieder Galopp, Galopp, Galopp. Es mußten vierhundert Meilen von Novidunum nach dem im Westen gelegenen Sirmium sein, und Athanaric würde es in ein paar Tagen schaffen.

Ich seufzte und beobachtete, wie seine Gestalt kleiner wurde, dann machte ich mich wieder an meine Arbeit. Ich entdeckte in meinem Herzen den Wunsch, ihn bald wieder in Novidunum zu sehen.

5

In der darauffolgenden Woche bekam ich zwei weitere Briefe von Thorion. Den ersten hatte er schon einige Zeit vorher geschrieben, ehe er ihn einem Schiff mitgeben konnte. Wegen des schlechten Wetters hatte er sich offensichtlich verspätet. Er war in einigen Passagen etwas unvorsichtig formuliert, aber die Anrede war wenigstens nicht so verräterisch; das hatte mich beim letzten Mal so erschreckt. »Was meinst du damit, wenn du schreibst, ich solle sagen, du seiest tot?« fragte er.

Ich wünschte, du würdest aus diesem gottverdammten Nest am Ende der Welt heimkehren, aber wenn du es nicht willst, kann ich nichts machen. Und ich werde mich nicht von dir abwenden. Aber komm endlich zur Vernunft, Charition, bitte! Du kannst nicht weitermachen wie bisher. Irgendwann wird es jemand herausfinden. Was ist denn an einem »richtigen« Leben so schlimm, und was meinst du mit »erstikken«? Ich verstehe dich ganz einfach nicht. Aber falls du deine Meinung ändern solltest: Mein Haus ist auch das deine.

Der andere Brief war im April geschrieben worden und klang weniger herzlich.

Ich habe gerade gehört, daß Vater tot ist. Er starb im Lauf des Winters an einer Brustfellentzündung; aber ich habe es jetzt erst erfahren. Bis ich reisen kann, um dort zu bleiben, verwaltet Johannes die Güter. Ich kann noch nicht heimkehren, es besteht auch keine Eile im Augenblick. Ich fühle mich elend; ich hätte früher heimkehren sollen. Er war sehr unglücklich die letzten Jahre: Du warst fort, und ich war in Konstantinopel. Und die Hälfte seiner Pferde hatte er verkaufen müssen. Ich sollte diesen Festinus umbringen, es ist alles seine Schuld. Vater war ein guter Mann; er konnte nichts dafür, daß er ein Feigling war. Ich wünschte, du wärest hier, Charition.

Ich erinnerte mich an meinen Traum. Aber hieß es nicht, sich an der Trauer vorbeizumogeln, wenn ich mir meinen Vater als schon gestorben vorstellte. Ich versuchte es mit einer anderen Erinnerung und sah ihn auf dem Boden kriechen und Festinus anflehen, ihm seine Unschuld zu glauben. Aber es war genau, wie Thorion gesagt hatte, Vater konnte nichts dafür, daß er ein Feigling war: Es war ungerecht, ihn so in Erinnerung zu behalten. Wir waren uns niemals sehr nahe gewesen, aber er hatte sich stets herzlich und liebevoll gezeigt. Am Schluß erinnerte ich mich, wie es war, wenn er nach Hause kam, nachdem er ein öffentliches Fest ausgerichtet hatte: Wie er seinen goldenen Lorbeerkranz abnahm und in die Luft warf und dabei vor Vergnügen laut jauchzte, weil sein Wagen das Rennen gewonnen hatte; wie er mich und Thorion und Maia umarmte und alle Leute im Hause mit Geschenken überhäufte. Schließlich weinte ich ein wenig. Ich schnitt mir die Haare ab und hüllte mich zum Zeichen der Trauer in meinen schwarzen ägyptischen Umhang. Wenn die Leute mich nach dem Grund fragten, erzählte ich ihnen, ein alter Freund und Wohltäter sei gestorben. Aber ich ließ den Namen meines Vaters unerwähnt. In Alexandria war es erforderlich gewesen, immer eine Geschichte parat zu haben, um alles erklären zu können, aber jetzt war dies nicht mehr nötig, und es war besser, die Vergangenheit zu begraben. Ich hatte meinen Vater verlassen – aber auch wenn ich nicht fortgelaufen wäre, hätte ich nicht an seinem Krankenbett sein können. Ich wäre bei Festinus gewesen und hätte Gott weiß wie unter ihm gelitten, während er eine weit entfernt liegende Provinz verwaltet hätte. Was auch immer Sebastianus denken mochte, ich war schließlich nicht Äskulap. Selbst in meinem Traum hatte ich den Toten nicht wieder zum Leben erwecken können.

Es dauerte nur etwa einen Monat, bis ich Athanaric wiedersah. Ich befand mich in einem Lager zwei Tagesritte flußaufwärts und hielt meinen üblichen Vortrag über Adernpressen. Dieses Lager war ziemlich klein: ein Wachturm mit einem halben Dutzend Soldaten zu seiner Bewachung. Die Männer saßen draußen zu Füßen des Turms und gafften mich an, während ich zu ihnen sprach. Es war noch früh am Morgen, doch die Sonne brannte bereits heiß vom Himmel; im Schatten der Bäume wimmelte es von Moskitos, und die Zuhörer schenkten mir keine sonderliche Beachtung. Dann stieß einer der Soldaten plötzlich einen gellenden Schlachtruf aus, und Athanaric galoppierte auf uns zu. Er hatte seinen Umhang über die Schultern geworfen, und auf seinem Schwertgriff blinkte die Sonne. Unmittelbar vor uns brachte er sein Pferd zum Stehen und sprang herunter. »Da bist du ja!« sagte er zu mir. »Sind diese Männer alles Patienten, oder kannst du sie alleine lassen?«

»Deinen Namen bitte«, sagte der Befehlshaber des Wachturms in dienstlichem Ton, beschämt darüber, bei seiner mangelhaften Wachsamkeit ertappt worden zu sein.

»Athanaric, Sohn des Ermaneric von Sardica, *Curiosus* der *Agentes in rebus*.«

Dies hatte den üblichen Effekt; die Männer sprangen allesamt auf und murmelten einen respektvollen Gruß. »Hast du einen Patienten für mich?« erkundigte ich mich.

Er grinste. »Ja. Einen Privatpatienten, wenn du so willst. Die Frau eines reichen und mächtigen Mannes, die dich gut bezahlen wird, wenn du sie gesund machst.«

»Es ist nicht gestattet, Privatpatienten zu nehmen, die weiter als einen halben Tagesritt von Novidunum entfernt wohnen«, entgegnete ich unschlüssig. Warum kam Athanaric schnurstracks angeritten, um mich zu der Frau irgendeines mächtigen Mannes zu holen? Zu wessen Frau? Zu der eines Statthalters vielleicht?

»Gegen diese Patientin würde Sebastianus nichts haben«, tat er meinen Einwand ab. »Und sie befindet sich weniger als eine Tagesreise von Novidunum entfernt.«

Also nicht die Frau eines Statthalters. Der skythische Statthalter hatte seinen Sitz in Tomis, zwanzig Meilen küstenabwärts von Histria aus. Das war mehr als eine Tagesreise, falls man nicht die kaiserliche Post benutzte.

»Wo?« fragte ich immer noch unsicher.

»Auf der anderen Seite des Flusses.« Athanaric deutete mit der Hand auf die braunen Fluten der Donau und die Wälder auf der gegenüberliegenden Seite. Ich starrte ihn mit offenem Mund an, und er sprach rasch weiter. »Am schnellsten geht es wahrscheinlich, wenn wir die Donau bei Novidunum überqueren. Aber wir müssen uns beeilen. Nimm dein eigenes Pferd von hier mit, aber laß es an der nächsten Poststation stehen; ich möchte morgen abend dort sein. Soviel ich weiß, ist die Frau schon eine ganze Woche lang krank. Hast du dein medizinisches Rüstzeug bei dir? Gut, dann nichts wie aufs Pferd.«

Ich kam eigentlich erst so recht wieder zu mir, als ich im Sattel saß und hinter Athanaric hergaloppierte. Aber ich hatte viel zuviel damit zu tun, einigermaßen Schritt mit ihm zu halten, um noch über etwas anderes nachzudenken.

Galopp, Galopp, Galopp; Pferdewechsel; Galopp, Galopp, Galopp. Und so erreichten wir am späten Nachmittag Novidunum, obwohl es bei normalem Tempo und mit einem einzigen Pferd einen Zweitagesritt für mich bedeutete. Ich fühlte mich bis in die Haarspitzen hinein durcheinandergerüttelt. Doch Athanaric ließ mir keine Zeit, mich auszuruhen; er zerrte mich auf der Stelle zum Fluß hinunter und in ein Schiff hinein und rief den Bootsmännern auf gotisch zu, sie sollten sich beeilen. Während der ersten Minuten der Überfahrt saß ich völlig benommen im Heck des Bootes. Dann gab ich mir einen Ruck und fragte: »Wessen Frau?«

Athanaric zuckte zusammen, als habe er gerade an etwas ganz anderes gedacht. »Die Frau des Herrschers Frithigern«, antwortete er. »Sie heißt Amalberga. Ich erhielt einen Bericht, nach dem sie nach ziemlich schweren Wehen vor genau einer Woche einem Sohn das Leben geschenkt hat

und seitdem krank ist – falls sie inzwischen nicht gestorben ist. Wenn du sie gesund machen kannst, wird Frithigern sich äußerst dankbar erweisen.«
»Ist er ein Vetter von dir?«
Er sah mich an und lächelte: »Mehr oder weniger. Amalberga ist meine Kusine. Sie ist eine bemerkenswerte Frau; ich hoffe, du kannst ihr helfen. Er ist einer der wichtigsten Führer bei den Terwingen, über ihm steht nur der König. Rom gegenüber ist er freundlich gesinnt – er hat den christlichen Glauben angenommen und bewundert das römische Rechtswesen. Ich würde uns seine freundliche Gesinnung gern erhalten. Und ich möchte einiges von ihm in Erfahrung bringen.«
»Dann ›inspizierst‹ du jetzt also die Militärposten im gotischen Dazien«, sagte ich ein wenig ungehalten. »Gibt es dort überhaupt welche?«
Er lachte. »Nein. Ich werde einzig und allein von familiären Empfindungen getrieben, um meiner edlen Blutsverwandten in ihrer Not zu helfen. Aber es wird Frithigern nichts schaden, sich ein bißchen mit mir zu unterhalten. Überall im Land, donauauf, donauab, wimmeln die Menschen aufgeregt durcheinander wie die Ameisen, deren Haufen überschwemmt worden sind. Man sagt, eine neue Menschenrasse sei plötzlich aufgetaucht und fege wie ein Schneesturm aus den hohen Bergen herab und töte alles, was sich ihr in den Weg stelle. Der König hat die Bergpässe im Nordosten befestigen lassen. Seine Herrlichkeit, der oberste Palastbeamte seiner Erhabenen Majestät, möchte gerne wissen, was vor sich geht. Und so erscheine ich bei Frithigern zusammen mit einem geschickten griechischen Arzt, der sich seiner Frau annehmen soll, und hoffe, daß Frithigern dies zu schätzen weiß und sich ein wenig mitteilsam zeigt. Befriedigt dies die Skrupel Euer Gnaden?«
»Nicht unbedingt. Aber ich werde die Patientin behandeln, wenn niemand bei ihnen etwas dagegen einzuwenden hat.«
»Warum sollte jemand etwas dagegen einwenden? Du bist ein mächtiger Zauberer, dessen Ruhm bereits bis zu ihnen gedrungen ist. Sie werden begeistert sein.«
»Oh, bei Artemis der Großen!«
Athanaric hörte auf zu lächeln und sah mich ziemlich finster an. »Halb Novidunum glaubt, daß du ein Zauberer bist. Einige finden es gut, andere haben Angst. An deiner Stelle würde ich mich vorsehen, Chariton. Angeblich sollst du einen Mann aufgeschnitten haben.«
Ich biß mir auf die Lippen. »Wer hat dir das erzählt?«
»Einer deiner Kollegen im Hospital. Ein älterer Mann, dunkelhaarig, ihm fehlt ein halbes Ohr. Auf der Suche nach dir bin ich zuerst nach Novidunum geritten, und er war eifrig darauf bedacht, mir alles über deine zauberischen Praktiken zu erzählen.«

»Das ist Xanthos«, sagte ich erleichtert. »Er haßt mich, weil ich ihn von seinem Posten verdrängt habe. Das wissen alle; keiner wird ihn ernst nehmen.«

»Chariton, deine eigene Dienerschaft glaubt, daß du ein Zauberer bist! Ich weiß nicht, ob es stimmt, daß du einen toten Mann aufgeschnitten hast, oder nicht. Ich weiß, daß man in Alexandria Leichname seziert. Aber du bist hier nicht in Alexandria, und die Leute an der Front haben kein Verständnis für derartige Dinge.«

Ich erwiderte nichts. Ich hatte tatsächlich einen Patienten, der an Wundstarrkrampf gestorben war, seziert. Diese Krankheit ist an der Front ziemlich häufig, und ich dachte, ich könne ihren Ablauf vielleicht besser verstehen, wenn ich ihre Auswirkungen auf den Körper kannte. Ich hatte es des Nachts in einem leeren Raum getan und den Leichnam danach wieder zusammengenäht. Anschließend hatte ich ihn angezogen und am nächsten Tag begraben lassen. Ich hätte nicht gedacht, daß jemand etwas gemerkt hatte. Xanthos mußte hinter mir herspioniert haben. Athanaric hatte wahrscheinlich recht: Es war besser, solche Untersuchungen den Gelehrten am Tempel zu überlassen.

Athanaric beobachtete mich immer noch aufmerksam. »Es wäre wirklich ein Jammer, dich von der Folterbank in Ägypten heruntergezerrt zu haben«, meinte er, »nur damit du in Thrazien auf ihr zu Tode kommst.«

Ich seufzte und nickte. Das Boot stieß an das gegenüberliegende Ufer, und wir kletterten heraus. Ich stolperte beinahe; meine Beine waren immer noch etwas wackelig vom vielen Reiten. Doch Athanaric rannte natürlich sofort die Uferböschung hinauf und rief nach Pferden. Ich klammerte mich an meine Medizintasche und sah mich um. Mit einem Schauder wurde mir bewußt, daß ich mich außerhalb des römischen Imperiums befand.

Es sah nicht viel anders aus als in Novidunum – die gleiche Art Häuer aus Stein und Holz, die gleichen gotischen Männer in Hosen standen herum. Dieser Handelsposten hatte lediglich weniger feste Mauern, eben weil es lediglich ein Handelsposten und keine Festungsanlage war. Die Barbaren bauten keine Wälle gegen die Römer. Ich hatte niemals zuvor darüber nachgedacht, und es schien merkwürdig: Sie hatten sicher Grund genug, die Römer zu fürchten. Doch wenn sie Wälle errichteten, würden die Römer bloß bei ihnen einfallen und sie bestrafen. Die Römer wollten kein barbarisches Land mehr, die Barbaren jedoch wollten römisches.

Athanaric kam mit zwei Pferden zurück, die er irgendeinem gotischen Handelsmann oder vielleicht auch einem Offizier abgehandelt hatte. Wir waren aufgestiegen und ritten in das Land der Terwingen, bevor ich Zeit gehabt hatte, so richtig darüber nachzudenken. Es fing gerade an, dunkel zu werden.

Etwa eine Stunde nach Sonnenuntergang (Galopp, Galopp, Galopp) machte Athanaric in einem kleinen Städtchen halt und ging zu dem größten der dort stehenden Häuser. Wir wurden von den Sklaven hineingeführt, es gab ein aufgeregtes Palaver auf gotisch, doch dann wurden wir von dem Besitzer des Hauses, der Athanaric zu kennen schien, gastfreundlich aufgenommen. Das Bett war voller Flöhe, ich war jedoch viel zu müde, um mich darüber aufzuregen.

Am nächsten Tag kamen wir nicht mehr so schnell voran, da wir unsere Pferde nicht wechseln konnten. Doch selbst so erreichten wir Frithigerns Wohnsitz lange vor Einbruch der Dunkelheit. Die Stadt war etwa so groß wie Novidunum und lag zwischen Äckern und Weiden. Mitten in der Stadt, die aus den üblichen strohgedeckten Stein- und Holzhäusern bestand, erhob sich eine große römische Villa mit einem Ziegeldach und korinthischen Säulen. Sie machte einen ziemlich verwahrlosten Eindruck; das Dach des einen Flügels war in sich zusammengesackt und mit Stroh abgedeckt. Das gotische Dazien war früher in den lange vergangenen Tagen der großen Kaiser einmal eine römische Provinz gewesen. Vielleicht war diese Villa ein Überbleibsel jener Besetzung.

Von dem Augenblick an, da wir in die Stadt einritten, waren wir von einer großen Menschenmenge umgeben, doch Athanaric schenkte den Leuten keine Beachtung. Er ritt geradewegs auf die Villa zu, brachte sein Pferd zum Stehen und hielt eine kleine Ansprache auf gotisch. Ich bekam seinen Namen mit und auch meinen eigenen, doch sonst kaum etwas. Einige Leute kamen aus der Villa heraus, dann gingen sie wieder hinein. Athanaric saß auf seinem Pferd und wartete.

»Etwas habe ich dir noch nicht erzählt«, sagte er plötzlich und wandte sich in seinem Sattel zu mir um. »Die edle Dame Amalberga hat sicherlich einige Krankenpfleger, die sie umsorgen, und das sind bestimmt Frauen. Sei ihnen gegenüber nicht allzu abweisend. Es gibt hier keine Ärzte, und die Säuglingspflege wird von Frauen, von Hebammen und Geburtshelferinnen wahrgenommen. Einige der weisen Frauen sind von vornehmer Geburt und allgemein geachtet. Geh nicht von der Voraussetzung aus, daß sie Sklaven sind.«

Ich war überrascht. Bevor ich etwas antworten konnte, öffneten sich die Türen der Villa von neuem, und ein Mann trat heraus, gefolgt von einer Schar bewaffneter Begleiter. Er war hochgewachsen und schlank, sehr blond, mit einem fast weißen Bart; seine kräftige Nase war sonnenverbrannt, und seine Augen waren von einem sehr hellen Blau, wie aus Glas. Er war in einen prächtigen Umhang mit dementsprechendem Purpursaum gehüllt und trug eine goldene Kette um den Hals. Der Gegenwert der Juwelen auf seinem Schwertknauf hätte eine ganze Familie auf Lebenszeit ernähren können.

Athanaric sprang von seinem Pferd herunter. »Vortrefflicher Frithigern!« rief er und trat auf den anderen zu. Die beiden Männer umarmten sich. Frithigern war hocherfreut, uns zu sehen. Als ich ihm vorgestellt wurde, schüttelte er mir die Hand und dankte mir in fehlerfreiem Griechisch für mein Kommen. Seine liebe Frau, sagte er, sei in der Tat krank; ihre Pflegerinnen hätten anfangs gedacht, sie werde sich erholen, doch inzwischen seien sie sich nicht mehr so sicher. Er hätte von mir gehört und sei äußerst dankbar (hier drehte er sich zu Athanaric um), daß sein edler Vetter bereit gewesen sei, mich herzubringen. Ob ich irgendwelche Erfrischungen brauchte, bevor ich der Patientin einen Besuch abstattete oder ob ich sie gleich sehen wolle? Seine Blicke ruhten einen Augenblick lang mit einem schwer zu deutenden Ausdruck auf mir.

»Ich würde es vorziehen, die edle Dame sofort zu sehen«, antwortete ich. Frithigern lächelte; offensichtlich hatte ich das Richtige gesagt. Er machte eine Handbewegung in Richtung auf seine Begleiter und bellte ihnen einen Befehl auf gotisch zu. Sie geleiteten mich fort. Als ich ging, nahm Athanaric Frithigerns Arm und begann ihm Fragen zu stellen.

Die Dame Amalberga befand sich in einem der größeren Räume im rückwärtigen Teil der Villa. Meine Begleiter blieben vor der Tür stehen und klopften. Wir hörten Frauenstimmen, die sich in schrillem Tonfall auf gotisch miteinander stritten. Einer meiner Begleiter klopfte noch einmal; eine Frauenstimme rief etwas, dann fuhr sie mit ihren Streittiraden fort. Wir traten ein.

Der Raum war prachtvoll, aber sehr schmutzig. Über dem mit Mosaiken ausgelegten Fußboden lagen Binsen, der brokatene Überwurf des Bettes war blutbefleckt, und eine Schale mit Erbrochenem stand in der Ecke, daneben ein voller Nachttopf. Beide Gefäße waren von Fliegen umschwirrt. In der anderen Ecke stand ein Kinderbettchen, in dem ein Säugling lag und schlief. Die beiden Frauen, die sich miteinander stritten, standen mitten im Zimmer. Sie waren beide in mittlerem Alter. Die eine war klein und dunkelhaarig und trug eine einfache graue Robe aus Wolle; die andere war groß und blond, hatte einen schönen blauen Umhang um und trug viele Juwelen. Amalberga lag bewegungslos in dem großen Bett, sie war zwar wach, aber sehr erschöpft. Sie war eine schöne Frau, sehr blond, mit einem vornehmen Gesicht und etwa ein oder zwei Jahre jünger als ich. Sie war außerordentlich blaß; ihre Augen glänzten fiebrig. Ihre weißen Arme waren mit dick geschwollenen Butegeln bedeckt.

Die kleine dunkelhaarige Frau keifte meine Begleitsoldaten an. Diese schrien zurück und deuteten auf mich. Ich verbeugte mich andeutungsweise vor der Dame. »Ich bin Chariton aus Ephesus«, sagte ich langsam auf latein, »ein Arzt aus dem Feldlager Novidunum. Der höchst vortreffliche

Athanaric hat mich hergebracht, um die edle Dame Amalberga zu behandeln.«

Es entstand ein ziemliches Durcheinander. Die kleine dunkelhaarige Frau schrie die Männer an, und diese murmelten etwas in ihrer barbarischen Sprache. Die blonde, juwelengeschmückte Frau starrte mich an, dann wurde sie rot und fragte mich auf latein, ich möge ihr verzeihen, aber ob ich wirklich ein Eunuch wäre? (Bei den Goten sind Eunuchen unbekannt.) Als ich es bejahte, sagte sie, es sei sehr unschicklich, wenn ein Mann die Dame Amalberga anfasse. Die kleine dunkelhaarige Frau kreischte erneut, dann begann sie zu lachen. Später erfuhr ich, daß sie den Gedanken, ich sei ein Eunuch, lächerlich fand und vom ersten Augenblick an davon überzeugt war, ich sei eine Frau.

Plötzlich mischte sich Amalberga selbst ein. »Wenn du mir helfen kannst«, sagte sie mit fester, klarer Stimme und in gutem Griechisch, »dann bin ich dir sehr dankbar.«

»Ich werde mein Bestes tun«, entgegnete ich und trat an ihr Bett, um sie zu untersuchen. Die kleine Frau machte Anstalten, mich daran zu hindern, aber Amalberga wies sie mit ein paar scharfen Worten zurecht, und sie begnügte sich damit, die Begleitsoldaten aus dem Zimmer zu drängen. Ich fuhr mit meiner Untersuchung fort.

Zu meiner großen Erleichterung war Amalberga nicht sehr krank. Sie war fiebrig und litt Schmerzen, es war jedoch nichts, wovon sie sich nicht hätte erholen können. Aber sie hatte eine Menge Blut verloren, und die weise Frau, es war die mit den Juwelen, hatte darauf bestanden, »die Römer nachzuahmen« und sie zur Ader zu lassen, was sie noch weiter geschwächt hatte. Die dunkelhaarige Frau, eine Hebamme, war vernünftig genug, diese Prozedur abzulehnen. Dies war auch der Grund für ihren Streit gewesen.

Ich nahm der Kranken alle Blutegel ab und erklärte der weisen Frau währenddessen so taktvoll wie möglich, die Römer, die die Leute öfters schröpften, seien unwissende Quacksalber. Dann gab ich der edlen Frau etwas Honigwasser mit Opium – nur eine kleine Dosis auf einem Schwamm, da sie sich übergeben hatte. Ich veranlaßte die beiden Frauen, die Patientin aufzurichten und sie mit abgekochtem Wasser und einer Reinigungslösung zu waschen. (Sie weigerten sich, mich dies tun zu lassen; kein Mann, nicht einmal ein Eunuch, durfte die Frau des Herrschers an den intimen Stellen berühren!) Ich verabreichte ihr ein paar heiße Kompressen, um die Schmerzen zu lindern, und wies die Sklaven an, das Zimmer zu säubern. Inzwischen hatte das Opium seine Wirkung erzielt, deshalb gab ich Amalberga den Rest der Dosis in etwas Sauerhonig. Aufgrund der früheren Dosis, der Kompressen und des sauberen Bettzeugs, das ich ihr hatte geben lassen, damit sie sich wohler fühlte, gelang es ihr, das Opium bei sich zu behalten, und ein paar Minuten später war sie eingeschlafen. Sie war sehr müde gewesen, da die Schmerzen sie jedoch am Schlafen gehindert hatten, hatte sie sich seit ihrer Niederkunft vor einer Woche nicht richtig ausruhen können.

Die beiden Frauen waren hocherfreut, als sie jetzt so friedlich schlummerte, und lobten mich in den höchsten Tönen. Sie erfuhren, daß ich noch nichts gegessen hatte, und veranlaßten die Sklaven, mir etwas zu bringen. Dann fragte mich die weise Frau über das Opium und meine anderen Heilmittel aus. Wir packten gerade alles aus und unterhielten uns über Heilkräuter, als Frithigern und Athanaric an die Tür klopften. Ich saß mit einem Stück Brot in der einen und einer getrockneten Zaunrübe in der anderen Hand da, aber ich legte beides hin und sprang auf. Die Frauen taten das gleiche. Sie öffneten die Tür, flüsterten aufgeregt etwas auf gotisch und machten dabei Zeichen, leise zu sein.

Frithigern kam schweigend herein, stand da und starrte seine Frau an, die so friedlich dalag und schlief, die blonden Haare über das Kissen gebreitet. Er trat an das Bett, nahm eine ihrer Hände und küßte sie. Dann streichelte er ihre Haare, ging hinüber zu dem Kinderbettchen und sah nach dem Baby. Endlich sah er mich an. Wortlos nahm er die goldene Kette von seinem Hals und reichte sie mir. Er sah seine Frau noch einen Augenblick lang an, dann ging er wieder, ohne noch etwas zu sagen.

»Er liebt die Dame Amalberga sehr«, erzählte mir Athanaric, als wir drei Tage später heimritten. »Du hast dir nicht nur dieses goldene Geschmeide verdient, sondern auch eine lebenslange Freundschaft. Ich will doch hoffen, daß sie sich weiterhin gut erholt?«

»Mach dir deswegen keine Gedanken«, antwortete ich. Alles, was Amalberga wirklich gefehlt hatte, war absolute Ruhe und eine vernünftige Ernährung mit viel Flüssigkeit. Ich hatte es Frithigern gegenüber nicht so deutlich ausgesprochen, aber der wirkliche Grund für ihre Krankheit waren ihre Pflegerinnen gewesen. Als ich mich verabschiedete, saß Amalberga bereits aufrecht in ihrem Bett und wollte ihr Baby nähren. Auch sie hatte gefragt, ob es stimme, daß ich ein Eunuch sei. Als ich ihre Frage bejahte, erzählte sie mir, daß die Hebamme geglaubt hatte, ich sei in Wirklichkeit eine Frau. »Nein«, sagte ich, »bei den Römern können Frauen nicht Medizin studieren.« Bei diesen Worten runzelte sie die Stirn und sah mich überrascht an, dann lächelte sie. »Dann gibt es also tatsächlich etwas, worin wir euch überlegen sind.« Ich lachte und meinte, das könnte wohl so sein. »Nun gut, Chariton«, sagte sie, »ich danke dir für deinen Beistand für eine Fremde wie mich. Bitte nimm dies als Zeichen meiner Dankbarkeit.« Sie überreichte mir einen mit Perlen besetzten Ring. Ich erzählte ihr, ihr Gatte sei mir gegenüber bereits äußerst großzügig gewesen. »Dann laß mich ebenfalls großzügig sein«, bat sie lächelnd. »Ich möchte nicht von ihm übertroffen werden!« Ich erklärte ihr, ich sei durch ihre Genesung bereits reichlich belohnt, doch ich nahm den Ring an.

»Du brauchst dir ihretwegen keine Sorgen zu machen«, sagte ich jetzt zu Athanaric. »Und diese weise Frau Areagni ist einigermaßen vernünftig, zumindest solange sie nicht versucht, Xanthos zu imitieren. Ich glaube nicht, daß sie noch einmal Blutegel ansetzt. Es ist ein Jammer, daß sie nicht lesen kann; ich würde ihr gerne mein Exemplar des Hippokrates leihen.« Athanaric lachte stillvergnügt in sich hinein. »Ich dachte, dich beleidige schon allein der Gedanke daran, Frauen könnten die Kunst des Heilens ausüben.«

»Warum sollte ich so denken?« fragte ich, bevor mir klar wurde, daß ich mich auf ein gefährliches Terrain begab. »Es gibt massenhaft Hebammen in römischen Landen, und viele von ihnen sind sehr vernünftige und fähige Frauen«, fügte ich hastig hinzu. »Im großen und ganzen richten sie weniger Schaden an als solche Quacksalber wie Xanthos. Mit einer richtigen, auf Hippokrates fußenden Ausbildung könnten sie ebenso geschickt sein wie jeder beliebige Arzt.«

»Mit anderen Worten, der große Hippokrates ist so allmächtig, daß er selbst aus einer Frau einen Arzt machen könnte?«

»Wenn du es so ausdrücken willst«, antwortete ich, »meinetwegen.«

»Götzendiener!« sagte Athanaric mit freundlichem Spott. »Nun, es ist gut, daß du mit der weisen Frau ausgekommen bist; sie werden eher geneigt sein, dich noch einmal zu rufen, wenn Areagni dich ebenfalls mag.«

»Dann mußt du also noch weiterspionieren?«

Athanaric fuhr sich mit der Hand durch seine Haare. »Ich habe nicht spioniert. Ich habe mich mit dem höchst edlen Frithigern beraten. Ich benötige keinen Vorwand, wenn ich wiederkommen will, um mich noch einmal zu beraten.« Er ließ seine Hand sinken und sah mich einen Augenblick lang prüfend an, dann lächelte er. »Wenn ich dir erzähle, worüber wir beratschlagt haben, fällt es dann unter deine Schweigepflicht?«

»Natürlich«, erwiderte ich, überrascht darüber, daß er mir überhaupt etwas erzählen wollte.

»Es gibt da ein neues Volk, Menschen, die aus dem Nordosten, von jenseits des Landes der Alanen, gekommen sind. Sie bauen keine Häuser, und sie gehen niemals hinter einem Pflug her, aber sie leben genau wie die Alanen in Pferdewagen und verbringen die meiste Zeit ihres Lebens auf dem Rücken ihrer Pferde. Sie leben ohne Gesetz oder Religion, sind unzuverlässig gegenüber ihren Verbündeten, doch sie brennen vor Verlangen nach

Gold und dem Hab und Gut ihrer Nachbarn. Und sie sind äußerst wilde Krieger. Man nennt sie die Hunnen. Und es gibt Tausende und Abertausende von ihnen. Die gotischen Greuthungen sind schon von ihnen besiegt worden, und König Athanaric hat die Terwingen gegen sie geführt – und verloren. Sie haben den nördlichen Teil des gotischen Dazien verwüstet, und viele Menschen sind durch sie umgekommen. Es heißt, es habe keinen Zweck, sich ihnen entgegenzustellen, und die einzig angemessene Reaktion sei die Flucht. Doch dann erhebt sich die Frage, wohin sollen die Menschen hier denn fliehen? Sie sind zwischen dem Fluß und den Hunnen eingepfercht, im Westen leben die Sarmaten, und östlich von ihnen liegt das Schwarze Meer. König Athanaric hat seine Grenzen befestigt, doch selbst er spricht ganz offen davon, in Sarmatien einzufallen und das Land in Besitz zu nehmen, falls die Verteidigungsanstrengungen erfolglos bleiben. Doch Frithigern hat eine andere Idee.« Athanaric lächelte, seine Hände rissen so lange an seinem Zügel, bis sein Pferd nervös zu tänzeln begann. Diese Idee erregte ihn offensichtlich. »Frithigern möchte die Terwingen nach Thrazien führen.«

Ich hielt den Atem an. »Er will einen Einfall wagen? Und das hat er dir erzählt?«

Athanaric schüttelte den Kopf und lachte. »Frithigern gegen Rom kämpfen? Er betet Rom geradezu an! Das mußt du doch gemerkt haben. Nein, er möchte seine Erhabene Majestät darum bitten, die Terwingen als verbündeten Staat in das Imperium aufzunehmen und ihnen etwas von den thrazischen Gebieten zu überlassen, die im Augenblick brachliegen. Dann könnte der Kaiser das Land mit einer Steuer belegen und gotische Rekruten für seine Armee einziehen.« Athanaric grinste mich an. »Frithigern hat mich gefragt, ob ich glaube, daß dem Kaiser dieser Plan zusagen werde. Ich habe ihm nicht geradeheraus eingeräumt, daß ich mir der begeisterten Zustimmung des Kaisers sicher sei; ich habe nur zugesagt, die Angelegenheit dem obersten Palastbeamten des Kaisers vorzutragen und ihm die Antwort sobald wie möglich zu überbringen. Aber ich weiß zuversichtlich, daß der Kaiser ganz begeistert von dem Plan sein wird.«

»Und was ist mit König Athanaric?« fragte ich. »Wäre er denn damit einverstanden, ein Vasall Roms zu werden?«

»Niemals! Bis in alle Ewigkeit nicht.« Athanaric lachte und tat seinen Onkel mit einer Handbewegung ab. »Es ist Frithigerns Idee. Und Frithigern ist äußerst erpicht darauf, sie geheimzuhalten. Er möchte den größeren Teil seines Volkes über die Donau führen und König des Vasallenstaates werden. Du hättest wohl nicht gedacht, daß er so mächtig ist, nicht wahr? Wenn man ihn nach seinem Haus beurteilt, macht er eher den Eindruck eines gewöhnlichen Landedelmannes. Nun, er kann innerhalb von ein paar Tagen tausend Krieger um sich scharen. Wahrscheinlich wird er den Fluß bereits nächstes Jahr um diese Zeit überqueren.«

Eine Zeitlang schwiegen wir alle beide. Als Athanaric weiterritt, lachte er leise vor sich hin, und seine Augen leuchteten. Ich dachte über die Goten nach. Sie würden also den Fluß überqueren, die brachliegenden Landstriche Thraziens besiedeln und dem Kaiser Steuern zahlen! Der Gedanke daran verursachte mir ein unbestimmtes Unbehagen. Es konnte nicht zwei Mächte im Staat geben: Wenn der Kaiser die eine war, wo blieb da ein gotischer König?

»Wollen die Terwingen denn als Römer leben?« fragte ich Athanaric. »Ich weiß, daß sie Rom bewundern, aber es ist leichter, es aus der Entfernung zu bewundern, als direkt unter den Flügeln des Adlers zu hocken.«

»Natürlich wollen sie als Römer leben!« rief Athanaric irritiert. Jetzt erst wurde mir bewußt, daß ihn die Aussicht auf die in Thrazien siedelnden Goten begeisterte. Natürlich: Es war genau das gleiche, was sein Vater getan hatte und wozu er selbst erzogen worden war. Vielleicht dachte er, er werde eine Heimat haben, wenn der ganze Stamm herüberkäme.

»Du siehst sie von der anderen Seite der Donau aus und denkst ›edle Barbaren‹, nicht wahr?« sagte er. »Dabei ist nichts Edles an der Art und Weise, in der sie leben. Sie befinden sich fast ununterbrochen im Krieg – die Terwingen mit den Greuthungen, die Goten mit den Sarmaten und alle miteinander. Sie leben durch das Schwert, und sie werden von dem jeweils Stärksten beherrscht. Sebastianus nennt Lupicinus ungebildet, weil dieser noch nie etwas von Homer gelesen hat; Frithigern kann überhaupt nicht lesen, nicht einmal seinen eigenen Namen. Was wäre von deinem Hippokrates übriggeblieben ohne Bücher, he? Er wäre in Vergessenheit geraten, und du würdest wie Xanthos praktizieren, so wie du es von deinem Vater gelernt hättest. Du schaust auf Rom, und du erblickst eine Macht, die deine Freunde in Alexandria umgebracht hat; sie schauen auf Rom und erblicken eine Macht, die die Welt durch Gesetze, inneren Frieden und Gelehrsamkeit beherrscht. Von Armenien bis Britannien, von Afrika bis zum Rhein: eine Regierung, zwei gemeinsame Sprachen und tausend Jahre Kultur. Sieh uns an: einen griechischen Eunuchen aus Amida oder Ephesus und den Sohn eines gotischen Fürsten und einer illyrischen Edelfrau, wir unterscheiden uns in bezug auf unsere Muttersprache, auf unsere Sitten und Gebräuche, auf unseren Glauben – und doch sind wir beide Römer. Das zählt mehr als alles, was uns trennt; das sichert den Frieden. Warum sollten die Terwingen nicht Rom bewundern und unter seiner Herrschaft glücklich werden?«

Ich vermochte ihm keine Antwort zu geben. Ich beobachtete sein Gesicht und lauschte seiner Stimme, und plötzlich schienen die Worte nicht viel zu bedeuten. In seinen Augen war ein wunderbares Leuchten, und er sprach in diesem raschen, abgehackten Griechisch und jagte seine Worte mit der gleichen stürmischen Großartigkeit, mit der er seine Pferde ritt. Ich fühlte einen Kloß im Hals.

»Was ist los?« fragte Athanaric, und seine Begeisterung schlug in überraschte Besorgnis um.

»Nichts«, entgegnete ich. »Ich hoffe, du hast recht. Wann sind wir an der Donau? Ich bin kein Hunne; ich bin es nicht gewohnt, auf Pferderücken zu leben.«

Er lachte, und ich konzentrierte mich auf das Reiten. Es stimmte natürlich keineswegs, daß nichts los war. Ich hätte meine Symptome, eins nach dem anderen benennen können, allerdings hätte ich mich dazu auf eine andere Autorität als die des Hippokrates berufen müssen:

> Nicht konnt' ich mehr reden,
> Gelähmt war die Zunge,
> Heiß überlief's mir die Haut,
> Der Blick ward mir dunkel,
> Die Ohren sausten,
> Schweiß brach aus,
> Es ergriff mich Zittern,
> Grüner bin ich als Gras,
> Fast glaub' ich zu sterben.

O heiliger Jesus Christus, dachte ich, warum mußte mir das gerade jetzt passieren? Warum mußte es mir überhaupt passieren? Ich hätte es nicht geschehen lassen dürfen. Es kann nichts daraus werden, und ich vertraue ja Athanaric noch nicht einmal richtig. Niemals würde ich ihm zuliebe die Medizin aufgeben, selbst, wenn es ihn auch erwischen sollte. Aber wie konnte es ihn erwischen, da er mich die ganze Zeit nur als Chariton gekannt hatte? O Jesus Christus, wann hatte all dies angefangen? Denn ich wußte, daß da irgend etwas seit einiger Zeit in mir auf der Lauer gelegen hatte, doch erst als mein ganzer Körper seine Kraft spürte, gab ich vor mir selber von einem Augenblick zum andern zu, daß ich verliebt war.

6

Ganz unschuldig hatte ich geglaubt, in Theogenes verliebt gewesen zu sein; hatte angenommen, daß die Mischung aus Zuneigung und Schmerz, die ich für ihn empfunden hatte, bereits das Schlimmste sei, was ich von der »Leidenschaft, dem Tyrannen der Götter und Menschen«, zu befürchten hatte. Ich erkannte meinen Irrtum. Von ihm hatte ich nicht geträumt, war nicht schweißgebadet aufgewacht, um die halbe Nacht lang heißglühend dazuliegen und an meinen Nägeln zu kauen oder bei dem Geräusch seiner Schritte abwechselnd von heißen und kalten Schauern überlaufen zu werden. Natürlich hätte ich Athanaric wie eine giftige Schlange meiden sollen. Aus einer derartigen Leidenschaft konnte nichts als Bloßstellung und Schande erwachen. Eine Ehe stand außer Frage – sein Vater wollte ihn mit einer reichen Erbin verheiraten, und kein ehrbarer Mensch würde eine Armeeärztin heiraten. Ich fühlte mich ganz benommen vor Sehnsucht und träumte sogar davon, heimlich zu ihm zu gehen und zu sagen: »Ich bin gar kein Eunuch; mein Name ist Charis, nicht Chariton; ich bin noch jung, und früher hielt man mich sogar für hübsch. Bitte schlaf mit mir und behalte es für dich!« Aber wozu sollte das führen? Athanaric war nicht der Mann, so etwas für sich zu behalten. Er würde Fragen stellen und immer weitere Fragen und alles herausfinden, und es wäre nur allzu wahrscheinlich, daß er mich zu Thorion zurückschickte. Und selbst wenn er es nicht tat: Würde die Leidenschaft nach ihrer Erfüllung etwa von selbst erlöschen? Oder würde sie nur wachsen und mich mit unsichtbaren Ketten an Athanaric fesseln? Oder noch schlimmer, mit sichtbaren. Ich konnte schließlich genauso leicht wie die nächstbeste Frau schwanger werden. Hippokrates ist ja der Meinung, daß gesunde und an harte Arbeit gewöhnte Frauen leichter empfangen als verwöhnte, vornehme Frauen. Ich kannte ein paar Arzneien, von denen man annahm, sie könnten die Empfängnis erschweren, doch ich bezweifelte ihre Wirksamkeit. Genau wie Aphrodisiaka sind solche Mittel nicht immer zuverlässig. Und dann steckte ich in einer üblen Klemme: Entweder würde ich vor den Augen der ganzen Welt Schande über mich bringen und das Kind austragen, oder ich würde mir ein Mittel zusammenmischen, um das Kind abzutreiben. Und das würde bedeuten, meinen Eid zu brechen und mein Leben zu riskieren. Nein, es war unmöglich, ich mußte diesem Mann ganz einfach aus dem Wege gehen und alles Erdenkliche tun, um ihn mir aus dem Kopf zu schlagen.

Doch ich fand nicht die Kraft dazu. Ich wollte ihn unbedingt wiedersehen. Ich versuchte, mir diese Leidenschaft auszureden. Warum sollte ich Athanaric denn eigentlich lieben? Sicherlich, er war von vornehmer Geburt, er war intelligent, und er sah auf dem Rücken eines Pferdes phantastisch aus, aber war das wirklich etwas so Ungewöhnliches? Sebastianus zum Beispiel sah besser aus und war gebildeter, doch obwohl ich ihn anziehend fand, brachte er mich doch keineswegs um den Schlaf. Warum sollte das bei Athanaric anders sein?

Es klappte nicht; ich entdeckte nur immer neue Gründe für meine Liebe zu Athanaric — die Art, in der er mich zum Lachen brachte; die Art, in der er noch hochmütiger herumstolzierte, sobald er merkte, daß man ihn nicht mochte, die Art, in der er seinen Daumen unter seinen Schwertgürtel steckte und einfach nur lachend dastand, während die Sonne in seinen Haaren spielte. Und jenseits dieser Äußerlichkeiten noch etwas Tiefergehendes. Eine Leidenschaft, die so heftig war wie die meine, mußte wohl tiefere Wurzeln haben. Geburt und Erziehung, Stellung und Verantwortung machten nicht — wie bei den meisten von uns — sein ganzes Wesen aus. Ich spürte, daß er die Regeln, nach denen er lebte, selbst gewählt hatte und daß er gut gewählt hatte: Er war frei; rund um ihn herum mochte die Welt in Scherben fallen, er würde unberührt davon bleiben und durch das Chaos davongaloppieren, immer noch unzweifelhaft und unerklärbar er selbst. Und ich verwünschte mich dafür, dauernd alles ergründen zu wollen, und hörte damit auf. Aber ich brachte es nicht über mich, ihm aus dem Wege zu gehen.

Ich drängte ihn sogar dazu, mein Gast zu sein, wann immer er in der Festung weilte, und erklärte ihm, genau wie Sebastianus es mir gegenüber getan hatte, daß mir die Gesellschaft gebildeter Menschen fehlte und daß ich sehr auf Neuigkeiten erpicht sei. Und für gewöhnlich nahm er meine Einladungen an. Da er jetzt viel in der Gegend war, sah ich ihn ziemlich häufig. Ich wußte, daß er mich recht gut leiden konnte. Ungeachtet aller Scherze, die er darüber machte, respektierte er meine Fähigkeiten, und er respektierte das, was er meine Ehrlichkeit nannte. Er schien sich in meiner Gesellschaft wohl zu fühlen. Natürlich mußte ich äußerst vorsichtig sein, um ihm meine wahren Gefühle zu verheimlichen. Ich wußte, daß ich ihn nie wieder sehen würde, falls er etwas von ihnen bemerkte. Er gehörte nicht zu denen, die Knaben oder Eunuchen mögen; sonst hätte ich mich auch nicht in ihn verliebt. Und so sagte ich einfach: »Komm doch zum Abendbrot, wenn du das nächste Mal über den Fluß willst und ein bißchen Zeit hast!« Und er kam und traf mich für gewöhnlich noch im Hospital an. Ich schützte vor, die Einladung vergessen zu haben, bat ihn um Entschuldigung, wusch mich und nahm ihn mit zu mir nach Hause. Während des Abendbrots erzählte er mir die Neuigkeiten aus dem großen Römischen Reich, und ich ließ mindestens einen Vortrag über Hippokrates vom Stapel. Und dann ritt er wieder davon, entweder über den Fluß oder in das

Präsidium, und ich nahm ein kaltes Bad, kaute auf meinen Fingernägeln und heulte beinahe vor Enttäuschung. Mein einziger Trost – ein ziemlich verzweifelter Trost! – bestand in der Hoffnung, daß eine derart heftige Leidenschaft mit der Zeit abklingen und versiegen mußte und vielleicht zu einer normalen Freundschaft werden konnte.

Die vielen Neuigkeiten jenes Jahres machten die Sache ein wenig leichter, da wir eine Menge hatten, worüber wir reden konnten. Im Spätherbst starb der Kaiser des Westreichs, der Augustus Valentinian. Der Tod ereilte ihn in Brigetio, in der Diözese Illyrien, wo er einen Feldzug gegen die Barbaren vom Stamme der Quaden vorbereitet hatte. Er hatte fast zwölf Jahre lang über die Welt geherrscht, und er hatte einige Vorrechte gegenüber seinem jüngeren Bruder, den er selbst ernannt hatte, behauptet. Die Nachricht erschütterte die Armee wie ein Erdbeben. (Es hatte den Anschein, daß er am Schlagfluß gestorben war: Er war über die Unverschämtheit eines Gesandten der Quaden ganz außer sich geraten, und es war wohl kein Arzt in der Nähe gewesen, der ihn sofort hätte behandeln können; ich mußte die Besonderheiten des Schlagflusses mit jedermann in Novidunum lang und breit erörtern.) Er hatte seinen Sohn Gratianus schon lange vorher zum Mitregenten ernannt, doch dieser junge Mann war erst achtzehn, und als sein Vater starb, war er weit weg in Gallien. Man befürchtete, einer der illyrischen Generäle könne den Purpur auf der Stelle für sich beanspruchen. Derjenige, dem das besondere Mißtrauen galt, war zufällig Sebastianus' Vater, der bei seinen Truppen äußerst populäre Heerführer von Illyrien. Der Oberbefehlshaber der Leibgarde, Merobaudes, hielt die Nachricht vom Tode des Kaisers so lange wie möglich geheim und schickte den älteren Sebastianus unter einem Vorwand in das Hunderte von Meilen entfernte Mursa. Dann ließ er den zweiten Sohn des Kaisers holen und rief ihn auf der Stelle zum Augustus aus, um die Erbfolge des Hauses von Valentinian zu sichern. Dieser Sohn war ein kleiner vierjähriger Junge, der zufällig ganz in der Nähe bei seiner Mutter gelebt hatte. Sebastianus war ziemlich wütend.

»Mein Vater ist ein treuer und aufrichtiger Mann, und Merobaudes hätte ihn ebensogut gleich des Verrats bezichtigen können!« sagte er eines Abends zu Athanaric und mir. Sie waren beide auf Stippvisite in Novidunum, Athanaric auf seinem Weg über den Fluß und Sebastianus während einer Truppeninspektion. Sebastianus hatte uns zum Abendessen eingeladen. Er lud mich meistens ein, wenn er im Lager war, und auch Athanaric war jedesmal, wenn sie sich trafen, sein Gast: Er liebte Gesellschaft.

»Es sind schon andere Leute gegen ihren Willen zum Kaiser ausgerufen worden«, meinte Athanaric besänftigend. »Die Soldaten ziehen einen

Kaiser vor, der aus ihrer Mitte stammt, das weiß doch jeder! Und was hätte dein Vater dagegen tun können, wenn sie ihm zugejubelt hätten? Er hätte den Augustus Gratianus nicht davon überzeugen können, daß er es gar nicht geplant hatte. Er hätte gar nicht anders können, als an dem Titel festzuhalten, nur um am Leben zu bleiben – und nach einem kostspieligen Bürgerkrieg hätte er sein Leben wahrscheinlich sowieso verloren.«

Sebastianus stöhnte. »Merobaudes hätte ihm derartige Befürchtungen ganz offen eingestehen können. Dann hätte Vater seine eigenen Schritte ergreifen können, um es zu verhindern. Vielleicht wäre er aus freien Stücken irgendwohin gegangen und hätte nicht diesen dunklen Fleck auf seinem Ruf. Und dieses Kind zum Augustus auszurufen! Valentinian der Zweite! Was wird er tun? Den Alemannen den Krieg erklären, wenn sie ihm nicht ihre sämtlichen Spielsachen ausliefern? ›Dies Schaukelpferd gehört ihrer Erhabenen Majestät!‹«

Athanaric seufzte. »Er ist jetzt der Augustus, und wir sollten den Mund halten. Es kann nichts Gutes dabei herauskommen, wenn man sich über einen Kaiser lustig macht. Niemand hat irgendwelche Anschuldigungen gegen deinen hochgeschätzten Vater erhoben, mein Freund. Er übt nach wie vor sein Kommando aus und genießt das Vertrauen des neuen Kaisers sowie den Respekt seiner Soldaten.«

»Das wollen wir doch hoffen!« rief Sebastianus, doch er war besänftigt.

In jenem Frühjahr gab es an der Grenze noch eine weitere Veränderung, die Sebastianus empörte. Der Vater seines Freundes Theodosius wurde in Afrika – wo er sich auf das höchste ausgezeichnet hatte – plötzlich seines Kommandos enthoben und in Karthago kurzerhand hingerichtet. Niemand wußte, warum. Niemand beschuldigte ihn offiziell des Hochverrats, und der junge Theodosius durfte die Familiengüter behalten, obwohl auch er seines Kommandos enthoben wurde. Die Leute sagten, der Heerführer sei wegen irgendwelcher zauberischer Praktiken hingerichtet worden, doch Sebastianus wies diese Verdächtigungen zurück. »Ja, es stimmt, der Heerführer war blutdürstig«, meinte er mir gegenüber, als er wieder einmal in Novidunum war. »Aber er war aufrichtig; er hätte niemals das Orakel befragt.«

Bei der Erwähnung des Orakels spürte ich, wie es mir kalt den Rücken hinunterlief. »Vielleicht ist sein Name an allem schuld«, sagte ich.

»Sein Name?« fragte Sebastianus verwirrt. »Was willst du damit sagen?«

»Vor ein paar Jahren weissagte ein Orakel ein paar Verschwörern, wer dem gegenwärtigen Augustus nachfolgen würde.«

»Es sagte, ein Theodoros würde nachfolgen. Das weiß doch jeder.«

Ich schüttelte den Kopf. »Die Verschwörer befragten es, wer Valens nachfolgen würde, und die Antwort lautete THEOD, mehr nicht. Sie folgerten einfach ›Theodoros‹ und fragten nicht weiter nach: Es hätte aber auch Theodotos oder Theodoulos bedeuten können – oder Theodosius. Vielleicht sah Valens jemanden mit einem derartigen Namen nicht so gerne auf einem solch wichtigen Posten und schickte Gratianus seinetwegen eine Botschaft.«

Sebastianus war etwas irritiert, aber er schüttelte den Kopf. »Ich kann mir nicht vorstellen, daß ein Mann wie der Heerführer Theodosius allein aufgrund eines derartigen Gerüchts hingerichtet werden sollte. Obwohl diesem verdammten Orakel eine Menge Männer zum Opfer gefallen sind. Man behauptet, unser Herr, der Augustus Valens, nimmt es sehr ernst. Es hat auch ihm den Untergang geweissagt.«

Von diesem Teil des Orakels hatte ich noch nie etwas gehört. Ich starrte Sebastianus überrascht an und fragte ihn: »Was hat es denn gesagt?«

»›Tisiphones heiliger Zorn wird zur Waffe des Verhängnisses, wenn Ares über die Ebene von Mias rast.‹ So soll sein Spruch gelautet haben. Die Leute behaupten, unsere Erhabene Majestät habe seitdem Angst, sich irgendwo in Asien aufzuhalten – ich glaube, es gibt dort einen Berg, der Mimas heißt.«

»Ja, in der Nähe von Erythrae. Aber ich würde einem Orakel nicht trauen. Selbst wenn sein Spruch etwas Wahrheit enthält, drückt es sich bestimmt irreführend aus, so wie bei jenem Mann, dem geweissagt wurde, er werde in Alexandria sterben und der sich sein ganzes Leben lang krampfhaft bemühte, diese große Stadt zu meiden, nur um in einem winzigen Dorf gleichen Namens zu sterben.«

»Orakel führen in die Irre, das stimmt. Herr im Himmel, ich wünschte, dieses wäre niemals überliefert worden! Ich hatte gehofft, man habe es bereits vergessen.«

In diesem Frühjahr erhielt ich auch einige Neuigkeiten von Thorion. Er schickte mir einen begeisterten Brief aus Antiochia, wo er eine neue Stellung als Assessor am Gerichtshof bekleidete. Er machte sich Hoffnungen auf eine weitere Beförderung, diesmal zum Statthalter.

Der Präfekt Modestus haßt mich, aber der oberste Palastbeamte ist mein Freund. Ich habe jetzt zwei Amtsperioden als Assessor hinter mir, und in der vorigen Woche traf ich den Erlauchten im Hippodrom. Ich hätte niemals gedacht, daß Vaters Streitwagen einmal zu irgend etwas gut sein könnten, doch ich kam mit Eutherios ins Gespräch und fand heraus, daß er ganz verrückt auf Wagenrennen ist. So ergriff ich die Gelegenheit beim Schopf und schenkte ihm eines von Vaters Rennpferden. Er war hocherfreut und lud mich zum Abendessen ein. Bei ihm zu Haus erkundigte er sich dann sehr freundlich nach meinen beruflichen

Plänen und meinte schließlich, ich schiene ein fähiger junger Mann zu sein und vergeude meine Zeit als Assessor. Er wolle mir lieber eine Provinz anvertrauen. Ich antwortete ihm, daß ich mich durchaus in der Lage fühlte, eine zu übernehmen, vorausgesetzt, sie sei nicht allzu groß. Er lachte und meinte, er wolle sehen, was er tun könne. Ich nannte ihm insbesondere eine bestimmte Provinz, aber den Namen verrate ich dir nicht, falls es nicht klappen sollte. Aber ich hoffe, daß es klappt. Als Assessor kann man schon Geld verdienen, aber um den Schaden an unserem Vermögen wiedergutzumachen, brauche ich eine Statthalterschaft. Da wir gerade von Schaden reden, hast du schon gehört, daß dieser Rohling Festinus eine Provinz in Thrazien bekommen soll? Ich glaube, es handelt sich um Mösien. Ich hoffe, er krepiert dort unten.

Ich schob den Brief in den hintersten Teil meines Schreibpultes, da ich keine Zeit hatte, ihn auf der Stelle zu beantworten. Ich hatte sehr viel zu tun: Im Westen drohte sich die Pest unter unseren Truppen auszubreiten, und ich wurde dauernd flußaufwärts gerufen – oder auch auf das andere Donauufer. Frithigern hatte es sich angewöhnt, einen seiner Begleiter nach mir zu schicken, wann immer ein Mitglied seines Haushaltes oder einer seiner Freunde etwas schwerer erkrankte. Meistens konnte ich seinem Ruf nachkommen; ich hatte inzwischen mehrere Gehilfen, auf die ich mich mehr oder weniger verlassen konnte, und so durfte ich darauf vertrauen, daß meine Patienten während meiner Abwesenheit vom Hospital gut versorgt waren. Ich hatte Arbetio all meine Bücher kopieren lassen, und da er eine Naturbegabung war, hatte er soviel daraus gelernt, daß er das Hospital ebensogut leiten konnte wie ich. Außerdem hatte ich noch einen weiteren Schüler, einen Goten namens Edico. Er war der Neffe der weisen Frau Areagni, und er war extra über den Fluß gekommen, um die Kunst des Heilens von mir zu erlernen. Er war ein hochgewachsener, blonder junger Mann von außerordentlicher Intelligenz, aber leider ein Analphabet, so daß es sinnlos war, ihm zu sagen, er möge irgend etwas bei Dioskurides nachschlagen. Ich mußte ihm alles selbst erklären. Ich vereinbarte, daß einer der Pfleger ihm Lesen und Schreiben beibringen sollte. Aber das dauerte ihm alles zu lange, es fiel ihm sehr viel leichter zu begreifen, wie man ein Arzneimittel mischte oder einen Arm wieder einrenkte.

Inzwischen waren viele Goten aus dem Norden ihres Landes bis an den Fluß im Süden gezogen und bereiteten sich eifrig darauf vor, nach Thrazien hinüberzuwechseln, sobald die Römer es ihnen erlauben würden. Sie flohen vor den Hunnen. Viele kamen ohne eine Kupfermünze an, sie hatten ihren ganzen Besitz an die Eindringlinge verloren. Manche hatten sich Verletzungen zugezogen oder litten an alten, infizierten Wunden. Sie schlugen ihr Lager in der Nähe des Flusses auf, fischten, pflückten Beeren und bettelten um Nahrung. Frithigern versuchte, Nahrungsmittel unter ihnen zu verteilen, doch diese wurden allmählich knapp. Unter den aus dem Norden kommenden Goten grassierten die verschiedensten Krankheiten, da die Menschen durch den langen Marsch und den Hunger geschwächt waren. Frithigern erbat meinen Ratschlag, was er tun könne, um die Pest unter Kontrolle zu halten, und Sebastianus war äußerst interessiert daran, daß ich dem gotischen Herrscher behilflich sei: Er wollte unter allen Umständen vermeiden, daß sich die Krankheiten über den Fluß hinaus ausbreiteten. So setzte ich häufig hinüber und wieder zurück und versuchte, von meinen Sklaven etwas Gotisch zu lernen.

Ende Mai, als Diokles von Histria über das Flußdelta zurückkehrte, rammte das Boot einen unter dem Wasser liegenden Baumstamm und wurde aufgeschlitzt. Die Passagiere wurden von einem anderen Segelschiff geborgen, das zufällig in der Nähe war, doch Diokles kam mit pfeifendem Atem und am ganzen Körper zitternd in Novidunum an. Er legte sich ins Bett und stand nie mehr auf: Entweder war ihm das kalte Wasser oder aber irgend etwas, was er sich in Histria aufgelesen hatte, auf die Lungen geschlagen. Als dies passierte, befand ich mich gerade auf der anderen Seite des Flusses, um einige Pestfälle zu behandeln. Bei meiner Rückkehr hörte ich, Diokles sei krank und werde in seinem Hause von Xanthos gepflegt. Ich hatte ihn niemals gemocht, doch ich machte mich auf den Weg, um zu sehen, wie es ihm ging, und bot an, bei der Pflege zu helfen. Sie starrten mich beide wie Basilisken an; Xanthos erklärte mir, ich solle mich fortscheren. Nachdem ich ihn gebeten hatte, nicht so verschwenderisch mit Blutegeln und Nieswurz umzugehen, machte ich mich davon. Ich spürte – vielleicht zu Unrecht –, daß ich in diesem Fall nur eine Empfehlung aussprechen konnte: Ich war nicht dazu berechtigt, einem Kollegen eine Behandlungsmethode aufzuzwingen, die er verabscheute.

Xanthos ignorierte meinen Ratschlag natürlich. Als Diokles eine Woche später starb, war er völlig ausgeblutet. Xanthos war zumindest konsequent gewesen: Er wandte bei Freunden dieselben abscheulichen Methoden an wie bei Fremden. Wahrscheinlich haben nur wenige Patienten diese Methoden überlebt, doch er war von ihrer Wirksamkeit überzeugt. Am Tod von Diokles jedoch gab er mir die Schuld.

Kaum hatte ich davon gehört, daß Diokles tot war, als Valerius mich zu sich auf das Präsidium bestellte. Er mochte mich immer noch nicht, war jedoch von all meinen Maßnahmen im Zusammenhang mit dem Hospital tief beeindruckt und behandelte mich mit großem Respekt. »Hm, ja, höchst geschätzter Chariton«, sagte er an seinem Schreibpult sitzend und überflog ein Stück Papyrus. »Es tut mir sehr leid, aber, hm, dein Kollege, der höchst ehrenwerte . . ., das heißt, dein Kollege Xanthos bezichtigt dich der Zauberei.«

Ich starrte ihn an. Das Sezieren, dachte ich, doch warum hatte er so lange damit gewartet? »Was soll ich denn getan haben?« fragte ich vorsichtig.

Valerius spitzte angeekelt seine Lippen und nahm das Stück Papyrus erneut zur Hand. »Er behauptet hier, du habest den höchst unglücklichen Diokles einmal besucht, und unmittelbar nach diesem Besuch sei es Diokles sehr viel schlechter gegangen. Er behauptet, gleich nach Diokles' Tod sei dessen Zimmer durchsucht worden, und man habe unter der Kleidertruhe die in einem Stück Tuch eingewickelte Pfote einer Ratte gefunden. Er behauptet, du habest in deiner Eigenschaft als Zauberer die Kadaver mehrerer Tiere und sogar den Leichnam eines Mannes verstümmelt. Es sei sowieso allgemein bekannt, daß du ein Zauberer bist und deine Heilungen durch Magie bewirkst. Er sagt, er werde den Fall vor das Provinzgericht in Tomis bringen. Außerdem verlangt er von mir, dich in Arrest zu nehmen und dein Haus nach Beweisen für zauberische Praktiken zu durchsuchen. Ich hoffe, du hast nichts dagegen, wenn ich dein Haus durchsuchen lasse? Ich bin sicher, höchst ehrenwerter Chariton, daß sich diese Anschuldigungen als haltlos erweisen, aber ich möchte in den Augen des Statthalters nicht als pflichtvergessen dastehen.«

Ein Blick in Valerius' nervöses Gesicht zeigte mir, daß er alles andere als sicher war, diese Anschuldigungen seien haltlos, und daß er erwartete, ich werde mich weigern, mein Haus durchsuchen zu lassen, zumindest so lange, bis ich Zeit hätte, jeglichen Beweis für meine Zaubereien beiseite zu schaffen. Ich schwieg und versuchte, einen klaren Gedanken zu fassen. »Kann Xanthos mit seiner Klage denn überhaupt zum Statthalter gehen?« fragte ich schließlich.

»Ich dachte, dafür ist das Militärgericht zuständig.«

»Ihr seid alle beide nicht im Militärdienst. Er könnte das Militärgericht zwar anrufen, aber er ist nicht dazu verpflichtet.«

Bei einem Militärgericht hätte Sebastianus den Vorsitz geführt, und es war klar, daß Xanthos dies tunlichst vermeiden würde. »Es steht dir frei, mein Haus zu durchsuchen«, sagte ich. Meine Stimme klang bestimmt ebenso wütend, wie ich auch tatsächlich war, denn Valerius zuckte zusammen. »Ich möchte allerdings bei der Durchsuchung dabeisein, um sicherzugehen, daß nichts kaputt geht. Aber zuerst möchte ich mit Xanthos sprechen.« Xanthos war zu Hause, sein Sklave öffnete mir die Tür. Als dieser sah, wer dort stand, stieß er einen Schrei aus und schloß sie wieder. Ich klopfte noch einmal, und einen Augenblick später ging die Tür auf, und da stand Xanthos. Er machte das Zeichen gegen den bösen Blick, blieb auf der Schwelle stehen und starrte mich haßerfüllt an.

»Mach dich nicht lächerlich; du mußt mich reinlassen und mit mir sprechen«, sagte ich. »Ich habe gehört, daß du mich der Zauberei bezichtigst. Du hast keinerlei Beweise. Ich weiß, daß du mich haßt, aber ich bin unschuldig. Warum ersparst du uns nicht allen beiden die Unkosten und den Ärger eines Verfahrens beim Provinzialgericht?«

Xanthos spuckte vor mir aus. »Glaubst du, daß du mich zum Narren halten kannst? Ich weiß, daß du Diokles mit deinen Zaubersprüchen auf dem Gewissen hast. Ich wollte, du wärest tot, bevor du mich ebenfalls tötest. Außerdem weiß ganz Novidunum, daß du ein Zauberer bist: Das werde ich ohne große Schwierigkeiten beweisen können.«

»Du hast Diokles mit deinen Blutegeln und deiner Nieswurz doch selbst auf dem Gewissen!« rief ich wütend und verlor die Beherrschung. »Wenn du mich vor Gericht bringst, wirst du gar nichts beweisen außer deiner eigenen Unfähigkeit!«

Xanthos grinste mich hämisch an und schüttelte den Kopf. »Das glaube ich nicht. Ich werde es noch erleben, daß du auf die Folterbank kommst, Chariton! Jetzt scher dich fort.« Er schloß die Tür. Ich schlug noch einmal dagegen, doch nichts rührte sich.

Als ich nach Hause kam, warteten einige Soldaten und der Schreiber von Valerius auf mich, um mein Haus zu durchsuchen. Sueridus und Raedagunda standen in der offenen Tür und sahen verängstigt aus. Raedagunda war inzwischen schwanger: Sie und Sueridus hatten es wohl als selbstverständlich angesehen, miteinander zu schlafen, da sie in demselben Haus und bei demselben Gebieter lebten. Ihr Geflüster und Gekichere nach Einbruch der Dunkelheit hatten mich oft genug geärgert, vor allem, seit ich selbst liebeskrank war, doch als ich jetzt sah, wie sie auf der Türschwelle standen und sich aneinanderklammerten, fühlte ich einen Stich im Herzen. Wenn das Gericht Xanthos' Vorwürfe ernst nahm, würde man sie beide foltern.

Die Soldaten gingen meine Sachen sehr respektvoll durch, und der Schreiber fertigte eine Liste von allem an, was sie fanden. Mein Reservekorsett erregte einen Augenblick lang ihre Neugier: »Was ist das hier?« fragte der Soldat, der es gefunden hatte. »Ein Verband für gebrochene Rippen«, erwiderte ich, ohne mit der Wimper zu zucken, und der Schreiber notierte »eine große Leibbinde«.

Natürlich gab es nichts, was mich wirklich belasten konnte. Ich hatte mir ein wenig Sorgen gemacht, Xanthos habe vielleicht etwas ins Haus geschmuggelt, aber das wäre äußerst schwierig für ihn gewesen, da der eine oder andere meiner Sklaven meistens anwesend war. Als sich die Durchsuchung jedoch immer länger hinzog, wurde mir ziemlich unbehaglich bei dem Gedanken, wie viele giftige Arzneimittel ich im Hause aufbewahrte.

Vergiftung und Zauberei treten stets zusammen auf. Und es stimmte zwar, daß meine Bücher samt und sonders medizinische Texte waren, aber ich erinnerte mich daran, wie der Soldat in Alexandria auf die Illustration in meinem Galen reagiert hatte. Ein Statthalter oder sein Stellvertreter, die diese Liste des Schreibers überprüften, würden wahrscheinlich das Gefühl haben, hier seien noch einige zusätzliche Untersuchungen erforderlich, vor allem, falls Xanthos noch ein paar von seinen Geschichten über angebliche Zauberei vorbrachte und Zeugen benannte, die von meinem Ruf als Zauberer gehört hatten. Es war in der Tat sehr wahrscheinlich, daß man meine Sklaven folterte. Es war sogar wahrscheinlich, daß man nach ihrer Zeugenaussage auch mich folterte. Jesus Christ, dachte ich, nicht schon wieder.

Doch Thrazien war nicht Alexandria. Ich hatte mächtige Freunde hier. Sebastianus konnte die Dinge vielleicht mit dem Statthalter regeln, und Athanaric hatte ebenfalls einigen Einfluß. Sebastianus hielt sich gegenwärtig irgendwo flußaufwärts auf; Athanaric sollte eigentlich bald vom anderen Donauufer zurücksein. Ich mußte mit allen beiden sprechen und mich ihrer Hilfe versichern.

Die Soldaten gingen fort und baten mich für ihr Eindringen um Entschuldigung. Sueridus und Raedagunda sahen mich unglücklich an. Man hatte ihnen den Grund für die Durchsuchung genannt, und es war ihnen inzwischen klargeworden, was dies für sie bedeuten könnte. Ich lächelte. »Macht euch keine Sorgen«, versuchte ich ihnen Mut zuzusprechen. »Ich bin unschuldig, und genau das wird der Statthalter schon beim ersten Verhör herausfinden. Der Heerführer und der vortreffliche Athanaric werden uns ihren Schutz angedeihen lassen.«

Sie machten einen erleichterten Eindruck. Der Heerführer war die höchste Autorität Skythiens, zumindest was sie betraf, und Athanaric war sowohl als Gote als auch als Römer ein Mensch von unvergleichlicher Vornehmheit. Mit ihrer Protektion dürfte uns eigentlich nichts passieren. Vertrauensvoll machten sie sich wieder an ihre Arbeit. Ich ging in mein Zimmer und wünschte, ebenso sicher sein zu können wie sie.

Unmittelbar nach Diokles' Beerdigung machte sich Xanthos auf den Weg nach Tomis, um seine Klage beim Provinzgericht vorzubringen. Er mußte einen Haufen Bestechungsgelder ausgegeben haben, da die Voruntersuchung für Ende Juni angesetzt wurde, also bereits zwei Monate später. Eigentlich hätte ich bis zu diesem Termin ins Gefängnis gesperrt werden müssen, da Mord aufgrund von Zauberei eine äußerst schwerwiegende Anschuldigung ist. Doch die zivilen Gerichtshöfe haben keine Befugnis, einen Haftbefehl in einem Armeelager zu erzwingen. Aus Tomis kamen mehrere Beamte und sprachen mit Valerius und anschließend auch mit mir. Ich versprach ihnen, in der angesetzten Verhandlung persönlich zu erscheinen, und sie gingen wieder fort, erleichtert über soviel Hilfsbereitschaft. Sebastianus war wütend, als ich ihm erzählte, was passiert war. Als erstes befahl er Xanthos zu sich und drohte ihm damit, ihn sofort an die Luft zu setzen, falls er die Klage nicht zurückzog. Doch Xanthos weigerte sich. Ich hätte Diokles ermordet, erwiderte er, und ich würde ihn ermorden, wenn er mich nicht vorher aburteilen ließe.

»Zur Hölle mit ihm!« meinte Sebastianus hinterher mir gegenüber. »Ich hätte ihn gleich an die Luft setzen sollen, als du damals hier aufgetaucht bist.«

Er hatte mich zum Abendessen ins Präsidium eingeladen, um den Fall mit mir durchzusprechen, aber er war viel zu wütend, um etwas essen zu können. Er ging ans Fenster und starrte eine Zeitlang mit finsterem Blick hinaus, dann trank er seinen Becher mit unverdünntem Wein aus und stierte auf den leeren Grund. »Ich hätte nie gedacht, daß Bosheit und Eifersucht ihn soweit bringen würden. Ich dachte, er werde auf seinen eigenen Vorteil bedacht sein.«

»Er glaubt wirklich, was er sagt«, entgegnete ich müde. »Vielleicht hat er tatsächlich Angst um sein Leben. Sein Haß ist so stark, daß er alles glaubt. Ich hätte mich ihm gegenüber vorsichtiger verhalten müssen.«

Sebastianus stöhnte mißgelaunt. »Er ist ein verdammt unfähiger Schlächter. Wenn es ihm gelingen sollte, daß ich auf deine Dienste verzichten muß, werde ich ihn höchstpersönlich auspeitschen. Den besten Arzt an der gesamten Grenze wegen der Rachegelüste eines irregeleiteten Quacksalbers zu verlieren!«

»Du hast mich ja nicht verloren«, sagte ich und verspürte mit jedem seiner Worte größere Angst. »Noch jedenfalls nicht. Könntest du nicht irgend etwas tun, um mich zu beschützen?«

Sebastianus zuckte die Achseln. »Du wirst nach Tomis gehen müssen. Ich würde dir gerne raten, dich nicht um die Beschuldigungen zu kümmern, aber das kann ich nicht. Zauberei ist eine äußerst schwerwiegende Anklage; wenn du nicht öffentlich davon freigesprochen wirst, könnte es dir in Zukunft schaden – und auch mir könnte es schaden, wenn ich dich in Schutz nehme. Es wäre etwas anderes, wenn du Diokles einfach die Kehle durchgeschnitten hättest: Dann könnte ich dem Statthalter sagen, er solle seinen Haftbefehl im Schwarzen Meer versenken; ich duldete es nicht, daß einer meiner Männer vor so ein dämliches Zivilgericht gebracht wird. Nein, du wirst nach Tomis gehen müssen.« Er trat wieder an den Tisch und goß sich etwas Wein nach, dann blickte er auf und bemerkte, wie verzweifelt ich war. »Oh, ich hoffe immer noch, daß du durchkommst!« sagte er. »Ich werde noch heute abend an das Büro des Statthalters schreiben und erklären, daß die Klage ungerechtfertigt, böswillig und unbegründet ist, und ich werde mit dir zusammen nach Tomis gehen. Das sollte genügen, den Statthalter davon zu überzeugen, daß du unschuldig bist. Wenn es nach dem augenblicklichen Statthalter ginge, könnte ich dir schon beim ersten Verhör einen vollständigen Freispruch zusagen – aber sein Nachfolger soll etwa zu dem Zeitpunkt in sein Amt eingeführt werden, der für die Gerichtsverhandlung festgesetzt ist. Und ich weiß nicht, wer es sein wird. Doch ich glaube zuversichtlich, daß du davonkommst; Statthalter lassen es nur ungern zu einem Streit mit einem Heerführer kommen, vor allem nicht, wenn dieser einen mächtigen Vater hat. Die einzige Gefahr liegt darin, daß der neue Statthalter so ein ehrgeiziger Streber ist, der nur darauf aus ist, sich einen Namen zu machen, indem er die Feinde des Kaisers züchtigt. Solche Leute lieben Fälle, in denen es um Zauberei geht. Weißt du etwas über den Zauber, von dem Xanthos behauptet, ihn in Diokles' Zimmer gefunden zu haben?«

Ich schüttelte den Kopf. »Ich weiß überhaupt nichts darüber. Vielleicht war es auch Diokles' eigener Zauber oder sonst jemand hat ihn dorthingeschafft, vielleicht sogar Xanthos selbst, um einen Beweis zu haben. In den Schriften des Hippokrates wirst du kein Wort über derartigen Zauber finden.«

»Wir können also keinen Gegenbeweis bringen. Gut, wir werden den Statthalter eben mit dem ganzen Glanz der skythischen Armee einschüchtern müssen.«

Schließlich begleiteten mich sowohl Sebastianus als auch Athanaric nach Tomis. Inzwischen hatte sich Athanarics Vorhersage bewahrheitet: Die Goten begannen die Donau zu überqueren und nach Thrazien einzusikkern. Doch sie kamen nicht bis Skythien; die kaiserlichen Behörden hatten beschlossen, sie etwas weiter südlich über den Fluß setzen zu lassen und sie in der benachbarten Provinz Mösien anzusiedeln. Die überfüllten Lager an dem Novidunum gegenüberliegenden Ufer waren inzwischen geräumt worden, ihre Einwohner waren fortgezogen, um die Donau in der Höhe von Mösien zu überqueren. Von dort aus würden sie in das brachliegende Land im Herzen der Diözese geschickt werden. Der Kaiser und sein Hof waren von der Idee eines gotischen Staates in Thrazien äußerst angetan. Die Vorstellung, daß die Goten auf zuvor brachliegendes Land Steuern zahlten und Rekruten für die kaiserlichen Armeen lieferten, war für das kaiserliche Schatzamt und die Heerführung gleichermaßen unwiderstehlich. Athanaric hatte in den Verhandlungen zwischen dem Kaiser und den Terwingen eine wichtige Rolle gespielt, doch inzwischen hatte er nichts mehr damit zu tun und mehr als genug Zeit, um einem Freund bei dessen

Prozeß beizustehen. Er machte mich darauf aufmerksam, daß er mich gewarnt habe, war jedoch ganz erpicht darauf, mir zu helfen.

Und es sah mehr und mehr danach aus, als würde ich diese Hilfe gebrauchen: Der neue Statthalter verhieß für meine Sache gar nichts Gutes. »Ein junger Mann, das ist alles, was ich weiß«, sagte Athanaric. »Er hat die Statthalterschaft im letzten Augenblick bekommen und einen anderen Anwärter dabei ausgebootet. Es sieht so aus, als sei er ganz wild darauf, sich einen Namen zu machen.«

»Er sollte lieber wild darauf sein, unter allen Umständen zu vermeiden, anderen Leuten unrecht zu tun«, meinte Sebastianus und war fast ebenso unglücklich über das, was uns da bevorstand, wie ich.

Ich war inzwischen so sehr an das Leben auf dem Pferderücken gewohnt, daß ich nicht einmal daran dachte, ein Schiff nach Tomis zu nehmen. Wir ritten in die Provinzhauptstadt, und Sebastianus ritt wie immer an der Spitze eines Reitertrupps. Es ist schwer, sich hilflos und verängstigt zu fühlen, wenn man an der Spitze eines Reitertrupps reitet, und das machte mir den Weg ein wenig leichter. Wir wollten ein paar Tage vor der Verhandlung da sein, um Sebastianus Zeit zu lassen, den Statthalter ein wenig zu bearbeiten. Wir benötigten zwei volle Tage, um nach Tomis zu gelangen. Athanaric verließ uns am zweiten Tag und galoppierte voraus. Er benutzte das System der kaiserlichen Post und wechselte die Pferde häufiger: So konnte er Sebastianus' Leute in Tomis veranlassen, sein Hauptquartier für ihn vorzubereiten. So lautete jedenfalls sein Vorwand; ich glaube, in Wirklichkeit hatte er ganz einfach vergessen, wie man im Trab reitet.

Die Provinzhauptstadt Tomis ist nach thrazischen Maßstäben eine große Stadt — nach asiatischen oder ägyptischen allerdings ein ganz gewöhnlicher Flecken. Er liegt sehr hübsch am Schwarzen Meer, nach Osten zu, auf die aufgehende Sonne ausgerichtet, und verfügt über einen breiten Sandstrand und einen schönen Hafen. Wie alle thrazischen Städte ist auch Tomis stark befestigt, seine Wälle sind aus den leicht rötlichen Steinen erbaut, die man in der Gegend findet. Als wir uns der Stadt an jenem Abend näherten, machte sie einen leuchtenden und weiträumigen Eindruck. Der Marktplatz war durchaus sehr eindrucksvoll: Er war von der Residenz des Statthalters, Sebastianus' Hauptquartier, einem heidnischen Tempel und einem schönen Säulengang mit Läden darin gesäumt. Sonst gab es außer der Kirche allerdings nicht mehr viel Sehenswertes.

Athanaric befand sich bereits im Hauptquartier; er war gegen Mittag dort angekommen. Das Personal hatte alles für uns vorbereitet, und wir konnten unsere Pferde einfach abgeben und uns direkt zum Abendessen begeben. Obwohl er in Tomis stationiert war, verbrachte Sebastianus im

Grunde genommen nicht viel Zeit dort. Er war ein äußerst aktiver Befehlshaber und zog es vor, seine Truppen im Feld zu inspizieren und ihre Probleme an Ort und Stelle zu regeln. Seine persönlichen Sklaven und seine Lyra spielende Geliebte ließ er jedoch meistens in seinem Hauptquartier, so daß er es uns bequem machen konnte. Wir ließen uns alle drei zu einem ausgezeichneten Mahl nieder, obwohl ich viel zu nervös war, um großen Appetit zu verspüren. Ich mußte dauernd an das Gefängnis in Alexandria denken. Die Lyraspielerin kam, aber Sebastianus schickte sie wieder weg. »Keine Zeit fürs Vergnügen heute abend, meine Süße!« sagte er zu ihr. »Für den Augenblick jedenfalls.«

»Ein Glück, daß wir bereits hier sind«, sagte Athanaric während des ersten Ganges. »Der Statthalter ist inzwischen eingetroffen und hat den Fall drei Tage vorverlegt – die Verhandlung ist bereits auf morgen angesetzt.«

»Sacra Maiestas!« rief Sebastianus aus. »Warum hat er das getan? Wir haben uns noch nicht einmal einen Anwalt besorgt! Wer ist der Mann überhaupt?«

»Ich weiß nicht, warum er das getan hat«, erwiderte Athanaric. »Ich habe mich sofort darüber beschwert. Er ist übrigens ein Landsmann von dir, Chariton, ein Bursche aus Ephesus. Sein Name ist Theodoros.«

Ich hatte gerade an meinem Wein genippt und bekam ihn bei diesen Worten in die falsche Kehle; ich erlitt einen Hustenanfall und verschüttete den Rest des Bechers beinahe über mich.

»Kennst du ihn?« fragte Sebastianus überrascht.

»Wie heißt er mit vollem Namen?« fragte ich Athanaric. »Hast du ihn kennengelernt?«

»Theodoros, Sohn des Theodoros. Ja, er hat mich in der Präfektur empfangen. Er ist ein junger Mann, dunkelhaarig, breitschultrig, schlecht gewachsene Zähne. Er sagt, es täte ihm leid, daß ich wegen der Terminverschiebung verärgert sei, aber er glaube nicht, daß es etwas ausmache.«

Ich fing an zu lachen; es dauerte eine ganze Weile, bevor ich aufhören konnte. Die anderen beiden beobachteten mich mißtrauisch. »Er hat recht«, meinte ich schließlich. »Ihr hättet euch nicht bemühen brauchen, mich nach Tomis zu begleiten. Keiner von euch beiden. Ich könnte morgen in jenen Gerichtssaal spazieren und einen mit magischen Symbolen bestickten Umhang tragen und eine Hymne auf Hermes Trismegistos anstimmen: Der Statthalter würde mich trotzdem freisprechen. Heiliger Unsterblicher! Thorion, Statthalter von Skythien! Oh, Herr im Himmel!«

Athanarics verwirrte Miene hellte sich auf. »Da gab es doch einen Brief von einem gewissen Theodoros zwischen deinen Sachen in Alexandria.«

»Es ist der nämliche Theodoros.«

Athanaric lächelte und erklärte Sebastianus die Sache. »»Lieber Chariton, hör damit auf, diesen verdammten Erzbischof zu behandeln und komm zu mir nach Konstantinopel; Maia würde sich sehr freuen, dich wiederzusehen.‹ Woher kennt Euer Gnaden denn *den* nun her?« Er schnippte mit seinen Fingern und beantwortete sich seine Frage selbst. »Jetzt erinnere ich mich, ich habe gehört, du wärest der Schützling eines Theodoros von Ephesus. Aber sein Brief klang so, als seiest du ein Mitglied seines Haushalts.«

»Das war ich auch – so etwas Ähnliches. Ich war ein Familienangehöriger seines Erziehers, wir wuchsen zusammen auf, haben zusammen Homer studiert. Er sorgte dafür, daß ich Latein lernte, damit ich ihm bei seinen Lektionen helfen konnte. Er schrieb mir, er erwarte bald einen Posten als Statthalter zu bekommen, doch er verriet nicht, wo; vielleicht wollte er mich überraschen.«

»Das hat er dann ja auch geschafft«, meinte Sebastianus, der jetzt ebenfalls lächelte. »Bist du sicher, daß er dich freisprechen wird?«

»Xanthos tut mir leid«, erwiderte ich.

»Nun gut. Glaubst du, es könnte etwas schaden, wenn ich Daphne wieder hereinrufe und wenn wir noch ein kleines Fest vor dem großen Ereignis feiern?«

Er rief Daphne wieder herein und ließ einen neuen Krug Wein kommen, und wir feierten ein Fest. Es wurde ein recht fröhliches Fest, und wir sprachen reichlich dem Weine zu. Daphne sang ein paar äußerst komische und vulgäre Lieder, und Sebastianus torkelte schließlich Arm in Arm mit ihr zu Bett und ließ Athanaric und mich den Wein austrinken. »Der Glückliche!« meinte Athanaric und starrte Sebastianus verdrießlich hinterher.

Ich sagte nichts. Meine erste freudige Erregung war vorüber, und ich begann mir Sorgen über mein Wiedersehen mit Thorion zu machen. Die Provinz, die er dem obersten Palastbeamten gegenüber erwähnt hatte, war also Skythien, und es war auch kaum so überraschend, daß er sie bekommen hatte, da sie nicht unbedingt zu den Provinzen gehörte, die jeder wollte – nicht so reich wie die asiatischen oder ägyptischen oder so angesehen wie Syrien oder Bithynien. Thorion hatte sie um meinetwillen gewollt, um mich dazu überreden zu können, nach Hause zu kommen. Was würde er wohl denken, wenn er mich sah?

»Ich wünschte, ich hätte auch so ein Mädchen«, sagte Athanaric und gaffte immer noch hinter Daphne her. »Aber wahrscheinlich würde sie nicht lange bei mir bleiben. Ich reise viel zuviel umher. Die Nachteile eines Lebens als Kurier! Ich glaube, du hast gar nicht so recht Notiz von ihr genommen.«

»Doch, sie hat sehr nett gesungen«, antwortete ich mit kraftloser Stimme.

Thorion war plötzlich aus meinen Gedanken verschwunden, wie ein Stein, den man ins tiefe Wasser wirft, ein paar Wellen wirft und dann spurlos verschwindet. Mein Bewußtsein glich einem Spiegel, der nichts außer Athanaric reflektierte. »Und sie ist hübsch.«

»Das kann man wohl sagen«, erwiderte Athanaric. Er hielt inne, blickte zur Tür und starrte mich einen Augenblick lang an: Im Licht der Lampe leuchteten seine Augen in einem lebhaften Blau. »Eines habe ich mich oft gefragt, Chariton. Möchten Eunuchen auch . . . ich meine, hast du jemals eine Frau gewollt?«

»Nein«, antwortete ich. Ich mußte nach Luft ringen; meine Ohren summten. »Andere vielleicht . . . manchmal. Ich weiß es nicht.«

»Du bist wahrscheinlich besser dran ohne dergleichen Gelüste.« Athanaric richtete sich auf, reckte sich und gähnte. »Die Begierde ist eine Qual.«

»Ja«, erwiderte ich inbrünstig und ohne nachzudenken.

Athanaric warf mir erneut einen Blick zu, und diesmal lag Überraschung darin. »Ist das wirklich deine Meinung? Chariton der Arzt, der vollkommene Philosoph, der Praktiker der stoischen Gleichmut? Du hast doch gerade gesagt . . .« Er hielt inne und wurde plötzlich mißtrauisch. »Keine Frauen? Aber Männer?«

»Ein Mann«, erwiderte ich und biß mir auf die Lippen.

»Ein Eunuch kann wahrscheinlich nichts dafür«, meinte er, doch in seinen Augen entdeckte ich einen Ausdruck des Widerwillens. »Dabei mußt du ein hübscher Junge gewesen sein.«

»Nein, nein, so war es nicht. Es ist überhaupt nichts passiert.«

Daraufhin wurden aus dem Widerwillen und dem Mißtrauen eine mit Mitleid gemischte Erheiterung. »Mochte er keine Knaben? Was hast du getan?«

»Nichts«, sagte ich. »Ich habe nie etwas gesagt und er auch nicht. Irgendwann kommt man über so etwas hinweg. Das ist meine ganze Erfahrung mit der Begierde. Nicht gerade überwältigend, oder?«

Er lachte. »Armer Chariton!«

Ich schüttelte den Kopf. »Mir bleibt ja Hippokrates.«

Am nächsten Morgen gingen wir zur Gerichtsverhandlung. Ich legte meinen besten Umhang um, den mit dem rotgrünen Saum. Sebastianus bot »den ganzen Glanz der skythischen Armee« auf. Er erschien in seinem goldenen Harnisch und mit dem kurzen karmesinroten Umhang in prächtiger Aufmachung vor Gericht. In seinem Gefolge marschierte eine Leibwache aus einem Dutzend Soldaten. Auch Athanaric tat sein Bestes; er hüllte sich in einen frischgewaschenen Umhang – es war ein besonders schöner mit einem gemusterten Saum –, hängte sich sein kaiserliches Kuriersiegel an einer goldenen Kette um den Hals und stolzierte mit seinem durch den Schwertgürtel gesteckten Daumen in den Gerichtssaal. Ich glaube, selbst wenn mir der Statthalter feindlich gesinnt gewesen wäre, dieser ganze Aufzug hätte ihn schwankend gemacht.

Der Gerichtssaal befand sich im Erdgeschoß der Präfektur und grenzte an den ersten Innenhof. Er war mit Statuen der Justitia geschmückt; ein dieser Göttin geweihter und als heidnisch angesehener Altar war aus einer der Wände herausgerissen worden und hatte abbröckelnde Gipsstücke hinterlassen. Die Gerichtsdiener ließen Sebastianus, Athanaric und mich ein, doch mit Ausnahme von zwei Soldaten verwehrten sie allen Begleitern von Sebastianus den Eintritt und wiesen dabei entschuldigend auf den Platzmangel hin. Das Gebäude war bereits mit zahlreichen Bürgern von Tomis überfüllt. Ein Prozeß, bei dem es um Zauberei geht, erweckt jedesmal beträchtliches Interesse. Außerdem wollten die Leute einen Blick auf ihren neuen Statthalter werfen.

Xanthos war bereits da. Er war in seine besten Gewänder gehüllt, und in seiner Begleitung befand sich eine ganze Anzahl von Leuten aus Novidunum, die wohl allesamt dazu bereit waren, zu bezeugen, daß ich ein Zauberer sei. Die Gerichtsdiener wiesen mir einen Platz zur Linken des Podiums hinter einer Schranke an; meine Freunde saßen dem Gericht direkt gegenüber. Auf den Bänken gab es keinen Platz mehr, doch die Gerichtsdiener brachten Stühle herbei und machten viel Aufhebens davon, irgendwelche Kissen aufzutreiben.

Thorion erschien genau zur vollen Stunde, als habe er die Zeit mit der Wasseruhr gemessen. Er hatte sich kaum verändert. Vielleicht war er ein bißchen schwerer und sein Gesicht eine Spur voller, auch war er mit größerer Sorgfalt gekleidet — er hatte seinen Umhang nie so getragen, daß die Purpurstreifen gerade nach unten verliefen, aber heute hätte man sie mit einem Senkblei nachmessen können. Noch bevor er sich setzte, schweiften seine Blicke neugierig über die Anwesenden hinweg. Zweimal sah er mich an und blickte gleich wieder weg. Er setzte sich, blickte erneut zu mir, und ich lächelte. Er starrte mich an, und ich sah, wie sich seine Lippen bewegten, als fluche er leise vor sich hin.

Die Verhandlung war eröffnet. Xanthos hatte einen Rechtsanwalt engagiert, einen rundlichen Mann, der sich erhob und eine lange, schwülstige Ansprache über die Verdienste seines Klienten und über meine Niedertracht, Verderbtheit, Gottlosigkeit, Heuchelei und Verschlagenheit vom Stapel ließ. Thorion sah mich währenddessen ununterbrochen an und schüttelte voller Verwunderung den Kopf. Die Zuschauer flüsterten miteinander und starrten mich an: zuerst nur neugierig, dann, als der Rechsanwalt allmählich in Fahrt kam, voller Faszination und Abscheu. Der

Anwalt führte die einzelnen Anklagepunkte auf und förderte schließlich mit einem eleganten Schwung die belastende Rattenpfote zutage. Erneutes Flüstern und erschrockenes Atemanhalten. Xanthos grinste triumphierend. Sebastianus wandte sich unbehaglich ab, der Anwalt beendete seine Rede, verbeugte sich vor dem Richter und setzte sich.

»Also«, sagte Thorion kurz angebunden. »Was hat der Angeklagte zu all dem zu sagen? Hast du einen Verteidiger mitgebracht, Chariton von Ephesus?« Er sprach den von mir angenommenen Namen mit einer gewissen Abneigung und einem Ausdruck hochmütiger Verachtung aus, so als sei er mir noch nie begegnet.

»Ich werde für mich selbst sprechen, Euer Ehren«, antwortete ich und erhob mich, um meine Verteidigungsrede zu halten. Ich schilderte Diokles' Unfall, beschrieb die Behandlung, die Xanthos seinem Freund hatte angedeihen lassen, und beteuerte meine völlige Unkenntnis magischer Künste. »Ich bin in Alexandria ausgebildet worden und verehre den großen Hippokrates, und zwar sowohl aufgrund meiner Ausbildung als auch aus Neigung!« schloß ich. »Wir sind der Überzeugung, daß Krankheiten natürliche Ursachen haben und auch die Heilungen auf natürliche Weise zustande kommen. Und wir sind viel zu beschäftigt damit, diese Ursachen zu studieren, um magischen Kräften Beachtung schenken zu können. Abgesehen davon schwören wir, unsere Kenntnisse zum Heilen zu benutzen und niemals, um jemandem zu schaden. Ich bin in allen Punkten unschuldig.«

Ich setzte mich. Die Leute aus Tomis flüsterten miteinander, sie waren alles andere als überzeugt und warfen mir versteckte Blicke voller Abscheu und Mißtrauen zu.

Thorion nickte und beugte sich vor. »Wenn ich recht verstehe, so ist der Kläger lange Zeit Chefarzt in der Festung Novidunum gewesen, und zwar bis zur Ankunft des Beschuldigten. Kann mir jemand Auskunft geben, wie er seinen Posten ausgefüllt hat?«

»Mein Klient hat sein ganzes Leben lang nach der apollinischen Heilkunst praktiziert!« beeilte sich der Rechtsanwalt in höflichem Tonfall zu versichern. »Genau wie bereits sein Vater hat er furchtlos die Kranken behandelt und ihre Schmerzen gelindert . . .«

»Ja, ja, aber wie hat er seinen Posten ausgefüllt?« fragte Thorion. »Irgendwelche Zeugen?«

Jetzt erhob sich Sebastianus voll lässiger Eleganz.

»Der vortreffliche und höchst edle Sebastianus, Heerführer von Skythien«, verkündete der Gerichtsdiener. »Vorzüglicher«, sagte Thorion und lächelte das mir so vertraute Lächeln, bei dem er seine krummen Zähne entblößte, »ich bin erfreut, die Bekanntschaft eines so bedeutenden

Mannes zu machen. Ich fühle mich geehrt, daß du es auf dich genommen hast, vor unserem Gerichtshof zu erscheinen.«

Sebastianus machte eine abwehrende Geste. »Darf ich zugunsten des Angeklagten aussagen?«

»Ein edler Mann von deinen Qualitäten könnte auch zugunsten des Teufels aussagen.«

Sebastianus fing an, Xanthos eindringlich als unfähigen und stümperhaften Quacksalber zu schildern und mich in den höchsten Tönen zu loben. »In dem Jahr, bevor der allseits geschätzte Chariton zu uns kam«, stellte er fest, »wurden in dem Hospital in Novidunum 83 Patienten behandelt, davon starben 72. Im vorigen Jahr wurden 148 behandelt, davon wurden 102 wieder gesund. Darüber hinaus ist die Anzahl der kranken Männer unter meinen Soldaten drastisch gesunken. Ich schätze Charitons Dienste außerordentlich. Er ist ein sehr geschickter und hingebungsvoll arbeitender Arzt, und dieses ganzes Gerede über Zauberei ist schierer Unsinn.« Er setzte sich.

Thorion nickte während dieser Rede immer wieder. »Der vorzügliche Heerführer war bereits so gütig, sich in einem Brief an meinen Vorgänger auf ähnliche Weise zu äußern«, meinte er, als Sebastianus geendet hatte. »Also: Xanthos war Chefarzt und füllte seinen Posten miserabel aus; Chariton taucht auf, verdrängt ihn, und die Arbeit funktioniert. Dieser Bursche Diokles fällt in die Donau, zieht sich eine Lungenentzündung zu und wird von Xanthos behandelt, woraufhin er prompt stirbt. Xanthos beschuldigt seinen Gegner, der ihn von seinem Posten verdrängt hat.«

»Ruhmvoller Statthalter!« rief der Rechtsanwalt aufgebracht. Xanthos saß stocksteif da und starrte Thorion mit offenem Mund an.

»Ach, schweig doch!« sagte Thorion ungeduldig. »Du kannst schließlich nicht leugnen, daß dein Klient einen tiefen Groll gegen den Angeklagten hegt. Hast du irgendeinen Beweis, um Chariton mit dem Tod des Diokles in Verbindung zu bringen?«

»Er ist ein Zauberer!« schrie Xanthos und sprang auf, bevor sein Anwalt etwas sagen konnte. Er packte die Brüstung der Gerichtsschranke, als sei sie eine Art Waffe, die er auf mich schleudern wolle, und spuckte seine Worte heraus. Dabei warf er wilde Blicke um sich, als wolle er den Gerichtshof herausfordern, ob es wage, ihn einen Lügner zu nennen. »Das weiß jeder in der Festung. Seine eigenen Sklaven rühmen sich dessen. Er erzielt seine Heilungen durch Magie. Er verstümmelt die Leichname von Tieren, ja, auch von Menschen!« Ein erregtes Flüstern ging durch die Reihen. »Ich habe Zeugen hier, die dies bestätigen können!« Xanthos' Stimme überschlug sich vor Erregung, obwohl sein Anwalt ihn zu beruhigen versuchte, um der Zeugenaussage einen noch größeren Effekt zu geben. »Alaric und Ursacius hier haben den Leichnam eines Mannes untersucht, eines römischen Soldaten, der von diesem kastrierten Zauberer aufgeschnitten worden ist, um irgendwelche Geister zu beschwören! Ich habe selbst gesehen, wie er es getan hat, und die beiden können es beschwören!«

Entsetzte Ausrufe. Ich hatte nicht damit gerechnet, daß Xanthos sich Zeugen für das Sezieren des Leichnams beschafft hatte. Ich hatte geglaubt, sein Wort würde gegen meines stehen.

Doch Thorion wischte Xanthos Angebot mit einer Handbewegung beiseite. »Vielleicht können sie beschwören, daß dieser Leichnam irgendwelche Anzeichen aufwies, aufgeschnitten worden zu sein. Und du sagst, du könntest beschwören, deinen Kollegen dabei beobachtet zu haben, wie er den Leichnam aufgeschnitten hat. War es der Leichnam von Diokles? Nein! Woher willst du denn wissen, daß das Aufschneiden nicht Teil eines ganz normalen chirurgischen Eingriffs war? Ich nehme doch an, daß der Angeklagte Chirurg ist? Gut, da haben wir es! Wollen deine Zeugen etwa beschwören, daß die von ihnen bemerkten Anzeichen für ein Aufschneiden nekromantischer Natur waren und nicht etwa vor dem Tod ausgeführt wurden, in dem Versuch, das Leben des Patienten zu retten?« Die Zeugen sahen nervös und unsicher aus: Sie schüttelten den Kopf.

»Ich habe selbst gesehen, wie er den Körper nach dem Tod des Mannes aufgeschnitten hat!« rief Xanthos aus. »Er tat es in dem Hinterraum des Hospitals in Novidunum, eines Nachts, als er dachte, niemand könne ihn sehen, aber ich spähte durch das Schlüsselloch und habe alles beobachtet!«

Wieder ging ein Raunen durch die Reihen der Zuhörer. Thorion hob die Hand und gebot Schweigen. »Selbst wenn ich deine Aussage akzeptiere, daß das Aufschneiden nach dem Tode stattgefunden hat – doch angesichts deines offensichtlichen Hasses gegen den Angeklagten weiß ich nicht, warum ich das sollte –, könntest du mir irgendeinen Beweis dafür liefern, daß es Teil einer nekromantischen Prozedur und nicht eine ganz normale medizinische Tätigkeit war? Natürlich sezieren Ärzte hin und wieder einen Leichnam! Jeder gebildete Mensch weiß, daß sie bisweilen dazu gezwungen sind, um zu erforschen, wie sie ähnliche Erkrankungen in Zukunft behandeln können. Hast du Galen oder Herophilos gelesen? Was? Und du willst Arzt sein! Ich habe den deutlichen Eindruck, daß du wirklich so unfähig bist, wie der höchst ehrenwerte Heerführer sagt. Hast du noch andere Beweise?«

»Alle wissen, daß er ein Zauberer ist. Ich kann Zeugen benennen . . .«

»Was alle sagen, ist noch lange kein Beweis. Hast du Zeugen dafür, daß er einen magischen Talisman hergestellt oder jemanden verwünscht hat, um ihn krank zu machen? Oder hat er Astrologie betrieben? Nein? Sonst noch irgendwelche Beweise? Nein? Gut, die Klage ist abgewiesen.«

Es gab einen Tumult im Gerichtssaal. Thorion hob seine Stimme und fuhr fort. »Außerdem wird eine Geldstrafe gegen Xanthos, Sohn des Polykles, festgesetzt, weil er eine böswillige und unbegründete Klage gegen den höchst ehrenwerten Chariton vorgebracht hat. Beisitzer, haben wir sonst noch etwas für heute vormittag? Gut, dann vertagt sich der Gerichtshof bis heute nachmittag.«

Xanthos und sein Rechtsanwalt begannen zu protestieren. Xanthos weinte und schrie und schlug mit seinen Händen gegen die Brüstung. Die Geldbuße für das Vorbringen einer unbegründeten Klage ist ziemlich hoch, und er hatte offensichtlich schon eine Menge für Bestechungsgelder und Rechtsanwälte ausgegeben: Diese Sache mußte ihn ruinieren. Außerdem würde er seinen Posten verlieren, und es war sehr unwahrscheinlich, daß er einen anderen bekam, nachdem er öffentlich als unfähig gebrandmarkt worden war. Er eilte auf das Podium zu und wollte Thorion um Gnade anflehen. Thorion gab den Gerichtsdienern ein Zeichen, und diese zerrten den immer noch Schreienden hinaus. Der Anwalt folgte ihm und sah sich noch einmal nach Thorion um. Das Publikum erhob sich und erörterte lauthals das Urteil. Thorion lehnte sich in seinem Stuhl zurück, die Daumen unter dem Gürtel verschränkt, und pfiff geräuschlos. Er hielt meinen Blick fest und grinste.

Als das Publikum den Saal verlassen hatte, erhoben sich Sebastianus und Athanaric und traten auf Thorion zu; ich erhob mich ebenfalls. »Geschätzter Theodoros«, sagte Sebastianus und bot Thorion seine Hand dar. »Du verschwendest deine Zeit jedenfalls nicht.«

Thorion schüttelte Sebastianus' Hand und lächelte. »Als ich noch Beisitzer war, habe ich mir genug hochtrabende Reden angehört. Ich sehe nicht ein, warum ich jetzt, da ich Statthalter bin, noch mehr davon anhören sollte. Und ich glaube, ich hätte diesen Burschen auch als Lügner und Betrüger durchschaut, wenn ich nicht im vornherein über diesen Fall Bescheid gewußt hätte. Aber Charition hat dir ja wahrscheinlich erzählt, daß er ein alter Freund von mir ist. Entschuldigt mich einen Moment, edle Herren.«

Er eilte zu mir, stand da und starrte mich einen Augenblick lang an, dann schüttelte er verwundert den Kopf. »Bei Artemis der Großen! Herrgott, Charition, ich habe dich wirklich nicht erkannt. Bist *du* es wirklich?«

»Natürlich bin ich es«, entgegnete ich und umarmte ihn. Er schloß mich seinerseits ungestüm in die Arme, dann ließ er mich los und trat einen Schritt zurück, wobei er mich erneut anstarrte. »Und auch noch Hosen!« rief er aus. »Gütiger Gott, du siehst aus wie ein Barbar!«

»Es ist kalt hier im Winter.«

»Es muß schon verdammt kalt sein, bevor ich in solch einem Aufzug rumlaufe! Entschuldigt mich, ihr ehrenwerten Männer.« Er grinste Sebastianus und Athanaric an, die alle beide Hosen trugen. »Es ist ein bißchen schwer, sich daran zu gewöhnen. Ich glaube, die Verhandlung ist gut über die Bühne gegangen, wenn ich das so sagen darf. Ich wollte nicht, daß es allzu offensichtlich wird, daß ich Charition kenne. Mein Gott, jetzt werden alle glauben, daß ich ein Ausbund an Bildung bin! Es waren doch Herophiles und Galen, die Menschen seziert haben, nicht wahr, Charition? Hast du das tatsächlich auch getan, oder hat dieser Bursche die Sache nur aufgebauscht? Falls es stimmt, war es sehr töricht von dir. Ich war in meinem ganzen Leben noch nicht so überrascht wie vor ein paar Tagen, als ich erfuhr, daß du aufgrund einer Anklage wegen Zauberei herbeordert worden bist. Ich war gerade dabei, dir einen Brief zu schreiben, um dich hierher einzuladen, als der Beisitzer sagte: ›Aber Herr, dieser Chariton soll nächste Woche sowieso hier sein!‹ Na egal, wir haben dieses Schlamassel jetzt aus dem Weg geräumt. Du mußt unbedingt mit mir zusammen zu Mittag essen, dann können wir uns ein bißchen unterhalten – falls die ehrenwerten Herren uns entschuldigen wollen.« Er wandte sich zu Athanaric und Sebastianus und lächelte erneut. »Ich habe meinen Freund seit Jahren nicht mehr gesehen; wir sind zusammen aufgewachsen.«

»Das hat er uns erzählt«, sagte Sebastianus. Er schien mir etwas aus der Fassung zu sein.

»Dann entschuldigt ihr uns also. Ich wäre entzückt, wenn die erlauchten Herren mich mit ihrer geschätzten Gesellschaft zum Abendessen beehren würden. Ich muß eine Menge lernen, wenn ich meine Aufgabe hier gut erfüllen will.«

Sebastianus und Athanaric erklärten sich einverstanden. Thorion verbeugte sich und dankte ihnen, dann zog er mich rasch hinter sich her in das Gebäude hinter der Präfektur, wo er seine Wohnung hatte. »Wir werden mit Maia zusammen Mittag essen. Sie erwartet uns«, erklärte er und ging voran, die steilen Treppen hinauf und bis ans Ende des langen Flures. Dort blieb er so abrupt stehen, daß ich in ihn hineinrannte. Dann klopfte er an eine Tür, sie wurde sofort geöffnet.

Thorion hatte sich überhaupt nicht verändert; meine Maia hatte sich sehr verändert. Die Haare, die ich als rot in Erinnerung hatte, waren inzwischen grau. Und sie schien magerer zu sein, ausgetrocknet wie Leder. Ihre Blicke huschten begierig an Thorion vorbei, um den meinen zu begegnen. Ihre Augen weiteten sich. Sie trat einen Schritt von der offenen Tür zurück und ließ uns vorbei. Dann schloß sie die Tür und verriegelte sie. »Oh, meine Liebe!« sagte sie ganz außer Atem und starrte mich an.

»Ich habe sie nicht erkannt«, bemerkte Thorion.

»Oh, mein armer Liebling!« sagte Maia und umarmte mich, während sie sich auf die Zehenspitzen stellte. War ich so gewachsen? Oder war sie zusammengeschrumpft?

»Die Gerichtsverhandlung ist großartig gelaufen«, erzählte Thorion und ging weiter in das Zimmer hinein, ohne darauf zu warten, daß Maia mich losließ. Das Zimmer war ziemlich groß mit orangefarben bemalten Paneelen, einem Bett, einer Ruhebank und einem Stuhl, die um einen kleinen Tisch standen, auf dem einige Leckerbissen zu sehen waren. Thorion setzte sich an das eine Ende der Ruhebank und nahm sich eine Weintraube. »Der Mann, der die Anklage vorbrachte, war fürchterlich gehässig und neidisch; jedermann konnte sehen, wie sehr er Charition haßte. Und seine Ehren, der Heerführer, war persönlich dort und auch dieser Athanaric. Und der Heerführer hielt eine Ansprache darüber, wie tüchtig Charition ist und wie sie all diese Leute gesund gemacht hat und daß sie der geschickteste Arzt im ganzen Lande ist. Ich muß dir etwas sagen, Charition, als Arzt hast du dich wirklich großartig gemacht. Ich wußte gar nicht, was ich sagen sollte!«

Maia hielt mich immer noch fest; sie streichelte meine Backen und blickte mir ins Gesicht. Dann schüttelte sie den Kopf. »Mein armer Liebling!« wiederholte sie. »Und du warst ein so hübsches Mädchen!«

»Laß sie doch endlich los!« sagte Thorion. »Laß sie erst einmal zu sich kommen. Setz dich. Unsterbliche Götter, gefüllte Haselmaus! Du hast ja wirklich ein großes Fest daraus gemacht, wie?«

»Es ist zur Feier des Wiedersehens«, erklärte Maia lebhaft und ließ mich los. »Ich weiß sowieso nicht, wofür ich mein Geld ausgeben soll, oder? Du magst ja nicht, wenn ich alles der Kirche gebe.«

»Tu damit, was du willst, das habe ich dir doch schon immer gesagt«, erwiderte Thorion mit dem Mund voller Weintrauben. »Es ist nur eine Schande zuzusehen, wie dein Lohn in die Schatztruhen der Kirche wandert. Das ist alles. In gefüllten Haselmäusen ist das Geld viel besser angelegt.«

Ich setzte mich an das andere Ende der Ruhebank; Maia nahm den Stuhl.

»Was soll das heißen? Wessen Lohn?« fragte ich.

»Maias«, erklärte Thorion. »Als Haushälterin.«

Ich blickte von einem zum andern. »Du hast mir nicht erzählt, daß du sie freigelassen hast!«

»Habe ich das nicht? Nun gut, ich habe sie freigelassen. Ich habe sie nach Vaters Tod geerbt und ließ sofort die Papiere ausfertigen. Aber es spielt keine große Rolle. Philoxenos habe ich ebenfalls freigelassen und zum Verwalter des Gutes bestellt. Erinnerst du dich an Philoxenos?«

»Natürlich! Maia, wie wundervoll! Laß uns auf deine Freiheit anstoßen!«

Maia lächelte etwas matt und füllte meinen Becher mit bereits gemischtem Wein, der in einem Krug auf dem Tisch stand. »Der vortreffliche Theodoros hat ganz recht, es spielt keine große Rolle«, meinte sie.

Ich lachte; ich hatte ihre Vorliebe für Titel vergessen. »Auf meine Maia«, sagte ich und hob meinen Becher, »Elpis aus Ephesus, eine freie Frau!«

Maia lächelte erneut, dann goß sie Thorion und sich selbst etwas Wein ein und stieß mit mir an.

Während wir gefüllte Haselmaus aßen, erzählte mir Thorion alles über die Landgüter in Ephesus, über die Sklaven und Bediensteten des Hauses, über seine Freunde und über Konstantinopel. Ich war sehr glücklich, einfach nur dazusitzen und zuzuhören und ein paar zusätzliche Fragen zu stellen. Ich wußte, daß das Gespräch früher oder später auf mich kommen würde, und das würde schwierig genug sein.

Maia beobachtete mich schweigend und aß nicht viel. Ihre Augen waren rot gerändert, das eine stärker als das andere. Es schien ein wenig Zug abbekommen zu haben, denn sie rieb es gelegentlich, als jucke es. Als sie bemerkte, wie ich ihr Auge beobachtete, lächelte sie. »Willst du mir ein Rezept dafür geben?«

»Ich habe gerade über eins nachgedacht«, antwortete ich wahrheitsgemäß.

»Ich bin sicher, es ist ein gutes Rezept«, meinte sie bloß. »Ich glaube, du bist eine sehr gute Ärztin. Bist du glücklich, meine Liebe?«

»Ja.«

Sie gab einen langen Seufzer von sich und sah mich wehmütig an. »Ich habe mir so sehr gewünscht, daß du nach Hause kommst. Ich habe mir gewünscht, daß du heiratest.«

»Ich weiß. Ich wollte . . . Ich wollte, ich könnte heiraten und trotzdem die Heilkunst praktizieren. Aber das geht nicht; ich mußte mich für das eine oder das andere entscheiden.«

Sie nickte bedächtig. »Ich habe niemals wirklich daran geglaubt, daß du zurückkommst. Als du aus Ephesus fortgingst, sagte ich zu Thorion, es sei für immer. Er erwiderte mir, ich solle nicht töricht sein.«

»Und im Augenblick habe ich den Eindruck, daß ihr beide töricht seid«, sagte Thorion. »Ich weiß nicht, was so Großartiges an dieser Heilkunst sein soll, obwohl ich mich sicherlich darüber freue, daß du soviel Erfolg hast, Charition. Aber du hast sie studiert und praktiziert und bist länger als fünf Jahre fortgewesen, und ich sehe nicht ein, warum du jetzt nicht zurückkommen und heiraten kannst. Du hast dein Aussehen ein bißchen verhunzt, aber das kann man in ein paar Monaten und mit ein wenig Schminke wieder ausbügeln: Du bist schließlich hübsch genug und immer noch nicht zu alt. Ich werde dafür sorgen, daß du das halbe Landgut als Mitgift bekommst. Du kannst heiraten, wen du willst, und jede dir genehme Bedingung stellen. Du kannst sogar Ärztin in deinem eigenen Haushalt spielen. Ich weiß, daß du das schon immer wolltest. Also, was ist daran denn so schlimm? Es ist nicht gut, ohne Familie zu leben und allen Leuten gegenüber immer so zu tun, als seist du jemand, der du gar nicht bist. Wissen es deine Sklaven? Nein, das dachte ich mir. Es ist nicht gut. Und du wirst weitere Schwierigkeiten bekommen. Zuerst dieser verdammte Ketzer von einem Erzbischof in Ägypten und nun diese Geschichte hier!«

»Er war kein Ketzer«, erwiderte ich heftig.

»Dann war er eben ein verdammter Unruhestifter, und er hat den Behörden nichts als Scherereien bereitet! Du hättest ihn sich selbst überlassen sollen. Und einen Menschen zu sezieren! Das beschwört ja geradezu Ärger herauf. Du magst ja intelligent sein, aber du warst schon immer unvernünftig. Ich hatte bereits daran gedacht, dich wegen dieser Beschuldigung ganz einfach verhaften zu lassen und dich anschließend aus dem Gefängnis zu schmuggeln. Ich dachte, vielleicht würdest du dann Vernunft annehmen. Aber ich wollte nicht, daß deine Sklaven gefoltert werden; so etwas mag ich nicht. Nicht seit Festinus es Maia angetan hat.«

»Ich würde lieber sterben, als zurückzukommen, um eine Dame zu sein«, sagte ich. »Ich werde es nicht tun. Laß es dabei bewenden, Thorion, bitte. Ich möchte mich nicht mit dir streiten.«

Thorion seufzte und sah mich mit gerunzelter Stirn an. »Ich bin sicher, daß niemand auf der Welt eine solche Schwester hat wie ich. Nun gut, lassen wir es fürs erste dabei bewenden. Vielleicht verliebst du dich ja eines Tages und änderst deine Meinung. Liebe ist eine verflixte Sache, wenn es darum geht, seine Meinung zu ändern. Ich hoffe nur, daß es bis dahin nicht zu spät ist.«

Maia lächelte mir zu. »Charis, mein Liebling«, sagte sie, »iß noch etwas. Du hast ja nichts Ordentliches gegessen.«

»Du bist dünn wie ein Zaunpfahl«, stimmte Thorion verdrießlich zu. »Mager und knochig. Was machst du in diesem Hospital?«

Eine Welle der Erleichterung durchlief mich. Ich war ziemlich glimpflich davongekommen. Und ich hätte Maias stillschweigende Unterstützung niemals erwartet; sie hatte meine ärztlichen Bemühungen in Ephesus immer mißbilligt. Ich erzählte ihnen ein wenig vom Hospital.

»Auch ich werde deine Dienste bald benötigen«, sagte Thorion. »Ich habe mich mit der Tochter eines Bäckers eingelassen, und sie erwartet im September ein Kind von mir.«

Er hielt inne und sah bei dem Gedanken an seine Konkubine und das Kind höchst zufrieden aus.

»Die Mutter heißt Melissa und ist ein liebes Mädchen«, warf Maia ein.

Maia war bei der Aussicht auf dieses Kind – falls das überhaupt möglich war – noch aufgeregter als Thorion. Sie war schon immer ganz wild darauf gewesen, daß ich Kinder bekam, damit sie Großmutter spielen könnte. Aber ein Kind von Thorion, auch wenn es ein illegitimes Kind war, war natürlich noch besser.

Im stillen segnete ich die mir unbekannte Melissa. Wenn sie nicht gewesen wäre, hätte ich es mit meinem Bruder sehr viel schwerer gehabt. »Wie schön«, sagte ich und lächelte, »ich hoffe um deinetwillen, daß es ein Junge wird. Wenn du möchtest, werde ich versuchen, von Novidunum rüberzukommen, um das Baby zu entbinden.«

Thorion lachte und nickte begeistert. »Ich habe Melissa schon gesagt, daß ich ihr entweder die beste Hebamme oder den besten Arzt der Provinz verschaffen würde. Es sieht so aus, als seist du der beste Arzt. Und ich habe schon daran gedacht, das Baby Chariton zu nennen.«

7

Eine Woche später kehrte ich nach Novidunum zurück. Ich war schrecklich erschöpft. Solange ich mit Thorion und Maia allein war, hatte ich mich nach der ersten Strafpredigt wundervoll gefühlt. Thorion schien von meiner Geschicklichkeit auf medizinischem Gebiet und von meinen einflußreichen Verbindungen tatsächlich sehr beeindruckt zu sein. (»Seine Durchlaucht, der oberste Palastbeamte, hält jede Menge von diesem Burschen Athanaric«, meinte er mir gegenüber. »Er glaubt, wenn es sich um die Goten handelt, sei Athanarics Ratschlag ebensogut wie ein Erlaß. Ich bin froh, ihn zum Freund zu haben.«) Doch sobald Thorion und ich mit anderen zusammen waren, hatte ich mich keinen Moment mehr sicher gefühlt. Zwar entschlüpfte ihm nie mein richtiger Name – er hatte mich sowieso immer nur Charition genannt –, aber gelegentlich benutzte er im Zusammenhang mit mir das Wörtchen »sie«. Natürlich machen dies auch andere Leute, wenn es um Eunuchen geht, doch nur, wenn sie gemein sein wollen. Er tat es nicht so häufig, daß sich die Leute sicher sein konnten, es wirklich gehört zu haben, aber es genügte, mich nervös zu machen. Athanaric bemerkte den Ausrutscher und fragte mich, als wir allein waren, ob Thorion »der Mann« sei, den ich erwähnt hatte. Einen Augenblick lang wußte ich nicht, was er meinte, doch dann erinnerte ich mich an mein Geständnis über die Qualen der Begierde. »Himmel Herrgott, nein«, erklärte ich. »Er ist nur ein alter Freund.«

Athanaric sah mich nachdenklich an und versuchte, einen unbekümmerten

Eindruck zu machen. Doch ich wußte, daß er darin geübt war, sich derlei Dinge zu merken, und ich fragte mich, ob er die Wahrheit wohl inzwischen vermutete. Ich fragte mich auch, wie ich reagieren würde, falls er mein Geheimnis entdeckte. Aber er sagte nichts mehr. Und zwei Tage nach der Gerichtsverhandlung galoppierte er sowieso davon, um einige Außenposten zu inspizieren. Sebastianus blieb noch in Tomis: Er würde sich etwa einen Monat lang dort aufhalten und sich um die Verpflegung seiner Soldaten kümmern. Ich mußte jedoch sobald wie möglich ins Hospital zurück, da der Hochsommer eine gefährliche Zeit für ansteckende Krankheiten ist. Aber bevor ich abreiste, sprach ich mit Sebastianus über Xanthos.

»Jetzt, da er seinen Prozeß verloren hat«, sagte ich, »brauchst du ihn nicht rauszuwerfen. Es macht mir nichts aus, wenn er unter mir arbeitet, vorausgesetzt, er mischt sich nicht in die Behandlung meiner Patienten ein.«

Sebastianus sah mich überrascht an, dann verzog er sein Gesicht zu einem schiefen Lächeln. »Warum diese christliche Nachsicht? Der Mann ist dein Feind. Er wollte unbedingt, daß du gefoltert und getötet wirst. Im übrigen habe ich ihn bereits hinausgeworfen.«

Ich zuckte die Achseln. Ich mußte dauernd daran denken, wie man Xanthos schreiend aus dem Gerichtssaal gezerrt hatte. Ich fragte mich, ob er überhaupt genug Geld hatte, um die Buße zu bezahlen. »Zum Teil war es auch mein Fehler«, sagte ich zu Sebastianus. »Ich habe mich falsch ihm gegenüber verhalten. Erst habe ich ihn von seinem Posten verdrängt, und dann war ich hochmütig, habe ihn gedemütigt und seine Behandlungsmethoden schlecht gemacht. Es ist nicht sein Fehler, daß er ein so schlechter Arzt ist; er ist nicht verantwortlich für seine Ausbildung. Und er hat tatsächlich geglaubt, ich sei ein Zauberer und hätte seinen Freund getötet. Ich möchte nicht, daß er gefoltert wird, weil er seine Schulden bei Gericht nicht bezahlen kann.«

Sebastianus lachte. »»O integer vitae scelerisque pure!‹ Nun gut, wenn du darum bittest, dann sollst du ihn wiederhaben. Ich werde ihm einen Brief schreiben. Er ist inzwischen wieder in Novidunum und sammelt seine sieben Sachen zusammen. Aber ich werde ihm sagen, daß du es warst, der sich für ihn verwendet hat. Deshalb will er vielleicht nicht bleiben. Ich habe solchen Haß schon öfter erlebt. Haß ist ein tödliches Gift, und wenn es sein Objekt nicht töten kann, dann tötet es denjenigen, den es befallen hat. Aber davon weißt du wahrscheinlich nichts, oder?« Er warf mir einen Blick aufrichtiger Zuneigung zu und schrieb den Brief. Ich nahm ihn an mich, bestieg mein Pferd und ritt nach Hause.

Ich galoppierte nicht die ganze Zeit über – das Pferd hätte es gar nicht durchgehalten —, aber ich beeilte mich mehr als auf dem Hinweg nach Tomis, als ich mit Sebastianus zusammen geritten war. Und ich kam gegen Mittag, zwei Tage nach meiner Abreise aus Tomis, in der Festung an. Als ich durch das Lager ritt, riefen mich verschiedene Soldaten freundlich an und winkten mir zu, froh, daß ich wieder da war, froh auch, daß ich noch einmal davongekommen war. Vielleicht war ich ja wirklich ein Zauberer, aber sie hatten lieber mich zum Arzt als Xanthos. Ich winkte zurück, hielt mein Pferd aber erst an, als ich das Hospital erreicht hatte. Arbetio und Edico kamen beide herausgerannt, lachten und beglückwünschten mich. Ich fühlte, daß ich zu Hause war. Im Hospital war nicht viel los: keine Pestfälle — zumindest noch nicht. Ich sah mir ein paar Kranke an, die nach meiner Abwesenheit eingeliefert worden waren, und untersuchte einige von denen, die schon vor meinem Fortritt krank gewesen waren. Nur einer war gestorben. Arbetio und Edico hatten wie gewöhnlich hervorragende Arbeit geleistet, und ich beglückwünschte sie. Sie beglückwünschten mich, weil ich ihnen alles so gut beigebracht hätte, dann zauberte Edico eine Flasche Chianwein hervor. »Ich habe sie gekauft, um deinen Freispruch zu feiern«, erklärte er mir und lächelte.

Wir nahmen die Flasche mit in den Hospitalgarten hinaus und setzten uns neben den Brunnen, um sie dort auszutrinken. Die Sonne schien, und es war warm. Im Garten blühten Fingerkraut, Enzian und meine Mohnblumen, und die Moskitos waren nicht allzu lästig. Ich erzählte den beiden über den Verlauf der Gerichtsverhandlung und sie lachten. »Xanthos ist vor drei Tagen zurückgekommen«, erzählte Arbeto. »Er sagte, du habest den Statthalter verzaubert. Er kam ins Hospital und versuchte, etwas von unseren Heilkräutern zu stehlen. Ich habe ihm gesagt, er solle sich fortscheren oder ich würde es Valerius sagen. Er fluchte schrecklich.«

»Er wurde wegen unbegründeter Anschuldigungen verurteilt«, erzählte ich meinen Kollegen. »Wahrscheinlich braucht er unbedingt Geld. Ich habe Sebastianus gebeten, ihm seinen Posten zurückzugeben.«

»Was?« fragte Edico und starrte mich an.

Ich erklärte es ihm. Aber den beiden schien nicht wohl in ihrer Haut zu sein. »Er ist ein gefährlicher Mann, ehrenwerter Chariton«, meinte Edico. »Mir wäre es lieber, wenn er weit fort wäre. Er ist dein Feind.«

»Ich will keine Feinde haben«, erwiderte ich. »Ich bin bereit, seine Anschuldigungen zu vergessen, wenn er das Vorgefallene ebenfalls vergißt — und er ist bestimmt dazu bereit, wenn er seinen Posten wiedererhält.«

Sie machten immer noch einen etwas unglücklichen Eindruck, erhoben jedoch keinen Widerspruch mehr. Ich trank meinen Wein aus, dann stand ich auf und sagte, ich müsse mein Pferd nach Hause bringen und es versorgen.

Zu Hause waren Sueridus und Raedagunda genauso froh, mich wiederzusehen, wie Arbetio und Edico. Jemand hatte ihnen bereits erzählt, daß ich zurück sei, und sie erwarteten mich auf der Türschwelle. Sueridus nahm das Pferd mit in den Stall und begann es abzureiben.

»Ich habe schon das Wasser vorbereitet, falls du baden möchtest, mein Gebieter«, sagte Raedagunda und lächelte etwas verlegen. »Und ich habe ein paar süße Weinkuchen gebacken und einen Krug Chianwein gekauft, weil wir den Schergen des Gerichts entkommen sind.«

»Gott segne dich«, sagte ich. Ich hatte gar nicht gewußt, wie viele Leute darauf achteten, was ich gerne hatte, so daß sie Chianwein kauften und Bäder für mich zubereiteten. Ich hatte die ganze Zeit über in Tomis kein richtiges Bad genossen – nirgends hatte ich für mich allein sein können. Ich fühlte mich sehr schmutzig vom vielen Reiten. Ich war dankbar und fühlte mich wohl. Endlich war ich wieder ich selbst. In Tomis hatte ich einen Drahtseilakt zwischen Charis und Chariton aufgeführt; jetzt befand ich mich wieder auf festem Grund. Ich lächelte Raedagunda zu und ging ins Haus.

Raedagunda folgte mir, ihr Lächeln schwand. »Dieser niederträchtige Xanthos kam heute morgen her«, erzählte sie.

»Was wollte er denn?«

»Er wollte wissen, wann du zurückkommst.«

Vielleicht hatte er es sich überlegt und wollte mich darum bitten, daß ich bei Sebastianus ein gutes Wort für ihn einlegte. Zuvor mußte er allerdings seinen Stolz hinuntergeschluckt haben. Wenn es so war, dann konnte ich ihm ja einfach den Brief aushändigen und Frieden mit ihm schließen. Die Vorstellung gefiel mir, und ich lächelte.

»Schön, sag mir Bescheid, falls er wiederkommt. Ich will gerne mit ihm sprechen.« Ich legte den Brief auf den Küchentisch und ging in das Badehaus. Es bestand nur aus einem ziemlich kleinen Raum, aber dort war ich wenigstens ungestört. Raedagunda hatte bereits das Badewasser in ein Becken hinter dem Küchenofen gefüllt, wo es warm werden konnte. Das Becken war gegen die Wand zwischen Badehaus und Küche gesetzt, so daß man das heiße Wasser aus ihm in das Badehaus lassen konnte. Raedagunda füllte immer eine Amphore mit kaltem Wasser aus dem Brunnen und stellte sie ins Bad, so daß ich mir das Wasser selbst mischen konnte. Der Raum hatte zwei Türen: die Eingangstür von der Küche aus und eine Hintertür, die Raedagunda meistens dafür benutzte, das schmutzige Wasser in den Garten zu leeren; ich verschloß alle beide. Dann gab es noch einen Hocker, ein Regal für das Badeöl und die Bürste sowie ein paar leere Amphoren, die in der Ecke standen. Ich war ein bißchen verwundert, daß heute mein Handtuch über diese Amphoren gebreitet war: Raedagunda hängte es sonst an die gegenüberliegende Wand, damit es dort warm werden konnte. Aber es war ein heißer Tag. Ich ließ also ein wenig heißes

Wasser in die Badewanne. Auf der anderen Seite der Wand hörte ich Raedagunda, wie sie die Küche verließ, um Wasser aus dem Brunnen zu holen. Ich schnürte meine Reitstiefel auf, streifte sie ab, warf meinen Umhang über die zweite Amphore, löste meinen Gürtel, zog die nach Pferd riechenden Hosen aus und griff dann unter die Tunika, um das Korsett zu lösen. Ich überprüfte das Badewasser und fügte noch etwas kaltes hinzu. Dann zog ich die Tunika über den Kopf.

Ich war gerade dabei, in die Badewanne zu steigen, als ich hinter mir ein Geräusch hörte, einen Ausruf des Erstaunens. Ich wirbelte herum und sah Xanthos hinter der Amphore stehen. Er hatte das Handtuch, das ihn verborgen hatte, in seiner einen Hand. In der anderen Hand hielt er ein langes Messer.

O Gott, dachte ich. Einen Augenblick lang war ich vor Schreck völlig gelähmt. Dann machte ich einen Schritt zurück bis an den Rand der Badewanne, ergriff meine Tunika und hielt sie schützend vor mich. Ich fühlte mich sehr elend.

»Dafür ist es zu spät«, flüsterte Xanthos. Er grinste. Es war ein gemeines, unangenehmes Grinsen. »Ich habe bereits genug mitbekommen. Ich habe noch nie von einem Eunuchen gehört, bei dem sie nicht nur alles wegge-schnitten, sondern ein Loch hinterlassen haben. Es ist sehr viel interessan-ter, dich anzusehen, als ich gedacht hätte — Chariton.«

»Wie bist du hier reingekommen?« flüsterte ich. Ich mußte flüstern, denn ich hatte Angst davor, die Sklaven zu alarmieren.

»Durch die Hintertür. Deine Sklavin ließ sie offen, als sie dir das Bad bereitete. Ich wollte warten, bis du im Wasser bist und dich dann töten. Ich glaube nicht, daß ich das jetzt tun werde. Es wäre schade darum.«

»Raus mit dir«, sagte ich ein wenig lauter. Sueridus war im Stall, Raeda-gunda war zum Brunnen gegangen: Sie würden nur eine Stimme hören. »Ich habe Sebastianus bereits darum gebeten, dir deinen Posten wiederzu-geben, und er hat eingewilligt. Ich bezahle dir, was du willst, wenn du diese Sache geheimhältst. Du weißt, daß ich von den Goten Geld bekommen habe. Du kannst alles haben, wenn du nichts verrätst.«

»O ja, du wirst bezahlen«, sagte Xanthos und grinste immer noch. »Wer bist du wirklich? Eine der Geliebten des Heerführers?«

»Nein. Er weiß nichts davon. Niemand weiß es. Niemand soll es wissen.«

»Es würde das Ende deiner Laufbahn als Festungsarzt sein, oder? Man würde dich mit Schande bedeckt zu deiner Familie zurückschicken — oder zu deinem Gebieter. Bist du eine entlaufene Sklavin? Aber das spielt keine Rolle. Nimm diese Tunika da weg. Ich will dich ansehen.« Er stieß eine der Amphoren mit seinem Knie zur Seite und kam hinter ihr hervor. Dann stand er vor mir und starrte mich an. Ich stand da und preßte die Tunika an meine Brüste, unfähig, mich zu rühren. Er stieß die Tunika mit der Spitze des Messers zur Seite und besah sich meine Schenkel, dann ging er langsam höher mit seinem Messer, hob dabei auch die Tunika immer höher, bis die Messerspitze an meiner Kehle zur Ruhe kam. Ich fing an zu zittern. Ich spürte, wie mir das Blut ins Gesicht stieg. »Du bist sogar sehr hübsch«, sagte er. »Ein bißchen mager, aber die Figur ist in Ordnung. Ich hätte merken müssen, daß du zu hübsch für einen Eunuchen bist. Schöne große Augen.« Er schnaubte verächtlich. »Du wirst mir alles zahlen, was du von den Goten bekommst.« Bei diesen Worten wurde seine Stimme hart. »Du wirst mir meinen Posten zurückgeben. Und du wirst mit mir schlafen.«

»Nein.«

»Doch. Was würdest du tun, wenn ich dich jetzt gleich an Ort und Stelle nehmen würde? Schreien? Dann wissen es alle. Selbst wenn ich dich nicht töte: Sie werden dich in diesem Zustand finden, und das ganze Lager wird wissen, daß du eine Frau bist. Das wäre dein Ende, nicht wahr?« Er lachte. »Bei den Göttern, das hätte ich mir niemals träumen lassen. Die beste Möglichkeit, mit dir abzurechnen!« Er schob seine Hand zwischen meine Oberschenkel.

Vielleicht hätte ich ihm gut zureden sollen. Vielleicht hätte ich ihm sagen sollen, daß ich von vornehmer Geburt sei und er fürchterlich würde büßen müssen, falls man die Vergewaltigung entdeckte: Jemand, der einer Frau aus vornehmem Hause mit Gewalt ihre Keuschheit nahm, wurde für gewöhnlich bei lebendigem Leibe verbrannt. Vielleicht hätte ich ihm sagen sollen, daß ich die Schwester des Statthalters war und daß er sich ausmalen könne, was einem Mann passierte, der die Schwester des Statthalters vergewaltigte. Aber ich war in jenem Augenblick gar nicht mehr sicher, ob ich ihm überhaupt gut zureden oder ob ich ihn ganz einfach tot sehen wollte. Ich konnte es nicht ertragen, daß er mich anfaßte. Als Xanthos sich bewegte, tat ich es ebenfalls. Ich warf ihm meine Tunika über den Kopf, so daß das Messer sich in den Falten des Stoffes verfing; dann stellte ich ihm ein Bein und stieß ihm meine Faust ins Gesicht. Die Verzweiflung machte mich stark, und vor lauter Schadenfreude und Begierde war er unachtsam geworden: Er fiel hintenüber und krachte mit einem dumpfen Aufprall auf den Fußboden. Ich versetzte ihm einen Fußtritt in die Leisten, dann riß ich die Tunika von ihm weg und zog das Messer, das zwischen den Falten steckte, heraus. Er kam mühsam auf die Knie und stöhnte vor Schmerzen – obwohl der Tritt mit dem nackten Fuß ihn nicht wirklich hatte verletzen können. Er sah mit dem mir so vertrauten haßerfüllten Blick aus seinen Basiliskenaugen zu mir auf und fing an, sich aufzurappeln. Ich sprang auf ihn zu und schlug ihn erneut nieder. Dann stieß ich ihm das Messer in die

Seite, genau unter die Achsel, erwischte die in den Arm führende Hauptschlagader, drehte das Messer leicht in der Wunde und zog es heraus. Xanthos schrie, und sein Blut bespritzte mich; ich sprang zurück. Er fiel auf sein Gesicht, das Blut schoß heraus, Pulsschlag um Pulsschlag. Dann lief es langsamer. Ich stand da, am ganzen Körper zitternd, völlig nackt, und hielt das Messer krampfhaft in beiden Händen.

Jemand hämmerte gegen die Tür. »Herr!« kam Raedagundas Stimme, dann diejenige von Sueridus, der ebenfalls: »Herr!« schrie.

»Ja«, antwortete ich ausdruckslos. Sie hörten damit auf, gegen die Tür zu hämmern, und fragten, was passiert sei, ob ich verletzt sei? Ich mußte mich anziehen. Ich ergriff meine Tunika, aber sie war blutdurchtränkt. Das Blut war überall: Ich war von oben bis unten besudelt. Ich stieg in die Badewanne und spülte mich ein wenig ab, dann hüllte ich mich in meinen Umhang. Ich raffte ihn vor meiner Brust zusammen und öffnete die Tür. Sueridus und Raedagunda stürzten herein. Sie erblickten den Leichnam, und Raedagunda schrie.

»Er hatte sich hier drin versteckt«, sagte ich. »Er wollte mich töten. Er hatte sich hinter den Amphoren versteckt.«

In den Augen des Lagers war ich ein Held. Ich war von der Anklage des Zaubers freigesprochen worden und hatte mich großmütig für meinen Ankläger eingesetzt. Xanthos hatte mich gehaßt; Xanthos war aus Tomis zurückgekehrt und hatte lauthals Drohungen gegen mich ausgestoßen; und das Schlimmste von allem: Xanthos hatte mich nicht offen angegriffen, sondern mir feige im Hinterhalt aufgelauert. Ich hatte ihm tapfer das Messer aus den Händen gewunden und ihn getötet. Selbst Valerius war beeindruckt. Sebastianus, der die Neuigkeit ebenfalls vernommen hatte, schrieb mir einen Brief, in dem er mich beglückwünschte und mich damit neckte, den berühmten Helden Agamemnon ausgestochen zu haben, dem es im Gegensatz zu mir nicht gelungen war, seinem letzten, tödlichen Bad zu entrinnen. Xanthos hatte, darin stimmten alle überein, bekommen, was er verdiente.

Vielleicht hatte er das wirklich. Doch ich wußte, daß ich ebenfalls schuldig war. Ich war mir nicht sicher, ob ich ihn getötet hatte, um mich zu verteidigen oder um mein Geheimnis zu bewahren. Wenn ich wirklich ein Eunuch gewesen wäre, wäre es Xanthos wahrscheinlich gelungen, mich zu töten. Es wäre ein leichtes für ihn gewesen, so lange zu warten, bis ich in der Wanne saß, dann aus dem Versteck hervorzuspringen, mich zu erstechen, die Hintertür zu entriegeln und aus dem Lager zu entkommen. Rache und Flucht. Doch weil ich eine Frau war, hatte er seine Pläne geändert. Rache und Erpressung. Vergewaltigung ist ein guter Ersatz für

Mord, weniger endgültig, doch für das Opfer sehr viel demütigender, und die Gier hatte ihn gelockt. Aber ich hätte ihm die Vergewaltigung vielleicht ausreden können. Und wenn ich mich geweigert hätte, mich erpressen zu lassen, wenn ich um Hilfe gerufen hätte, wäre das Ganze glimpflicher verlaufen und hätte nicht in einem Blutbad enden müssen.

Die Erinnerung an den Zwischenfall blieb mir verhaßt. Ich benutzte das Badehaus nie wieder und verbrannte die blutgetränkte Tunika. Valerius hatte Xanthos' Körper verbrennen und die Asche in die Donau streuen lassen, damit alles, was mit ihm zusammenhing, weit fortgeschwemmt würde — aber ich glaubte, er würde mich immer und ewig verfolgen.

8

Einen Monat, nachdem ich Xanthos getötet hatte, beschloß ich, einen weiteren Sklaven zu kaufen.

Inzwischen hatte meine Arbeitsüberlastung etwas nachgelassen. Die Goten waren schon seit langem flußaufwärts gezogen, um die Donau an der Grenze nach Mösien zu überqueren, und unter unseren eigenen Truppen gab es immer noch keine Pestfälle. Ich hatte wenig zu tun und konnte über meinen eigenen Haushalt nachdenken. Raedagunda war jetzt hochschwanger, das Baby sollte in wenigen Monaten kommen, und sie konnte viele der Arbeiten, die sie normalerweise verrichtete, wie Wasserholen und Wäschewaschen, nicht mehr erledigen. Ich beschloß, ein Mädchen zu kaufen, das ihr zur Hand gehen konnte — vielleicht ein etwa zwölfjähriges Mädchen, das Botengänge erledigen und nach der Geburt des Babys eine Hilfe für die Mutter sein konnte. Ich würde natürlich ein größeres Haus benötigen, sobald das Kind ein paar Monate alt war, aber ich war im Grunde genommen nur froh, das gegenwärtige loszuwerden. Ich konnte es nicht über mich bringen, das Badehaus zu betreten, und hielt es verschlossen wie eine Gruft.

Es kamen eine Menge Händler mit Schiffsladungen voller Sklaven den Fluß herunter. Ich vermutete, daß einige Goten in Mösien ihre Kinder verkauften, um etwas Geld für ihre Ansiedlung in die Hand zu bekommen. Ich finde es immer sehr traurig, wenn Eltern ein Kind verkaufen müssen, aber so etwas gibt es nun einmal und hat es immer gegeben, so wie es Krieg und Krankheiten gibt, und deshalb machte ich mir keine übermäßigen Gedanken. Eines strahlenden Morgens Anfang August machte ich mich von der hochgelegenen Festung auf den Weg zur Handelsstation bei den Hafenanlagen und sah mich dort ein wenig um. Ich entdeckte ein ziemlich großes Sklavenschiff, das am Ufer festgemacht hatte. Einen Augenblick später tauchte der Sklavenhändler auf, ein großer, blonder Mann mit einem roten Gesicht. Er lächelte auf eine Art, von der er wohl meinte, sie sei gewinnend. Doch seine Blicke glitten rasch und abschätzend über meine Gestalt und überschlugen, wieviel ich wohl wert sein mochte. Eunuchen sind äußerst wertvolle Sklaven. Doch ich gehörte immer noch der Armee an, und der Sklavenhändler würde kaum soweit gehen, mich von den Hafenanlagen Novidunums weg zu entführen. »Der vortreffliche Herr wünscht, einen Sklaven zu kaufen?« fragte er.

Ich nickte. »Ein Mädchen, wenn möglich etwa zwölf Jahre alt. Folgsam und kinderlieb.«

»Natürlich, natürlich! Davon habe ich eine Menge, obwohl ich sie eigentlich alle mit nach Histria hinunternehmen wollte. Dort verdiene ich mehr: Das wirst du dabei berücksichtigen müssen. Würde sich Euer Ehren die Mühe machen, an Bord zu kommen?«

Ich betrat das Schiff, und der Sklavenhändler führte mich unter das Schutzdach aus Stroh. Dort wimmelte es von Kindern, viel zu viele für die Größe des Schiffes. Sie waren zwischen vier und fünfzehn und saßen auf dem Boden, die älteren zu Dreiergruppen zusammengebunden, die kleinen ohne Fesseln. Es stank fürchterlich. Die Kinder hatten keine Umhänge, und viele der Knaben trugen nicht einmal eine Tunika, sondern lediglich ihre zerlumpten gotischen Hosen: Man konnte ihre Rippen einzeln zählen. Sie sahen ungesund aus, so als hätten sie lange Zeit Hunger gelitten und ein entbehrungsreiches Leben geführt. Ich erinnerte mich an die Lager am anderen Flußufer. Aber die Kinder dort hatten doch einen eindeutig gesünderen Eindruck gemacht als diese hier. Dabei kamen diese Kinder aus Mösien, wo die Zustände eigentlich besser sein sollten. Als der Sklavenhändler mit mir zusammen den überfüllten Raum betrat, blickten uns die Kinder hoffnungsvoll an; ein oder zwei lächelten ängstlich. Es war sehr heiß unter dem Schutzdach. Fliegen summten, das Schiff schaukelte leicht auf dem Fluß, aber die Kinder machten einen schrecklich abgestumpften Eindruck. Ein kleines Kind spielte mit einer Strohpuppe, und ein älteres Mädchen wiegte einen vierjährigen Jungen auf seinem Schoß, doch die übrigen saßen regungslos da, warteten und hofften vielleicht darauf, der Alptraum möge ein Ende haben, und ihre Eltern kämen, um sie nach Hause zu holen.

»Hier habe ich jemanden, der dir vielleicht gefällt«, sagte der Sklavenhändler und deutete auf das Mädchen mit dem vierjährigen Knaben. Sie war ein mageres, blasses, verwahrlostes Kind mit schmutzigen, weißblonden Haaren und ängstlich blickenden Augen. »Wie du sehen kannst, ist sie kinderlieb, äußerst hilfsbereit und folgsam. Sie ist dreizehn und kostet dich sechs *Solidi*.« Und auf gotisch sagte er zu dem Mädchen: »Los, Göre, setz dich gerade hin! Der Herr möchte dich kaufen!« Ich hatte inzwischen genug von der Sprache gelernt, um eine ganze Menge zu verstehen, auch wenn ich nur wenig selber sprach. Das Mädchen richtete sich auf und warf mir einen erschrockenen Blick zu. Der kleine Junge sah sie verängstigt an und begann zu weinen.

»Ist das dein Bruder?« fragte ich sie. Sie starrte mich ausdruckslos an, und ich wiederholte meine Frage auf gotisch. Ihre Augen weiteten sich und sie schüttelte den Kopf. Doch sie umklammerte den Jungen, und er hing wie eine Klette an ihr und schluchzte erbärmlich.

»Er fühlt sich nur zu ihr hingezogen«, meinte der Sklavenhändler. »Du brauchst keine Angst zu haben, eine Familie auseinanderzureißen.«

»Ich gebe dir fünf *Solidi* für alle beide«, sagte ich. Ich hatte nicht den geringsten Bedarf für einen vierjährigen Jungen, und ich hatte auch keinen Platz für ihn, doch ich entschloß mich ganz impulsiv, alle beide zu kaufen. Sie hatten ihre Familien verloren und sich in ihrer Versklavung aneinandergeklammert, deshalb wollte ich sie nicht trennen.

»Acht«, erwiderte der Sklavenhändler. »Er ist ein gesunder Knabe und außerdem sehr hübsch – sieh dir diese blonden Locken an! Er wird zu einem schönen, starken Mann heranwachsen; du wirst ihm alles beibringen können, was du willst.« Er packte das Kind und hielt es hoch, so daß ich sehen konnte, wie gesund es war. Der kleine Junge schrie erschrocken und stieß mit seinen dünnen Beinchen verzweifelt in der Luft herum. Der Sklavenhalter gab ihm dem Mädchen zurück, wo er sich erneut wie eine Klette festklammerte.

»Ich habe bereits einen männlichen Sklaven«, sagte ich, fest entschlossen, diesem Aasgeier keine einzige Kupferdrachme mehr als unbedingt nötig zu zahlen. »Ich kaufe ihn aus reiner Nächstenliebe. Keiner von beiden spricht auch nur ein Wort griechisch, außerdem haben sie, glaube ich, alle beide Würmer. Fünf.«

Wir handelten noch ein wenig, dann ließ mir der Sklavenhändler tatsächlich beide für fünf *Solidi*. Wir bekräftigten den Handel mit einem Händedruck. Der Sklavenhändler ließ dem Mädchen die Fesseln abnehmen, und seine Wächter zerrten die beiden Kinder vom Schiff und setzten sie auf dem Pier ab. Ich zahlte das Geld, fünf kleine goldene Münzen, mit dem Gesicht unseres Erhabenen Gebieters, des Augustus Valens, auf der Vorderseite. Das Mädchen stand da und sah mich an und umklammerte noch immer den kleinen Jungen mit vor Angst und Verwirrung weit aufgerissenen Augen. Der Sklavenhändler fragte mich, ob mir jemand helfen sollte, die beiden nach Hause zu bringen, doch ich entgegnete ihm, ich würde das schon allein schaffen.

»Ich habe euch von diesem Mann gekauft«, erklärte ich meinen neuen Sklaven in meinem unbeholfenen Gotisch. »Ich habe eine Sklavin, sie hat bald Baby, sie braucht . . . braucht . . . Hilfe. Ihr kommt mit mir nach Hause.«

»Hast du Alaric auch gekauft?« fragte das Mädchen ängstlich.

»Ja. Wenn du willst, ist er dein Bruder. Jetzt komm.« Ich deutete den Hügel hinauf. Das Mädchen blickte unglücklich nach oben, sah sich nach dem Sklavenschiff um, dann machte es sich auf den Weg hügelaufwärts. Nach den ersten paar Schritten setzte es den Jungen ab. Er nahm die Hand des Mädchens und ging neben ihm her.

Als wir zu Hause ankamen, fanden wir Sueridus und Raedagunda in der Küche vor. »Dies ist mein Haus«, erklärte ich dem Mädchen in meinem schlechten Gotisch. »Dies ist Sueridus, das ist Raedagunda. Du bist . . .?«

»Gudrun.« Sie sah sich in der Küche um, dann wanderte ihr Blick von Raedagunda zu mir. »Bitte, bist du ein Mann oder eine Frau?«

Sueridus lachte.

»Sie ist eine Frau, die als Mann verkleidet ist«, sagte der kleine Alaric zutraulich – die ersten Worte, die ich ihn sagen hörte.

Sueridus und Raedagunda lachten über die Einfalt des Kindes. Raedagunda sprang auf und trat zu dem kleinen Jungen; sie hockte sich vor ihn hin. »Er ist keine Frau, er ist ein kluger Heiler und ein mächtiger Zauberer! Du hast großes Glück, daß er dich gekauft hat. Möchtest du ein Stück Sesamkuchen?«

Ich half Raedagunda, die beiden zu waschen, während Sueridus ein paar saubere Kleider für sie besorgte. Schon bald saßen die Kinder am Tisch, sahen manierlich aus und verzehrten sauber gewaschen und zufrieden ihren Sesamkuchen.

»In das Lager des edlen Frithigern kam auch einmal ein Heiler«, meldete sich Gudrun zu Wort. »War das auch ein Zauberer?«

»Das war vielleicht ich«, sagte ich zu Gudrun. Dann fragte ich sie: »Warum haben eure Eltern euch verkauft?« Ich war sehr neugierig auf ihre Geschichte. Es stimmte zwar, daß Händler schon seit jeher gotische Sklaven verkauft hatten. Aber ein Schiff wie dieses, bis zum Schanzdeck mit Kindern vollgestopft, die sehr billig verkauft wurden, für kaum mehr, als man für ihre Kleidung aufbringen muß – das ist unnormal. Und es war nicht das einzige Schiff auf der Donau. Ich hatte den Eindruck, mehr als sonst gesehen zu haben: Sie waren nach Histria und den Häfen am Schwarzen Meer unterwegs, aber ich hatte bis jetzt noch nicht viel darüber nachgedacht.

»Wir brauchten etwas zu essen, Herr«, antwortete das Mädchen und schluckte ihren Kuchen hinunter. »Wir hatten nichts. Meine Mutter sagte, die Römer würden mich wenigstens nicht verhungern lassen. Die Römer gaben ihnen einen Hund für mich, so daß Mutter den Hund essen konnte.«

»Barmherziger Christ«, sagte ich und warf dem Mädchen einen prüfenden

Blick zu, um mich zu vergewissern, ob es scherzte oder nicht. Ein menschliches Wesen im Austausch gegen einen Hund?

Raedagunda starrte das Mädchen ebenfalls mit großen Augen an. »Meine Eltern haben mich für einen jungen Ochsen und eine Goldmünze verkauft«, erzählte sie.

»Das war, bevor die Leute den Fluß überquerten«, meinte Gudrun zutraulich.

»Fang noch einmal von vorne an«, forderte ich sie auf. »Du bist aus dem Norden, nicht wahr? Ihr seid vor den Hunnen geflohen?«

Sie nickte. »Die Hunnen kamen und brannten unser Haus nieder«, erzählte sie leise, dann sah sie mich mit einem eigenartigen Blick an. Nach einer kurzen Pause fuhr sie fort. »Sie brachten meinen Vater um. Bevor die Hunnen kamen, versteckte sich meine Mutter mit mir und meinem kleinen Bruder im Wald. Die Hunnen suchten uns eine Weile, doch dann ritten sie weiter. Wir gingen in Richtung Süden. Wir hatten gehört, der edle Frithigern habe mit dem römischen König vereinbart, daß wir den Fluß überqueren dürften und uns dort Land suchen könnten, wo keine Hunnen sind. Wir gingen lange Zeit nach Süden. Mutter verkaufte ihre Armreifen und besorgte uns etwas zu essen, und ich pflückte Beeren. Dann kamen wir an den Fluß, und es wurde besser. Mutter fand einen anderen Vater für uns − seine Frau war von den Hunnen verschleppt worden. Der edle Frithigern gab uns etwas Weizen, um Brot daraus zu backen. Ich pflückte Eicheln und Schilfrohr und Mädesüß. Und ich versuchte, Fische zu fangen; mein Bruder und ich fingen einen Haufen Frösche − wir hatten jede Menge zu essen. Dann verkündete der edle Frithigern, wir könnten den Fluß überqueren. Er ließ Wagen bringen, auf denen die kleinen Kinder, die Kranken und all unsere Habe verstaut wurde. Zusammen mit vielen anderen Leuten marschierten wir viele Tage am Ufer entlang, bis wir zu dem Platz kamen, wo die Schiffe lagen. Wir waren sehr glücklich, als wir da waren. Wir bestiegen ein kleines Boot und gelangten damit über den Fluß ins römische Land. Aber als wir dort waren, gab es nichts zu essen. Mein neuer Vater wollte sich auf die Suche nach etwas Eßbarem machen, aber die Römer hinderten ihn daran. Sie hatten sehr viele Soldaten dort versammelt und erlaubten niemandem, weiterzuziehen; sie sagten, wir müßten darauf warten, daß uns Land zugeteilt würde. Wir warteten, aber wir hatten nichts zu essen. Ich konnte nicht einmal Frösche oder Beeren finden; die Leute, die den Fluß vor uns überquert hatten, hatten schon alles aufgegessen. Die Römer hatten haufenweise Lebensmittel, aber sie wollten Geld dafür, eine Menge Geld. Mutter verkaufte ihren Umhang und ihre Ohrringe. Mein neuer Vater hatte ein Panzerhemd, das er verkaufte − sein Schwert hatten ihm die Römer fortgenommen, als wir über den Fluß setzten. Ein wenig später wollte ich wieder zurück, auf das andere Flußufer. Aber auch das ließen die Römer nicht zu. Mutter verkaufte meine Halskette und meinen Umhang und alle unsere Schuhe. Dann sagte sie, wir würden allesamt Hungers sterben, falls sie uns nicht an die Römer verkaufen könnte. Die würden uns bestimmt etwas zu essen geben. Deshalb verkaufte sie zuerst mich, aber alles, was die Römer für mich gaben, war ein Hund. Als sie protestierte, lachten sie sie aus. Sie übergaben mich dem Mann, von dem du mich gekauft hast, Herr, und der legte mich in Ketten und brachte mich auf das Schiff. Ich sagte ihm, er brauche mich nicht anzuketten. Aber er tat es trotzdem. Als ich versuchte, mich loszumachen, schlug er mich. Alaric befand sich bereits auf dem Schiff, als ich dort ankam. Er lag auf dem Boden und weinte. Ich hatte ihn schon vorher im Lager gesehen und versuchte, ihn zu trösten. Er ähnelte meinem kleinen Bruder. Danke, daß du uns beide gekauft hast.«

Ich sagte nichts. Ich empfand meine fünf *Solidi* plötzlich als Blutgeld, das mich schuldhaft an die Menschen kettete, die Hunde im Austausch für menschliche Lebewesen geboten hatten. Menschen in allergrößter Not haben ihre Kinder schon seit eh und je verkauft, doch meistens wird diese Not von gewissenlosen Leuten künstlich erzeugt, nur damit sie billig zu Sklaven kommen. Das Land hätte bereits aufgeteilt werden müssen, bevor die Goten überhaupt die Donau überquerten. Ich war sicher, daß Athanaric bestimmte Landstriche Thraziens erwähnt hatte, die für die Ansiedlung der Terwingen vorgesehen waren. Ich versuchte, mir die Lager am Donauufer in Mösien vorzustellen: Sie waren vermutlich schlimmer als diejenigen, die ich im Frühjahr gesehen hatte. Menschen, die in einigen wenigen Wagen und behelfsmäßigen Unterkünften aus Zweigen und Blattwerk mit ein paar Fellen darüber zusammengepfercht waren. Menschen, die sich von Wurzeln und Eicheln ernährten und von dem wenigen, was sie sich sonst noch zu erpresserischen Bedingungen von den wohlversorgten römischen Soldaten kaufen konnten. Menschen, die zuhauf und ohne daß man etwas dagegen tun konnte, an Krankheiten starben − an Ruhr, Typhus, Wassersucht. Menschen ohne richtiges Trinkwasser, ohne genügend Platz; Kinder, die vor Hunger schrien; die Toten wurden zwischen den Lebenden begraben oder auch in den Fluß geworfen. Und die Römer nahmen ihnen ihren Schmuck, ihre Kettenhemden und ihre Kleidung weg − und ihre Kinder.

»Wer waren die Römer, die so etwas taten?« fragte ich schließlich. »Hast du irgendwelche Namen gehört?«

Gudrun nickte und sah mich mit großen Augen an. »Die Befehlshaber der Soldaten hießen Lupicinus und Maximus. Und dann gab es noch einen Führer mit Namen Festinus. Er hatte keine Soldaten, sollte aber eigentlich etwas zu essen schicken − das sagte jedenfalls mein neuer Vater.«

Festinus! Ja, Thorion hatte erzählt, daß er der neue Statthalter von Mösien war. Er wäre zu solchen Dingen fähig. Und ich erinnerte mich daran, was Sebastianus von der Habgier seines ihm vorgesetzten Heerführers erzählt hatte. Von Maximus, dem Heerführer Mösiens, wußte ich nichts, aber er mußte von ähnlichem Schlag sein, sonst wäre Lupicinus nicht in der Lage gewesen, den Menschen solches Leid zuzufügen.

Ich war entsetzt über den Bericht des Mädchens. Ja, mehr noch, er verursachte mir sogar Angst. Ich glaubte nicht, daß sich Frithigern diese Behandlung noch lange gefallen lassen würde. Wahrscheinlich schmiedete er bereits Pläne, um sein Volk zum Widerstand aufzurufen. Als sie den Fluß überquerten, hatten sie ihre Waffen abliefern müssen, aber vermutlich hatten sich nicht alle daran gehalten. Sie würden zwar schwächer sein, als die ihnen gegenüberstehenden römischen Truppen, doch sie waren nach wie vor gefährlich. Oder waren sie vielleicht sogar stärker? Wie viele von ihnen hatten die Donau überquert? Ich wußte von Athanaric, daß es Tausende von Terwingen gab.

Jemand mußte dem ein Ende bereiten. Die Behörden in Mösien handelten offensichtlich in heimlichem Einverständnis miteinander, aber Sebastianus und Thorion müßten in der Lage sein, etwas dagegen zu unternehmen. Und Athanaric? Keinen Augenblick lang glaubte ich, er könne an diesem korrupten Plan beteiligt sein, aber zumindest würde er bereits davon wissen. Ich hatte ihn seit der Gerichtsverhandlung nicht mehr gesehen. Wahrscheinlich hatte er herausgefunden, wie den Goten von den römischen Befehlshabern mitgespielt wurde, und war schnurstracks an den Hof in Antiochia geritten, um dort Bericht zu erstatten. Vielleicht waren bereits Befehle vom Hof unterwegs, um den schändlichen Praktiken von Festinus und Lupicinus ein Ende zu bereiten.

Aber Korruption ist Bestandteil des römischen Lebens, und es konnte schwierig sein, jemanden am Hof dazu zu bewegen, Notiz von ihr zu nehmen. Und ich wußte ja, daß Festinus mächtige Freunde besaß. Es würde schwer sein, diese Machenschaften zu beenden. Im Grunde genommen konnte ich genausogut wie jeder andere etwas dagegen unternehmen. Ich war ein Freund des Heerführers und die Schwester des Statthalters von Skythien. Ich würde mit allen beiden sprechen müssen.

»Gudrun«, begann ich, dann hielt ich – durch die Unkenntnis ihrer Sprache in meinem Schwung gehemmt – inne. »Du bleibst jetzt hier«, fuhr ich fort. »Ich gebe dich später deinen Eltern zurück, wenn – Raedagunda, sag ihr, daß ich nicht von diesem Handel Menschen gegen Hunde profitieren will und daß ich sie und Alaric ihren Eltern zurückgeben werde, sobald die Terwingen sich auf ihrem eigenen Grund und Boden angesiedelt haben werden. Und sag ihr, daß nicht alle Römer so sind wie Lupicinus und

Festinus und daß ich ihre Geschichte dem Heerführer und auch dem Statthalter erzählen werde, um sie zu bitten, ihrem Volk Nahrungsmittel zu schicken.«

Raedagunda starrte mich einen Augenblick lang an, dann schenkte sie mir ein strahlendes Lächeln und übersetzte. Gudrun starrte mich ebenfalls an, dann leuchtete Hoffnung in ihrem Gesicht auf. Sie fiel auf die Knie und küßte mir die Hände. »Du willst mich nach Hause lassen?« fragte sie mich. »Du willst Nahrungsmittel den Fluß hinaufschicken?« Alaric sah zu ihr, dann rannte er zu mir und umklammerte meine Knie, genau wie er es bei ihr gesehen hatte.

»Alles, was ich tun kann, werde ich tun«, versprach ich ihnen. Ich hoffte nur, daß ich auch wirklich etwas erreichen konnte.

9

Sebastianus war immer noch in Tomis und kümmerte sich um die Wintervorräte, und Thorion war sowieso dort. Ich entschloß mich also, in die Stadt zu reiten und mit beiden persönlich zu sprechen. Ich sagte Valerius, daß ich mir auf unbestimmte Zeit freinähme, jedoch hoffte, innerhalb einer Woche zurück zu sein. Dann regelte ich die Arbeit im Hospital und beauftragte Arbetio und Edico, sich um alles zu kümmern. Sie waren sehr froh, als ich ihnen von meinem Vorhaben erzählte. Dann bestieg ich mein Pferd und ritt davon. Ich hatte eine Ersatztunika und meine Arzttasche bei mir, und ich nahm zwanzig *Solidi* und ein wenig von meinem gotischen Schmuck mit, falls ich jemanden bestechen müßte. Ich ließ Raedagunda genügend Kupfergeld zum Einkaufen da. Für den Notfall konnte sie auch alles auf Kredit kaufen.

Zwei Tage später, am späten Nachmittag, erreichte ich Tomis und begab mich auf direktem Wege zur Präfektur. Die Sklaven ließen mich im Vorzimmer warten, doch nach ein paar Minuten flog die Tür auf, und Thorion stürmte in den Raum. Sein Umhang mit dem Purpurstreifen war völlig verrutscht, und seine Haare standen ihm wie ein Reisigbesen zu Berge. »Charition!« rief er und umarmte mich. »Gott sei Dank, daß du gekommen bist! Wie hast du das nur so schnell geschafft? Ich habe doch erst heute morgen nach dir geschickt!«

Ich starrte ihn begriffsstutzig an, aber er lachte nur, zerrte mich aus dem Raum und schob mich in ein Zimmer, in dem Melissa in den Wehen lag. Natürlich hätte ich, wenn ich erst auf seine Botschaft hin gekommen wäre, noch gar nicht da sein können, selbst wenn ich die kaiserliche Post benutzt hätte. Melissa brachte etwa zwei Stunden nach meiner Ankunft einen gesunden Sohn zur Welt. Ihr stand bereits eine sehr tüchtige Hebamme zur Seite, und die Geburt verlief völlig ohne Komplikationen. Ich brauchte nichts anderes zu tun, als einige Reinigungslösungen zu mischen und ihr hinterher eine beruhigende Arznei einzuflößen. Dennoch war ich sehr froh, bei der Geburt meines Neffen helfen zu können. Er war ein süßes Baby mit dunklen Locken; sobald er das Licht dieser Welt erblickt hatte, schrie es hingebungsvoll, und schon eine Stunde später saugte es genüßlich an der Mutterbrust.

Als Melissa nach der Geburt fürs erste versorgt war und bequem gebettet ein wenig ausruhte, lief Maia los, um Thorion zu holen. Er hatte in seinem Zimmer gewartet und kam eilig angerannt. Als er sah, wie Melissa das Baby wiegte, strahlte er über das ganze Gesicht; er zitterte beinahe vor Freude, als er den winzigen Kopf seines Sohnes streichelte. Er küßte Melissa, küßte Maia, küßte die Hebamme, küßte mich, küßte erneut Melissa und küßte das Baby. Man hätte denken können, daß noch nie zuvor jemand einen Sohn bekommen hatte. Als die Hebamme ihn schließlich dazu überredete, das Zimmer zu verlassen und seiner Konkubine ein wenig Ruhe zu gönnen, zog er Maia und mich mit sich fort, um wieder und wieder unsere Meinung über die Gesundheit, Kraft und offensichtliche Intelligenz seines Sohnes einzuholen.

»Wie hast du es nur geschafft, so schnell herzukommen?« fragte er mich noch einmal. »Eigentlich«, erzählte ich ihm, »bin ich gekommen, um etwas ganz anderes mit dir zu besprechen, aber laß es uns bis morgen aufschieben. Am Geburtstag deines Sohnes wollen wir nur über angenehme Dinge sprechen!«

Thorion strahlte erneut. »Laß uns auf seine Gesundheit anstoßen!«

Thorion stieß so ausgiebig auf die Gesundheit seines Sohnes an, daß er am nächsten Morgen lange im Bett bleiben mußte und über seinen Kopf und seinen Magen stöhnte. Ich verabreichte ihm etwas heißen, stark verdünnten Honigwein mit Kardamom, untersuchte Melissa und das Baby (denen es beiden gut ging) und machte mich auf die Suche nach Sebastianus.

Der Heerführer verhandelte gerade mit einigen Kaufleuten, aber er ließ mich sofort in sein Büro. Rasch beendete er das Gespräch, dann wandte er sich mir freundlich zu:

»Was führt dich her? Hat die Konkubine deines Freundes ihr heldenhaftes Kind etwa schon zur Welt gebracht?«

»Ach, du hast davon gehört?«

»Ich habe in der vorigen Woche mit dem höchst ehrenwerten Theodoros zu Abend gegessen. Er sprach kaum von etwas anderem. Beinahe ließ er den Wunsch in mir aufkommen, Daphne möge schwanger sein, als ich sah, wie sehr ihn die Vorstellung, Vater zu werden, freute. Soll ich ihm ein Taufgeschenk schicken?«

»Es wäre sicherlich hochwillkommen. Das Kind ist ein Junge; er wurde vergangene Nacht geboren, und sein Vater scheint der festen Überzeugung zu sein, daß Achilles bei weitem nicht so kühn und Adonis bei weitem nicht so schön war. Aber eigentlich bin ich hergekommen, um mit dir etwas anderes zu besprechen, vortrefflicher Sebastianus.«

Sebastianus lachte lauthals. »Leg nur los.«

Ich berichtete ihm von Gudrun und ihrem Schicksal, und das Lächeln schwand aus seinem Gesicht. Als ich geendet hatte, saß er eine ganze Weile lang schweigend da und spielte mit seinem Griffel. »Und was sollte ich deiner Meinung nach wegen dieser Geschichte unternehmen?« fragte er schließlich.

»Gebiete ihr Einhalt.«

»Lupicinus Einhalt gebieten? Meinem vorgesetzten Heerführer? In Mösien habe ich keinerlei Befehlsgewalt.«

»Dann erstatte dem obersten Heerführer Bericht. Oder deinem Vater: Er ist doch so einflußreich.«

Sebastianus legte den Griffel aus der Hand und stand abrupt auf. »Ich habe schon etwas von diesen Vorkommnissen gehört«, sagte er. Er trat an das Fenster und sah auf den Hof hinaus. »Athanaric kam vor knapp einem Monat hier durch und hat eine ganze Stunde lang deswegen auf mich eingeredet. Ich habe bereits an Lupicinus und an meinen Vater geschrieben und den Brief mit einem schnellen Kurier westwärts geschickt. Athanaric ist unterdessen nach Antiochia galoppiert, um die Angelegenheit mit dem obersten Palastbeamten zu erörtern. Vielleicht hat er inzwischen ja jemanden davon überzeugt, dieser Geschichte Einhalt zu gebieten.« Sebastianus klang jedoch nicht sehr zuversichtlich.

»Kannst du sonst nichts tun, vortrefflicher Sebastianus?« fragte ich ihn.

»Nein.« Sebastianus wandte sich vom Fenster ab. »Mein Vater hat bereits geantwortet. Er möchte sich nicht in den Befehlsbereich von Lupicinus einmischen, und er ist der Meinung, ich sollte es auch nicht. Er sagt, diese Geschichte sei keine militärische Angelegenheit und betreffe allein den Statthalter.«

»Ist sie nicht vielleicht doch eine militärische Angelegenheit? Glaubst du, daß Frithigern sich diese Behandlung noch lange gefallen lassen wird?«

Sebastianus verzog das Gesicht. »Mein Vater meint, falls die Goten Ärger machen, können wir immer noch gegen sie antreten und sie schlagen. Die Römer sind noch nie von den Barbaren besiegt worden.«

»Dann sollen die Terwingen also durch römische Waffen vernichtet werden! Im Verlauf der Kämpfe werden zweifellos Tausende von ihnen und

Hunderte von unseren Leuten fallen. Und das alles nur, um die Habgier von ein paar korrupten Männern zu befriedigen? Glaubst du, daß es richtig ist, die Goten dazu zu zwingen, ihre Kinder gegen Hunde einzutauschen?«

»Natürlich nicht!« fuhr Sebastianus mich an. »Aber mir sind die Hände gebunden. Warum gehst du nicht und sagst deinem Freund Theodoros, er solle etwas unternehmen?«

»Deswegen bin ich ja nach Tomis gekommen. Aber kannst du nicht ebenfalls etwas tun? Vielleicht dem Kaiser über Lupicinus berichten?«

Sebastianus gab einen tiefen Seufzer von sich. »Chariton, ich achte dich mehr als die meisten Menschen, und ich bin mir sicher, daß du von der lautersten hippokratischen Menschenfreundlichkeit geleitet wirst, aber ich kann mich nicht in den Befehlsbereich eines anderen Heerführers einmischen. Und ich kann meinen Vorgesetzten nicht beim Kaiser anschwärzen. Das ist gegen die Ehre der römischen Waffen.«

»Oh, diese verdammte Ehre der römischen Waffen! Kannst du nicht wenigstens mit Lupicinus selbst sprechen? Mach ihm klar, daß der Kaiser alles andere als erfreut sein wird, falls Frithigern und sein Volk rebellieren und abgeschlachtet werden müssen. Die Ansiedlung der Goten in Thrazien hat den Hofbeamten doch durchaus gefallen. Sie werden nicht gerade entzückt darüber sein, wenn sie schiefläuft.«

»Lupicinus verdient genug bei diesem Handel, um halb Italien kaufen zu können. Glaubst du wirklich, er würde auf mich hören?«

»Er achtet dich, nicht wahr?« fragte ich und beharrte auf meinem Standpunkt. »Vielleicht würde er auf dich hören, wenn du ihm klar machst, daß er aufpassen und sich den Rücken freihalten muß?«

»Vielleicht.« Sebastianus seufzte erneut und sah mich nachdenklich an. »Vielleicht. Also schön, ich werde ihn in Marcianopolis aufsuchen. Ich möchte keinen Ärger mit den Goten auf dieser Seite des Flusses. Du kannst mitkommen.«

»Ich?«

»Der Heerführer Mösiens möchte deine Bekanntschaft machen. Oder besser gesagt, er möchte, daß seine Ärzte deine Bekanntschaft machen. Maximus mag habgierig und gewissenlos sein, aber er macht sich Sorgen, diese verdammten Goten könnten die Pest bekommen und seine Soldaten damit anstecken. Ihm ist aufgefallen, daß wir hier dank deiner Maßnahmen keinerlei Ärger haben, und er möchte, daß du seinen Ärzten verrätst, wie du das gemacht hast. Also: Du kannst mitkommen und diese Geschichte selbst mit ihm erörtern. Warte mal . . . Übermorgen können wir los«, Sebastianus wandte sich plötzlich wieder seinen Papieren auf dem Schreibpult zu, prüfte Bestellungen für Verpflegung, Bestellungen für Pferde und Berechtigungsscheine für die Benutzung der Post.

»Ich habe Valerius gesagt, daß ich für etwa eine Woche fort sein werde«, sagte ich und dachte an all die Arbeit, die in Novidunum auf mich wartete. Ich dachte auch an Raedagundas Baby, an Melissa.

»Nun, du kannst ihm schreiben und ihm mitteilen, daß es jetzt eben länger dauern wird.« Er sah von seinen Papieren auf und grinste. »Du hast damit angefangen, nicht ich. Warum gehst du nicht zu deinem Freund Theodoros und bearbeitest ihn ebenfalls?«

»Wenn das so weitergeht, dann befinde ich mich bald selbst auf dem Weg nach Antiochia«, antwortete ich und wünschte, ich hätte eine zweite Tunika und einen zweiten Umhang mitgenommen. »Aber zu Theodoros werde ich bestimmt gehen. Ich danke dir.«

Sebastianus lachte. »Ich danke *dir*. Ich bin genauso froh, in dieser Sache endlich etwas zu unternehmen. Athanaric ist wütend davongeritten, weil ich nicht mehr tun wollte. Ich muß ihn unbedingt besänftigen.«

Ich ging wieder in die Präfektur zurück. Thorion war inzwischen aufgestanden, saß in seinem Büro und widmete sich seinen täglichen Pflichten. Eine ganze Schar örtlicher Richter und Vorsteher irgendwelcher Dekurien wartete mit Bittschriften (und Bestechungsgeldern) auf ihn. Er strahlte, als er mich erblickte.

»Hast du Melissa gesehen?« fragte er als erstes. »Wie geht es ihr? Ich habe sie gleich nach dem Aufstehen aufgesucht; ich hatte den Eindruck, sie sieht großartig aus. Das war ein verdammt gutes Mittel gegen den Kater, das du mir gegeben hast.«

Ich erwiderte, Melissa ginge es gut, doch sie müsse sich unbedingt ausruhen, sich häufig waschen und eine Menge Flüssigkeit zu sich nehmen – verdünnten Wein und vielleicht etwas Milch. Die ersten ein bis zwei Wochen nach einer Kindsgeburt seien eine kritische Zeit. Thorion nickte und machte den Eindruck, als wisse er genauestens Bescheid.

»Maia hilft Melissa mit dem Baby, so daß sie nicht aufzustehen braucht«, erzählte er mir. »Aber ich bin froh, daß du ebenfalls hier bist. Wie lange kannst du bleiben?«

»Ich mache mich übermorgen nach Marcianopolis auf den Weg.«

»Was? Du hast doch gesagt, die nächsten ein bis zwei Wochen würden kritisch . . .«

»Du hast eine sehr tüchtige Hebamme hier in Tomis, es gibt keinen Grund, irgendwelche bestimmten Gefahren für Melissa zu vermuten. Außerdem werde ich ein paar Vorkehrungen treffen, um mit Problemen fertig zu werden, die normalerweise auftreten. Ich muß unbedingt nach Marcianopolis, Thorion. Sebastianus möchte, daß ich mit einigen Ärzten in Mösien Möglichkeiten erörtere, die Ausbreitung der Pest zu verhindern.«

»Ach, zur Hölle mit Sebastianus! Er scheint zu denken, du gehörst ihm!«

»Nun, er ist mein Vorgesetzter. Ich komme gerade von ihm. Er läßt dir Glückwünsche zur Geburt deines Sohnes ausrichten.«

Thorion war verstimmt. »Eine Frau sollte keinen Heerführer als Vorgesetzten haben. Weshalb warst du bei ihm? Wegen der Pest?«

»Nein. Wegen der Goten.«

»Dann war dieser Bursche Athanaric also auch bei dir? Er kam vor einem Monat hier vorbei und wollte, daß ich die Hälfte unserer hiesigen Getreidevorräte flußaufwärts zu den Barbaren nach Mösien schicke. Ich habe ihm gesagt, daß der Statthalter von Mösien für die Ernährung der Goten verantwortlich sei. Außerdem würde ich mich eher selbst aufhängen, als Festinus zu helfen. Er hat mich verwünscht.«

Ich war allmählich richtig stolz auf Athanaric. »Du solltest das Getreide schicken«, sagte ich und berichtete ihm von Gudruns Schicksal. Der Abscheu darüber war ihm regelrecht anzumerken, doch er zuckte lediglich die Achseln.

»Ich habe einiges darüber gehört«, gab er zu. »Um die Wahrheit zu sagen: Ich habe derartige Berichte gesammelt und zusammen mit einem Kommentar an den Hof geschickt. Vielleicht wird dort jemand auf mich hören. Vielleicht auch nicht. Jeder weiß, daß ich Festinus hasse, deshalb gibt man dort nicht viel auf meine Meinung über ihn. Das habe ich auch Athanaric gesagt, als er hier war.«

»Könntest du nicht trotzdem ein paar Lebensmittel schicken? Diese Leute verhungern.«

»Gütiger Gott! Wie könnte ich? Unsere Vorräte in den Kornspeichern sind knapp genug; damit können wir gerade den Winter überstehen, und Sebastianus wird sich für seine Soldaten noch etwas davon abzweigen, falls er die versprochene Schiffsladung aus Alexandria nicht bekommt. Und warum sollte ich Festinus aus der Klemme helfen? Laß ihn doch Ärger bekommen. Je mehr Ärger er bekommt, desto besser!«

»Thorion«, sagte ich eindringlich, »diese Menschen, die dort verhungern, sind keine Römer. Römer wissen, wie sie mit der Bestechlichkeit von Beamten umgehen müssen, sie akzeptieren so etwas, sie versuchen dann eben, andere Beamte zu bestechen, um das Gewünschte zu bekommen. Die Goten verstehen nichts von diesen Dingen. Sie haben immer gedacht, daß Römische Reich sei vollkommen, und kaiserliche Beamte seien gerecht und weise. Das werden sie jetzt nicht mehr denken. Sie werden nicht versuchen, jemanden zu bestechen, um Festinus beim Kaiser anzuschwärzen. Sie werden kämpfen; Menschen werden getötet werden. Sebastianus ist der Meinung, falls es zum Kampf kommt, würde es das Ende der Terwingen und dieser ganzen Geschichte bedeuten, aber . . . aber es gibt eine Menge Goten, und wenn die Unruhen in der Nähe der Donau ausbrechen,

überqueren vielleicht auch noch andere gotische Stämme den Fluß, diejenigen, die der Kaiser nicht dazu aufgefordert hat. Und hinter ihnen stehen
die Alanen und die Hunnen bereit. Oh, ich weiß, daß am Ende immer das
Kaiserreich siegt, aber bis zu diesem Ende könnte es noch ein langer Weg
sein. Wenn es wegen dieser Geschichte wirklichen Ärger gibt, wird er nicht
auf Mösien begrenzt sein: Du wirst dich vor den Mauern von Tomis einer
ganzen gotischen Armee gegenübersehen.«
Thorion starrte mich an und machte den Eindruck, als fühle er sich nicht
wohl in seiner Haut.
»Und denk daran, wie es sein könnte, wenn du dies verhinderst!« fuhr ich
fort. »Ich weiß, daß du dich bemühst, ein guter Statthalter zu sein.
Verhindere diesen Krieg, und du kannst ruhmbedeckt am Hof erscheinen
und jedes Amt übernehmen, daß du dir wünschst!«
»Ja, aber diese Art von Ruhm kostet etwas«, meinte Thorion unglücklich.
»Wenn ich einer ganzen Reihe von Leuten ihre Steuern erlasse, kann ich
nicht nur Bestechungsgelder von ihnen nehmen, sie preisen mich alle
miteinander auch noch dem Kaiser gegenüber und rühmen meine Gerechtigkeit und Mäßigkeit. Aber um so viel Getreide zu bekommen, daß ich
auch noch etwas flußaufwärts schicken kann, müßte ich von den hiesigen
Landbesitzern auch noch die letzte fällige Unze eintreiben, und das würde
ihnen ganz und gar nicht schmecken. Statt mich mit Ruhm zu bedecken,
werde ich also wohl sehr viel eher mit Beschwerden eingedeckt werden.
Und wenn dann meine Amtszeit hier vorüber ist, bleibt mir nichts anderes
übrig, als am Hof zu warten, irgendwelche Prozesse zu übernehmen und
mir in den Vorzimmern die Hacken abzulaufen, ohne eine Drachme zu
verdienen. Bei Artemis der Großen! Sieh mich nicht so mißbilligend an.
Du weißt doch ganz genau, wozu ich das Geld brauche: Festinus ist uns
teuer zu stehen gekommen. Vater mußte in seinem letzten Lebensjahr
eines unserer Landgüter mit dem gesamten Viehbestand und zwanzig
Sklaven verkaufen. Ich hatte gehofft, das alles mit den Einkünften aus
dieser Statthalterschaft zurückkaufen zu können.«
»Wieviel bringen die Landgüter pro Jahr ein, Thorion?«
»Im letzten Jahr belief sich der Ertrag auf den Gegenwert von 314 Pfund in
Gold«, erwiderte Thorion prompt. »22 600 *Solidi*. Das sind vierzig Pfund in
Gold weniger als vor fünf Jahren. Was glaubst du wohl, was man von mir
erwartet, wenn ich das Amt eines Konsuls in Konstantinopel anstrebe?
Allein die Kampfspiele kosten mehr, sogar außerhalb der Saison.«
»Geben wir denn 22 600 *Solidi* im Jahr aus?«
Thorion war verlegen. »Das nicht . . . Aber meine hiesige Stellung kostet
Geld, außerdem muß ich das Haus in Konstantinopel, unser Haus in
Ephesus und die ganzen Landgüter in Ordnung halten. Und dieser ver-

dammte Hafen in Ephesus muß immer wieder neu ausgebaggert werden, und die Leute wollen jedesmal, daß ich meinen Beitrag dazu leiste. Sie haben mir deswegen sogar nach Tomis geschrieben. Und unser Verwalter Johannes sagt . . . ach, zur Hölle mit dir Charition! Nun gut, ich werde deinen verdammten Goten etwas Getreide schicken! Aber paß auf, wahrscheinlich gelingt es Festinus, sich das Verdienst dafür zuzuschreiben!« Ich gab Thorion einen Kuß. »Du machst dich um deine Statthalterschaft verdient und bist deinem Sohn ein würdiger Vater.«

»Nun, ja. Ich wünschte, dieser verdammte Sebastianus würde dich nicht mit nach Marcianopolis schleppen. Was nützt es mir, eine Ärztin als Schwester zu haben, wenn sie gerade dann fort muß, wenn man sie braucht? Ja, ja, ich werde die Anweisungen ausschreiben, und du kannst sie mit nach Marcianopolis nehmen. Aber du wirst dort jemanden davon überzeugen müssen, die Getreideschiffe auch in Empfang zu nehmen. Herrgott, ich werde wohl an diesen Schweinehund deswegen schreiben müssen. Ich hoffe nur, du hast recht, und irgendein Verdienst an dieser Geschichte wird mir zugeschrieben. Es ist gar nicht so leicht, tugendhaft zu sein und auch noch dafür bestraft zu werden.«

10

Von Tomis nach Marcianopolis sind es fast hundert Meilen. Wir ritten fünf Tage. Sebastianus meinte, man könne es auch in drei Tagen schaffen, aber wir hatten es gar nicht so fürchterlich eilig. Wir nahmen den Küstenweg, da dieser recht angenehm zum Reisen war. Sebastianus nahm auch Daphne und einige seiner Hausssklaven mit. »Sie haben auch gerne einmal ein bißchen Tapetenwechsel«, erklärte er. »Und niemand kann sagen, wie lange unser Unternehmen dauert. Ich kann es mir ebensogut bequem machen, so lange ich in Marcianopolis bin.« Daphne kam also in einem Planwagen, der inmitten der Soldaten fuhr, mit, und wir reisten in der strahlenden Sommersonne langsam die Küste hinunter. Es war eine wundervolle, glückliche Reise. Ich glaube, kein einziges Mitglied der Reisegesellschaft freute sich darüber, am Abend unserer Ankunft Marcianopolis schwarz drohend vor dem Hintergrund der Berge auftauchen zu sehen.

Es war ein eigenartiges Gefühl, sich daran zu erinnern, welch barbarischen Eindruck die Stadt beim erstenmal auf mich gemacht hatte. Jetzt war sie in meinen Augen ein ganz gewöhnlicher Ort. Sebastianus entließ seine Soldaten in ihre Unterkünfte und lud mich ein, zusammen mit seinem

Haushalt in einem Flügel des Hauptquartiers zu wohnen. Er hatte einen Kurier vorausgeschickt, um seine Ankunft anzukündigen. Seine gewohnten Räume waren also bereits für ihn vorbereitet. Sebastianus bot mir auch einen seiner Sklaven an, der während meines Aufenthaltes für mich sorgen sollte, aber ich lehnte das Angebot dankend ab. So konnte ich wenigstens ein bißchen ungestört sein. Ich wusch mich, streifte meine Ersatztunika, die nicht nach Pferd roch, über und entschloß mich dazu, ein neues Paar Hosen zu kaufen. Sebastianus' Sklave klopfte und überbrachte eine Einladung von seinem Herrn zum Abendessen. Ich dankte ihm und ging hinunter in das Speisezimmer, in dem ich zum erstenmal mit dem Heerführer gegessen hatte. Der erste, den ich nach meinem Eintritt entdeckte, war Athanaric.

Ich hatte nicht erwartet, ihn hier zu sehen, und war nicht auf der Hut. Wie angewurzelt blieb ich auf der Türschwelle stehen, mein Herz schlug heftig. Ich spürte, wie mein Gesicht ganz heiß wurde. Glücklicherweise befanden sich in der Nähe der Tür keine Lampen, so daß niemand meine Röte bemerkte. Sobald Athanaric mich sah, lächelte er mir einen Willkommensgruß zu, eilte herbei und ergriff meine Hand. »Willkommen, Chariton!« sagte er. »Ich habe den Eindruck, daß ich Sebastianus' Gegenwart hier dir verdanke. Gut gemacht!«

Ich erwiderte nichts; ich versuchte, meine Gefühle unter Kontrolle zu bringen. Athanarics Begrüßung machte mich einigermaßen benommen, so als schwebe ich über einer riesigen Leere dahin.

»Er hat sogar Theodoros dazu überredet, Getreide zu schicken«, berichtete Sebastianus seinem Freund.

»Unsterbliche Götter!« entgegnete Athanaric. »Wie hast du denn das geschafft? Ich habe versucht, ihm gut zuzureden, doch es führte zu nichts: Er sagte, er könne kein Getreide bekommen.«

Es gelang mir, zu niesen, um mein benommenes Schweigen zu entschuldigen. »Jeder Statthalter kann zusätzliches Getreide bekommen, wenn er die Landeigentümer nur ein bißchen unter Druck setzt«, meinte ich schließlich. »Es ging also einzig und allein darum, Thorion von der Notwendigkeit einer solchen Maßnahme zu überzeugen. Er ist ein anständiger Mann, er mag es nicht, wenn andere leiden. Und ich hatte gerade geholfen, seinen erstgeborenen Sohn zu entbinden.«

»Die Vorteile der hippokratischen Methode!« sagte Athanaric und grinste.

»Nun, ich freue mich, einen so mächtigen Verbündeten zu haben.«

»Ich dachte, du bist in Antiochia.«

»Ich komme gerade von dort.« Das Grinsen verschwand aus seinem Gesicht, und ich bemerkte, daß er müde und erschöpft aussah. »Unsere dortigen Verbündeten sind nicht so tüchtig. Der erlauchte Eutherios wird auf mich hören, aber Festinus, der hiesige Statthalter, ist ein Freund des Prätorianerpräfekten. Dann kann Eutherios ihrer Erhabenen Majestät noch so viel erzählen: Modestus tut einfach alles mit einer Handbewegung ab. Der Kaiser hört nun einmal auf Modestus. Und alle Welt ist im Augenblick in erster Linie mit Persien beschäftigt. Kein Mensch interessiert sich dafür, was hier passiert; niemand will auch nur das geringste unternehmen. Das wird so weitergehen, bis sich die Terwingen erheben. Es sei denn, du kannst Lupicinus davon überzeugen, der ganzen Sache endlich einen Riegel vorzuschieben«, meinte er an Sebastianus gewandt.

»Ich werde es versuchen. Aber können wir die Terwingen heute abend nicht einmal vergessen? Ich werde morgen noch mehr als genug über sie und ihre Probleme sprechen müssen.«

Wir ließen uns am Tisch nieder, Daphne und Sebastianus auf einer Ruhebank, Athanaric und ich jeder für sich auf einer weiteren. Daphne gähnte, sie war von der langen Reise müde. Sie lehnte ihren blonden Kopf an Sebastianus' Schulter: Es war ein sehr hübsches Bild. Athanaric sah sie mißgelaunt an und fing noch während des ersten Ganges erneut an, über die Terwingen zu sprechen.

»Wird Theodoros das Getreide wirklich schicken?« fragte er mich. »Es ist bekannt, daß er und Festinus sich gegenseitig verabscheuen. Keiner von beiden wird auch nur das geringste tun, was dem anderen nützen könnte. Und es fällt in Festinus' Verantwortungsbereich, Frithigerns Leute mit Lebensmitteln zu versorgen.«

»Ich habe Briefe von Theodoros bei mir, in denen er Festinus bittet, für die Verteilung des Getreides zu sorgen, wenn es in Skythien eintrifft«, entgegnete ich.

Athanaric ließ einen Pfiff der Bewunderung hören und schüttelte den Kopf.

»Warum sind sie eigentlich verfeindet?« fragte Sebastianus, nippte an seinem Wein und sah Athanaric über Daphnes Kopf hinweg voller freundschaftlicher Zuneigung an.

»Das beruht auf einem persönlichen Groll«, erwiderte Athanaric. »Theodoros' Schwester sollte Festinus heiraten. Sie verschwand einen Monat vor der Hochzeit und ließ den Bräutigam ziemlich blamiert zurück – vor ein paar Jahren gab es in Asien einen ausgewachsenen Skandal deswegen. Man nimmt an, daß Theodoros das Verschwinden arrangiert hat, um den Sohn des Sklavenversteigerers nicht ›Bruder‹ nennen zu müssen. Festinus war wütend und benutzte seinen ganzen Einfluß dazu, Theodoros und seiner Familie Schwierigkeiten zu bereiten.«

»Und was geschah mit seiner Schwester?« fragte Daphne.

Athanaric zuckte die Achseln. »Das weiß niemand. Irgend etwas muß ja wohl geschehen sein, sonst wäre sie inzwischen wieder aufgetaucht. Vielleicht hat sie sich zu Tode gegrämt, weil ihre zarte Natur den Skandal und das ganze Versteckspiel nicht verkraftet hat. Oder sie ist mit einem Wagenlenker durchgebrannt. Das sind zwei der umlaufenden Gerüchte: Du kannst wählen.«

»Oh, ich wähle den Wagenlenker!« meinte Daphne und lachte. »Ich liebe Wagenrennen.«

Sebastianus lachte ebenfalls und küßte sie. »Das werde ich mir merken«, sagte er. »In dieses Haus werden keine Wagenlenker eingeladen. Sklaven! Mehr Wein. Und Athanaric, bitte kein Wort mehr über die Goten!«

Am nächsten Tag machte sich Sebastianus auf den Weg zu einem Gespräch mit Lupicinus, und ich gab Athanaric Thorions Briefe für den Statthalter mit. Athanaric zeigte sich überrascht, daß ich die Briefe nicht selbst überbringen wollte. Ich antwortete, ein *Curiosus* der *Agentes in rebus* werde sicherlich größere Aufmerksamkeit finden als ein Armeearzt.

»Dann hast du also keine versöhnliche Botschaft von Theodoros für Festinus?« fragte er und machte einen besorgten Eindruck. »In diesem Fall besteht die Gefahr, daß Festinus sich weigert, das Getreide anzunehmen, vor allem, wenn es von Theodoros kommt. Die beiden hassen sich von ganzem Herzen. Und Festinus möchte seine einträglichen Geschäfte für den Augenblick vielleicht lieber fortsetzen. Dann wird er nicht so erpicht darauf sein, Vorräte für die Goten entgegenzunehmen, selbst wenn ein anderer für die Unkosten aufkommt.«

»Auch wenn Theodoros damit einverstanden gewesen wäre, eine versöhnliche Botschaft zu übermitteln«, erwiderte ich, »bin ich nicht unbedingt der Geeignete, sie zu überbringen. Ich würde dem Statthalter lieber nicht begegnen.«

Athanaric stand da und sah mich prüfend an. »Er kennt dich?«

Ich zuckte die Achseln. Ich hatte sehr sorgfältig über die Sache nachgedacht und war zu dem Schluß gekommen, daß Festinus mich sehr wahrscheinlich nicht erkennen würde. Er hatte mich im Grunde genommen nur ein paarmal gesehen, und das war Jahre her. Nicht einmal mein eigener Bruder hatte in mir die gelockte und parfümierte junge Dame aus seiner Erinnerung wiedererkannt. Trotzdem war ich nicht gerade erpicht darauf, den Statthalter zu sprechen. »Er wird sich kaum an mich erinnern«, entgegnete ich. »Wir sind uns einmal begegnet, aber es bestand kein Grund dafür, daß er Notiz von mir nehmen sollte. Ich jedoch erinnere mich sehr wohl an ihn, so wie die meisten Leute in Ephesus. Oder hast du nie davon gehört, wie er sich bei uns als Statthalter aufgeführt hat?«

»Ich habe davon gehört. So so! Du hast also nicht nur in Ägypten und Thrazien, sondern auch in Asien Ärger gehabt. Du scheinst im Ärgermachen fast so begabt zu sein wie in der Medizin. Was war damals los? Hast du Theodoros geholfen, das Verschwinden seiner Schwester zu arrangieren?«

Ich lachte: »›Jeder Tag hat seine eigenen Sorgen.‹ Laß alten Hader ruhen. Viel Glück bei Festinus.«

Sebastianus hatte Maximus, den Heerführer Mösiens, von unserer bevorstehenden Ankunft benachrichtigt. So stellte ich mich also als der in Alexandria ausgebildete Arzt vor, nach dem er verlangt hatte. Der Heerführer war ein hochgewachsener, sonnengebräunter Mann mit dem Aussehen, den Manieren und den Grundsätzen eines Straßenräubers. Sobald er gehört hatte, daß ich käme, hatte er zwei seiner Ärzte zu sich nach Marcianopolis befohlen. Er nahm mich in die Unterkünfte seiner Soldaten mit und stellte mich seinen Leuten vor. Dann ging er, damit wir in Ruhe über die Pest sprechen konnten. Die Ärzte waren kaum tüchtiger als Xanthos und Diokles. Ich fragte sie über die Wasservorräte in den Lagern an der Donau aus. Sie meinten, die Leute hätten ja den Fluß. Ich fragte sie über die Hygiene aus. Sie meinten, die Römer hätten die üblichen sanitären Einrichtungen, die Barbaren jedoch gingen auf der Suche nach Nahrung am Ufer auf und ab und verunreinigten es dabei. Ich fragte sie über die Einrichtungen für die Kranken aus. Sie meinten, die Soldaten kümmerten sich gleich an Ort und Stelle um ihre eigenen Leute und schickten lediglich schwere Fälle in das Hospital. Für die Barbaren gab es keinerlei medizinische Einrichtungen. Außerdem waren die Ärzte äußerst schlecht auf die Terwingen zu sprechen, da diese verschiedene Krankheiten hatten, mit denen sie die römischen Soldaten ansteckten. Sie schienen zu glauben, die Goten täten es absichtlich.

Ich hielt ihnen einen langen Vortrag über die Ansteckungsgefahr über Luft und Wasser, wie wichtig es sei, sich ausreichende Vorräte von sauberem Wasser anzulegen, die Kranken zu isolieren und die Luft mit Hilfe von Schwefel zu reinigen. Zum Schluß betonte ich die Notwendigkeit, den Goten ihr eigenes Land zuzuweisen. Als ich ging, waren die Ärzte unzufrieden mit mir, weil ich ihnen keine magischen Zaubersprüche gegen die Pest verraten hatte, und sie waren unzufrieden mit ihrem Oberbefehlshaber, weil er es zuließ, daß sich die pestkranken Terwingen so nahe bei seinen eigenen Truppen aufhielten. Ich war ebenfalls unzufrieden. Falls die Ärzte meine Anweisungen sorgfältig befolgten, gelang es ihnen vielleicht, die Ausbreitung der Krankheit unter den römischen Truppen zu verhindern. Aber ich hatte nichts für die Goten erreicht. Schlecht gelaunt ging ich in das Zentrum von Marcianopolis zurück und verfluchte die römische Habgier.

Als ich ins Hauptquartier kam, fand ich Sebastianus und Athanaric ebenfalls schlecht gelaunt vor. »Dieser Festinus ist ein fetter, erpresserischer Blutsauger«, erklärte Athanaric und senkte die Lautstärke seiner Stimme. »Ich übergab ihm Theodoros' Briefe und dachte mir ein paar Schmeicheleien aus, aber er wollte sich in dieser Angelegenheit auf nichts festlegen lassen. Für heute abend hat er mich zu einem Festmahl eingeladen. Er hat den Palast des Präfekten wie den Herrensitz eines genußsüchtigen Sybariten ausgestattet und ihn mit terwingischen Sklaven vollgestopft, die ihn von hinten und vorne bedienen müssen. Er steckt bis zum Hals in diesen Wuchergeschäften mit drin.«

»Lupicinus hält ihn für sehr schlau und gerissen«, erzählte Sebastianus angewidert. »Als ich die Angelegenheit ihm gegenüber zur Sprache brachte, versuchte er, alle Schuld auf den Statthalter abzuwälzen. Obwohl die ursprüngliche Idee ganz offensichtlich von ihm kommt. Nun, sie konnten ihren Schiebereien ein paar schöne Monate lang nachgehen: Lupicinus wäre vielleicht damit einverstanden, die Sache jetzt gut sein zu lassen. Ihm sind Gerüchte zu Ohren gekommen, die Goten könnten sich erheben, und er beginnt, sich deswegen Sorgen zu machen. Festinus hat ihn für heute abend ebenfalls zum Essen eingeladen, zusammen mit uns dreien. Und Lupicinus hat mir versprochen, er wolle dort etwas wegen der Goten unternehmen.«

»Aber mich hat er doch wohl nicht auch eingeladen?« fragte ich.

»Er hat alle anwesenden Armeeführer samt Gefolge eingeladen, und dein Name wurde extra erwähnt. Das ist schließlich nicht so überraschend: Du bist ein studierter Mann, und er konnte dich kaum unberücksichtigt lassen. Warum, was ist denn los?«

»Unser Chariton geriet unter der Statthalterschaft von Festinus in Schwierigkeiten«, sagte Athanaric und grinste. »Er will nicht sagen, warum.«

»Ernsthafte Schwierigkeiten?« fragte Sebastianus eindringlich und warf mir einen prüfenden Blick zu.

»Ich wurde niemals direkt beschuldigt«, erwiderte ich, etwas verärgert über Athanarics unbekümmerte Unterstellungen. »Ich bezweifle sehr, daß Festinus mich überhaupt wiedererkennt. Ich kann ruhig hingehen; wahrscheinlich werde ich sowieso auf eine der hinteren Ruhebänke gesetzt.« Ich ging in mein Zimmer hinauf, um mich zurechtzumachen, dann setzte ich mich in meinem guten Umhang auf das Bett und machte mir ernsthafte Sorgen.

Doch das wäre gar nicht nötig gewesen. Das Festmahl war eine große Angelegenheit. Außer mir nahm Sebastianus noch einen Offizier aus seinem Gefolge mit, und als wir im Bankettsaal eintrafen, entdeckten wir, daß der Heerführer von Mösien in Begleitung von sieben Männern erschienen war (seine Ärzte hatte er allerdings nicht mitgebracht), und

Lupicinus war mit zehn Männern aufgekreuzt. Festinus begrüßte die Ankömmlinge an der Tür zum Bankettsaal. Er war dicker, als ich ihn in Erinnerung hatte, und in seinem Gesicht waren viele weitere Äderchen geplatzt, so daß es mit roten Flecken übersät war. Aber die starr blickenden blauen Augen waren die gleichen. Er lächelte, als er Sebastianus die Hand schüttelte: Auch an das Entblößen der Zähne erinnerte ich mich, es war wie das Fauchen eines wilden Tieres. Sebastianus stellte mich vor — »Chariton von Ephesus, mein Chefarzt« —, und die Augen glitten flüchtig über mein Gesicht, eine feiste, feuchte Hand ergriff einen Augenblick lang die meine, dann entblößte er seine Zähne gegenüber Athanaric, und einer der Sklaven führte mich zu meinem Platz an der hintersten Ruhebank, wo ich mich während des Essens zusammen mit einem der jüngeren Offiziere aus dem Gefolge des Heerführers niederließ. Ich fühlte mich etwas weich in den Knien. Einer der Sklaven der Präfektur reichte mir einen Becher mit honiggesüßtem Weißwein.

Der Festsaal war groß und prächtig, er war erst vor kurzem frisch verputzt und mit Wandmalereien geschmückt worden, vor den Fenstern hingen neue, brokatene Vorhänge. Drei Ständer mit Lampen, die ein süßes, nach Weihrauch duftendes Öl verbrannten, tauchten den ganzen Raum in ein strahlendes Licht. Der Tisch war aus Ahorn und dem Holz des Zitronenbaums gefertigt, er war auf Hochglanz poliert und funkelte nur so von dem vielen Eßgeschirr aus Silber und korinthischen Tonwaren. An der einen Wand saßen drei blonde, Flöte und Lyra spielende Mädchen. Weitere Sklaven — Mädchen und Knaben — eilten geschäftig hin und her, füllten die Becher der Gäste und verteilten kleine weiße Brotlaibe. Sie waren allesamt jung, sehr anziehend und ganz offensichtlich Goten.

Die Gäste wurden an ihre Plätze geleitet, und das Festmahl begann. Lupicinus bekam einen Platz auf der Ruhebank des Gastgebers zugewiesen, Athanaric und Sebastianus wurden die Ehrenplätze zur Rechten von Festinus eingeräumt. Die Sklaven brachten eine Platte mit Austern herein; drei schlanke, junge Mädchen in dünnen, roten Tuniken servierten am oberen Ende des Tisches, andere reichten die Speisen am unteren Ende, dort, wo ich saß. Die Offiziere rund um mich herum begannen, über irgendwelche Feldzüge zu diskutieren, und ich konnte nichts von dem vernehmen, worüber die Leute am anderen Ende des Tisches sprachen.

Auf die Austern folgten gefüllte Haselmäuse und gegrillte Meereschen mit Lauch. Dann gab es Hühnchen in weißer Soße, Wildschwein mit Honig und Asantgewürz, schließlich gebratenen Pfau, der in seinem eigenen, prächtigen Federkleid hereingetragen wurde. Lupicinus erhielt das Privileg, den Wein zu bestellen, und er verlangte laut und häufig nach ihm; es war ein ungewöhnlicher Rotwein, alt und äußerst wohlriechend; seine Süße bildete ein angenehmes Gegengewicht zu der Säure seines Alters. Ich erfuhr später, daß es ein italienisches Gewächs aus Falernus war, das die Leute aus dem Westreich sehr schätzen und das einen dementsprechenden Preis hat. Unten, auf der letzten Ruhebank, erhielten wir nicht sehr viel davon, doch am oberen Ende der Tafel schienen die Sklaven die Becher dauernd nachzufüllen, und binnen kurzem glühten die Gesichter der dort sitzenden Gäste tiefrot, und ihre Stimmen wurden immer lauter.

Fast während des gesamten zweiten Ganges fuhren die Offiziere mit ihren Gesprächen über Belagerungen und Festungsanlagen fort und hielten nur kurz inne, um die bedienenden Mädchen in den Hintern zu kneifen. Doch am Ende des zweiten Ganges begann die Unterhaltung abzuflauen, und plötzlich rief Festinus mit lauter und deutlicher Stimme: »Dieser verdammte Theodoros will uns doch tatsächlich Getreide für die Goten schicken.« Er sah Athanaric an, während er sprach.

Lupicinus grinste höhnisch; einige der Offiziere aus seinem Gefolge lachten spöttisch.

»Der vortreffliche Theodoros hat gehört, daß du, edler Festinus, nicht in der Lage bist, die Terwingen mit den notwendigen Lebensmitteln zu versorgen«, erwiderte Athanaric ungerührt. »Und er hat sich äußerst großzügig damit einverstanden erklärt, dir etwas überflüssiges Getreide aus der von ihm verwalteten Provinz zu schicken, um dich, vorzüglicher Festinus, bei deiner Aufgabe zu unterstützen, die hungernden Goten zu versorgen. Er erläutert dies in den Briefen, die ich dir, weiser Festinus, heute morgen überreicht habe.«

»Was ich in meiner Provinz tue, geht Theodoros einen Dreck an!« polterte Festinus verächtlich. »Ich habe über sein Angebot nachgedacht, und je länger ich darüber nachdenke, desto unverschämter erscheint es mir. Der Bursche hat es nur gemacht, um mich zu beleidigen! Er will mir zu verstehen geben, daß er mich für unfähig hält. Ich habe bereits Provinzen verwaltet, als er noch Maulaffen feilhielt! Von mir aus kann er sein Getreide in der Donau versenken.«

»Trotzdem«, meinte Athanaric immer noch in gemäßigter Lautstärke, jetzt allerdings mit einem scharfen Unterton, »ist es unzweifelhaft, daß die Goten fürchterlich hungern, seit sie römisches Land betreten haben. Und es ist immerhin möglich, daß die Barbaren versuchen könnten, sich durch Waffengewalt etwas zu essen zu verschaffen — zudem sie die sicherlich überzeugenden Gründe, die dich und den höchst geschätzten Lupicinus dazu veranlaßt haben, sie ohne Lebensmittel am Ufer des Flusses festzuhalten, wahrscheinlich nicht verstehen. Deshalb ist es unbedingt erforderlich, etwas Getreide für sie aufzutreiben.«

Festinus ließ ein verächtliches Schnaufen hören. Lupicinus starrte Athanaric mit offenem Mund an. »Wir haben den Barbaren befohlen, das Donauufer zu verlassen und zu uns nach Marcianopolis zu kommen«, brummte er mürrisch.

Athanaric sah ihn einen Augenblick lang an, dann beugte er sich auf seiner Ruhebank vor, und sein Gesicht rötete sich. »Damit sie ihr Land in Besitz nehmen können?« erkundigte er sich.

»Um das Land in Besitz nehmen zu können, das ihre Erhabene Majestät ihnen zugeteilt hat«, stimmte ihm Lupicinus zu.

»Gott sei Dank!« Athanaric sank auf seine Ruhebank zurück, als drücke ihn Erleichterung und Erschöpfung in die Kissen. Er sah Sebastianus an, der seine Augenbrauen hob und die Achseln zuckte.

»Mir liegen Berichte darüber vor, daß sich in Thrazien mehr Goten befinden, als dort eigentlich sein sollten«, sagte Lupicinus zu niemandem im besonderen. »Die Greuthungen haben um die Erlaubnis nachgesucht, den Fluß ebenfalls zu überqueren, und ich glaube, einige von ihnen sind mit Unterstützung dieses Fuchses Frithigern bereits mit hinübergeschlüpft. Ich will den Kerl dazu zwingen, herzukommen und mir die Sache zu erklären.«

Die Offiziere fingen alle gleichzeitig an zu sprechen, wie eine Meute Hunde, die eine Fährte aufgenommen hat. Sie beteuerten, sie würden dem unerlaubten Eindringen der Greuthungen bald ein Ende setzen. Athanaric machte erneut einen besorgten Eindruck. Die Terwingen waren ein großer Stamm — selbst wenn sie geschwächt und geteilt waren. Auch die Greuthungen waren nicht zu unterschätzen. Falls sie ihre Kräfte vereinten und sich tatsächlich bereits beide diesseits des Flusses befanden, stellten sie einen durchaus ernstzunehmenden Gegnern dar.

»Jedenfalls kann Theodoros sein Getreide behalten«, sagte Festinus, als die Hunde mit Bellen aufgehört hatten. Es war ihm deutlich anzumerken, daß er Thorion noch stärker haßte als Thorion ihn: Er ließ sich nicht die kleinste Chance entgehen, seinen Feind zu schmähen. »Gott möge ihn zusammen mit seinem Getreide verfaulen lassen! Er ist ein hochnäsiger und heuchlerischer Tölpel, und nichts berechtigt ihn dazu, sich in meine Angelegenheiten hier in dieser Provinz einzumischen.«

»Vor allem nicht, nachdem er sich in deine Hochzeit eingemischt hat«, meinte Lupicinus und grinste boshaft.

Festinus fluchte. Er hatte bereits zuviel getrunken. »Jeder erzählt diese Geschichte, nur um mich zu ärgern«, erwiderte er wütend. »Dabei sollte sie eher Theodoros ärgern: Ich hatte daran gedacht, mich in Ephesus niederzulassen, und bereits einigen Landbesitz erworben. Dann sehe ich mich nach einer Frau um. Der ältere Theodoros wirft mir seine Tochter praktisch an den Hals — eine fünfzehnjährige, frigide kleine Göre, die aus nichts als großen Augen besteht und dauernd eine Rühr-mich-nicht-an-Miene aufsetzt. Ich bin einverstanden, das Mädchen zu nehmen, und ihr Vater ist höchst erfreut. Dann verschwindet sie plötzlich. Ihr Vater ist außer sich. Der junge Theodoros gibt aus reinem Hochmut und törichter Eitelkeit zu, daß er sie irgendwo versteckt hat. Er glaubt, über eine Verbindung mit meinem Haus erhaben zu sein, nur weil sein Großvater die Leiter der Macht raufgekrabbelt ist und ihm die Mühe erspart hat, es selbst zu tun. Benimmt sich so ein guterzogener junger Mann? Aber im Grunde genommen hat er mir damit nur einen Dienst erwiesen. Ich war aus dem Schneider: Ich habe dann gehört, das Mädchen sei mit einem Gladiator durchgebrannt.«

»Mit einem Gladiator?« fragte Sebastianus und lächelte. »Wie ungewöhnlich. Ich wußte gar nicht, daß es in Asien Gladiatoren gibt. Ich dachte, das sei etwas für den westlichen Geschmack.«

Festinus warf ihm einen gehässigen Blick zu. »Dann eben mit einem Wagenlenker.«

Lupicinus ließ ein wieherndes Lachen hören und rief nach frischem Wein. Dann erschienen erneut einige gotische Mädchen, diesmal waren sie in noch dünnere und kürzere Tunikas gekleidet. Sie fingen an zu tanzen, die Offiziere klatschten Beifall.

Ich hatte das Festmahl von Anfang an nicht gemocht, und inzwischen hatte ich nur noch den einen Wunsch, zu gehen, und zwar möglichst schnell. Es war mir egal, ob man mir nachsagte, ich sei mit einem Wagenlenker durchgebrannt, aber Festinus über mich schwadronieren zu hören war mir äußerst unangenehm. Und der Anblick der Befehlshaber, die sich dank der Profite, die sie mit Menschen wie Gudrun machten, mästeten und betranken und die drauf und dran waren, mit Mädchen ins Bett zu gehen, die von ihren Eltern verkauft worden waren, um der Hungersnot zu entgehen, machte mich krank vor Wut. Glücklicherweise verabschiedete sich Sebastianus ziemlich früh: Er entschuldigte sich damit, nach der Reise müde zu sein. Dies bedeutete, daß seine Gefährten mit ihm zusammen gehen konnten. Schweigend machten wir uns auf den Weg zurück ins Hauptquartier. Dort lud Sebastianus Athanaric und mich ein, ihm noch bei einem Becher Wein Gesellschaft zu leisten. »Allerdings keinen Falerner«, meinte er.

»Hast du Lupicinus etwa dazu überredet, die Goten hierherkommen zu lassen?« fragte Athanaric, als der Wein − es war ein mit warmem Wasser gemischter, gut verdünnter Chian − auf dem Tisch stand.

»Ich habe mit ihm über die Gefahren einer Erhebung gesprochen«, antwortete Sebastianus und rührte den Wein in seinem Becher um. »Ich hatte allerdings noch nichts davon gehört, daß die Greuthungen den Fluß ebenfalls überqueren wollen. Das hat ihn wohl letztlich dazu veranlaßt. Nun, ich hoffe, sie bleiben drüben.«

»Das hoffe ich auch«, meinte Athanaric düster.

»Aber du fürchtest, Frithigern könne schon eine Art Erhebung in die Wege geleitet haben?«

Athanaric wischte diese Furcht beiseite. »Wenn Frithigern sich wirklich mit den Greuthungen verbünden sollte . . . Ach, selbst dann wird es wahrscheinlich nicht zum Krieg kommen. Wenn Lupicinus ihn richtig zu nehmen weiß, geht es vielleicht ohne jeden Ärger ab.« Aber seine Miene blieb umwölkt.

»Es gibt schließlich immer noch die Legionen«, meinte Sebastianus.

»Du vertraust der Überlegenheit der römischen Waffen allzu sehr«, erwiderte Athanaric hitzig. »Mein Vater kommandierte eine mit den Römern verbündete gotische Armee, die genau wie Frithigerns Männer bewaffnet und ausgebildet waren. Und als der Schlachtruf angestimmt wurde, waren sie nicht merklich schwächer als die regulären Truppen.«

»Aber die Terwingen werden doch immerhin schwächer sein, oder?« fragte Sebastianus. »Sie sind schließlich von den Hunnen besiegt worden und haben all diese Monate hindurch gehungert. Dazu sind die meisten von ihnen beim Überqueren der Donau entwaffnet worden. Aber ich hoffe, es kommt gar nicht erst dazu. Es wäre so sinnlos.«

»Es wäre sinnlos«, stimmte Athanaric ihm zu.

»Wo befinden sich die ehemaligen Truppen deines Vaters jetzt?« fragte Sebastianus in einem beiläufigen Tonfall.

»Hier in Thrazien, in Hadrianopolis«, erwiderte Athanaric gelassen. »Unter dem Befehl meiner Vettern Bessas und Colias.«

»Du könntest vielleicht irgend jemandem einen Tip geben, sie woanders hinzubeordern. Nein, ich will ihre Ergebenheit keineswegs in Frage stellen. Aber sie sind terwingische Goten und nach wie vor lediglich Verbündete, sie gehören also nicht zur regulären Armee. Es würde mir gar nicht gefallen, sie gegen ihr eigenes Volk führen zu müssen.«

»Sie würden dir keine Gefolgschaft leisten, nicht in einer derartigen Situation«, sagte Athanaric immer noch in gelassenem Tonfall. »Ich werde in meinem Bericht die Empfehlung aussprechen, sie in eine andere Diözese in Marsch zu setzen. Trotzdem wünschte ich, Festinus hätte eingewilligt, das Getreide anzunehmen. Man kann von den Terwingen kaum erwarten, daß sie mit leeren Mägen nach Marcianopolis marschieren.«

Sebastianus lachte rauh. »Da siehst du, was verschmähte Liebe alles zustande bringt!«

»Vielleicht eher verletzter Stolz. Chariton, wie hat sich denn diese Sache mit der Hochzeit, die keine war, wirklich zugetragen?«

Ich starrte auf meine Hände, froh darüber, daß Festinus' Sklaven bei den Ruhebänken am unteren Ende des Tisches so knauserig mit dem Wein gewesen waren: Ich brauchte einen klaren Kopf. »Kurz nachdem Festinus sein Amt als Statthalter in Ephesus angetreten hatte, klagte er den älteren Theodoros des Verrats an – einzig und allein seines Namens wegen. Es war kurz nach jener Verschwörung im Zusammenhang mit diesem Orakel, und er spielte sich überaus pflichteifrig auf, um seine Erhabene Majestät zu beeindrucken. Es sprach nichts dafür, Theodoros mit dergleichen Dingen in Verbindung zu bringen, doch Festinus ließ einige der Sklaven foltern und das Haus durchsuchen. Es gelang ihm, den Hausherrn zu erniedrigen, so daß dieser auf dem Bauche vor ihm kroch und um Gnade flehte. Als der ältere Theodoros einwilligte, seine Tochter mit dem Statthalter zu verheiraten, so geschah dies nur, weil er Angst vor ihm hatte. Mein Freund, der jüngere Theodoros, war wütend darüber. Ich glaube, unter diesen Umständen wäre dies jeder gewesen. Er versuchte, seinem Vater die Hochzeitsvorbereitungen auszureden, aber er war ja damals noch abhängig von seinem Vater und konnte rechtlich gesehen nichts tun. Nun, das Mädchen verschwand. Mehr kann ich euch auch nicht erzählen.«

»Ich kann Theodoros deswegen wirklich nicht tadeln«, meinte Sebastianus nachdenklich. »Auch wenn es für einen vornehmen Mann eine Schande bedeutet, inmitten seiner Hochzeitsgirlanden ohne Braut alleingelassen zu werden. Jedenfalls kann ich mir nicht vorstellen, daß das Mädchen sehr erpicht darauf war, ihn zu heiraten, selbst wenn kein Wagenlenker im Hintergrund auf sie wartete. Obwohl es verdammt schwer ist, zu sagen, was so ein Mädchen aus guter Familie eigentlich denkt. Ich weiß nur, daß sie niemals so furchtbar scharf darauf zu sein scheinen, überhaupt jemanden zu heiraten.«

Athanaric lächelte. »Hat dein Vater dich denn inzwischen bei einigen Bewerberinnen eingeführt?«

»Bei ein oder zwei. Ich sehe ja niemals mehr von ihnen als ihre Haare; sie blicken ununterbrochen auf den Fußboden. Eingedenk meiner Verantwortung, ein Mädchen zu heiraten und kleine Römer zu zeugen, versuche ich, mit der in Frage stehenden jungen Dame ins Gespräch zu kommen. Interessiert sie sich für Literatur? Wenn es sich um griechische handelt, weiß sie, daß Homer ein großer Dichter ist; wenn es sich um lateinische handelt, bewundert sie Vergil. Wenn man ihr sehr zusetzt, zitiert sie unter Umständen einige Verse. Hat sie vielleicht irgendwelche Vorlieben, pflegt sie zum Beispiel gerne ihren Garten? Sie stimmt mir zu, Gärten seien etwas sehr Hübsches. Ist das Wetter für diese Jahreszeit nicht wirklich außerordentlich schön? frage ich, und meine Verzweiflung wächst zusehends. Ja, antwortet sie und starrt auf den Fußboden. Wenn ich dann nach

Hause komme, merke ich, daß man von mir erwartet, mich schrecklich in sie verliebt zu haben. Glücklicherweise sind die finanziellen Regelungen bisher immer schiefgegangen, und Vater muß noch eine Braut finden, die seinen Erwartungen entspricht. Ich weiß gar nicht, was ich anfangen sollte, wenn ich so eine junge Frau aus guter Familie im Bett hätte.«

Athanaric lachte. »Ich habe mir immer schon gedacht, daß ich in der Hochzeitsnacht meiner Frau Vergil vorlesen müßte. Es scheint das einzig genehme Gesprächsthema zu sein. Immerhin, gesegnet seien die Finanzen der zur Debatte stehenden Geschöpfe; Vater kann nur wenig Mädchen finden, deren Mitgift er wirklich billigt. Was willst du mit Daphne tun, wenn dein Vater eine Ehe für dich arrangiert?«

»Mach dir keine Hoffnungen: Ich werde sie dir nicht abtreten, das ist sicher. Ich werde sie freilassen, ihr ein Haus kaufen und ihr eine anständige Aussteuer geben, damit sie davon leben kann. Wenn sie jemanden heiraten will, dann ist das ihre Sache, andernfalls würde ich vielleicht gerne auf sie zurückgreifen. Jedenfalls möchte ich nicht, daß sich sonst noch jemand mit ihr einläßt. Sie ist ein großartiges Mädchen.«

»Das stimmt«, meinte Athanaric. Er lehnte sich auf seiner Ruhebank zurück und sann über Daphnes Vorzüge nach. Die Terwingen waren endlich vergessen. »Sie hat einen großartigen Sinn für Humor.«

»Und sie kann singen, vergiß das nicht«, warf Sebastianus ein. »Oh, sie entspricht nicht meinen Idealvorstellungen − ich bin nicht irgend so ein Chaireas oder Charikles, die einer Frau ewige Liebe schwören − aber sie ist hübsch, und sie ist kurzweilig, und ich kann mich gut mit ihr unterhalten. Das ist es wohl mehr oder weniger, was du von einer Frau erwarten kannst, aber es ist leider sehr viel mehr als das, was du von einer erwarten kannst, die für eine Ehe in Frage kommt.«

»Nur allzu wahr«, seufzte Athanaric. »Wie sieht denn deine Idealfrau aus?«

»Ah!« Sebastianus richtete sich auf und setzte seinen Weinbecher ab. »Nun, ich habe darüber nachgedacht und bin zu der Ansicht gekommen, ich würde jederzeit eine wie die Lesbia des Catullus nehmen. ›Nimis elegante lingua‹, ›dulce ridentem‹. Ich hätte nichts dagegen, wenn der Rest der Beschreibung ebenfalls auf sie zuträfe − groß und schlank, mit hübschen Fesseln und dunklen Augen −, aber mir ist es eigentlich wichtiger, daß man sich mit ihr unterhalten und seinen Spaß mit ihr haben kann. Ich würde gerne eine intelligente Frau aus meiner eigenen Klasse heiraten. Sie soll ihren Wert kennen und sich mit mir unterhalten können. Catullus war glücklich zu schätzen. Wenn Lesbia ihn später betrog, dann sicherlich nur, weil er den Fehler beging, solche überschwengliche Gedichte an sie zu richten: ›Lingua sed torpet, tenuis sub artus flamma demanat . . .‹«

»Aber das ist doch von Sappho«, rief ich aus.

»Catullus hat es bearbeitet«, erwiderte Sebastianus. »Ihr Griechen lest nie etwas, das nicht in eurer eigenen Sprache geschrieben ist.«

»Warum sollten wir, wenn alles, was die Lateiner tun, darin besteht, griechische Gedichte zu ›bearbeiten‹?«

Athanaric lachte. »Hast du jemals von irgendwelchen lateinischen Gedichten gehört, abgesehen von denen, die Sebastianus dauernd zitiert?«

»Ich hörte, wie Festinus damals in Ephesus etwas zitierte«, erwiderte ich leichtsinnigerweise. »Es lautete: ›*Vitas inuleo me similis, Charis*‹, aber ich hielt nicht so furchtbar viel davon.«

»Ich glaube, das muß Chloe heißen«, korrigierte mich Sebastianus sofort. »Aber ich stimme dir zu, es ist eins von den schwächeren Gedichten des Horaz. Und ich kann mir sowieso nicht recht vorstellen, daß du den eigentlichen Sinn von Liebesgedichten mitbekommst. Ich will es dir erlassen, Catullus zu lesen. Aber was ist mit dir, Athanaric? Wie sieht dein Idealbild von einer Frau aus?«

»Im Gegensatz zu dir habe ich noch nie darüber nachgedacht«, entgegnete er. »Ich nehme an . . . nun, rechtschaffen sollte sie sein. Aufrichtig.«

»Unmöglich!« rief Sebastianus und lachte.

»Ich meine nicht eine, die die Wahrheit sagt«, erwiderte Athanaric und lachte jetzt ebenfalls. »Wozu sollte das auch gut sein? Aber eine, die ihren eigenen Wert kennt, um deine Worte zu gebrauchen. Unbestechlich, mutig, edel und hochherzig, eine Frau, die ein Haus führen und sich gegen die Welt behaupten kann.«

»Eine gotische Prinzessin also«, sagte Sebastianus und lächelte. »Solch eine Frau hast du eben beschrieben.«

Athanaric machte einen verlegenen Eindruck. Ich mußte an seine Kusine Amalberga denken. »Genau wie Frithigerns Frau«, warf ich ein und versuchte, nicht allzu bitter zu klingen. Auch wenn es töricht und unnütz war: Ich wünschte mir ganz einfach, Athanaric wäre derjenige mit einer Vorliebe für intelligente, großgewachsene, schlanke Frauen mit dunklen Augen gewesen. »Wie ist sie denn?« fragte Sebastianus mich interessiert.

»Tapfer«, entgegnete ich. »Und sie behält einen klaren Kopf. Ich habe ihr wegen eines Kindbettfiebers einen Besuch gemacht; sie hatte ziemliche Schmerzen, war aber immer noch in der Lage, ihren Pflegerinnen Anweisungen zu erteilen und deren Einwände mir gegenüber beiseite zu fegen. Ich glaube, sie ist außerdem schön — sehr hübsch und zart jedenfalls.«

»Das stimmt«, meinte Athanaric. »Ja, ich glaube, ich habe an eine Frau wie sie gedacht.«

»Was hält dein Vater davon?« fragte Sebastianus. »Als ich ihn das letztemal gesehen habe, wollte er dich unbedingt mit einer reichen römischen Erbin verheiraten.«

»Daraus ist nichts geworden«, erwiderte Athanaric ohne besonderes Interesse. »Es stimmt, mein Vater möchte mich mit einer Römerin verheiraten. Aber es muß ja schließlich auch römische Mädchen geben, die nicht die ganze Zeit auf den Fußboden starren.«

Sebastianus schüttelte zweifelnd den Kopf. »Ich glaube, sie werden von klein auf dazu erzogen.« Dann sah er mich mit einem Ausdruck des Bedauerns an. »Es tut mir leid«, sagte er. »Es war taktlos von mir, in Anwesenheit eines Eunuchen von Heirat zu reden.«

»Es macht mir nichts aus«, erwiderte ich. »Außerdem klingt die Sache bei euch ja nicht gerade sehr verlockend.« Ich erhob mich und streckte mich. Es war spät, und ich war müde. »Ich werde euch ein Liebesgedicht zitieren: ›Der Mond ging dahin, die Plejaden sind fort; Mitternacht ist vorbei, bald zieht die Dämmerung herauf.‹«

Sebastianus lachte. »Und du mußt ganz allein zu Bett gehen!«

»Nun, mit deiner Erlaubnis, vortrefflicher Sebastianus, würde ich mich morgen gerne auf den Rückweg nach Novidunum machen. Ich habe mit den Ärzten des Heerführers Maximus gesprochen, und ich sehe keinen Grund, noch länger hierzubleiben. Um die Wahrheit zu sagen, ich finde diese Stadt, abgesehen von der augenblicklichen Gesellschaft, recht unangenehm.«

»Ich auch«, räumte Athanaric ein. »Ich hatte vor, Frithigern die Anweisungen von Lupicinus zu überbringen. Wir können ein Stück des Weges gemeinsam reiten.«

»Sehr gut«, meinte Sebastianus. »Aber schleppe ihn bitte nicht mit dir mit, um irgendwelche Goten zu behandeln.«

Athanaric warf ihm einen gereizten Blick zu. »Warum denn nicht?«

»Weil Frithigern einen Aufstand plant. Ich möchte nicht, daß er meinen Chefarzt entführt. Wenn es zum Krieg kommt, möchte ich, daß Chariton Römer behandelt und nicht Goten.«

»Es gibt wahrscheinlich gar keinen Krieg«, protestierte Athanaric. »Und die Terwingen könnten gut einen Arzt gebrauchen.«

»Dann soll Lupicinus sich darum kümmern. Ich weiß nicht, warum er das nicht tut; es liegt in seinem eigenen Interesse, die Gesundheit der Goten zu erhalten. Ich werde es morgen mit ihm besprechen. Ich bleibe noch etwas; da ich schon einmal in Marcianopolis bin, kann ich mit dem Feldherrn ebensogut noch andere Dinge besprechen. Daphne kann mir Gesellschaft leisten.«

»Sei nicht so unausstehlich«, fuhr Athanaric ihn an. »Gute Nacht.«

Athanaric begleitete mich bis zur ersten Poststation hinter Marcianopolis. Er war immer noch verärgert, daß Sebastianus es ihm verboten hatte, mich zu den Goten mitzunehmen. »Du wärst doch mitgekommen, oder?« fragte er mich.

Ich nickte. In Skythien wartete nicht allzuviel Arbeit auf mich, und ich war sicher, daß die Terwingen in Mösien dringend medizinische Hilfe benötigten. Die Vorstellung, Frithigern könnte mich festhalten, schien mir ganz einfach lächerlich, und das sagte ich auch.

»Genau«, sagte Athanaric. »Ich glaube nicht, daß es jetzt zu einem Krieg kommt, es sei denn, Lupicinus begeht irgendwelche außergewöhnlichen Grausamkeiten. Außerdem bist du Frithigerns Gastfreund und deshalb gegen jede Gewalttätigkeit gefeit. Die Goten nehmen Gastfreundschaft viel ernster als die Römer. Aber Sebastianus glaubt, jeder verhalte sich so wie ein römischer Befehlshaber.«

»Ich dachte, du bewunderst römische Befehlshaber.«

»Oh, es ist mehr an Rom als die paar Lupicini des Kaiserreichs! Es ist mehr an Rom als je an irgendeinem gotischen Königreich dran sein wird. Aber es stimmt, daß die Goten redlicher sind.« Er ritt ein paar Minuten lang schweigend neben mir her, dann runzelte er die Stirn und fragte mich plötzlich: »Wie ist diese Geschichte mit Theodoros' Schwester denn nun wirklich gewesen?«

»Warum willst du das wissen?« fragte ich.

»Reine Neugier. Irgend etwas stimmt nicht daran; ich habe so ein Gefühl. Irgend etwas ist mir entgangen, was mir hätte auffallen müssen. Etwas, was auf der Hand liegt. Willst du mir nicht auf die Sprünge helfen?«

»Um ehrlich zu sein, ich finde, daß die Sache dich nichts angeht. Es ist, jedenfalls kein Landesverrat im Spiel oder etwas anderes dergleichen, nichts, was den Staat angeht.«

»Das habe ich auch nicht behauptet. Ich möchte aus rein persönlichen Gründen wissen, was wirklich passiert ist. Ich gehe den Dingen nun einmal gerne auf den Grund. Ich möchte verstehen, was um mich herum vorgeht.«

»Oh, bei Artemis der Großen! Etwas zu verstehen ist ja ganz schön, aber du sprichst davon, jemandem seine Geheimnisse zu entreißen. Es könnte Menschen verletzen, auf diese Weise bloßgestellt zu werden, hast du daran nicht gedacht? In einem Fall wie diesem ist Neugier ungehörig.«

»Ich wollte niemanden verletzen; ich wollte nur die ganze Wahrheit kennenlernen. Wenn du etwas mit dem Verschwinden des Mädchens zu tun hast, brauchst du keine Angst davor zu haben, daß ich darüber einen Bericht an Festinus anfertige. Es ist ganz einfach . . . wie ein Jucken in meinem Ohr: Ich versuche dauernd, mich zu kratzen, und kann nicht an die Stelle gelangen, wo es juckt. Du hast Angst, es könne *dir* weh tun, nicht wahr? Und wenn ich dir nun verspreche, niemandem etwas davon zu

erzählen? Nein? Nun, vielleicht erzählt Theodoros mir mehr darüber. Ich werde ihn fragen, wenn ich das nächste Mal in Tomis bin.« Er seufzte und fügte hinzu: »Was vorerst leider nicht der Fall sein wird.«
Ich hoffte, es würde genug Zeit bis dahin vergehen, so daß er das Ganze vergaß. Aber ich sagte nichts.
An der ersten Poststation wechselte Athanaric sein Pferd und galoppierte in nördlicher Richtung davon. Ich sah ihm nach, wie er davonritt, der sommerliche Staub wirbelte von den Hufen seines Pferdes, sein kurzer Umhang flatterte über seiner rechten Schulter, seine kräftigen Hände hielten die Zügel, die Augen waren aufmerksam auf die Straße gerichtet, seine Haare wehten im Wind. Mir fiel noch ein Liebesgedicht ein: »Ohne daß du es weißt, treibst du meine Seele voran.« Aber er konnte mir gefährlich werden. Es war nicht gut, mir zu wünschen, er möge mein Geheimnis entdecken. Es war nicht gut, im Zusammenhang mit ihm überhaupt etwas zu wünschen. Ich mußte in Tomis Station machen, bevor ich nach Novidunum zurückkehrte, um Thorion über den Fehlschlag meiner Mission zu berichten und um nach Melissa und meinem Neffen zu sehen. Ich würde den Besuch außerdem dazu benutzen, Thorion zu bitten, er solle mit seinen Bemerkungen Athanaric gegenüber äußerst vorsichtig sein.

11

Es wurde Ende September, bevor ich endlich nach Novidunum zurückkehrte. Thorion und Maia hatten mich gebeten, längere Zeit in Tomis zu bleiben, und ich war damit einverstanden gewesen, so lange zu bleiben, bis Melissa und das Baby ganz eindeutig außer Gefahr waren. Nicht, daß sie jemals wirklich in Gefahr gewesen wären. Melissa war eine kräftige junge Frau, und das Baby schlug nach seinem Vater, es hatte eine Konstitution wie aus Eisen.
Obwohl ich nur eine knappe Woche von Tomis fort gewesen war, hatte Thorion bereits eine große Menge zusätzlichen Getreides beschafft. Er hatte seinen Plan verwirklicht, einigen Landbesitzern im Süden der Provinz, die früher ihre Steuern in bar gezahlt hatten, zu gestatten, sie in Naturalien zu bezahlen. Dies hatte es ihnen erlaubt, ihr überzähliges Getreide loszuwerden und gleichzeitig Geld zu sparen; so war es also eine populäre Maßnahme. Thorion hatte es sogar fertiggebracht, einige von den Landeigentümern dazu zu bewegen, ihn zu bestechen, damit er es ihnen gestatte. Natürlich ist es teuer, Getreide auf dem Landweg zu transportie-

ren. Deshalb hatten die Landbesitzer ursprünglich auch in bar gezahlt, und die Armee hatte einen Teil ihrer Vorräte aus solch entfernten Gegenden wie Ägypten herangeschafft – es ist billiger, Getreide per Schiff von Ägypten nach Tomis und weiter die Donau hinauf zu expedieren, als es auf Lastkarren Hunderte von Meilen über Land zu befördern. Doch Thorion gab sich große Mühe, neue Wege ausfindig zu machen, um das Getreide auf Kanälen und Flüssen zu verschiffen. Er kaufte auf Kosten des Kaisers einige Schiffe (indem er weitere Steuernachlässe gewährte) und war emsig dabei, Getreide, Gold und Popularität anzuhäufen. Nur der Verwalter der kaiserlichen Schatzkammer hatte Grund, verärgert zu sein. Doch Thorion begegnete dieser Verärgerung mit dem Hinweis auf die gegenwärtigen Schwierigkeiten, Getreide aus Alexandria zu bekommen, und auf die Notwendigkeit, die Versorgung der Armee zu gewährleisten. Er war empört, daß Festinus das Getreide nicht in Empfang nehmen wollte. Aber inzwischen war er von seinem neuen Steuersystem so begeistert, daß er es beibehielt und das überflüssige Getreide so lange in den öffentlichen Kornspeichern lagerte, bis ihm einfiel, welchen Gebrauch er davon machen könne.

Es stellte sich bald heraus, daß seine Vorsorge für ihn und Skythien äußerst segensreich war, denn in jenem Winter fiel die Welt in Scherben. Doch davon hatte ich keine Ahnung, als ich auf Novidunum zuritt. Es war ein strahlender, warmer Herbsttag, und ich war glücklich, wieder zu Hause zu sein. Alle freuten sich, mich zu sehen – Arbetio und Edico, die Pfleger und Patienten im Hospital, die Soldaten, mein eigener Haushalt. Gudrun und Alaric hatten sich großartig eingelebt und begrüßten mich, als sei ich ein kleiner Gott. Ich versprach ihnen, sie ihren Familien zurückzugeben, sobald diese ein Zuhause für sie hätten. Sie knieten nieder und küßten mir die Hände. Raedagunda hatte es irgendwie geschafft, ihr Baby noch nicht zu bekommen: Es kam zwei Tage nach meiner Ankunft: Ein gesundes, kräftiges Mädchen. Gudrun betete es geradezu an, Alaric konnte es nicht ausstehen. Sueridus und Raedagunda baten mich um die Erlaubnis, es Charitona zu nennen. Ich antwortete ihnen, ich könne es nicht zulassen, daß das Kind einen derart barbarischen Namen bekäme, aber wenn sie wollten, könnten sie es ja Charis nennen. Ich sah mich nach einem größeren Haus um.

Dann verschwand in den letzten Tagen des Oktobers mein gotischer Assistent im Hospital, Edico. In der Nacht zuvor hatte er Besuch von einem anderen Goten erhalten, den die Wachen am Festungstor als seinen Vetter erkannt hatten. Am Morgen waren er und der Besucher zusammen fortgegangen und nicht mehr wiedergekehrt. Ich war überrascht und bestürzt. Er hatte inzwischen lesen gelernt und auch sonst eine rasche

Auffassungsgabe bewiesen. Seine Begabung für die Heilkunst war offenkundig, und ich war über seinen Verlust ebenso betrübt wie verletzt. Er hatte die Hälfte meines Opiumvorrates mitgenommen, dazu etwas Hanf und einige Alraunwurzeln; vor allem jedoch mein Exemplar des Heilmittelbuchs von Dioskurides, das ich ihm vor kurzem geliehen hatte. Für mein Empfinden hatte er sich damit auf eine Stufe mit einem gemeinen Dieb gestellt, und ich schämte mich für ihn. Wahrscheinlich waren irgendwelche Mitglieder seiner Familie krank geworden, aber ich verstand nicht, warum er mir das nicht erzählt hatte; ich hätte ihm soviel Urlaub gegeben, wie er wollte.

Dann, zwei Tage später, Anfang November, erhielten auch wir die schlimmen Nachrichten aus Mösien, die Edico bereits erhalten haben mußte. Die Terwingen befanden sich in offenem Aufruhr.

Sie waren nach Marcianopolis gezogen, hatten sich jedoch viel Zeit dafür genommen. Zuerst hatten sie Wagen gebaut, um ihre Kinder und alles, was ihnen sonst noch an Hab und Gut geblieben war, aufzuladen. Dann waren sie sehr langsam losmarschiert und hatten immer wieder haltgemacht, um unterwegs Nahrungsmittel zu erbetteln oder zu stehlen. Als sie endlich die Hauptstadt erreichten, lud Lupicinus die gotischen Führer zu einem Festmahl ein. Frithigern und ein Edelmann namens Alavivus nahmen die Einladung an. Wie üblich nahmen sie eine Wache bewaffneter Begleiter mit, die außerhalb des Hauptquartiers wartete, solange ihre Anführer drinnen schlemmten. Die übrigen Terwingen blieben außerhalb der Stadtmauern. Sie waren nach wie vor sehr hungrig, und viele von ihnen zogen zur Stadt, um sich ein paar Nahrungsmittel einzuhandeln. Aber die Wachsoldaten lachten sie aus und versuchten, sie fortzujagen. Die Goten wurden wütend, sie stießen Beleidigungen und Drohungen aus. Dann erschienen die Stadtbewohner und bewarfen die Barbaren mit Steinen. Die Goten warfen die Steine zurück, einige schleuderten sogar ihre Lanzen auf die Römer – oder was auch immer sie finden konnten. Die Wachen eilten zu Lupicinus, um ihm zu berichten, daß es am Stadttor zu Auseinandersetzungen gekommen sei. Die größte Sorge des Heerführers galt der eigenen Sicherheit und dem Schutz der Stadt. Vor der Tür seines Hauptquartiers erblickte er Frithigerns Gefolge, das dort auf seine Führer wartete. Lupicinus ließ sämtliche Leute töten und die beiden Anführer festnehmen.

Die Nachricht von diesen Ereignissen erreichte die Goten außerhalb der Mauern sehr rasch, und die übrigen Terwingen strömten zusammen, um die Stadt zu belagern. Obwohl durch Krankheit und Hunger geschwächt, waren sie doch sehr zahlreich, und viele hatten ihre Waffen beim Übersetzen über die Donau versteckt. Sie schlugen ihre Schwerter gegen die

Schilder und verlangten von den Römern, ihren König, wie sie Frithigern nannten, freizulassen. Frithigern wurde zu Lupicinus gebracht und behauptete, das Ganze sei ein Mißverständnis und sie könnten Blußvergießen vermeiden, wenn der Heerführer ihn und seinen Gefährten Alavius ziehen ließe, um ihr Volk zu beruhigen. Lupicinus ließ sie hinausführen, vorbei an den Leichnamen ihrer dahingeschlachteten Gefährten. Sobald sie aus der Stadt hinaus waren, waren sie natürlich auf und davon. Sie begannen, die Umgebung von Marcianopolis zu verwüsten und Nahrungsmittel, Pferde, Kühe und was ihnen sonst noch in die Hände fiel, zu rauben.

Die nächste Nachricht war schlimmer und erreichte uns ein paar Tage später. Lupicinus und dem Heerführer Maximus war es gelungen, ihre Truppen zu sammeln und gegen die Goten zu führen – doch sie waren vernichtend geschlagen worden. Die meisten Legionen waren ganz einfach ausgelöscht, ebenso wie fast alle Offiziere, die auf Festinus' Festbankett so großspurig über das Festungsbauwesen schwadroniert hatten. Die Standarten der römischen Legionen waren in die Hände der Barbaren gefallen. Ja schlimmer noch, die Goten hatten die Waffen der toten Römer an sich genommen und waren stärker als je zuvor. Es schien jetzt so gut wie sicher, daß auch die Greuthungen die Donau überquert hatten und daß Frithigern bereits ein Bündnis mit ihnen geschlossen hatte. Lupicinus war noch am Leben: Als er sah, daß die Armee verloren war, war er geflohen, hatte sich in Marcianopolis verschanzt und einen Boten losgeschickt, um Hilfe zu holen. Die Goten wurden jetzt nicht mehr von der Angst vor den Römern in Schach gehalten, die bisher immer auf ihnen gelastet hatte. In den gesamten südlichen Provinzen Thraziens griffen sie Städte und Landhäuser an, brandschatzten, plünderten und vergewaltigten. Sie töteten sämtliche Männer in waffenfähigem Alter und schleppten Frauen und ältere Kinder als Sklaven mit sich. Säuglinge und kleine Kinder, die zu jung waren, um weitere Strecken zu marschieren, wurden ihren Mütter entrissen und umgebracht. Beamte, ja sogar völlig unschuldige Ratsmitglieder wurden auf die Folter gespannt und getötet. Einer von Lupicinus' Offizieren wurde gefangengenommen: Die Goten peitschten ihn aus, folterten und blendeten ihn und rissen ihn zum Schluß buchstäblich in Stücke.

Doch römische Anmaßung, die eigentliche Ursache des Krieges, dauerte an und schadete dem römischen Staat weiterhin. Ein Brief des Kaisers höchstpersönlich traf in Hadrianopolis ein, den dort stationierten – und mit den Römern verbündeten – gotischen Truppen wurde befohlen, Thrazien zu verlassen und sofort nach Asien zum Hellespont zu ziehen. Diese Truppen wurden von Athanarics Vater befehligt und befanden sich gerade in ihren Winterquartieren. Sie hatten ihre Waffen bereits abgelegt, und als der

Ärger begann, hatte der Stadtrat sie weggeschlossen. Die gotischen Befehlshaber wollten eigentlich nicht in den Krieg verwickelt werden und baten lediglich um zwei Tage Frist, um sich auf den Marsch vorbereiten zu können. Außerdem baten sie um Lebensmittel und Reisegeld. Der Magistrat der Stadt gab ihnen kein Reisegeld, und auch der Kaiser schickte keines. Da das Landhaus des Ratsherrn von Frithigerns Leuten geplündert worden war, war er nicht gut auf die Goten zu sprechen. Er bewaffnete die Bürger und richtete den Goten aus, falls sie die Stadt nicht unverzüglich verließen, würde er sie allesamt töten lassen. Die gotischen Anführer versuchten, an seine Vernunft zu appellieren. Die Bevölkerung johlte und bewarf sie mit Steinen. Schließlich rebellierten die Goten ganz offen, töteten eine große Anzahl von Bürgern, besorgten sich Waffen – in Hadrianopolis gibt es eine Fertigungsanlage für Kriegsmaterial – und verließen die Stadt. Sie vereinigten sich mit Frithigerns Streitkräften, und bald wurde Hadrianopolis von einer riesigen und gutbewaffneten gotischen Armee belagert.

Sebastianus war noch vor Beginn der Rebellion nach Skythien zurückgekehrt. Die Truppen waren in Alarmbereitschaft versetzt worden, und es wurden Vorbereitungen getroffen, sie mit anderen kaiserlichen Streitkräften zu vereinigen – doch dann passierte gar nichts. Sebastianus hatte nicht genug Soldaten, um dieser riesigen gotischen Armee auf eigene Faust entgegenzutreten. Er sandte Botschaften an den Kaiser – schickte sie, um sicher zu gehen, per Schiff – und fragte, was er tun sollte.

Thorion sandte ebenfalls Botschaften, einige an den Kaiser und einige an mich. »Komm sofort nach Tomis zurück«, schrieb er. »Ich schicke dich, Melissa und das Baby nach Konstantinopel. Eine Provinz, die sich im Krieg befindet, ist kein Ort für Frauen.«

»In jeder Provinz und während jeden Krieges gibt es einen Haufen Frauen«, schrieb ich zurück. »Und außerdem bin ich für dieses Hospital verantwortlich: Ich kann meine Patienten nicht einfach im Stich lassen. Mach dir keine Sorgen. Hier in Novidunum bin ich ebenso sicher wie du in Tomis.«

Ich schickte den Brief mit dem offiziellen Kurier. Dann kletterte ich auf die Festungsmauer und sah zu, wie der Mann über die Felder davonritt. Alles war inzwischen weiß vom ersten Schnee. Der Himmel über dem Delta war grau und schien bersten zu wollen; nur am Horizont leuchtete er und war von jener eigenartigen Helligkeit, die die Luft über dem Meer auszeichnet. Der Kurier bewegte sich über die weiße Fläche des Schnees vorwärts, ritt unter den schweren Wolken hinweg, eine winzige schwarze Ameise, die über eine riesige Staubfläche krabbelt. Sonst rührte sich nichts. Ich blickte zum Delta hinüber, dann schritt ich langsam auf der Festungsmauer

entlang. Rauch aus ein paar Häusern in östlicher Richtung; Kühe auf einem Feld; eine Frau, die Holz sammelte. Dann die unermeßlichen braunen Fluten des Flusses, die in der kalten Luft dampften und sich der Helligkeit des weit entfernten, unsichtbaren Meeres engegenwälzten. Dahinter, am anderen Flußufer, waren die Wälle des verlassenen gotischen Lagers gerade noch zu erkennen, dann weitere Felder und Wälder: Nichts rührte sich, kein Leben. Dort waren keine Goten. Vielleicht drängten dort schon bald andere Barbaren nach – Alanen, Hunnen. Ich schloß die Augen und dachte an das Imperium, einen Ring von Städten um das Mittelmeer herum, eine Kette, die sich bis zum Schwarzen Meer erstreckte, den Nil hinauf bis in die Wildnis des Binnenlandes, von dem weit entfernten Britannien bis zur persischen Grenze, vom Rhein und von der Donau bis weit in den Süden hinunter, bis zu den Wüsten Afrikas und den Landstrichen Äthiopiens. Alexandria mit seinem Leuchtturm. Caesares, Tyrus, das kaiserliche Antiochia, Rhodos, Ephesus, meine Heimatstadt, mit ihrem herrlichen Tempel der Göttin Artemis. Das strahlende Konstantinopel. Athen, unser aller Mutter und nach wie vor eine Stadt des Lernens, selbst heute noch inmitten ihres lang anhaltenden Niedergangs. Und die Städte des Westreichs, die ich nur aus Berichten kannte: Rom, Carthago, Massilia und weiter entfernt liegende Hauptstädte im Innern wie Treviri und Mediolanum. Die Völker Britanniens, Galliens, Afrikas, Ägyptens, Syriens, Asiens: ein Durcheinander unterschiedlicher Sprachen, unterschiedlicher Vergangenheiten, Religionen, Rassen. Ein Kaiserreich, zwei Sprachen und beinahe tausend Jahre Zivilisation. Zum erstenmal in meinem Leben versuchte ich – wie ich da auf den Festungswällen von Novidunum stand –, mir ein Leben ohne das römische Imperium vorzustellen, und zum erstenmal verstand ich, warum Athanaric es so liebte.
Ich kletterte von den Mauern herunter und machte mich an meine Arbeit im Hospital. Mir hätte schon vorher klar sein müssen, daß ich auf Gedeih und Verderb eine Kreatur des Kaiserreichs war, von ihm geformt durch meine Erziehung, genährt mit seinem Wissen, geprägt durch seine Ordnung. Doch Ephesus ist eine alte Stadt, man hält ungewöhnliche Dinge für ganz normal und sieht einen Zustand für ganz natürlich an, der in Wirklichkeit ein mühsam erworbenes Privileg darstellt. Es war mir immer als selbstverständlich erschienen, daß nur Soldaten Waffen trugen, daß die Gesetze überall die gleichen waren, daß die Menschen sich – unabhängig von irgendwelchen örtlichen Verwaltungsbeamten – von ihren Berufen ernähren konnten, daß man Waren kaufen konnte aus Orten, die Tausende von Meilen entfernt lagen. Aber all dies hatte seine Wurzeln im Kaiserreich, das das Gefüge der Welt zusammenhält, so wie Atlas angeblich den Himmel hält. Und all das war den Goten fremd. Ich hatte die kaiserlichen

Behörden bisweilen wegen ihrer Bestechlichkeit, ihrer Brutalität, ihrer Gier, mit der sie die gesamte Macht der Welt für sich beanspruchten, gehaßt. Doch jetzt, da die kaiserliche Regierung in Thrazien herausgefordert war, fühlte ich mich ganz und gar als Römer. Was ich in dieser Lage tun konnte, um dem Staat zu dienen, würde ich tun. Andere mochten ihren Posten verlassen; ich war entschlossen, den meinen nicht zu verlassen.

In der nächsten Woche kam Sebastianus durch Novidunum, um die Truppen auf seinem Weg flußaufwärts zu inspizieren. Ich erstattete ihm über den Gesundheitszustand der Legionen Bericht und meldete ihm Edicos Überlaufen zu den Goten. Da ich dadurch in Bedrängnis geraten war, bat ich Sebastianus um zwei Dinge: erstens um die Beförderung des Intelligentesten der Pfleger des Hospitals zum Arzt und zweitens um die offizielle Freilassung Arbetios. Außerdem sollte er ihm eine mit einem regulären Sold ausgestattete Position verschaffen. Um letzteres hatte ich bereits mehrmals gebeten, aber bei dieser Gelegenheit verlieh ich dieser Forderung größeren Nachdruck. Ich wollte nicht, daß mein anderer Assistent ebenfalls verschwand, und ich hielt es für ziemlich wahrscheinlich, daß Edico ihm die Freiheit versprochen hatte, falls er sich den Goten anschlösse. Sebastianus akzeptierte meinen Standpunkt und wischte die Angelegenheit nicht, wie vorher immer, beiseite. Er ließ seinen Schreiber auf der Stelle die Dokumente ausfertigen, rief Arbetio zu sich und sagte ihm, er sei ein freier Mann. Arbetio starrte ihn an, und Sebastianus händigte ihm den Vertrag eines Armeearztes zur Unterschrift aus. Arbetio war wie betäubt. Als er unterschrieb, zitterte seine Hand. Sebastianus ergriff sie und schüttelte sie. Mit weit aufgerissenen Augen starrte Arbetio den Vertrag an. Ich trat auf ihn zu und streckte ihm meine Hand ebenfalls entgegen; er ergriff sie, dann blickte er mir ins Gesicht und umarmte mich. »Danke dir«, sagte er. »Ich finde keine Worte. Ich wäre zu sterben bereit, um dir richtig zu danken.«

Sebastianus lachte. »Du hast recht, dem Urheber deiner Freiheit zu danken und nicht so sehr dem Vollstrecker.« Und er bat uns beide, beim Abendessen seine Gäste zu sein.

Als wir abends beisammen saßen, fragte ich Arbetio, ob er mein Haus übernehmen wolle. »Ich möchte es sowieso loswerden. Du kannst es bezahlen, wenn du die Summe beisammen hast.«

»Ich wollte mir eigentlich für etwas anderes Geld von dir leihen«, meinte Arbetio unsicher.

Sebastianus sah ihn nachdenklich an. »Wofür? Für einen anderen Sklaven? Zehn zu eins, daß es eine Frau ist.«

Arbetio lächelte und wurde rot. »Ja. Ich brauche jemanden, der mir den Haushalt führt.«

»Ich werde dir das Geld leihen«, ich lächelte ihm aufmunternd zu. »Und das

Haus ebenfalls. Wirklich, ich bin froh, wenn ich es los bin. Valerius hat ein größeres für mich gefunden; es muß nur ein neues Strohdach bekommen.« Sebastianus lächelte. »So spricht ein reicher Mann! Athanaric hat mir erzählt, daß er etwas über dich herausgefunden hat.«

Ich konnte es nicht verhindern, daß ich zusammenzuckte und etwas Wein auf meine Tunika verschüttete. Ich richtete mich rasch auf und versuchte, ihn fortzuwischen.

»Gott im Himmel!« sagte Sebastianus und lachte. »So schlimm kann es doch nicht sein!«

Ich saß regungslos da und versuchte, mich zu beherrschen. Selbst wenn Athanaric die Wahrheit vermutete, hatte er Sebastianus offensichtlich nichts erzählt. In dem Verhalten des Heerführers deutete nichts darauf hin, daß er etwas von meinem wahren Geschlecht wußte. »Athanaric hat mir erzählt, daß er in irgendwelchen Dingen herumwühlt, die ihn überhaupt nichts angehen«, sagte ich schließlich mißmutig. »Einige davon hängen angeblich mit mir zusammen. Ich betrachte diese Dinge allerdings als strikt privat, und wenn Athanaric etwas herausgefunden hat, dann hat er hoffentlich den Anstand, den Mund zu halten.«

Sebastianus starrte mich überrascht an. »Er schrieb lediglich am Schluß eines Briefes, er habe über einige Ereignisse in Asien nachgedacht und etwas über dich herausgefunden, was er mir bei unserer nächsten Begegnung erzählen wollte.«

»Ich wäre dir dankbar, wenn du ihm nicht zuhörst, ehrenwerter Sebastianus.«

»Heiliger Christ, Chariton, das kann doch nichts schaden. Es ist mir egal, falls Festinus dich des Verrats bezichtigt hat oder du tatsächlich ein entlaufener Sklave bist. Was auch immer es ist, ich bin sicher, daß du vollkommen unschuldig bist, und Athanaric ist sich dessen ebenfalls sicher. Er machte keine Andeutung darüber, daß er etwa etwas Schimpfliches entdeckt habe, nur etwas, was ich wissen sollte. Wenn er es mir erzählen will, dann doch nur, weil er möchte, daß ich Ärger von dir fernhalte.«

Ich setzte mich wieder auf die Ruhebank, war jedoch zu angespannt und verärgert, um mich entspannt zurückzulehnen. Athanaric hatte sicherlich etwas gemerkt. Ich konnte an nichts anderes denken als an mein Geheimnis – aber falls er es herausgefunden hatte, warum hatte er es dann Sebastianus in seinem Brief nicht ganz einfach erzählt? Fürchtete er vielleicht, der Brief könne in falsche Hände geraten? Oder hatte er irgendwelche falschen Schlüsse gezogen? Noch konnte ich vielleicht davonkommen. Trotzdem, ich hatte nach wie vor Angst und war außerdem ziemlich wütend. »Hat Athanaric mit den augenblicklichen Schwierigkeiten denn nicht genug zu tun, muß er auch noch in abgestandenen

Ereignissen einer anderen Diözese herumwühlen?« fragte ich verbittert.
»Vor allem in solchen, die seine Freunde kränken könnten.«
»Wenn ich irgendwie helfen kann . . .« meinte Arbetio zögernd, aber ich
schüttelte den Kopf.
Sebastianus seufzte. »Nun, es tut mir leid, daß ich etwas gesagt habe. Ich
konnte nicht wissen, daß du es so aufnimmst.« Er schnippte mit den
Fingern und deutete auf mein Glas; die Sklaven füllten es nach. »Jetzt, da
du es erwähnst, muß ich gestehen, mich ebenfalls gewundert zu haben, daß
Athanaric noch die Zeit hatte, an etwas anderes als an seine Arbeit zu
denken. Er ist inzwischen in Antiochia gewesen, er hat während eines
befristeten Waffenstillstandes mit Frithigern gesprochen, und in seinem
letzten Brief berichtete er, er sei nach Sirmium unterwegs.«
»Was gibt es für Neuigkeiten?« fragte ich und wurde allmählich wieder
ruhiger.
»Die Goten haben die Belagerung von Hadrianopolis aufgehoben. Offensichtlich ist Frithigern sich darüber klargeworden, daß sie nicht über
genügend Erfahrung für einen erfolgreichen Belagerungskrieg verfügen
und dabei nur unnötig Soldaten verlieren. Sie haben nur ein paar Mann
zurückgelassen, um die Stadt unter Beobachtung zu halten. Der Rest hat
sich in kleinere Gruppen aufgeteilt und streift plündernd durchs Land. Ich
würde mich nicht wundern, wenn wir auch in Skythien schon bald auf
einige von ihnen stoßen.«
»Was ist mit unseren eigenen Truppen?« fragte Arbetio.
Sebastianus zuckte die Achseln. »Vor dem Frühjahr wird niemand aus dem
Osten hier eintreffen. Lupicinus ist seines Kommandos und Festinus seiner
Statthalterschaft enthoben worden. Beide sind in Unehren nach Hause
geschickt worden – das bedeutet jedoch nur, daß hier im Augenblick
niemand die Verantwortung trägt. Unsere Erhabene Majestät traut sich
nicht, auch nur einen einzigen Mann von der persischen Front abzuziehen,
bevor er nicht Frieden mit dem Großen König dort geschlossen hat. Aus
diesem Grunde hat er den Heerführer Victor dorthin geschickt. Es sieht so
aus, als würden sie Armenien unter sich aufteilen. Dann will er Profuturus
und Trajanus mit den armenischen Legionen zu uns schicken. Ich kann mir
vorstellen, daß Athanaric eine Botschaft in das Westreich bringt, um
Gratianus Augustus um Truppen zu bitten. Er hat allerdings nichts
dergleichen gesagt. Ich fürchte jedenfalls, daß wir bis zum Frühjahr auf
eigene Faust zurechtkommen müssen, möglicherweise sogar bis zum Sommer.« Er hob seinen Becher und blickte uns über den Rand hinweg
aufmerksam an. »Trinkt, Freunde! Wir werden schon bald nicht mehr viel
Zeit zum Trinken haben.«

12

Sebastianus behielt mit seinen beiden Vermutungen recht: Bis zum Sommer erhielten wir keinerlei Verstärkungen, und wir bekamen immer mehr Goten zu Gesicht. Der größte Teil der Terwingen zog nach Skythien. Auf einer weiten Ebene, nahe der Grenze zwischen Skythien und Mösien, dort, wo die Donau in einer Schleife bis ganz in die Nähe der Hämusberge kommt, errichteten sie ein festes Lager. Sie stellten ihre Wagen in einem riesigen Kreis auf, um auf diese Weise eine Art Stadt zu bilden, in der die Frauen und Kinder bleiben konnten. Die Männer führten Raubzüge durch, die sie weit hinein nach Thrazien führten. Sie plünderten und brandschatzten, wo sie nur konnten. Einige wagten sich bis auf wenige Meilen an Novidunum heran. Sie machten keinen Versuch, die kleineren Posten anzugreifen oder eine der befestigten Städte zu belagern, sondern beschränkten sich darauf, Lebensmittelvorräte und Kriegsmaterial zu erbeuten, und sie waren äußerst erfolgreich hierin. Viele gotische Sklaven, vor allem diejenigen, die erst kürzlich durch die Praktiken von Lupicinus ihre Freiheit verloren hatten, rannten ihren Herren fort und kehrten zu ihrem Volk zurück. Dann verrieten sie ihren Landsleuten, wo sie die prächtigsten Häuser und das fetteste Vieh finden konnten. Die Goten häuften ihre Beute rascher auf als die meisten bestechlichen Statthalter ihre Bestechungsgelder. Sie plünderten die Goldminen im Süden, sie plünderten die Landgüter, sie plünderten Städte und Landhäuser. Sie schleppten alle römischen Besitztümer fort, die sie schon immer geschätzt hatten – schöne Töpferwaren, Schmiedearbeiten, Silber und Glas; kostbare, aus anderen Ländern importierte Gewänder aus Leinen, Seide und Wolle; Möbel mit Einlegearbeiten; Gemälde und Wandteppiche; Bücher, die sie gar nicht lesen konnten. Und sie nahmen sich römische Sklaven. Männer, die noch vor ein paar Monaten selbst Sklaven gewesen waren, verschleppten die Frauen und Kinder ihrer früheren Herren, und die römischen Soldaten konnten nur wenig tun, um ihnen Einhalt zu gebieten. Sebastianus stellte einen Trupp Soldaten zusammen, um selbst Streifzüge ins Land zu unternehmen und zu versuchen, einige der gotischen Soldaten auf ihren Expeditionen zu ergreifen und zu bestrafen, doch er hatte nicht genug Männer, um damit viel zu erreichen.
Der größte Teil der skythischen Bevölkerung strömte in die befestigten Städte, vor allem nach Tomis und Histria, in einem geringeren Ausmaß aber auch in die Armeelager wie Novidunum. Dank Thorions gehorteter Getreidevorräte gab es in den Städten für jedermann genug zu essen; trotzdem richtete Thorion rasch ein Rationierungssystem ein. Genaues wußten wir allerdings nicht, denn die Verbindungen zur Außenwelt waren

unterbrochen. Wegen der Goten war es nicht immer sicher, Botschaften über Land zu schicken, die Donau war inzwischen zugefroren, und mitten im Winter hatte kein Kapitän den Mut, es mit dem Schwarzen Meer aufzunehmen. Wann immer Soldaten längs des Ufers flußaufwärts oder flußabwärts ritten, wurden sie von Kurieren begleitet. Trotzdem konnte man viele Wochen lang meinen, Novidunum sei die einzige Stadt auf der Welt, ganz allein inmitten des Schnees auf dem Steilufer thronend. Gelegentlich kam ein Trupp Soldaten flußabwärts geritten und lud hastig ein paar Verwundete im Hospital ab, doch vom Meer her kam vom Dezember bis zum Frühjahr niemand.

Trotz der im Lager herrschenden Ruhe waren wir im Hospital ziemlich beschäftigt. Neben den Verwundeten unserer eigenen Legion mußten wir Versprengte aus Mösien, die desertiert oder vor den Goten geflohen waren, versorgen; dazu kamen noch kranke oder verletzte Bauern, die sich nach Novidunum geflüchtet hatten. Ich machte mir Sorgen wegen unserer Vorräte an Arzneimitteln, stritt mich mit Valerius um Geld für zusätzliche Vorräte, setzte ihm zu, mir noch ein paar weitere Pfleger zu genehmigen, und stritt mich anschließend mit ihnen herum.

Arbetio setzte sich auf eine geradezu bewundernswerte Weise ein und war dabei stets bester Laune. Ich war in das neue, größere Haus umgezogen und hatte ihm das alte überlassen. Er hatte sich fünfzehn *Solidi* geliehen und seine Freundin freigekauft, um mit ihr zusammenleben zu können. Sie war eine kleine, pummelige junge Frau namens Irene, eine von Valerius' Köchinnen, und Arbetio war offensichtlich schon seit Jahren in sie verliebt. Nachdem er sie freigelassen hatte, ließen sie sich als Mann und Frau nieder, und alle beide waren außer sich vor Glück.

Ende Februar schickte Sebastianus mir einen Brief und bat mich, flußaufwärts in das Lager Ad Salices, »zu den Weiden«, in der Nähe der mösischen Grenze zu kommen. Einer seiner Trupps, die einen Ausfall gewagt hatten, war von den Goten aufgerieben worden, und es war einfacher, mich zur Behandlung der Verwundeten dorthin zu bringen, als sie alle ins Hospital nach Novidunum hinunterzuschicken. Ich packte einen ordentlichen Vorrat an Heilmitteln zusammen und machte mich mit einer Begleitmannschaft von zwölf Reitern auf den Weg. In der Woche zuvor hatte es getaut, inzwischen war jedoch alles wieder gefroren. Als wir das Lagertor passierten, schneite es heftig, das Tauwetter hatte jedoch eine Eisschicht auf dem darunterliegenden Schnee verursacht, die in die Beine der Pferde schnitt. Plötzlich fiel das Pferd eines Soldaten der Begleitmannschaft auf ihn, so daß er sich das Schlüsselbein brach. Ich mußte ihn behandeln und nach Novidunum zurückschicken. Zu allem Unglück hatte nach unserem Aufbruch auch noch meine Regel eingesetzt, und es war eine heikle Angelegenheit, diese Tatsache zu verbergen: Zumindest war es äußerst lästig, unter diesen Umständen zu reisen.

Nachdem wir drei Tage unter derart widrigen Bedingungen geritten waren, erreichten wir den Kamm eines Berges und sahen Salices unter uns liegen: Seine Wälle hoben sich dunkel gegen den Schnee und den zugefrorenen Fluß ab. Meine Begleitmannschaft stieß einen übermütigen Hurraruf aus, und wir machten uns auf den Weg hügelabwärts. Der Tribun, der die Soldaten befehligte, richtete sich in seinem Sattel auf und winkte mit beiden Armen zur Festung hinüber – dann krümmte er sich zur Seite und fiel vom Pferd. Ich fragte mich, was das bedeuten sollte, doch dann war ich plötzlich nahe genug bei ihm und sah ihn genauer. Seine eine Schädelhälfte war eingeschlagen: Sie war offensichtlich durch eine aus einer Schleuder abgeschossene Bleikugel wie eine Nuß geknackt worden.

Die anderen entdeckten es im gleichen Moment; die Beifallrufe blieben ihnen im Halse stecken, und sie begannen, ihre Pferde in gestrecktem Galopp den Hügel hinunterzujagen. Dabei rissen sie ihre Schilder vom Rücken und hielten sie sich über die Köpfe. Ein weiterer Mann sank zu Boden. Ich hatte keinen Schild. Und so beugte ich meinen Kopf tief über den Hals meines Pferdes und trieb es mit kräftigen Fußtritten an. Es war müde, doch es hatte den Geruch von Blut und von Angst geschnuppert und galoppierte hinter den anderen her. Ich hörte, wie etwas über meinen Kopf hinwegpfiff, und betete verzweifelt zu Gott und zu Jesus Christus, sie möchten mich beschützen. Zu meiner Rechten stolperte ein Pferd und brach zusammen; sein Reiter schrie vor Schmerz; dann sprang er auf und schwang sein Schwert. Ich konnte nicht anhalten, um ihm zu helfen, selbst wenn ich gewollt hätte. Ich schloß die Augen. Mein Pferd stolperte und bäumte sich auf; ich öffnete die Augen wieder und versuchte, es im Gleichgewicht zu halten. Vor mir hatte die Begleitmannschaft in einem Halbkreis Aufstellung genommen und sich den vom Rücken her Angreifenden zugewandt. Ich zügelte mein Pferd und fragte mich, was sie vorhatten. Diese Wahnsinnigen wollten doch nicht etwa kämpfen? Doch die Männer hatten sich in einer Schlachtreihe aufgestellt, ihre Schwerter gezogen und die Schilder über ihre Köpfe erhoben. Ein Trupp Goten kam den Hügel heruntergerannt, ihre Pelzmäntel flatterten im Wind, das Licht der untergehenden Sonne funkelte auf ihren Speeren. Der Mann, der sein Pferd verloren hatte, stieß einen Schlachtruf aus – diesen Schrei, der leise beginnt und in einem heiseren Brüllen endet –, und die Goten stürzten sich auf ihn. Weitere Barbaren tauchten zwischen den Bäumen auf. Der römische Soldat fiel, und sein Feind durchbohrte seinen Körper wieder und wieder, wobei er ein wildes Gebrüll und durchdringende Wutschreie ausstieß. Dann stürzte er sich auf uns. Hinter mir hörte ich den Klang von Trompeten.

»Warum können wir uns denn nicht zur Festung durchschlagen?« fragte ich den Soldaten vor mir.

Der Soldat schnaubte verächtlich. »Der Feind würde uns töten, wenn wir zu fliehen versuchen. Wir können uns den Rücken nicht freihalten. So aber haben wir eine Chance. Hurra!«

Ich fühlte mich schrecklich schutzlos. Die anderen Soldaten befanden sich zwar vor mir, aber sie hatten Helme und Schilder und Harnische; ich jedoch hatte nichts als meinen Pelzumhang und meine Arzttasche. Ich beugte mich tief auf das Pferd hinunter, preßte die Tasche an mich und dachte über Knochenbrüche, Behandlungen von Kopfverletzungen, Wundkompressen, Amputationen und die richtige Dosierung von Alraunwurzeln nach. Vielleicht, dachte ich, sollte ich jetzt etwas davon nehmen, dann hätte ich nicht solche Schmerzen zu befürchten, wenn ich getroffen würde.

Die Barbaren kamen schreiend näher. Die Soldaten meiner Begleitmannschaft empfingen sie mit einem Speerhagel, und einer der Feinde fiel. Hinter uns – inzwischen etwas näher – erklang von neuem die Trompete. Die Soldaten stießen wieder ihren Kriegsruf aus und stürmten gegen den Feind vor. Ich rührte mich nicht, saß einfach nur da und klammerte mich an meine Arzttasche. Einige Goten fielen; die übrigen wichen zurück, hügelaufwärts. Die römischen Soldaten verfolgten sie jedoch nicht, sondern machten kehrt und sammelten sich. Ein Geschoßhagel folgte ihnen; ein weiterer Mann fiel, versuchte sich aufzurichten, sank zurück. Unsere Soldaten wollten sich gerade wieder auf den Feind stürzen, da hörten wir das Donnern von Hufen hinter uns: Eine Reiterschwadron aus der Festung kam uns zu Hilfe. Ich wandte mein Pferd um, um mich ihnen anzuschließen, aber ein Schreckensruf entfuhr mir: Hinter unserer Schwadron tauchten weitere Barbaren auf; ein berittener Trupp Goten verfolgte unsere Helfer.

Der Befehlshaber der römischen Streitkräfte entdeckte sie ebenfalls und rief seinen Männern zu, sie sollten eine Keilformation bilden. Überall wimmelte es jetzt von Pferden und bewaffneten Männern; die Soldaten meiner Begleitmannschaft machten eine plötzliche Drehung, um mit den Neuankömmlingen einen gemeinsamen Keil zu bilden. Speere blitzten im Licht der untergehenden Sonne. Weitere Trompeten; weitere Soldaten, die aus Salices strömten, diesmal zu Fuß. Lautes Rufen und allgemeine Verwirrung. »Du bist Chariton der Arzt?« fragte der Befehlshaber der Reiterschwadron. »Geh in die Mitte hinter der Keilformation.« Ich ritt dorthin, und der Keil begann sich auf die Festung zuzubewegen. Die gotischen Reiter teilten sich in zwei Gruppen auf, vollführten eine Schwenkung und ritten jetzt zu beiden Seiten von uns. Hinter uns strömten die Barbaren, die mir und meiner Begleitmannschaft den Hinterhalt gelegt hatten, hügelabwärts. »Bei der unbesiegten Sonne!« rief unser Befehlshaber. »Halt! Halt! Bildet einen Kreis! Hebt eure Schilder und haltet die Stellung!« Und etwas ruhiger zu sich selbst: »Mein Gott, wir sitzen ganz schön in der Klemme!«

Die gotischen Reiter hatten sich zu einem Halbkreis formiert, der sich den Römern entgegenstellte und den Weg zur Festung blockierte. Ihre Pferde tänzelten, sie schlugen mit ihren Schwertern an die Schilder und schrien. Die römische Streitmacht war ihnen weit unterlegen; selbst ich konnte sehen, daß wir nur sehr geringe Chancen hatten, uns nach Salices durchzuschlagen. Ich bahnte mir einen Weg zum Befehlshaber. »Müssen wir denn gegen sie kämpfen?« fragte ich. »Was wollen sie?«

»Sie wollen uns töten«, erwiderte der Befehlshaber grimmig. »Vor zwei Tagen haben wir einige ihrer Kameraden getötet. Herr im Himmel, ich wußte nicht, daß immer noch so viele Barbaren in der Gegend sind!«

»Wenn wir uns jetzt zum Kampf stellen, werden wir ebenfalls einen Haufen Männer verlieren«, sagte ich. »Und das ist völlig sinnlos. Hör zu, ich bin ein Gastfreund des edlen Frithigern – ich habe seine Frau geheilt, bevor das alles angefangen hat. Laß mich gehen und sie um einen Waffenstillstand bitten. Dann können wir uns in die Festung zurückziehen, und sie können wieder ihren Beutezügen nachgehen. Vielleicht gehen sie darauf ein.«

Der Befehlshaber sah mich einen Augenblick lang erstaunt an, dann blickte er zu den Goten hinüber. »Wenn du unbedingt mit diesen Teufeln sprechen willst, dann nur zu!« sagte er. »Viel Glück! Hier, Valentinus, schneid uns ein paar grüne Zweige ab: Der Arzt will zu den Barbaren reiten und sie um einen Waffenstillstand bitten.«

Die Männer starrten mich an, dann brachen sie in Beifallsrufe aus. Valentinus, der Tribun, schnitt einige Zweige von einem Strauch am Wegesrand ab und reichte sie mir. Ich nahm einen Zweig in jede Hand, und die Männer ließen mich bis in die vorderste Reihe durch. Die Goten hatten ein paar hundert Schritt von uns entfernt Aufstellung genommen und warteten. Ich holte tief Atem, hob die Zweige hoch in die Luft und ritt los. Eine Kugel aus einer Steinschleuder zischte an mir vorbei. Ich zügelte mein Pferd, rührte mich nicht und hielt die Zweige hoch in die Luft. »Waffenstillstand!« rief ich. Ich konnte sehen, wie die Goten auf mich zeigten und miteinander sprachen und entdeckten, daß ich unbewaffnet war. Erneut begann ich, auf sie zuzureiten, und diesmal empfingen mich keine Geschosse.

Als ich mich den gotischen Linien näherte, löste sich aus der vordersten Reihe ein Mann auf seinem Pferd und kam auf mich zugeritten; aufgrund des Schmuckes, den er trug, hielt ich ihn für den Befehlshaber. »Waffenstillstand!« wiederholte ich auf griechisch, dann fügte ich »Freund!« auf gotisch hinzu.

»Freund?« erwiderte der gotische Befehlshaber in seiner Muttersprache, zügelte sein Pferd direkt vor mir und starrte mich an. »Kein Römer ist ein Freund der Goten! Wer bist du, und was willst du?«

»Ich bin Chariton von Ephesus, ein Arzt und Gastfreund des edlen Frithigern, ich möchte für die Römer einen freien Abzug nach Salices erbitten. Wenn ihr uns angreift, sterben wir, und viele von euch sterben ebenfalls. Doch keiner von uns kann einen Vorteil daraus ziehen.« Die Angst beflügelte meine Zunge und ließ mich fast fließend gotisch sprechen.

»Chariton von Ephesus?« fragte der Befehlshaber; einer der anderen Goten, der beinahe ebenso bedeutend ausstaffiert war und einen Mantel aus Wolfspelz trug, stieß einen Ruf der Überraschung aus und ritt auf uns zu. Er zog den Befehlshaber zur Seite, und sie flüsterten kurz miteinander und warfen mir immer wieder bedeutungsvolle Blicke zu. Dann wandte sich der Befehlshaber zu mir um. »Ich heiße den Gastfreund des edlen Frithigern willkommen«, sagte er in einem sehr viel freundlicheren Tonfall. »Bleib hier; übergib Triwane das Zeichen des Waffenstillstands. Deine Leute können nach Salices reiten.«

Triwane, derjenige, der dem Befehlshaber offensichtlich etwas über mich erzählt hatte, nahm die Zweige, hielt sie hoch in die Luft und ritt langsam auf die Römer zu. Der Befehlshaber rief seinen Truppen etwas zu, die gotischen Linien teilten sich erneut in zwei Reihen, und die Römer begannen vorwärts zu reiten, geleitet von Triwane, der die grünen Zweige emporhielt. Ich schluckte. Es war vorbei, den Göttern sei Dank.

»Ich danke dir, Herr«, sagte ich und drehte mich zu dem Befehlshaber um. »Kann ich mich jetzt meinen Leuten anschließen?«

Er betrachtete mich nachdenklich, kaute auf seinem Bart herum, dann beugte er sich zu mir hinüber und ergriff die Zügel meines Pferdes. »Der edle Frithigern möchte dich sprechen.«

Ich starrte ihn einen Augenblick lang begriffsstutzig an. Frithigern wollte mich sprechen. Dann wurde mir blitzartig klar, daß Frithigern zweifellos ganz dringend Ärzte benötigte. »Nein«, erwiderte ich. »Ich bin Frithigerns Gastfreund, ich habe das Leben seiner Frau gerettet, als sie nach der Kindsgeburt krank war. Freiwillig komme ich nicht mit. Und Frithigern ist ein edel denkender Mann und wird es dir nicht danken, wenn du seinen Gastfreund bei dem Versuch, ihn mit Gewalt mitzubringen, tötest.« Ich versetzte meinem Pferd einen heftigen Tritt, und aufgeschreckt riß es sich von dem gotischen Befehlshaber los. Ich wandte mich den römischen Streitkräften zu, die jetzt durch das Festungstor ritten und galoppierte so schnell, wie ich konnte, in ihre Richtung. Hinter mir schleuderte jemand ein Wurfgeschoß nach mir, doch der Befehlshaber rief ihnen zu, sie sollten damit aufhören. Statt dessen hörte ich, wie andere Pferde hinter mir her galoppierten. Kurz vor mir sah ich, wie der römische Tribun sein Pferd zügelte und seinen Männern Befehl gab, anzuhalten. Dann stolperte mein ermüdetes Pferd und stürzte. In dem Moment, als es den Boden berührte, rollte ich mich von ihm weg und lag einen Augenblick lang zusammengekrümmt da. Die Goten galoppierten heran und sprangen von ihren Pferden. Einer von ihnen fing mein Pferd ein. Ich erhob mich auf Hände und Knie; der Schnee war naß, und das Tageslicht schwand allmählich. Einen Augenblick lang vermochte ich mich nicht zu rühren. In der Mitte zwischen den feindlichen Streitkräften fühlte ich mich so, als sei ich meiner Persönlichkeit beraubt worden. Und ich hatte Angst, Angst nicht so sehr vor all der Gewalt um mich herum – obwohl auch diese mich sehr mitgenommen hatte – als vor etwas anderem: vor der Dunkelheit, vor der Schutzlosigkeit und davor, überhaupt niemand mehr zu sein.

Erneutes Hufedonnern, dann kam der römische Tribun angeritten. Ich hockte mich auf meine Fersen und versuchte, meine Selbstbeherrschung wiederzuerlangen. Die Goten riefen etwas, und einer zog sein Schwert. »Was ist hier los?« fragte der Römer. »Ich dachte, wir hätten einen Waffenstillstand geschlossen?«

Der gotische Befehlshaber rief seinem Soldaten zu, er solle sein Schwert wegstecken, dann wandte er sich dem Römer zu. »Wir haben einen Waffenstillstand geschlossen«, sagte er in perfektem Latein. »Aber der Arzt kommt mit uns.«

Der Tribun sah auf mich herunter und berührte den Knauf seines Schwertes. »Er ist Römer, und der Heerführer schätzt ihn außerordentlich«, sagte er in entschiedenem Tonfall. »Du hast kein Recht dazu, ihn gefangenzunehmen.«

»Schätzt ihn der Heerführer mehr als dich und all deine Männer?« fragte der Gote. »Wir können den Waffenstillstand jederzeit widerrufen. Kämpf doch gegen uns, wenn du willst. Der edle Frithigern hat diesen Arzt als einen der Männer erwähnt, die er unbedingt in seine Dienste stellen möchte. Ich werde ihn zu ihm bringen, und wenn ich dazu einige Römer töten muß.«

Mühsam kam ich auf die Beine und fühlte mich sehr klein. Außerdem war mir kalt. Der Tribun saß auf seinem Pferd und blickte auf mich herunter. Dann sah er den gotischen Befehlshaber an, die gotischen Soldaten und seine eigenen Männer. Er seufzte und schüttelte den Kopf. »Es tut mir leid«, sagte er zu mir, »du wirst mit ihm gehen müssen.«

Mir war plötzlich zum Heulen zumute. Ich wußte, daß Frithigern mir nichts Böses antun würde, aber ich fühlte mich zutiefst den Römern zugehörig, empfand den verzweifelten Wunsch, zusammen mit Sebastianus und den Truppen in der Festung zu sein und nicht außerhalb mit all den Barbaren und dem vielen Schnee. Es war so, als hörte ich auf, zu existieren, wenn ich aller Menschen beraubt wäre, die mich kannten – so jedenfalls, als hörte ich auf, als Chariton zu existieren.

Doch zu weinen würde mir wenig helfen, und sowohl die Goten als auch die Römer würden nur verächtlich die Nase rümpfen. »Also schön«, sagte ich zu dem Tribun. Der gotische Soldat hielt immer noch mein Pferd fest; ich trat zu ihm und griff nach dem Sattel. Der Gote ließ die Zügel nicht los.

»Richte Sebastianus aus, daß ich mich wie Iphigenie in Aulis fühle«, sagte ich zu dem Tribun und versuchte, meiner Stimme einen unbekümmerten Tonfall zu verleihen. »Sag ihm: ›Siegreiches Heil zu bringen dem Hellenenvolk, mach ich mich auf!‹ Er wird sich darüber freuen.«

Der Tribun blickte mich verständnislos an, nickte jedoch. »Es tut mir leid«, wiederholte er. »Vielleicht zahlt jemand Lösegeld für dich. Leb wohl, viel Glück.« Er wandte sein Pferd und ritt zu seinen eigenen Männern zurück. Die römischen Soldaten zogen an mir vorbei und verschwanden in der Dämmerung. Von den Festungstoren schimmerte der Schein vieler Lampen; vor den Wällen standen die Fußsoldaten zuhauf. Unterhalb der Lampen entdeckte ich einen goldenen Schimmer: Sebastianus' vergoldeter Helmbusch, vielleicht auch seine Haare. »Fackelträger Tag und du, Lichtstrahl des Zeus! Ein andres Leben, ein andres Los tut sich uns leuchtend auf. Fahr wohl, du süßes Licht!« Ja, ich empfand Euripides' Stück passend, selbst wenn Sebastianus anderer Meinung war.

Die Goten wendeten ihre Pferde und zogen das meine mit sich. Es war nicht länger aufzuschieben. Ich bestieg mein Pferd, und wir ritten in die Nacht hinein.

13

Die Goten hatten ihr Lager nicht weit von der Festung Salices aufgeschlagen, so daß wir nicht lange reiten mußten. Es war ein großes Lager – in dem sich achthundert Goten befanden. Zu ihrem Beutegut gehörten etwa hundert römische Gefangene. Der gotische Befehlshaber – er hieß Walimir – befahl mir, mich sofort an die Arbeit zu machen und die Verwundeten zu behandeln. Er war höflich und formulierte seinen Befehl wie eine Bitte, aber es handelte sich nichtsdestoweniger um einen Befehl. Es gab einen Haufen verwundeter Goten. Einige Wunden waren infiziert, vor allem, weil die Soldaten soviel von Adernpressen und von magischen Zaubermitteln hielten. Die römischen Gefangenen waren ebenfalls verwundet, außerdem hatten sie von Fesseln wundgeriebene Stellen. Ich zog ein paar der Römer zur Mitarbeit heran, um Verbände und Reinigungslösungen herzurichten, aber ich brauchte bis zum Abend, um alle, die Hilfe nötig hatten, zu behandeln. Inzwischen war ich viel zu erschöpft, um einen Fluchtversuch zu machen. Walimir hatte mich nicht fesseln lassen, weil ich der Gastfreund des edlen Frithigern war, doch er befahl einigen seiner Reiter, mich zu bewachen. Ich bezweifle, daß ich weit gekommen wäre, selbst wenn ich bei Kräften gewesen wäre. Doch meine Wächter machten mir das Leben äußerst schwer. Es war umständlich genug gewesen, mein Geheimnis zu bewahren, solange ich mit den Römern über Land ritt und mich immerhin noch ein wenig zurückziehen konnte. Doch jetzt war ich keinen Augenblick mehr ungestört, und schon am Ende des ersten Tages war ich absolut ratlos. Ich konnte mich nicht waschen, und wenn ich eine Latrine benutzte, litt ich Folterqualen – die Goten waren äußerst neugierig und wollten unbedingt herausbekommen, was man so einem Eunuchen angetan hatte. Sie starrten mich unverwandt an, obwohl ich meine Tunika nicht hochhob.

Am nächsten Morgen brachen die Goten das Lager ab und machten sich auf den Weg zu Frithigern in seine Stadt aus Wagenburgen. Weiter östlich waren sie plündernd in das Landesinnere eingefallen; kleinere Trupps waren in den Norden vorgedrungen und von Sebastianus' Soldaten abgeschnitten und aufgerieben worden. Der Tribun hatte recht gehabt: Der Überfall auf Salices war ein Rachefeldzug gewesen. Sie hatten außer Sichtweite gelagert und an der Versorgungsstraße des Lagers einen Hinterhalt gelegt, in der Hoffnung, ein paar Römer zu töten und sich dann wieder davonzumachen. Aber sie waren nicht unbedingt erpicht auf eine größere Schlacht gewesen, und jetzt wollten sie mit ihrer Beute möglichst schnell zu ihren Frauen und Familien zurückkehren. So marschierten wir in südwestliche Richtung, vorneweg ein Trupp Reiter, dann kamen die Fußsoldaten zusammen mit den Sklaven und den Wagen mit dem Beutegut, schließlich die Kühe und die restlichen Reiter, die langsam durch ein weißes, menschenleeres Land ritten.

Selbst bei unserem langsamen Tempo brauchten wir nur anderthalb Tage, um die Wagenburg zu erreichen – ich hatte mir nicht klargemacht, daß sie so nahe lag. Aus der Entfernung sah sie wie eine wirkliche Stadt mit hölzernen Wällen aus. Erst beim Näherkommen konnte man sehen, daß die Wälle aus einer endlosen Kette zusammengerückter und aneinandergebundener Wagen bestanden, an die man hölzerne Schanzpfähle befestigt hatte. Als wir näherkamen, ritten einige der Goten voraus, schrien und brüllten und schwenkten ein paar von den geplünderten Gegenständen. Andere Goten strömten aus der Stadt heraus und schrien ihrerseits. Kinder stapften durch den Schnee und rannten neben den Soldaten her, riefen ihnen Fragen zu, bewarfen die Gefangenen mit Schneebällen und beschimpften und verhöhnten sie. Einige rannten voraus, um einen Vater oder einen Bruder, einen Onkel oder einen Vetter zu begrüßen. Die Marschkolonne machte halt, lange bevor wir die Tore erreichten. Ich kauerte auf meinem Pferd und fühlte mich erbärmlich. Die Leute starrten mich an und zeigten mit den Fingern auf mich, obwohl niemand etwas nach mir warf.

Im Inneren der Stadt befanden sich weitere Wagen, die in unregelmäßigen, konzentrischen Kreisen angeordnet waren. Überall liefen Tiere und Menschen herum. Der Rauch von Kochfeuern mischte sich mit dem Gestank von Latrinen; Küken kratzten auf Dunghaufen, auf denen auch Kinder spielten; Frauen breiteten ihre Wäsche aus und hängten sie neben provisorischen Brunnen über Dornenhecken oder über Pferdetröge zum Trocknen auf. Ich fragte mich, wie viele Goten wohl inzwischen in Thrazien sein mochten. Es hatte den Anschein, als sei diese Wagenburg bei weitem größer als alle römischen Städte der Diözese.

Im Zentrum des Lagers stand ein Haus. Es war ein römisches Haus, eine große und prächtige Villa, mit einer Vorderseite aus Säulen, einem Ziegeldach und einem Badehaus. Als wir dort angekommen waren, stieg Walimir vom Pferd und bedeutete mir, das gleiche zu tun. Vor dem Haus standen in Bärenfelle gehüllte Wachen mit erbeuteten römischen Waffen. Zwei von ihnen traten auf uns zu und fragten Walimir, was er wolle.

»Wir haben einen Ausfall gemacht und sind gerade zurückgekommen«, verkündete dieser. »Ich habe eine Menge Beutegut und einen Haufen Gefangene gemacht; bei Salices habe ich viele Römer getötet und den berühmten Arzt und Zauberer Chariton gefangengenommen. Ich bringe ihn König Frithigern.«

Die Wachen sahen Walimir respektvoll an, mir warfen sie neugierige Blicke zu. Wir wurden in die Halle der Villa eingelassen, und einer der Wachsoldaten ging, um uns Frithigern zu melden. Er kam zurück und beglückwünschte Walimir im Namen Frithigerns, bat ihn jedoch, einen Augenblick zu warten, da der König noch einige Geschäfte zu erledigen habe. Wir warteten. Nach etwa einer halben Stunde betrat noch jemand den Warteraum, ein hochgewachsener Gote in einem hermelinbesetzten Umhang, und plötzlich erkannte ich in ihm meinen früheren Assistenten Edico.

»Chariton, mein lieber Meister!« rief er aus, sah mich strahlend an und trat auf mich zu, um mir die Hand zu schütteln. »Ich bin überaus glücklich, dich heil und gesund zu sehen, und dann auch noch hier, bei meinem eigenen Volk!«

Ich zog meine Hand zurück. Sicherlich, ich freute mich, Edico wiederzusehen – es war schön, überhaupt ein vertrautes Gesicht zu erblicken. Und es war wunderbar, endlich wieder einmal jemanden griechisch sprechen zu hören – aber ich ärgerte mich. »Ich bin nicht freiwillig hier«, erwiderte ich ungehalten.

Das Lächeln verschwand sofort. »Ja, man hat mir berichtet, daß du gefangengenommen worden bist. Aber mach dir keine Sorgen, dir wird kein Leid geschehen. Du hast viele Freunde hier, darunter auch König Frithigern. Wir werden dich in jeder Beziehung als unseren Gast behandeln.«

»Ein Gast ist frei, zu gehen, wohin immer es ihm gefällt«, wandte ich ein. »Darf ich annehmen, daß dies auch für mich gilt? Wenn das so ist, mache ich mich sofort auf den Weg.«

Er schüttelte schnell den Kopf. »Es tut mir leid, wir sind in einer Notlage. Wie haben kaum Ärzte, und viele Menschen sind krank. Ich habe versucht, die Leute dazu zu bewegen, Brunnen für ihr Trinkwasser zu benutzen, ich habe versucht, all die Dinge zu tun, die du mir beigebracht hast, aber wir leiden immer noch an vielen Krankheiten. Die Menschen sind durch die teuflischen Römer, die uns am Fluß festgehalten haben, böse geschwächt. Und die Verwundeten leiden fürchterlich, da wir nicht genügend Heilmittel haben, um sie ordentlich zu behandeln. Das Opium ist mir ausgegangen, und seit Wochen durchkämmen einige Burschen in meinem Auftrag die Nachbarschaft nach Alraunwurzeln.«

»Das Opium ist dir ausgegangen? Das tut mir aber leid! Aber ich fürchte, ich habe auch nicht mehr viel: Ein Dieb hat die Hälfte unserer Vorräte in Novidunum gestohlen.«

Edico war immerhin so gnädig, zu erröten. »Wir benötigten es dringend«, meinte er ganz ernsthaft. »Ich weiß, daß du Mitleid mit uns hast, Chariton; du hast versucht, diesem Lupicinus sein Handwerk zu legen. Aber du hattest keine Ahnung, wie sehr wir litten. Ich war außer mir vor Freude, als die Soldaten mir erzählten, sie hätten dich gefangengenommen. Du wirst so viele Menschenleben retten können.«

»Ich bin aber gar nicht außer mir vor Freude! Bei den Römern kann ich ebensogut Menschenleben retten, außerdem wäre ich sehr viel lieber bei meinen eigenen Leuten. Edico, ich habe dir die Heilkunst beigebracht, und als du den Eid abgelegt hast, hast du geschworen, mich als deinen Lehrvater anzusehen. Setz dich für mich ein, versuche, den König dazu zu überreden, mich nach Hause zu schicken. Hör zu: Wenn es dich ärgert, daß ich deine Feinde heile, dann will ich schwören, aus Thrazien zu verschwinden und nach Alexandria oder vielleicht auch nach Konstantinopel zu gehen. Aber ich gehöre nicht hierher. Das weißt du.«

Edico stand da, sein Gesicht über dem Hermelinumhang war feuerrot. »Es tut mir leid«, meinte er schließlich. »Wir sind knapp an Ärzten, und ich brauche Hilfe.«

»Zum Teufel mit dir«, erwiderte ich bloß. Ich konnte nicht auf seine Hilfe hoffen. Hinter uns öffnete sich eine Tür, die Wachen nahmen Haltung an, und ein gotischer Edelmann machte uns ein Zeichen, zum König zu kommen.

Walimir ging als erster hinein, seine Untergebenen folgten ihm, dann kam ich zusammen mit einem Wachsoldaten; Edico schlich hinter mir her und machte einen äußerst unglücklichen Eindruck. Es war ein großer und prächtiger Raum; der Fußboden war mit einem Tierkreismosaik ausgelegt, vor den Glasfenstern hingen grüne, mit Goldbrokat bestickte Vorhänge, und die grüngelbe Täfelung der Wände war mit Wandteppichen behangen. In der einen Ecke des Raumes hatten die Goten eine Art Podium errichtet, das mit weiteren Brokatvorhängen verkleidet war und auf dem mehrere vergoldete Ruhebänke standen. Auf der mittleren saß Frithigern. Er trug einen purpurfarbenen Umhang – Gott allein weiß, wo er so etwas herbekommen hatte – und ein goldenes Stirnband. Ein weiterer Anführer, der ähnlich gekleidet war, saß auf der äußersten Kante der Ruhebank neben ihm. Ich vermutete, daß es ein anderer gotischer Heerführer war, vielleicht Alavivus oder einer der greuthungischen Edelleute.

Walimir beugte das Knie vor dem König. »Sei gegrüßt, Frithigern, König der Goten!« rief er aus. Der andere Anführer sah bei dieser Anrede verstimmt aus, sagte jedoch nichts. Frithigern erhob sich von seiner Ruhebank und kam herunter, um Walimir die Hand zu schütteln.

»Sei gegrüßt, Walimir! Gut gemacht! Die ganze Stadt hallt von den Neuigkeiten deiner Siege wieder.« Walimir sah erfreut aus. »Ich hoffe, das Beutegut ist nach deinen Wünschen sowie nach den Gebräuchen unseres Volkes verteilt worden? Gut. Gut auch, daß du Chariton gefangengenommen hast. Der edle Edico hat sich schon seit Monaten gewünscht, ihn hier zu sehen.«

»So daß es mir überlassen bleibt, meine Anwesenheit hier zu beklagen«, warf ich ein. »Oder muß ich mich jetzt als Sklaven betrachten und den Mund halten, während andere über mich verfügen?«

»Du bist unser Gast«, erwiderte Frithigern auf griechisch und streckte mir die Hand entgegen.

Nach einem Augenblick des Zögerns ergriff ich sie. »Edler Frithigern«, sagte ich, »ich weiß, daß dein Volk großes Unrecht erlitten hat. Ich habe versucht, dem Einhalt zu gebieten . . .«

»Ich habe davon gehört, und ich danke dir.«

». . . aber ich kann dir nicht dienen, wenn ich mich gegen mein eigenes Volk stellen muß. Bitte laß mich gehen. Ich habe dir in der Vergangenheit geholfen, vortrefflicher Frithigern, und du schuldest mir etwas Besseres als die Gefangenschaft.«

Frithigern schüttelte den Kopf. »Es tut mir leid. Ich verlange von dir ja nicht, gegen dein eigenes Volk zu kämpfen. Ich hoffe aber, daß du dich als Arzt nicht weigern wirst, die Kranken zu behandeln. Und wir haben sehr viele Kranke und Verwundete – sie sind krank, weil die Leute den Römern vertraut haben und auch, weil sie mir vertraut haben; und sie sind verwundet, weil sie für mich gekämpft haben. Ich kann dich nicht gehen lassen.«

»Dann behandelst du mich also als Sklaven, gleichgültig, was für schöne Worte du über Gastfreundschaft verlierst.«

»Wenn du es vorziehst, dieses Wort zu gebrauchen, dann sei es dir unbenommen; ich werde dich meinen Gast nennen. Du bist willkommen in meinem Haus. Hast du schon etwas gegessen? Wenn nicht, dann leistest du mir vielleicht Gesellschaft zum Abendessen? Ach, Chariton, als Grieche wirst du wohl zuerst baden wollen. Meine persönlichen Sklaven werden dich bedienen.«

»Dank dir, nein«, entgegnete ich ihm. Ich fragte mich, wie lange ich wohl bei den Goten bleiben und ihre Verwundeten behandeln müßte. Ich fragte mich, ob mich die Römer für einen Verräter halten würden, wenn sie die Barbaren schließlich besiegten. Wahrscheinlich nicht; Sebastianus wußte, daß ich nicht freiwillig mitgegangen war.

»Nun, dann willst du dir vielleicht etwas anderes anziehen?« fragte Frithigern und warf mir aus seinen blassen Augen einen schwer zu deutenden Blick zu. »Du bist weit geritten, und es schmerzt mich, einen Gast zu beherbergen, der von der Reise derart erschöpft ist.«

Ich seufzte. »Wenn ich ein Zimmer für mich haben könnte, würde ich mich gerne für einen Augenblick zurückziehen und mich ein wenig ausruhen.«

»Meine Sklaven werden sich um dich kümmern.«

»Wenn du nichts dagegen hast, vortrefflicher Frithigern, würde ich es vorziehen, allein zu sein.«

Die gläsern wirkenden Augen fixierten mich, der Blick wurde intensiver und war von einem Stirnrunzeln begleitet. »Bitte entschuldige mich, weiser Chariton, aber das ist kein guter Vorschlag. Es wäre besser, wenn die Sklaven einen Blick auf dich werfen und ihren Freunden berichten könnten, daß du wirklich ein Mann bist. Es würde die Phantasie der Leute beruhigen. Die Leute erzählen sich, daß du ein Teufel bist – es tut mir leid, viele Menschen hier sind äußerst töricht und abergläubisch und tun den ganzen Tag lang nichts anderes als zu klatschen. Außerdem glauben meine Frau und ihre Gefährtinnen, daß du in Wirklichkeit eine Frau bist. Bei uns Goten gibt es keine Eunuchen. Erlaube den Sklaven, dir aufzuwarten, so wie sie es mit jeder Person von Rang tun, dann werden sich die dummen Gerüchte von selbst erledigen.«

»Ich mag es nicht, wenn man mich anstarrt«, erwiderte ich auf gut Glück und versuchte, mir eine glaubwürdige Begründung für meine Schamhaftigkeit auszudenken. »Bitte, du hast mich zum Sklaven gemacht; laß mir wenigstens meine Würde.«

Frithigern starrte mich an und runzelte die Stirn. Hinter mir meldete sich Edico. »Wie kann die Würde eines vornehm geborenen Mannes denn leiden, wenn ihm Sklaven aufwarten?« fragte er. »Du bist wirklich zu empfindlich, vortrefflicher Chariton.«

»Jetzt, da du mir dienst, möchte ich, daß die Leute eindeutig wissen, wer du bist«, sagte Frithigern. »Meine Gemahlin behauptet, daß du eine Frau bist. Sie sagt, daß du dich verkleidest, weil es die Römer nicht erlauben, daß Frauen Medizin studieren. Wie kannst du mir ordentlich dienen, wenn die Leute derartige Dinge über dich verbreiten? Du mußt dich meiner Entscheidung in dieser Angelegenheit fügen.«

Edico lachte belustigt auf. »Frauen erzählen eine Menge. Wenn du nicht willst, daß die Leute einen derartigen Unsinn glauben, dann vergiß diese verrückte Bescheidenheit.«

Zur Hölle mit Amalberga. Sie hatte zu schnell zuviel herausgefunden, und sie hatte mich noch nicht einmal gefragt, ob sie recht habe. Sie hatte Verdacht geschöpft, hatte ein Motiv für meine Verkleidung entdeckt und ihre eigenen Schlüsse daraus gezogen. Ich überlegte, was ich noch vorbringen könnte, aber meine Zunge war wie gelähmt. Ich spürte, wie ich rot wurde. Frithigern beobachtete mich unentwegt.

»Ich bin es gewohnt, allein zu sein«, sagte ich, als das Schweigen unerträglich wurde. »Ich empfinde diese Neugier als ungehörig.«

Frithigern fegte meinen Einwand beiseite. »Du bringst mich beinahe dazu, zu glauben, daß der Verdacht meiner Gemahlin begründet ist.«

»Erhabene Majestät, ich würde mir deswegen keine Gedanken machen«, meinte Edico. »Ich habe fast zwei Jahre lang mit Chariton zusammengearbeitet. Ich weiß, daß diese Gerüchte unbegründet sind.«

»Wirklich?« fragte Frithigern und blickte von mir zu Edico. Dann blieb sein Blick erneut an mir hängen. »Schwöre es.«

Mein Herz schlug mir bis zum Hals. Ich wich dem Blick des Königs aus und sah auf das in den Fußboden eingelegte Mosaik: Der Stier brüllte die himmlischen Zwillinge an. Es gab keinen Ausweg mehr. Nachdem die Frage einmal gestellt worden war, gab es nur eine Antwort. Mein ganzes

Täuschungsmanöver hatte davon abgehangen, daß diese Frage niemals von jemandem gestellt wurde. Wenn ich einmal so direkt gefragt worden war, war es zwecklos, zu lügen.

»Die Gerüchte stimmen«, flüsterte ich. »Ich bin eine Frau.«

Edico starrte mich an, als zweifle er an meinem Verstand. Walimir starrte mich an, alle starrten mich an. Ich verschränkte meine Hände auf dem Rücken und preßte sie zusammen, um sie am Zittern zu hindern.

»Ich höre nie genug auf meine Frau«, meinte Frithigern nachdenklich. »Für gewöhnlich hat sie recht.«

Ich sah ihn an. »Niemand hat jemals meine Fähigkeiten als Arzt in Frage gestellt.«

»Auch ich stelle sie nicht in Frage«, erwiderte Frithigern. »Für deine Fähigkeiten spielt es keine Rolle, ob du ein Mann oder eine Frau bist. Und nur deine Fähigkeiten sind gefragt. Ich kann dich nur nicht außerhalb des Lagers einsetzen. Auf einem Beutezug könnte ich dir nicht genügend Schutz gewähren, und es würde eine große Schande für mich bedeuten, wenn du in meinen Diensten Beleidigungen erfahren müßtest. Ich werde dafür sorgen, daß du als Edelfrau behandelt wirst.«

Ich fühlte mich genauso wie in meinem Traum, als mein Vater sich in Festinus verwandelt hatte. Wenn man mich als Edelfrau behandelte, wäre das Geheimnis für immer und ewig preisgegeben. Falls ich weiter praktizieren wollte, würde ich mein Leben lang unter den Goten bleiben müssen – oder ich könnte nach Hause gehen, um einsam und allein und mit Schande bedeckt in dem Haus meines Bruders zu sitzen. In beiden Fällen hätte ich keine Macht mehr über das, was mit mir geschah. Ich wäre nichts mehr als eine Leibeigene Frithigerns oder meines Bruders. Meine Selbstbeherrschung verließ mich, und verzweifelt flehte ich: »Nein! Ich bitte dich! Ich bin für immer erledigt, wenn diese Nachricht bekannt wird. Ich werde nie mehr zu den Römern zurück können, ich . . .«

Frithigern lächelte. Natürlich. Wenn ich nicht zu den Römern zurückgehen konnte, um so besser.

»Nein«, rief ich erneut und war wie betäubt. »Ich habe dir und deinem Hause Gutes getan. Vergelte es nicht mit Bösem.«

»Man wird dich als Gast und als Edelfrau behandeln. Ich werde dafür sorgen, daß du bei meiner Gemahlin untergebracht wirst.«

»Wenn ich als Edelfrau behandelt werden wollte, hätte ich auch im Haus meines Vaters in Ephesus bleiben können!«

Aber Frithigern schüttelte den Kopf. »Ich kann dich nicht als Mann behandeln und bei den gemeinen Soldaten unterbringen. Du wirst bei meiner Gemahlin wohnen. Dann wissen die Leute, wer und was du bist. Meine Ehre wäre befleckt, falls dich jemand beleidigen sollte.«

»Aber du ruinierst mein Leben, siehst du das denn nicht ein?« schrie ich.
»Gott im Himmel! Ich werde meinen Namen, meinen Beruf, alles verlieren. Ich werde nur noch als dein Diener existieren! Und wenn ich versuche, nach Hause zurückzukehren, werde ich gar nichts sein, niemand – nichts als ein Ärgernis. Meine Freunde und meine Familie werden sich meiner schämen . . . Nein, bitte, ich flehe dich an . . .« Ich war drauf und dran, zu weinen, und mußte innehalten. Ich schlug die Hände vors Gesicht. Frithigern sah mich leidenschaftslos an.
»Ich werde dich jetzt zu meiner Gemahlin schicken«, sagte er mit großer Bestimmtheit. »Dort kannst du dich ausruhen.«
Und tränenüberströmt wurde ich aus dem Raum geführt.

14

Amalberga fand genau die richtige Art, mit mir umzugehen. Ich hätte niemals gedacht, daß man mich so leicht lenken könne: Meine Familie und meine Freunde würden darin wohl mit mir übereinstimmen. Doch Amalberga ging so geschickt mit mir um wie ein Kindermädchen mit einem widerspenstigen Kind oder ein geschickter Reitknecht mit einem störrischen Pferd. Und ich merkte es nicht einmal, ehe es geschehen war. Fast blind vor Tränen wurde ich in den rückwärtigen Teil des Hauses geführt, in dem die Frauen wohnten. Amalberga saß zusammen mit einigen der anderen Edelfrauen an der Feuerstelle und spann. Sie machte einen äußerst erstaunten Eindruck, als die Wachsoldaten ihr erklärten, was passiert war, dann sprang sie auf, schickte die Männer fort und führte mich in ein leeres Schlafzimmer. »Leg dich eine Weile hin«, sagte sie zu mir und ließ mich allein. Und ich weinte – ziemlich hysterisch, nehme ich an – etwa eine Stunde lang, und lag dabei auf dem Bett, biß in meine Ärmel, wand mich in Krämpfen und schluchzte hemmungslos. Ich hätte mir ein Messer in den eigenen Leib stoßen können; ich war wütend auf ihn, weil er ein weiblicher Körper war und weil er mich verraten hatte.
Als das Schluchzen etwas nachgelassen hatte, kam Amalberga wieder herein und stand in der offenen Tür. »Hochgeschätzte Chariton«, sagte sie auf griechisch, »eine meiner Frauen hat ein krankes Kind; sie ist ganz verzweifelt und fleht darum, daß jemand nach ihm sieht. Ich weiß natürlich, daß du müde bist, vortreffliche Chariton, aber könntest du vielleicht einen Blick auf das Baby werfen?«
In diesem Augenblick haßte ich sie abgrundtief, weil der von ihr geäußerte Verdacht zu meiner Bloßstellung geführt hatte. Aber wie hätte ich mich

weigern können, ein Baby zu untersuchen? Ich stand auf, unterdrückte meine letzten Schluchzer und ging, um nach dem kranken Kind zu sehen. Es litt an Ohrenschmerzen und hatte Fieber. Ich gab ihm etwas gegen das Fieber – ein wenig Nachtschatten – und machte ihm außerdem heiße Kompressen, um seine Ohrenschmerzen zu lindern. Dann beruhigte ich die Mutter und versicherte ihr, das Kind sei keineswegs so furchtbar krank und es werde sich bestimmt erholen. Amalberga fand noch einen anderen Patienten, der angeblich meine Hilfe dringend brauchte, fragte jedoch, ob ich mich vielleicht zuerst waschen wollte: »Ich weiß, daß ihr griechischen Ärzte großen Wert auf Hygiene legt, wenn ihr eure Patienten behandelt. Ich habe das Badehaus vorbereiten lassen, wenn du dich also dorthin begeben willst.« So badete ich, während mehrere Sklaven und einige von Amalbergas Frauen hereinschauten, um sicherzugehen, daß ich wirklich kein Mann und auch kein Teufel war.

Als ich aus dem Bad stieg, waren meine alten Kleider verschwunden, und an ihrer Stelle hatte jemand eine lange Tunika mit Ärmeln, ein paar Hausschuhe und einen goldverzierten Gürtel bereitgelegt. Die Sklaven hielten mir das Gewand erwartungsvoll entgegen, und ich starrte es an. Doch was hätte es für einen Sinn gehabt zu protestieren? Ein Patient wartete auf mich, und eine Verkleidung würde sowieso nichts mehr bewirken. Ich zog das Ding über und schnallte mir den Gürtel um die Taille. Das Gewand war aus Wolle mit einer Untertunika aus Leinen: gute Qualität. Es war dunkelgrün, ohne einen Saum oder irgendwelche Muster, und die Ärmel gingen bis zum Ellbogen, so daß sie nicht im Wege waren: praktisch für die Arbeit. Aber ich kam mir seltsam vor ohne mein Korsett, und der lange Unterrock fühlte sich unnatürlich an.

Als ich aus dem Badehaus kam, saß Amalberga wieder an ihrem Spinnrad und sprach mit den anderen Frauen. Zu ihren Füßen spielten einige Kinder. Sie lächelte, machte jedoch keine Bemerkung über mein Aussehen. Ich hätte es auch nicht ertragen, wenn sie es getan hätte. Statt dessen entschuldigte sie sich dafür, keinen Umhang besorgt zu haben: »Ich dachte, du könntest deinen alten benutzen, er muß jedoch erst gereinigt werden. Aber Frigda liegt nebenan, du brauchst nicht nach draußen zu gehen, um sie zu behandeln. Darf ich dir ein paar Ohrringe geben?«

»Nein danke«, erwiderte ich.

Amalberga lächelte entschuldigend. »Es wäre besser, wenn du etwas Schmuck trügest. Die Leute würden dir mehr Respekt entgegenbringen. Wenn jemand keinen Schmuck trägt, glauben sie, er müsse von niedrigem Rang sein, und ein Arzt von niedrigem Rang kann nur unfähig sein. Deine Patienten würden mehr Vertrauen haben, wenn du etwas Schmuck trügest. Hier, nimm diese.« Sie händigte mir ein paar feine römische Perlenohrringe aus – sie waren zweifellos aus irgendeiner thrazischen Villa geraubt worden. Ich betrachtete sie mürrisch.

»Ich würde es vorziehen, dir nichts schuldig zu sein«, erklärte ich und machte den Versuch, sie ihr zurückzugeben.

»Aber ich bin es doch, die dir etwas schuldet!« wandte Amalberga ein. »Du hast mir das Leben gerettet, und ich habe zum Dank deinen Namen bei deinem Volk zerstört. Ich schwöre, daß ich das zu keiner Zeit beabsichtigt habe. Ich hatte einen Verdacht, und ich erwähnte ihn gegenüber meinem Gemahl – doch das war vor Beginn des Krieges. Ich habe niemals erwartet, daß der König dich bloßstellt, und es tut mir aufrichtig leid. Laß mich dir zumindest dabei helfen, dir einen neuen Namen unter uns Goten zu machen. Deine Geschicklichkeit wird das meiste dazutun, aber es wird von großem Nutzen sein, wenn du wie eine Edelfrau aussiehst.« Sie schloß meine Hand um die Ohrringe, ihre lebhaften blauen Augen blickten mich aufrichtig bittend an.

Ich zögerte einen Augenblick, dann legte ich die Ohrringe an. Meine Ohren waren gleich nach meiner Geburt durchstochen worden, und die sechs Jahre, die ich ohne Ohrringe gelebt hatte, hatten nicht genügt, die Löcher zu schließen.

Amalberga nickte beifällig. »Jetzt siehst du schon eher wie eine Person von Rang aus«, sagte sie. »Darf ich dich nach deinem wirklichen Namen fragen?«

»Charis«, antwortete ich und stand unglücklich da, nackt und lächerlich in meinem neuen, grünen Gewand.

»Natürlich«, meinte Amalberga und lächelte erneut. »In Wirklichkeit hast du ihn gar nicht geändert. Du brauchst mir nichts weiter zu erzählen, wenn du nicht möchtest. Zu deiner Patientin geht es da entlang. Sie ist schwanger und hat jetzt schon seit einer Woche Schmerzen in der Leistengegend. Wir machen uns Sorgen um sie. Ich hoffe, du kannst ihr helfen.«

Amalberga war eine geschickte Herrscherin. Bei unserem ersten Zusammentreffen hatte ich ihre Selbstbeherrschung bewundert; wenige Frauen, die Kindbettfieber haben, können ihren Hebammen Befehle erteilen. Jetzt sah ich, daß Selbstbeherrschung noch das wenigste war. Sie war äußerst geschickt darin, die Leute dorthin zu bekommen, wohin sie sie haben wollte, und sie stellte sich dabei sehr viel geschickter an als ihr Mann. Sie hatte eine natürliche Begabung, zu verstehen, was andere fühlten, und sie konnte mit großem Geschick auf diesen Gefühlen spielen. Es war keine Heuchelei und kein Theater dabei im Spiel: Das war ihre Stärke. Ihre Freundlichkeit war absolut aufrichtig, und sie war wirklich interessiert daran, die Leute zu versöhnen – miteinander, mit den Anordnungen ihres Mannes, mit ihrem Schicksal. Sie verstand vollkommen, wieviel mir die

Heilkunst bedeutete, und sie benutzte diese Tatsache dazu, mir meine Unfreiheit zu erleichtern. Erst als ich an jenem Abend zu Bett ging, wurde mir klar, daß ich ganz einfach nachgegeben hatte. Ich hatte Patienten, die meine Aufmerksamkeit benötigten, und ich mußte Edico dabei helfen, ein Hospital zu leiten: Aus diesem Grunde würde ich es ertragen, eine gotische Ärztin zu werden.

Bei diesem Gedanken richtete ich mich voller Entsetzen in meinem Bett auf. Ich teilte das Zimmer, ja sogar das Bett mit einer gotischen Edelfrau, deren Ehemann auf einem Beutezug war. Das Zimmer hatte einen mit Binsen ausgelegten Steinfußboden und Wände aus Flechtwerk, das mit Lehm beworfen war. Es war schon seit einiger Zeit nicht mehr saubergemacht worden, und das dauernde Herdfeuer im Hauptraum des Frauenquartiers hatte es ganz rauchig werden lassen. Meine Gefährtin murmelte etwas und drehte sich im Schlaf um. Ich mußte an Alexandria und mein Studium denken, an den Geruch des Nilschlamms, die Rufe der Straßenverkäufer, die ehrwürdigen medizinischen Texte. Ich dachte an das Haus meines Vaters in Ephesus. Mit dieser Stadt der Barbaren hatte ich nichts gemein. Wenn ich jetzt fortlief, könnte ich vielleicht wieder bei den Römern sein, bevor sie die Neuigkeiten erhalten hätten. Salices war nicht so furchtbar weit.

Ich kletterte aus dem Bett, ergriff das grüne Gewand und zog es mir über. Der Steinfußboden war kalt. Ich suchte nach meinen Stiefeln, dann erinnerte ich mich daran, daß ich nur die Sandalen hatte und noch nicht einmal einen Umhang. Wie konnte ich aus dem Frauenquartier gelangen, die verschiedenen Wagenburgringe des Lagers überwinden, aus dem Tor schlüpfen und zwei Tage durch das feindliche Land hindurch zu den Römern zurückreiten, ohne wenigstens einen Umhang dabeizuhaben? Konnte ich denn überhaupt reiten in einem langen Frauenhemd?

Ich stand da und ballte hilflos meine Fäuste. Dann ging ich in den Hauptraum hinaus. Ich mußte irgend etwas tun; selbst wenn ich heute nacht nicht fliehen konnte, mochte mir vielleicht doch etwas einfallen, was ich tun könnte. Das Feuer brannte nur noch ganz schwach, und der Raum war leer. Meine Arzttasche stand neben der Tür, die zum Hauptteil des Hauses führte. Ich ging hin und hob sie auf. Der Ledergriff war vom vielen Gebrauch ganz schwarz, und dort, wo sie immer gegen meine Seite geschlagen war, wenn ich sie trug, war sie eingebeult. Sie war ziemlich schwer, voller Schächtelchen und Flaschen mit Arzneimitteln, dazu ein Haufen Messer, Verbände und mein Patientenbuch. Ihr Gewicht war meiner Schulter inzwischen so vertraut, daß ich mich ganz nackt fühlte, wenn ich das Haus ohne sie verließ. Aber ich dachte: Wenn die Nachricht über meine wahre Identität die Römer erreicht, und wenn ich zurückgehe, dann kann ich sie ebensogut für immer hinter mir lassen.

Eine Tür öffnete sich, und Amalberga kam herein. Sie hatte ihre Tunika nachlässig übergeworfen, die langen Haare hingen ihr offen über die Schultern. Ihre Umrisse hoben sich gegen das schwache Licht des Feuers ab. Sie sah mich einen Augenblick lang unbewegt an, dann sagte sie: »Es wäre besser, wenn du bliebest. Was auch immer du morgen tun wirst, es wird dir besser gelingen, wenn du jetzt schläfst.«

»Was auch immer ich morgen tun werde?« erwiderte ich bitter. »Ich habe doch gar keine Wahl. Ich dachte, man hätte beschlosen, daß ich Edico bei der Betreuung seiner Patienten helfen soll.«

»Das ist richtig«, entgegnete Amalberga ruhig. »Ich hoffe, du kannst etwas für sie tun.«

»Weißt du, was du mir angetan hast?« fragte ich sie. »Vielleicht bist du ja der Meinung, ich verdiente die Sklaverei, da ich mich so unschicklich verhalten habe. Aber ich habe dir niemals etwas getan.«

Sie schüttelte den Kopf. »Ich bewundere, was du getan hast. Wenige Frauen sind in der Lage, so klar zu entscheiden, was sie wollen, und noch weniger können es auch erreichen. Es ist wahrscheinlich grausam, dir etwas zu nehmen, wofür du hart gekämpft hast, und es tut mir leid. Viele Leute aus meinem Volk wurden im letzten Sommer versklavt, und seitdem sind auch viele aus deinem Volk versklavt worden. Sie würden dich selbst jetzt noch um deine Freiheit beneiden.«

Ich biß mir auf die Lippen. »Das mag sein«, erwiderte ich nach einem Augenblick. »Aber das entschuldigt dich noch lange nicht.«

»Unser Volk hat sehr gelitten. Auch wir hatten keine Wahl: Wir sind dazu gezwungen worden, uns zu erheben. Mein Gemahl hofft immer noch, mit dem Kaiser Frieden schließen zu können und sein Vasall zu werden. Worauf können wir sonst hoffen? Niemand kann das Imperium besiegen – es ist zu groß. Aber unsere erste Pflicht, seine und meine, gilt unserem Volk, wir müssen es ernähren und beschützen. Das verstehst du sicherlich, und du verstehst auch, warum wir dich bei uns haben wollen, sogar gegen deinen Willen und gegen unsere Ehre.« Sie trat auf mich zu und berührte meine Hand, wobei sie mich ernst ansah. »Aber es muß nicht unbedingt so überaus schrecklich sein. Du kannst deine Heilkunst bei uns offen praktizieren und wirst dafür geehrt. Das ist doch immerhin etwas, oder?«

»Ich liebe mein eigenes Volk«, entgegnete ich. »Ich gehöre nicht hierher.«

Sie ließ ihre Hand sinken und seufzte. »Ich verstehe nicht, warum die Menschen das Kaiserreich so lieben.«

»Wir sind in ihm geboren, und es hat uns geformt.«

Sie zuckte die Achseln. »Viele Goten, die unter unseren eigenen Königen geboren sind, geben ihr Volk auf, um bei den Römern zu leben. Mein Onkel Ermaneric hat das getan, und sein Sohn, mein Vetter Athanaric, liebt das Kaiserreich ebenso wie irgendein römisch geborener Bürger. Aber nur wenig Römer wollen bei uns leben, auch wenn man ihnen Reichtum und Ehre bietet. Mein Gemahl träumt immer noch von Rom, obwohl er sich im Krieg mit ihm befindet.«

»Ich mag keine Träume. Aber . . . das Leben, das ich gewählt habe, gibt es bei deinem Volk nicht. Ich bin Arzt und Hippokratiker, kein Zauberer, keine weise Frau oder Hexe. Ich passe nicht hierher.«

»Ärztinnen gibt es bei deinem eigenen Volk aber auch nicht.«

»Nun, ich war ja auch keine, oder?«

Bei dieser Bemerkung lächelte sie. »Nein. Aber bei uns könntest du eine sein. Du hast Edico schon halbwegs in der hippokratischen Medizin ausgebildet. Wenn wir diesen Krieg überleben, könntest du auch noch andere ausbilden. Vielleicht sind wir ja wirklich unwissende Barbaren, aber wir möchten ein Teil des Kaiserreichs sein und die römische Lebensweise erlernen — vor allem römische Handfertigkeiten und römische Künste, so wie die deine. Warum willst du uns so rasch abtun? Bei deinem Volk mußt du so tun, als seist du jemand, der du gar nicht bist, um jemand sein zu können, der du tatsächlich bist. Hier hast du die Möglichkeit, dir dein eigenes Gesetz zu schaffen; hier kannst du ein Hippokratiker *und* eine Frau sein.«

Ich starrte sie an und war im Innersten aufgewühlt. Hatte sie vielleicht recht? In Alexandria hatte ich davon geträumt, eines Tages ganz offen sagen zu können, eine Frau und ein Arzt zu sein. Aber Alexandria ist eine Stadt mit vielen unterschiedlichen Gesetzen. Bei den Goten waren die Sitten und Gebräuche nicht so vielfältig. Und doch gibt es bei ihnen weibliche Heiler. Und vielleicht überstanden sie tatsächlich den Krieg, vielleicht konnten sie ihr Vasallenkönigtum errichten und Teil des Kaiserreichs werden. Es war durchaus vorstellbar, daß ich (wie es in der Rechtssprache hieß) einen Präzedenzfall schaffen konnte.

Und ich hatte kaum eine andere Wahl, als es zu versuchen.

Amalberga lächelte mir zu. Sie bemerkte zweifellos, daß ihre Worte mich beeindruckt hatten. Sie berührte mich erneut am Arm. »Aber ruh dich aus. Ohne Essen oder Schlaf wirst du es nicht schaffen.«

So ging ich also wieder ins Bett.

15

Natürlich machte ich es genauso, wie Amalberga vorausgesagt hatte. Ich gewöhnte mich sehr schnell daran, eine weibliche Jüngerin des Hippokrates zu sein und meinen gotischen Patienten den ganzen Glanz der medizinischen Fakultät Alexandrias zuteil werden zu lassen. Und sie akzeptierten es. Dabei kam mir zustatten, daß die Goten jede Art ärztlicher Hilfe verzweifelt benötigten – gleichgültig, von wem sie ihnen verabreicht wurde. Und für mich war es wahrscheinlich hilfreich, daß es schrecklich viel zu tun gab.

Die Verantwortung für die Gesundheit der gesamten Wagenstadt lag bei Edico, und in Anbetracht der riesigen Schwierigkeiten, hatte er seine Sache recht gut gemacht. Er hatte ein Hospital eingerichtet, das nach dem Modell desjenigen in Novidunum aufgebaut war. Er hatte jeden rekrutiert, der sich auch nur einigermaßen dazu eignete, ihm als Krankenpfleger zu dienen – eine bunte Mischung ehemaliger römischer Armeeärzte, gotischer Hebammen und weiser Frauen, zweifelhafter Zauberer und Hexen sowie eindeutiger Scharlatane. Er hatte klar und deutlich auf die Notwendigkeit strikter Hygiene hingewiesen. Ansteckende Fälle behielt er im Hospital und isolierte sie samt ihrer Pfleger. Aber eigentlich war er nicht darauf vorbereitet, Amtsarzt einer großen Stadt zu werden, und dazu hatte sich die Wagenburg ganz unzweifelhaft entwickelt. Carragines nannten die Goten sie und benutzten dabei das lateinische Wort für »Wagen«. Mein erster Eindruck von ihr war durchaus zutreffend. Sie war groß, und sie war hoffnungslos übervölkert. Außerdem war sie schmutzig und wurde zunehmend ein Brutplatz für Seuchen.

Das Hauptproblem waren die sanitären Einrichtungen. Edico hatte mit großem Nachdruck auf Brunnen bestanden, aber er hatte nichts von der Notwendigkeit einer Kanalisation gewußt. Die vorhandenen Einrichtungen waren absolut ungenügend. Die Goten verfügten über einfache Senkgruben, jeweils eine für zehn Familien, gleichmäßig über die Ansiedlung verteilt. Das mag für ein nur vorübergehend aufgeschlagenes Lager oder ein kleines Dorf genügen. Aber für eine Stadt von mehreren zehntausend Menschen war es völlig ungenügend. Nur das kalte Wetter hatte es bisher verhindert, daß die Latrinen das gesamte Grundwasser des Geländes verseucht hatten. Schon gab es zahlreiche Fälle von Wassersucht, Typhus und Ruhr. An diesen Krankheiten starben bereits mehr Leute als in den Kämpfen gegen die Römer. Aber die meisten Toten waren natürlich Kinder, und das bedeutete keine Schwächung für die gotische Streitmacht. Was jedoch im Sommer aus dem Lager werden sollte, wagte ich mir gar nicht vorzustellen.

Doch die Goten sind anders als die Römer. Sie kannten gar keine öffentliche Kanalisation und verstanden nicht, warum diese so notwendig sein sollte. Sie glaubten, wenn man sich wegen derartiger Dinge Sorgen machte, zeuge dies von verweichlichten Sitten, ja von niedriger und sklavischer Gesinnung. Edico sah lediglich betreten vor sich hin, als ich ihm sagte, falls nicht sofort etwas unternommen werde, werde das Lager im Sommer eine Todesfalle sein. Natürlich war er meinetwegen sowieso sehr betreten. Als ich im Hospital zum erstenmal als Frau gekleidet erschien, starrte er mich die ganze Zeit an, dann wurde er rot und sah weg. Ich trug meinen Umhang immer noch locker über die Schultern geworfen, damit er mir nicht im Wege war. Ich hatte die Tunika fest um den Oberkörper gebunden und die Schnur zwischen meinen Brüsten gekreuzt, weil die Tunika ein bißchen zu groß war und weil ich den Halt des Korsetts vermißte. Die Veränderung, die mit meiner Figur vorgegangen war, bestürzte ihn wahrscheinlich. Schließlich mußte ich ihm sagen, er solle die Augen schließen und die »edle Frau Charis« vergessen! Ich war sein Meister und Lehrherr in der Heilkunst, und meine Kenntnisse waren die gleichen geblieben. Doch selbst so konnte ich ihn eine ganze Woche lang nicht dazu bewegen, vernünftig mit mir zu sprechen. Ich hatte keine Zeit, darauf zu warten, bis er sich beruhigt hatte: Das Wetter schlug bereits um, es wurde allmählich wärmer, und sobald der Erdboden taute, würde das Problem der fehlenden Kanalisation kritisch werden. Ich ließ das Hospital gleich am ersten Tag im Stich und bat um eine Audienz bei König Frithigern.

Ich wurde ziemlich schnell in den Audienzsaal gelassen. Frithigern war heute allein. Er sah mich neugierig an und machte mir wegen meiner Erscheinung ein Kompliment. Ich ignorierte es und kam direkt zur Sache: Ich erklärte ihm, Dutzende seiner Leute stürben im Augenblick aufgrund der unzureichenden hygienischen Verhältnisse und weitere Hunderte würden sterben, sobald es heiß würde. Er starrte mich an. Ich erklärte ihm die Sache, zitierte Hippokrates und Eristratos und erzählte ihm von den römischen Städten mit ihren öffentlichen Abwässerkanälen, mit deren Hilfe derartige Probleme vermieden wurden. Er machte einen etwas unglücklichen Eindruck und fragte mich, was er meiner Ansicht nach tun sollte.

»Laß sofort eine öffentliche Kanalisation bauen«, erwiderte ich. »Oder ein Aquädukt. Aber eine Kanalisation wäre einfacher, und außerdem könnten die Römer sie nicht so leicht zerstören.«

Frithigern runzelte die Stirn. Er schlug vor, wir sollten abwarten und sehen, ob das gegenwärtige System nicht doch funktioniere, bevor wir ein neues bauten. Ich erwiderte, es sei bereits jetzt überdeutlich, daß das

System nicht funktioniere. Er meinte, es sei nicht die Aufgabe einer Frau, solche Dinge zu entscheiden.

»Vortrefflicher Frithigern«, entgegnete ich, »du hast dir große Mühe gegeben, dich meiner Dienste zu versichern und zu verhindern, daß ich zu den Römern zurückkehren kann. Jetzt, da du mich in deiner Gewalt hast, kannst du auch ebensogut auf mich hören. Es mag nicht die Aufgabe einer Frau sein, Medizin zu studieren, aber ich habe sie nun einmal studiert, und was ich sage, stimmt.«

»Ich habe von dir erwartet, daß du dich um das Wohl der Kranken kümmerst, nicht aber, daß du mir erzählst, wir benötigten eine riesige öffentliche Kanalisation!« fuhr Frithigern mich an. »Der Bau eines Abwassersystems für die ganze Stadt erfordert Hunderte von Männern. Das ist teuer. Und ich weiß nicht einmal, wie so etwas konstruiert wird, auch sonst niemand hier – es sei denn, du hättest dies auf genauso vorbildliche Weise studiert wie Medizin.«

Die Konstruktion einer öffentlichen Kanalisation war auf der medizinischen Fakultät Alexandrias zwar nicht gelehrt worden, aber ich wußte, daß die Goten einen Haufen römischer Gefangener gemacht hatten, die jetzt als Sklaven bei ihnen arbeiteten. Ich machte den Vorschlag, Frithigern solle einige, die von solchen Dingen etwas verstanden, heraussuchen lassen und ihnen ihre Freiheit sowie eine große Geldsumme versprechen, wenn sie eine Kanalisation für Carragines entwürfen. Ich sagte, sie würden auf ein derartiges Angebot sicherlich freudig eingehen. Es war schließlich etwas anderes, als wenn man sie dazu aufforderte, Befestigungsanlagen oder etwas dergleichen zu bauen, was von den römischen Behörden als Verrat angesehen werden könnte. Die Sklaven mußten im Falle einer Pest höchstwahrscheinlich sowieso am meisten leiden.

»Ich kann unmöglich die Gefangenen anderer Leute freilassen!« wandte Frithigern ein. »Bei der Hälfte der Streitfälle, bei denen ich als Schiedsrichter fungieren muß, geht es bereits um Sklaven. Ich kann schließlich nicht das Gesetz hochhalten und dann selbst das Eigentum anderer requirieren. Nein, es ist ganz unmöglich. Ihr Griechen seid einfach fanatisch, wenn es um Hygiene geht. Vielleicht machen euch fehlende Abwasserkanäle ja wirklich krank. Wir Goten sind da aus härterem Holz geschnitzt. Wir baden ja auch nicht dauernd, und das schadet uns ebenfalls nicht.«

Ich biß mir auf die Lippen, um nicht herauszuplatzen und ihn einen stinkenden, unwissenden Barbaren zu nennen. »Erlauchter Frithigern, hier handelt es sich um verseuchtes Wasser und nicht ums Baden. Dieses Wasser hat bereits Menschen getötet. Heute morgen sind im Hospital mehrere Kinder gestorben. Wie viele müssen denn noch sterben, bevor du zugibst, daß hier ein ernstes Problem vorliegt?«

»Du übertreibst«, erwiderte Frithigern kalt. »Kinder sterben aus vielerlei Gründen. Ich kann meinen Männern nicht erzählen, sie sollten ihre Beutezüge einstellen und Abwassergräben bauen, nur weil irgendeine griechische Ärztin es für richtig hält.«

»Aber ich bin es doch nicht allein, die es für richtig hält! Alle medizinischen Autoritäten stimmen darin überein, daß verseuchtes Wasser Krankheiten verursacht! Und ein römischer Amtsarzt ist nun einmal dafür da, für die öffentliche Gesundheit zu sorgen.«

»Du bist kein römischer Amtsarzt!« fuhr mich Frithigern an. »Geh jetzt ins Hospital zurück und kümmere dich um die Kranken!«

Ich starrte ihn einen Augenblick lang an, erkannte, daß ich nichts erreichen konnte und verbeugte mich steif. »Wenn du schon nicht in der Lage bist, mir zu helfen, vortrefflicher Frithigern«, sagte ich bitter, »könntest du dann einige deiner Leute, die auf Beutezüge gehen, nicht vielleicht bitten, nach Heilkräutern Ausschau zu halten? Edico hat mir gesagt, ihm seien eine ganze Menge ausgegangen. Ich könnte Zeichnungen von den Kräutern anfertigen, die wir am dringendsten benötigen.«

»Edico hat schon von Anfang an um Arzneimittel gebeten. Aber meine Männer sind nicht daran interessiert, irgendwelche Wurzeln auszugraben oder Beeren zu pflücken, wenn sie sich auf Beutezügen befinden. Du wirst mit dem auskommen müssen, was zur Verfügung steht.«

Ich biß die Zähne zusammen. »Nun gut, vortrefflicher Frithigern. Wenn du deine Männer nicht in der Hand hast und sie nicht dazu bewegen kannst, Abwasserkanäle zu bauen oder nach Heilkräuten Ausschau zu halten, dann werde ich eben jemanden um Hilfe bitten müssen, der vom Geschäft des Herrschens etwas mehr versteht als du!«

Er wurde rot und sprang von seiner Ruhebank auf. »Was willst du damit sagen?«

»Ich werde mit deiner Frau sprechen, edler Frithigern! Ich wünsche dir alles Gute!«

Und ich verbeugte mich und ging hinaus und hoffte, Amalberga werde mich anhören.

Sie tat es, Gott segne sie. Ich ging direkt zu ihr und erklärte ihr die Notwendigkeit von Abwasserkanälen, und sie verstand mich sofort. Ihr war bereits aufgefallen, daß eine Menge Leute um sie herum magenkrank waren, doch sie hatte nicht gewußt, woran dies lag. »Ist das wirklich der Grund dafür?« fragte sie. »Die Latrinen? Ich dachte, es sei die Luft oder das Wasser.«

»Es ist das Wasser«, sagte ich und zitierte meine medizinischen Autoritäten, bis sie abwehrend beide Hände hob und mich bat, aufzuhören.

»Du hast keine Zeit mit Trübsinnblasen vergeudet, scheint mir«, sagte sie und lächelte.

Ich zuckte die Achseln. »Das Problem ist schließlich äußerst dringend.«
Aber erst jetzt wurde mir klar, daß ich überhaupt nicht anders reagierte als
früher, als jedermann mich für einen Eunuchen gehalten hatte. Und ich
hatte mich ja auch nicht verändert; nur was die anderen von mir wußten,
hatte sich geändert. Was die anderen von einem wissen, ist allerdings
ungeheuer wichtig, und es kann sogar einen selbst verändern; das könnte
auch bei mir noch passieren.
»Nun gut, wir werden also Abwasserkanäle bauen müssen«, sagte Amalberga. »Weißt du, wie man so etwas macht?«
Ich erläuterte ihr den Plan, den ich Frithigern unterbreitet hatte, und zählte
dann Frithigerns sämtliche Einwände auf. Sie sah mich kleinlaut an. »Und
du hast dich deswegen bereits mit ihm gestritten? Ach du liebe Güte! Ich
hoffe, du hast ihn nicht beleidigt. Es wird alles sehr viel schwieriger, wenn
er erst mal verärgert ist.«
»Er behauptete immer wieder, seine Männer würden dies oder jenes nicht
tun. Ich habe ihm gesagt, ich würde mit dir sprechen, weil du sie besser in
der Hand hättest als er.«
Sie starrte mich an, dann ließ sie ein leises glucksendes Lachen hören. »O
Gott! Ich hoffe, es war sonst niemand zugegen! War es eine Privataudienz?
Dann dürfte es nicht allzu schlimm sein. Ich kann so tun, als sei deine
Bemerkung ein Scherz gewesen. Nun, jetzt muß ich ja wohl etwas
unternehmen. Was brauchen wir? Freiheit und Geld für ein paar römische
Sklaven, um das System zu entwerfen. Arbeiter zum graben — ich glaube,
die Frauen und Haussklaven sollten dazu in der Lage sein. Die Soldaten
werden niemals einwilligen, Abwasserkanäle zu graben. Du hättest gleich
zu mir kommen sollen. Mein Gemahl kümmert sich in erster Linie um den
Krieg, in zweiter Linie um die Vorräte, und dann spricht er noch Recht.
Diese kleinen Probleme in Haus und Lager sind Sache der Frauen und
Sklaven.«
Ich machte ihr klar, daß eine große Epidemie wohl kaum ein »kleines
Problem« wäre.
Amalberga lächelte. »Nein, aber für gewöhnlich ist es schon so . . . Wir
sind solche großen Lager, solche großen Städte nicht gewohnt. Wir haben
so etwas noch nie gebaut. O ja, ich werde meinem Gemahl erzählen, daß er
im Begriff ist, eine große Stadt zu gründen, so wie einst Konstantin und
Alexander. Das wird ihn dazu bewegen, diesem Problem mehr Aufmerk-
samkeit zu widmen.«
»Frithigernopolis?« fragte ich mürrisch.
Amalberga lachte. »Ist das wirklich ein soviel törichterer Name als Hadrianopolis? Aber ich denke, wir werden die Stadt nach wie vor einfach
Carragines nennen; auch wenn wir über eine öffentliche Kanalisation

verfügen, werden wir nicht lange hier leben. Wenn wir Glück haben, wird man uns anderswo eigenen Grund und Boden zuteilen, und wenn nicht . . .« Sie machte eine Pause, ihr Blick schweifte unwillkürlich zu ihrem kleinen Sohn, der in einer Ecke des Zimmers saß und mit einem Holzpferdchen spielte. »Wenn nicht, wird die Stadt sowieso nicht überdauern.« Sie sah das Kind einen Augenblick lang besorgt an, so als brenne die Stadt bereits, dann seufzte sie. »Aber das ist im Augenblick nicht so wichtig. Was brauchen wir sonst noch für die Abwassergräben?«

Amalberga sprach mit ihrem Mann, sprach mit den Damen ihres Gefolges und deren Ehemännern, und innerhalb einer Woche schaffte sie es, daß die Arbeiten an der Kanalisation begonnen wurden. Inzwischen war es wärmer geworden, und wir befanden uns mitten in einer Epidemie, aber es gelang uns, sie mit harter Arbeit und strikter Quarantäne unter Kontrolle zu bringen. Wir gaben strenge Anweisung, jeder müsse sein Trinkwasser abkochen. Mit dieser und ähnlichen Maßnahmen kamen wir mühsam durch, bis ein paar Wochen später die Abwasserkanäle fertiggestellt waren. Dann wurden die Probleme, wie vorhergesagt, geringer, und die Goten waren von meiner Weitsicht und von der Klugheit des Hippokrates enorm beeindruckt.

Noch wichtiger aber war es, daß die Königin mehrere der gotischen Anführer dazu überreden konnte, ihre Soldaten auf den Beutezügen nach Heilkräutern suchen zu lassen. Auf diese Weise konnten wir einen ausreichenden, wenn auch unregelmäßig hereinkommenden Vorrat von unentbehrlichen Arzneimitteln wie Alraun und Nieswurz anlegen − obwohl wir ohne Opium auskommen mußten. Edico war überrascht.

»Ich habe seit Monaten versucht, jemanden dazu zu bewegen, nach diesen Kräutern Ausschau zu halten«, erzählte er mir. Im Verlaufe der Epidemie hatten wir wieder zu unserer früheren Partnerschaft gefunden. »Ich weiß gar nicht mehr, wie oft ich Frithigern deswegen angesprochen habe.«

»Was solche Dinge anbetrifft, kannst du Frithigern vergessen«, meinte ich selbstgefällig. »Laß mich nur mit Amalberga reden. Du kannst dich auf die natürliche Überlegenheit der Frauen verlassen.«

Edico schnaubte verächtlich. »Ich bin froh, daß es nicht ›die Frauen‹ sind, sondern nur du und Amalberga. Sonst würden wir Männer den Haushalt führen und uns um die Säuglinge kümmern, und die Frauen würden die Welt regieren.«

»Das können wir euch doch gar nicht überlassen«, erwiderte ich. »Ihr verursacht ein solches heilloses Durcheinander beim Regieren, daß wir euch die Säuglinge nun wirklich nicht auch noch anvertrauen können. Das wäre das Ende der Menschheit.«

»Ich glaube, als Eunuch warst du mir lieber«, meinte Edico, und wir lachten alle beide.

Das ganze Frühjahr hindurch arbeitete ich hart und kümmerte mich um die Kranken von Carragines. Die meisten Verwundeten überließ ich Edico. Dies geschah zum Teil deswegen, weil er jetzt der ranghöhere Arzt war und aus diesem Grunde die angeseheneren Patienten übernahm, teils weil man es für schicklicher hielt, wenn eine Frau Frauen und Kinder als Patienten hatte, teils aber auch, weil ich die Verwundeten nicht pflegen wollte. Mir behagte der Gedanke gar nicht, Männer gesund zu machen, die, sobald es ihnen besser ging, losziehen und Soldaten meines eigenen Volkes töten würden. Frauen, Kinder, Sklaven, die Alten und die Schwachen – ich hatte nichts dagegen, diesen Menschen zu helfen, selbst wenn sie zum Feind gehörten. Ich hatte mich inzwischen mit meiner neuen Stellung abgefunden und dachte nicht mehr an Flucht. Nach den ersten paar Wochen verschwanden mein Umhang und meine Schuhe auch nicht mehr jede Nacht, und ich hätte aus dem Lager schlüpfen können – nur, wohin hätte ich mich wenden sollen? Salices war nicht weit, aber durch die römischen Sklaven, die den Goten entkamen, und die gotischen Sklaven, die den Römern entkamen, verbreiteten sich Neuigkeiten in Thrazien schnell. Wahrscheinlich wußten inzwischen sämtliche Soldaten Skythiens, daß Chariton von Ephesus in Wirklichkeit eine Frau war, so daß mich unter den Römern nichts als Schande erwartete. Vielleicht wußten sie sogar noch mehr: nämlich daß Chariton von Ephesus in Wirklichkeit Charis war, die Tochter des Theodoros, etwas, was ich den Goten noch nicht erzählt hatte. Es hing davon ab, was Athanaric entdeckt und wem er es erzählt hatte. Ich hoffte, daß er entweder nichts entdeckt oder aber nichts ausgeplaudert hatte, denn ich wollte nicht, daß Frithigern erfuhr, daß der Statthalter von Skythien mein Bruder war. Es war schlimm genug, eine Gefangene zu sein; ich wollte nicht auch noch eine Geisel sein. Ich konnte mir zwar nicht vorstellen, daß der König mir etwas antun würde, aber er könnte Thorion zumindest damit drohen, und daraus würde nur Ärger entstehen.

Mit Amalberga und den Edelfrauen aus ihrem Gefolge sowie mit den Pflegern im Hospital und einigen der Patienten kam ich gut zurecht – obwohl es zu viele gab, um einen von ihnen wirklich gut kennenzulernen. Ich mußte die ganze Zeit über gotisch sprechen und kam inzwischen schon besser damit zurecht; nach etwa einem Monat unterhielt ich mich sogar mit Amalberga und Edico auf gotisch. Ich vermißte meine Freunde und dachte an sie, wenn ich einmal Zeit hatte. Ich hatte jedoch keinerlei Möglichkeit, mit ihnen in Verbindung zu treten, und war so beschäftigt, daß mir die Welt außerhalb von Carragines allmählich unwirklich erschien. Ich hörte einige Neuigkeiten über Sebastianus: Die Goten sprachen viel davon, was die römischen Befehlshaber taten. Obwohl keiner von ihnen viel mehr tun konnte, als auf Verstärkung zu warten.

Ich dachte oft an Athanaric und fragte mich, was er entdeckt haben mochte und wo er jetzt wohl war. Ich konnte es nicht ändern: Ich verspürte den Wunsch, ihn zu sehen, jetzt, da man mich als Frau entlarvt hatte. Obwohl ich Angst hatte, er werde mich ganz einfach lächerlich finden, oder schlimmer noch, er werde mich als irgendeine x-beliebige Edelfrau behandeln, wollte ich ihn doch gerne sehen und ihm sagen: »Sieh her, so bin ich, und vielleicht hast du es vermutet. Magst du mich so?« Aber ich hörte nichts von ihm. Amalberga und Frithigern waren ebenfalls sehr begierig, ihn zu sehen, und wollten unbedingt wissen, wo er sich aufhielt. Die erste Wut des Plünderns und Rachenehmens war allmählich verraucht, und die Goten wollten mit dem Kaiserreich einen Waffenstillstand aushandeln. Sie hofften, Athanaric werde auftauchen und mit ihnen darüber sprechen. Doch es hatte den Anschein, als sei das Kaiserreich dazu entschlossen, nicht mit den Goten zu verhandeln, bis es genug Streitkräfte zusammengezogen hatte, um sie zu zerschmettern. So warteten auch wir in Carragines auf Verstärkung, und im Grunde genommen war ich viel zu beschäftigt, um mir über mich selbst oder darüber, wie dies alles enden sollte, Gedanken zu machen.

Dann, eines schönen Maimorgens, als ich ein paar neue Patienten außerhalb des Hospitals besuchte, kam Edico und sagte, er müsse mich sprechen. Da eine Menge Leute darauf warteten, daß ich mich um sie kümmerte, fragte ich ihn, ob es dringend sei. Er wich meinem Blick aus und murmelte, daß sei es nicht. »Dann können wir während des Mittagessens darüber sprechen«, entgegnete ich und wandte mich wieder meinen Patienten zu. Er stand da und sah mich lange und verlegen an, dann ging er davon.

Beim Mittagessen, das wir im Arzneimittelhaus des Hospitals einnahmen, erwartete ich, daß er die Sache, worum es sich auch immer handeln mochte, gleich zur Sprache bringen werde. Aber nein, er saß da und mampfte sein Wurstbrot und vermied meinen Blick, bis ich ihn fragte, weshalb er mich denn sprechen müsse. Daraufhin sah er nur noch verlegener aus.

»Bist du eine Jungfrau?« fragte er schließlich.

Ich sah ihn verblüfft an und fragte mich, worauf er hinauswollte. »Ja«, antwortete ich endlich. »Aber was sexuelle Fragen anbetrifft, so habe ich meinen Hippokrates gelesen. Warum?«

Jetzt blickte er auf und sah mir kurz in die Augen, dann sah er wieder zu Boden. »Ich muß es wissen«, sagte er. »König Frithigern wünscht, daß ich dich heirate, und ich habe ihm geantwortet, ich sei einverstanden, vorausgesetzt, du bist eine Jungfrau.«

Ich war völlig sprachlos und saß nur da und starrte Edico an.

Ich spürte, wie ich rot wurde. »Das ist ja wirklich eine ganz schöne Zumutung von Frithigern, so etwas von dir zu verlangen, nicht wahr?« sagte ich. »Eine Fremde von zweifelhaftem Ruf und unbekannter Herkunft zu heiraten. Und außerdem stammst du aus einer guten Familie – was werden deine Leute davon halten?«

Er zuckte die Achseln. »Meiner Tante wäre es egal, und mein Vater ist tot. Meine Mutter hat in dieser Angelegenheit nichts zu vermelden. Du brauchst sowieso nicht mir ihr zusammen zu wohnen.«

»Ah, wunderbar! Und der König wird doch sicherlich für eine Mitgift sorgen? Eine große Mitgift als kleinen Ausgleich für das Opfer, das du bringst?«

»Nun . . . ja.« Edico biß erneut in sein Brot. »Eine ziemlich große. Aber es es ist kein Opfer, wirklich nicht. Du siehst sehr gut aus und bist außerdem eine ausgezeichnete Ärztin.«

»Es schmeichelt mir, daß du so denkst. Aber du kannst Frithigern ausrichten, bevor er wieder den Ehestifter spielen möchte, sollte er sich besser erkundigen, ob die Braut den Vereinbarungen auch zustimmt.« Edico warf mir erneut einen prüfenden Blick zu, und ich wurde endlich richtig wütend. »Ich werde dich nicht heiraten, und ich finde Frithigerns Einfall höchst dumm.«

Er sah beleidigt aus. »Daran ist überhaupt nichts dumm! Wir sind Kollegen, ich bin ein Edelmann, und der König weiß, daß du eine ausgezeichnete Ärztin bist. Er möchte dich an uns binden und als eine seines Volkes aufnehmen. Es gibt nichts, was natürlicher wäre als das.«

»Oh, bei Artemis der Großen! Wir sind Kollegen und dabei sollte es bleiben. Geh und erzähl dem König, daß aus dieser Heirat nichts wird.«

Edico ging davon und sah erleichtert aus. Ich blieb noch einen Augenblick lang sitzen und versuchte, mich zu beruhigen. Jetzt, da Edico gegangen war, war ich nicht länger nur wütend, sondern ich hatte Angst. Frithigern würde von nun an nicht mehr ausschließlich auf Amalbergas Kunst der Menschenführung und meine Liebe zur Heilkunst vertrauen; er wollte mich unter die Kontrolle eines seiner Männer bringen, um mich dadurch fester an sich zu ketten. Verheiratet und zweifellos schon bald mit einem gotischen Kind schwanger. Ich war gezwungen worden, den Namen Chariton abzulegen, und er wollte mir auch noch den Namen Charis nehmen und mich zu »Edicos Frau« machen. Vielleicht könnte ich weiterhin die Heilkunst ausüben, aber auf diese Weise würde ich mich selbst für immer verlieren. Würde Frithigern versuchen, einen anderen zu finden?

»Ich werde mit allen Mitteln dagegen kämpfen«, sagte ich laut, um mir Mut zuzusprechen, und verließ den nach Efeu riechenden Arzneimittelraum. Ein Haufen Patienten wartete vor dem Hospital darauf, daß ich mich um sie kümmerte: müde, alte Männer, die steif auf dem Boden saßen; ein paar verwundete Krieger, die etwas abseits von ihnen hockten und sich als etwas Besseres vorkamen; magere, erschöpfte Frauen, die kranke Säuglinge an sich preßten. Ich wischte mir die Hände an meinem Kleid ab und winkte sie zu mir hinüber.

17

An jenem Abend rief Amalberga mich zu sich und besprach die Angelegenheit mit mir. »Mein Gemahl wünscht, daß du einen eigenen Hausstand gründest«, sagte sie.

»Du meinst, er möchte mir einen gotischen Ehemann verpassen, der mich an die Kandarre nimmt und sicherstellt, daß ich nicht fortlaufe. Was ist passiert? Sind römische Verstärkungen eingetroffen?«

Sie zuckte zusammen, dann nickte sie unglücklich. »Mehrere Legionen aus Armenien marschieren von Konstantinopel aus nach Thrazien. Außerdem gibt es Gerüchte, daß auch Truppen aus Gallien hierher unterwegs sind.«

»Dann möchte Frithigern mich also fest an die Goten binden, bevor sie hier sind. Also gut, richte ihm aus, ich würde mich eher aus freien Stücken dazu bereiterklären hierzubleiben, als wenn ich durch eine Ehe dazu gezwungen werde.«

Amalberga seufzte. »Ich dachte, Edico wäre eine gute Partie. Ihr seid beide ausgezeichnete Ärzte. Er respektiert dein Urteil und würde sich nicht in deine Angelegenheiten einmischen.«

Ich sah sie an. »Dann war das Ganze also deine Idee?« Sie nickte. »Mein Gemahl sagte, er wolle dich mit einem seiner Gefolgsleute verheiraten, deshalb schlug ich deinen Kollegen vor. Meine Liebe, du wirst jemanden heiraten müssen. Dann kann es doch auch ebensogut Edico sein.«

»Ich werde niemanden heiraten! Ich schwöre bei der heiligen Dreifaltigkeit, daß ich die erste Möglichkeit ergreife, fortzulaufen, falls ihr mich dazu zwingt, in das Bett irgendeines Mannes zu steigen. Ihr werdet mir nicht mehr trauen können, und ich werde euch nichts mehr nützen.«

Sie sah mich nachdenklich an. »Warum spielt diese Frage eine so große Rolle für dich? Eine Ehe ist doch nicht etwas so Schreckliches. Oder hast du ganz einfach Angst, einen Goten zu heiraten?«

Ich wollte Amalberga irgendeine Lüge auftischen, dann entschloß ich mich aber, die Wahrheit zu sagen: Die Wahrheit war ihr gegenüber immer noch das beste. »Ich will überhaupt niemanden heiraten, vor allem aber keinen

Goten. Ich bin Römerin, ich stamme aus Ephesus und bin im Museum von Alexandria ausgebildet! Ich bin niemandes Sklavin. Ich bin nicht freiwillig hergekommen; ihr habt mich gefangengenommen. Nun gut, jetzt bin ich hier, ich habe das beste daraus gemacht und euch, wie du weißt, einige Dienste geleistet. Du hast gesagt, das früher begangene Unrecht täte dir leid. Mach es nicht noch schlimmer, indem du mich gegen meinen Willen verheiratest.«

»Gibt es einen anderen Mann?« fragte sie.

»Andere Männer haben nichts damit zu tun! Du und Frithigern, ihr könnt nicht einfach über mich verfügen, und ich werde auch sonst niemandem gehören.«

Amalberga seufzte und hob beruhigend ihre Hände. »Es ist spät«, sagte sie. »Lassen wir es im Augenblick dabei bewenden. Ich verspreche, dir keine Ehe aufzuzwingen, die du verabscheust. Aber ich bin nach wie vor der Meinung, daß du bald heiraten solltest, jemanden, den du respektieren kannst. Sonst wird mein Gemahl dich mit einem seiner Gefährten verheiraten, der nichts von Medizin versteht und sich auch nicht dafür interessiert.«

»Dann laufe ich fort«, sagte ich. »Hör zu: Ich habe mich bisher in mein Schicksal ergeben und bin hiergeblieben. Mich treibt im Augenblick nichts zu den Römern zurück. Ich wäre sogar bereit, einen Eid zu schwören, hierzubleiben, falls Frithigern glaubt, er könne mich nicht genug an sich fesseln, indem er mir erlaubt, die Heilkunst auszuüben. Aber ich werde nicht auf seinen Befehl hin heiraten. Wen auch immer er auswählt, der Betreffende wird mich vergewaltigen müssen. Und ich möchte nicht dafür garantieren, was ich hinterher tue.«

Amalberga seufzte erneut. »Ich werde mit meinem Gemahl sprechen«, versprach sie. »Und wir werden abwarten, was die Römer tun.«

18

Die römischen Legionen aus Armenien, die von Konstantinopel herbeimarschiert kamen, wurden im Süden Thraziens stationiert. In den südlichen Provinzen hatten sie eine ganze Anzahl heftiger Zusammenstöße mit gotischen Truppen und zwangen Frithigerns Soldaten, die immer wieder Beutezüge unternahmen, sich in den Norden zurückzuziehen. Doch die Römer waren auch nicht annähernd stark genug, um der gesamten gotischen Armee entgegentreten zu können, und so richteten sie sich in Hadrianopolis ein und warteten auf Verstärkungen aus dem Westen. Doch diese kamen nur langsam voran. Die gesamte Rhein-Donau-Front war von Unruhen erschüttert: Es gab dort keinen Ort, wo in den vergangenen fünfzehn Jahren nicht irgendwann ein Krieg stattgefunden hatte, und es war schwierig, aus einer Provinz Truppen abzuziehen, ohne diese Provinz einer großen Gefahr auszusetzen. Die pannonischen und transalpinen Hilfstruppen trafen im Frühsommer ein, doch ihr Befehlshaber litt an schweren Gichtanfällen, und nach seiner Ankunft unternahm er erst einmal gar nichts. Einige gallische Truppen wurden noch erwartet, aber sie hatten offensichtlich keine Eile, und die Hälfte desertierte lieber, als ihre Heimatprovinz ungeschützt zurückzulassen. Frithigern setzte die Beutezüge aus und wartete ab.

Ich blieb in Carragines. Über eine Ehe wurde nicht mehr gesprochen, und ich hatte sehr viel zu tun. Selbst nachdem wir über eine öffentliche Kanalisation verfügten, verbreiteten sich Krankheiten aller Art unter den Bewohnern des schmutzigen und hoffnungslos überfüllten Lagers. Vor allem viele der römischen Sklaven wurden krank. Sie litten sehr unter ihrer Gefangenschaft und wurden – oft genug angekettet – in überfüllten und verdreckten Hütten gefangengehalten. Man mußte sich unbedingt um sie kümmern, und ich war froh, ihnen helfen und auf diese Weise etwas für mein eigenes Volk tun zu können, selbst mitten unter den Barbaren.

Dann eines Tages im Juli wurde ich zum König befohlen.

Ich war gerade dabei, eine heikle Operation durchzuführen, einen Kaiserschnitt, eine Methode, die Philon mich gelehrt hatte und mit der ich schon einige Male bei sehr schwierigen Geburten Erfolg gehabt hatte. Mit äußerster Konzentration und Sorgfalt führte ich die Operation zu Ende, versorgte Mutter und Kind und gab der Familie der Frau strenge Anweisungen wegen der notwendigen hygienischen Maßnahmen. Dann nahm ich meine Schürze ab, wusch mir die Hände und rannte zu Frithigerns Haus. Könige mögen es nicht, wenn man sie warten läßt.

Ich kam mit zerzausten Haaren und außer Atem dort an, und die Wachen ließen mich sofort in den Audienzsaal. Der Raum war voller Leute. Frithigern, sein Gefolgsmann Alavivus, und Colias, der frühere Befehlshaber der mit den Römern verbündeten Truppen in Hadrianopolis, lagerten allesamt auf ihren Ruhebänken auf dem erhöhten Podium, und ihr Gefolge bildete einen Kreis um sie herum. Amalberga stand hinter dem Podium; sie blickte auf und nickte mir zu, als ich hereinkam. Ein weiterer Mann stand in der Mitte des Raumes, und zwar mitten auf dem Mosaik der Sonne im Zentrum des Tierkreises. Er kehrte mir den Rücken zu, doch selbst so kamen mir die blonden Haare und die hochmütige Neigung des Kopfes sofort bekannt vor. Als die Wachsoldaten die Enden ihrer Lanzen auf den Fußboden stießen, um meinen Eintritt anzukündigen, wandte der Mann sich um, und dann konnte es keinen Zweifel mehr daran geben, daß es Athanaric war.

Ich blieb wie angewurzelt stehen und starrte ihn an. Es war fast ein Jahr her, daß ich ihn zuletzt gesehen hatte, und ich hatte gehofft, daß die Zeit und meine verzweifelte Lage meine Leidenschaft erstickt hätten, aber als seine Blicke mich trafen, konnte ich mich weder rühren, noch vermochte ich zu sprechen, und ich hatte den Eindruck, als verschwände der ganze übrige Raum um ihn herum. Dann fuhr mir völlig zusammenhanglos der Gedanke durch den Kopf, ich müsse mit meinen halblangen, aufgelösten Haaren, meinem verrutschten Umhang und Blutspritzern auf meinen Armen und sicherlich auch in meinem Gesicht einen eigenartigen Anblick bieten. Athanaric sah mich mit einem merkwürdigen Ausdruck an – Freude, Erleichterung, befriedigte Neugier.

»Hier ist also die edle Frau«, sagte Frithigern. »Wie du sehen kannst, ist ihr nichts geschehen. Bist du jetzt bereit, über die Bedingungen zu sprechen, zu denen deine Auftraggeber einen Waffenstillstand akzeptieren würden?«

Athanaric wandte sich wieder dem Podium zu. »Ich habe dir schon gesagt, daß ich nicht dazu befugt bin, über irgend etwas zu verhandeln. Ich bin jetzt anderswo stationiert, und habe mich für diese Reise zu dir von meinem Posten entfernt. Am Hof hört im Augenblick sowieso niemand auf mich. Du kannst den Waffenstillstand vergessen: Du wirst keinen bekommen, und nichts von dem, was du mir seit meiner Ankunft so begierig erzählt hast, kann daran etwas ändern. Wie ich schon sagte, bin ich nur hergekommen, um mit dir im Namen ihrer Freunde über ein Lösegeld für diese Edelfrau zu sprechen.«

»Was sind das für Freunde?« fragte Alavivus.

»Der Heerführer Sebastianus und die Familie dieser Dame«, erwiderte Athanaric, ohne zu zögern. »Die Summe beträgt einhundert Pfund in Gold.«

»Wer ist diese Familie?« fragte Frithigern, ohne mich aus den Augen zu lassen.

»Ich habe nicht das Recht, darüber zu sprechen«, erwiderte Athanaric. »Leute aus Ephesus und von ausgezeichnetem Ruf.«

»Einhundert Pfund in Gold sind in der Tat gar nicht so schlecht«, meinte Colias und grinste. »Dafür würde ich jeden meiner Gefangenen verkaufen, Frithigern.«

Frithigern schüttelte den Kopf. »Sie ist mehr wert. Sie hat mehr als hundert Leben gerettet, seit sie hier ist. Die Antwort lautet nein.«

»Zweihundert Pfund«, sagte Athanaric.

Frithigerns Augen wurden zu engen Schlitzen. Er schüttelte den Kopf.

»Ich brauche Ärzte nötiger als Gold. Wir haben einen Haufen Gold erbeutet, aber keine Ärzte.«

»Vierhundert Pfund«.

Es erhob sich ein lebhaftes Gemurmel. Colias ließ einen Pfiff ertönen. Ich stand da wie eine Sklavin, die versteigert wird, und fragte mich, wie weit Athanaric würde gehen müssen. Ich wußte nicht, ob ich erfreut oder verzweifelt sein sollte.

»Warum ist der Heerführer Sebastianus so an der edlen Frau interessiert?« fragte Frithigern mißtrauisch.

Athanaric warf mir einen flüchtigen Blick zu und zuckte quasi entschuldigend die Achseln. »Er war der Befehlshaber dieser Frau, als man noch dachte, sie sei ein Mann, und er fühlt sich dafür verantwortlich, daß sie in Gefangenschaft geraten ist.«

Ringsum erhob sich Gelächter. »Er war ein Narr, nicht zu merken, wen er da befehligte«, rief Alavivus.

»Es ist leichter, das Geschlecht eines Gefangenen zu entdecken, den man zu allem zwingen kann, als das eines freien Menschen, der es zu verbergen versucht«, erwiderte Athanaric scharf. »Und die Dame Charis war unter den Römern ein freier Mensch. Sie war frei, als sie König Frithigerns Frau heilte und versucht hat, eurem Volk gegen Lupicinus beizustehen. Jetzt streiten wir darüber, welches Lösegeld ihr für eine Frau nehmen wollt, die euer Gast war und die ihr freilassen solltet, ohne Geld für sie zu verlangen. Ihre Freunde bieten vierhundert Pfund in Gold.«

Frithigern warf mir diesen schwer zu deutenden Blick zu, den ich zu hassen und zu fürchten gelernt hatte. »Da ihre Familie und der Heerführer vierhundert Pfund in Gold für ihre Freilassung bieten, ist sie offensichtlich von hohem Rang. Dame Charis, aus welcher Familie stammst du?«

Ich rang meine Hände. »Wenn meine Leute dir ihren Namen nicht verraten wollen, wer bin dann ich, sie zu hintergehen?«

Der Blick aus den blassen Augen haftete noch einen Augenblick länger auf mir, dann wanderte er zu Athanaric und verhielt dort. Endlich schüttelte Frithigern den Kopf. »Es ist nicht genug.«

»Vierhundert Pfund sind nicht genug für eine Frau?« fragte Colias ungläubig. »Wir könnten dieses Geld gebrauchen. Nimm es, um des Himmels Willen!«

»Wozu brauchen wir Geld?« fragte Frithigern. »Kein Römer wird mit uns Handel treiben, und mit Gold können wir uns nichts kaufen. Unsere einzige Währung ist das Schwert. Außerdem ist sie meine Gefangene, nicht deine. Nein. Es ist nicht genug.«

»Sechshundert Pfund in Gold«, bot Athanaric, aber ich konnte sehen, daß er schwitzte.

»Ihrer Familie muß ganz Ephesus gehören!« rief Colias aus.

Frithigern runzelte plötzlich die Stirn. »Theodoros«, sagte er. »Der Statthalter. Er hatte eine Schwester . . .«

». . . die Festinus heiraten sollte!« beendete Colias den Satz, und alle Anwesenden fingen gleichzeitig an zu sprechen.

»Es gibt viele reiche Familien in Asien!« protestierte Athanaric, doch der Aufruhr erstickte seine Worte. Unsere Familie war die einzige wirklich reiche Familie Asiens, von der die Goten gehört hatten, und daß eine Tochter des Hauses vermißt wurde, war in ihren Augen ein unstrittiger Beweis. Sie reckten ihre Hälse, um mich zu sehen, die berüchtigte Schwester des Theodoros, die Festinus ohne Braut inmitten seiner Hochzeitsgirlanden sitzengelassen hatte.

Frithigern sah Athanaric an und lächelte. »Ich werde sie nicht freilassen.«

»Tausend Pfund in Gold!« rief Athanaric. »Mehr kann ich nicht bieten.«

Ich war sicher, daß dies der Wahrheit entsprach. Thorion hätte sich eine Menge leihen müssen, um diese Summe zusammenzubekommen.

»Der höchst ehrenwerte Theodoros kann sein Gold behalten«, entgegnete Frithigern. »Dieser Teufel Festinus hat seine Braut verloren, und einer meiner eigenen Männer wird sie bekommen.«

»Nein!« protestierte ich energisch.

»Mach dich nicht lächerlich!« sagte Athanaric, an Frithigern gewandt. »Glaubst du denn, Theodoros wolle sie mit Festinus verheiraten? Er haßt ihn ebenso sehr wie du!« Dann hielt er inne und biß sich auf die Zunge; er hatte zugegeben, daß Frithigerns Vermutung über meine Herkunft richtig war.

Frithigern nahm keine Notiz davon: Er war sich sowieso sicher gewesen.

»An wen will er sie dann verheiraten?« fragte Frithigern. »An den Heerführer Sebastianus?« Er beobachtete Athanaric aufmerksam, dann nickte er und meinte bekräftigend: »Ich werde diese Frau keinem meiner Feinde aushändigen.«

»Das ist ja lächerlich«, sagte ich und unterbrach ihn erneut. »Sebastianus ist ein Edelmann von allerhöchstem Rang. Er kann sich wirklich etwas Besseres antun, als eine Armeeärztin zu heiraten, deren Mitgift bereits für ihr Lösegeld draufgegangen ist.«

Athanaric warf mir einen raschen Blick zu, dann sah er wieder weg.

Frithigern grinste. »Es spielt keine Rolle, Sebastianus oder Festinus oder irgendein anderer. Die Dame wird keinen Römer heiraten. Festinus' Braut wird einen meiner Männer heiraten und bei uns alt werden und auf diese Weise eine Schmach für die Römer darstellen. Das ist es wert, dafür auf tausend Pfund in Gold zu verzichten.«

Die Goten brachen in Beifallsrufe aus, sogar Colias. Athanaric wurde blaß.

Er stand da und schlug an den Griff seines Schwertes. Ich spürte, daß ich etwas unternehmen mußte, etwas sagen mußte, oder es wäre alles verloren: Ich würde in das Haus eines gotischen Edelmannes gebracht werden, um Festinus, Thorion und Sebastianus zu kränken, und keinem würde es auch nur in den Sinn kommen, daß sie mir ein Unrecht zugefügt hatten.

»Edler König!« rief ich aus und trat einen Schritt vor. Jedermann blickte auf mich, die Goten grinsten, als sei ich eine zweitklassige Schauspielerin, die nun auf die Bühne kam, um ihren Text aufzusagen. »Edler König«, wiederholte ich und vermochte einen Augenblick lang nicht mehr zu denken; ich fühlte mich ganz krank. »Ich habe dir einige Dienste erwiesen«, sagte ich endlich. »Ich habe dir und deiner Familie geholfen, bevor dieser Krieg begann. Du hast es mich entgelten lassen, indem du mich zu deiner Gefangenen gemacht hast. Ich habe dir gesagt, wie du eine große Epidemie vermeiden kannst, die dich Hunderte, ja sogar Tausende deines Volkes gekostet hätte, und du willst mich wie eine Sklavin verkaufen. Ewiger Christus! Es würde dir, ehrenwerter Frithigern, besser anstehen, mich ohne Lösegeld nach Hause zurückkehren zu lassen.«

»Ich verkaufe dich nicht wie eine Sklavin«, entgegnete Frithigern. »Ich will dich auf höchst ehrenwerte Weise mit einem Edelmann verheiraten.«

»Ich will deinen Edelmann nicht«, sagte ich ausdruckslos. Und dann, vielleicht, weil mich alle beobachteten und ich mir wie eine Schauspielerin in einem Stück vorkam, fuhr ich fort. »In Novidunum gab es einen Arzt, der mich gegen meinen Willen nehmen wollte. Ich tötete ihn mit seinem eigenen Messer. Ich werde das gleiche mit dem Mann tun, der es noch einmal versucht, und wenn er kein Messer hat, dann kenne ich ein paar hundert Arzneimittel, die genau das gleiche bewirken. Ich kann nicht länger leugnen, daß ich die Tochter des Theodoros von Ephesus bin, doch ich vermag nicht einzusehen, warum dies die Verpflichtung zur Gastfreundschaft oder deine Schuld mir gegenüber weniger schwer wiegen läßt. Und ich sehe nicht ein, warum ich mir deswegen nicht länger selbst gehören soll und warum du über mich verfügen willst, nur um deine Feinde zu kränken, so als seien meine eigenen Wünsche völlig unerheblich.«

Athanaric warf mir einen Blick voller Bewunderung und Stolz zu. Mir wurde schwindelig, als ich es bemerkte. Die Goten starrten mich mit einer Art widerwilligem Respekt an. Frithigern und seine Gefolgsleute blickten wütend. Hinter ihnen erkannte ich Amalberga, die mich entsetzt ansah. Ich bemerkte, wie sie versuchte, ihrem Gemahl ein Zeichen zu geben. Ich wußte, was sie ihm bedeuten wollte: »Laß es gut sein für den Augenblick, ich werde mit Charis sprechen, du wirst auf keinen Fall etwas bei ihr ausrichten, wenn du sie anbrüllst.« Aber was eine Ehe anbetraf, würde sie wohl kaum mehr ausrichten als ihr Mann.

»Du unverschämtes, hochmütiges Weib!« rief Frithigern, dann gelang es Amalberga, seinen Blick auf sich zu lenken. Er zögerte, und sie eilte auf ihn zu und flüsterte ihm etwas ins Ohr. Er sah wieder zu mir hin, kaute auf seinem Bart herum, und Amalberga flüsterte erneut. Dann schlug Frithigern auf die Lehne seiner Ruhebank. »Es hat keinen Zweck, einer überheblichen Frau, die sich dauernd wie ein Pfau spreizt, vernünftig zureden zu wollen, es sei denn, eine andere Frau versucht es. Wenn meine Gefährten einverstanden sind, erkläre ich die Audienz für beendet. Vetter Athanaric, ich werde kein Lösegeld für meine Gefangene nehmen. Wenn du über einen Waffenstillstand mit uns verhandeln willst, dann bist du willkommen. Andernfalls fordere ich dich auf, das Lager bis morgen abend vor Sonnenuntergang zu verlassen.«

Alle begannen erneut durcheinander zu reden, rund um mich herum sprachen sie über mich, aber nicht mit mir. Colias sprang vom Podium herunter und eilte auf Athanaric zu. Die gotischen Gefolgsleute liefen planlos im Kreis herum. Ich stand da wie betäubt. Dann trat Amalberga auf mich zu und ergriff meinen Arm. »Du solltest besser mit mir kommen«, sagte sie und warf Athanaric, der bereits hinausbegleitet wurde, einen ängstlichen Blick zu. Ich sah ihn ebenfalls an; unsere Blicke trafen sich, und er zuckte die Achseln. Ich ging mit Amalberga mit.

Wie ich erwartet hatte und wie Frithigern vorausgesagt hatte, setzte sie mir hart zu. Natürlich, meinte sie, sie verstünde meine Gefühle, doch was sei denn so schlimm daran, einen gotischen Edelmann zu heiraten? Sie verstünde jetzt, warum ich Edico abgewiesen hätte, meinte sie; natürlich, er war von viel niedrigerem Rang als ich — aber jetzt würden sie jemanden wirklich Vornehmen für mich finden, einen Mann mit römischer Bildung. Da war zum Beispiel Munderich, ihr Vetter, der vor dem Krieg viel umhergereist war und ein Jahr in Konstantinopel verbracht hatte; er denke daran, sich zu verheiraten, und werde allgemein als gute Partie betrachtet. Ob ich denn nicht sähe, wie erfreut die Leute bei dem Gedanken seien, daß ich eine der ihren werde?

»Ich freue mich aber nicht«, entgegnete ich. »Ich möchte nicht in ein Volk hineinheiraten, daß sich mit meinem eigenen im Krieg befindet. Warum gehst du nicht und sprichst mit Frithigern? Siehst du denn nicht, daß du mir meine Freiheit schuldest? Warum ergreifst du nicht die Gelegenheit und zeigst mir deine edle Gesinnung, indem du mir die Freiheit schenkst?« Sie blickte zu Boden, wurde rot, und ich sah, daß sie sich ihrer Schuld mir gegenüber bewußt war, aber daß sie es nicht zugeben konnte, da sie wußte, daß ihr Mann mich niemals ziehen lassen würde.

»Du würdest doch nicht jeden Mann töten, der dich heiratet, nicht wahr?« lenkte sie ab.

»Jeden Mann, der mich gegen meinen Willen nimmt. So habe ich es gesagt, und so habe ich es auch gemeint.« Ich war mir selbst nicht ganz sicher, ob es der Wahrheit entsprach. Es ist eines, großartige Reden zu halten, aber es ist etwas ganz anderes, einen jungen Mann aus Fleisch und Blut zu erstechen oder zu vergiften. Aber ich hatte es gesagt, und vielleicht bestand ja kein Anlaß, die Probe aufs Exempel zu machen, falls ich die Goten in dem Glauben ließ, ich würde mein Wort auf jeden Fall halten. Deshalb starrte ich entschlossen vor mich hin und sagte: »Was ich über diesen Mann in Novidunum gesagt habe, stimmt ebenfalls. Er hieß Xanthos; du kannst Edico über ihn ausfragen.«

Amalberga sah mich nachdenklich an, dann seufzte sie. »Meine Liebe«, sagte sie, »du mußt einsehen, daß wir dich nicht gehen lassen können. Selbst wenn du niemanden aus unserem Volk heiraten willst, können wir es uns nicht leisten, dich freizulassen. Wir könnten die Hilfe deines Bruders benötigen.«

Ich erwiderte ihren Blick und wurde ebenfalls nachdenklich. »Du glaubst, ich sollte heiraten, um nicht als Geisel benutzt werden zu können?« fragte ich. »Du glaubst, daß ich einen derartigen Schutz benötige? Würdet ihr mich töten oder foltern lassen, um von Theodoros irgendwelche Zugeständnisse zu erlangen?«

Sie wich meinem Blick aus. »Wir könnten gezwungen sein, dich gegen Getreide und nicht gegen Gold zu verkaufen«, antwortete sie einen Augenblick später. »Es gibt nicht mehr viel Lebensmittel nördlich der Hämusberge, und wenn die Beutezüge noch länger ausgesetzt werden, werden uns die Vorräte ausgehen. In Tomis gibt es jede Menge Getreide, und der Statthalter könnte uns etwas davon abgeben.«

»Und wenn mein Bruder mich nicht freiwillig kauft, dann würdet ihr mich foltern oder wenigstens damit drohen, um ihn dazu zu zwingen? Obwohl ihr mir gegenüber zur Gastfreundschaft verpflichtet seid und in meiner Blutschuld steht, da ich dich gesund gemacht habe?«

»Wenn die Leute erneut Hungersnot leiden, werden wir alles tun«, erwiderte sie und blickte mir in die Augen. »Es sei denn, du bist verheiratet und eine von uns.«

Ich stand auf. Ich brauchte ein wenig Bewegung, um mich zu beruhigen. Ob Amalberga die Wahrheit sagte? Oder versuchte sie nur, mir Angst zu machen, damit ich ihrem Manne gehorchte? Ich konnte nicht glauben, daß Frithigern mir wirklich etwas antun würde. Ich war sein Gast. Außerdem war ich ihnen in höchstem Grade nützlich, war ihnen allein aufgrund meiner medizinischen Fähigkeiten mehrere hundert Pfund in Gold wert.

Auf der anderen Seite ist Hunger wirklich etwas Schreckliches. Niemand kann sagen, was die Menschen tun oder nicht tun werden, wenn sie wirklich hungrig sind.

Aber die Tage des Hungers lagen noch weit entfernt, falls sie überhaupt drohten. Die Goten mochten bis zum Winter bereits eine vernichtende Niederlage erlitten haben. Dann war ich vielleicht bereits tot oder aber frei. Oder die Römer verloren die nächste Schlacht, und die Beutezüge würden genügend Lebensmittel einbringen. Und vielleicht wurde Thorion bald als Statthalter abgelöst, und es wäre zwecklos, mich länger als Geisel zu behalten, wenn ein Fremder über Skythien herrschte. Nein, ich vermochte die Drohung nicht ernst zu nehmen.

»Ihr werdet es nicht schaffen, mich gegen meinen Willen zu verheiraten«, erklärte ich und wandte mich erneut Amalberga zu. »Wenn ihr mich nicht nach Hause gehen lassen wollt, dann laßt alles so, wie es ist. Ich werde damit fortfahren, die Kranken zu behandeln und niemandem zu schaden − solange ihr mir meine Freiheit laßt.«

»Das einzige, was wir nicht können, ist, dir deine Freiheit zu lassen«, erwiderte die Königin traurig. »Aber laß es für den Augenblick gut sein. Wir können es uns erlauben, abzuwarten.«

19

Ich wünschte mir verzweifelt, mit Athanaric sprechen zu können, um herauszufinden, was bei den Römern los war und wie es meiner Familie und meinen Freunden ging. Aber als ich Amalberga bat, ein Zusammentreffen mit ihm zu ermöglichen, weigerte sie sich, und mir wurde klar, daß ich isoliert werden sollte, abgeschnitten von jedem, der mich in meinem Entschluß bestärken könnte. In jener Nacht wurden mir meine Schuhe und Gewänder fortgenommen, so daß ich nach Einbruch der Dunkelheit nicht hinausschlüpfen konnte, und am nächsten Morgen wurde ich von Wachsoldaten in das Hospital geleitet und wie ein Gefangener in Edicos Obhut übergeben. Edico machte einen verlegenen Eindruck.

»Ich wußte nicht, daß du eine Edelfrau bist«, sagte er. »Es tut mir leid, daß ich dich beleidigt habe, edle Charis.«

»Ach, sei doch still!« entgegnete ich ärgerlich. »Meine Familie ist nicht annähernd so bedeutend, wie jedermann hier zu glauben scheint; sie hat ganz einfach Geld. Das einzige, was mich beleidigt, ist, wenn ihr darauf besteht, mich die ganze Zeit über bewachen zu lassen.«

»Der König hat angeordnet, dir auf keinen Fall eine Gelegenheit zur Flucht zu geben«, meinte Edico und machte einen höchst unglücklichen Eindruck.

»Es tut mir leid, aber ich muß darauf bestehen, daß ab sofort immer jemand bei dir ist.«

Ich verwünschte ihn leise und wandte mich ab, um einige Arzneimittel zuzubereiten. Das waren ja wirklich schöne Aussichten! Einer der Gehilfen kam zu meiner Bewachung; ich zog ihn gleich zur Arbeit heran, ließ ihn die Alraunwurzel zerreiben und fragte mich, wie das Ganze enden sollte. Gegen Ende des Vormittags ging ich, um nach meiner Patientin mit dem Kaiserschnitt zu sehen. Ich hatte sie bei sich zu Hause behandelt. Die Hebamme begleitete mich. Ich ging sehr schnell und blickte mich überall im Lager aufmerksam um, und die Hebamme mußte rennen, um Schritt mit mir zu halten. Vor dem Wagen der Frau fiel ich beinahe über Athanaric. Er saß in aller Ruhe beim nächstgelegenen Brunnen, schärfte sein Schwert, und sah von Kopf bis Fuß gotisch aus. Ich blieb unvermittelt stehen und sah ihn an. Er blickte schnell zu dem Wagen und schüttelte den Kopf. Ich begriff, was er damit sagen wollte, und tat so, als wartete ich nur darauf, daß die Hebamme mich einholte, dann betrat ich den Wagen.

Die Kindsmutter schien sich gut zu erholen. Ich verband die Wunde eigenhändig, dann schickte ich die Hebamme fort, um noch ein anderes Arzneimittel zu holen, das ich angeblich vergessen hatte. Sie ging los, und ich tat so, als hätte ich das Arzneimittel nun doch gefunden. Ich flößte der Frau etwas davon ein, dann trat ich ohne Begleitung ins Freie. Dort wartete Athanaric auf mich.

Ich eilte zu ihm; er ergriff meinen Arm und zog mich zur Seite. »Hier!« sagte er und deutete auf einen Platz unter dem nächststehenden Wagen. Ich kroch darunter, und er folgte mir. Wir waren außer Sicht und so allein, wie man in dieser übervölkerten Stadt nur sein konnte. »Wird die Frau zurückkommen?« fragte Athanaric.

»Ich habe sie fortgeschickt, um ein Arzneimittel zu holen«, antwortete ich. »Sie wird wahrscheinlich annehmen, daß sie mich auf dem Weg hierher verpaßt hat und zum Hospital zurückgehen. Wir haben etwa eine halbe Stunde Zeit, bevor sie anfangen, nach mir zu suchen.«

Athanaric seufzte und rieb sich die Stirn. »Werden sie denn nach dir suchen?«

»Sie haben gerade den strikten Befehl erhalten, mich ununterbrochen zu bewachen, damit ich nicht fliehen kann.«

»Aber du brauchtest gar nicht bewacht zu werden«, meinte er bitter. »Du kannst sowieso nicht fliehen. Im Augenblick jedenfalls nicht. Sämtliche Soldaten, die sonst auf den Beutezügen sind, befinden sich derzeit hier, und die Hälfte davon kennen mich, und allesamt scheinen sie dich zu kennen. Ich könnte dich niemals hier herausbekommen. Aber ich mußte unbedingt mit dir sprechen.«

Im Halbdunkel unter dem Wagen blickten seine Augen aufmerksam und ernst. Er sprach in seinem schnellen, abgehackten Griechisch, und er sprach mit gedämpfter Stimme, um keine Aufmerksamkeit zu erregen. Ich fühlte einen Kloß in meiner Kehle und schluckte angestrengt. »Schön, daß du gekommen bist«, flüsterte ich. »Ich brauche . . . ich fühle mich sehr alleine hier. Amalberga meint, ich sollte jemanden heiraten, um nicht als Geisel benutzt werden zu können.«

»Tu das nicht«, sagte Athanaric. »Sie würden es nicht wagen, dir etwas anzutun. Dein Bruder wird noch in diesem Herbst aus Tomis fortgehen; ihm ist für sofort eine andere Statthalterschaft angeboten worden, und zwar in Bithynien. Als Geisel nutzt du ihnen sowieso nichts. Würdest du wirklich jeden Goten töten, der versucht, dich zu heiraten?«

»Wahrscheinlich nicht«, räumte ich ein. »Aber ich will, daß sie es glauben. Ich will nicht, daß es jemand versucht.«

»Falls sie dir glauben, müßtest du eigentlich sicher sein. Sie haben wahrscheinlich keine Angst vor Messern, aber vor Gift fürchten sie sich. Dieser Krieg kann nicht ewig dauern, und irgendwie werden wir dich schon hier herausbekommen.«

Ich hatte mir selbst und auch anderen eingeredet, daß mich nichts mehr erwarte, falls ich zu den Römern zurückkehren könnte. Ich hatte nicht geglaubt, daß mein Herz bei dem Gedanken an Flucht wie rasend hämmern würde. Aber vielleicht lag es auch nur an Athanaric.

»Wie wird es weitergehen?« fragte ich ihn. »Glaubst du, daß der Krieg bald zu Ende ist? Kannst du einen Waffenstillstand aushandeln?«

Er schüttelte den Kopf. »Seit meiner Ankunft hier wollten mir alle klarmachen, was für einen Waffenstillstand ich aushandeln müsse. Aber ich bin nicht in offizieller Mission hier. Ich bin nach Ägypten versetzt worden und bin nur gekommen, weil jemand den Versuch machen mußte, dich auszulösen.«

»Nach Ägypten? Aber . . .«

»Sie trauen mir nicht mehr bei Hofe«, erklärte Athanaric und lächelte ein wenig unglücklich. »Ich habe mich seinerzeit zu sehr für Frithigern eingesetzt. Und sie mißtrauen inzwischen allmählich allen Goten. Mein Vater befindet sich praktisch unter Hausarrest. Aber der oberste Palastbeamte schätzt mich nach wie vor, und so behalte ich meinen Posten und meinen Rang, werde jedoch woandershin versetzt. Sie glauben bei Hof, daß ich in Ägypten, wo ich auf die Nachfolger deines alten Freundes Athanasios aufpasse, keinen Schaden anrichten kann. War es das, was der Bischof über dich herausgefunden hat? Daß du eine Frau bist?«

Ich nickte. »Wirst du etwa Ärger bekommen wegen dieses Ausfluges?«

»Falls ich jetzt schnurstracks nach Ägypten zurückkehre, keinen allzugroßen. Sebastianus und dein Bruder können für mich bürgen. Außerdem brauchten sie mich unbedingt; es gab sonst niemanden, den sie in das gotische Lager zu schicken wagten.«

»Werden die Goten dich gehen lassen?«

»Oh, mach dir keine Sorgen deswegen. Auch Colias ist mein Vetter, und seine Männer haben ihre Befehle von meinem Vater entgegengenommen. Sie werden sich nicht mit mir anlegen wollen. Aber ich kann dich hier nicht rausschaffen. Ich habe die ganze Nacht wachgelegen und über eine Möglichkeit nachgedacht, aber bei den vielen Soldaten, die inzwischen hier versammelt sind, hat das überhaupt keinen Zweck. Die Festungsanlagen wimmeln vor Wachen, und ich soll bis heute abend verschwunden sein. Frithigern traut mir nicht und will nicht, daß ich länger bleibe. Du wirst ganz einfach tapfer sein müssen und warten. Ich habe mit einigen von Colias' Männern gesprochen: Sie werden versuchen, dich zu beschützen, falls das Lager erobert wird. Ich wünschte nur, ich könnte mehr tun.«

»Dann werde ich eben warten«, meinte ich und versuchte, mich in mein Schicksal zu ergeben. »Zumindest habe ich genug Arbeit, um mich in Trab zu halten. Wie macht sich Arbetio in Novidunum?«

Athanaric sah mich einen Augenblick lang an, dann zuckte er die Achseln. »Ziemlich gut. Er hat noch eine Hilfskraft angeheuert. Die Soldaten meinen trotzdem, du seiest ein besserer Arzt. Was soll das heißen, daß du die Terwingen vor einer Epidemie bewahrt hast?«

»Ich habe sie dazu veranlaßt, Abwasserkanäle zu bauen.«

»Und so etwas verhindert eine Epidemie? Eine Epidemie hätte uns nützen können.«

»Sie hätte vor allem die Alten und die Kinder getötet, nicht die Krieger. Ich habe versucht, keine Soldaten zu behandeln — mach dir keine Sorgen deswegen. Was ist mit meinen Sklaven in Novidunum? Weißt du, wie es ihnen geht?«

»Arbetio beaufsichtigt sie für dich. Er hat dieses Mädchen, das er von Valerius gekauft hat, geheiratet, und sie leben alle zusammen in dem von dir gekauften neuen Haus. Arbetio legt etwas Geld für den Pachtzins für dich zur Seite. Du kannst ihm vertrauen. Er wollte sich im Austausch gegen dich anbieten, aber Sebastianus meinte, ein dickes Lösegeld würde eher zum Erfolg führen.«

»Haben wir noch ein paar Arzneimittel von Philon in Ägypten bekommen?«

Athanaric antwortete nicht. »Guter Gott, Charis!« rief er statt dessen aus. »Warum um alles in der Welt hast du niemandem erzählt, wer du bist? Sebastianus hätte dich auf der Stelle nach Hause geschickt, dann wärst du nicht in dieses Schlamassel geraten. Du hast hier nichts zu suchen.«

»Und wo glaubst du, habe ich etwas zu suchen?« fragte ich ihn. »Vielleicht in Festinus' Haus, in das mein Vater mich geschickt hätte?«

»Natürlich nicht. Aber ich habe mit deinem Bruder gesprochen, ich weiß, daß er dich schon seit Jahren zu überreden versucht, heimzukehren.«

»Heimzukehren, wohin? Um mit Schande bedeckt in seinem Haus herumzusitzen oder irgend so einen Tölpel zu heiraten und meine Zeit damit zuzubringen, Homer zu lesen und auf den Fußboden zu starren? Ich bin Arzt, und ich will es bleiben.«

»Sebastianus ist kein Tölpel, und er würde nicht von dir erwarten, daß du deine Zeit damit zubringst, auf den Fußboden zu starren.«

»Mach dich nicht lächerlich. Sebastianus würde mich nicht heiraten.«

»Er hat deinen Bruder darum gebeten, einen Ehevertrag aufzusetzen, und dein Bruder ist einverstanden.«

Ich starrte ihn fassungslos an.

»Verstehst du das nicht?« fragte er. »Du warst doch in Marcianopolis dabei, als er seine Vorstellung von einer vollkommenen Frau entwickelte. Es muß dir doch klar gewesen sein, daß die Beschreibung auf dich zutrifft. Einen Tag, nachdem ich ihm erzählt hatte, wer du wirklich bist, sagte er zu mir, er wolle dich heiraten. ›Ich werde kein zweites Mal einer solchen Frau begegnen‹, sagte er.«

»Aber . . . aber seine Familie ist doch sicherlich von höherem Rang als die meine, und ich glaube nicht, daß meine Mitgift so besonders hoch ist.«

»Tausend Pfund in Gold wären genug. Aber im Grunde genommen ist Sebastianus bereit, die Mitgift für das Lösegeld auszugeben und den Vertrag ohne Billigung seines Vaters abzuschließen. Deine Familie ist genausogut wie seine – von konsularischem Rang. Und er möchte dich heiraten.«

»Aber warum? Das halbe Kaiserreich zerreißt sich über mich die Zunge.«

»Mein Gott nochmal! Was möchtest du denn, was ich dir darauf antworte? Daß er dich will, weil du intelligent, gebildet, edel, reich, mutig, tugendhaft und sehr hübsch bist? Daß er all dies mir gegenüber erwähnt hat? Du bist es doch, die ihm das alles vor Augen geführt hat. Du weißt doch ganz genau, daß er so denkt; warum mußt du es denn unbedingt von mir hören?«

Ich saß dort im Halbdunkel unter dem Wagen und starrte Athanaric einen Augenblick lang an, dann schüttelte ich den Kopf. Plötzlich verspürte ich den heftigen Wunsch zu weinen, und ich preßte die Hand gegen den Mund, um mich daran zu hindern. »Ich weiß, daß ich intelligent bin«, sagte ich nach einer Pause. »Aber ich wollte nicht . . . das heißt . . . oh, heiliger Christ!« Ich biß in den Ärmel meiner Tunika, aber es half nichts: Mir kamen die Tränen. Ich war sehr müde von der harten Arbeit und all dem Ärger und der Warterei, und plötzlich schien ich es nicht ertragen zu können, daß Athanaric ärgerlich war und mich indirekt beschuldigte, Sebastianus verführt zu haben.

Er sah mich überrascht an. »Ich dachte . . .« begann er. »Du freust dich doch darüber, oder etwa nicht? Du bist doch in ihn verliebt?«

Ich schüttelte den Kopf.

»Aber . . . aber wen hast du denn damals in Tomis gemeint? Du hast gesagt, daß du in jemanden verliebt bist. Ich dachte . . .«

»Laß nur«, entgegnete ich. Wenn er nicht von selbst darauf kam, würde ich es ihm nicht erzählen; ich würde mich nur lächerlich machen. Wenn er auch nur halb soviel empfand wie ich, sagte ich mir, wüßte er es. »Ich mag Sebastianus sehr gerne, aber ich bin nun einmal nicht in ihn verliebt. Und ich bin mir nicht sicher, ob es klug von ihm ist, mich heiraten zu wollen. Inzwischen kann ich mir wirklich nicht mehr vorstellen, mich mit einem Mann irgendwo als würdige Ehefrau niederzulassen.«

»Ich dachte mir, du könntest deine Mitgift dazu benutzen, ein privates Hospital zu gründen«, meinte Athanaric − ein aufregend einfacher und naheliegender Vorschlag, der mir den Atem nahm.

»Würde Sebastianus das denn billigen?«

»Ich weiß nicht«, antwortete er ehrlich. »Aber wen hast du denn damals gemeint? Jemanden in Ägypten − diesen Burschen Philon?«

»Laß nur! Nein, natürlich nicht Philon. Das Ärgerliche an dir ist, daß du immer alles wissen willst, du kannst niemals etwas auf sich beruhen lassen. Wann bist du eigentlich zuerst darauf gekommen, die Wahrheit über mich zu erraten? Schon vor meiner Gefangennahme?«

Zwei von Frithigerns Männern rannten am Brunnen vorbei und hämmerten an die Wagentür meiner Patientin. Athanaric zog mich weiter in den Schatten zurück. »Die Suche hat begonnen«, sagte er. »Ich denke, wir sollten die Diskussion darüber, warum ich das Offensichtliche nicht früher entdeckt habe, bis zum nächsten Mal verschieben.«

»Wird es ein nächstes Mal geben?«

»Bei Gott, ich hoffe doch. Obwohl ich nicht weiß, wann ich wieder aus Ägypten weg darf. Vielleicht gelingt es Sebastianus, dich vorher rauszuholen. Doch was auch immer geschieht, laß dich von niemandem heiraten. Es würde alles nur viel komplizierter machen, dich hier rauszuholen. Und es würde Sebastianus mehr als alles auf der Welt verletzen. Kannst du ihm eine Botschaft übermitteln, selbst wenn du nicht in ihn verliebt bist?«

»Sag ihm, daß mich sein Angebot sehr ehrt und ich sehr dankbar dafür bin, die Klugheit dieses Entschlusses jedoch bezweifle. Und sag ihm, daß es mir gutgeht. Erzähl das auch Thorion und bitte ihn, er soll sich keine Sorgen machen, wenigstens klagt mich hier niemand der Zauberei an. Ich muß gehen; ich kann es nicht zulassen, daß diese Männer meine Patientin aufregen. Liebster Freund, ich wünsche dir alles Gute!«

Er ergriff meine Hand, sah mir ins Gesicht und runzelte die Stirn. Ich hörte, wie im Wagen meiner Patientin Leute zu rufen anfingen. Dann schrie das Baby. Ich konnte nicht anders, ich beugte mich vor und gab Athanaric ganz rasch einen Kuß – ein gestohlenes Vergnügen! –, dann riß ich mich von ihm los, glitt unter dem Wagen hervor und lief los, um meiner Patientin zu Hilfe zu kommen. Als ich danach mit den Wachen herauskam, warf ich rasch einen Blick unter den Wagen, doch Athanaric war fort.

20

Das folgende Jahr war das schlimmste meines Lebens.

Selbst nachdem Athanaric fort war, wurde ich dauernd bewacht. Jede Nacht wurden mir meine Kleider weggenommen und nicht vor dem nächsten Morgen wiedergegeben. Ich wurde direkt zum Hospital geführt und dort ununterbrochen beaufsichtigt. Man verbot mir, römische Patienten zu behandeln. Aus Protest dagegen weigerte ich mich strikt, auch nur einen einzigen gotischen Krieger zu behandeln, doch dies zeigte keine große Wirkung, da es andere gab, die dazu bereit waren. Nur um die römischen Sklaven kümmerte sich niemand. Es brach mir das Herz, überall im Lager auf sie zu treffen: Sie waren krank und leidend, und ich konnte ihnen nicht helfen. Ich hätte vielleicht sogar eingewilligt, einen Goten zu heiraten, falls man mir versprochen hätte, Römer behandeln zu dürfen – doch Amalberga wiederholte nur immer wieder, ein derartiges Versprechen müsse meinem Ehemann überlassen bleiben.

Und jedermann redete und redete wegen dieser Ehe auf mich ein. Nach meinen blutdürstigen Erklärungen wollte mich niemand gegen meinen Willen heiraten, doch eine ganze Anzahl gotischer Anführer war der Meinung, sie könnten mich dazu bewegen, meine Meinung zu ändern. Anfangs war ich überrascht, daß ich überhaupt interessant für sie war; immerhin gab es wenige Römer, die mich, eine Fortgelaufene ohne Mitgift, wollten. Doch ich machte die Erfahrung, daß nichts so sehr Aufmerksamkeit erregt wie eine skandalumwitterte Berühmtheit. Für einen jungen gotischen Edelmann, der sich einen Namen machen wollte, stellte ich eine glänzende Gelegenheit dar: Die Frau zu heiraten, die Festinus Schande bereitet hatte, würde ihm den Ruhm auf dem Servierteller einbringen. Außerdem erwarteten sie in der Mehrzahl, daß meine Familie, wenn ich erst einmal verheiratet war, nachgeben und für eine Mitgift sorgen würde. Ich wurde also in regelmäßigen Zeitabständen mit dem einen oder anderen dieser Edelleute alleine gelassen, und sie mühten sich ab, sich mit mir zu unterhalten oder mich ins Bett zu zerren, oder auch alles beides, während ich mich ihrer so höflich wie irgend möglich erwehrte. Ich mußte höflich sein, da ich es nicht wagte, solche mächtigen Männer ernsthaft zu beleidigen. Doch sie fühlten sich zu keinerlei Höflichkeit verpflichtet; sie waren der Ansicht, daß sie mich genügend ehrten, wenn sie mir die Ehe anboten. Einige von ihnen wahrten die gesellschaftlichen Manieren, andere jedoch nicht, und ich benötigte meine fünf Sinne und eine entschlossene Hand, um mit ihnen fertig zu werden. Das alles wäre sicher sehr komisch gewesen, wenn ich nicht solche Angst gehabt hätte und wenn mir nicht jedesmal so elend zumute gewesen wäre, sobald ich noch einmal davongekommen war. Und trotz allem waren sie natürlich beleidigt. Mit der Zeit entwickelte ich ein beträchtliches Mitgefühl für Penelope von Ithaka, die eine derartige Situation zehn Jahre lang ausgehalten hatte – aber keiner der Goten hatte je von ihr gehört, und keiner würde mit mir zusammen darüber lachen. All die edlen Frauen schwärmten mir gegenüber immer und immer wieder von dem Mut und der Tapferkeit und der Mannestugend von Munderich oder Levila oder Lagriman oder einem anderen jener ungebildeten, schwertrasselnden Barbaren, der mich gerade ins Auge gefaßt hatte, bis mir schon beim Klang des Gotischen ganz übel wurde und ich mir wünschte, ich hätte Festinus geheiratet und es damit hinter mich gebracht.

Aber dies waren im Grunde genommen alles noch keine ernsthaften Probleme. Die begannen erst in jenem Winter. Im Frühherbst marschierten die vereinigten römischen Streitkräfte in nördliche Richtung und trafen bei Salices auf die Goten, wo sich beide Seiten eine offene Feldschlacht lieferten. Es gab ein großes Gemetzel, aber keinen eindeutigen Sieger. Die gotischen Truppen zogen sich nach Carragines, die römischen nach Marcianopolis zurück. Die Goten versorgten ihre Verwundeten und stritten darüber, was sie als Nächstes tun sollten. Die Römer, etwas praktischer und fleißiger veranlagt, verbarrikadierten die Pässe in den Hämusbergen. Ehe die Goten dies so recht mitbekamen, saßen sie im Norden der Diözese in der Falle, und dort gab es, wie Amalberga bereits gesagt hatte, nichts zu essen.

Die Goten unternahmen ein paar Versuche, die römischen Linien zu durchbrechen und in den stärker bevölkerten und wohlversorgten Süden vorzustoßen. Sie handelten sich jedoch nur weitere Verluste ein. Frithigern schickte Abgesandte an die Römer in Marcianopolis, aber sie wurden an den Toren abgewiesen und nicht einmal in die Stadt gelassen. Die

Römer waren nicht bereit, zu verhandeln. Frithigern schickte Abgesandte nach Tomis und machte das Angebot, mich gegen Getreidevorräte einzutauschen, doch inzwischen war es Spätherbst geworden und Thorion war offensichtlich bereits nach Bithynien versetzt worden. Der neue Statthalter aber gab nichts auf Frithigerns Drohungen. Ich wurde während dieser Vorgänge im Haus gefangengehalten, aber schließlich wurde dem König klar, daß sich niemand groß dafür interessierte, was mit mir geschah, außer daß vielleicht irgendwann jemand auf den Gedanken kam, mein Schicksal zu rächen. So schickte er mich wieder ins Hospital, damit ich mich um die Kranken kümmerte. Meine medizinischen Fähigkeiten waren gefragter als je zuvor. Wenn die Menschen frieren und hungern, erkranken sie schnell. Außerdem sterben sie leicht. Im besten Fall, hat einmal jemand gesagt, ist die Medizin »ein Nachdenken über den Tod«. Und in jenem Winter in Carragines schien der Tod manchmal das einzige zu sein, woran ich denken konnte. Die Tage waren eine unendlich lange Kette von Hunger und Kälte, Krankheit und harter Arbeit; ausgemergelte, vom Fieber geschüttelte Körper unter Bettzeug voller Ungeziefer; grauhäutige, auf Lastkarren gestapelte Leichname, die auf ihre Verbrennung .warteten und deren Augen glasig und gefroren waren; das leise Wimmern verhungernder Kinder und das stille Sterben alter Frauen; der Rauch von den Feuerstellen und der scharfe Geruch nach Enzian. Meine Patientin, bei der ich einen Kaiserschnitt durchgeführt hatte, verlor ihr Baby, dann starb sie selbst. Die römischen Sklaven, die ich in jenem Sommer zusammengeflickt hatte, wurden massenweise unter einer dünnen Schicht zusammengekratzter gefrorener Erde verscharrt. Das war für mich schlimmer als die dauernden Versuche der Goten, mich zu einer Ehe zu überreden, schlimmer, als eine Gefangene zu sein, ja sogar schlimmer als das Verbot, die Römer zu behandeln. Ich war vom Tod umgeben, und meine gesamte Heilkunst blieb nutzlos.

Die Goten glaubten jetzt, die Römer würden niemals verhandeln, sie hätten die Absicht, die gotische Rasse insgesamt auszulöschen. Ich nahm nicht an, daß dies stimmte – die Römer wollten sicherlich einen Friedensvertrag schließen, sobald die Goten endgültig zusammenbrechen und sich bereiterklären würden, alle Bedingungen zu akzeptieren. Frithigerns Vasallenkönigtum stand wohl nicht mehr zur Debatte, aber die Römer waren nach wie vor von der Vorstellung angetan, gotische Siedler in den unbebauten Landstrichen seßhaft zu machen. Doch die Goten brachen nicht zusammen. Statt dessen zeigten sie neues Interesse für den Feind vom jenseitigen Donauufer, dessentwegen sie nach Thrazien geflohen waren: In ihrer Verzweiflung verbündeten sie sich mit den Hunnen.

In Carragines sah ich nicht viel von diesen wilden, grausamen Menschen.

Sie mögen keine Städte und meiden Häuser wie unsereins Gräber. Frithigern verhandelte mit ihnen stets weit weg vom Lager, wobei er auf dem Rücken seines Pferdes saß, so wie sie auf dem Rücken ihrer zottigen kleinen Ponys saßen. Er haßte und fürchtete sie – alle Goten taten dies –, und Amalbergas Frauen erzählten ungeheuerliche Geschichten über die Wildheit und Grausamkeit jenes Volkes. Frithigern hatte die Hunnen zu einem Bündnis überredet und ihnen reiche Beutezüge versprochen, deren Ziel – selbstverständlich – römische Städte voller Gold und Seide und sonstiger Schätze waren. Und natürlich römische Sklaven! Die Goten konstruierten eine aus Booten bestehende Brücke, und die Hunnen schwärmten in Massen über den Fluß: Tausende und Abertausende von ihnen, eine wilde, grausame, angsteinflößende Armee.

Als die Römer zu Beginn des Frühjahrs entdeckten, was geschehen war, zogen sie ihre Truppen von den Festungsanlagen in den Bergen zurück. Sie hatten nicht genug Soldaten, um den vereinigten Goten, Hunnen und Alanen standzuhalten, und der römische Befehlshaber war der Meinung, seine Männer täten besser daran, die angrenzenden Regionen Daziens und Asiens zu schützen. So wurde Thrazien der Plünderung ausgeliefert. Die Barbaren griffen die befestigten Städte immer noch nicht an – die Hunnen hatten mit der Führung eines Belagerungskrieges noch weniger Erfahrung als die Goten –, aber sie strömten in den Süden, hinunter bis zum Mittelmeer und plünderten, mordeten, sengten und vergewaltigten, wo auch immer sie hinkamen. Es gab wieder genügend Lebensmittel in Carragines, aber ich mochte kaum davon essen, da ich wußte, auf welche Weise die Soldaten dazu gekommen waren.

Etwa Mitte Mai wurde ich krank. Fieber war etwas Alltägliches im Lager, Epidemien jedoch inzwischen nicht mehr. Normalerweise hätte ich die Krankheit wahrscheinlich mit einem Achselzucken abgetan, aber nach der langen Hungerei und erschöpft durch die Arbeit und den Ärger mit den Eheplänen war ich ziemlich geschwächt. Es begann mit Kopfschmerzen und Fieber. Ich hörte auf zu arbeiten, da ich Angst hatte, jemanden anzustecken, und ging zu Bett. Es fehlte nicht mehr viel, und ich wäre niemals mehr aufgestanden.

Zuerst versuchte Amalberga mich zu pflegen, dann, in der zweiten Woche kam Edico, der Frithigern und die Armee begleitet hatte, zurück, und sie schickte nach ihm. Inzwischen war das Fieber mächtig gestiegen und von Erbrechen und Durchfall begleitet. Ich war ganz benommen und gefühllos und weigerte mich, Edicos Fragen zu beantworten oder die von ihm vorgeschlagene Behandlung mitzumachen. Ich sagte ihm lediglich, er solle mich allein lassen. Er tat es nicht, sondern flößte mir Schierling auf einem Schwamm ein, damit das Fieber herunterginge, dann Honigwasser mit

Wein und schließlich ein wenig klare Brühe – alles Dinge, die ich ebenfalls verschrieben hätte. Ich weinte und beschuldigte ihn, mir mein ganzes Wissen gestohlen zu haben, nannte ihn einen Verräter und bat ihn, er solle mich in Frieden sterben lassen. Ich war aller Dinge so überdrüssig. Ich erinnerte mich daran, wie Athanasios einst zu mir gesagt hatte, diese Welt für den Himmel einzutauschen sei das gleiche, als tausche man eine Kupferdrachme für hundert Goldstücke ein. Es gab nirgendwo einen Platz auf der Welt, wo ich ganz und gar ich selbst sein konnte: eine Römerin, eine Ärztin und eine Frau. Im Himmel, dachte ich, könnte vielleicht jeder ganz er selbst sein. Ich stellte mir das Sterben wie einen tiefen Blick ins Wasser vor: Die Oberfläche wird aufgewühlt, in der Tiefe brodelt es einen Augenblick lang, doch dann beruhigen sich die Wassermassen wieder, und man kann klar bis auf den Grund aller Dinge sehen.

Eines Nachts, nachdem ich mehrere Wochen lang krank gelegen hatte, ohne auf die Behandlung anzusprechen, wachte ich auf und sah, wie Athanasios an meinem Bett stand. Er war gekleidet wie damals, als er starb, in einer leinenen Tunika und mit einem Umhang aus altem Schafsfell. Nach seinem Tode hatten ihm die Gefolgsleute seine besten Gewänder aus Brokat und golddurchwirkten Stoffen angezogen, aber er zog immer die einfachen Sachen vor. Ich richtete mich auf, mein dumpfer Kopf war mit einemmal ganz klar. »Hochwürden«, fragte ich, »bist du den ganzen Weg aus Ägypten hierhergekommen?«

Er lächelte und schüttelte den Kopf: »Nein, nicht aus Ägypten.« Es war schön, seine Stimme zu hören, den singenden Tonfall und die sorgfältig gesetzten, griechischen Worte. »Charis, meine Liebe, ich habe dir gesagt, du würdest heiraten, doch es sieht so aus, als hättest du dich entschlossen, mich zu widerlegen.«

»Fang doch nicht auch wieder damit an«, sagte ich. »Das macht mich noch ganz krank. Ich dachte, du schätzt die Ehe nicht.«

Er lächelte erneut. »Auch ich habe Fehler gemacht, wenn auch kleine im Vergleich zu den großen, die in der Welt gemacht worden sind. Die Ehe sollte kein Mittel sein, Eigentum zu erlangen oder Macht zu gewinnen oder Frauen zu unterwerfen. Weil sie all das ist, willst du nichts von ihr hören, und ich kann dich deswegen nicht tadeln.«

»Ich dachte, daß du sie nicht schätzt, weil sie mit Begierde einhergeht.«

Er lachte. »Von dort aus, wo ich herkomme, sieht die Begierde völlig anders aus. Die Welt ist ein dunkler Ort, und nichts in ihr ist ewig und fehlerlos. Weder die Begierde noch das Kaiserreich noch die Goten. Und sie werden alle miteinander nicht überdauern.«

»Nicht einmal das Kaiserreich?« fragte ich.

»Weil etwas lange Zeit überdauert hat, muß es noch lange nicht ewig sein«, erwiderte er freundlich.

»Ich bin der Welt so überdrüssig«, sagte ich und war nahe daran zu verzweifeln.

»Du, die du so viele Menschen in ihr festgehalten hast?«

Das ging mir immer noch nahe. »Es ist nichts Schlechtes daran, Menschen zu heilen!«

Er lächelte erneut und berührte meine Stirn. »Ich wünschte, du liebtest Gott ebenso wie Hippokrates. Doch ›jede gute und vollkommene Gabe kommt vom Vater des Lichts‹, und wenn du sie nur weit genug zurückverfolgst, wird sie dich vielleicht zu seiner Quelle führen. Gott erschuf die Welt und drückte uns seinen Stempel auf, und wir haben ihn nie ganz auslöschen können. Ja, es ist gut, zu heilen. Gott heilt. Und du mußt noch mehr Menschen heilen, bevor du gehst.«

»Aber ich bin so müde!« protestierte ich.

»Dann ruh dich aus.« Die strahlenden dunklen Augen sahen mich an, intensiv, zärtlich, drängend. Selbst seine Hand fühlte sich kühl an, als er mich freundlich in die Kissen zurückdrückte. Ich legte mich hin, und die Kühle breitete sich aus. Ich schloß die Augen und fühlte, wie die Erde unter mir wie Wasser hin und her schwankte. Wie eine Wiege, die im Rhythmus meines Herzens schaukelte.

Ich schlief ein, und als ich aufwachte, war es Tag, und das Licht fiel schräg durch die Fensterläden und warf ein goldenes Gitter auf das Fußende des Bettes. Mein Kopf und mein Magen taten mir immer noch weh, und ich fühlte mich äußerst schwach, aber ich wußte, daß mein Fieber gesunken war und daß ich am Leben bleiben würde. Ich lag auf der Seite und starrte auf die Stelle, an der Athanasios gestanden hatte. Einen Augenblick später öffnete sich die Tür und Edico und Amalberga kamen herein.

»Sie ist wach!« rief Edico aufgeregt. Er eilte an mein Bett, prüfte meinen Puls und fühlte meine Stirn.

»Das Fieber ist gesunken«, sagte ich zu ihm. »Hast du ihn gesehen?«

Edico sah mich verständnislos an. »Wen?«

Ich seufzte und legte eine Hand über die Augen; die Hand fühlte sich sehr schwer an, und meine Augen taten mir weh. Es bedeutete eine zu große Anstrengung, zu entscheiden, ob ich eine Vision, einen Besuch oder einen Traum gehabt hatte. Aber es war ein Trost gewesen. Ob er nun dagewesen war oder nicht, ich war froh, jemanden aus den glücklichen alten Tagen in Alexandria gesehen zu haben.

»Möchtest du etwas zu trinken?« fragte Edico eifrig. »Vielleicht etwas klare Brühe?«

Ich sah zuerst ihn an, dann Amalberga. »Darf ich Römer behandeln, falls ich mich erhole?« fragte ich sie.

Sie wurde blaß und setzte sich auf die Kante meines Bettes. »Wenn wir doch nur alle tun könnten, was wir wollten!« sagte sie plötzlich und rang die Hände. »Ich schwöre, daß ich die Römer niemals gehaßt habe, nicht einmal, nachdem sie uns so übel mitgespielt hatten. Und trotzdem sind sie unsere Feinde, und die Hunnen, die ich gehaßt habe, sind unsere Verbündeten, und wir sind an diesen Krieg gefesselt wie ein Sklave an die Folterbank!«

»Ich habe die Goten niemals gehaßt«, erwiderte ich mit schwacher Stimme. »Aber jetzt wünsche ich, ich wäre weit fort von hier. Ich würde lieber sterben, als so weiterzumachen wie bisher.« Und mir wurde klar, daß ich gerne mit Athanaric verheiratet gewesen wäre und ein Privathospital geleitet hätte. Es war das erstemal, daß ich derartige Gedanken so klar und präzise faßte, und ich war so überrascht, daß ich vergaß, was ich eigentlich sagen wollte.

»Ich kann dich nicht fortlassen«, sagte Amalberga betrübt. »Der Krieg nimmt einen schlechten Verlauf, und es könnte sein, daß wir . . .« sie hielt inne und sah mich unglücklich an. Die Goten könnten dazu gezwungen sein, mich zu verkaufen, um sich selbst zu retten, hatte sie wohl sagen wollen. Und selbst wenn sie es nicht taten, konnte ich mir von ihnen auf keinen Fall die Freiheit erhoffen. Frithigern war stolz auf eine so berühmte Gefangene, und außerdem war ich als Ärztin immer noch sehr nützlich.

»Es tut mir leid«, fuhr Amalberga nach einer kurzen Pause fort. »Ich will nicht, daß wir Feinde sind. Ich werde darum bitten, daß man dir erlaubt, Römer zu behandeln. Und ich kann weitere Freier von dir fernhalten – sie müssen jetzt sowieso alle in den Süden. Aber mehr kann ich nicht für dich tun.«

»Wenn du mich etwas für mein eigenes Volk tun läßt, dann genügt das«, entgegnete ich. »Ja, ich hätte gerne etwas klare Brühe. Und vielleicht ein wenig mit Honig gesüßten Wein.«

Es dauerte noch ein paar Wochen, ehe es mir gut genug ging, um Patienten zu behandeln, und als ich wieder auf den Beinen war, schien sich niemand so furchtbar für mich zu interessieren: Es gab zuviel anderes, worüber man sich Sorgen machen mußte. Frithigern war mit fast allen Soldaten in den Süden gezogen und hatte Carragines unter leichter Bewachung und der Befehlsgewalt von Amalberga zurückgelassen. Edico und die meisten der Pfleger des Hospitals waren mit ihm gezogen. Inoffiziell war mir zusammen mit ein paar Hebammen und weisen Frauen die Verantwortung für die Gesundheit der Lagerbewohner übertragen worden. Mir wurde zwar nicht wirklich vertraut, und ich stand nach wie vor unter dauernder Bewachung, aber im Grunde genommen gab es sonst niemanden, dem man die Verantwortung hätte aufbürden können.

Kaiser Augustus Valens hatte einen Friedensvertrag mit Persien abgeschlossen, und es hieß, er eile nach Konstantinopel und sammle unterwegs Soldaten um sich. Man erzählte sich, der Augustus des Westreichs, Gratianus, habe die Alemannen in Gallien besiegt und ziehe mit den gallischen Legionen ostwärts, bereit, die Goten anzugreifen. Die bereits in Thrazien stationierten Truppen hatten einen neuen Befehlshaber: Sebastianus' Vater, den früheren Heerführer in Illyrien. Er war ein äußerst energischer und geschickt operierender General, und er wurde seinem hervorragenden Ruf schnell gerecht. Kaum angekommen, gelang es ihm, einem ungewöhnlich großen Trupp Goten, der sich auf einem Beutezug befand, einen Hinterhalt zu legen und ihn zu vernichten. Frithigern war deswegen derart beunruhigt, daß er die übrigen Stoßtrupps zurückzog – und zwar nicht nach Carragines, sondern in eine weiter südlich gelegene Stadt namens Kabyle. Die Männer waren nicht gerade erpicht darauf, noch einmal nördlich der Berge eingeschlossen zu werden. Sie sammelten sich – Terwingen, Greuthungen, Alanen und Hunnen – und erwarteten die Römer.

Wir hatten in jenem Jahr einen langen Sommer, heiß und feucht. Das Lager war inzwischen alt, es stank und wimmelte von Fliegen und brütete zahlreiche Krankheiten aus. Erst als ich wieder auf den Beinen war, merkte ich, daß ich sehr schnell ermüdete und keine Kraft mehr hatte, für Dinge zu kämpfen, für die ich hätte kämpfen müssen – zum Beispiel für Aquädukte, um frisches Wasser heranzuführen, oder für Müllplätze außerhalb der Lagerwälle. Ich hatte den Winter über so viele Patienten sterben sehen, daß es mich kaum noch berührte. Mir wurde wieder erlaubt, römische Gefangene zu behandeln, doch nachdem ich mich so dafür eingesetzt hatte, sah es so aus, als könne ich ihnen nicht viel helfen. Edico hatte fast alle Arzneimittel mitgenommen, und ich war nicht in der Lage, den Gefangenen bessere Lebensbedingungen zu verschaffen. All meine Freier, all diese schrecklichen Barbaren, waren inzwischen fort, aber ich war nicht so erleichtert, wie ich erwartet hatte. Ich konnte kaum mehr richtig denken, und meine Gefühle schienen ebenso stumpf, zäh und klebrig zu sein wie die Luft. Eines Abends fiel mir auf, daß das Lager derart nachlässig bewacht wurde, daß es hätte möglich sein müssen, aus ihm hinauszuschlüpfen. Aber in dem jämmerlichen Zustand, in dem ich mich befand, konnte ich nichts mit dieser Entdeckung anfangen. Ich war viel zu erschöpft, um an Flucht zu denken, viel zu erschöpft für alles andere als eine mechanische, unbeholfen abgespulte Arbeit. Selbst die Neuigkeiten vom Krieg konnten nicht viel Eindruck auf mich machen. Valens hatte Konstantinopel an der Spitze einer großen Streitmacht verlassen; die Goten zogen sich in Richtung auf Hadrianopolis zurück. Der Kaiser und der Heerführer Sebastianus erwogen, sie ohne die aus dem Westen heranrückenden Truppen anzugreifen. Das waren bedeutende Ereignisse, und mein eigenes Schicksal hing von ihrem Ausgang ab, doch sie schienen mich nichts anzugehen, so als hätten sie sich schon viele Male zuvor ereignet.

Und dann, an einem schwülen Nachmittag Anfang August, kam ich nach dem Besuch bei einigen Genesenden ins Hospital zurück und entdeckte Athanaric, wie er in aller Seelenruhe inmitten einer Gruppe anderer Patienten darauf wartete, untersucht zu werden.

Er war wie ein gemeiner Soldat in eine rauhe Wolltunika gekleidet und trug seinen einen Arm in einer Schlinge. Einen Augenblick lang traute ich meinen Augen nicht, doch dann bemerkte ich, wie er mich erkannte und über meinen Anblick erschrak. Er sah schnell wieder weg und kratzte sich mit der nicht verbundenen Hand seinen Bart und schließlich verstand ich. Es gelang mir, mein ungläubiges Starren in ein Niesen übergehen zu lassen, ich putzte mir die Nase und begann mit der Untersuchung der Patienten.

Bei dieser Aufgabe half mir eine Hebamme, glücklicherweise eine Frau, die Athanaric noch nie gesehen hatte. Als sie versuchte, sich seinen Arm anzusehen, protestierte er. »Ich will von der römischen Ärztin behandelt werden«, sagte er auf gotisch, »nicht von irgendeiner alten Hexe, die sich nur bei Säuglingen auskennt.«

»Die römische Ärztin behandelt keine Verwundeten«, erwiderte die Hebamme und zerrte an der Schlinge. Athanaric zuckte zusammen und preßte seinen Arm an sich, als ob er ihn schmerzte.

»Ach, laß doch!« sagte ich zu ihr. »Ich sehe mir diesen Mann gleich an. Hol mir doch bitte etwas Reinigungslösung!«

Sie ging, und ich trat auf Athanaric zu, um mir seinen Arm anzusehen. Ich wagte immer noch nicht, mit ihm zu sprechen, nicht vor den anderen Patienten. Ich fühlte mich ganz schwindelig, und mein Blut summte mir in den Ohren. »Was ist passiert?« fragte ich Athanaric und machte ihm die Schlinge ab.

»Eine Schwertwunde«, erwiderte er in mürrischem Tonfall. »Der Arm ist gebrochen. Der Arzt im Süden hat ihn geschient. Aber inzwischen ist er infiziert.«

Ich nahm ihm den Verband sorgfältig ab. Der Arm war zu meiner Erleichterung vollkommen gesund und unverletzt, aber unter dem Verband steckte ein Zettel. Ich zögerte, dann ließ ich ihn in meiner Hand verschwinden, sah auf und runzelte die Stirn, und er sagte immer noch in dem gleichen mürrischen Tonfall: »Nun?«

»Sieht schlimm aus«, sagte ich. »Du solltest keinen Talisman in die Wunde stecken, aber du hast Glück gehabt; der Arm muß nicht ausgebrannt werden.«

Die Hebamme kam mit der Reinigungslösung zurück, und ich befahl ihr, sich um einen der anderen Patienten, ein krankes Kind, zu kümmern. Ich tat so, als säuberte ich den Arm, und legte einen neuen Verband an. Ich sagte Athanaric, er solle warten, bis ich ein anderes Heilkraut geholt hätte, und ging in den Arzneimittelraum. Zum Glück war er leer. Ich entfaltete den Zettel und las: »Behandle mich und schicke mich fort. Dann geh sobald wie möglich zur Mauer hinter dem Hospital.«

Ich fürchtete, vor lauter Erregung und dem plötzlichen Aufkeimen von Hoffnung ohnmächtig zu werden. Dann zerriß ich den Zettel, aß die Fetzen auf und ging in das Untersuchungszimmer zurück. Ich mußte umkehren und das Heilkraut holen, dessentwegen ich angeblich fortgegangen war. Ich gab es Athanaric und sagte ihm, er solle nach Hause zu seiner Familie gehen, sich ausruhen und am nächsten Morgen wiederkommen, damit die Wunde gereinigt und neu verbunden werden könne. Er machte sich davon.

Erst am späten Nachmittag fand ich eine Gelegenheit, meinen Bewachern zu entkommen. Es war das erstemal seit Monaten, daß ich allein war, und meine Gedanken wirbelten mir im Kopf herum wie ein Trupp Reiter in vollem Galopp: Athanaric, Flucht, Freiheit, Erlösung von allen Qualen, die große weite Welt. Ich blieb auf dem Weg ins Freie stehen und sah auf in den unermeßlichen Himmel, der mit einem feuchten Dunstschleier überzogen war, und ich glaubte, in ihn hineinfliegen zu können, direkt bis zur Sonne hinauf. Ich war dabei, meine Patienten aufzugeben und wahrscheinlich auch meine Laufbahn, aber das war mir inzwischen egal. Ich hatte den Tod satt. Ich wollte leben. Frei sein.

Das Hospital stieß direkt an den Lagerwall und lag ein wenig abseits von den anderen Wagen und Unterkünften, um die ansteckenden Kranken isoliert zu halten. Ich ging schnurstracks auf seine Rückseite und versuchte, einen selbstsicheren Eindruck zu machen, so als habe ich dort etwas zu erledigen. Als ich den Palisadenzaun fast erreicht hatte, hörte ich zu meiner Rechten einen leisen Pfiff. Ich blickte mich suchend um und entdeckte Athanaric, der unter einem der Wagen wartete. Ich rannte zu ihm, als hätten meine Füße Flügel.

Athanaric verschwendete keine Zeit mit irgendwelchen Begrüßungen oder Erklärungen. Er ergriff mich am Arm, zerrte mich unter den Wagen und stieß mich in Richtung auf den Palisadenzaun. Jemand hatte ein Loch unter ihm hindurchgegraben. Ich bückte mich, schlüpfte hindurch und Athanaric folgte mir. Er deutete mit einer Kopfbewegung auf eine

Ansammlung von Bäumen ein wenig weiter weg, und wir rannten in die bezeichnete Richtung.

»Ein Wachsoldat kommt etwa alle zehn Minuten vorbei«, erklärte Athanaric, als wir die Bäume erreicht hatten. »Er ist gerade verschwunden. Wir warten, bis er wieder auftaucht und von neuem verschwindet. Dann machen wir uns davon. Ich habe ein paar Pferde besorgt, die etwa drei Meilen von hier warten; kannst du soweit laufen?«

»Natürlich.« Ich setzte mich, lehnte meinen Kopf an einen Baumstamm und blickte auf die Wälle der Wagenstadt.

»Du siehst nicht gut aus.« Er beugte sich über mich und sah besorgt aus.

»Ich war krank«, erzählte ich ihm, »und es kommt alles sehr plötzlich. Aber drei Meilen kann ich laufen. Gütiger Gott, ich wäre bereit, sie zu kriechen. Danke. Ich finde einfach keine Worte. Danke.«

Er berührte mich an der Schulter, runzelte die Stirn, dann, als der Wachsoldat in Sicht kam und langsam mit geschulterter Lanze an der Außenseite des Walles entlangging, kniete er sich neben mich. Der Soldat blieb stehen, nahm seine Lanze herunter und stieß sie müßig in ein Kaninchenloch, dann zuckte er die Achseln und ging weiter. Athanaric berührte mich erneut an der Schulter, und wir schlüpften aus dem Gehölz und liefen mit kräftig ausholenden Schritten über das offene Feld und schnell weiter durch Gräben, über andere Felder und Gräben bis auf einen Pfad, der in den Wald führte. Die tiefstehende Nachmittagssonne schien schräg durch das Blattwerk; der Geruch nach lockerer Erde und feuchtem Moos, fremdartig und köstlich nach dem Gestank des Lagers; nichts als Arzneimittel und Rauch so viele Monate hindurch. Vogelgesang, das Rascheln von Laub unter unseren Schritten, mein keuchender Atem. Dann das Klirren von Pferdegeschirr und das leise Wiehern eines Pferdes; in dem schräg einfallenden Licht erkannte ich das tiefe Braun und helle Grau von Pferden. »Athanaric!« rief jemand erleichtert und dann: »Chariton!«, und Arbetio kam auf uns zugerannt und umarmte mich.

»Du?« stieß ich etwas einfältig hervor. »Was tust du denn hier?«

»Athanaric brauchte jemanden, um die Pferde zu halten«, meinte Arbetio lächelnd. Dann verschwand das Lächeln, er machte einen Schritt zurück und sah mich an. Er machte keinerlei törichte Bemerkungen über meinen offensichtlichen Wechsel des Geschlechts, sondern sagte lediglich: »Aber du bist ja krank gewesen.«

»Das ist inzwischen schon ein paar Monate her. Ich werde schon reiten können — o verdammt!« Ich hatte nicht an den langen Rock gedacht, mit dem man unmöglich reiten konnte. Ich fühlte mich gedemütigt und starrte herunter auf den Boden.

»Zieh ihn einfach hoch«, meinte Athanaric, band eines der Pferde los und

führte es zu mir. »Wir haben jetzt keine Zeit, deswegen etwas zu unternehmen. Sie müssen dein Verschwinden im Lager bereits bemerkt haben.«
»Sie werden zuerst drinnen suchen«, sagte ich und versuchte, in den Sattel zu klettern. Mein Fuß verfing sich im Rock. Arbetio bückte sich und bot mir seine Schulter an. Ich kletterte hinauf und versuchte, den Rock beiseite zu schieben. Athanaric schwang sich bereits auf sein eigenes Pferd, und Arbetio rannte zu dem dritten Tier, sprang in den Sattel und lächelte mir erneut zu. Athanaric preschte im Galopp davon, ritt quer über das Land in nordöstliche Richtung, preschte durch Flüsse und über felsiges Gelände, um die Goten in die Irre zu führen, falls sie den Versuch unternahmen, uns mit Hunden zu verfolgen. Ich war schon bald viel zu sehr damit beschäftigt, mich im Sattel zu halten, um an etwas anderes denken zu können.
Wir ritten stundenlang, bis es dunkel wurde und die Pferde zu müde waren, um den Weg fortzusetzen. Dann entdeckte Athanaric in einem Wald eine Stelle, die sich zum Übernachten eignete, und wir machten halt. Inzwischen war ich viel zu erschöpft, um irgendwelche Fragen zu stellen. Ich war seit einem Jahr nicht mehr geritten und hatte vor der Flucht den ganzen Tag schwer gearbeitet. Ich legte mich einfach in eine Mulde und zog meinen Umhang über mich. Einen Augenblick später weckte mich Arbetio und deutete auf ein Bett aus Farnkräutern, das er für mich bereitet hatte, und so wechselte ich hinüber und schlief sofort wieder ein.
Am nächsten Morgen, es dämmerte bereits, wachte ich auf. Der Wald roch lebendig, die Vögel sangen. Ich war über und über mit Mückenstichen bedeckt, meine Glieder taten mir vom vielen Reiten weh, aber ich fühlte mich großartig. Ich richtete mich auf. Die beiden waren bereits aufgestanden: Athanaric fütterte die Pferde, und Arbetio bereitete das Frühstück. Arbetio lächelte. »Gut geschlafen?« fragte er.
»Besser als seit vielen Monaten«, antwortete ich ehrlichen Herzens und stand auf — einigermaßen schwerfällig, da mir meine Muskeln weh taten und ich vom Reiten ein paar wundgeriebene Stellen hatte. Ich humpelte zu den beiden, um ihnen zu helfen, doch Arbetio händigte mir etwas Brot und einen Becher mit gewässertem Wein aus und meinte, ich solle mich ausruhen. »Du siehst nicht gut aus«, sagte er erneut. »Was haben die Goten in diesem verdammten Lager mit dir gemacht?«
Ich zuckte die Achseln. »Die meiste Zeit haben sie damit verbracht, mich zu verheiraten. Aber wie schon gesagt, ich war lange krank. Lieber Gott, es ist wunderbar, dich wiederzusehen. Aber wieso bist du hier? Ich dachte, du bist unentbehrlich in Novidunum.«
»Ich habe mir einfach ein paar Tage Urlaub genommen«, berichtete Arbetio fröhlich.
»Ich brauchte jemanden, dem ich vertrauen konnte«, warf Athanaric ein

und gesellte sich zu uns. »Deshalb schrieb ich einen Brief und bat Arbetio um Hilfe.«

»Und du, wieso bist du hier? Ich dachte, du bist in Ägypten«, sagte ich. Er stand da, hielt den Zügel und sah mich mit einem Stirnrunzeln an. Die frühe Morgensonne sprenkelte sein Gesicht mit Lichttupfern.

»Ich habe mir ebenfalls Urlaub genommen«, erzählte er und setzte sich. Arbetio steckte ihm sein Stück Brot zu.

»Ist das nicht gefährlich? Du hast mir damals erzählt, die Behörden trauten den Goten nicht länger . . . Und wenn du deinen Posten in Ägypten verlassen hast, um nach Thrazien zu kommen . . .«

»Es wird mir schon nichts passieren, wenn ich mit dir zusammen zurückkomme. Du kannst für mich zeugen. Wenn ich ohne dich zurückkäme, würde man mich wahrscheinlich des Verrats bezichtigen. Aber ich bin nicht direkt aus Ägypten gekommen, lediglich aus Konstantinopel. Ich mußte dort eine Botschaft überbringen.«

»Ach, ihr beiden«, sagte ich und sah erneut von einem zum anderen. »Ich danke euch mehr, als ich überhaupt sagen kann. Ich glaube, ich wäre gestorben, falls ich noch einen weiteren Winter in Carragines hätte verbringen müssen.«

»Du siehst aus, als seist du bereits halb tot«, sagte Athanaric grob. »Du bestehst nur noch aus Haut und Knochen. Du sagtest vorhin, die Goten hätten immer noch versucht, dich zu verheiraten. Sie haben nicht etwa . . . das heißt . . .«

Ich war ein bißchen überrascht wegen seines plötzlichen Feingefühls. »Mich vergewaltigt? Nein. Aber . . . nun, mein Bruder hat einmal gemeint, kein Mann werde einen weiblichen Arzt heiraten wollen. Ich hatte allmählich das Gefühl, daß jeder Gote genau dies wollte. Ich fühlte mich wie Penelope auf Ithaca. Die ganze Zeit wurde mir nachspioniert. Außerdem gab es im letzten Winter nicht viel zu essen, und die Leute starben wie die Fliegen. So lange, bis ich selbst sterben wollte. Aber jetzt . . . ›O strahlender Glanz, o Licht des mit vier Pferden bespannten Sonnenwagens, o Erde und Nacht, die meinen starren Blick zuvor mit Dunkel füllten, jetzt schaue ich euch ungehindert an!‹« Ich lehnte mich zurück und sah zur Sonne auf; ich hatte das Gefühl, als falle das Jahr der Not und der Gefangenschaft wie die schmutzige Larve der Köcherfliege von mir ab und werde stromabwärts geschwemmt, während die Fliege ihre Flügel ausbreitet.

Athanaric lachte lauthals los. »Sebastianus hat erzählt, du wärest mit Euripides auf den Lippen in die Gefangenschaft gegangen. Dann ist es nur folgerichtig, daß du auf die gleiche Weise wiederkehrst.«

Er biß ein kräftiges Stück von seinem Brot ab und kaute herzhaft.

»Und wie geht es Sebastianus?« fragte ich.

Athanaric schluckte den Bissen schnell hinunter und warf Arbetio einen verlegenen Blick zu.

»Es geht ihm gut«, erwiderte Arbetio nach einem Augenblick des Zögerns. »Er ist zusammen mit seinem Vater, dem Feldherrn, bei der Armee.«

»Sein Vater hat den Ehevertrag annulliert«, erzählte Athanaric ohne Umschweife. »Er hat gesagt, der Vertrag sei ungültig, da sein Einverständnis gefehlt habe. Dann hat er ihn zerrissen und verbrannt. Du findest nicht seine . . . Billigung.«

»So«, seufzte ich einigermaßen erleichtert. »Er hat ja immer noch seine Daphne, oder?«

»Du brauchst nicht eifersüchtig auf sie zu sein!« meinte Athanaric.

»Eifersüchtig? Ich bin nicht eifersüchtig. Ich bin erleichtert: Ich bin im Grunde genommen froh, daß es wieder einmal nichts wird mit der Hochzeit. Aber ich dachte, du wolltest mich in Sebastianus' Auftrag holen, um deinem Freund einen Gefallen zu erweisen.«

»Du bist ebenfalls ein Freund«, sagte Arbetio. »Daß du eine Frau bist, ändert nichts daran.«

Athanaric nickte. »Wir konnten dich schließlich nicht deinem Schicksal überlassen. Ich habe versprochen, dich da rauszuholen und jetzt habe ich es getan.«

Einen Augenblick lang saßen wir schweigend da, dann fragte Arbetio: »Was willst du jetzt tun? Weißt du schon, wohin du gehen kannst?«

»Mir wird schon etwas einfallen«, erwiderte ich und versuchte, nachzudenken. Ich war nicht mehr daran gewöhnt, eine Zukunft zu haben. Vielleicht hatte ich in Wirklichkeit auch gar keine. Vielleicht war ich dazu bestimmt, im Haus meines Bruders alt zu werden. Aber vielleicht konnte ich Thorion auch dazu überreden, mich gehenzulassen. Plötzlich entschloß ich mich einfach, so zu handeln, als könne ich selbst wählen und mein Leben so gestalten, wie es mir paßte; und ich überlegte, was ich tun sollte. Einen Augenblick später fügte ich hinzu: »Vielleicht gehe ich nach Alexandria zurück. Mein Vertrag mit der Armee ist ja wahrscheinlich hinfällig.«

Arbetio lachte. »Könntest du denn in Alexandria Lehrer der Heilkunst werden?«

»Ich glaube kaum. Aber mein alter Lehrherr Philon würde mich wahrscheinlich als Partner aufnehmen. Das heißt, falls ich wegen der Rolle, die ich bei Bischof Petrus' Flucht gespielt habe, nicht immer noch im Verdacht stehe.«

Athanaric sah mich erneut an, dann blickte er auf sein halb aufgegessenes Brot. »Bischof Petrus sitzt wieder auf dem Thron von St. Marcus«, berichtete er. »Das war der Inhalt der Botschaft, die ich nach Konstantinopel gebracht habe.«

»Was!« rief ich aus. Noch vor einer Woche hatten selbst Neuigkeiten aus Thrazien in meinen Ohren schal oder uninteressant geklungen. Heute morgen fand ich alles und jedes aufregend. »Was ist mit Lucius passiert?«

»Seine Wachsoldaten wurden zurückgezogen, und er hielt es für klüger, Alexandria zu verlassen. Unser Erhabener Kaiser hatte weder Zeit noch Soldaten, um sich um den Aufruhr in Alexandria zu kümmern. Deshalb hat er Petrus den bischöflichen Thron überlassen, um endlich Frieden zu haben.«

»Dann gehe ich nach Alexandria!« sagte ich und trank meinen Wein in einem Zug aus.

»Den Teufel wirst du!« entgegnete Athanaric. »Sobald der Kaiser die Goten angesiedelt hat, wird Petrus wieder ins Exil geschickt – falls er bis dahin nicht tot ist. Er ist angeblich krank.«

»Dann braucht er einen Arzt. Wahrscheinlich stört es ihn nicht einmal, daß ich eine Frau bin, wenn ich ihm erzähle, daß es Athanasios ebenfalls nicht gestört hat.«

»Bist du nicht das letztemal, als du Alexandria verlassen hast, mit knapper Not der Folter entkommen?«

»Diesmal werde ich vorsichtiger sein. Ich werde versuchen, zwischen mir und der Kirche ein bißchen Distanz zu halten. Ich werde wieder bei Philon wohnen.«

»Stört es ihn denn nicht, daß du eine Frau bist?« fragte Athanaric, und in seiner Stimme klang Spott mit.

»Er wußte es schon, bevor ich fortging. Er hat mich einmal behandelt, als ich krank war. Und er verhielt sich wie Arbetio – wie ein guter Kollege. Zuerst war es wie ein Schock, aber es spielte kaum eine Rolle.« Arbetio lächelte und nickte. »Du bist wahrscheinlich der Ansicht, ich sollte nach Bithynien gehen und in dem Haus meines Bruders herumsitzen und mich wie eine Dame benehmen?«

Athanaric öffnete den Mund, dann schloß er ihn wieder. Endlich meinte er: »Dein Bruder will dich unbedingt bald wiedersehen.«

»Ich möchte ihn ebenfalls gerne wiedersehen. Wenn er damit einverstanden ist, mich ziehen zu lassen, werde ich ihn zuerst in Bithynien besuchen. Aber anschließend werde ich nach Alexandria gehen. Es ist eine wundervolle Stadt, Arbetio. Der beste Ort in der Welt für einen Mediziner. Kommt! Machen wir uns aus dem Staub, bevor die Goten nach uns suchen! Wer hätte gedacht, daß ich einen Kurier zur Eile drängen muß?«

Athanaric blickte mich finster an, schob den Rest seines Brotes in den Mund und ging zu den Pferden. Arbetio grinste. »Das klingt eher nach dem Mann, an den ich mich erinnere«, sagte er. »Du siehst schon besser aus.«

Ich lachte und stand auf, dann betrachtete ich erneut meine Kleider. »Hast du vielleicht ein paar Ersatzhosen?« fragte ich Arbetio.

»Daran haben wir nicht gedacht«, erwiderte er. »Außerdem wollten wir nicht soviel mit uns herumschleppen. Tut mir leid.«

»Schade«, sagte ich. »Dann leih mir doch mal dein Messer.«

Arbetio reichte mir sein Gürtelmesser, ich schnitt einige Streifen vom Saum meiner Untertunika ab und begann, mir die Schenkel zu verbinden, die ich mir am vorhergehenden Tag am Sattel wundgescheuert hatte. Athanaric brachte mir mein Pferd, dann blieb er unvermittelt stehen und starrte meine Beine an. Sie waren kein sehr hübscher Anblick: sehr dünn, wundgescheuert und voller Kratzer. »Du hättest Hosen mitbringen sollen«, sagte ich zu Athanaric.

Eigenartigerweise wurde er plötzlich feuerrot und wandte den Blick ab. Ich war ebenfalls verlegen. Aber dann schürzte ich den Rock über meinen Gürtel, kletterte in den Sattel, und wir ritten los.

Wir kamen hauptsächlich durch unbebautes Land, ritten durch Urwald und über offene Heide, überquerten von den Bauern aufgegebenes und jetzt brachliegendes Land und ritten an ganzen Dörfern vorbei, die von ihren sämtlichen Bewohnern verlassen und von den Eindringlingen niedergebrannt worden waren. Wir ritten im Schritt, weil die Pferde nicht mehr galoppieren konnten, und eine Weile saßen wir schweigend in unseren Sätteln. Schließlich fragte ich Athanaric, teils um die Verlegenheit, die sich zwischen uns eingestellt hatte, zu mildern, teils weil ich wirklich neugierig war, wann und wodurch er mein Geheimnis erraten hatte.

Athanaric schnaubte verächtlich. »Viel zu spät«, erwiderte er. »Schließlich erwartet man von mir, daß mir solche Dinge auffallen; das gehört zu meinen Aufgaben. Aber ich habe nicht entdeckt, was ein siebzigjähriger alter Geistlicher sofort bemerkt hatte. Als es mir klar wurde, habe ich mich gründlich geschämt.«

»Athanasios behauptete, Gott habe es ihm offenbart«, sagte ich. »Und er war der einzige, der jemals etwas vermutet hat. Die Menschen glauben, was man ihnen erzählt — vor allem, wenn das Gegenteil davon noch unglaubwürdiger ist als die Geschichte selbst.«

Athanaric schnaubte noch einmal, dann lächelte er entschuldigend. »Genau: Die Vorstellung war ganz einfach zu verrückt. Aber ich hätte etwas vermuten müssen. Ich wußte eine ganze Menge von dir — ich habe mich in Ägypten nach dir umgehört, nachdem wir uns das erstemal begegnet sind. Ich fragte den Chefarzt des Museums über dich aus. Er sagte, du seiest eines Morgens im Frühjahr ziemlich plötzlich aufgetaucht, praktisch ohne Empfehlungen und ohne Geld, hättest behauptet, zum Haushalt eines gewissen Theodoros von Ephesus zu gehören und hättest förmlich darum gebettelt, daß er dir die Heilkunst des Hippokrates beibringt. Er sagte, er habe nicht gedacht, daß ein Eunuch die harte Arbeit, die mit dem Studium der Medizin verbunden ist, durchstehen könnte. Er habe geglaubt, du seiest vielleicht ein fortgelaufener Sklave, und habe dich abgewiesen. Er sagte, Philon habe dich nur aus Barmherzigkeit aufgenommen, aber du hättest dich hervorragend gemacht und seiest äußerst begabt. Als ich in ihn drang, gab er zu, nach wie vor zu glauben, daß du ein fortgelaufener Sklave bist. Ein paar andere vermuteten übrigens das gleiche. Aber ich stimmte mit ihnen überein, es sei besser, wenn ein Eunuch Kranke behandelt, als im Haus eines reichen Mannes Bestechungsgelder einzustreichen. Und so ließ ich die Sache auf sich beruhen.

Die Geschichte von Festinus, der inmitten seiner Hochzeitsvorbereitungen sitzengelassen worden war, kannte ich bereits — sie erregte ziemliches Aufsehen in Asien —, und als sowohl dein Bruder als auch Festinus in Thrazien residierten, ging ich der Sache noch einmal nach, weil ich der Meinung war, eine derartige Privatfehde könne womöglich Probleme aufwerfen. Und ich erfuhr, die Schwester des vortrefflichen Theodoros sei eines Morgens im Frühjahr ganz einfach verschwunden, spurlos verschwunden. Damals fragte ich mich, ob du vielleicht etwas mit ihrem Verschwinden zu tun hättest und in aller Eile nach Alexandria gegangen seiest, um dich vor Festinus zu verstecken — aber die Wahrheit habe ich nicht vermutet. Du behauptetest, ein Eunuch zu sein, und alle Welt glaubte es; ich hab zu keinem Zeitpunkt daran gezweifelt. Doch ich hätte es merken müssen, daß du keiner bist. Ich glaube, in meinem Herzen habe ich es gemerkt, aber was mein Herz sah, wies mein Verstand ganz schnell von sich. Wahrscheinlich warf ich mir sogar vor, etwas Derartiges von einem anderen Mann zu denken.

Und dann wurdest du der Zauberei angeklagt. Deine eigenen Sklaven dachten, du wärest ein Zauberer, und einer ihrer Gründe dafür war, daß du immer allein gebadet und dich ohne Hilfe angekleidet hast. Aber ich dachte mir nichts dabei. Eunuchen haben ihre Gründe, zurückhaltend zu sein. Und dann behandelte dich der Statthalter von Skythien wie ein Bruder. Nun schön, überlegte ich, es ist ja der Theodoros, den du von früher her kanntest, vielleicht schuldet er dir großen Dank. Ein oder zweimal sagte er ›sie‹, als er von dir sprach — ein Versprecher oder ein kleiner Scherz? Sicher, all das verwirrte mich, aber ich brachte Chariton den Arzt immer noch nicht mit Theodoros' Schwester zusammen — außerdem hatte ich deinen Namen noch nie gehört; die Leute erwähnen den Namen einer jungen Edelfrau nicht.

Und dann jener Abend in Marcianopolis — Festinus brütete immer noch über der ihm zugefügten Kränkung und trug sie Theodoros nach, aber er hat dich nicht erkannt! Du allerdings hattest Angst vor ihm. Ich hegte immer noch keinen Verdacht, jedenfalls nicht bewußt, doch ich fühlte immer stärker, daß ich etwas wußte, was mir nur noch nicht klargeworden war. Und du zitiertest ein paar Verse, von denen du sagtest, Festinus hätte sie einst zitiert, aber du hast sie falsch zitiert und ›Charis‹ gesagt, wo es im Gedicht ›Chloe‹ heißt. Die Vermutung lag nahe, daß Festinus diese Verse einmal in Gegenwart eines Mädchens namens Charis zitiert hatte, aber hätte er das in Gegenwart eines der Eunuchen von Theodoros getan? Deshalb bat ich dich um Hilfe, und du hast mir sehr energisch erklärt, ich solle die Angelegenheit auf sich beruhen lassen − und ich dachte mir immer noch nichts dabei. Oder besser gesagt, ich wollte mir nicht eingestehen, was ich mir gedacht hatte.

Nun gut, danach hatte ich dauernd zu tun. Ich verhandelte mit Frithigern, ging zurück und verhandelte mit Lupicinus, und dann ritt ich zwischen Antiochia und Hadrianopolis hin und her. Und ich war viel zu beschäftigt, um an irgend etwas anderes zu denken als an die Probleme im Zusammenhang mit den Goten. Schließlich wurde ich für ein paar Wochen in Antiochia festgehalten, mußte verschiedenen Hofbeamten Bericht erstatten und mit ihnen eine ganze Reihe wichtiger Dinge erörtern. Doch ich konnte sie nicht überzeugen. Eines Abends saß ich mit einem Freund zusammen, wir tranken reichlich, und als ich nach Hause kam und einschlief, träumte ich von dir. Was, will ich lieber nicht erzählen. Auf jeden Fall warst du in diesem Traum eine Frau, und als ich mit stechenden Kopfschmerzen aufwachte, dachte ich: ›Jesus Christus, was für ein verrückter Traum.‹ Und dann dachte ich: ›Beruht er vielleicht auf Wahrheit?‹ Und dann fügte sich alles ineinander. Aber ich war mir immer noch nicht sicher, nicht sicher genug jedenfalls, um deswegen einen Bericht zu verfassen. Statt dessen fragte ich überall nach jemandem, der Theodoros von Ephesus kannte, und ich trieb einen Assessor im Büro des Statthalters auf, einen Burschen namens Kyrillos. Nach ein paar Bechern Wein und ein paar geschickten Fragen hatte ich die ganze Geschichte aus ihm herausgebracht. Mir war so, als habe mir jemand einen Fußtritt versetzt − und ich hätte mir selbst einen Tritt versetzen können, so dämlich gewesen zu sein. Aber dann brach der Krieg aus, und ich mußte andauernd irgendwelche Botschaften hierhin und dorthin bringen. Deshalb konnte ich erst eine Woche nach deiner Gefangennahme nach Skythien kommen. Sebastianus war deswegen immer noch wütend auf seine Tribune. Aber er erzählte mir, es seien Gerüchte im Umlauf, die Goten hätten herausgefunden, daß du eine Frau bist, und er fragte mich, was ich davon hielte. Ich raufte mir die Haare und verwünschte uns beide, und nach einer Weile tat Sebastianus dasselbe.«

»Ich wußte nicht, was ich davon halten sollte, als ich zuerst von den Gerüchten erfuhr«, erzählte Arbetio. »Ich glaubte ihnen nicht, bis ich einige entflohene Sklaven in Behandlung hatte, die dich kannten und sie bestätigten. Und sie behaupteten, du würdest Edico heiraten.«

»Das war Frithigerns ursprüngliche Idee. Bevor er wußte, wer ich wirklich bin. Edico war sehr erleichtert, als ich ihm sagte, ich wolle nicht.«

Arbetio dachte einen Augenblick lang nach, dann lachte er. Athanaric runzelte die Stirn. »Edico hatte schon immer ein bißchen Angst vor dir«, meinte Arbetio. »Wahrscheinlich fällt es ihm genauso schwer, dich als Frau anzuerkennen, wie mir.«

»Wir sind Freunde, du und ich«, sagte ich. »Und Kollegen. Wie geht es den übrigen in Novidunum?«

»Gut«, erwiderte er. »Ich hoffe, du hast nichts dagegen, daß wir in deinem Haus gewohnt haben. Ich habe versucht, mich genausogut um deinen Haushalt zu kümmern wie um meinen, und dafür konnte ich das neue große Haus gut gebrauchen.«

»Behalte es«, sagte ich, »als Geschenk von mir. Ich brauche es nicht mehr; ich verlasse Thrazien und gehe wieder nach Alexandria.«

Athanaric zuckte zusammen. »Hoffentlich verbietet dir dein Bruder, Bithynien zu verlassen«, sagte er grob. »Er hätte dir von Anfang an nicht erlauben dürfen, nach Alexandria zu gehen. Und falls er dich zurückkehren läßt, ist er ganz einfach ein Narr. Eine Frau hat in einer derart gefährlichen Stadt nichts zu suchen, vor allem nicht, wenn sie auf eigene Faust dort praktizieren will.«

Ich sah ihn zuerst überrascht, dann wütend an. »Du mußt immer alles verallgemeinern«, fuhr ich ihn an. »›Frauen sollten die Heilkunst nicht praktizieren.‹ Ich habe in Alexandria gelernt, daß jeder Fall für sich betrachtet und dementsprechend behandelt werden muß. Ich stamme aus einer guten Familie in Ephesus, bin eine Anhängerin Roms und schätze die Lehre des Hippokrates; außerdem bin ich eine Frau. Die ersten drei Dinge sind jedoch mindestens so wichtig wie das letzte. Und wenn du die ersten drei berücksichtigst, dann gibt es keinen Grund dafür, warum ich nicht nach Alexandria gehen sollte.«

»Ich habe nichts davon gesagt, daß Frauen keine ärztliche Praxis führen sollten!« erwiderte Athanaric gereizt. »Und ich habe ganz bestimmt nichts davon gesagt, daß *du* es nicht solltest; ich sehe gar nicht ein, warum du plötzlich aufhören solltest. Aber es ist dir gelungen, dir bereits in vier Provinzen Ärger einzuhandeln. Und es genügt nicht, einfach nur zu versprechen, du würdest diesmal vorsichtiger sein. Wenn du nach Alexandria gehst und Bischof Petrus als Patienten annimmst, beschuldigt man dich am Ende wahrscheinlich der Aufwiegelung und Ketzerei. Und so wie ich dich kenne, gehe ich jede Wette ein, daß dort auch bereits irgend so ein Flegel auf dich wartet, um dich zu heiraten. Du mußt jetzt schon die am häufigsten unverheiratete Frau des römischen Kaiserreichs sein – Festinus und Kyrillos und Edico und die Hälfte der gotischen Edelleute, ganz zu schweigen von Sebastianus. Sei doch um Gottes willen einmal in deinem Leben vernünftig! Warte ab, was in Alexandria und was hier in Thrazien geschieht, bevor du dich für irgend etwas entscheidest. Du kannst von Glück sagen, daß du überhaupt noch am Leben bist! Und so wie du aussiehst, könntest du sowieso etwas Erholung gebrauchen.«

Ich biß mir auf die Zunge. Was er sagte, klang vernünftig, obwohl ich es mir auf keinen Fall eingestehen wollte. Nach Carragines war der Gedanke an Alexandria allzu verführerisch.

Aber mir fiel auf einmal ein, daß er gerade sein Leben und seine Laufbahn riskiert hatte, um mich zu befreien. Wenn ich es objektiv betrachtete, mußte ich zugeben, daß er sehr wohl das Recht dazu hatte, mir Ratschläge zu erteilen.

»Also gut«, meinte ich. »Ich werde eine Zeitlang bei meinem Bruder in Bithynien bleiben und abwarten, was geschieht.« Ich lächelte Athanaric an und versuchte, mich für meine Gereiztheit zu entschuldigen.

Er wich meinem Blick aus und runzelte erneut die Stirn. Ich konnte nicht verstehen, warum er das tat; ich wußte doch, wie unbeschwert und fröhlich er immer gewesen war. Vielleicht wußte er ganz einfach nicht, wie er mit mir als Frau umgehen sollte. Oder vielleicht dachte er auch, ich hätte ihm mehr Ärger gemacht, als ich wert war. Ich seufzte und wortlos ritten wir weiter.

Bis zum Nachmittag war ich erneut sehr müde und bis zum Abend völlig erschöpft. Wenn ich auf eigene Faust aus Carragines geflohen und in meinem gegenwärtigen Zustand querfeldein gelaufen wäre, wäre ich wohl nicht weit gekommen. In jener Nacht kampierten wir in einem verlassenen Bauernhaus; wir hatten den ganzen Tag kein menschliches Lebewesen erblickt, und Athanaric war der Ansicht, dort seien wir sicher. In dem Haus war es gewiß bequemer als im Wald: Obwohl es praktisch nur aus einem einzigen Raum bestand, fanden wir Betten mit Matratzen darin vor, in die wir uns legen konnten, dazu aufgeschichtetes Feuerholz neben dem Herd. Meine Muskeln schmerzten von dem vielen Reiten wie verrückt, und ich legte mich sofort nach unserer Ankunft hin und überließ es den beiden, die Pferde zu versorgen und das Essen vorzubereiten. Ich schlief sofort ein.

Als ich spürte, daß mich jemand beobachtete, wachte ich auf. Ganz vorsichtig öffnete ich die Augen, nur den Bruchteil einer Sekunde, und lugte in die Dunkelheit. Im Herd brannte ein Feuer und spendete genügend

Licht, daß ich Athanarics Umrisse erkennen konnte. Er beugte sich über mein Bett und sah mich an, aber ich rührte mich nicht, vielleicht weil ich zu müde war oder weil ich mich immer noch wegen meiner Gereiztheit schämte.

»Sie schläft immer noch«, sagte er zu Arbetio und wandte sich ab.

»Nun, dann weck sie auf«, erwiderte Arbetio. »Essen hat sie genauso nötig wie Schlaf.«

Athanaric wandte sich erneut um und streckte eine Hand aus, um mich wachzurütteln. Doch dann hielt er inne, gerade bevor ich mich aufraffen und von selbst aufstehen wollte. Statt dessen deckte er mich mit meinem Umhang zu, dann berührte er ganz leicht meine Haare. Ich dachte, mein Herz würde aufhören zu schlagen. »Laß sie noch ein wenig schlafen«, sagte er in einer mir ganz unbekannten, sanften Stimme.

Arbetio schien ganz und gar nicht damit einverstanden zu sein: »Damit du sie in aller Ruhe anschauen kannst?«

»Sie ist müde.«

»Sie ist müde, weil sie halb verhungert und seit einem Jahr nicht mehr geritten ist. Sobald sie etwas gegessen hat, wird sie sich besser fühlen. Vor allem, vortrefflicher Athanaric, wenn du sie nicht immer nur anfährst, sondern ihr einmal deine wahren Gefühle offenbarst.«

»Oh, guter Gott! Das letzte, was sie jetzt gebrauchen kann, ist, daß schon wieder ein Gote um ihre Hand anhält. Vor allem nicht während einer Reise und mitten durch die Wildnis Thraziens. Es wäre ihr sicherlich sehr peinlich, mich abzuweisen.«

Ich setzte mich auf. Athanaric machte erschrocken einen Schritt rückwärts. Ich wußte nicht, was ich sagen sollte, war mir nicht sicher, ob er es wirklich so meinte, wie es den Anschein hatte.

»*Sacra maiestas!*« rief er aus. »Du bist ja wach.«

»Ich . . . Ich mochte nur noch nicht aufstehen. Was hast du gerade gesagt?«

»Nichts«, erwiderte Athanaric. Selbst in dem schwachen Licht des Feuers hätte ich schwören können, daß er rot wurde.

»Aber du hast doch davon gesprochen . . .«

»Ich wollte gar nichts damit sagen. Ich weiß ja, daß du nichts davon hören willst, und du kannst vergessen, was ich gesagt habe. Wir sind Freunde, und ich hätte für jeden Mann, den ich schätze, genausoviel getan.«

»Aber was hast du gesagt? Arbetio, was hat er gesagt?«

Arbetio zögerte, sah Athanaric an und sagte dann leise: »Er wollte dich um die Erlaubnis bitten, eine Ehe mit dir zu vereinbaren, sobald ihr mit heiler Haut römisches Land betreten habt.«

Ich preßte meine Hände zusammen, um sie daran zu hindern, zu zittern. »Ist das wahr?«

»Du kannst den Vorschlag erst einmal vergessen!« fuhr Athanaric rasch dazwischen. »Ich weiß schließlich, daß du im Augenblick nichts mehr von Ehe hören willst – vielleicht willst du ja nächstes Jahr darüber nachdenken . . . das heißt, falls du mich überhaupt magst.«

Ich starrte ihn mit offenem Mund an. »Aber warum denn? Du brauchst mich nicht zu beschützen, das weißt du doch: Ich komme schon alleine zurecht. Ich dachte, du möchtest eine Frau wie Amalberga.«

»Du kommst damit zurecht, dir dauernd Ärger zuzuziehen«, entgegnete Athanaric und gewann allmählich seine Fassung wieder. »Aber das hat überhaupt nichts damit zu tun. Amalberga kann überhaupt nicht bestehen neben dir; vielleicht ist sie ja ein Schwan, aber dann bist du ein Phönix.«

Ich schloß die Augen. Ich konnte es nicht ertragen. Ich glaubte, wie der Vogel Phönix vom Feuer verzehrt zu werden, verzehrt von der Feuerglut der Liebe.

»Du brauchst nichts zu sagen!« rief Athanaric beunruhigt aus. »Ich hätte nicht davon anfangen sollen. Ich wollte es auch gar nicht, aber ich dachte, du schläfst. Vergiß es einfach.«

»Nicht in tausend Jahren«, sagte ich wild entschlossen, öffnete die Augen und sah ihn an. Und das war ein Anblick, an den ich mich ebenfalls tausend Jahre lang erinnern werde: sein halb dem Feuer zugewandtes Gesicht, das Licht, das sich in seinen Haaren fing, und seine Augen, in denen sich Beunruhigung, Verwirrung, Unsicherheit widerspiegelten. »Ist es denn wirklich wahr, daß *du mich* liebst?« fragte ich und wagte nicht, daran zu glauben.

»Natürlich. Ist das denn nicht offensichtlich? Aber du brauchst keine Angst zu haben, daß ich mich dir aufdrängen will. Ich weiß, daß du von diesen Dingen bereits viel zuviel gehört hast. Und du hast mir einmal erzählt, es gäbe einen Mann, in den du verliebt gewesen seiest. Wenn das immer noch der Fall sein sollte, will ich mich nicht zwischen euch drängen.«

Ich sprang auf. »Oh, ihr Götter! Athanaric, das warst doch du! Es gab niemals einen anderen als dich! Ist *das* denn nicht offensichtlich?«

Er starrte mich einen Augenblick lang an. Schließlich berührte er meine Wange, sehr zögernd, und dann küßte er mich. Ich schlang meine Arme um seinen Hals. In jenem Augenblick wünschte ich, sterben zu können. Ich glaubte, nichts in meinem Leben würde jemals wieder so wundervoll sein.

Arbetio hüstelte verlegen, und Athanaric löste sich von mir und sah mich befangen an. Ich ließ ihn nicht gehen; ich hatte zu lange gewartet, um ihn so rasch gehenzulassen. Er wollte etwas sagen, aber ich küßte ihn, und er umarmte mich wieder und vergaß, was immer er hatte sagen wollen.

»Du hast wirklich mich gemeint«, sagte er, und in seiner Stimme klang Überraschung mit, als wir schließlich voneinander abließen.

»Du, mein Leben und meine Seele!« sagte ich und schmiegte meinen Kopf an seine Schulter. Ich konnte die Festigkeit seiner Muskeln unter dem nach Schweiß und Pferd riechenden Umhang spüren, seine Arme, die mich fest umklammerten, und das Schlagen seines Herzens. Hippokrates sagt, der Körper sei wissend. Zumindest weiß er, wie er Glück zu schenken vermag. Arbetio hüstelte erneut verlegen und scharrte mit seinen Füßen. Der arme Mann, er konnte nirgends hingehen, um nicht zu stören, außer vielleicht nach draußen zu den Pferden. Ich glaube, wenn er nicht dagewesen wäre, wären Athanaric und ich im Nu ins Bett gesunken. Aber das wäre Arbetio gegenüber unhöflich gewesen. Er hatte immerhin alles riskiert, um uns zu helfen. Ich erinnerte mich an die letzten Reste meiner Erziehung, ließ Athanaric fahren und trat einen Schritt zurück. Dann mußte ich mich ganz rasch setzen: Von all der Aufregung und vom vielen Reiten zitterten mir die Knie. Athanaric ergriff meine Hände: »Geht es dir nicht gut?« fragte er besorgt.

»Ich bin ein bißchen viel geritten«, antwortete ich, »aber mir ist es noch nie so gutgegangen in meinem Leben.« Und ich saß da und lächelte Athanaric an, und er stand da und hielt meine Hände und lächelte mit einem überwältigenden Ausdruck im Gesicht zurück.

»Ihr solltet etwas essen«, meinte Arbetio und versuchte entschlossen, uns wieder in die normale Welt zurückzuholen. Sofort half Athanaric mir und führte mich zur Feuerstelle. Sie hatten einen Eintopf mit etwas geschmortem Fleisch, ein paar Zwiebeln und etwas Suppenkraut aus dem Garten des Hauses zubereitet. Es gab keine Eßnäpfe, deshalb kauerten wir uns um den Eintopf herum und stippten unser Brot hinein. Athanaric hielt sein Brot in der Hand, saß da und sah mich an, aber jetzt, da der Eintopf vor mir stand, war ich heißhungrig. Ich stippte mein Brot hinein und aß, obwohl ich Athanaric dabei die ganze Zeit über ansehen mußte, um sicherzugehen, daß er kein Traum war. Arbetio warf uns einen Blick zu, dann lachte er. »Das hätte ich niemals von dir gedacht, Chariton«, sagte er. »Du und verliebt?«

Ich schluckte meinen Bissen herunter. »Was ist daran so schlimm?«

»Nun«, sagte Arbetio. »Die Liebe ist offensichtlich ein mächtiger Gott, da sie es fertigbringt, daß zwei intelligente Leute einen so törichten Eindruck machen.« Wir starrten ihn beide verständnislos an, und er grinste. »Vorzügliche Chariton – Charis – ich befehle dir hiermit, daß du dein Abendessen beendest und schlafen gehst. Du mußt etwas zu dir nehmen und dich ausruhen: Wir haben noch einen ganzen Tagesritt vor uns.«

21

In jener Nacht hielten mich die Qualen der Begierde jedenfalls nicht wach: Ich war ganz einfach zu erschöpft. Als ich aufwachte, empfand ich noch mehr Glück, aber auch mehr Muskelkater als am Morgen zuvor. Wir hatten ein äußerst vergnügtes Frühstück und machten uns auf den Weg. Athanaric sah so aus, als hätte er nicht ganz so gut geschlafen wie ich, aber auch er war glänzender Laune und fing beinahe sofort an, von unserer Hochzeit zu sprechen.

»Wir werden damit warten müssen, bis wir alle notwendigen Vereinbarungen mit deinem Bruder getroffen haben«, meinte er.

»Wirklich?« fragte ich und hielt nicht viel von dieser Vorstellung. Eigentlich fühlte ich mich bei dem Gedanken, Athanaric zu lieben, glücklicher als bei dem Gedanken, ihn zu heiraten. Aber er würde wohl darauf bestehen, daß bis zu unserer Hochzeit alles ehrbar und schicklich zuging. Wenn eine Leidenschaft ihre Erfüllung findet, ist das eine Sache, eine ganz andere aber ist es, eine Hochzeit mit all den finanziellen Abmachungen und gesetzlichen Regelungen zu arrangieren.

»Es muß alles offiziell und ehrbar sein«, erklärte Athanaric mit Nachdruck. »Nachdem alles so unkonventionell angefangen hat, brauchen wir soviel offizielle Bestätigung wie irgend möglich.«

»Verdammte Ehrbarkeit.«

»»Rumoresque senum severiorum, omnes unius aestimemus assis! Da mi basia mille!‹«

»Zur Hölle mit der Ehrbarkeit, und lieber tausend Küsse für dich? Nur allzugern. Von wem ist das?«

»Von Sebastianus' Lieblingsdichter. Von Catullus.«

»Vielleicht sollte ich doch noch lateinische Dichter lesen.«

»Ach, am Ende verlor sie die Ehrbarkeit, und er verlor sie. Wir brauchen den offiziellen Status. Ich möchte nicht, daß ihn hinterher jemand in Frage stellt, auch nicht mein eigener Vater, falls er sich dazu entschließt, wie ein Trottel zu reagieren. Außerdem wirst du deine gesamte Mitgift brauchen, wenn du ein Hospital gründen willst.«

Das leuchtete mir ein. Ich würde über meine Mitgift verfügen können, und die Anregung, damit ein Hospital zu gründen, stammte dann von ihm. Ich lachte und versuchte, mir ein eigenes Hospital vorzustellen.

»Wir werden eine durch und durch ehrbare Hochzeit feiern, mit dem Segen der Kirche. Und auf den heidnischen Brauch, die Braut wie eine Gefangene fortzukarren, können wir verzichten. Wir werden sehr feierlich zum Altar schreiten und im Namen der heiligen Dreifaltigkeit und der göttlichen Heilkunst und des Sankt Hippokrates geloben, einander ewig zu

lieben. Und dann werde auch ich den Eid des Hippokrates schwören.«
»Warum denn das?«
»Damit du mir nichts mehr voraushast. Wie lautet er doch? ›Ich werde meine Kunst dazu benutzen, zu heilen und niemandem zu schaden, ich werde keusch sein . . .‹«
»Nun übertreibst du aber!«
»Keine Angst. Dann werden wir nach Hause gehen. Ich nehme irgendwo eine Dauerstellung mit einem festen Standort an, und du bekommt dein Hospital. Wir werden ein großes Haus haben und werden es alle beide jeden Morgen verlassen, um unserer Arbeit nachzugehen.«
»Und meine Maia wird unsere Haushälterin sein«, spann ich den Faden weiter und fing an, mich darauf zu freuen.
»Deine Maia? Hast du irgendwo noch ein altes Kindermädchen?«
Ich erzählte ihm von Maia und wie sehr sie sich immer gewünscht hatte, für meine Kinder die Großmutter zu spielen.
Athanaric lachte. »Wir werden Kinder haben!« rief er begeistert aus. »Die Jungen können in den Staatsdienst treten, und die Mädchen können von ihrer Mutter die Heilkunst erlernen.«
»Und was ist, wenn die Jungen die Heilkunst erlernen wollen?«
»Ich glaube, ich würde es erlauben.«
»Und was ist, wenn die Mädchen in den Staatsdienst treten wollen?«
»Ich werde ihnen sagen, sie sollen sich die Haare abschneiden und sich als Eunuchen verkleiden.«
Ich lachte. »Und wo wollen wir uns niederlassen, um eine solche Familie aufzuziehen?«
»Armenien? Alexandria? Ephesus? Rom? Wir haben das ganze Kaiserreich zur Auswahl. Es wartet nur auf uns.« Er schwang seinen Arm einmal herum, nach Osten und Süden und Westen, als wolle er das wüste und ausgestorbene thrazische Land fortwischen und mir die große, strahlende, glitzernde Welt zu Füßen legen. Übermütig lachte ich erneut, und Athanaric und Arbetio lachten ebenfalls. Die Welt gehört uns, dachte ich. Die ganze Welt gehört uns.

Am späten Nachmittag jenes Tages erreichten wir Novidunum.
Ich war völlig erschöpft, und der Himmel verdunkelte sich, da ein Sturm heraufzog. Das Land um uns herum lag ruhig und verlassen da: flache, grüne und gelbe Weiden, brachliegende Felder und verwaiste Häuser, der Gesang der Zikaden in der heißen, schwülen Luft. Aber im Nordosten zogen bereits schwarze Gewitterwolken am Horizont auf. Endlich zügelte Arbetio sein Pferd und deutete nach vorn. In der Ferne ragten die Mauern Novidunums auf, türmten sich schroff über dem flachen Land empor und

hoben sich gegen den dunkler werdenden Himmel ab. Trotz meiner Erschöpfung stieß ich einen Jubelruf aus, und wir trieben unsere müden Pferde zu einem raschen Trab an.

»Mit ein wenig Glück«, meinte Arbetio, »werden wir in dem Augenblick zu Hause sein, da der Sturm losbricht.«

Seit dem frühen Nachmittag waren wir auf der Hauptstraße in Richtung Norden geritten. Das Land um uns herum lag eben und offen da, so daß wir keinen Hinterhalt befürchten mußten. Jetzt sahen wir zum erstenmal, seit wir Carragines verlassen hatten, auf den Feldern grasende Kühe und Pferde, bewohnt aussehende Häuser: Falls die Goten hier angriffen, konnten ihre Bewohner in der Festung Schutz suchen.

Als wir nahe genug heran waren, um auf den steil aufragenden Mauern einzelne Gestalten ausmachen zu können, lenkte Athanaric sein Pferd von der Straße weg zu einem Apfelbaum in einem Obstgarten. Er schnitt ein paar grüne Zweige ab und händigte sie jedem von uns aus. »Auf diese Weise verstehen sie in der Festung, daß wir in friedlicher Absicht kommen«, sagte er. »Wir wollen schließlich nicht von unseren eigenen Leuten getötet werden.« So ritt ich also, meinen grünen Zweig zum Zeichen des Friedens in die Höhe haltend, wieder in die Festung ein, die ich anderthalb Jahre zuvor so sorglos verlassen hatte. Die Wachen standen mit erhobenen Schildern und wurfbereiten Lanzen auf ihrem Wachturm, und einer von ihnen forderte uns mit lauter Stimme auf, das Losungswort zu nennen.

»Wir kennen es nicht«, erwiderte Athanaric mit vernehmlicher Stimme und hob seine Hände zum Zeichen dafür, daß wir in friedlicher Absicht kamen. »Wir sind vor den Goten aus Carragines geflohen. Ich bin Athanaricus von Sardica, *Curiosus* der *Agentes in rebus.*« Er hielt sein Beglaubigungssiegel an der Kette in die Höhe. »Dies ist Arbetio, der Chefarzt dieser Festung. Und dies ist die Dame Charis, Tochter des Theodoros von Ephesus.«

Sie hatten allesamt zu uns heruntergesehen und Arbetio erkannt. Doch sobald Athanaric meinen Namen nannte, wandten sie ihre Aufmerksamkeit mir zu. Rufe ertönten, dann übermütiger Jubel. Jemand rannte herbei, um das Tor zu öffnen; die großen, eisenbeschlagenen Flügel schwangen auf, und wir ritten in die Festung ein. Ein Windstoß zerrte an den Torflügeln, als die Wachen sie hinter uns schlossen, und die ersten Regentropfen klatschten dick und schwer an den sicheren Schutz der Mauern. Und ein langes Lebewohl dir, Thrazien, dachte ich im stillen. Von hier aus werde ich mit dem Schiff den Fluß hinunter segeln und dann hinaus auf das Schwarze Meer, wo es keine Barbaren gibt.

Die Soldaten der Festung umringten uns. Jetzt konnte ich sehen, daß sie fast alle Rekonvaleszenten waren: Sie humpelten oder waren von Krank-

heiten ausgemergelt, einige hatten einen Arm in der Schlinge, andere
liefen mit bandagiertem Brustkorb, Kopf oder Oberschenkel herum.
Aber sie lachten und riefen uns fröhliche Willkommensgrüße zu. »Charis von Ephesus!« ertönte es. »Von den Goten geschnappt!« »Und *das*
hier für Frithigern!« schrie einer und machte eine obszöne Geste; sein
Nachbar knuffte ihn in die Seite: »Denk daran, daß sie eine Edelfrau
ist.« Mehrere ergriffen die Zügel meines Pferdes, und ich glitt schnell
von ihm herunter und zog meine Röcke glatt. Ich brauchte den Anblick
meiner geschundenen Beine ja nicht unbedingt der gesamten Festung zu
bieten. Die Männer umringten mich, lachten, und ich fühlte mich ein
wenig schwindelig; die Knie zitterten mir vor Müdigkeit. Ich klammerte
mich an den Sattel meines Pferdes und lächelte etwas matt zurück.
Athanaric lenkte sein Pferd in die mich umringende Menge.
»Tretet zurück!« rief er. »Die Dame braucht ein wenig Ruhe. Laßt sie
durch, damit sie in ihr Haus gehen kann – aus dem Wege, ihr da!«
Ein wenig unsicher wichen sie zur Seite und liefen ziellos herum, dann
rief jemand: »Antreten! Formiert euch!« Und im Nu stellten sie sich auf
und nahmen Haltung an. Der Tribun Valerius eilte durch die Reihen.
Seine Blicke überflogen die Menge, glitten über mich hinweg und blieben auf Athanaric haften. »Edler Athanaric!« rief er ungeduldig. »Hast
du irgendwelche Nachrichten? Hat man den Kaiser gefunden? Sind
unsere Leute gerettet? Ist Heerführer Sebastianus noch am Leben?«
Athanaric blickte verständnislos auf ihn. »Ich bin in einer privaten Mission hier. Was soll das heißen, ob man den Kaiser gefunden hat?«
Valerius blieb stehen und sah ihn bestürzt an. Ein Windstoß zerrte an
seinem scharlachroten Umhang, ließ die Helmbüsche der Soldaten aufflattern und ein paar weitere Regentropfen prasselten herunter. »Hast
du denn nichts gehört?« fragte er.
»Gehört, was?« fragte Athanaric zurück; dann drängender: »Was ist
passiert?«
»Die Barbaren haben einen großen Sieg bei Hadrianopolis errungen«,
erzählte Valerius schwerfällig, und die Hoffnung schwand aus seinen
Augen. »Der Kaiser wird vermißt, wahrscheinlich ist er tot. Und der
größte Teil der Armee ebenfalls. Der Rest wird in Hadrianopolis von
den Goten belagert. Ich hatte gehofft, du bringst bessere Nachrichten.«
Athanaric stieß einen Schrei tiefen Schmerzes und erschrockener Betroffenheit aus. Meine zerschundenen Beine weigerten sich, mich länger zu
tragen, und knickten unter mir weg. Ich setzte mich auf den nackten
Boden und fühlte mich krank und schwach. Athanaric sprang von seinem Pferd; die Ordnung der Soldaten geriet durcheinander, und sie
umringten ihn, aber er scheuchte sie zur Seite und kniete neben mir

nieder. »Es geht mir gut«, beruhigte ich ihn. »Es sind nur die Beine, von dem vielen Reiten.«

Valerius tauchte vor uns auf und starrte erstaunt auf mich herunter. »Chariton!« rief er aus. »Wie um alles auf der Welt . . .«

»Athanaric und Arbetio haben mich aus den Händen der Goten befreit«, berichtete ich.

»Arbetio? Er wurde vermißt; ich dachte schon, er sei desertiert.«

»Nein. Er war nur damit beschäftigt, eine römische Frau aus den Händen der Barbaren zu retten. Er hat all meine Dankbarkeit verdient, und ich bin sicher, auch diejenige meines Bruders, des Statthalters Theodoros, sowie die meines Freundes, des Heerführers Sebastianus. Ich hoffe, daß du, edler Valerius, seine einwöchige unerlaubte Entfernung gütigst übersehen wirst. Ich bin sehr müde. Mit deiner Erlaubnis werde ich mich in mein Haus zurückziehen und ein wenig ruhen.«

Valerius sah mich mit offenem Mund an, dann trat er einen Schritt zurück und nickte hilflos.

Athanaric half mir auf die Beine, und ich humpelte davon, wobei ich mich auf ihn stützte. Arbetio ließ seinen Patienten stehen und folgte uns. Irgend jemand, dachte ich bei mir, wird sich schon um die Pferde kümmern. Plötzlich gab es einen heftigen Blitzschlag, und es fing an zu regnen.

Bis wir bei meinem Haus waren, hatte sich die Nachricht von unserer Ankunft bereits durch die ganze Festung verbreitet und die Hälfte ihrer Einwohner folgte uns ungeachtet des inzwischen heftig niederströmenden Regens. Ich war froh, das Haus zu erreichen. Es war das neue Haus, das ich kurz vor meiner Gefangennahme gekauft hatte, und mein gesamter Hausstand wartete vor der Tür auf uns: meine Sklaven, Raedagunda und Sueridus, Gudrun, die das Baby auf dem Arm hielt (inzwischen war es bereits ein recht großes Baby), und Alaric (auch er war ganz schön gewachsen). Dazu eine kleine, rundliche, blonde Frau, die die Schlüssel an ihrem Gürtel trug. Ich war ihr nur ein paarmal begegnet, aber ich wußte, es war Arbetios Frau. Sie umarmte ihren Mann, ließ uns alle herein und schloß die Tür hinter uns. Ich setzte mich auf die Bank neben der Tür und lehnte mich an die Wand. Das Wasser rann mir die Haare herunter ins Gesicht und in die Augen, deshalb schloß ich sie. In der Dunkelheit hinter den geschlossenen Lidern sah ich das Land rund um Hadrianopolis, sah die Drachen und Adler der untergehenden Standarten und den blutbefleckten, kaiserlichen Purpur. Ich öffnete die Augen. Arbetios Frau stand vor mir und machte einen besorgten Eindruck.

Ich versuchte zu lächeln. »Sei gegrüßt, Irene. Es ist schön, zu Hause zu sein.«

Sie verbeugte sich. »Ja, vortreffliche Charis. Geht es der erlauchten Dame gut?«

»Ich bin sehr müde. Du hast die Zimmer nach meiner Gefangennahme sicherlich umgeräumt; kannst du mir bitte sagen, welches ich benutzen kann? Ich muß ein wenig ruhen.«

Ich raffte mich auf und stand tropfnaß auf dem mit Steinfliesen ausgelegten Küchenfußboden. Athanaric stand da und beobachtete mich, er war sehr blaß.

»Liebster«, sagte ich, »bitte sei mein Gast heute nacht. Geh noch nicht ins Präsidium.«

Er schüttelte den Kopf. »Ich muß die Neuigkeiten hören. Und ich sollte im Präsidium schlafen; es würde sich nicht schicken, hierzubleiben.«

Ich seufzte und blickte auf den Fußboden. »Dann komm wenigstens zum Abendessen.«

»Das will ich tun.« Er zog sich das eine Ende seines Umhangs über den Kopf und trat wieder in den Regen hinaus. Ich blickte hinter ihm her, biß mir auf die Zunge, dann torkelte ich ins Bett.

Ich schlief ein, während der Donner über den Dächern widerhallte. Als ich aufwachte, hörte ich nur noch den Regen, der stetig und prasselnd auf das Dach schlug. Es war inzwischen ziemlich dunkel, und ich lag da, ohne mich zu rühren, und starrte in die Finsternis. Bevor ich auf das Bett gesunken war, hatte ich meinen nassen Umhang und die Tunika abgestreift: Das Bettzeug fühlte sich weich an auf meiner Haut. Der Kaiser wurde vermißt, wahrscheinlich war er tot. Der Erhabene Gebieter, unser edler Valens, der Augustus und Herr der Welt, tot, gefallen im Kampf gegen die Goten. Ich hatte viele seiner Diener und Günstlinge gehaßt, ich hatte seine Politik gehaßt, und ich hatte manchmal geglaubt, ihn ebenfalls zu hassen. Aber als ich von seinem Tod hörte, fühlte ich nur Schmerz. Der Mensch spielte keine Rolle. Er war der Kaiser, er hatte den geheiligten Purpur getragen, hatte die Welt, in der ich lebte, beherrscht, und sein Tod ließ den Staat ziel- und kopflos zurück.

Er war nicht der erste Kaiser, der im Kampf gegen die Barbaren fiel, selbst im Verlaufe meines Lebens, aber er war der erste, an den ich mich erinnerte. Julian war mitten während seines Feldzuges gegen die Perser getötet worden. Ich war damals noch ein kleines Mädchen. Aber er hatte keine von den barbarischen Horden überrannte römische Diözese hinterlassen und keine dahingeschlachtete oder in alle Winde zersprengte Armee. Natürlich blieb immer noch der westliche Augustus, der Erhabene Gratianus, der jetzt mit seinen gallischen Legionen auf dem Weg zum Kriegsschauplatz war; und es gab noch weitere Truppen im Ostreich – an der persischen Front, in Ägypten und Palästina. Es war unwahrscheinlich, daß die Barbaren außer Thrazien noch weitere Gebiete erobern würden. Obwohl sie durchaus weiteres Land verheeren konnten. Konstantinopel, die strahlende Königin des Bosporus, die reichste Stadt des Ostreichs, lag im äußersten Südosten der Diözese. Ob die Barbaren es einnehmen konnten, war ungewiß, aber sie würden es sicherlich versuchen.

Der Krieg würde weitergehen, wahrscheinlich für viele Jahre. Und er würde sich nicht auf Thrazien beschränken; andere Provinzen würden ebenfalls unter ihm leiden. Wir konnten ihn nicht einfach hinter uns lassen.

Ich seufzte erneut, richtete mich auf und rief nach Raedagunda. Einen Augenblick später kam sie mit einer Lampe herein. »Ja, Herr?« fragte sie und lächelte unsicher. Dann noch unsicherer und nicht mehr lächelnd: »Herrin?«

Ich mußte lächeln. »Vergiß die Anrede«, sagte ich. »Wie lange habe ich geschlafen?«

»Nur ein paar Stunden.«

»Ist der ehrenwerte Athanaric schon vom Präsidium zurück?«

»Nein, noch nicht. Ich habe gehört, wie du ihn zum Abendessen eingeladen hast, und ich habe etwas vorbereitet. Aber er ist noch nicht gekommen. Ich habe auch etwas Wasser für ein Bad heißgemacht.«

»Gott segne dich«, sagte ich aufrichtig angetan. Ich hielt die Bettdecke an mein Kinn und sah mich um. »Wo sind meine Gewänder?«

Sie stellte die Lampe ab und ging zur Kleiderkiste in der Ecke. »Ich habe das nasse Zeug zum Waschen mitgenommen«, sagte sie entschuldigend. »Aber hier sind ein paar trockene Sachen.« Sie holte zwei lange Tunikas heraus, die von Irene selbst stammen mußten: Rund um das untere Ende war eine Borte angenäht worden, um die Tunika zwei Handbreit zu verlängern.

»Das war sehr nett von Irene«, sagte ich gerührt. Ich war erschienen, um sie aus ihrem Haus zu drängen, nachdem ich das Leben ihres Mannes riskiert hatte, und sie hatte sich gleich daran gemacht, einige Gewänder für mich herzurichten. »Wo ist sie?«

»Sie und der Herr — das heißt, sie und Arbetio sind wieder ins alte Haus gezogen, da dies deins ist und du jetzt wieder zu Hause bist.«

»Ach so? Dann werde ich sie ebenfalls zum Abendbrot einladen.« Athanaric wollte sicherlich, daß das Abendbrot ehrbar verliefe. »Schicke Sueridus hinüber, um sie einzuladen — und danke Irene für die Tunikas.«

Raedagunda zögerte, ehe sie hinausging. Dann drehte sie sich noch einmal zu mir um und sagte: »Willkommen zu Hause, Herr!«

Ich lächelte etwas matt. »Danke dir, Raedagunda. Aber du sollst wissen, daß ich nicht bleiben werde.«

Sie nickte und konnte vor lauter Anspannung nicht reden. Der Grund für ihr Unbehagen lag auf der Hand: Es war klar, daß ich nicht länger Armeearzt sein würde; deshalb würde ich fortgehen, und meine Sklaven würden verkauft werden.

»Ich beabsichtige, alle, die bei mir im Haus leben, freizulassen, wenn ich gehe«, beruhigte ich sie. »Du und die anderen, ihr solltet darüber nachdenken, was ihr mit eurer Freiheit anfangen wollt. Ich werde versuchen, euch dabei behilflich zu sein.«

Raedagunda sah mich an und strahlte. Dann kniete sie nieder und küßte mir die Hand. »Oh, ich danke dir, Herr!«

»Herrin««, korrigierte ich sie lächelnd. »Also, denk darüber nach und bereite mir das Bad zu; ich bin drei Tage lang scharf geritten, und mir tun alle Glieder weh.«

Als ich durch die Küche ins Bad ging, nur mit einem Umhang bekleidet, den ich mit einer Hand über der Brust zusammenhielt, standen alle meine Sklaven herum, lachten und unterhielten sich eifrig miteinander. Sie eilten unverzüglich herbei, um mir die Hand zu küssen, selbst der kleine Alaric. »Und du willst uns wirklich alle freilassen?« fragte Sueridus und glühte vor Erregung. Ich nickte, und er fuhr fort, ohne zu zögern: »Edle und großzügige Gebieterin! Könnte ich mir etwas Geld von dir leihen? Valentinus aus den Reitställen möchte ein Gestüt gründen, und wenn ich zwanzig *Solidi* hätte, könnte ich ein paar Zuchtstuten kaufen. Dann könnte ich für ihn arbeiten, für guten Lohn, und ich könnte die Fohlen dieser Stuten verkaufen und viel Geld damit verdienen; ich bin sicher, daß wir dir das Geld innerhalb von zehn Jahren zurückzahlen können!«

Ich lachte. »Sehr schön. Zwanzig *Solidi* für dich und deine Zuchtstuten. Und Raedagunda, ich werde dir zehn *Solidi* geben, damit du dich in einem Haus einrichten kannst. Gudrun, weißt du schon, was du mit deiner Freiheit anfangen willst?«

Sie errötete. Sie hatte sich in meiner Abwesenheit verändert, war gewachsen und war längst nicht mehr so mager. Mir wurde plötzlich bewußt, daß sie genauso alt war wie ich, als ich Festinus heiraten sollte. »Wenn es dir nichts ausmacht, Herr — ich meine Herrin —, würde ich gerne hier in Novidunum bleiben, bis Frieden herrscht. Die Herrin Irene hat gesagt, sie wolle mir ein Entgelt als Dienerin zahlen, wenn ich bei ihr bleibe. Das Entgelt ist nicht so wichtig. Doch ich würde gerne Hebamme werden, falls Arbetio es mir beibringen möchte.«

Einen Augenblick lang konnte ich es nicht glauben, dann lächelte ich. »Natürlich. Ich werde morgen mit Arbetio sprechen. Und ich werde dir ebenfalls zehn *Solidi* schenken, damit du sie als Mitgift oder für deine Ausbildung verwenden kannst.«

»Damals hast du nicht so viel für mich bezahlt!« sagte Gudrun und in ihren Augen schimmerten Tränen.

»Aber für eine Frau, die Medizin studieren möchte, würde ich mehr zahlen. Doch jetzt laßt mich mein Bad nehmen.«

Als Athanaric kam, war ich wieder in meinem Zimmer und sah meine Bücher durch. Ich hatte sie ebenso vermißt, wie man gute Freunde vermißt

– meine zerlesenen Texte des Hippokrates; die feinen alexandrinischen Ausgaben der Schriften von Herophilos und Erasistratos, bei denen die Ecken der Papyrusseiten vom vielen Gebrauch ganz mürbe waren; und meinen schönen Pergamentkodex von Galen. Edico hatte immer noch meinen Dioskurides. Zum Teufel mit ihm, aber ich hoffte, eine andere Kopie kaufen zu können; es ist ein Standardwerk.

Ich las gerade im Galen, als ich Athanaric an die Haustür klopfen hörte. Sofort hörte ich auf, mir Gedanken über die Funktion der Gallenblase zu machen, und wünschte, ich besäße einen Spiegel. Ich hatte mir die schönere der beiden Tunikas und meinen besten Umhang angezogen, da ich für Athanaric törichterweise schön sein wollte. Die Haare hatte ich in einem Bad aus Zedernöl und Rosmarin gewaschen und anschließend mit einem perlenbesetzten Goldband, das meiner Mutter gehört hatte, hochgebunden. Dieses besonders schöne Stück paßte gut zu den Ohrringen mit dem Perlengehänge, die Amalberga mir geschenkt hatte. Da klopfte Raedagunda schon an die Tür meines Schlafzimmers und kündigte den »höchst ehrenwerten Athanaric« an; ich dankte ihr und ging hinaus.

Das Haus hatte ein sehr hübsches Eßzimmer, klein, aber sehr behaglich, mit roten Vorhängen und einem rot-weiß gemusterten Fußboden aus Fliesen. Tagsüber bekam es genug Licht durch ein großes, auf den Garten gehendes Fenster, und für den Abend war an der gegenüberliegenden Wand ein Ständer mit mehreren Lampen angebracht worden. Athanaric stand mit dem Rücken zu den Lampen, und sah aus dem Fenster in den Regen hinaus. Als ich eintrat, drehte er sich um.

»Oh!« machte er. »Du hast also ein anderes Gewand auftreiben können. Ich habe mich schon gefragt, was du anziehen würdest.«

Soviel also zu meiner Schönheit. »Arbetios Frau hat zwei von ihren eigenen Tunikas für mich geändert. Sie und ihr Mann sind sicher bald hier; ich habe sie ebenfalls eingeladen.«

Gudrun, die gerade den Weinkrug unter dem Lampenhalter abstellte, schüttelte den Kopf. »Nein, edle Frau, der Herr läßt ausrichten, er möchte heute abend lieber mit seiner Frau zu Hause bleiben. Er lädt euch ein, morgen abend mit ihnen zusammen zu essen.«

»Oh«, machte ich nun meinerseits und sah Athanaric an. Schweigend betete ich darum, Arbetio und Irene möchten immer soviel Freude und Glück haben, wie sie für ihr Zartgefühl, ihre Freundlichkeit, Rücksichtnahme und Großmut verdienten. Jetzt hatte ich einen Abend ganz allein mit Athanaric, die Möglichkeit, ausführlich mit ihm zu sprechen, und dazu die ehrbare Entschuldigung, daß eingeladene Gäste nicht erschienen waren.

Athanaric lächelte schwach. Er sah müde aus und war offensichtlich direkt von einem Gespräch mit Valerius zu mir gekommen, ohne sich die Zeit für ein Bad zu nehmen oder frische Sachen anzuziehen. »Mit dem ›Herrn‹ meinst du Arbetio?« fragte er Gudrun.

Sie errötete. »Ich bitte um Entschuldigung, meine Gebieterin«, sagte sie demütig.

»Macht nichts«, antwortete ich ihr. »Haben wir noch etwas mit Honig gesüßten Weißwein? Athanaric, setz dich bitte und versuche, dich zu entspannen.«

Athanaric machte es sich auf einer der beiden Ruhebänke des Eßzimmers bequem, ich lehnte mich auf der anderen zurück. Zwischen uns stand der Tisch. Gudrun brachte Weißwein und weißes Kümmelbrot. »Also«, sagte ich, »wie schlimm sind die Nachrichten?«

Einen Augenblick lang sah er mich ausdruckslos an. »Schlimm genug«, erwiderte er endlich. »Angeblich sind Zweidrittel der Armee ausgelöscht, der Kaiser ist höchstwahrscheinlich tot, und viele der wichtigsten Befehlshaber sind gefallen: der Vater von Sebastianus, Trajanus, Valerianus, Aequitius, der oberste Palastbeamte, Barzimeres und Dutzende von Tribunen. Es ist die schlimmste Niederlage in der Geschichte des Kaiserreichs. Und es sieht so aus, als habe Frithigern bis zum letzten Augenblick um einen ehrenvollen Frieden nachgesucht. Er hat mehrfach angeboten, mit seinen Verbündeten zu brechen und gegen sie zu kämpfen, falls der Kaiser ihm einen Vasallenstaat in Thrazien garantiere. Es hat noch niemals einen derart dummen, verhängnisvollen und sinnlosen Krieg gegeben.«

»Was ist mit unserem Sebastianus?« fragte ich nach einer Pause.

»Niemand weiß etwas Bestimmtes. Sein Name wurde nicht unter den Toten erwähnt. Aber vermutlich hat er an der Seite seines Vaters gekämpft. Vielleicht hat man ihn nur noch nicht gefunden.«

Ich saß da, rang die Hände und versuchte zu verstehen, was diese Niederlage bedeutet. Mir war natürlich die ganze Zeit über bewußt gewesen, daß die Römer nicht unbesiegbar waren, aber mit einem derart grausigen Blutbad hatte niemand gerechnet.

Athanaric seufzte und rieb sich den Nacken, als täte ihm sein Kopf weh.

»Der Augustus des Westreichs, Gratianus, weiß bereits von der Katastrophe. Er ist dabei, Briefe an die syrischen Truppen, an die Heerführer des Ostens und Ägyptens zu schicken, um weitere Soldaten um sich zu sammeln. Und er ist drauf und dran, einen neuen Heerführer zu ernennen, der wahrscheinlich sein Amtsgenosse und der Augustus des Ostreichs werden wird − Sebastianus' Freund, Theodosius der Jüngere. Er ist etwa in Gratianus' Alter, und sie scheinen Freunde zu sein, ungeachtet dessen, was Theodosius' Vater zugestoßen ist. Es wäre wahrscheinlich keine schlechte Wahl. Theodosius ist ein äußerst tüchtiger und energischer General und hat sich ausgezeichnet gegen die Sarmaten geschlagen, als er der Heerführer der mösischen Provinz Dazien war. Ihm ist durchaus zuzutrauen, die Flut der Barbaren daran zu hindern, den Staat gänzlich zu verwüsten.« Ich mußte an das verhängnisvolle Orakel denken und ein Schauer lief mir über den Rücken. »So wird es also doch ein ›THEOD . . .‹ sein, der dem Valens nachfolgt.«

Athanaric hörte auf, seinen Nacken zu massieren, und lächelte bitter. »Es sieht so aus. Und ich habe gehört, daß die Ebene südlich von Hadrianopolis die Mimas-Ebene genannt wird, nach einem alten Helden, der einst dort begraben wurde. Die Geister sprechen bisweilen die Wahrheit, auch wenn sie uns damit nicht unbedingt helfen wollen. Charis, das ist unser Ende. Ich glaube nicht, daß sich das Kaiserreich von diesem Schlag jemals vollständig erholen wird.«

»Du bist müde«, entgegnete ich. »Es ist Nacht, und es regnet, und dein Umhang ist naß. Das Kaiserreich ist eine großartige Sache, und es braucht mehr als eine Niederlage, sogar mehr als eine wie die von Hadrianopolis, um es zu zerstören. Trink deinen Wein, mein Liebster, und ruh dich aus. Morgen wirst du dich besser fühlen. Der Feind versteht immer noch nicht viel von der Belagerungskunst.« Dies war eines der Lieblingsthemen von Frithigern gewesen: Er riet seinen Freunden immer davon ab, »das Leben an steinernen Wällen fortzuwerfen«.

»Das stimmt«, meinte Athanaric, aber er machte deswegen keineswegs einen hoffnungsvolleren Eindruck. »Die Goten belagern jetzt Hadrianopolis. Das wird einige von ihnen das Leben kosten. Vielleicht zögert es die Katastrophe ja hinaus. Aber es wird sie nicht aufhalten.«

Wir verfielen beide in ein langes Schweigen. Gudrun brachte den ersten Gang: Lauch in Weinsoße.

»Du bist müde heute abend«, wiederholte ich. »Morgen früh wird es dir bessergehen.«

Er trank einen Schluck Wein und sah mich dabei an. »Wenn ich hier mit dir zusammensitze, kann ich das zur Not noch glauben. Aber das Kaiserreich ist einfach zu groß. Ich kenne mehr davon als die meisten. Im Westen bin ich bis Mediolanum gekommen, im Osten bis Amida und im Süden bis nach Ägypten. Überall gibt es Ärger: die Barbaren im Norden, die Perser im Osten, die Sarazenen und Afrikaner im Süden. Wir haben ganz einfach nicht die Kraft, sie abzuwehren. Allzu viele Landstriche sind verwüstet. Und dann die Streitereien der Kirche mit dem Staat. Beamte und Statthalter füllen sich die eigenen Taschen, meistens zum Schaden der Allgemeinheit. Die Männer, die weit genug weg sind von der Front, verachten die sie beschützenden Soldaten. Das Kaiserreich löst sich bereits auf. Es wird nicht so schnell zusammenbrechen — vielleicht währt es sogar länger als unser beiden Leben —, aber es wird zusammenbrechen, und wir werden sehen, wie es dahingeht.«

Ich war zutiefst betroffen. »Athanasios hat einmal zu mir gesagt, die Welt ist ein dunkler Ort, und nichts in ihr ist ewig, nicht einmal das Kaiserreich. Aber er sagte auch, wir könnten den Stempel Gottes auf der Welt nie ganz auslöschen. Und das menschliche Leben sei durchwirkt von Ewigkeit.«

»Wann hat er das gesagt?«

»In Carragines. Als ich krank war. Vielleicht war es nur ein Traum. Aber wie auch immer, ich habe gehört, wie er es gesagt hat, und ich glaube, es stimmt. Selbst wenn das Kaiserreich jetzt zerfällt, überdauert vielleicht doch etwas, was das Beste an ihm war. Vielleicht geht es auch noch nicht zu Ende. Die Patienten, deren Zustand am verzweifeltsten erscheint, erholen sich bisweilen und leben noch viele Jahre lang.«

»Aber du glaubst, daß das Kaiserreich alt ist und wahrscheinlich bald stirbt.«

Ich sah auf meinen Weinbecher, dann blickte ich wieder zu Athanaric auf. Er beobachtete mich gespannt. »Der Tod ist etwas Trauriges«, erwiderte ich. »Selbst der Tod eines Tieres. Wir aber sprechen über das große Kaiserreich. Und doch dauert es vielleicht fort; selbst wenn dies nicht der Fall ist, es müssen schließlich alle Dinge auf Erden sterben, und wir müssen uns darein ergeben und das Beste aus dem Leben machen, solange es uns gehört.«

Gudrun kam herein und nahm den fast unberührten ersten Gang fort und brachte den zweiten: Wildschwein in Pfeffersoße.

»Was wollen wir jetzt tun?« fragte ich, als wir zu essen begannen.

Er zuckte die Achseln. »Genau das, was du sagst, nehme ich an. Wir gehen nach Bithynien. Wir treffen in aller Eile die Vorbereitungen für unsere Hochzeit, und wir entscheiden, wo wir leben wollen. Trotzdem werde ich dich erst einmal verlassen müssen; ich werde allerhand zu tun haben. In einem Notfall wie diesem kann ich meine Pflichten nicht vernachlässigen. Der Hof wird Kuriere benötigen, und wir dürfen den Kontakt mit dem Westreich nicht lockern. Du kannst solange im Haus deines Bruders warten und damit anfangen, dein Hospital zu gründen.«

Ich verstand, aber ich war nicht einverstanden. Das heißt, ich war nicht damit einverstanden, solange unverheiratet im Haus meines Bruders zu leben. »Athanaric«, sagte ich ernst, »geh heute nacht nicht ins Präsidium zurück.«

Er sah mich an, seine Augen waren im Schein der Lampe von einer wunderbaren Tiefe, seine Lippen waren leicht geöffnet. Er wußte, was ich meinte. »Wir brauchen die offizielle Bestätigung«, erwiderte er unsicher.

»Ich brauche dich«, erwiderte ich. »Ich will niemand anderen heiraten, und ich will mich von niemand anderem fragen lassen, ob ich eine Jungfrau und frei für ihn bin. Das Ehegesetz ist nicht so streng; wir sind verheiratet, sobald wir zusammenleben.«

»Zusammenleben? Im Augenblick leben wir alle beide nirgends. Wir sind wie Eisvögel, die vor dem Sturm über das Wasser gleiten. Das ist keine Grundlage, auf der du einen Ehevertrag abschließen kannst.« Aber er beobachtete mich weiterhin; gespannt, hungrig.

»Dann schließ den Vertrag ab, sobald wir in Bithynien sind. Ich verspreche dir, daß Thorion keinen Ärger machen wird – zumindest nicht, nachdem ich mit ihm gesprochen habe. Aber wir müssen einmal zusammensein, bevor du irgendwo anders hingehst.«

Plötzlich stand er auf und kam um den Tisch herum, um sich neben mich auf die Ruhebank zu setzen. »Du hast recht«, sagte er und küßte mich.

Und wir beendeten unsere Mahlzeit, aber nur weil ich darauf bestand und meinte, wir hätten es beide unbedingt nötig, etwas zu essen. Dann rief ich meine Sklaven zusammen und sagte ihnen, Athanaric sei mein Gemahl und bliebe über Nacht. Sie strahlten und gratulierten uns – sie waren sowieso halb betrunken, da sie ihre bevorstehende Freiheit feierten, und waren weit davon entfernt, über irgend etwas überrascht zu sein, was ihre unberechenbare Gebieterin zu tun beliebte.

Dann gingen wir zu Bett. Liebe ist das Süßeste, was es gibt, wie die Dichter sagen: süß genug, um Honig daneben bitter schmecken zu lassen; süß genug, um das Bild von sterbenden Römern auf dem Schlachtfeld und von einem blutgetränkten kaiserlichen Purpur auszulöschen. Ich hatte stets die Weisheit des Körpers gepriesen, aber jetzt spürte ich, daß ich sie nie verstanden und ihr Geheimnis nie richtig gewürdigt hatte. Ihr Geheimnis, das aus einem einfachen Akt auf rätselhafte Weise ein Spiegelbild der Ewigkeit machen kann.

Und dann lagen wir schließlich ganz ruhig in den Armen des anderen und lauschten auf den Regen, der auf das Dach prasselte. »Was sagtest du, sind wir?« fragte ich Athanaric nach einem langen Augenblick vollkommener Zufriedenheit. »Eisvögel?«

»Ja. Sie legen ihre Eier zur Zeit der Wintersonnenwende auf die Meeresoberfläche. Rings um sie herum herrscht der Sturm, doch sie brüten in Frieden.«

»Ja.« Ich küßte ihn.

»Aber ich liebe das Kaiserreich«, sagte er, und der Unterton blanken Schmerzes kehrte in seine Stimme zurück.

»Ich weiß. Du liebst es so sehr wie ich die Medizin. Und es ist noch nicht am Ende, mein Liebster; es wird nicht so leicht dahinsinken. Doch laß die Stürme bis morgen: Heute nacht findet die Sonnenwende statt, und es herrscht der Friede des Winters.«

Er küßte mich erneut. Draußen schlug der Regen gegen das Dach, und über den Fluß hinweg hörte man entferntes Donnern.

Gillian Bradshaw — Die Fantasy-Trilogie

Das Königreich des Sommers

Roman · 336 Seiten, gebunden

In jene geheimnisvolle Welt der Phantasie, wo ein Zauber-
spruch noch mächtig war und wo die wenigen, die sich
trauten, für Licht und Gerechtigkeit zu kämpfen besser
daran taten, Geisterroß und Zauberschwert nicht von der
Seite zu lassen — dorthin entführt uns die preisgekrönte
Fantasy-Autorin Gillian Bradshaw auch mit ihrem Roman
»Das Königreich des Sommers«, einem Roman voller
Abenteuer, Menschlichkeit und Poesie.
»Ein sorgsam geknüpftes, in allen Farben schimmerndes
Bild des frühen Mittelalters.«

Österreichischer Rundfunk

ECON Verlag · Postfach 30 03 21
4000 Düsseldorf 30

Gillian Bradshaw – Die Fantasy-Triologie

Die Krone von Camelot

Roman · 416 Seiten, gebunden

»Der Falke des Lichts« – verheißungsvoller Auftakt. »Das Königreich des Sommers« – ein unüberhörbares Signal. »Die Krone von Camelot« krönt und vollendet die bewegende und bewegte Sagenwelt – und ist auch für sich allein ein Meisterwerk »fantastischer« Fabulierkunst.

Im Mittelpunkt des abenteuerlichen Lebens am Hof von König Artus steht diesmal die schönste Liebesgeschichte aus jener mythischen Zeit: Wie die Königin Gwynhwyfar und der Heerführer des Königs aneinander Gefallen fanden; wie sie ihrer Liebe nachgaben – und wie sie verraten wurden.

»Ein Fantasy-Roman, der zum besten und wertvollsten gehört, was diese Gattung zu bieten hat«

Deutsche Tagespost, Würzburg

ECON Verlag · Postfach 30 03 21
4000 Düsseldorf 30

Gillian Bradshaw – Die Fantasy-Trilogie

Der Falke des Lichts

Roman · 352 Seiten, gebunden

In einem düsteren, nebelverhangenen Inselreich, den Orkneys, wächst Gawain auf der Burg seines Vaters auf. Seine Mutter, die gefürchtete Zauberin Morgas, weiht ihn in die geheimnisvollen Kräfte der Finsternis ein: Gawains Vater Lot verachtet den Jungen wegen seiner Neigung zur Poesie, zur Musik und Natur. Gawain flieht von zu Hause und beginnt eine mühevolle Irrfahrt. Doch bevor Gawain als »Falke des Lichts« zu König Artus stößt, muß er noch viele schwere Aufgaben bewältigen.

»»Der Falke des Lichts‹ ist ein Buch, das jeden faszinieren muß, der sich gern von dem geheimnisvollen Reiz der Heldensagen gefangennehmen läßt.«

Hamburger Abendblatt

ECON Verlag · Postfach 30 03 21
4000 Düsseldorf 30